鹰潭市人民代表大会志

（2004—2024）

鹰潭市人民代表大会志编纂委员会　编

方志出版社
Publishing House of Local Records

图书在版编目（CIP）数据

鹰潭市人民代表大会志 ： 2004—2024 / 鹰潭市人民代表大会志编纂委员会编. — 北京 ： 方志出版社，2024. 8. — ISBN 978-7-5144-6239-5

Ⅰ. D624.563

中国国家版本馆 CIP 数据核字第 2024QV4599 号

责任编辑：李晓晓
责任校对：张玉霞
责任印制：梅中英
出 版 者：方志出版社
地　　址：北京市朝阳区潘家园东里 9 号（国家方志馆 4 层）
邮　　编：100021
网　　址：http://www.zgfzcb.cn
发　　行：方志出版社图书营销中心（010-67110500）
印　　刷：北京中科印刷有限公司
开　　本：889 毫米×1194 毫米　1/16
印　　张：46.25
字　　数：1137 千字
版　　次：2024 年 8 月第 1 版
印　　次：2024 年 8 月第 1 次印刷
定　　价：396.00 元

鹰潭市人民代表大会志编纂委员会

顾　问：邵奇生　杜德春

主　任：郭　清

副主任：吴建辉　夏涌波　雷纪文　程美华　徐双文　李美珍　刘育虹　胡高堂
　　　　邵菁靓　赵勇凯

委　员：熊国华　易冬春　陈鑫英　谭国平　万勇章　阮克芬　艾书广　江东生
　　　　程　露　江　波　楼　瑾　金武缨　吴勤胜　林伏昌　吕文杰　李　怡
　　　　汪翠微　王华光　金建华　朱淑英　胡国良

《鹰潭市人民代表大会志（2004—2024）》编辑部

统　　筹：吴建辉

执行主编：胡高堂

副 主 编：谭国平　汪翠微　艾书广　胡国良

责任编辑：吴勤胜　金武缨　万勇章　熊国华　楼　瑾

组　　员：胡　伟　李立敏　黄光亚　倪龙飞　陈　旭　何再胜　黄振华
　　　　　李　娜　明桂玲　王文艳

序

鹰潭，因“涟漪旋其中，雄鹰舞其上”而得名，享有“中华道都”“世界铜都”“智慧新城”之美誉，有着厚重的历史文化底蕴和现代文明光耀。

知古鉴今，盛世修志。恰逢全国人民代表大会成立七十周年、鹰潭建市四十周年之际，《鹰潭市人民代表大会志（2004—2024）》编成付梓，这是全市社会主义民主政治建设进程中的一件大事，甚感欣喜，致意贺忱！

人民代表大会制度是我国的根本政治制度，是实践全过程人民民主的重要制度载体，集中体现了一切权力属于人民的社会主义本质。二十年来，鹰潭市各级人民代表大会及其常务委员会紧紧围绕中央、省委和市委的决策部署，全力履行宪法和法律赋予的职责，不断加强和改进新时代人大工作；着力推进科学立法、民主立法、依法立法，依法对“一府一委两院”进行法律监督和工作监督，审议、决定本行政区域内的重大事项，选举任免国家机关工作人员；努力发挥人大代表作用，密切同人民群众的联系，听民声、察民情、聚民智；竭力强化自身建设，提高依法履职能力和水平，增强人大工作整体实效；助力经济社会发展，用法治保障人民权益、增进民生福祉，为奋力谱写中国式现代化鹰潭篇章作出积极贡献。

时光荏苒，继往开来。廿载筚路蓝缕，留下的是奋斗足迹，凝聚的是前行力量。此志为鹰潭市第二部人民代表大会志，承续了第一部志书的脉络和构架，旨在“资政、教化、存史”，以彰民主之力，显法治之绩，启未来之路。全志坚持运用辩证唯物主义和历史唯物主义观点，全面、准确、客观记载鹰潭市第六届、七届、八届、九届、十届人民代表大会及其常务委员会履职实践，生动反映历届市人民代表大会及其常务委员会的传承接力，充分展示各届人大代表和人大工作者不忘初心、牢记使命的精神风貌。综观全志，内容丰富，史料翔实，体例完整，文风质朴，是一部融资料性、思想性和科学性为一体的经世致用的重要文献。

志书编纂是一项浩繁艰苦的工程。全体编纂人员在鹰潭市人大常委会的领导下，牢固树立史料、质量、精品意识，本着对历史、对当今、对未来负责的态度，秉持“全、真、精”的要求，勤勉敬业，精益求精，每个章节、每页字符都凝聚着编纂人员的汗水和心血。在此，谨向为鹰潭市人大事业付出不懈努力的广大工作者，向关心、支持本志出版和参与编纂工作的全体人员一并致以深切的谢意！

鹰翔古樟，潭居福地。新时代新征程，鹰潭市人民代表大会及其常务委员会在市委的正确领导下，将始终立足大局、融入大局、服务大局，在传承创新中实现跨越发展，更好地把制度优势转化为治理效能，为人民代表大会制度不断完善发展，为中国式现代化建设贡献更多的智慧和力量。

是为序。

鹰潭市人大常委会主任

2024 年 3 月

凡　例

一、《鹰潭市人民代表大会志（2004—2024）》以马克思列宁主义、毛泽东思想、邓小平理论、“三个代表”重要思想、科学发展观、习近平新时代中国特色社会主义思想为指导，坚持辩证唯物主义和历史唯物主义的立场、观点和方法，全面系统记载和反映鹰潭市人民代表大会二十年的历史和现状，突出时代特征和地方特色，力求达到思想性、科学性与史料性相统一。

二、全志采用公元纪年，记述时限为2004年1月至2024年1月，个别内容兼顾完整性略有上溯和下延。记述地域为鹰潭市行政区域范围，行文中所述的“市”，无特别注明外均为“鹰潭市”。

三、全志坚持“实事求是”“尊重史实”“述而不论”“生不立传”“横排竖写”等原则，采用篇、章、节、目结构，运用述、记、志、传、图、录、表等体裁，以志为主。前有序、凡例、图片、概述、大事记，后有附录文存、编后记等穿插其中。

四、全志称谓直述其名。姓名如与职务职级职称相连，职务职级职称在姓名之前，政务活动一般只写行政政务，党务活动增加党内职务。正文凡标注“按姓名笔画为序”的各项名单，均按原始资料所载的顺序排列。

五、全志采用常用的全称和简称。一是人民代表大会会议，如“鹰潭市第八届人民代表大会第二次会议”，简称“市八届人大二次会议”。二是市人大常委会及常委会会议，如“鹰潭市人民代表大会常务委员会”，简称“市人大常委会”；“鹰潭市第九届人民代表大会常务委员会第三次会议”，简称“市九届人大常委会第三次会议”。三是“一府一委两院”是指市人民政府、市监察委员会、市中级人民法院、市人民检察院。四是单位名称首次出现采用全称，后采用通用简称。

六、志中人物简介，主要介绍2004年以来历届市人大常委会领导和鹰潭市出席全国人大会议代表的主要简历、工作经历，不作褒贬。人物按任职届别排序，同一届次按组织部门公布的顺序排序。连任者在首届任职时一次性介绍。

七、数字用法、标点符号用法分别采用国家标准《出版物上数字用法》（GB/T 15835—2011）、《标点符号用法》（GB/T 15834—2011），计量单位采用国家技术监督局1993年12月发布《量和单位》系列国家标准。

八、全志采用的资料主要来自鹰潭市人大常委会机关档案以及公开的党报党刊、调研材料等，部分资料由区（市）人大常委会提供，个别数据与有关部门提供的不尽一致，仅供采用时参考。

集体合影

2004 年 2 月 20 日，市第六届人民代表大会常务委员会组成人员合影

2006 年 12 月 9 日，市第七届人民代表大会常务委员会组成人员合影

2011 年 9 月 27 日，市第八届人民代表大会常务委员会组成人员合影

2016 年 11 月 3 日，市第九届人民代表大会常务委员会组成人员合影

2021 年 10 月 30 日，市第十届人民代表大会常务委员会组成人员合影

2024 年 5 月 30 日，鹰潭市人大常委会机关工作人员合影

2004 年 2 月 16 日，市第六届人民代表大会第一次会议开幕大会

2010 年 1 月 19 日，市七届人大常委会主任邵奇生在市七届人大六次会议作鹰潭市人大常委会工作报告

2011 年 9 月 24 日，市第八届人民代表大会第一次会议开幕大会

2011 年 9 月 27 日，市八届人大常委会主任杜德春主持市八届人大一次会议闭幕大会

2016 年 10 月 31 日，市第九届人民代表大会第一次会议开幕大会

2024 年 1 月 17 日，市十届人大常委会主任郭清在市十届人大四次会议作鹰潭市人大常委会工作报告

宪法宣传

2016 年 11 月 3 日，新当选的市人民政府市长、副市长进行宪法宣誓

2021 年 10 月 30 日，新当选的市十届人大常委会组成人员进行宪法宣誓

2021 年 12 月 29 日，市第十届人大常委会第二次会议任命的市政府组成部门负责人进行宪法宣誓

2021 年 12 月 3 日，“12 · 4” 国家宪法日宣传活动在市区举办

2021 年 12 月 3 日，举办新提任处级领导干部法治培训、考试暨宪法宣誓活动

立法工作

2017 年 5 月 26 日，全市人大规范性文件备案审查工作会议召开

2017 年 9 月 15 日，市人大常委会基层立法联系点设立会议召开

2018 年 12 月 27 日，鹰潭市第一部地方性法规《鹰潭市信江饮用水水源保护条例》新闻发布会召开

2023 年 11 月 3 日，市人大常委会举办基层治理立法座谈会

监督工作

2010 年 12 月 29 日，市七届人大常委会组织省、市人大代表视察美丽乡村建设

2012 年 9 月 4 日，市第八届人民代表大会常务委员会组织代表视察市重点工程建设情况

2018 年 4 月 24 日，市第九届人民代表大会常务委员会视察信江水污染防治工作

2023 年 3 月 15 日，市人大常委会审议《鹰潭市国土空间总体规划（2021—2035 年）》

2023 年 4 月 28 日，市人大常委会全面启动“公益诉讼江西行”活动

2023 年 7 月 21 日，市人大检查《江西省宗教事务条例》实施情况座谈会

代表工作

2020 年 11 月 17 日，全市人大代表联络工作站星级创建现场推进会召开

2021 年 6 月 23 日，市人大常委会组织代表开展“我为群众办实事”送医送药义诊活动

2021 年 4 月 19 日，市九届人大常委会表彰第一批星级代表联络站

2023 年 7 月 10 日，市人大常委会组织开展重点督办代表建议座谈会

2023 年 9 月 10 日至 15 日，市十届人大代表履职培训班在瑞金举办

2023 年 10 月 31 日，市人大常委会开展人大代表联络站建管用工作调研

会议活动

2012 年 6 月 8 日，全国二十三城市（区）人大常委会第二轮第二十次联席会议在鹰潭召开

2013 年 11 月 16 日，“三川杯”全省人大常委会机关乒乓球比赛在鹰潭举行

2014 年 9 月 17 日，市委、市人大常委会召开纪念人民代表大会成立 60 周年暨学习习近平总书记重要讲话座谈会

2017 年 11 月 7 日，市人大常委会召开全市县乡人大工作和建设推进会

2019 年 4 月 1 日至 3 日，市人大常委会举办全市人大干部培训班

2019 年 9 月 28 日，全市人大常委会机关干部职工体育健身运动会在余江区举办

目　录

第四篇　市人大常委会党组和主任会议

第五篇　地方立法

第六篇　决议决定

第七篇　监督工作

第九篇　市人大常委会机关建设

第十篇　市属各区（市）人民代表大会及其常务委员会

第十一篇 人 物

附 录

概　　述

2004年以来，市人大及其常委会历经20年的历程，在中共鹰潭市委的正确领导下，市人大常委会坚持党的领导、人民当家作主、依法治国有机统一，围绕中心，服务大局，认真行使立法权、监督权、决定权、任免权，各项工作在探索中前进、在开拓中发展、在创新中提高，为全面推进依法治市、建设法治鹰潭和促进经济社会发展作出了积极贡献。党的十八大以来，市人大及其常委会深入学习贯彻习近平新时代中国特色社会主义思想、习近平总书记关于坚持和完善人民代表大会制度的重要思想、习近平总书记对地方人大及其常委会工作的重要指示批示精神，强化政治引领，提高政治站位，深入践行全过程人民民主，认真履行宪法法律赋予的各项职责，不断开创新时代地方人大工作新局面。

一、坚持党的领导，坚定人大工作正确政治方向

历届市人大常委会牢牢把握人大常委会首先是政治机关的本质属性，深刻领悟“两个确立”的决定性意义，增强“四个意识”、坚定“四个自信”、做到“两个维护”，始终在思想上政治上行动上同以习近平同志为核心的党中央保持高度一致。

强化政治理论武装 坚持不懈用党的创新理论武装头脑、指导实践、推动工作，是贯穿市人大及其常委会履职的鲜明主题，更是市人大及其常委会坚持党的领导的具体体现。历届市人大及其常委会把党的政治建设摆在首位，注重强化理论武装，坚持理论学习中心组学习制度和“第一议题”制度，在学深悟透中筑牢人大工作的思想政治根基。党的十八大以来，深入学习贯彻习近平新时代中国特色社会主义思想、习近平总书记关于坚持和完善人民代表大会制度的重要思想、习近平法治思想和中央人大工作会议精神，不断强化用习近平新时代中国特色社会主义思想统揽和指导人大工作的思想自觉和行动自觉。深化对人民代表大会制度科学内涵和本质特征的认识，不断提高政治判断力、政治领悟力、政治执行力，始终在思想上政治上行动上同以习近平同志为核心的党中央保持高度一致，确保人大工作沿着正确政治方向不断创新发展。

恪守最高政治原则 旗帜鲜明、坚定不移把坚持党的全面领导这一最高政治原则贯彻好、落实好，确保人大各项工作在党的领导下进行。中共鹰潭市委始终高度重视人大工作，不断加强和改善党对人大工作的领导，先后于2009年、2015年、2020年召开全市人大工作会议，对进一步加强新时期人大工作进行部署安排，有力地推动了全市人大工作朝着规范化、制度化、法治化大步迈进。2021年以来，市委每年听取市人大常委会党组工作汇报，这一做法已成为制度性安排。市委及时研究人大立法、监督、代表等工作中的重大问题和重要事项，作出部署安排，提出明确要求，出台一系列有关人大工作和建设的重要指导性文件，为人大工作开展提供遵循。市人大常委会自觉把党的领导贯穿到人大工作的

各个方面和依法履职的全过程，及时主动向市委汇报工作、报告重大事项，市人大常委会工作要点和议题安排计划报请市委审定转发，工作规划、立法规划、立法计划报请市委批准。深入贯彻市党代会和历次市委全会精神，紧紧围绕每个历史时期全市经济社会发展大局履职行权，推动党委重大工作部署落地见效。

履行党组领导责任　加强本级党组对常委会工作的组织领导和统筹协调，将党组发挥领导作用与常委会依法履职有机统一起来。在把方向上，常委会工作中的重大事项和重要问题都先提交党组会议研究审定，再依法有序组织开展。在管大局上，紧贴中心任务及时调整优化工作安排，力求做到人大各项重点工作与全市大局同向同步。在保落实上，坚决执行中央和省委、市委决定，善于使党的主张通过法定程序成为全市意志，善于使市委推荐的人选通过法定程序成为国家政权机关领导人员，确保中央重大决策和省委、市委部署要求有效贯彻落实。加强对本单位党的建设的领导，认真落实全面从严治党主体责任。

二、坚持依法履职，各项法定职能规范有序落实

20年来，市人大常委会紧扣中央和省委、市委重大决策部署，坚定制度自信，依法履职尽责，主动担当作为，绘就了一幅保障人民当家作主的生动画卷。

地方立法稳步推进　2016年4月，经省人大常委会批准，鹰潭市开始行使设区的市地方立法权。市人大及其常委会遵循党委领导、人大主导、政府依托、各方参与的原则，紧紧围绕地方发展需要，积极发挥立法主导作用，坚持科学立法、民主立法、依法立法，平稳有序地推进鹰潭市立法工作，制定一批体现时代特色和地方特色的法规。截至2024年1月，全市围绕城乡建设与管理、生态文明建设、历史文化保护、基层治理四个领域，共制定地方性法规12部，其中实体性法规10部、程序性法规2部，为鹰潭市改革开放、经济社会发展、社会和谐稳定提供有力的法治保障。抓住提高立法质量这个关键，加强立法组织协调，深入推进科学立法、民主立法、依法立法，充分发挥人大及其常委会在立法工作中的主导作用，在表达、平衡、调整社会利益方面的积极作用，以良法促进发展，保障善治。适时开展地方性法规清理工作，及时解决地方性法规中存在的明显不适应、不协调问题，保证地方性法规更加科学、统一、和谐。

监督工作扎实开展　市人大常委会坚持监督与支持相统一，抓住发展不平衡不充分的重点问题、影响社会大局和谐稳定的关键问题、人民群众普遍关注的热点难点问题，实行依法监督、正确监督、有效监督。2004年至2007年坚持每年对政府部门开展工作评议，对法院开展个案监督，对部门负责人进行述职评议。2007年监督法出台后，市人大常委会及时制定监督法实施办法，监督工作更加规范。2013年首次开展专题询问，并通过网络、

电视直播人大专题询问，拓展了监督方式、强化了监督工作力度。2018 年首次听取审议生态文明建设情况的报告，以法治方式推进生态环境保护的力度进一步加大；首次听取审议备案审查工作报告，并实现市“一府一委两院”规范性文件备案审查全覆盖。2019 年首次听取审议国有资产管理情况综合报告和专项报告，推动实现了对企业国有资产、金融企业国有资产、行政事业性国有资产、国有自然资源资产四大类别监督全覆盖。2022 年首次听取审议市监察委员会专项工作报告，实现了对市“一府一委两院”监督的全覆盖。截至 2024 年 1 月，围绕全市改革发展稳定大局共听取审议专项工作报告 200 项，听取政审计划、财政预决算和审计工作报告 128 次，检查 45 部法律法规实施情况，组织代表视察 126 次，先后组织开展了环保信江行、食品药品安全行、公益诉讼行、乡村振兴赣鄱行等 7 项专题监督活动，有力推动“一府一委两院”依法执政、公正司法，督促有关部门改进工作、完善制度、有效实施法律法规，保障党委重大决策部署有效落实。

决定重大事项依法有序 讨论、决定本行政区域的重大事项，不仅是地方人大及其常委会的重要职权，而且是实现党对国家事务的领导、使党的主张变成国家意志的一种法定的形式和程序。常委会每年都围绕预决算、预算调整工作和全市改革发展稳定的重大问题，认真审议讨论，依法作出决定。为规范全市各级人大常委会重大事项决定权的形式，市人大常委会于 2014 年通过了《鹰潭市人大常委会讨论、决定重大事项的规定》；党的十八届三中全会对人大讨论决定重大事项作出新的部署，2017 年 1 月中央办公厅印发《关于健全人大讨论决定重大事项制度、各级政府重大决策出台前向本级人大报告的实施意见》后，在市委高位推动、统筹协调下，市人大常委会结合鹰潭实际，协助市委出台了实施文件，为全市各级人大常委会讨论决定重大事项提供制度规范。20 年来，市人大常委会先后就科技进步示范市建设、改革创新、城市规划修编、推动人民法院解决执行难、碳达峰碳中和工作、政府债务限额等方面作出决议决定 129 项，推动解决事关全市发展全局和长远的重点问题。这些决定决议符合鹰潭市改革开放和经济发展的实际，体现了党中央和省委、市委的重大决策部署，符合全市人民的意愿和要求，是鹰潭市改革发展稳定重大决策的有机组成部分。

选举任免工作规范进行 20 年来，市人民代表大会共选举产生第六届、第七届、第八届、第九届、第十届共五届人大常委会组成人员、市人民政府市长、市中级人民法院院长、市人民检察院检察长和鹰潭市出席省人民代表大会的代表，以及三任市监察委员会主任，保障人民群众选举权利的有效行使。坚持党管干部原则与依法行使任免权的统一，共任免国家机关工作人员 820 人次，充分体现人民意志，实现党委的组织意图，有力地保证“一府一委两院”工作的顺利开展。2018 年，在市九届人大六次会议闭幕后，随即召开市人大常委会会议，通过市监察委员会副主任、委员的任命，保障监察体制改革在鹰潭市落地落实。监督法出台前，常委会有计划地对市人民政府部门负责人开展述职评议；坚持每届任期内分批次听取政府部门负责人述职报告并进行满意度测评，强化国家机关工作人员自觉接受人大监督，促进国家机关工作人员当好人民公仆的意识。

代表工作不断创新　20年来，市人大常委会始终把代表工作作为人大工作的基础工作，尊重代表主体地位，完善代表工作制度，代表工作成效显著。搭建代表履职平台。2013年，在部分乡镇设立代表工作室；2017年，根据省人大常委会统一部署，不断规范和完善代表联络工作站建设，共建成乡镇代表联络工作站44个，把全市各级人大代表按辖区全部编进代表联络站，实现乡镇代表联络站建设全覆盖、人大代表进站活动全覆盖。丰富代表履职活动。按照便于组织、便于开展活动的原则，每次换届之后，划分若干代表活动小组，并指导小组开展活动。围绕市委中心工作，先后组织开展“双岗建功”“脱贫攻坚人大代表在行动”“疫情防控人大代表在行动”“推进六个江西建设人大代表在行动”等专项活动，引导人大代表履职尽责。加强代表建议督办。经过不懈地探索，已形成主任会议成员领衔督办、相关委办重点督办的常态化办理机制。2004年以来，市人大代表共提出6件议案、1327件建议，常委会每年召开代表建议交办会，对代表建议办理工作作出部署、提出要求，加大跟踪督办力度，不断提高建议办结率和代表满意率。

自身建设持续加强　20年来，市人大常委会按照“自觉坚持中国共产党领导的政治机关、保证人民当家作主的国家权力机关、全面担负宪法法律赋予的各项职责的工作机关、始终同人民群众保持密切联系的代表机关”的定位，坚持把政治建设摆在首位，不断加强思想建设、组织建设、制度建设、作风建设，积极适应时代变化和履职要求。特别是党的十八大以来，市人大常委会充分发挥党组理论学习中心组的学习带头示范作用，健全常委会党组学习制度，深入学习贯彻习近平新时代中国特色社会主义思想特别是习近平总书记关于坚持和完善人民代表大会制度的重要思想，跟进学习习近平总书记新近重要讲话和重要指示批示精神，进一步树牢“四个意识”、坚定“四个自信”、做到“两个维护”。创设并坚持办好“人大讲堂”，认真组织开展党的群众路线教育实践活动、“三严三实”专题教育、“两学一做”学习教育、“不忘初心、牢记使命”主题教育、党史学习教育、学习贯彻习近平新时代中国特色社会主义思想主题教育，有序推进学习教育常态化制度化。健全重大事项报告制度，落实全面从严治党主体责任，严格执行中央八项规定精神，积极整治“怕慢假庸散”作风顽疾，履职能力和实效不断提升，呈现了新时代新风貌。注重加强对外联系和交往，2004年至2012年，坚持参加全国二十城市人大常委会联席会议和闽浙赣皖四省九市人大工作联席会活动，相互交流，相互借鉴，相互促进。加强与上级人大的联系，积极配合全国人大、省人大开展的立法调研、执法检查、工作调研和代表视察活动。加强对区（市）人大常委会工作的指导，适时召开区（市）人大常委会主任座谈会，全市人大工作合力不断加强。

三、坚持服务大局，助推经济社会协调发展

2004年以来，市人大常委会依法行使地方立法权、监督权、决定权、人事任免权，在推进法治鹰潭建设、促进全市经济社会高质量发展、保障和改善民生中，提供有力保障，发挥积极作用。

推动中央和省委、市委决策部署贯彻落实 市人大常委会遵循市委的发展战略和总体要求，坚持立法与改革决策相衔接，制定《鹰潭市智慧城市促进条例》《鹰潭市大上清宫遗址保护管理规定》《鹰潭市文明行为促进条例》《鹰潭市优化营商环境若干规定》等法规，为全市经济社会高质量发展提供法治保障。党的十八届三中全会作出全面深化改革的重大决策部署，市人大常委会于2015年作出《关于促进我市改革创新的决定》，确保改革发展于法有据；先后就医疗体制改革、农村宅基地改革、供销体制改革等开展专项监督。围绕“防范化解重大风险、精准脱贫、污染防治三大攻坚战”、扫黑除恶专项斗争、乡村振兴战略实施、疫情防控等中心工作，常委会听取相关报告26项，开展视察12次。党的十八大以来，以习近平同志为核心的党中央高度重视人大制度和人大工作，就加强党领导立法工作、健全人大讨论决定重大事项制度、加强和改进人大代表工作、加强县乡人大工作和建设、加强国有资产管理监督等作出重大部署，市人大常委会把贯彻落实好中央和省委、市委决策部署作为重大政治责任，主动作为，协助市委召开全市人大工作会议、全市立法工作会议，制定《关于健全人大讨论决定重大事项制度、各级政府重大决策出台前向本级人大报告的实施意见》《关于加强国有资产管理情况监督的决定》等相关文件，通过召开推进会、深入基层督查、深化民主法治领域改革，确保党委决策部署在人大工作中得到全面体现和及时贯彻。

推动宪法法律实施，促进依法行政和社会治理 坚持行使决定权和监督权有机结合，先后4次就加强法制（法治）宣传教育作出决定决议，加强对全市普法和依法治理工作的监督，推动了全市普法和依法治理工作的开展。充分发挥执法检查“法律巡视”利剑作用，2004年以来，常委会就《中华人民共和国劳动法》《中华人民共和国农业法》《中华人民共和国环境保护法》《中华人民共和国道路交通安全法》《中华人民共和国义务教育法》《中华人民共和国妇女权益保障法》《中华人民共和国工会法》《中华人民共和国乡村振兴促进法》《宗教事务条例》等法律法规实施情况开展执法检查45次。为增强执法检查实效，常委会于2004年至2007年，结合执法检查先后组织市人大代表对劳动局、农业局、计生委、教育局4个部门的工作进行评议，打出法律监督和工作监督的组合拳。党的十八大以来，市人大常委会深入学习贯彻习近平法治思想以及习近平总书记关于宪法的重要论述，通过召开国家宪法日座谈会、制定实施宪法宣誓制度办法、开展宪法宣誓、举行宪法知识

任前考试等活动，坚持开展备案审查工作，定期对地方性法规进行清理，有力维护了宪法法律权威，保障了宪法法律实施，保证了国家法治统一。注重加强对司法工作的监督，坚持每年听取审议市中级人民法院、市人民检察院工作情况的报告，维护社会公平正义；作出《关于推动人民法院解决执行难的决议》，及时实现当事人合法权益，维护法律尊严，让人民群众在每一个司法案件中感受到公平正义。对社会治安、扫黑除恶、社区矫正、家事审判、交通安全等开展视察，督促司法机关在营造和谐稳定的法治环境上履职尽责，在法治轨道上不断推进市域社会治理现代化。

推动全过程人民民主建设　坚持人民主体地位，就是要坚持国家一切权力属于人民，支持和保证人民通过人民代表大会行使国家权力。20 年来，市人大常委会始终坚持党的领导、人民当家作主、依法治国有机统一，依法加强对市县乡人大换届选举工作的指导，认真研究换届选举面临的新情况新问题，实行普遍的差额选举，实现城乡按照相同人口比例选举人大代表，充分保障人民的选举权和被选举权。共召开市人民代表大会会议 27 次、市人大常委会会议 190 次，代表全市百万人民依法行使人民当家作主的权利。先后 6 次开展村民委员会组织法实施情况的调研，进一步保障和促进鹰潭市基层自治和基层民主的健康有序发展。积极引导公民有序政治参与，先后出台立法听证、公民旁听常委会会议、代表列席市人大常委会会议等制度，建立起联系群众、听取意见、接受监督、回应社会关切的机制，常态化征集人民群众对人大常委会五年立法规划、年度立法监督工作计划、地方性法规草案的意见，组织开展立法视察调研，电视直播专题询问等监督活动，自觉将人大工作置于群众监督之下，使人民当家作主具体地、真实地体现到政治生活和社会生活之中。

推动地方经济高质量发展　20 年来，市人大及其常委会批准 4 个国民经济和社会发展五年计划（规划），并加强五年计划（规划）中期实施评估工作，保障和促进全市宏观经济健康运行。坚持每年开展计划、预算执行情况的监督，特别是着力加强全口径预算决算审查工作，加强对国有资产的监督管理，监督管好人民的“钱袋子”“家底子”。常委会密切关注经济发展走势，开展经济形势分析，有针对性地开展监督活动，听取审议农业农村发展、国有企业改革、产业转型升级、科技创新、旅游发展等经济方面的专项工作报告 186 项，推动政府出台相关政策，优化创新环境、促进科技进步、推动经济发展。市十届人大常委会成立以来，面对经济下行压力加大的复杂局面，抓住经济发展中的主要矛盾和深层次问题，坚持立法与监督相结合，出台优化营商环境若干规定，先后 8 次对优化营商环境工作开展监督，专题视察打造铜基新材料先进制造业集群、建设全国城乡融合发展样板区情况，支持和督促有关方面把握高质量发展要求，促进产业升级。

推动民生事业不断改善　人民代表大会制度之所以具有强大生命力和显著优越性，关键在于它深深植根于人民之中。市人大常委会始终把人民放在心中最高位置，着力用法治保障人民权益、增进民生福祉。坚持以立法改善民生，围绕群众饮水安全制定出台《鹰潭市信江饮用水水源保护条例》，为保护一江清水提供法治保障。坚持以人大监督助力改善民生，每年都围绕教育、医疗、就业、住房、社会保障、食品安全、养老托育等民生热点难点问题开展监督，回应群众关切。在“非典”、新冠疫情、洪涝灾害、雨雪冰冻等重大公共事件、重大自然灾害面前，注重打好监督“组合拳”，通过听取审议专项报告、执法检查、代表视察等方式开展有效监督。2017年以来，市人大常委会坚决贯彻中央和省委打赢脱贫攻坚战的决策部署，深入调研农村精准扶贫情况，多次听取审议扶贫开发、脱贫攻坚、新农村建设等专项工作报告，支持和督促各级政府坚决打赢脱贫攻坚战。坚持督办代表建议改善民生，通过重点督办、上门督办、现场督办多种方式，推动解决上学、就医、停车、出行、社保、就业等群众关心的最现实最直接的利益问题，做到民众有所呼、人大有所应、部门有所为。

推动生态文明建设 习近平总书记视察江西时强调，绿色生态是江西最大财富、最大优势、最大品牌，一定要保护好，做好治山理水、显山露水的文章。市人大常委会认真贯彻习近平生态文明思想，发挥地方国家权力机关作用，在推进生态环境保护的道路上尽职尽责、久久为功。2016年开展立法工作以来，共制定《鹰潭市信江饮用水源保护条例》《鹰潭市建设工地扬尘污染防治管理办法》《鹰潭市烟花爆竹销售燃放管理条例》《鹰潭市海绵城市规划建设管理条例》环境保护方面的法规4部，作出《支持和保障碳达峰碳中和工作促进鹰潭绿色转型发展的决定》，坚持以法律武器治理污染，用法治力量保护生态。督促市政府于2019年起每年向代表大会报告生态文明建设和生态环境报告，严格落实环保法律要求。围绕水土保护、森林保护、饮用水水源保护等方面常态化听取专项报告、开展执法检查，连续23年开展“环保信江行”检查采访活动，一年围绕一个主题，聚焦水、大气污染防治、土壤治理等进行跟踪检查，反复督促整改，督促打好蓝天、碧水、净土攻坚战，推动了一批环保问题的解决，为守护青山绿水、蓝天白云发挥了积极作用。

四、坚持守正创新，人大工作机制不断健全完善

20年来，市人大常委会守正创新、踔厉奋发，在探索中前进、在创新中加强、在规范中提高，人大工作机制不断得到健全完善。

地方人大组织机构不断健全 20年来，市委大力加强市人大及其常委会组织建设，完善人大专门委员会设置，优化人大常委会和专门委员会组成人员结构，健全人大工作机制，推动地方国家权力机关工作更加制度化、程序化、规范化。到2024年，市人大设监察司法、财政经济、教科文卫、法制、社会建设、农业农村、城乡建设环境与资源7个专

门委员会，市人大常委会设办公室、法工委、选任联工委、外侨民宗工委4个办事和工作机构，常委会还设有预算审查工作委员会、规范性文件备案审查工作委员会，机构设置和职能不断得到健全和完善；与此同时，市人大常委会健全完善《市人民代表大会议事规则》《市人大常委会议事规则》《市人大常委会主任会议议事规则》和各专门委员会的议事规则、工作委员会的工作规则，为市人大及其常委会的工作开展提供了坚实的组织和制度保证。市人大常委会深入贯彻落实中央和省、市委有关加强县乡人大工作和建设的文件及会议精神，指导县乡人大不断健全机构设置和职能，制定《乡镇人大一年召开两次代表大会会议的意见》，促进基层人大工作效能不断提升。

地方立法机制逐步建立健全　贯彻落实党的十八届四中全会关于完善立法体制的重大部署，于2017年制定《鹰潭市立法条例》，完善立法各个环节的程序。每届市人大常委会都认真编制五年立法规划和年度立法工作计划，召开立法工作会议，进一步发挥人大在立法工作中的主导作用。重视立法队伍建设，组建了立法专家库，设立基层立法联系点，与南昌大学法学院协作组建鹰潭市立法研究基地，为鹰潭市立法工作提供有益的专业补充和有力的智力支撑。建立和实行法规草案三审制、法制委员会统一审议制度，重视发挥立法专家作用，对法规草案和各方面提出的修改意见逐条进行审议，促进立法质量的逐步提高。探索开展立法质量评估工作，2022年对《鹰潭市信江饮用水水源保护条例》开展立法评估。制定出台立法工作重要事项向市委请示报告、地方性法规立项论证、立法重大利益调整论证咨询、法规草案征求意见等工作规范，建立基层立法联系点、立法咨询专家、立法协商、立法评估等制度，进一步提升科学立法、民主立法、依法立法的能力和水平。

监督工作不断规范有效　积极探索监督方式方法，逐步形成听取和审议专项工作报告、开展执法检查、预决算审查监督、备案审查、专题询问等监督形式，探索形成包括选题、组织、报告、审议、整改、反馈6个环节的“全链条”工作流程。先后制定监督法工作规程、规范性文件备案审查办法、听取和审议专项工作报告操作规程等制度，报请市委印发《关于健全人大讨论决定重大事项制度、各级政府重大决策出台前向本级人大报告的实施意见》《关于建立市人民政府向市人大常委会报告国有资产管理情况制度的实施意见》，进一步规范了行使监督职权的方式和程序。2017年，开通市人大预算联网监督系统，实现常委会对部门预算管理、国库集中支付、转移支付等预算信息实时查询和监督。具体工作中，坚持监督与支持相统一，注重工作层面的针对性，讲求推动解决问题的实效性，对症下药、一抓到底，更好地起到了增强监督实效、推动改进工作的作用。

任免工作制度和程序不断完善　在行使人事任免权过程中，市人大常委会一方面坚持党管干部原则，坚持干部队伍“四化”方针和德才兼备标准；另一方面又严格按照法律程序，充分发扬民主，严格依法办事，对提请任免人员进行认真审议，采取无记名方式进行表决，真正为人民把好最后一道关。工作中，常委会逐步完善人事任免工作的程序和方式，不断推进人事任免工作的制度化、规范化，先后于2004年3月、2009年12月、2023年10月对市人大常委会人事任免办法进行3次修改，对常委会人事任免范围、任免案的提请及要求、任免种类、任前宪法法律知识考试、与组成人员见面、作拟任职思想与打算的发言、表决、颁发任命书、公布等人事任免的各环节作具体规定，使常委会人事任免工作步入法治化规范化轨道。2020年9月，市九届人大常委会通过《鹰潭市人大常委会关于对市人大及其常委会选举和任命人员进行宪法知识任前考试的意见》，旨在深入学习贯彻习近平法治思想、习近平总书记关于宪法的重要论述和要求，弘扬宪法精神，树立宪法权威，进一步强化选举和任命的国家机关工作人员尊崇宪法、学习宪法、遵守宪法、维护宪法、运用宪法的意识。2019年12月，在总结实践经验做法的基础上，制定《鹰潭市实施宪法宣誓制度办法》，宪法宣誓制度在全市全面施行并得到进一步规范。人事任免工作的不断改进，对于促进被任命人员认真学法、依法履行职责，增强人大意识、公仆意识和法律意识，产生了较好的效果。

代表履职保障机制不断完善发展 坚持把尊重代表主体地位作为坚持和完善人民代表大会制度的内在要求，把充分发挥代表作用作为做好人大工作的重要基础，加强代表思想政治建设和作风建设，每年制定代表工作要点、代表培训工作计划等，支持和保障代表依法执行代表职务。不断健全完善常委会主任会议成员联系委员、组成人员联系代表、代表联系群众的“三联系”制度，促进代表深入群众、有效履职、接受监督。完善代表列席常委会会议制度、学习培训制度、视察调研制度，实现代表参与常委会、专门委员会工作常态化，健全代表意见建议处理反馈机制，推进代表工作制度化、规范化和程序化。在全市各乡镇设立代表联络工作站并制定管理制度，组建代表活动小组，建立代表履职档案。

习近平总书记在中央人大工作会议上强调，在全面建设社会主义现代化国家新征程上，要毫不动摇坚持、与时俱进完善人民代表大会制度，加强和改进新时代人大工作。20年来，市人大及其常委会始终坚定制度自信，不断实践探索，积累了丰富经验、形成了优良传统，为今后继续做好人大工作提供了重要启示。

站在新的历史起点，市人大及其常委会将以习近平新时代中国特色社会主义思想为指导，更加紧密地团结在以习近平同志为核心的党中央周围，在市委领导下，依法履职、砥砺奋进，不断开创新时代地方人大工作新局面，为奋力谱写中国式现代化鹰潭篇章作出新的更大贡献！

大 事 记

2004年

1月12日 省人大常委会副主任彭崑生到鹰潭走访慰问。

2月9日至13日 市人大常委会副主任王先发出席省十届人大二次会议。

2月16日至20日 市六届人大一次会议在市区召开。会议选举邵奇生为市第六届人大常委会主任，彭路祥、李萍文、郑良健、刘国林、邓绍聪、罗喜仔为副主任，周荣俊为秘书长，委员20名；选举胡宪为市人民政府市长，阎钢军、肖伏芝、张鲁年、朱浔、汪当时、史可为副市长；选举赖永芳为市中级人民法院院长，罗晓泉为市人民检察院检察长。

3月25日至27日 全省人大财经工作座谈会在江西铜业公司召开，省人大常委会副主任蒋仲平出席会议并讲话。市领导黄建盛、胡宪出席会议。

3月26日 市六届人大常委会第一次会议召开。会议通过了《鹰潭市人大常委会组成人员守则》《鹰潭市人大常委会人事任免办法》《鹰潭市人大常委会关于对提请任命的国家机关工作人员进行法律知识考试的决定》《鹰潭市公民旁听市人大常委会会议的规定》和关于设立市人大常委会外事华侨民族宗教工作委员会的决定，审议并通过市六届人大常委会代表资格审查委员会组成人员名单。

4月7日至8日 市人大常委会执法检查组对《中华人民共和国人口与计划生育法》实施情况进行检查。

4月20日 市六届人大常委会第二次会议任命市政府组成部门负责人。

5月 市人大常委会执法检查组对《中华人民共和国消防法》实施情况进行检查。

7月1日至9日 市人大常委会调研组对全市“三农”工作情况进行调研。

7月4日至5日 市人大常委会主任邵奇生参加全省人大工作会议并参加省人大举办的宪法知识培训班学习。

7月14日 省人大常委会外侨民宗工委调研组到鹰潭调研《中华人民共和国归侨侨眷保护法》实施情况。

8月3日至5日 市人大常委会组织部分市人大代表视察农村药品“两网”建设情况。

8月11日至12日 省人大常委会调研组到鹰潭调研法治环境现状。

8月16日 全市庆祝全国人民代表大会成立50周年座谈会在华侨饭店召开。

8月18日 中共鹰潭市委在华侨饭店召开全市人大工作会议。市委书记黄建盛参加会议并讲话。

8月19日至25日 市人大常委会执法检查组对全市贯彻执行《中华人民共和国价格法》《中华人民共和国环保法》情况进行检查。

9月13日至15日 市人大常委会主任邵奇生带队参加北京市西城区主办的全国二十

城市（区）人大常委会联席会第二轮第六次会议，邵奇生在会上作了题为《关于行使人事任免权的实践与思考》的发言。

10月13日至11月12日 市人大常委会主任邵奇生带队到龙虎山、余江、贵溪等地调研全市旅游业发展情况。

10月19日 市六届人大代表第二期培训班开班。

10月26日 省人大教科文卫委调研组到鹰潭调研医疗体制改革情况。

10月27日 召开市人大志编纂委员会会议。会议听取编纂委员会办公室关于志稿再审意见修改情况的汇报；通过关于出版《鹰潭市人民代表大会志》的决定。

11月8日 省人大教科文卫委执法检查组到鹰潭检查文物保护法执行情况。

11月16日至20日 省人大常委会副主任孙用和率部分驻赣全国人大代表和省直的省人大代表到鹰潭视察。

12月1日至2日 市人大常委会主任邵奇生带队组织部分常委会组成人员视察市人民医院和鹰潭职业技术学院。

12月16日至17日 市人大常委会组织部分市人大代表就农民增收和市工业园区建设情况进行视察。

12月21日 市人大常委会主任邵奇生带队组织部分常委会组成人员视察市体育中心建设情况。

12月24日 市人大常委会主任邵奇生带队组织部分人大代表视察市检察院工作情况。

2005年

1月12日 省人大常委会副主任全文甫一行到鹰潭走访慰问部分特困户、“五保户”及部分困难企业职工。

2月24日至28日 市人大常委会主任邵奇生、巡视员王先发出席省十届人大三次会议。同期，副主任李萍文出席政协江西省九届三次会议。

3月18日至21日 市六届人大二次会议在市区召开。会议补选李忠仁为市人大常委会秘书长，通过市六届人大内务司法委员会主任委员名单。

4月14日 省人大常委会副主任全文甫一行到鹰潭进行《江西省出版监督管理条例》立法调研。

4月27日至29日 市人大常委会组织部分市人大代表视察全市食品安全监督情况。

6月9日至10日 省人大常委会副主任万学文率视察组到鹰潭视察食品安全监管和农村药品“两网”建设工作。

6月16日　市人大常委会召开2005年环保信江行工作会议。

6月21日至23日　九江市人大常委会组织在浔的省人大代表到鹰潭进行为期3天的异地集中视察。

6月22日　市人大常委会举行“提高常委会履职能力，做好人大各项工作”的专题讨论。

6月23日至24日　省人大常委会副主任孙用和率执法检查组对鹰潭市贯彻实施《江西省集体合同条例》情况进行检查。

6月24日　市人大常委会机关举行主题为“构建和谐人大机关”学习讨论。

6月27日至30日　市人大常委会执法检查组对《中华人民共和国档案法》《江西省档案管理条例》实施情况进行检查。

7月4日至8日　市人大常委会执法检查组对《中华人民共和国公民出境入境管理法》实施情况进行检查。

7月21日　省人大常委会副主任彭崑生率队到鹰潭视察调研《中华人民共和国清洁生产促进法》贯彻实施情况。

8月1日至5日　市人大常委会执法检查组对《中华人民共和国水污染防治法》实施情况进行检查。

8月18日至22日　市人大常委会组织检察组对部分单位办理代表建设、批评和意见情况进行检查。

8月18日至22日　市人大常委会调研组对全市土地收益情况开展调研。

8月　市人大常委会组织各调研小组调研优化经济发展环境情况，29日召开优化经济发展环境工作座谈会。

9月19日至23日　市人大常委会执法检查组对《中华人民共和国义务教育法》实施情况进行检查。

9月20日至21日　全国人大常委会委员、全国人大民族委员会副主任委员武连元一行到鹰潭调研散居少数民族工作情况。

9月27日至28日　市人大常委会组织部分市人大代表视察鹰潭市创建中国优秀旅游城市工作情况。

9月28日　市人大常委会召开《中华人民共和国国家安全法》实施情况汇报座谈会。

11月18日　市人大常委会组织部分市人大代表视察市公安局特警支队建设情况。

12月28日　市人大常委会组织部分市人大代表到樟坪畲族乡视察少数民族经济社会发展情况。

2006年

1月10日至11日 市人大常委会调研组到县（市、区）调查第六届村（居）会选举工作情况。

1月11日 市人大常委会组织部分市人大代表视察市区农村药品“两网”建设情况。

2月8日至12日 市人大常委会主任邵奇生、巡视员王先发出席省十届人大四次会议。同期，市人大常委会副主任李萍文出席省政协九届四次会议。

2月23日至26日 市六届人大三次会议在市区召开。会议审议通过《鹰潭市国民经济和社会发展第十一个五年计划纲要》。

3月30日 市人大常委会主任邵奇生率队视察市区污水处理工作。

4月20日至21日 省人大常委会副主任彭崑生率队到鹰潭视察清洁和农业生态保护情况。

4月24日至28日 市人大常委会调研组到贵溪、余江、月湖调研县乡人大换届选举工作。

4月27日 市人大常委会举办“环保信江行”法律法规培训班。

5月16日至18日 市人大常委会执法检查组对《江西省宗教事务条例》实施情况进行检查。

6月5日 市人大常委会主任邵奇生率队视察市人民医院综合大楼议案办理情况。

7月5日至7日 市人大常委会主任邵奇生率队赴贵溪、余江、龙虎山景区开展“环保信江行”检查采访活动。

7月19日至20日 市人大常委会对代表建议较集中的单位办理代表建议情况开展督查。

8月3日至31日 市人大常委会执法检查组对《中华人民共和国统计法》实施情况进行检查。

8月25日 市六届人大常委会第二十次会议通过关于接受阎钢军、肖伏芝辞去市人民政府副市长职务请求的决定，任命吴晓军为市人民政府副市长。

9月17日 全国人大民委组织民族区域自治法培训班学员到鹰潭考察。

9月21日至22日 市人大常委会组织部分市人大代表深入月湖区、龙虎山景区、市工业园区就新农村建设工作进行专题视察。

10月12日 市人大常委会调研组对鹰潭市贯彻执行招投标法情况开展调研。

10月23至25日 闽浙赣皖九市人大工作联席会第十六次会议在鹰潭市召开。上饶市、抚州市、丽水市、金华市、南平市、景德镇市、衢州市、黄山市和鹰潭市人大常委会有关人员出席。会议围绕加强地方人大常委会制度建设这一主题进行交流与探讨。

11月8日 市六届人大常委会第二十二次会议审议并通过关于接受胡宪辞去市人民政府市长职务请求的决定。

11月6日至7日 省人大执法检查组到鹰潭检查《中华人民共和国预防未成年人犯罪法》贯彻实施情况。

11月14日 市六届人大常委会第二十三次会议任命董仚生为市人民政府副市长，代理市人民政府市长职务。

12月5日至9日 市七届人大一次会议在市区召开。大会选举邵奇生为市第七届人大常委会主任，张鲁年、李萍文、郑良建、罗喜仔、管华�、彭中华为副主任，李忠仁为秘书长，委员21名；选举董仚生为市人民政府市长，陈智祥、吴晓军、史可、杨晓群、林军、戴春英为副市长；选举凌云为市中级人民法院院长，熊金文为市人民检察院检察长；通过市七届人大各专门委员会组织人员名单。

2007年

1月8日至10日 市人大常委会主任邵奇生带队组织鹰潭市选出的省十届人大代表视察全市国民经济和社会发展年度计划执行情况以及新农村建设情况。

1月10日 市人大常委会组织部分市人大代表视察市人民医院综合大楼建设情况，并走访了市卫生局、市疾病预防控制中心和市卫生监督所。

1月12日 市七届人大常委会第一次会议补选省第十届人大代表1名，审议并通过市七届人大常委会代表资格审查委员会组成人员人选名单。

1月25日至29日 市人大常委会主任邵奇生出席省十届人大五次会议。同期，市人大常委会副主任李萍文出席省政协九届五次会议。

2月7日至8日 市七届人大常委会第二次会议任命市政府组成部门负责人。

3月6日 市人大常委会组织部分市人大代表视察市体育中心建设情况。

3月20日 市七届人大常委会第四次会议听取并审议关于设立鹰潭市人大常委会城乡建设环境资源保护工作委员会、鹰潭市人大常委会农业和农村工作委员会的决定（草案）。

3月28日至30日 市七届人大二次会议在市区召开。大会补选市七届人大常委会委员6名；通过有关专门委员会主任委员名单。

4月11日至13日 全国人大内务司法委员会副主任委员张丁华一行到鹰潭开展《中华人民共和国妇女权益保障法》执法调研。

4月24日至25日 市人大常委会举办市七届人大代表培训班。来自基层的共50余名新当选的市人大代表参加培训。

5月20日至22日 全国人大环资委副主任宋照肃一行到鹰潭调研节约能源、保护环境和城市基础设施运行情况。

6月22日至27日 市人大常委会组织部分市人大代表视察全市人口与计划生育工作情况。

7月13日 市人大常委会组织部分市人大代表视察市区生活饮用水水源保护情况。

7月17日至19日 市人大常委会调研组对鹰潭市深山区少数民族移民扶贫搬迁工作情况进行调研。

7月18日 中国和加拿大双方财政转移支付座谈会在鹰潭举行，市人大财经委负责人主持会议并向加方介绍鹰潭市情。

9月4日至7日 市人大常委会调研组就全市公共卫生监督执法情况开展调研。

9月12日 全国人大环资委委员姜云宝率《中华人民共和国测绘法》执法调研组一行到鹰潭调研。

10月16日至19日 市人大常委会调研组就全市城乡居民最低生活保障工作情况开展调研。

12月4日 市人大常委会主任邵奇生带队组织部分市人大代表视察鹰潭职业技术学院。

2008年

1月6日至8日 市七届人大三次会议在市区召开。大会选举鹰潭市出席江西省第十一届人民代表大会代表11名；补选市七届人大常委会委员1名；通过了市人大内司委主任委员名单。

1月9日 省人大常委会副主任全文甫带队到月湖区和余江县，走访贫困群众、困难企业和社会福利院。

1月9日至10日 省人大内司委联系点工作座谈会在鹰潭召开。

1月22日 市人大常委会检查组对鹰潭市少数民族移民扶贫搬迁工作审议意见的办理情况进行跟踪督办。

1月23日至27日 市人大常委会主任邵奇生、副主任张鲁年出席省十一届人大一次会议。

1月28日 省人大常委会外侨民宗工委调研组到贵溪市樟坪乡调查冰冻受灾和灾后自救情况。

2月29日 市七届人大常委会第十一次会议任命李雨时为市人民政府副市长。

3月14日 市人大常委会调研组对全市农业雨雪冰冻灾情及灾后重建工作进行检查指导。

3月26日至28日 市人大常委会调研组对全市《中华人民共和国水土保持法》贯彻实施情况开展调研。

4月3日 市七届人大常委会第十三次会议审议通过关于接受董仚生辞去市人民政府市长职务的请求的决定；任命钟志生为市人民政府副市长，代理市人民政府市长职务。

4月8日至9日 市人大常委会检查组对全市《中华人民共和国人民防空法》执法检查整改工作情况进行督查。

4月17日至19日 省人大常委会副主任胡振鹏带队到鹰潭调研减轻农民负担工作，并就《江西省农民负担监督管理条例》开展立法调研。

4月24日至25日 市七届人大四次会议在市区召开。大会补选钟志生为市人民政府市长。

5月15日 市人大常委会组织人大常委会组成人员视察全市重点建设工程市体育中心在建项目。

6月18日 省人大财经委调研组到鹰潭征求《江西省龙虎山风景名胜区管理条例（草案）》修改意见。

6月23日 省人大常委会副主任蒋如铭率部分全国、省人大代表到鹰潭进行鄱阳湖生态经济区建设专题调研活动。

6月25日至26日 省人大常委会副主任朱秉发一行到鹰潭，就《江西省旅游管理条例》开展执法调研。

7月13日 全国人大外事委员会副主任委员南振中一行到鹰潭考察调研。

7月16日 省人大常委会《中华人民共和国环境影响评价法》执法检查组到鹰潭检查贯彻实施情况。

8月15日 市人大常委会组织部分市人大代表对全市城市总体规划工作进行视察。

8月18日至20日 省人大常委会《中华人民共和国行政许可法》执法检查组到鹰潭检查贯彻实施情况。

8月20日至21日 全国人大民族委员会主任委员马启智率队到鹰潭考察调研工作。

9月4日 省人大常委会《中华人民共和国统计法》《江西省统计管理条例》执法检查组一行到鹰潭，就鹰潭市贯彻实施情况进行检查。

9月19日至20日 全国人大常委会委员、全国人大内务司法委员会副主任委员隋明太率立法调研组到鹰潭开展社会救助法立法调研。

9月 市人大常委会主任邵奇生、各位副主任分别带队就全市大旅游发展情况分组开展调查并召开“大旅游”发展情况座谈会。

10月6日至10日 市人大常委会执法检查组深入贵溪市、余江县、月湖区、龙虎山景区、市经济技术开发区对《中华人民共和国教师法》实施情况进行检查。

10月12日至13日 省人大常委会副主任胡振鹏率调研组到鹰潭，就节能减排工作开展调研。

10月29日至30日 市人大常委会组织部分市人大代表就全市社会主义新农村建设工作开展情况进行了专题视察。

10月31日 省人大常委会副主任蒋如铭、朱秉发率省人大常委会部分组成人员及省人大常委会专（工）委主要负责人深入江西铜业集团公司进行调研视察。

11月26日 县（市、区）人大常委会主任会议召开。会议就如何认真贯彻落实科学发展观，努力做好新时期人大工作进行交流和探讨。

12月10日至11日 省人大常委会秘书长、办公厅主任程水凤率省人大调研组到鹰潭调研。

12月11日至12日 市人大常委会组织部分省、市人大代表集中视察全市铜产业发展情况、重点工程建设情况。

12月19日 省人大常委会副主任蒋如铭、魏小琴、朱秉发等率部分省人大代表调研组到鹰潭调研视察。

12月26日 市七届人大常委会第二十次会议通过关于接受林军辞去市人民政府副市长职务请求的决定，任命宋迪维为市人民政府副市长。

2009年

2月12日至16日 市人大常委会主任邵奇生、副主任张鲁年出席省十一届人大二次会议。

2月24日至27日 市七届人大五次会议在市区召开。会议通过了关于接受李萍文、郑良健、罗喜仔辞去市七届人大常委会副主任职务请求的决定，补选尹宁、卢越明、刘育虹为市人大常委会副主任，敖高源为秘书长，市人大常委会委员3名。

3月23日至24日 市人大常委会执法检查组对《中华人民共和国就业促进法》实施情况进行检查。

6月10日至11日 市人大常委会执法检查组对《中华人民共和国农产品质量安全法》实施情况进行检查。

6月11日 全国人大常委会委员、全国人大环资委副主任委员曹伯纯、陈希明率立法调研组深入龙虎山风景旅游区，实地调查了解自然遗产、法律保护及保护区域管理情况。省人大常委会副主任胡振鹏陪同调研。

6月12日 市人大常委会主任邵奇生率领部分市人大代表视察全市蔬菜基地建设情况。

7月2日至3日 市人大常委会组织部分市人大代表视察全市实施农村“卫生清洁”工程工作情况。

7月14日 省人大常委会秘书长、办公厅主任程水凤带领省人大调研组，就如何加强和改进新形势下的人大工作及省人大加强机关作风效能建设征求意见，到余江县开展综合调研。

7月28日至30日 市人大常委会组织部分人大常委会委员对全市农村药品“两网”建设情况进行了专项调查。

8月4日至6日 市人大常委会组织部分市人大代表对全市耕地保护责任落实情况进行了专项调查。

8月12日 市人大常委会执法检查组对《中华人民共和国城乡规划法》实施情况进行检查。

8月17日至18日 省人大常委会副主任、省总工会主席姚亚平带队到江铜集团及贵溪、余江等地部分企业就新时期如何加强基层工会组织建设，发挥工会桥梁和纽带作用，促进地方经济发展和社会和谐等有关工作进行专题调研。

9月17日 省人大立法评价调研组到鹰潭开展《江西省防震减灾条例》立法质量评价调查活动。

9月22日 市人大常委会组织部分市人大代表视察了鹰潭承办省第十三届运动会筹备工作情况。

9月 市人大常委会副主任张鲁年、管华鞍、彭中华、尹宁分别带队，对“建议在重点污染企业和饮用水水源地建立在线监测系统”“关于对角山商代窑址进行开发利用”“关于要求将鹰东连接线两边各1000米进行详细规划”“关于规范出租车管理”等代表议案进行重点督办。

10月13日 省人大财经委调研组到鹰潭就推进重点工程建设情况及《江西省中小企业促进条例》实施情况进行专题调研。

10月19日 省人大常委会《江西省专利保护条例（草案）》立法调研组到鹰潭进行专题调研。

10月20日 市人大常委会组织部分市人大代表对全市保障性住房建设情况进行视察。

是日 市人大常委会组织部分市人大代表对龙虎山景区建设工作进行视察。

12 月 3 日 市人大常委会组织在鹰潭的部分省人大代表、市人大代表视察全市 2009 年重点工程建设情况。

2010 年

1 月 18 日至 20 日 市七届人大六次会议在市区召开，会议补选居国屏为市中级人民法院院长。

1 月 26 日至 30 日 市人大常委会主任邵奇生，副主任张鲁年、刘育虹出席省十一届人大三次会议。

3 月 23 日 市七届人大常委会第三十二次会议审议并通过了《鹰潭市人大常委会议事规则》的议案。

4 月 28 日至 30 日 市人大常委会专项调查组深入全市各县（市、区），实地调查全市医疗废物（垃圾）无害化处理情况。

6 月 7 日至 8 日 市人大常委会专项调查组深入全市各县（市、区），实地调查鹰潭市村镇灾后卫生防疫工作情况。

6 月 10 日 市人大常委会主任邵奇生率部分市人大常委会委员及人大代表深入贵溪电厂，视察该厂三期（“上大压小”）工程建设情况。

6 月 27 日 省人大常委会副主任魏小琴受副主任蒋如铭的委托，致电市人大常委会主任邵奇生，关切询问鹰潭市当前抗灾抢险最新情况和受灾地区群众生活安排情况，对全市受灾群众表示亲切慰问，向战斗在救灾前线的广大干部群众、医护人员、人民解放军指战员、武警官兵以及全市人大干部职工致以崇高的敬意。

6 月 29 日 市七届人大常委会第三十五次会议通过关于接受吴晓军辞去市人民政府副市长职务请求的决定。

7 月 13 日 省人大常委会副主任朱秉发率执法检查组到鹰潭就全市贯彻执行《江西省旅游条例》情况及建设旅游产业大省、旅游经济强市工作情况进行检查。

8 月 5 日 省人大常委会副主任胡振鹏，省人大常委会秘书长、办公厅主任程水凤带队到鹰潭市就第十三届省运会筹备工作和《全民健身条例》贯彻实施情况进行调研。

8 月 31 日至 9 月 1 日 市人大常委会调研组对全市城镇污水处理设施和管网建设及运行情况进行调研。

9 月 2 日至 3 日 市人大常委会新农村建设资金使用情况专项工作调查组，深入月湖区、贵溪、余江、龙虎山等地乡镇和新农村建设点，了解 2006 年以来省、市、县新农村建设资金的管理和使用情况。

11 月 8 日 市七届人大常委会第三十八次会议通过接受陈智祥辞去市人民政府副市长职务请求的决定。

12 月 8 日 全市人大工作会议在华侨饭店召开，市委书记杨宪萍出席会议并讲话。

12 月 9 日 市人大常委会主任邵奇生率队就市区社会治安视频监控“天网”工程建设和应用管理情况进行视察。

12 月 13 日 市人大常委会主任邵奇生率视察组对市审计局“数字审计”建设工作情况进行视察。

12 月 15 日 市七届人大常委会第三十九次会议通过关于接受宋迪维辞去市人民政府副市长职务请求的决定，任命王家林、张荣先为市人民政府副市长。

12 月 21 日 市人大常委会主任邵奇生率在鹰潭的部分省人大代表、市人大代表，视察全市 2010 年重点工程建设情况。

2011 年

1 月 11 日 市人大常委会召开鹰潭市“十二五”规划纲要草案征求意见座谈会，听取各方代表的意见和建议。

2 月 15 日至 21 日 市人大常委会主任邵奇生，副主任张鲁年、刘育虹出席省十一届人大四次会议。

2 月 23 日至 25 日 市七届人大七次会议在市区召开。会议通过《鹰潭市国民经济和社会发展第十二个五年规划纲要》。

4 月 12 日 市人大常委会主任邵奇生率部分市人大常委会委员视察市经济技术开发区工作。

5 月 5 日至 7 日 省人大常委会执法检查组对全市贯彻实施《中华人民共和国食品安全法》情况进行检查。

5 月 13 日 市人大常委会召开维护物价稳定工作座谈会。

5 月 16 日至 18 日 全省设区市人大常委会秘书长、办公厅（室）主任座谈会在鹰潭市召开。会议的主题是：如何创新人大常委会办公厅（室）工作。省人大常委会秘书长魏民及全省 11 个设区市人大常委会秘书长、办公厅（室）负责人参加会议并进行工作交流。

5 月 18 日至 20 日 闽浙赣皖四省九市人大工作联席会第二十五次会议在鹰潭召开。金华市人大、景德镇市人大、衢州市人大、黄山市人大、南平市人大、丽水市人大、上饶市人大、抚州市人大常委会副主任及鹰潭市人大常委会领导出席会议。会议围绕“地方人大如何坚持以人为本，促进民生改善”这一主题，进行探讨和交流。

5月24日至26日 市人大常委会主任邵奇生、秘书长敖高源等赴广东潮州参加全国二十三城市（区）人大常委会第十八次联席会议。

6月23日至24日 省人大执法调研组到鹰潭市就贯彻落实《中华人民共和国民办教育促进法》情况进行调研。

6月28日至29日 市七届人大常委会第四十五次会议听取市人民政府关于信江新区建设工作情况的报告。

7月21日至22日 市七届人大常委会第四十六次会议听取和审议了市人民政府关于鹰潭市“五五”普法规划实施情况及“六五”普法工作安排意见的报告。

8月1日至10日 市人大常委会主任邵奇生、副主任管华鞍，秘书长敖高源等一行6人，对芬兰伊纳里市、匈牙利多瑙新城市、乌克兰伊久姆市进行了正式友好访问。邵奇生先后与芬兰伊纳里市议长戴武、匈牙利多瑙新城市市长切劳卡博、乌克兰伊久姆市市长波日卡夫进行了会谈，就经济、文化、教育、旅游方面进行交流，并与匈牙利多瑙新城市、乌克兰伊久姆市签署了建立友好城市关系的意向书。

8月4日至5日 省人大常委会执法检查组对全市贯彻实施《中华人民共和国残疾人权益保障法》情况进行检查。

9月6日 市七届人大常委会第128次主任会议讨论并批准《市人民政府关于市区金山弄、仪表厂和林东片区三个旧城改造项目纳入2011年国民经济和社会发展年度计划的议案》。

9月15日 市七届人大常委会第四十八次常委会会议通过关于接受史可辞去市人民政府副市长职务请求的决定。

9月24日至27日 市八届人大一次会议在市区召开。会议选举杜德春为市第八届人大常委会主任，杨晓群、尹宁、卢越明、刘育虹、徐晓年、应祥为副主任，江鸿为秘书长，委员28名；选举钟志生为市人民政府市长，王家林、宋迪维、辜清、张荣先、李力、徐云为副市长；选举陈仁生为市中级人民法院院长、罗庆华为市人民检察院检察长；通过市八届人大各专门委员会组成人员名单。

10月下旬至11月上旬 市人大常委会主任邵奇生及各位副主任分别就“如何壮大鹰潭市传统产业和培育战略性新兴产业”等7项重点课题开展调研，分别形成调研报告，供市委决策参考。

11月5日 省人大常委会副主任朱秉发到鹰潭出席第十二届中国鹰潭·龙虎山道教文化旅游节暨第五届海峡两岸道教文化论坛开幕式。

11月8日 市八届人大常委会第一次会议审议通过市人大常委会关于加强自身建设的

决定；审议通过市八届人大常委会代表资格审查委员会主任委员、副主任委员、委员名单。

11月16日至22日 市人大常委会主任杜德春赴南昌参加全省人大常委会主任座谈会。

11月25日 市八届人大常委会第二次会议补选省第十一届人大代表2名。

12月29日 市人大常委会视察组就“加快治理罗塘河建议”办理情况进行专题视察。

11月至12月 市人大常委会副主任刘育虹、卢越明、杨晓群带队到市教育局、市地税局、市公安局、市社保局就《关于整合城区义务教育资源的建议》《关于加大微型制造企业扶持力度的建议》等代表建议进行重点督办。

2012年

2月1日至5日 市人大常委会主任杜德春、副主任刘育虹出席省十一届人大五次会议。

2月15日至17日 市八届人大二次会议在市区召开。

2月29日 市人大常委会组织部分市人大代表就关于加快全市文化产业发展工作审议意见落实情况开展调研。

3月21日 市人大常委会组织部分市人大代表对全市维护物价稳定工作进行视察。

3月26日 全国人大内务司法委员会副主任委员、全国人大常委会委员张学忠，全国人大内务司法委员会副主任委员陈建国率调研组到鹰潭调研《中华人民共和国老年人权益保障法》的执行和修改工作。

4月9日至14日 市人大常委会主任杜德春参加全国人大常委会办公厅举办的2012年第一期地方人大常委会负责人学习班。

4月18日 市人大常委会召开第16次主任会议讨论全国二十三城市区人大常委会第二轮第二十次联席会议筹备工作方案；讨论并通过《鹰潭市人民代表大会常务委员会规范性文件备案审查工作暂行办法》。

4月23日 市人大常委会调查组就鹰潭市台资企业发展情况进行了专项调查。

5月11日 省人大常委会副主任陈达恒到鹰潭考察调研城市建设工作情况。

6月4日至5日 市人大常委会执法调研组深入各县（市、区），就全市贯彻实施《中华人民共和国药品管理法》情况进行调研。

6月8日至9日 全国二十三城市（区）人大常委会第二轮第二十次联席会议在鹰潭市华侨饭店会议中心举行，福建三明市人大常委会等22个成员单位出席会议，省人大常委会副主任胡振鹏出席会议并讲话。会议围绕“加强和改进监督工作，不断增强监督实效”

这一主题进行交流探讨。

6月29日至30日 全省人大选举任免联络工作座谈会在鹰潭召开。

8月7日 省人大常委会副主任胡振鹏率部分省人大常委会组成人员和省人大代表到鹰潭就粮食安全和粮油质检体系建设情况进行视察。

8月27日 市八届人大常委会第八次会议任命裴勇为市人民政府副市长。

9月4日 市人大常委会组织部分省、市人大代表对信江新区建设情况进行视察，市人大常委会主任杜德春参加视察并主持座谈会。

9月10日 市人大常委会联合由市委政法委、市人大内司委、市公安局等部门为成员单位组成的执法检查组，对全市看守所的管理和运行情况进行专项执法检查。

9月10日至12日 市人大常委会配合省人大常委会开展《江西省血吸虫病防治条例（修改草案）》立法调研。

9月13日至20日 市人大常委会执法检查组对《中华人民共和国农业法》实施情况进行检查。

9月18日至21日 市人大常委会分县（市、区）举办市八届人大代表培训班。

11月8日至13日 市人大常委会调研组深入余江县、鹰潭高新区，对2005年以来鹰潭市政府性融资资金管理使用、经济运行等情况进行调研。

11月21日 市人大常委会组织部分市人大代表对全市旅游交通建设情况进行集中视察。

12月13日至14日 市人大常委会调研组到市农业局和市水利局，就农产品质量安全检验检测体系建设情况、全市生猪养殖带来的污染情况、水库承包养殖情况进行调研。

2013年

1月4日至6日 市八届人大四次会议在市区召开。

1月23日至28日 市人大常委会主任杜德春、副主任刘育虹出席省十二届人大一次会议。同期市人大常委会副主任卢越明出席省政协十一届一次会议。

4月22日至23日 市人大常委会主任杜德春、副主任刘育虹出席省十二届人大二次会议。

5月7日至8日 全国人大内司委副主任委员陈斯喜一行对全市公安机关执法规范化建设情况进行调研。

6月28日至30日 全省设区市人大常委会秘书长、办公厅（室）主任座谈会在南昌召开。会议就贯彻落实《中共江西省委关于进一步加强和改进人大工作的意见》（赣发

〔2009〕14 号）情况进行了交流。

8 月 8 日至 9 日 全国人大代表、江西中烟工业有限责任公司党组书记、总经理郑伟和省监察厅副厅长兼省预防腐败局副局长，民盟省委会副主委何建洋率全国人大代表专题调研组一行到鹰潭就优化企业发展环境进行专题调研。

9 月 10 日 市八届人大常委会第十七次会议通过关于接受钟志生辞去鹰潭市人民政府市长职务的请求的决定，任命熊茂平为市人民政府副市长、代理市人民政府市长职务。

10 月 31 日 市八届人大常委会第十九次会议通过关于接受裴勇辞去市政府副市长职务请求的决定。

11 月 16 日至 18 日 “三川杯”全省人大常委会机关乒乓球比赛在鹰潭市举行，全国人大农委委员、省人大常委会副主任陈达恒，省人大常委会秘书长魏民等出席运动会。省人大常委会机关代表队，南昌市、九江市、上饶市、抚州市、景德镇市、赣州市、吉安市、宜春市、萍乡市、新余市、鹰潭市人大常委会机关代表队等共 12 支代表队参加本次比赛。鹰潭代表队包揽混合团体、总分团体全部集体项目的第一名及厅级领导组男子单打的第一名、第二名的优异成绩。

2014 年

1 月 6 日 市人大常委会组织部分省、市人大代表就鹰潭市重点项目及民生工程建设进展情况开展视察。

1 月 9 日 市八届人大常委会第二十二次会议任命杨发航为市人民政府副市长。

1 月 13 日至 16 日 市八届人大四次会议在市区召开。会议补选熊茂平为市人民政府市长，补选市人大常委会委员 2 名。

1 月 19 日至 25 日 市人大常委会主任杜德春、副主任刘育虹出席省十二届人大三次会议。同期市人大常委会副主任卢越明出席省政协十一届二次会议。

2 月 21 日 市八届人大常委会第二十三次会议召开，会议审议并通过市人大常委会《关于促进改革创新的决定》。

3 月 23 日至 25 日 市人大常委会组织部分市人大代表就全市社区矫正工作情况开展专题调研。

3 月 26 日 市八届人大常委会第二十四次会议任命张福庆为市人民政府副市长。

3 月 28 日至 29 日 全国人大常委会副秘书长刘水生一行到鹰潭就充分发挥生态优势加快旅游产业发展开展专题调研。

4 月 1 日 省人大常委会副主任马志武率队深入贵溪市樟坪乡就党的群众路线教育实

践活动工作进行调研。

4月1日至2日 全省人大教科文卫工作座谈会在鹰潭举行，会议围绕如何深化教科文卫事业改革，推进新时期教科文卫工作进一步繁荣发展进行探讨，省人大常委会副主任马志武出席会议。

4月22日至23日 市人大常委会组织部分市人大代表就全市宗教事务管理情况进行调研。

4月23日至24日 市人大常委会组织部分市人大代表就全市职业教育发展工作情况进行调研。

5月30日 市八届人大常委会第二十五次会议通过关于接受宋迪维辞去市人民政府副市长职务请求的决定。

6月13日 省人大常委会副主任马志武带队就鹰潭市贯彻实施《江西省湿地保护条例》进行专项检查。

6月27日至28日 市人大常委会组织部分市人大代表就鹰潭市“森林城乡、绿色鹰潭”建设情况进行调研。

7月9日至10日 全国人大常委会副委员长吉炳轩率全国人大调研组到鹰潭就金融机构服务“三农”、完善农村金融服务等进行调研。全国人大常委会委员、全国人大农业与农村委员会副主任委员刘振伟，全国人大农业与农村委员会委员陈达恒，全国人大农业与农村委员会法案室巡视员何宝玉等参加调研。省人大常委会副主任谢亦森陪同调研。

8月25日 市八届人大常委会第69次主任会议讨论市人大常委会审议意见督办暂行办法、市人大代表联系人民群众办法、市人大常委会专题询问暂行办法、市人大常委会信访若干规定等制度。

9月11日 市八届人大常委会第70次主任会议讨论关于召开纪念人民代表大会成立60周年暨学习习近平总书记重要讲话精神座谈会等有关事项。

9月16日 市八届人大常委会主任杜德春参加省人大常委会召开的纪念人民代表大会成立60周年座谈会。

9月17日 市人大常委会召开纪念人民代表大会成立60周年暨学习习近平总书记重要讲话座谈会。市委书记陈兴超、市长熊茂平参加会议。

9月25日至26日 市八届人大常委会第二十七次会议听取和审议市人民政府关于开展城市建筑施工污染治理情况的报告，并开展专题询问。

9月28日 市人大常委会机关召开机关党总支部换届选举会议。

10月17日、20日 市人大常委会调研组对沿320国道产业集聚升级带建设情况进行调研。

10月22日 安徽省人大常委会党组副书记、副主任臧世凯一行就如何推动新时期人大工作到鹰潭进行调研。

10月30日 市人大常委调研组就全市旅游人才队伍建设情况进行调研。

11月12日 市八届人大常委会第二十八次会议任命陈云为市人民政府副市长。

12月8日 市人大常委会官方网站“鹰潭人大信息网”正式开通运行。

2015年

1月21日至23日 市八届人大五次会议在市区召开。

2月5日至6日 市人大常委会组织对全市村（社区）“两委”换届工作进行视察。

1月27日至2月1日 市人大常委会主任杜德春、副主任刘育虹出席省第十二届人大四次会议。同期，市人大常委会副主任卢越明出席省政协十一届三次会议。

4月13日至14日 市人大常委会调研组对全市全民健身活动情况进行专项调研。

4月14日 省人大执法检查组到鹰潭就贯彻执行《中华人民共和国审计法实施条例》情况进行检查。

4月17日 市人大常委会组织部分市人大代表对建筑施工污染治理审议意见落实情况进行检查评议。

4月25日 市人大常委会组织部分驻鹰潭市人大代表参加省人大常委会在深圳全国人大培训基地举办2015年第一期省人大代表履职培训班。

4月28日至29日 市人大常委会检查组对全市《江西省少数民族权益保障条例》实施情况进行检查。

4月中下旬 市人大常委会调研组深入部分国有企业组织对国有资产经营管理情况开展调研。

4月至8月 市人大常委会执法检查组开展《中华人民共和国城乡规划法》执法检查。

6月至8月 市人大常委会执法检查组对《中华人民共和国农产品质量安全法》实施情况进行检查。

6月至10月 市人大常委会开展《中华人民共和国食品安全法》执法检查，开展“食品药品安全赣鄱行”活动。

6月19日 市委召开全市人大工作会议。会议回顾总结近五年来全市人大工作，研究部署下一步工作。印发《中共鹰潭市委关于与时俱进创新发展人大工作的实施意见》。市委书记陈兴超参加会议并讲话。

6月24日至7月11日 市人大常委会调研组对中级人民法院行政审判工作、市人民检察院民事诉讼法律监督工作进行调研。

7月8日 市人大常委会调研组开展全市“小农水”项目实施情况调研。

7月中旬 市人大常委会执法检查组对《中华人民共和国农业法》实施情况进行检查。

8月4日 省人大常委会副主任冯桃莲率执法检查组，就全市《中华人民共和国农产品质量安全法》贯彻实施情况进行检查。

9月2日 市人大常委会组织部分市人大代表对全市实施便民服务工程情况视察。

9月18日至23日 市人大常委会在全国人大北戴河培训基地举办市人大代表履职培训班。

9月下旬 市人大常委会执法检查组对全市实施《江西省企业权益保护条例》实施情况进行检查。

10月13日至15日 市人大常委会执法检查组对全市实施《江西省企业工资集体协商条例》情况进行检查。

10月20日 市人大常委会调研组对全市旅游产业发展升级情况进行调研。

10月20日至21日 市人大常委会组织部分市人大代表视察全市森林防火工作开展情况。

11月16日至17日 市人大常委会组织开展环保信江行检查采访活动。

12月18日 全省人大农业和农村工作座谈会在鹰潭召开，省人大常委会副主任冯桃莲出席会议并讲话。

12月28日 市八届人大常委会第二十六次会议任命吴文戈为市人民政府副市长。

2016年

1月12日至16日 市八届人大六次会议在市区召开。会议补选吴炳生为市人大常委会副主任，李莉安为市人民检察院检察长；补选省第十二届人大代表4名。

1月25日至30日 市人大常委会主任杜德春，副主任刘育虹、程芦山出席省十二届人大五次会议。同期，市人大常委会副主任卢越明出席省政协十一届四次会议。

2月2日 市八届人大常委会第三十八次会议通过关于接受杨发航、张荣先辞去市人民政府副市长职务请求的决定，任命邓伟为市人民政府副市长。

2月3日 省人大常委会副主任谢亦森率队到鹰潭对河道采砂整治情况和“河长制”工作开展情况进行专题督导。

3月22日至24日 市人大常委会执法检查组对《中华人民共和国文物保护法》实施情况进行检查。

3月22日至24日，5月18日至19日 市人大常委会调研组分阶段对全市部分水库水质污染治理情况分别进行抽样检测和专题调研。

3月31日 全国人大环资委副主任委员王鸿举一行就土壤防治立法工作到鹰潭调研，省人大常委会副主任冯桃莲陪同调研。

4月8日 省人大常委会副主任谢亦森带队到鹰潭调研“河长制”落实情况。

4月19日 市人大常委会组织部分市人大代表对全市宗教活动场所管理情况进行视察。

4月20日至21日 市人大常委会调研组对全市审判机关和检察机关推进司法公开工作开展专题调研。

4月22日 市八届人大常委会第四十次会议任命李唐为市人民政府副市长。

4月29日 市人大常委会召开立法工作座谈会。

5月6日至7日 全省人大外侨民宗台旅工作座谈会在鹰潭召开。

5月12日至14日 省人大常委会副主任冯桃莲率执法检查组一行到鹰潭对《江西省机动车排气污染防治条例》实施情况进行检查。

5月23日至24日 省人大常委会秘书长魏民率调研组到鹰潭就降低企业成本优化发展环境开展专题调研。

6月上旬 市人大常委会执法检查组对《中华人民共和国水法》实施情况进行检查。

6月15日至16日 省人大常委会执法检查组到鹰潭对《中华人民共和国职业教育法》贯彻实施情况进行检查。

6月16日至17日 省人大常委会督察组到鹰潭就《江西省委办公厅关于加强市县乡人大建设的若干实施意见》贯彻落实情况进行调研督查。

6月21日 市人大常委会组织部分市人大代表对全市大健康产业发展情况进行视察。

6月27日至28日 最高人民检察院、湖南省人民检察院邀请部分在湖南的全国人大代表到鹰潭视察检察工作。

7月5日 市人大常委会举办换届风气监督专题培训班。

7月5日至6日 省人大常委会副主任马志武率省人大常委会“四小”特定问题调查组，对全市食品生产加工小作坊和食品小摊贩等“四小”问题进行调查。

7月12日至14日 市人大常委会调研组对全市“六五”普法规划情况和“七五”普法工作安排情况开展调研。

8月16日至17日 省人大常委会选任联工委指导组到鹰潭检查指导县乡人大换届选举工作。

8月23日至25日 市人大常委会执法检查组对《中华人民共和国禁毒法》实施情况

进行检查。

8 月 25 日 市人大常委会组织部分市人大代表对全市交通畅行工程实施情况开展视察。

8 月 26 日 市八届人大常委会第四十三次会议通过关于接受熊茂平辞去人民政府市长职务请求的决定，任命曹淑敏为市人民政府副市长，代理市人民政府市长职务。

8 月 30 日至 31 日 市人大常委会调研组对全市精准扶贫工作进展情况开展专项调研。

9 月 7 日至 8 日 省人大常委会执法检查组到鹰潭就《中华人民共和国文物保护法》贯彻实施情况进行检查。

9 月 27 日至 29 日 市人大常委会主任杜德春、副主任刘育虹出席省第十二届人大六次会议。

10 月 18 日至 19 日 省人大常委会副主任冯桃莲一行到鹰潭开展城乡生活垃圾治理工作专题调研。

10 月 31 日至 11 月 3 日 市九届人大一次会议在市区召开。会议选举郭清为市九届人大常委会主任，程芦山、刘育虹、李力、周永江、杨森、胡高堂为副主任，江鸿为秘书长，委员 31 名；选举曹淑敏为市人民政府市长，张福庆、黄占共、吴文戈、邓伟、蔡江、张子建为副市长；选举陈仁生为市中级人民法院院长，李莉安为市人民检察院检察长。会议决定设立市人大法制委员会，并通过了市九届人大各专门委员会组成人员名单。

12 月 31 日 市九届人大常委会第三十次会议补选省十二届人大代表 2 名。

2017 年

1 月 16 日至 20 日 市人大常委会主任郭清，副主任程芦山、刘育虹出席省十二届人大七次会议。

2 月 14 日至 16 日 市九届人大二次会议在市区召开。会议表决通过了鹰潭第一部地方性法规《鹰潭市立法条例》（同年 5 月 25 日江西省第十二届人民代表大会常务委员会第三十三次会议批准，自 2017 年 6 月 7 日公布施行）。

3 月 5 日至 6 日 南京市人大常委会副主任李奇一行到鹰潭学习调研鹰潭道教文化发展和宗教场所管理工作经验。

3 月 7 日至 9 日 青岛市人大常委会副主任徐航一行到鹰潭学习调研旅游业改革发展工作。

3 月 29 日 省人大常委会副主任马志武率调研组到鹰潭开展文明旅游立法调研工作。

4 月 13 日至 18 日 市人大常委会在全国人大深圳培训基地举办市人大代表履职培训

班。部分市人大代表及机关干部 92 人参加培训。

4 月 18 日至 20 日 市人大常委会主任郭清赴省人大干部培训中心参加全省市县人大常委会主任专题培训班学习。

4 月 24 日至 25 日 省人大农委检查组到鹰潭检查鹰潭市贯彻实施《中华人民共和国防洪法》和《江西省实施〈中华人民共和国防洪法〉办法》工作情况。

4 月 29 日 市人大常委会官方微信公众号“鹰潭人大发布”正式开通上线，发布第一条工作信息。

5 月 15 日 市人大常委会召开 2017 年环保信江行活动动员部署暨新闻发布会。

5 月 15 日至 19 日 市人大常委会执法检查组对全市《中华人民共和国义务教育法》实施情况进行检查。

5 月 16 日至 18 日 省人大检查采访组到鹰潭开展 2016 年中央生态环境保护督察组督察反馈意见整改情况调研和 2017 年环保赣江行检查采访活动。

5 月 18 日 俄罗斯科学院区域社会经济发展研究所副所长康斯坦丁·古林一行到鹰潭学习考察并进行学术交流。

5 月 21 日至 23 日 全国人大民族委员会副主任委员吴仕民一行到鹰潭对民族乡经济社会发展情况进行调研。

5 月 22 日 全市立法专家库组建会议召开。

6 月 6 日至 7 日 省人大常委会副主任朱虹率调研组到鹰潭对全域旅游工作开展情况进行调研。

6 月 19 日 市人大常委会主任郭清率在鹰部分全国人大代表、省人大代表和市人大代表，实地视察移动物联网产业园建设。

6 月 20 日至 21 日 全国人大代表浙江第二小组一行 22 人到鹰潭视察全市生态文明建设工作情况，并赴龙虎山进行实地视察。

6 月 25 日至 7 月 4 日 市人大常委会主任郭清带队赴俄罗斯、捷克、匈牙利三国围绕“一带一路”旅游推介进行友好交流。

7 月 14 日 市九届人大常委会第七次会议通过关于接受曹淑敏辞去市人民政府市长职务请求的决定。

是日 青海省人大常委会副主任曹文虎一行到鹰潭学习考察鹰潭市生态文明建设工作开展情况。

7 月 26 日至 27 日 市九届人大三次会议在市区举行。会议补选于秀明为市人民政府市长。闭幕会上，市委书记曹淑敏讲话，市长于秀明做任职表态发言。

8 月 11 日 全市县乡人大工作和建设工作推进会暨代表联络工作站建设情况座谈会

召开。

8 月 29 日 市九届人大常委会第九次会议审议并通过《鹰潭市人大常委会议事规则》，任命赵子忠为市人民政府副市长。

9 月 15 日 市人大常委会基层立法联系点设立会议召开，会上为 12 个基层立法联系点进行了授牌。

9 月 18 日至 29 日 省人大督办组到鹰潭就 2015 年全省标准厂房建设审计调查发现问题整改情况进行督办。

10 月 16 日 省人大常委会副主任马志武深入贵溪市滨江镇人大代表联络站，联系全国人大代表桂千金、省人大代表雷英，召开座谈会听取意见和建议。

10 月 31 日至 11 月 3 日 省人大代表专题培训班在鹰潭市开班。党的十九大代表、市委书记曹淑敏致辞并宣讲党的十九大精神。

11 月 1 日至 3 日 市人大常委会执法检查组对《中华人民共和国道路交通安全法》实施情况进行检查。

11 月 7 日 全市县乡人大工作和建设推进会召开。

11 月 26 日 全市人大常委会机关干部职工体育健身活动在市体育馆举行。

11 月 29 日 市九届人大常委会第十一次会议第一次启用电子表决系统进行表决。

12 月 8 日 市人大常委会法工委与南昌大学法学院签订协议，合作设立“鹰潭市立法研究基地”，开展立法工作咨询、培训和智力支持等服务。

12 月 19 日至 21 日 市人大常委会主任郭清及各位副主任带队深入各县（市、区）进行集中调研。

12 月 29 日 市人大常委会副主任程芦山赴江西日报社参加《立法在进行》节目访谈。

2018 年

1 月 8 日至 10 日 市九届人大四次会议在市区召开。会议补选蔡厚勇为市监察委员会主任，喻德红为市中级人民法院院长，选举省十三届人大代表 18 人。

1 月 18 日 全国人大农委委员陈达恒率调研组到鹰潭调研。

1 月 22 日至 29 日 市人大常委会主任郭清、副主任刘育虹出席省十三届人大一次会议。

3 月 6 日至 7 日 省人大农委调研组到鹰潭开展《江西省气候资源保护和开发利用条例（草案）》立法调研。

3 月 12 日 省人大调研组到鹰潭就村（社区）“两委”换届选举工作进行调研。

3 月 16 日 省人大环资委调研组到鹰潭就更加有效地开展 2018 年环保赣江行活动、推动“五河一湖”流域水污染防治工作开展前期调研。

4 月 12 日 省人大农委、省河长办调研组到鹰潭开展信江流域巡河督导工作。

4 月 13 日 市九届人大常委会第十六次会议任命高怀孝为市人民政府副市长。

5 月 3 日至 4 日 省人大常委会副主任郑为文率执法检查组到鹰潭就《中华人民共和国预算法》贯彻实施情况进行检查。

5 月 30 日 市九届人大常委会第十七次会议任命勾文青为市人民政府副市长。

6 月 6 日 省人大常委会副主任周萌率调研组到鹰潭调研指导人大工作。省人大常委会秘书长韩军陪同调研。

是日 市人大常委会组织部分市人大代表视察全市美丽乡村建设。

6 月 19 日至 20 日 市人大常委会主任郭清、副主任杨森赴宜春参加全省人大代表工作及乡镇人大工作座谈会，并在会上作了题为《坚持创新实践 稳步推进三项重点工作》的交流发言。

6 月 28 日 省人大环资委调研组到鹰潭召开座谈会，听取对《关于加强扬尘污染防治的决定（草案征求意见稿）》意见和建议。

7 月 24 日至 29 日 市人大常委会在厦门市国家会计学院组织举办市人大代表履职培训班。

8 月 21 日至 22 日 省人大常委会法工委调研组到鹰潭就《鹰潭市信江饮用水水源保护条例》进行立法调研，并召开法规草案修改座谈会。

9 月 6 日 市人大常委会机关工会召开换届选举大会，选举产生新一届机关工会委员会。

是日 市人大常委会机关党总支召开全体党员会议，选举产生新一届机关党总支委员会委员。

9 月 12 日 市人大常委会组织部分组成人员深入贵溪市、余江区调研视察精准扶贫工作。

9 月 17 日至 18 日 省人大常委会执法检查组到鹰潭对《江西省科技创新促进条例》贯彻实施情况进行检查。

9 月 20 日至 21 日 市人大常委会组织部分市人大代表视察鹰潭市公共文化基础设施建设情况。

9 月 27 日 市九届人大常委会第二十次会议审议并表决通过了《鹰潭市信江饮用水水源保护条例》（2018 年 11 月 29 日江西省第十三届人民代表大会常务委员会第九次会议批准，自 2019 年 6 月 1 日起施行）。

10 月 18 日至 23 日 市人大常委会调研组就全市法院、检察院深化司法体制改革工作开展专题调研。

10 月 19 日至 26 日 市人大常委会副主任胡高堂出席中国工会第十七次全国代表大会。

10 月 22 日至 23 日 市人大常委会主任郭清、副主任刘育虹出席省十三届人大二次会议。

10 月 25 日 省人大常委会副主任冯桃莲率省人大 2018 年环保赣江行跟踪回访检查组进行督查。

10 月 29 日至 30 日 省人大农委调研组到鹰潭就全省农村集体产权制度改革情况进行调研。

11 月 8 日至 9 日 市人大常委会组织部分人大常委会委员、人大代表对全市道文化建设项目进行视察。

11 月 9 日 市人大常委会召开部分市人大代表及乡镇人大主席座谈会。

11 月 14 日至 20 日 市人大常委会执法检查组就全市《中华人民共和国残疾人保障法》实施情况进行检查。

11 月 15 日 全市区（市）人大常委会主任座谈会召开。

11 月 26 日 市九届人大常委会第二十一次会议审议并表决通过《鹰潭市文明旅游促进条例》（2019 年 3 月 28 日江西省第十三届人民代表大会常务委员会第十二次会议批准，自 2019 年 7 月 1 日起施行）。

12 月 8 日至 13 日 市人大常委会主任郭清、副主任程芦山赴上海参加江西省立法暨规范性文件备案审查工作培训。

12 月 12 日至 13 日 省人大农委调研组到鹰潭调研农村饮用水安全情况。

12 月 14 日 市人大、市政协组织部分市人大代表和政协委员，对鹰潭市月湖区城隍庙项目进行专题视察。

12 月 20 日 市委召开全市立法工作会议。

12 月 27 日 《鹰潭市信江饮用水水源保护条例》新闻发布会召开。

2019 年

1 月 15 日至 17 日 市九届人大五次会议在市区召开。会议决定设立市九届人大社会建设委员会，选举黄云为市监察委员会主任，补选市九届人大常委会委员 2 名。表决通过了市九届人大监察和司法委员会、社会建设委员会组成人员名单。

1 月 21 日 省人大环境资源保护监督员培训工作座谈会在鹰潭召开。

1 月 25 日至 31 日　市人大常委会主任郭清、副主任刘育虹出席省十三届人大三次会议。

2 月 21 日至 22 日　省人大常委会组织部分在赣的全国人大代表到鹰潭视察全市经济社会发展情况。

3 月 6 日至 7 日　省人大环资委环保督察组到鹰潭就 2018 年环保赣江行活动中发现的问题整改落实等情况开展实地督查。

3 月 7 日　市人大常委会第九次主任会议通过《鹰潭市人大常委会规范性文件备案审查工作规定》。

3 月 19 日　市人大常委会调研组赴贵溪市、余江区、高新技术产业开发区对全市外事工作情况开展调研。

4 月 1 日至 3 日　市人大常委会举办全市人大系统“学习研究宣传贯彻习近平总书记关于坚持和完善人民代表大会制度的重要思想”专题活动培训班，市人大常委会主任郭清出席并作开班动员讲话。市、区（市）人大常委会机关干部，乡镇人大主席、街道人大工委主任参加培训。

4 月 9 日　全国人大常委会副秘书长信春鹰到鹰潭调研地方人大及代表联络工作站等工作情况。省人大常委会副主任周萌陪同调研。

4 月 24 日　市人大常委会调研组赴贵溪市樟坪乡就“发挥少数民族人大代表作用，推动少数民族振兴”开展调研。

4 月 25 日　市九届人大常委会第二十六次会议通过关于接受张福庆辞去市人民政府副市长职务请求的决定，任命张志坚为市人民政府副市长。

4 月 25 日至 26 日　省人大常委会副主任冯桃莲率省人大常委会执法检查组到鹰潭对《中华人民共和国水污染防治法》贯彻落实情况进行检查。

5 月 6 日　市人大常委会召开《鹰潭市文明旅游促进条例》新闻发布会。

5 月 7 日　省人大立法调研组一行到鹰潭就《江西省开发区条例（草案）》开展立法调研。

6 月 5 日至 6 日　全国人大监察和司法委员会副主任委员、全国人大常委会副秘书长韩晓武率调研组一行到鹰潭，就国家安全法实施情况开展专题调研，并召开座谈会。

6 月 20 日　市人大常委会组织部分市人大常委会委员和人大代表，对中心城区供水工程和老城片区雨污管网改造工程建设情况进行视察。

7 月 23 日　省人大常委会副主任马志武带队到鹰潭开展宅基地改革试点情况调研。

7 月 23 日至 24 日　市人大常委会执法检查组对《中华人民共和国妇女权益保障法》实施情况进行检查。

7 月 30 日　市九届人大常委会第二十八次会议通过关于接受高怀孝、吴文戈辞去市人民政府副市长职务请求的决定，任命廖良生为市人民政府副市长。

8月2日 市人大常委会机关举办全市人大系统“牢记初心使命，坚定制度自信，奋力书写人大工作新篇章”主题演讲比赛。

8月13日 省人大常委会副主任马志武率队到鹰潭调研妇女儿童健康权益保障工作。

8月15日至16日 省人大财经委调研组一行到鹰潭就电子信息产业发展情况进行调研。

8月22日 省人大教科文卫委调研组到鹰潭开展《江西省红十字会条例》立法调研。

9月10日至12日 市人大常委会执法检查组对《自然保护区条例》实施情况进行检查。

9月12日 市人大常委会党组暨机关党组“不忘初心、牢记使命”主题教育领导小组会议召开，对主题教育工作进行部署。

9月24日 省人大环资委调研组一行到鹰潭开展“环保赣江行”检查采访暨农村饮用水保护调研活动。

9月26日 市人大常委会主任郭清等赴南昌参加纪念地方人大设立常委会40周年座谈会、设区市人大立法工作交流会。

9月28日 “庆祝新中国成立70周年和地方人大设立常委会40周年”全市人大常委会机关干部职工体育健身运动会在市体育馆举行。

10月10日至12日 市人大常委会调研组就扫黑除恶专项斗争工作情况开展专题调研。

10月24日 市九届人大常委会第三十一次会议审议并表决通过《鹰潭市户外广告设置管理条例》（同年11月27日省十三届人大常委会第十六次会议批准，自2020年6月1日起施行）。

10月31日至11月1日 市人大常委会执法检查组对《中华人民共和国气象法》实施情况进行检查。

12月5日 市人大常委会主任郭清赴南昌参加全省人大工作会议、贯彻全省人大工作会议精神座谈会。

12月11日至20日 市人大常委会主任郭清率队出访印度尼西亚、泰国、马来西亚等国。

12月18日 市人大常委会组织部分省、市人大代表就全市“一府两院”工作情况进行视察。

12月27日 市九届人大常委会第三十三次会议审议并表决通过《鹰潭市智慧城市促进条例》（2020年3月27日，江西省第十三届人民代表大会常务委员会第十九次会议批准，自2020年9月1日起施行）。

2020年

1月15日至19日　市人大常委会主任郭清、副主任刘育虹赴南昌出席江西省第十三届人民代表大会第四次会议。

2月中下旬　市人大常委会组织开展学习宣传贯彻《江西省人大常委会关于依法全力做好新型冠状病毒肺炎疫情防控工作的决定》活动。

4月14日至15日　市人大常委会执法检查组检查鹰潭市贯彻实施《中华人民共和国野生动物保护法》和全国人大常委会关于全面禁止非法野生动物交易、革除滥食野生动物陋习、切实保障人民群众生命健康安全的决定情况。

4月29日　市九届人大常委会第三十五次会议任命王雄为市人民政府副市长。

5月8日　市九届人大常委会第三十六次会议通过关于接受程芦山、李力辞去市九届人大常委会副主任职务请求的决定。

5月12日至14日　市九届人大六次会议在市区召开。会议补选黄忠为市第九届人大常委会副主任，魏建君为秘书长，委员5名；补选王建华为市中级人民法院院长；通过市第九届人大教科文卫委员会、财政经济委员会、法制委员会部分组成人员的人选。

5月26日至27日　市人大常委会检查组赴各区（市）检查指导代表联络工作站建设及运行情况。

6月4日　江西人大预算审查监督网络平台省市县三级联通仪式举行，鹰潭市平台同时启动运行。

6月5日　市人大常委会调研组对鹰潭市台企侨企工作情况开展调研视察。

6月11日　市九届人大六次会议代表建议交办工作会议召开。

6月16日　市人大常委会组织部分市人大代表，对市花桥水利枢纽工程建设情况进行专题视察。

6月19日　市九届人大常委会第三十七次会议审议并表决通过关于接受于秀明辞去市人民政府市长职务请求的决定；任命陈敏为市人民政府副市长、代理市人民政府市长职务。

6月22日　全市人大工作会议召开，市委书记出席会议并讲话。

6月23日至24日　省人大常委会副主任冯桃莲率执法检查组到鹰潭就《中华人民共和国农业机械化促进法》贯彻实施情况进行检查。

6月30日　市九届人大常委会第三十八次会议审议并表决通过了关于接受勾文青辞去市人民政府副市长职务请求的决定。

7月15日至16日　中共中央政治局委员、全国人大常委会副委员长王晨率全国人大常委会执法检查组到鹰潭检查全国人大常委会全面禁食野生动物有关决定和野生动物保护法实施情况。

7 月 16 日至 17 日 市九届人大七次会议补选陈敏为市人民政府市长。

7 月 23 日 市委第一巡察组巡察市人大常委会机关党组情况反馈会召开。

8 月 5 日至 7 日 市人大常委会主任郭清赴瑞金参加省人大常委会组成人员、省市县人大常委会主任暨省人大代表学习班。

8 月 5 日至 7 日 市人大常委会执法检查组对《中华人民共和国献血法》实施情况进行检查。

8 月 25 日 市人大常委会主任郭清率队赴宜春市学习考察人大代表票决重大民生实事项目和助推营商环境建设等工作情况。

9 月 9 日 省人大常委会副主任马志武率部分全国人大代表和省人大代表到鹰潭就脱贫攻坚和乡村振兴开展调研。

9 月 15 日至 17 日 市人大常委会执法检查组对《鹰潭市信江饮用水水源保护条例》实施情况进行检查。

9 月 21 日 市人大常委会组织部分市人大代表深入贵溪市、余江区、高新区视察全市工业重点项目。

10 月 13 日至 16 日 市人大常委会调研组对全市义务教育工作情况进行专题调研。

10 月 14 日至 15 日 市人大常委会视察组深入贵溪市、余江区、月湖区、市本级医保定点医药机构，视察全市医疗保障工作情况并进行座谈。

10 月 14 日至 16 日 市人大常委会调研组就全市“农村人居环境整治三年行动”实施情况开展调研。

10 月 27 日 市九届人大常委会第四十一次会议任命王亚青为市人民政府副市长。

11 月 6 日至 8 日 河南省商丘市人大常委会主任周树群一行到鹰潭学习考察乡村振兴和农村人居环境整治工作。

11 月 13 日 市人大常委会主任郭清出席全省设区的市人大常委会主任座谈会。

11 月 17 日 全市人大代表联络工作站星级创建现场推进会召开。

12 月 17 日 市九届人大常委会第四十二次会议审议并通过《鹰潭市烟花爆竹销售燃放管理条例》《鹰潭市建设工地扬尘污染防治管理办法》（2021 年 3 月 26 日江西省第十三届人民代表大会常务委员会第二十八次会议批准，自 2021 年 6 月 1 日起施行）。

12 月 23 日 市人大、市政协联合视察组一行深入中心城区及各区（市）社区、学校、公园、菜场等地，视察创建工作开展情况。

12 月 29 日 市人大常委会组织鹰潭市选举的省十三届人大代表开展集中视察活动。

12月 市人大常委会组织有关部门和专家学者对《关于保护利用我市红色文化资源做优鹰潭长征国家公园的建议》《关于健全农村互助养老机制的建议》等代表建议进行重点督办。

2021年

1月20日至22日 市九届人大八次会议召开。会议补选市人大常委会委员2名；表决通过了市人大社会建设委员会主任委员名单。

1月26日至30日 市人大常委会主任郭清、副主任刘育虹赴南昌出席江西省第十三届人民代表大会第五次会议。

2月7日 市委书记黄喜忠到市人大常委会机关走访调研，并看望机关全体干部职工。

3月2日至3日 市人大常委会调研组深入贵溪市、余江区、高新区、龙虎山景区部分村（居）委会，调研督导鹰潭市第十一届村（居）民委员会换届选举工作。

3月19日 市人大常委会机关干部业务工作培训暨青年干部培训班开班，市人大常委会副主任胡高堂作辅导报告。

3月23日至25日 市人大常委会考评组赴贵溪、余江、月湖开展全市人大代表联络工作站星级考评工作。

4月7日 市人大常委会机关组织党员干部赴贵溪周坊革命烈士陵园、余江革命烈士陵园开展“学习百年党史 传承红色基因”革命传统教育活动。

4月19日 市九届人大常委会第四十六次会议通过关于接受陈敏辞去市人民政府市长职务请求的决定；表彰全市星级人大代表联络工作站。

4月21日至22日 市人大常委会执法检查组对《中华人民共和国工会法》及《江西省实施〈中华人民共和国工会法〉办法》实施情况进行检查。

4月26日至27日 市九届人大九次会议在市区召开。会议补选张子建为市人民政府市长、吴建辉为市第九届人大常委会副主任。

4月29日 省人大常委会副主任、省级林长张小平到鹰潭开展“林长制”工作督导调研。

5月7日 市人大常委会会同市委组织部、市委宣传部召开全市县乡两级人大换届选举工作会议。

5月14日 全国人大第一期立法培训班在上海举行，鹰潭作为江西唯一的代表作经验交流介绍。

5月18日 市人大常委会检查组对人大代表提出的《关于延伸龙虎山大道建设贯通鹰

潭市南北快速通道的建议》进行重点督办。

6月3日 市人大常委会机关组织机关全体干部赴弋阳、横峰红色教育基地开展党史学习教育主题活动。

6月8日至9日 市人大常委会执法检查组对《中国人民共和国农民专业合作社法》实施情况进行检查。

6月22日 市九届人大常委会第四十七次会议审议并通过《鹰潭市人大常委会关于加强国有资产管理情况监督的决定》。

6月23日至24日 省人大环资委调研组到鹰潭开展《中国人民共和国固体废物污染环境防治法》执法检查和全国人大代表专题调研。

6月 市人大常委会检查组对人大代表提出的《关于开辟抢救绿色生命通道的建议》《关于优化交通信号灯设置的建议》《关于将鹰潭铝产业集聚群列入市"十四五"规划的建议》等进行重点督办。

7月21日至22日 市人大常委会执法检查组对《鹰潭市户外广告设置管理条例》实施情况进行检查。

7月29日至30日 省人大常委会副主任马志武率省人大常委会爱国卫生工作条例执法检查组到鹰潭开展《江西省爱国卫生工作条例》执法检查。

8月3日 市人大常委会组织部分市人大代表视察东湖水环境治理及城市雨污管网建设情况。

8月4日至5日 省人大常委会副主任胡世忠率省人大调研组一行到鹰潭，开展《江西省养老服务条例（草案）》立法调研。

8月25日 市九届人大常委会第四十八次会议审议并通过《鹰潭市人大常委会关于加强我市地方性法规实施工作的决定》；审议并通过《鹰潭市文明行为促进条例》（2021年9月29日江西省第十三届人民代表大会常务委员会第三十二次会议批准，自2022年3月1日起施行）。

8月27日 省人大常委会副主任张小平率调研组到鹰潭，对《江西省人大常委会关于农作物秸秆露天禁烧和综合利用的决定》实施情况进行专题调研。

9月8日至9日 市人大常委会调研组深入贵溪、余江、月湖督导县乡两级人大换届选举工作。

10月22日 市九届人大常委会第五十次会议审议并通过《鹰潭市大上清宫遗址保护管理规定》（2021年11月19日江西省第十三届人民代表大会常务委员会第三十四次会议批准，自2022年6月1日起施行）。

10月27日至30日 市十届人大一次会议举行。会议选举郭清为市第十届人大常委会主任，吴建辉、夏涌波、雷纪文、程美华、徐双文、李美珍为副主任，邵菁靓为秘书长，委员28名；选举张子建为市人民政府市长，王亚青、刘江、苏建军、李小平、余红艳、林坤为副市长；选举鄢华为市监察委员会主任，田甘霖为市中级人民法院院长，张江为市人民检察院检察长；表决通过了市十届人大各专门委员会组成人员名单。

12月3日 市人大常委会机关会同市中级人民法院、市人民检察院共同召开国家宪法日座谈会。座谈会以“习近平法治思想为指引，坚定不移走中国特色社会主义法治道路”为主题，深入学习贯彻习近平法治思想和中央人大工作会议精神，全面贯彻落实中央和省、市关于学习宣传和贯彻实施宪法的决策部署。

12月8日 市委书记许南吉走访市人大常委会机关，看望机关干部并座谈交流。

12月8日至9日 市人大常委会、市政协联合组织部分市人大代表、政协委员，视察鹰潭市2021年部分重点项目建设情况。

12月14日 市人大常委会主任郭清巡查督导交通路“路长制”责任单位开展卫生大清扫活动，就推进创建工作进行督导。

12月上旬 市人大常委会主任郭清，各位副主任深入各自联系点开展党的十九届六中全会精神、省第十五次党代会精神、市第九次党代会精神，结合党史学习教育开展专题宣讲，并听取基层对“我为群众办实事”实践活动的意见建议。

12月16日 市人大常委会组织在鹰潭的省人大代表和部分市人大代表对花桥水利枢纽工程项目进展情况及鹰潭市巩固拓展脱贫攻坚成果同乡村振兴有效衔接工作进行集中视察调研。

12月29日 市十届人大常委会第二次会议审议并表决通过《鹰潭市人大常委会关于加强自身建设的决定》《鹰潭市人大常委会关于开展第八个五年法治宣传教育的决议》《鹰潭市第十届人大常委会代表资格审查委员会主任委员、副主任委员和委员名单》；任命了市政府组成部门负责人。

2022年

1月6日 市十届人大常委会第三次会议补选省第十三届人大代表2名。

1月10日至11日 市人大常委会主任郭清与各位副主任分赴贵溪市、月湖区、余江区人大常委会开展“大走访”活动。

1月16日至20日 市人大常委会主任郭清、副厅级干部刘育虹赴南昌出席江西省第十三届人民代表大会第六次会议。

1月22日 市人大常委会举办市十届人大代表履职培训班。

1月22日至24日 市十届人大二次会议在市区召开。

3月9日 省人大常委会预算工委调研组到鹰潭就人大预算审查监督、国有资产监督工作进行调研。

4月21日 市人大常委会召开人大代表聚焦“六个江西”建设，争当“四个表率”主题活动工作布置会。

4月28日 市人大常委会机关召开创建“四个机关”动员部署会，对扎实推进创建工作进行动员部署。

5月10日 省人大常委会副主任张小平到鹰潭开展巡林督导工作。

5月10日至16日 市人大常委会调研组深入贵溪市、余江区、月湖区、高新区和相关市直单位开展优化营商环境专题调研。

5月11日至12日 市人大常委会执法检查组对《中华人民共和国乡村振兴促进法》和《江西省乡村振兴促进条例》实施情况进行检查。

5月12日 市人大常委会机关党总支部委员会召开全体党员大会，开展机关党总支换届选举工作。

5月23日至24日 市人大常委会调研组深入月湖区童家镇，贵溪市周坊镇、滨江镇，余江区洪湖乡、春涛镇等地调研指导人大代表联络工作站建设工作。

5月26日 市十届人大常委会第六次会议通过关于接受苏建军辞去鹰潭市人民政府副市长职务请求的决定。

是日 全市人大代表聚焦“六个江西”建设，争当“四个表率”主题活动动员部署会召开。

6月14日至15日 省人大常委会副主任胡世忠率调研组到鹰潭就《江西省矿山生态修复与利用条例（草案）》开展立法调研。

6月24日 市人大常委会机关组织党员干部到抚州市金溪县左坊镇后龚村红色革命教育基地开展“传承红色基因，牢记初心使命”迎“七一”主题党日活动。

6月27日 市十届人大常委会第七次会议任命毛建华为市人民政府副市长，听取和审议市监察委员会主任鄢华作的关于整治群众反映强烈的问题专项工作情况的报告。

7月12日至14日 市人大常委会执法检查组对《鹰潭市建设工地扬尘污染防治管理办法》实施情况开展执法检查。

7月18日至22日 市人大常委会调研组开展《鹰潭市信江饮用水水源保护条例》立法后评估专题调研，并召开座谈会。

8月14日至10月8日 根据市委统一部署，市人大常委会副主任雷纪文为市疫情防控指挥部民生专班责任领导，统一调度解决疫情期间全市民生诉求工作。

8 月 20 日至 9 月 30 日 根据市委统一部署，市人大常委会副主任夏涌波为疫情防控指挥部市场环境组组长，赴贵溪市、信江新区等地组织开展疫情防控市场环境处置工作。

10 月 18 日 市人大常委会组织部分市人大代表到江南自来水厂、信江城区沿岸等地，视察信江城区段水环境治理工作。

11 月 1 日至 4 日 市人大常委会调研组率部分省、市人大代表就全市义务教育优质均衡发展工作情况进行专题调研。

11 月 2 日至 3 日 市人大常委会调研组深入贵溪市、余江区、月湖区对全市安全生产工作进行专题调研。

11 月 7 日至 8 日 市人大常委会调研组深入贵溪市、龙虎山景区、信江新区等地开展旅游新业态发展情况视察调研。

11 月 9 日 省人大财经委调研组到鹰潭就《江西省数据应用条例（草案）》征求意见。

11 月 9 日至 10 日 省人大财经委调研组就鹰潭市金融助推实体经济发展情况开展调研。

11 月 10 日 市人大常委会副主任吴建辉赴南昌参加省人大政府政协换届工作会议。

11 月上旬 市人大常委会主任郭清、各位副主任深入基层与基层群众面对面交流，宣讲党的二十大精神。

12 月 1 日至 2 日 市人大常委会环保信江行检查组以“聚焦民生实事，解决群众‘三边’环境问题”为主题，以农村生活污水治理为重点，深入余江、月湖、龙虎山和信江新区等地，开展 2022 年环保信江行专题监督活动。

12 月 30 日 市十届人大常委会第十次会议通过关于接受林坤辞去市人民政府副市长职务请求的决定。

2023 年

1 月 6 日至 7 日 市十届人大三次会议在市区召开。会议通过《鹰潭市人民代表大会议事规则》；选举产生鹰潭市出席江西省第十四届人民代表大会代表 25 名。

1 月 11 日至 15 日 市人大常委会主任郭清、副主任徐双文赴南昌出席省十四届人大一次会议。

3 月 6 日至 7 日 宁夏回族自治区人大常委会副主任沈左权一行到鹰潭调研普法立法和普法宣传工作。

3 月 8 日 根据市委统一部署，市委第二巡察组巡察市人大常委会机关党组工作动员会召开。

3 月 16 日 全市人大工作座谈会召开。

3 月 22 日至 23 日 市人大常委会调研组到贵溪市、余江区、月湖区等地调研全市退役军人保障工作情况。

4 月 3 日至 4 日 省人大常委会副主任张伟到鹰潭开展《江西省科技创新促进条例》修订立法调研。

4 月 19 日至 20 日 全国人大常委会预算工委预决算审查室副主任申鹏率调研组到鹰潭就预算执行情况、财政转移支付制度和地方政府债务管理等工作开展调研。

4 月 20 日 省人大常委会副主任张小平一行到鹰潭检查《江西省农村供水条例》贯彻实施情况。

4 月 26 日 市十届人大常委会第十三次会议审议并表决通过了《鹰潭市海绵城市规划建设管理条例》(同年 7 月 26 日江西省十四届人大常委会第三次会议批准，2024 年 1 月 1 日开始施行)，审议了《鹰潭市国土空间总体规划（2021—2035 年）(草案)》的议案。

4 月 27 日 市人大常委会 2023 年“公益诉讼江西行”启动会暨协调小组第一次全体会议召开。

5 月 16 日 省人大常委会副主任朱斌率调研组到鹰潭开展主题教育专题调研并与基层省人大代表会面。

5 月 19 日 市人大常委会调研组赴余江区锦江镇、中童镇调研指导代表联络工作站规范化建设工作。

5 月 22 日至 23 日 省人大常委会副主任胡世忠率调研组到鹰潭开展家事审判及家庭邻里矛盾纠纷排查化解工作调研。

5 月 23 日 市人大常委会党组扩大会议讨论通过《鹰潭市人民代表大会志（2004—2024)》编纂工作方案，正式启动人大志编纂工作。

5 月 29 日 市人大常委会副主任程美华参加全省人大常委会“2023 年乡村振兴赣鄱行”活动动员大会并作典型发言。

6 月 5 日至 6 日 市人大常委会执法检查组对《中华人民共和国社区矫正法》实施情况进行检查。

6 月 15 日 辽宁省人大民族侨务外事委员会主任委员徐岩一行到鹰潭就旅游业发展及持续推进民族地区高质量发展开展调研。

6 月 16 日至 19 日 市人大常委会组织部分省、市人大代表调研全市乡村公共文化服务保障工作。

6 月 30 日 市人大常委会机关组织党员干部到抚州市乐安县红色革命教育基地开展迎“七一”主题党日活动。

7 月 7 日 市十届人大常委会第十五次会议任命陈敏为市人民政府副市长。

7 月 28 日 市人大常委会组织部分市人大常委会委员和省、市、县三级人大代表及专家，对花桥水库运行管理和水质保护情况进行视察调研。

7 月 31 日至 8 月 1 日 省人大常委会外侨民宗工委执法检查组到鹰潭对《江西省宗教事务条例》实施情况进行检查。

8 月 8 日至 9 日 市人大常委会执法检查组对《中华人民共和国安全生产法》实施情况进行检查。

8 月 10 日至 11 日 省人大环资委执法检查组到鹰潭对《中华人民共和国湿地保护法》和《江西省湿地保护条例》贯彻实施情况进行检查。

8 月 17 日至 18 日 内蒙古自治区人大常委会委员、法制委员会主任委员萨仁一行到鹰潭调研防空地下室建设及管理情况。

8 月 31 日 市十届人大常委会第十六次会议表决通过《鹰潭市优化营商环境若干规定》（11 月 30 日省十四届人大常委会第五次会议批准，自 2024 年 1 月 1 日起实施）；审议并表决通过了《鹰潭市人民代表大会常务委员会议事规则修正案（草案）》的议案；表彰了星级代表联络工作站。

9 月 7 日 省人大财经委调研组到鹰潭开展物业社区行专题调研。

9 月 10 日至 15 日 市人大常委会在瑞金市举办市十届人大代表履职培训班。

10 月 10 日至 11 日 省人大法制委调研组到鹰潭开展《江西省农作物种子条例（修订草案）》立法调研。

10 月 17 日至 18 日 省人大常委会副主任王少玄率执法检查组到鹰潭，开展《江西省养老服务条例》执法检查。

10 月 17 日至 18 日 市人大常委会组织部分在鹰潭的省人大代表和市人大代表就鹰潭打造国家级铜基新材料先进制造业集群工作开展专题调研。

10 月 30 日 市十届人大常委会第十七次会议通过《鹰潭市人民代表大会常务委员会人事任免办法》《鹰潭市人民代表大会常务委员会关于支持和保障碳达峰碳中和工作促进鹰潭绿色转型发展的决定》，通过关于接受王亚青辞去市人民政府副市长职务请求的决定。

10 月 31 日至 11 月 1 日 省人大常委会副主任张小平率队到鹰潭开展 2023 年环保赣江行重点检查活动。

11 月 15 日至 16 日 省人大常委会副秘书长韩燕率省人大常委会第二督查组到鹰潭开展贯彻落实中央人大工作会议精神和省委关于加强新时代地方人大工作意见情况督查。

12 月 25 日 省人大常委会外侨民宗工委调研组到鹰潭调研民族、侨务、旅游工作。

12 月 27 日 市人大常委会召开《鹰潭市优化营商环境若干规定》新闻发布会。

2024年

1月10日 市人大常委会组织鹰潭市选举的省人大代表开展集中视察并召开座谈会。

1月11日至12日 省人大环资委调研组到鹰潭，开展环保赣江行“回头看”调研活动。

1月12日 全省推进人大代表联络站建设座谈会在鹰潭市召开。

1月16日至18日 市十届人大四次会议在市区举行。会议选举了赵勇凯为市十届人大常委会秘书长，补选市十届人大常委会委员10名，会议决定设立市人大农业与农村委员会和城乡建设环境与资源保护委员会，表决通过了市人大有关专门委员会组成人员名单。

第一篇

代　表

人大代表是本级国家权力机关的组成人员，代表人民的利益和意志，依照宪法和法律赋予本级人民代表大会的各项职权，参加行使国家权力。

第一章　代表的产生和构成

市人大代表按照《中华人民共和国全国人民代表大会和地方各级人民代表大会选举法》（以下简称《选举法》）、《中国人民解放军选举全国人民代表大会和县级以上地方各级人民代表大会代表的办法》、《江西省各级人民代表大会代表选举实施细则》的相关规定产生和构成。

1995年，修改后的《选举法》对地方各级人大代表名额采取“基数＋人口代表数”的计算办法作出具体规定。据此，鹰潭市人大代表名额，按照以240名为代表名额基数，每2.5万人可以增加一名代表的计算方法，由江西省第九届人民代表大会常务委员会第三次会议确定为281名，并报全国人大常委会备案。从市五届人大开始，历届的市人大代表名额数量维持在281名。

根据《选举法》规定，地方各级人民代表大会代表名额，由本级人民代表大会常务委员会或者本级选举委员会根据本行政区域所辖的下一级各行政区域或者各选区的人口数，按照每一代表所代表的城乡人口数相同的原则，以及保证各地区、各民族、各方面都有适当数量代表的要求进行分配。在历届市人大代表的名额分配工作中，市人大常委会认真贯彻实施《选举法》，科学合理地分配各地区、各民族、各方面代表的名额，体现人人平等、地区平等、民族平等的原则，确保代表的广泛性和代表性。

选举单位根据分配的代表名额，组织选举工作。市人大代表由贵溪、余江、月湖的人民代表大会以及驻鹰潭部队的军人代表大会进行差额选举产生。市人大代表候选人的人数按照多于应选代表名额1/5～1/2的比例，由各政党、各人民团体联合或单独推荐，或由下一级人民代表大会代表、军人代表大会代表十人以上联名推荐产生。代表候选人获得该级代表大会全体代表过半数的选票始得当选。代表在任期内因故出缺，由原选举单位补选。

第一节　市六届人大代表

市六届人大代表选举于2004年1月进行。各选举单位共选出市六届人大代表275名，空缺6名。其中工农代表占30.8%，干部代表占46.18%，知识分子代表占27.2%，民主党派、无党派人士、归侨、侨属、台属代表占25.4%，少数民族代表占0.7%，解放军代表占 5.1%，中共党员代表占 74.9%，妇女代表占 20.36%；35 岁以下占 15.9%，36 至 55 岁占 76.36%；大学本科以上文化占 50.54%，大专及高职文化占 39%。

市六届人大代表名单

（共 275 名）

贵溪市（121 名）

王先发	王建东	王建生	王胜波	王富生
毛丽萍（女）	方小林	方培林	邓卫民	龙子平
艾葵花（女）	石晓琴（女）	叶样清	冯大德	乐文红（女）
任江南	邬书鸣	刘长金	刘尧铣	刘君祥
刘志峰	江志泉	江贵永	江胜来	江焕青
杜德春	严芬芳（女）	苏爱红（女）	李　溦（女）	李长华
李东堂	李志坚	李志兵	李忠仁	李知良（女）
李荣德	李建林	李炳行	李赛白	杨　明
杨永贵	李伶珍（女）	杨样华	杨解生	肖伏芝
肖桂琴（女）	吴利华（女）	吴建德	吴黎平	何　艳（女）
汪杏娟（女）	宋丽荣（女）	张　俪（女）	张金涛	张志英（女）
张运耀	张社喜	张国盛	张海燕（女）	张崇纪
张银兴	张逸云（女）	陈金茂	陈栋太	陈爱民
陈福仁	陈新祥	范　玲（女）	罗晓泉	周　平
周佐明	周雨亭	周建华	周春兰（女）	周美龙
周凌帆（女）	郑占煌	郑晓芳（女）	赵宝忠	赵美霞（女）
胡庆文	胡金生	俞　奇	俞晓春	施华山
洪华星	洪桂蓉（女）	祝等水	姚武昌	姚建中
聂玲娜（女）	夏启云	倪爱华	徐木贵	徐双文
徐桂梅（女）	徐崇发	黄冬有	黄如象	黄志勤
黄建平	黄建盛	黄庭当	阎钢军	彭小俭
彭伟华	彭丽芳（女）	彭路祥	蒋光任	鲁建平
喻咏新	程飞强	赖永芳	雷纪文（畲族）	雷粮林（畲族）
蔡金炎	廖乡兴	廖奇志（女）	熊华武	樊剑平
薛小荣				

余江县（72 名）

于贵福	万春慧（女）	王碧龙	毛建和	方　农
邓绍聪	邓样高	孔繁春	艾佛胜	刘祖三
任显初（女）	江金街	汤冬莲（女）	严能礼	杨柏样
李开祥	李兵祥	李应春	李秋兴	李萍文（女）
吴小莲（女）	吴水明	吴文娱（女）	吴　华	吴光辉
吴建生	吴振青	吴康彪	邹爱萍（女）	辛小辉
张一娟（女）	张仁生	张方林	张欢荣	张红萍（女）
张彩菊（女）	陈　玲（女）	林　军	林升泰	易卫国
易想春	周　瑛	周荣俊	郑进勇	郑良健
胡　刚	胡　宪	俞浩腾	洪　伟	洪克海
祝乡发	祝晓勤	姚耀庭	夏义仁	夏太平
徐　云（女）	徐　珺（女）	徐发红（女）	徐娟英（女）	徐新华
黄丹军	黄仁高	黄仕武	盛才明	戚建萍（女）
梁子浩	彭春生	董仚生	曾荣芳	熊春华（女）
潘邓生	潘样生			

月湖区（72 名）

丁素华（女）	马建平	王　蕖（女）	邓金木	艾　农
艾森然	田科章	史　可	朱　浔	朱寅健
刘　诚	刘国林	刘国富	齐毓群	许国强
孙　钢	严正富	严有富	严国安	严桂兰（女）
李木娇（女）	李东阳	李国良	李海成	杨长新
杨春茂	杨晓群	吴　强	吴朝阳	余藕花（女）
邹雪生	汪当时	张平来	张洪堂	张桂山
张爱芬（女）	张鲁年	陈　嫣（女）	陈来兴	邵奇生
林　强	罗喜仔	周华爱（女）	施兆荣	姜荣辉
祝光进	祝国义	费尚恒	姚江鹏	桂皆先
桂美珍（女）	钱光涌	倪贤伍	徐永峰	黄木生
黄火根	黄正清	黄兴平	黄玲香（女）	彭中华
彭永兰（女）	彭来祥	蒋向远	程芦山	程清林
傅江海	舒平贵	曾细山	楼建繁	蔡卫东
戴春英（女）	魏建锋			

鹰潭驻军（10 名）

江晓军	李国林	朱同煦	张　刚	陈振华
邹利华	周承东	周逸钧	金雅文	姚　耐

2005 年 3 月，补选市六届人民代表大会代表 1 名：董国珍。

2006 年 2 月，补选市六届人民代表大会代表 6 名：林立、杨金红、魏运亭、叶贤明、郭华亮、刘林高。

第二节　市七届人大代表

市七届人大代表选举于 2006 年 11 月进行。各选举单位共选出市七届人大代表 269 名，空缺 12 名。其中工农（居民）代表占 18.2%，干部代表占 70.26%，知识分子代表占 6.32%，军人代表占 4.46%，宗教代表占 0.74%，少数民族代表占 1.1%，民主党派、无党派人士、归侨、侨属、台属代表占 26.4%，中共党员代表占 73.6%，妇女代表占 21.56%；35 岁以下占 10.8%，36 至 55 岁占 81.4%；大学本科及以上文化占 60.6%，大专及高职文化占 29.3%。

市七届人大代表名单

（共 269 名）

贵溪市（118 名）

丁菊莲（女）	于　明（女）	王建东	王建生	王富生
毛丽萍（女）	方　农	仇丽环（女）	邓为民	邓安生
艾　农	石晓琴（女）	占冬红（女）	占跃文（女）	叶贤明
付新荣	乐文红（女）	兰鲜花（女，畲族）	宁志远	毕堂生
吕佩菲（女）	朱强华	朱福兰（女）	刘永明	刘君祥
刘祖三	江　波	江贵永	孙　敏	苏飞雪
苏军学	李　潋（女）	李长华	李东堂	李忠仁
李知良（女）	李秋凤（女）	李炳行	李荣德	李雪章
李移明	李赛白	杨　明	杨西东	杨金红
杨宪萍	杨解生	吴寿轩	吴克光	吴塘顺
邱绍明	何　艳（女）	宋丽荣（女）	张子建	张运耀
张社喜	张明亮	张金涛	张鲁年	张逸云（女）
陈　思	陈丽芳（女）	陈栋太	陈智祥	陈福仁

邵铁喜	范　玲（女）	罗卫国	罗运来	周雨亭
周春兰（女）	周荣辉	周俊燕（女）	周凌帆（女）	郑占煌
郑银松	官志兴	胡庆文	胡金生	俞　奇
俞　艳（女）	施华山	洪华星	祝细娥（女）	祝等水
姚建中	聂玲娜（女）	桂　凯	夏涌波	钱秀英（女）
钱忠贤	徐冬胜	徐金富	徐钢金	徐琳琳（女）
黄光明	黄如象	黄志勤	黄建平	黄贵开
黄庭当	彭丽芳（女）	彭路祥	韩学龙	释宗华
鲁建平	鲁祥胜	童北海	楼丽娟（女）	雷纪文（畲族）
蔡金炎	裴克瑞	裴舒清	管华鞍	廖乡兴
熊红英（女）	颜国琴（女）	戴春英（女）		

余江县（69 名）

于贵福	万春慧（女）	王　强	毛建和	方　成
邓绍聪	邓样高	甘三芽	叶国荣	冯大德
冯建讯	朱庆洪	任显初（女）	杨　勇	杨小明
李应春	李爱金（女）	李萍文（女）	吴仁才	吴文娱（女）
吴水明	吴光辉	吴金川	吴香英（女）	吴晓军
吴晓娟（女）	吴振青	辛小辉	邵素萍（女）	张　勇
张一鹃（女）	张方林	张欢荣	张彩菊（女）	陈亮泉
陈移发	陈锦耀	林　军	罗云生	金火良
周　瑛	郑良健	赵鹰祥	段军良	洪克海
姚耀庭	贺国贤	夏义仁	倪贤伍	徐　云（女）
徐等福	凌　云	黄仕武	戚建萍（女）	梁子浩
彭保太	董佘生	程芦山	舒育兴	童龙元
谢万进	雷剑辉	蔡　江（女）	蔡卫东	蔡立新
熊志华	潘邓生	潘赞海	魏运亭	

月湖区（72 名）

王国宁	艾丽群（女）	艾森然	卢力新	叶銮清
田科章	史　可	朱海群（女）	刘　诚	刘卫东
刘元玲（女）	刘长金	刘国林	刘国富	刘桂芝（女）
齐毓群	寿莉蓉（女）	严正富	严国安	杜德春
杨晓群	李　根	李红云	李金忠	李建林

李恩福	吴小莲（女）	吴财富	吴朝阳	邱曙辉
余业平	余藕花（女）	辛　平	汪当时（女）	张先荣
张桂山	张爱芬（女）	张喜忠	陈　嫣（女）	陈小平
陈来兴	邵奇生	邵建平	罗喜仔	金联宜
周先才	周华爱（女）	周金爱	郝跃武	胡爱琴（女）
施建国	祝光进	姚江鹏	秦以群	聂　琦
夏　兵	徐长军	徐永峰	徐君托	徐森鸣
黄木生	龚晓鹏	彭中华	彭勇辉	程新太
舒平贵	舒忠东	童如珍	童战水	曾细山
廖奇志（女）	熊金文			

驻鹰潭人民解放军（10名）

江晓军	刘林高	邱宜临	张　立	邹节华
邹利华	林思平	郭华亮	傅梓堆	廖敬光

2007年3月，贵溪市人民代表大会选举市七届人民代表大会代表3名：叶玉林、梅峰、吴文戈。

2007年3月，余江县人民代表大会选举市七届人民代表大会代表2名：蔡火水、宋平先。

2007年12月，补选市七届人民代表大会代表6名：谢光忠、陈强、江胜来、詹志文、洪锦勇、刘国华。

2008年2月、4月，补选市七届人民代表大会代表3名：张勇、钟志生、高学训。

2009年2月，补选市七届人民代表大会代表11名：卢越明、刘育虹、黎云、宋迪维、尹宁、夏一军、陈祥荣、肖云东、费宜生、魏群英等。

2010年1月，补选市七届人民代表大会代表6名：谢一平、王家林、居国屏、张荣先、揭晓泗、桂学东。

2010年1月，贵溪市选举的1名市七届人民代表大会代表，因涉嫌受贿，被该市人大常委会依法罢免其代表资格。

2010年5月，贵溪市选举的2名市七届人民代表大会代表，因涉嫌受贿，被该市人大常委会依法罢免其代表资格。

2011年1月，补选市七届人民代表大会代表10名：熊茂平、柯建明、郭清、艾建民、黄木生、张道昱、马俊彦、张海峰、樊全华、刘秋有。

第三节 市八届人大代表

市八届人大代表选举于2011年8月进行。各选举单位共选出市八届人大代表275名，空缺6名。其中工农（居民）代表占18.54%，干部代表占67.27%，专业技术人员代表占8.36%，军人代表占5.09%，宗教代表占0.72%，少数民族代表占1.09%，民主党派、无党派人士、归侨、侨属、台属代表占29.81%，中共党员代表占70.19%，妇女代表占22.18%；35岁以下占10.54%，36至55岁占87.63%；大学本科及以上文化占71.27%，大专及高职文化占18.54%。

市八届人大代表名单

（共275名）

贵溪市（111名）

王元福	王华伟	王虎生	毛丽萍（女）	毛建华
邓国东	石晓琴（女）	卢越明	叶 琴（女）	叶 强
叶玉林	付文全	乐雪飞	兰国平（畲族）	兰鲜花（女，畲族）
边新华	吉 星	毕堂生	吕佩菲（女）	朱强华
朱福兰（女）	仲静秋（女）	任球标	刘育虹（女）	刘树汉
刘星亚（女）	刘炳根	江和元	江贵永	许由华（女）
阮克芬（女）	苏军学	苏爱红（女）	杜立朝	杜德春
李 力	李 微（女）	李木兰（女）	李启安	李武明
李学军	李贻煌	李建明	李建平	杨月红（女）
杨冬凤（女）	杨树宝	杨海贵	杨解生	吴寿轩
吴黎平	何才厚	汪小保	汪红英（女）	汪丽荣（女）
汪建强	汪树根	宋丽荣（女）	张冬娥（女）	张社喜
张明仙	张贵华	张鲁年	陈 荣	陈九生
陈平华	陈兴超	陈国华	陈宜明	陈栋太
陈新祥	邵凌志	周 平	周玲燕（女）	周凌帆（女）
郑占煌	郑银松	官正强	赵俊波	胡仕发
胡庆文	俞 艳（女）	施华山	祝光进	姚志刚
姚建中	姚洪东	桂 凯	钱秀英（女）	徐 英（女）
徐劼毅	徐振宇	徐晓年	翁先新	唐 芸（女）
黄 颖（女）	黄光明	黄晓霞（女）	梅 峰	龚志辉

梁　锋	彭　燕（女）	彭先荣	辜海燕（女）	程芦山
舒绣华	释宗华	鲁建平	谢一平	黎　云
黎诗谋				

余江县（81 名）

于贵福	万　敏（女）	万自成	王　强	王建强
邓柏青	邓样高	朱　莉（女）	任显初（女）	刘　诚
刘国才	孙　鑫	苏美娥（女）	李应春	李国生
李栋样	李爱金（女）	杨　毅	杨小明	杨金红
杨晓群	肖　遥	吴　敏	吴兵辉	吴拓宇
吴金川	吴学辉	吴建生	吴秋邦	吴清萍（女）
应　祥	辛小辉	汪美荣	宋平先	宋迪维
张欢荣	张建华	张荣先	张相生	张爱萍（女）
张海兰（女）	陈　吉	陈仁生	陈先锋	陈丽萍（女）
陈建萍（女）	陈锦耀	邵奇生	邵素萍（女）	林样财
金明光	周世敏	柯建明	钟志生	姜翠萍（女）
洪龙胜	祝乡发	徐才金	徐国明	徐洁琴（女）
徐娟英（女）	徐甜甜（女）	徐等福	黄丽华（女）	黄建华
黄海有	戚建萍（女）	章袁远	梁子浩	彭保太
傅常青	童龙云	谢万进	雷剑辉（畲族）	褚小涛
管华鞍	熊红英（女）	潘　磊	潘有万	潘员继
潘富生				

月湖区（73 名）

万挺春	马彦涅	王　峰	王　辉	王家林
王斌斌	毛文芳	尹　宁	卢力新	田科章
乐文红（女）	朱海群（女）	刘元玲（女）	刘军生	刘和平
刘建勇	刘桂芝（女）	刘锐明	刘想堂	江　鸿
严国安	李　云	李　根	李小发良	李建林
李润凤（女）	杨正青	吴财富	吴忠红	吴要兵
吴震华	余国强	余柳宾	张　明	张一鹃（女）
陈小平	陈移发	罗庆华	周　瑛	周先才
周华爱（女）	周建平	郑国辉	郑茂坤	郑彩花（女）
柳毓春	施兆煌	施建国	姜　雷	祝　斌

费尚恒	姚　军（女）	贺潭质（女）	敖　捷	桂　平
桂义金	夏　兵	倪饶生	徐　云（女）	徐伟波
徐忠平	徐等龙	郭　清	黄木生	黄恩华
彭中华	辜　清	程雪华（女）	程新太	曾文锋
熊茂平	薛　伟	戴春英（女）		

驻鹰潭人民解放军（10 名）

马俊彦	王　超	田忠华	张　立	张道昱
张海峰	陈祥荣	黄松青	樊全华	魏群英

2012 年 12 月，补选市八届人民代表大会代表 9 名：李卫国、张子建、万云保、廖宏斌、薛卫华、耿德根、贺钢辉、秦士晓、刘顺科。

2014 年 1 月，补选市八届人民代表大会代表 19 名：李保民、黄忠、方东升、杨丽峰、杨发航、彭世东、陈宏、舒平贵、吴文戈、汪白杨、吴晨阳、李新国、陈剑、刘煜、吴强、舒敏强、刘军、胡扬、喻勇。

2014 年 1 月，贵溪市选举的 2 名市八届人民代表大会代表，因涉嫌受贿或非法吸收公众存款，被该市人大常委会依法罢免其代表资格。月湖区选举的 2 名市八届人民代表大会代表，因涉嫌受贿或挪用公款，被该区人大常委会依法罢免其代表资格。

2015 年 1 月，补选市八届人民代表大会代表 10 名：蔡厚勇、陈云、倪建平、钟定辉、张福庆、杨鹏、李媛媛、邹正、卓健、徐广。

2015 年 1 月，余江县人民代表大会、月湖区人民代表大会分别选举市八届人民代表大会代表 3 名：项玉林、路文革、文永兵。

2016 年 1 月，补选市八届人民代表大会代表 7 名：龚著宝、吴炳生、艾书广、李莉安、董高忠、杨海林、郭俊青。

第四节　市九届人大代表

市九届人大代表选举于 2016 年 10 月进行。各选举单位共选出市九届人大代表 277 名，空缺 4 名。其中工农（居民）代表占 15.16%，干部代表占 68.59%，专业技术人员代表占 6.5%，军人代表占 5.05%，宗教代表占 0.36%，少数民族代表占 1.81%，民主党派、无党派人士、归侨、侨属、台属代表占 28.16%，中共党员代表占 71.84%，妇女代表占 23.83%；35 岁以下占 5.05%，36 至 55 岁占 89.53%；大学本科及以上文化占 75.45%，大专及高职文化占 16.61%。

市九届人大代表名单

（共 277 名）

贵溪市（110 名）

马雪华（女）	王星余	王晓帅	韦运宵	毛丽萍（女）
毛建华	方太发	艾书广	卢　晖	叶　强
包　健	冯　玮	兰　青（女，畲族）	吕佩菲（女）	朱卫斌
朱　林	朱福兰（女）	任球标	华文连（女）	刘千腾
刘凌波	江　玲（女）	江贵永	汤海燕（女）	李远强
李果玲	李春方	李　标	李　斌	李　溦（女）
李影红（女）	吴玉玲（女）	吴寿轩	吴国平	吴建太
余正琨	汪田有	汪丽荣（女）	宋丽荣（女）	宋胜平
张仔强	张寿兵	张社喜	张承生	张贵华
张洪莲（女）	张越康	张福庆	陈仁生	陈平华
陈兴超	陈海星	陈新祥	林铁生	罗东香（女）
周永江	周　丽（女）	周谷昌	周玲燕（女）	周柏青
郑东奇	郑勤丽（女）	项玉林	项　梦（女）	胡高堂
钟定辉	祝光进	祝　晓	祝晓勤	姚志刚
桂　凯	夏碧军（女）	钱秀英（女）	徐卫东	徐有英（女）
徐劼毅	徐　英（女）	徐样平	徐晓年	翁先新
翁继敏	郭　清	涂余良	黄占共	黄武坚
黄　忠	黄宝财	黄建军	梅　峰	龚任平
龚志辉	龚著宝	董永刚	董　琳	揭安华（女）
程东彪	程芦山	程　蕾（女）	舒绣华	童天占
雷纪文（畲族）	雷燕琴（女，畲族）	褚小涛	蔡　江（女）	蔡厚勇
谭国平	熊国华	黎金梅（女）	薛美琴（女）	魏　萍

余江县（83 名）

万文俊（女）	万自成	王立敏（女）	王　炜	王学刚
方　芳（女）	邓　伟	叶荣文	乐东明	任显初（女）
庄煌辉	刘育虹（女）	刘　峰	汤小敏	许志斌
苏建军	李　力	李文斌	李剑兵	李海东
杨金红	杨晓群	杨淑美（女）	杨　毅	吴仁才

吴　华	吴志华	吴拓宇	吴秋邦	吴美虹（女）
吴炳生	吴　敏	吴淑平	吴　歆	吴嘉玮
应　祥	汪翠微（女）	宋兵初	张子建	张欢荣
张单英（女）	张洪堂	陈文渊	陈计税	陈永欢
陈建东	陈建萍（女）	罗奇梁	罗金珍（女）	罗燕霞（女）
金东明	周华明	周佐明	周波斌	周　鹏
赵牧夫	胡武堂	钟丽萍（女）	段荣生	洪华贵（女）
祝乡发	贺喜灿	骆丽娉（女）	柴军林	徐文艺
徐欢秀（女）	徐志敏	徐洁琴（女）	徐晓明	凌　余
黄丽华（女）	黄建华	黄建明	曹淑敏（女）	彭保太
程　露（女）	童龙云	楼　瑾（女）	雷加生（畲族）	雷剑辉（畲族）
路文革	谭建新	熊新光		

月湖区（74 名）

上官新亨	王　峰	毛春堂	邓　玲（女）	卢力新
卢越明	冯木太	朱淑英（女）	刘东才	刘冬兰（女）
刘军生	刘在强	刘和平	刘桂芝（女）	刘想堂
江　鸿	许凤成	严国安	杜　俊	杜德春
李　根	李　唐	李　萍（女）	李卫国	李小平
李志兵	李荣生	李莉安（女）	李强祖	李新国
杨　森	杨　鹏	肖　良	吴文戈	吴建华
吴忠红	余来忠	邹　正	汪庆玲（女）	张一鹃（女）
张之逊	张秀娥（女）	张银兴	陈　宏	陈　剑
陈　嫣（女）	陈永楷	周茂安	周赣忠	郑彩花（女）
胡大利	施建国	姜　雷	祝开平	姚　军（女）
桂义金	桂希田	徐　云（女）	徐　慧（女）	徐一特
徐创元	徐江萍（女）	黄　城	黄宝凤（女）	彭贵德
董高忠	程新太	舒平贵	曾谷庆	廖　巍
廖宏斌	黎玉平	潘　炜	薛源茂	

驻鹰潭人民解放军（10 名）

刘顺科	苏红专	杨海林	卓　健	胡　扬
徐　广	郭俊青	舒敏强	喻　勇	翟小忠

2017 年 2 月、7 月，补选市九届人民代表大会代表 4 名：于秀明、李富军、易连发、徐雄伟。

2018 年 1 月，补选市九届人民代表大会代表 9 名：喻德红、万荣辉、柴晓明、唐中、赵子忠、王晓燕、余蔚中、黄莉、廖海华。

2018 年 6 月，补选市九届人民代表大会代表 4 名：郭安、韦情、高怀孝、勾文青。

2019 年 1 月，月湖区人民代表大会选举市第九届人民代表大会代表 4 名：祝春明、吴晨阳、骆桃云、徐进文。

2019 年 1 月、6 月、8 月、10 月，补选市九届人民代表大会代表 16 名：欧阳澜、李泽、桂天信、郑天荣、黄云、余仁山、刘琪、陈文泽、洪源、潘循、张志坚、黄万林、魏建君、廖良生、田辉、王建华。

2020 年 5 月、6 月、10 月，补选市九届人民代表大会代表 28 名：赵勇凯、侯剑锋、黄冬有、王清和、吴军、钱忠贤、吴勤胜、罗卫国、潘伟华、陈强、佘荔萍、刘勇建、王雄、郭先境、周仲波、方小平、金武缨、龚巍、刘将国、詹波、祝振华、徐先茂、李剑峰、张序、李长春、汪东剑、陈敏、李荣德。

2021 年 1 月、3 月、4 月，补选市九届人民代表大会代表 8 名：王亚青、邬筱露、陈鑫英、方璐、涂永辉、陈纯、黄喜忠、吴建辉。

第五节　市十届人大代表

市十届人大代表选举于 2021 年 9 月进行。各选举单位共选出市十届人大代表 276 名，空缺 5 名。其中工农（居民）代表占 12.32%，专业技术人员代表占 6.16%，公务员代表占 60.87%，企事业单位负责人代表占 22.1%，军人代表占 3.99%，宗教代表占 0.36%，少数民族代表占 1.81%，民主党派、无党派人士、归侨、侨属、台属代表占 31.52%，中共党员代表占 68.48%，妇女代表占 29.35%；35 岁以下占 9.06%，36 至 55 岁占 77.9%；大学本科及以上文化占 82.25%，大专及高职文化占 13.04%。

市十届人大代表名单

（共 276 名）

贵溪市（110 名）

王永斌	王　军	王宏林	王晓帅	王　晖
王清和	韦　情	毛小锋	毛建华	方海兵
邓文凤（女）	叶武林	叶国琼	田甘霖	付小芳（女）

乐科伟	兰高婷（女，畲族）	吕剑林	邬筱露（女）	刘志强
刘炳根	刘新民	江敏红（女）	阮克芬（女）	苏五德
李　泽	李　溦（女）	李千发	李军保	李远强
李赟超	杨永贵	杨香来	杨晓飞（女）	肖国军
吴志珍	吴建太	吴继仁	吴漫莉（女）	吴疆涛
余　勇	余红艳（女）	冷颖峰	闵科水	汪加兰（女）
汪红英（女）	汪胜忠	张　怡（女）	张永军	张社喜
张明仙	张爱华（女）	陈　超	陈　婷（女）	陈志龙
陈新祥	陈鑫英	邵志国	邵铁喜	邵菁靓
范晓景（女）	罗　誉	金武缨（女）	周　丽（女）	周津京（女）
郑开华	郝丁奎	胡高堂	胡海俊	胡超云
施　诗（女）	娄华昌	祝　晓	姚志刚	秦欣霞（女）
夏涌波	徐一特	徐双文	徐有英（女）	徐　英（女）
徐略英	徐辉艳（女）	翁爱琴（女）	高明龙	郭　清
唐　林	黄　晶（女）	黄　忠	黄喜忠	黄新明
曹小林	章　屹（女）	彭先荣	辜海燕（女）	程　蕾（女）
舒　波	童　建	童海峰	曾广亮	蒲杭艳（女）
赖承华	赖海燕（女）	雷纪文（畲族）	雷粮林（畲族）	褚小涛
裴华根	裴晨辰（女）	谭国平	黎金梅（女）	潘　磊

余江区（81 名）

丁　剑	万文俊（女）	万勇章	王　雄	王书明
王立敏（女）	王海文	毛　伟	毛超鹏	方淼滨
邓莉霞（女）	甘　露（女）	艾书广	卢　珊（女）	吕　飞
朱新芳	危有文	刘　江	刘明路	许　斌
李　力	李　丹（女）	李文斌	李美珍（女）	杨　毅
吴凤明	吴文兆	吴光明	吴秋邦	吴勤胜
何燕敏（女）	余军发	汪华明	汪　芳（女）	汪翠微（女）
张　江	张子建	张金荣（女）	张单英（女）	张俊文
陈文渊	陈建东	陈玲珍（女）	陈根义	陈燕玲（女）
林　坤	罗卫国	罗燕霞（女）	金建华	周　娅（女）
周永江	周波斌	周锦华	郑天荣	官国琴（女）
赵牧夫	钟丽萍（女）	洪华贵（女）	洪雁球	桂　超

桂河标	夏海燕（女）	钱健美（女）	徐晓明	涂智勇
琚新发	彭保太	程　露（女）	童火才	童玲芳（女）
童晓霞（女）	童海峰	鄢　华	楼　瑾（女）	雷加生（畲族）
雷　思（女，畲族）	蔡金华	管天国	廖　韡	樊剑波
潘样生				

月湖区（75 名）

王　波	王亚青	王剑胜	毛春堂	方　璐（女）
卢力新	冯木太	吕文杰	朱淑英（女）	刘冬兰（女）
刘和平	刘育虹（女）	刘将国	刘桂芝（女）	江国珍
严国安	苏建军	李　萍（女）	李小平	李志兵
李忠堂	李剑峰	李强祖	杨　森	肖　霖（女）
吴　飒（女）	吴　琅（女）	吴　琳（女）	吴建辉	余聪平
辛　萃（女）	汪庆玲（女）	张　强	张　磊	张元挺
张阿明	张明亮	张调平	陈　嫣（女）	陈小书
陈秀平	林伏昌	金友东	周谷昌	项　凯
胡　伟	胡许堂	胡梦莉（女）	饶　伟（女）	施建国
祝文堂	祝发太	姚　军（女）	敖　捷	徐　宁
徐　超	徐先茂	徐英行（女）	徐贵华	徐炳雪
涂永辉	黄　城	黄金龙	黄强英（女）	龚　巍
揭继军	彭宇国	彭新华	董高忠	程美华（女）
舒菊兰（女）	蔡　江（女）	熊国华	潘伟华	薛源茂

驻鹰潭解放军和武警部队（10 名）

王治元	刘其峰	陈文泽	陈　纯	陆建亮
吴　雷	汪东剑	张卫民	周先进	祝太超

2022 年 1 月，补选市十届人大代表 3 名：许南吉、陆习辉、潘锋。

2022 年 12 月，补选市十届人大代表 2 名：王华光、徐鹏。

2023 年 8 月，补选市十届人大代表 2 名：卓健、陈敏。

2023 年 12 月，补选市十届人大代表 23 名：刘鲧华、江东华、花巍、李霞、余威、兰跃文、徐晓标、裴新福、汪建兵、李根水、汪样德、李斐、杨健、冯玮、江东生、吴松发、鲁兵海、胡娟娟、唐仙琪、江波、严带兵、李立敏、黄光亚。

2024 年 1 月，补选市十届人大代表 3 名：赵勇凯、易冬春、邱岸龙。

第二章 代表工作

代表工作是人大工作的基础和依托，人大工作的潜力在代表，人大工作的水平看代表，人大工作的创新和发展靠代表，只有做好代表工作，充分发挥代表作用，人大及其常委会才能更好地履行宪法和法律赋予的职权，人大工作才能充满生机和活力。市人大常委会历来重视代表工作，积极组织开展代表活动，不断促进代表更好地依法履职，帮助代表做国家权力的行使者和人民群众利益的代言人。

第一节 议案办理

议案是人大代表向国家权力机关即人民代表大会提出的议事原案。人大代表受人民委托，向人民代表大会提出议案，是法律赋予的重要职权，是人大代表参与管理国家事务、行使当家作主权利的一种重要形式。

市人大代表在大会期间联名提出属于本级人民代表大会职权范围内的议案，先由议案审查委员会或大会秘书处审议，并向大会主席团提出议案处理意见的报告。再由主席团决定是否作为议案。作为议案的须提请大会审议，全体会议表决通过。或在大会闭会期间，交由专门委员会进行调研审议，提出审议结果报告，再由常委会审议决定是否作为议案，作为议案的交由有关机关单位组织实施。市人大代表自六届人大一次会议至十届人大四次会议闭幕，共提出议案 181 件。其中转为代表建议意见 175 件。

关于建设我市水质自动监测站议案（2012 年 2 月市八届人大二次会议）办理情况 在市八届人大二次会议上，人大代表毕堂生等提出了建设鹰潭市水质自动监测站议案。市八届人大常委会高度重视，副主任尹宁率部分市人大代表到市环保局，就议案办理进展情况进行视察和督办。市环保局经认真研究，分别在距离贵溪市自来水厂 600 米的冶炼厂水厂和距离江南水厂取水口 800 米的站房设立监测点。当年上半年成功建成贵溪市九夏村市级交界段面水质自动监测站和鹰潭市江南水厂水质自动监测站，为鹰潭市居民饮水安全提供有效保障。

关于加快建设信江新区污水处理厂的议案（2014 年 1 月市八届人大四次会议）办理情况 针对信江新区建设步伐加快，多个重点项目和数个楼盘的交付使用，人口大幅度增加，产生大量的生产、生活污水，而当时信江新区污水处理厂建设进展迟缓，生产生活污水排放仍处于无序状态。市人大代表万挺春等提出关于市政府应加快信江新区污水处理厂项目建设步伐的议案，力争2014年内开工，2015年底建成并交付使用。市委、市政府高度重视，列入2014年城市建设重点项目和市“8+1”重点工作，成立项目部，并于当年年底前完成项目建设工程量，有效地提高城市环境的品质，保护城市居民的健康。2023年，以打造全国海绵城市示范为契机，信江新区污水处理厂污水收集能力进一步提升，因城市发展产生的相关配套管网问题得到彻底解决，实现“污水进厂、雨水进河、各行其道”。

关于出台农村宅基地管理办法、严格规范农民建房的议案（2021年10月市十届人大一次会议）办理情况 余江区作为全国农村宅基地制度改革试点县（区），是全国宅改工作的排头兵，围绕宅基地有偿使用、自愿有偿退出、完善宅基地管理等方面进行有效制度探索。为总结一批可复制、能推广、惠民生、利修法的制度创新成果，稳慎推进农村宅基地制度改革，代表建议出台详尽完善的农村宅基地法规，为此提出立法议案。收到议案后，市人大常委会农工委会同市人大常委会法工委、选任联工委，及时研究制定工作方案，开展了前期调研，进行认真审议。经过研究，市人大常委会决定将《农村宅基地管理（农民建房）条例》纳入鹰潭市人大常委会五年立法规划项目库（2022—2026），待条件成熟后，正式启动立法程序。

第二节　建议、批评和意见办理

根据宪法和有关法律的规定，代表除有权依照法律规定的程序向本级人大提出属于本级人大职权范围内的议案外，还有权向本级人大及其常委会提出对各方面工作的建议、批评和意见，有关机关、组织必须研究处理并负责答复。代表提出建议、批评和意见，是执行代表职务，代表人民参加管理国家事务、管理经济和文化事业、管理社会事务的一项重要工作。认真研究处理代表建议、批评和意见并负责答复，是有关机关、组织的法定职责。

自市六届人大一次会议至市十届人大四次会议闭幕，共提出的建议、批评和意见1327件（以下简称建议）。其内容主要是对市人大常委会、市人民政府、市中级人民法院、市人民检察院工作的意见和建议，要求解决经济建设、社会发展方面的事项和人民群众普遍关心的热点、难点问题。市人大常委会在每年人民代表大会会议闭会后，及时召开各国家有关机关负责人参加的建议交办会议，将代表建议分别交由各国家机关组织办理，并组织力量加强办理工作的检查监督和指导。每年秋，听取和审议市人民政府关于代表建议办理结果的报告。具体建议办理情况概述如下。

市六届人大期间代表提出建议 113 件　建议所涉问题基本解决、正在解决或已列入规划逐步解决的有 94 件，占建议总数的 75.2%。

市六届人大一次会议收到的关于实施农民增收工程的建议，市政府农办高度重视，在办理过程中认真研究，积极落实，多次深入乡村农户家中，了解“三个一号”文件精神的宣讲情况以及鹰潭市十二条促进农民增收硬措施的落实情况，并就建议中提到的一些实际问题开展调研。结合“三个一号”文件要求，市政府农办对建议中提到的六项内容逐个进行对照落实，当年成功实现鹰潭市农民增收 10% 目标。

市六届人大三次会议收到的关于争取沃尔玛落户鹰潭的建议，市城投公司专门成立工作小组，在市委、市政府的关心重视和相关部门的大力支持下，开展各项协调和准备工作，最终成功促成沃尔玛落户鹰潭，进一步释放消费潜力，更好地满足市民购物需求。

市七届人大期间代表提出建议 241 件　建议所涉问题基本解决、正在解决或已列入规划逐步解决的有 221 件，占建议总数的 91.7%。

市七届人大二次会议收到的关于开通市区至工业园区公交车的建议，市交通局积极组织市公交公司反复进行调查研究，与园区管委会多次沟通，取得园区大力支持，筹集资金购买了 8 台新车，于当年 9 月顺利开通从东湖至园区的公交车。

市七届人大三次会议收到的关于保护泸溪河生态资源的建议，市水利局组织专人，会同有关部门，对泸溪河水文地质、生态环境等信息做系统性调研，并形成调查报告，为确定该区域的开发利用方向和保护措施打下良好的基础。

市七届人大六次会议收到的关于切实理顺下水道清淤体制的建议，市城管局在办理过程中高度重视，主要领导亲自到市政工程管理处和环卫处等单位开展专题调研，深入一线现场指挥调度，当年已清淘化粪池和下水道共计 4200 余个，同时建立管理机制，确保长效治理，有效提升城市品质。

市七届人大六次会议收到的关于要求硬化 206 国道（二级省道）大桥至界上段公路的建议，市公路局在办理过程中，把握办实事、求实效的办理原则，积极向省交通运输厅、省公路局争取计划和资金，当年即完成在原有路面基础上加铺 24 厘米厚的水泥混凝土路面施工任务。

市八届人大期间代表提出建议 364 件　建议所涉问题基本解决、正在解决或已列入规划逐步解决的有 320 件，占建议总数的 87.9%。

市八届人大三次会议收到的关于恢复信江浮桥，方便一中学生上学的建议，市交通局及时向市政府常务会议提交了关于鹰潭市信江浮桥工程建设方案，会议同意浮桥重建事宜，并指出重建浮桥是一件方便群众和为城市增添风景线的好事，最终，鹰潭市民期盼已久、承载了诸多回忆的信江浮桥得以重建。

市八届人大三次会议收到关于龙虎山风景名胜区免费向鹰潭市民开放的建议，景区管委会高度重视，制定向市民开放政策，设立市民绿色通道，简化出入手续，此举为景区发展增添了新动力，市民游览龙虎山美景更方便。

市八届人大四次会议收到的关于要求启动鹰潭备用水源项目的建议，当年，经各方研究讨论，决定将花桥水库作为鹰潭第二水源地，成功将花桥水库建设项目列入省水利厅重点规划项目，成立了项目前期工作协调领导小组，制定花桥水库枢纽工程项目前期工作方案。经过多年努力，2024 年，花桥水利枢纽工程各项主体项目已施工完毕，并召开了供水价格听证会，鹰潭市民在不久的将来就能喝上来自花桥水库的优质水源。

市九届人大期间代表提出建议 377 件 建议所涉问题基本解决、正在解决或已列入规划逐步解决的有 337 件，占建议总数的 89.4%。

市九届人大二次会议收到的关于在环城东路、建设路和岱宝山路三岔路口增设红绿灯的建议，市公安局在办理过程中多次征求代表意见并实地调研道路状况，积极与市政、城建等部门进行会商研究，最终高质量落实代表建议内容，极大缓解市区交通通行压力。

市九届人大五次会议收到的关于将小区路灯纳入雪亮工程的建议，市公安局在办理过程中，邀请代表及督办单位到市公安局应急联动指挥大厅现场察看并进行座谈，详细介绍项目进展情况，“雪亮社区”工程的实施进一步提升城市安全指数和市民幸福感。

市九届人大六次会议收到的关于依法监督全市公立医院规范收取停车费的建议，市发展改革委就相关情况开展调研，第一时间将调研情况向代表反馈，并组织召开座谈会，邀请代表参加，深度沟通，达成共识。会后市发改委及时下发关于进一步规范中心城区公立医院停车场机动车停车服务收费的通知，出台五项措施规范医院停车收费，强化停车管理。中心城区公立医院停车场免费停车时间从 15 分钟延长到 40 分钟，并对已经主管部门批准挂牌的新能源汽车停放收费减半。

市九届人大六次会议收到的关于大力支持鹰潭市农产品“电商 + 直播”营销体系建设的建议，市政府相关部门开展深入调研，结合实际，大力推进电商物流城乡融合发展，努力畅通“农产品上行、快消品下行”双向通道，引导农产品通过电商平台、电商企业和电商服务站直销至全国市场，有效解决鹰潭市因疫情而造成的农产品滞销问题。

市十届人大截至第四次会议闭幕，累计收到代表提出建议 232 件 其中，市十届人大一次至三次会议建议共 171 件，已全部办理答复完毕，建议所涉问题基本解决、正在解决或已列入规划逐步解决的有 150 件，占建议总数的 87.7%；市十届人大四次会议收到 61 件，正在交办、办理阶段。

市十届人大一次会议收到的关于缓解城区停车难的建议，市人大监察司法委组织委员和代表，与相关承办单位一道走遍市区所有道路，记录交通流量，收集群众意见，掌握第一手资料，会同相关部门，邀请代表开展座谈。最终，在充分调研的基础上，按照“一路一策”的原则，除交通流量较大的交通路、正大路、建设路、湖西路等交通次干道停放时间为 19：00 至 7：00 外，其余路段限时停车泊位调整为 18：00 至 8：00，最大限度地解决群众上下班停车不方便的问题。鹰潭市城区夜间限时段开放停车时间最长达 14 小时，居全省十一个地市限时段停车时长之首。

市十届人大二次会议收到的关于消除 206 国道潢溪丁字路口安全隐患的建议，市公路事业发展中心在办理过程中，自筹整治资金 400 万元，简化前期审批流程，与余江区政府和市交警部门一道努力，克服征地拆迁、交通组织等困难，仅用两个月时间完成整治项目。该路口进行车道优化后，原有双向两车道改建为双向四车道，并同步优化交通标志、交通标线、排水系统等公路设施，深受建议代表和人民群众好评。

市十届人大三次会议收到的关于增加（延伸）岱宝山路社区范围内公交班次的建议，市交通运输局按照市人大常委会要求，以项目化办理模式，制定路线图、时间表，明确责任人，稳步推进办理工作。办理过程中，市交通运输局主动深入社区、学校调研，召开座谈会听取社区群众、学生、代表等多方意见，并提出多套切实可行的解决方案与相关方共同探讨协商，于当年 9 月开学前开通公交线路，惠及沿线群众和学生，受到建议领衔代表和群众、学校好评。

第三节　代表培训

代表学习培训是人大代表履行职责的内在需要，也是切实提高新时代代表理论水平和履职能力、充分发挥代表作用的基础性工作。定期组织人大代表开展培训是市人大常委会的重要工作。《选举法》第三十九条规定：县级以上的各级人民代表大会常务委员会应当有计划地组织代表参加履职学习，协助代表全面熟悉人民代表大会制度、掌握履行代表职务所需的法律知识和其他专业知识。

市历届人大常委会班子都把提升代表履职能力作为强化自身建设的重要抓手，进一步加强对人大代表任中的多形式履职培训，促进代表依法履职、充分发挥作用。每年，常委会代表工作机构将人大代表履职培训纳入年度培训计划，按照届内实现基层市人大代表培训全覆盖的要求，每年分批组织代表参加学习培训，使代表培训工作常态化、制度化。培训内容既突出人大主业，又注重把握大势、紧跟时代步伐，全面提高代表的政治素养、法律意识、履职能力和群众观念。针对换届后新代表较多的实际，在新一届人民代表大会第一次会议前后，对新一届人大代表进行专题培训，提高代表对我国人民代表大会根本政治制度的认识，增强代表的履职意识和履职本领。2004 年以来，市人大常委会共举办市人大代表培训班 14 期，组织鹰潭市选举的省人大代表参加省人大举办的培训班 12 期。

2004 年，先后举办 2 期市六届人大代表履职培训班。

2005 年 9 月上旬，先后举办了两期市六届人大代表履职培训班。来自贵溪市、余江县、月湖区的 70 余名市人大代表参加了此次培训。

2007 年 4 月上旬和 10 月中下旬，分别举办两期市七届人大代表履职培训班。其中，10 月的培训班围绕“代表如何更好地提出议案及建议、批评和意见”主题开展培训，为代表在市七届人大三次会议上履行职责提出议案、建议做好准备。

2008 年，组织鹰潭市选举的部分省人大代表参加省人大常委会在九江举办的省十一届人大代表培训班。

2009 年，组织鹰潭市选举的部分省人大代表参加省人大常委会在九江举办的省十一届人大代表培训班。

2012 年 9 月，先后举办三期市八届人大代表履职培训班，共有 100 余名新任市人大代表参加了集中学习培训。此次培训由市人大常委会领导分别为人大代表作关于“如何当好人大代表，履行代表职务”“代表如何提出议案及建议、批评和意见”等方面内容的辅导报告。

2015 年 4 月下旬、6 月和 7 月中旬，鹰潭市选举的部分省十二届人大代表分三批次赴深圳、厦门、北戴河参加省人大常委会举办的省人大代表履职培训班。同年 9 月 18 日至 23 日，市人大常委会在全国人大北戴河培训基地举办市八届人大代表履职培训班。

2016 年 6 月中旬、11 月中旬，鹰潭市选举的部分省十二届人大代表分四批次参加在厦门、上海举办的省人大代表履职培训班。

2017 年 4 月中旬，在全国人大深圳培训基地举办市九届人大代表履职培训班。培训班以新任代表为主，共有 96 名新任代表参训。培训内容侧重与代表履职密切相关的知识，如人大代表如何履职、如何审议计划预算报告等；在培训形式上，采取集中授课、学员听课分享和实地考察相结合的方式。10 月底，省人大常委会在鹰潭举办的省十三届人大代表履职培训班，鹰潭市选举的部分省人大代表参训。

2018 年 7 月下旬，在厦门国家会计学院举办市九届人大代表履职培训班，市人大代表、人大干部共计 95 人参训。部分乡镇人大主席、街道人大工委主任是第一次参加市人大常委会组织的履职培训班。此次培训班授课内容既有与代表履职密切相关的内容，又有当前国际形势热点问题分析；既有如何提出高质量议案建议等实用课程的讲解，又有政府全口径预算审查与监督的专业讲解。4 月和 8 月，组织鹰潭市选举的部分省十三届人大代表分两批次分别赴上海、厦门参加省人大常委会举办的省人大代表履职培训班。

2022 年 1 月 22 日，在市十届人民代表大会二次会议期间开展代表履职培训，重点围绕我国的人民代表大会制度、人大代表的履职规范以及人大代表如何提好议案和建议等方面进行授课。

2023年6月和10月下旬，分别组织鹰潭市选举的部分省人大代表先后参加省人大常委会在赣州于都长征学院、上海国家会计学院举办的省十四届人大代表培训班。同年9月10日至15日，市人大常委会在瑞金市举办市十届人大代表履职培训班。培训采取专家授课、现场教学相结合的方式进行，既有人大制度及相关专业知识的讲授，又有红色文化的沉浸式熏染，切实帮助参训学员提升政治素养，夯实履职能力。

第四节　人大代表联络工作站建设

人大代表联络工作站（以下简称代表联络站）是各级人大代表闭会期履职的平台载体，是人大代表的温暖之家、履职之所、活动之地、凝心之寓，也是人大代表接地气、察民情、聚民智、惠民生的重要阵地。

为改进和加强代表工作，2016年，在省人大常委会选任联工委的指导下，市人大常委会在贵溪启动鹰潭市代表联络站建设试点工作，并按照“试点先行、以点带面、整体推进”的工作思路，稳步推进代表联络站建设。

市九届人大及其常委会履职之初，坚持创新实践，认真贯彻习近平总书记关于“人大代表要更加密切联系群众”的重要指示，积极探索新时代加强人大代表工作的新方式，在试点的基础上，全面铺开代表联络站这一闭会期间代表履职平台建设，为充分发挥人大代表主体作用、展现人大新作为作出了积极努力。在学习借鉴其他省市的创建经验并总结本市试点工作经验的基础上，2017年4月，市人大常委会出台《关于加强全市人大代表联络工作站建设的指导意见》，明确建站标准、目标任务、主要措施和工作要求。召开全市人大代表联络工作站建设推进会，在全市各乡镇、街道铺开人大代表联络工作站建设，要求有条件的村（社区）建立人大代表联络工作室。2017年6月，全市33个乡镇、11个街道代表联络工作站全部建成，实现全市乡镇、街道全覆盖，并逐年逐步在162个村（社区）建立代表联络工作室。

围绕代表联络站作用发挥，自2017年8月起，历任市委书记、市长、市人大常委会主任等市级领导干部人大代表，每年都以普通代表身份，走进代表联络站认真听取群众意见建议，及时协调解决群众反映的实际困难和问题。市级领导干部人大代表持续进站的示范引领激发了全市各级人大代表的履职热情，促进了代表联系群众活动的规范有序开展。贵溪市、余江区、月湖区各代表联络工作站分别将每月的25日、15日、10日定为代表接待选民活动日。同时，按照就地从便的原则，各代表联络站将本辖区内的各级人大代表合理编组，按年度计划轮流进站开展活动，发挥联动优势，通过进站接待选民、深入村组走访、组织视察调研、结对帮扶困难群众等方式，面对面零距离倾听群众呼声和诉求。建站以来，全市共有近 13000 人次各级人大代表进站接待选民群众 17000 余人次，收集事关公益事业、公共利益、公众期盼的问题 16800 余件，解决群众关心的急难愁盼问题 12000 余件，人大代表依托代表联络站联系服务群众的桥梁纽带作用进一步显现。

为切实解决群众生产生活中的急难愁盼事，2017 年代表联络站创建之初，贵溪市率先安排了 1000 万元“建议办理专项资金”，市直及各区（市）相继安排 400 万元至 600 万元的“建议办理专项资金”并列入财政预算，专门用于代表进站接待选民群众，回应选民群众对修桥补路、畅渠修闸等政府无项目安排、无资金拨付渠道、工程量小、资金投入小、受益群众多、见效快的民生实事，发挥出了“小资金”的大效益，获得时任省人大常委会党组书记、副主任周萌的充分肯定。有些代表联络站还充分发挥专项资金的“撬动”作用和“牵引”效应，引导选民群众有钱出钱，有力出力，牵引更多社会资金投入家乡建设。有的乡镇还做好配套，让代表建议办理专项资金“锦上添花”，发挥出更大效益。截至 2023 年底，全市共使用建议办理专项资金 1 亿多元，完成了近 2000 个建设项目，引导 3000 余万元社会资金投入家乡建设，群众生产生活中的急难愁盼问题得到有效解决，极大地提升老百姓的幸福感、获得感。

为进一步提升全市代表联络站规范化建设水平，市人大常委会于 2020 年出台《关于开展争创星级人大代表联络工作站活动的实施意见（试行）》，探索开展代表联络工作站星级创建工作。同年 11 月 17 日，全市人大代表联络工作站星级创建现场推进会召开，市人大常委会主任郭清出席会议并讲话。次年 3 月，市人大常委会组织考评组对全市代表联络工作站星级创建工作开展考评。根据考评情况，2021 年 4 月，在市九届人大常委会第四十六次会议上，雷溪镇、罗河镇、洪湖乡、邓埠镇、白田乡、耳口乡等 6 个代表联络工作站被授予五星级人大代表联络工作站称号；塘湾镇、彭湾乡、周坊镇、雄石街道、泗沥镇、童家镇、马荃镇、文坊镇、交通街道、鸿塘镇、上清镇 11 个代表联络工作站被授予四星级人大代表联络工作站称号。

2022 年 4 月，省人大常委会开展省级人大代表联络工作示范站选树工作。市人大常委会高度重视，坚持以打造省级人大代表联络工作示范站和创建星级人大代表联络工作站为抓手，认真组织开展申报工作，进一步推进闭会期间代表履职平台建设，引导人民群众有序政治参与，积极发挥代表联络站在发展全过程人民民主中的重要作用。贵溪市雷溪镇、罗河镇、余江区洪湖乡、杨溪乡 4 个代表联络站成功获评首批省级人大代表联络工作示范站。为解决代表联络工作站从“建好”向“管好”“用好”升级问题，同年 10 月，市人大常委会在前期建设取得一定成效的基础上，出台《关于进一步加强新时代人大代表联络工作站建设的指导意见》，迈出代表联络工作站建设提档升级坚实一步。

2023年4月，在总结前期工作经验的基础上，市人大常委会启动第二批星级代表联络工作站评选推荐工作。经联络站自评、区（市）人大常委会推荐、市人大常委会考评组实地查看的评选程序，樟坪畲族乡、周坊镇、滨江镇、塘湾镇、杨溪乡、锦江镇、中童镇、交通街道、童家镇9个代表联络工作站被评为五星级人大代表联络工作站；流口镇、金屯镇、花园街道、冷水镇、天禄镇、潢溪镇、春涛镇、画桥镇、江边街道、四青街道、东湖街道11个代表联络工作站被评为四星级人大代表联络工作站。同年8月，在市十届人大常委会第十六次会议上为以上获评联络站进行了授牌仪式。同年10月，在省人大常委会选任联工委公布的全省人大代表联络示范站（第二批）名单中，贵溪市樟坪畲族乡、周坊镇、滨江镇、余江区锦江镇、中童镇、月湖区交通街道6个代表联络站成功入选。至此，全市已有省级示范站10家，市级五星级人大代表联络工作站15家、四星级人大代表联络工作站18家，分别占全市代表联络站总数的23.3%、34.9%、41.9%，规范化建设阶段性成效显著。

2024年1月12日，省人大常委会选任联工委在鹰潭市举办全省推进人大代表联络站建设座谈会，鹰潭市作为东道主与全省其他设区市及部分县（市、区）人大分别围绕如何建好管好用好代表联络站、做实做细做深代表联络站工作进行交流发言，并实地调研余江区中童镇代表联络站。

第五节　代表主题活动

开展人大代表主题活动是丰富和完善代表闭会期间履职途径的重要方式，是地方各级人大常委会围绕党委决策部署，充分调动代表履职积极性，发挥代表主体作用，引导代表双岗建功，助推地方经济社会高质量发展的重要手段。2004年以来，市人大常委会共组织开展了三次人大代表主题活动。

人大代表“双岗创优”主题活动　为深入贯彻党的十八大精神，进一步激发市人大代表积极投身于“四个鹰潭”建设的热情，充分发挥人大代表密切联系群众的桥梁纽带作用，2013年4月24日，市第八届人大常委会第14次会议决定，从2013年5月开始，组织市人大代表开展以“立足本职工作岗位和人大代表岗位建功立业、为民服务、争先创优”为主要内容的“双岗创优”活动。该项活动以县（市、区）为单位，以各代表小组活动为基本形式和主要途径，按照市委提出的“主攻项目，决战‘三区’，凸现特色，实现跨越”总体要求，动员和组织市人大代表立足双岗争先创优。

活动启动后，市人大及其常委会各专工委、县（市、区）人大密切配合，各代表小组积极跟进，人大代表踊跃参与，形成上下联动、凝心聚力共促发展的良好局面。

2013 年 7 月、9 月市人大常委会召开两次推进会，市八届人大常委会主任杜德春、副主任杨晓群、应祥参加，并提出意见要求。市人大常委会坚持将主题活动与全市发展实际相结合，把主题实践活动定位到推进“四个鹰潭”建设大局上，紧贴“1+6”产业、“8+1”重点工作、重点项目建设、城市建设与管理、“秀美乡村”建设、生态环境保护等市委中心工作提出活动要点，由县（市、区）人大常委会结合当地实际组织实施，引导全市各级人大代表积极投身跨越发展的实践。

贵溪市人大常委会结合“双岗创优”活动的开展，在人大代表中组织开展以“提交一件建议、联系一户选民、办好一件实事、开展一项调查、记录一本手册、建立一个阵地”为主要内容的“六个一”活动。注重活动成效。着重围绕“菜篮子”工程建设、旅游产业发展、水资源管理、农业技术推广、乡镇人大工作等全市重要工作、重点项目建设组织引导代表小组开展活动，通过调研、视察、座谈等形式，在推动发展升级、小康提速、绿色崛起上积极作为。

余江县人大常委会从思想层面入手，县乡两级人大分别召开会议，做好宣传发动工作，为活动的开展奠定良好思想基础。结合实际制定具体落实方案，在代表中开展“每年提一条有价值的建议，为群众办一件实事好事，引进一个新品种或推广一项新技术、扶贫帮困包一户、包帮一户贫困户，开展一次代表述职”为主要内容的“五个一”活动。在代表小组活动方面，引导代表小组注重在为民办实事上做文章、抓落实、求实效，将关注的目光投向水库水质污染和白塔河水质污染治理上，组织引导代表小组开展视察调研，对代表提出的意见建议加强跟踪督促落实，督促政府相关部门开展养殖污染专项整治。

月湖区人大常委会围绕区委、区政府的中心工作，以开展机关干部下基层了解民情民意、破解发展难题、化解社会矛盾，促进干群关系融洽、促进基层发展稳定、促进机关作风转变为主要内容的“三解三促”活动为平台，组织引导代表小组开展民情走访活动、代表结对帮扶、化解社会矛盾活动，对创新社区管理、促进社会和谐稳定产生积极的推动作用。2023 年小街小巷综合改造过程中，代表小组组织市区两级代表在开工前，配合做好正面宣传解释工作，耐心细致地与居民沟通协调，确保改造工程的顺利实施。

“双岗创优”主题活动为丰富闭会期间代表开展活动搭建了平台，各地涌现出一批好的做法和优秀典型代表，进一步激发了代表履职尽责的积极性，拉近了代表与选民群众的距离，赢得了民心，同时也进一步促进了鹰潭市各项社会事业的发展。

人大代表助力脱贫攻坚主题活动 自 2017 年起，为充分发挥各级人大代表作用，助推打赢脱贫攻坚战，市人大常委会按照省人大常委会部署要求，先后组织开展“脱贫攻坚人大代表在行动”“决战决胜打赢脱贫攻坚战人大代表再行动”主题活动。

市人大常委会高度重视专项活动开展情况，常委会领导多次赴区（市）及部分乡镇对此项工作开展督查，要求全市各级人大常委会和乡镇人大主席团、街道人大工委要以高度的政治责任感、使命感和紧迫感，上下联动，形成打赢脱贫攻坚战的强大合力；注重发挥代表在脱贫攻坚中参与决策、监督促进以及桥梁纽带和模范带头的作用；突出问题导向，聚焦重点任务，力戒形式主义，提高活动实效；要以代表联络工作站为平台，以代表小组为基本单位，围绕脱贫攻坚过程中党委最关心、贫困户最关心的问题，切实组织好代表走访调研、意见收集等工作，助推全市精准脱贫如期完成；全市各级人大代表根据自身实际、结合职业特点、发挥各自优势，主动融入脱贫攻坚战，涌现一大批有担当、善作为的代表，示范带头、真帮实扶，在带领群众脱贫致富的道路上发挥出积极的作用。

全市各级人大代表积极响应，有的通过“合作社 + 贫困户”“党员 + 人大代表 + 致富能人”模式，在产业发展中结对帮扶 1742 贫困户；捐资捐款捐物，在扶贫帮困中奉献爱心，联系贫困户 1380 户、3162 人，捐款 260 多万元，力所能及为贫困村、贫困户解决实际困难和问题，汇聚形成脱贫攻坚强大力量。

市人大代表、余江区平定乡山底优质稻产业合作社负责人吴秋邦是远近闻名的种粮大户，他带领乡亲们创办了平定乡产业扶贫基地，纯收入 40% 用于全乡建档立卡贫困户分红，走出了“村社一体、股份经营、辐射全乡”产业扶贫新路子。产业基地还多次开展了爱心送大米活动，共为全乡贫困户发放大米 10.8 万斤，得到了广大人民群众特别是贫困户的点赞。

人大代表“聚焦‘六个江西’建设 争当‘四个表率’”主题活动 根据省人大常委会的统一部署，2022 年 5 月 26 日，市人大常委会召开动员部署会，正式启动人大代表“聚焦‘六个江西’建设 争当‘四个表率’”主题活动。在动员部署会上，市人大常委会主任郭清出席并讲话。郭清主任要求，全市各级人大要提高政治站位、强化统筹协调、优化服务保障，充分发挥人大代表作为发展全过程人民民主的“主力军”“排头兵”的重要作用，把这次主题活动打造成为新时代全市人大代表工作的特色品牌，在助推“六个江西”建设中彰显鹰潭各级人大和人大代表的担当作为。活动启动后，市人大常委会下发了活动实施方案，成立了活动领导小组，向全市代表发出《全市各级人大代表聚焦“六个江西”建设争当“四个表率”倡议书》。市县乡三级人大迅速响应，上下联动、协调配合，形成“一盘棋”安排、“一体化”推进、“一股劲”发力的工作格局。

市人大常委会紧扣“创新江西、富裕江西、美丽江西、幸福江西、和谐江西、勤廉江西”“六个江西”建设及市委工作大局，组织人大代表对优化营商环境、整治群众反映的强烈问题专项工作、乡村振兴、生态环境保护等开展调研视察、执法检查，广泛听取人民群众的意见建议，动员激励人大代表争当建言献策的表率、服务发展的表率、取系群众的表率、干事创业的表率，切实扛起代表责任，彰显代表作为、贡献代表力量、展现新时代人大代表的风采。

各区（市）人大分别结合各地实际，认真组织开展主题活动，有序推动主题活动常态化开展。贵溪市结合主题活动，探索民生实事票决制，充分发挥人大代表参与决策的作用；余江区聚焦“六个江西”建设，充分发挥人大代表“四个表率”作用，全力打造“法治、书香、幸福”人大；月湖区聚焦“四新月湖”建设，以做好“四篇文章”为发力点，推动主题活动走深走实。

第二篇

市人民代表大会

市人民代表大会是地方国家权力机关。

市人民代表大会代表由下一级的人民代表大会选举，代表名额和代表产生办法由法律规定。

市人民代表大会每届任期五年。

市人民代表大会的职权：在本行政区域内，保证宪法、法律、行政法规的遵守和执行；依照法律规定的权限，通过和发布决议，审查和决定地方的经济建设、文化建设和公共事业建设的计划。听取和审议市人大常委会、市“一府两院”工作报告。审查和批准本行政区域内的国民经济和社会发展计划、预算以及它们的执行情况的报告；有权改变或者撤销本级人民代表大会常务委员会不适当的决定。在不与宪法、法律、行政法规和本省的地方性法规相抵触的前提下，可以依照法律规定制定地方性法规，报本省人民代表大会常务委员会批准后施行。选举并且有权罢免本级人民政府的市长和副市长。选举并且有权罢免本级监察委员会主任、本级人民法院院长和本级人民检察院检察长。选出或者罢免人民检察院检察长，须报上级人民检察院检察长提请该级人民代表大会常务委员会批准。选举并有权罢免本级人民代表大会常务委员会的组成人员。选举出席本省人民代表大会代表。

自 2004 年 2 月至 2024 年 1 月，历经市六届、七届、八届、九届、十届人民代表大会。

第一章　机构及其组成人员

第一节　大会机构

一、主席团和常务主席

市人民代表大会举行会议时，设大会主席团。主席团经大会预备会议选举产生，由代表中的市委常委，市人大常委会主任、副主任、秘书长，驻军首长、民主党派、工人、农民、各界知名人士、少数民族、先进人物、各人民团体负责人和各代表团团长等组成。除每届市人民代表大会第一次会议和临时召集的市人民代表大会会议外，市人民政府组成人员，市监察委员会、市中级人民法院和市人民检察院的负责人一般不担任主席团成员职务。

主席团履行下列职责：主持市人民代表大会会议；向会议提出议案和决议、决定草案；组织审议列入会议议程的议案和报告；听取和审议关于议案和报告审议、审查情况的报告，决定是否将议案和决议、决定草案提请会议表决；依法提出市人民代表大会常务委员会组成人员，市人民政府市长、副市长，市监察委员会主任，市中级人民法院院长，市人民检察院检察长，专门委员会组成人员的人选；主持会议选举和表决，提出选举和通过人选办法草案；组织宪法宣誓仪式；决定议案、罢免案、质询案的审议程序和处理意见；发布公告；其他应当由主席团处理的事项。

秘书长由主席团成员中的市人大常委会（或拟任）副主任兼任。

常务主席由主席团成员中的市委书记、副书记，市人大常委会主任、副主任、秘书长组成。历届人大一次会议或有重要选举事项时，常务主席中还有市委常委、组织部部长。

常务主席主要职责是：召集并主持主席团会议；对主席团职权范围内的事项向主席团提出建议；根据会议进展情况，对会议日程安排作出调整；必要时，召开代表团团长会议，就议案和有关报告的重大问题听取代表团的审议意见，进行讨论，并将讨论的情况和意见建议向主席团报告；就重大的专门性问题，召集代表团推选的代表进行讨论，并将讨论的情况和意见建议向主席团报告；根据需要向主席团提出建议，召开全体会议就议案和有关报告进行大会发言；根据主席团的授权，处理主席团职责范围内的其他事项。

（一）市六届人大历次会议主席团和常务主席名单

第一次会议主席团

（40人）

王先发	邓绍聪	龙子平	史　可	艾佛胜
刘国林	刘国富	刘祖三	刘　诚	江贵永
杜德春	李东堂	李志坚	李建林	李萍文（女）
肖伏芝	严桂兰（女）	吴文娱（女）	汪当时（女）	张　刚
张崇纪	陈爱民	邵奇生	林　军	郑良健
罗晓泉	罗喜仔	周荣俊	胡　宪	钱光涌
黄建盛	黄玲香（女）	阎钢军	董佱生	曾荣芳
彭路祥	赖永芳	雷纪文（畲族）	樊剑平	魏建锋

主席团常务主席

黄建盛	胡　宪	邵奇生	董佱生	张崇纪
阎钢军	王先发	彭路祥	李萍文（女）	郑良健
刘国林	邓绍聪	罗喜仔		

第二次会议主席团

（33人）

王先发	邓绍聪	龙子平	艾森然	刘　诚
刘国林	刘国富	刘祖三	江贵永	杜德春
李东堂	李忠仁	李建林	李萍文（女）	严桂兰（女）
吴小莲（女）	吴文娱（女）	张　刚	张崇纪	陈来兴
陈爱民	邵奇生	林　军	罗喜仔	周佐明
郑良健	钱光涌	黄建盛	黄玲香（女）	彭路祥
董佱生	雷纪文（畲族）	魏建锋		

主席团常务主席

黄建盛	邵奇生	董佱生	张崇纪	彭路祥
李萍文（女）	郑良健	刘国林	邓绍聪	罗喜仔

第三次会议主席团

（34人）

王先发	邓绍聪	龙子平	艾森然	叶贤明
刘　诚	刘国林	刘国富	刘祖三	江贵永
杜德春	杨金红	李东堂	李忠仁	李建林
李萍文（女）	严桂兰（女）	吴小莲（女）	吴文娱（女）	张崇纪
陈来兴	陈爱民	邵奇生	林　立	林　军
罗喜仔	郑良健	钱光涌	黄建盛	黄玲香（女）
彭路祥	董佘生	雷纪文（畲族）	魏建锋	

主席团常务主席

黄建盛	邵奇生	董佘生	张崇纪	彭路祥
李萍文（女）	郑良健	刘国林	邓绍聪	罗喜仔

（二）市七届人大历次会议主席团和常务主席名单

第一次会议主席团

（45人）

方　农	邓绍聪	石晓琴（女）	叶贤明	史　可
刘　诚	刘国林	刘国富	刘祖三	杜德春
杨金红	杨宪萍	李东堂	李忠仁	李建林
李萍文（女）	严国安	吴小莲（女）	吴文娱（女）	吴晓军
汪当时（女）	张鲁年	陈来兴	陈智祥	邵奇生
金联宜	周　瑛	罗喜仔	郑良健	施华山
倪贤伍	徐森鸣	徐琳琳	凌　云	黄仕武
黄建平	彭中华	彭路祥	董佘生	傅梓堆
雷纪文（畲族）	管华鞍	熊金文	潘赞海	魏运亭

主席团常务主席

杨宪萍	董佘生	邵奇生	杜德春	徐森鸣
张鲁年	李萍文（女）	郑良健	罗喜仔	管华鞍
彭中华				

第二次会议主席团

（34 人）

方　农	石晓琴（女）	叶贤明	刘　诚	刘国富
刘祖三	杜德春	杨宪萍	李东堂	李忠仁
李建林	李萍文（女）	严国安	吴小莲（女）	吴文娱（女）
汪当时（女）	张鲁年	陈来兴	邵奇生	金联宜
周　瑛	罗喜仔	郑良健	施华山	倪贤伍
徐森鸣	徐琳琳	黄仕武	黄建平	彭中华
傅梓堆	雷纪文（畲族）	管华鞍	潘赞海	

主席团常务主席

杨宪萍	邵奇生	杜德春	徐森鸣	张鲁年
李萍文（女）	郑良健	罗喜仔	管华鞍	彭中华

第三次会议主席团

（34 人）

石晓琴（女）	叶玉林	卢力新	刘　诚	刘祖三
杜德春	杨宪萍	李东堂	李忠仁	李建林
李萍文（女）	严正富	严国安	吴小莲（女）	吴文戈
吴文娱（女）	吴寿轩	汪当时（女）	宋平先	张一鹃（女）
张金涛	张鲁年	陈　强	陈来兴	邵奇生
罗喜仔	金联宜	周　瑛	郑良健	施华山
倪贤伍	徐森鸣	徐琳琳	黄仕武	黄建平
彭中华	傅梓堆	雷纪文（畲族）	蔡火水	管华鞍
潘赞海				

主席团常务主席

杨宪萍	邵奇生	杜德春	徐森鸣	张鲁年
李萍文（女）	郑良健	罗喜仔	管华鞍	彭中华

第四次会议主席团

（42 人）

石晓琴（女）	叶玉林	卢力新	刘　诚	刘祖三

杜德春	杨宪萍	李东堂	李忠仁	李建林
李萍文（女）	严正富	严国安	吴小莲（女）	吴文戈
吴文娱（女）	吴寿轩	汪当时（女）	宋平先	张一鹃（女）
张金涛	张鲁年	陈　强	陈来兴	邵奇生
罗喜仔	金联宜	周　瑛	郑良健	施华山
倪贤伍	徐森鸣	徐琳琳	高学训	黄仕武
黄建平	彭中华	傅梓堆	雷纪文（畲族）	蔡火水
管华鞍	潘赞海			

主席团常务主席

杨宪萍	邵奇生	杜德春	徐森鸣	张鲁年
李萍文（女）	郑良健	罗喜仔	管华鞍	彭中华

第五次会议主席团

（44 人）

石晓琴（女）	叶玉林	卢力新	兰鲜花（女，畲族）	刘　诚
刘祖三	江胜来	杜德春	杨宪萍	李东堂
李建林	李贻煌	李萍文（女）	严正富	严国安
吴小莲（女）	吴文戈	吴文娱（女）	吴寿轩	汪当时（女）
宋平先	张一鹃（女）	张金涛	张鲁年	陈　强
陈来兴	邵奇生	罗喜仔	金联宜	郑良健
施华山	敖高源	倪贤伍	徐　云（女）	徐森鸣
徐琳琳	高学训	黄仕武	黄建平	彭中华
傅梓堆	蔡火水	管华鞍	潘赞海	

主席团常务主席

杨宪萍	邵奇生	杜德春	徐森鸣	张鲁年
李萍文（女）	郑良健	罗喜仔	管华鞍	彭中华

第六次会议主席团

（41 人）

王家林	尹　宁	石晓琴（女）	叶玉林	卢力新
卢越明	兰鲜花（女，畲族）	吕佩菲（女）	朱海群（女）	刘　诚
刘育虹（女）	刘祖三	江胜来	杜德春	杨宪萍
李东堂	李建林	李贻煌	严国安	吴文戈
吴文娱（女）	汪当时（女）	宋平先	张一鹃（女）	张鲁年
陈　强	邵奇生	金联宜	施华山	敖高源
倪贤伍	徐　云（女）	徐森鸣	徐琳琳	高学训
黄仕武	彭中华	傅梓堆	谢一平	管华鞍
潘赞海				

主席团常务主席

杨宪萍	邵奇生	杜德春	徐森鸣	张鲁年
管华鞍	彭中华	尹　宁	卢越明	刘育虹（女）
敖高源				

第七次会议主席团

（39 人）

尹　宁	石晓琴（女）	叶玉林	卢力新	卢越明
乐文红（女）	兰鲜花（女，畲族）	朱海群（女）	刘　诚	刘育虹（女）
刘祖三	江胜来	杜德春	杨宪萍	杨解生
李建林	李贻煌	严国安	吴文娱（女）	汪当时（女）
宋平先	宋迪维	张一鹃（女）	张鲁年	邵奇生
柯建明	敖高源	倪贤伍	徐　云（女）	徐琳琳
郭　清	高学训	黄仕武	彭中华	傅梓堆
谢一平	管华鞍	黎　云	潘赞海	

主席团常务主席

杨宪萍	邵奇生	杜德春	张鲁年	管华鞍
彭中华	尹　宁	卢越明	刘育虹（女）	敖高源

（三）市八届人大历次会议主席团和常务主席名单

第一次会议主席团

（45 人）

王　超	王家林	尹　宁	石晓琴（女）	叶玉林
卢力新	卢越明	乐文红（女）	兰鲜花（女，畲族）	朱海群（女）
刘　诚	刘育虹（女）	江　鸿	杜德春	杨小明
杨金红	杨晓群	杨解生	李建林	李贻煌
严国安	应　祥	汪小保	宋平先	宋迪维
张一鹃（女）	张鲁年	陈仁生	陈兴超	邵奇生
罗庆华	周世敏	柯建明	钟志生	祝光进
徐　云（女）	徐晓年	郭　清	黄恩华	彭中华
谢一平	管华鞍	黎　云	熊茂平	戴春英（女）

主席团常务主席

陈兴超	钟志生	邵奇生	杜德春	熊茂平
郭　清	杨晓群	尹　宁	卢越明	刘育虹（女）
徐晓年	应　祥			

第二次会议主席团

（42 人）

王　超	王家林	尹　宁	石晓琴（女）	叶玉林
卢力新	卢越明	乐文红（女）	兰鲜花（女，畲族）	朱海群（女）
刘　诚	刘育虹（女）	江　鸿	杜德春	杨小明
杨金红	杨晓群	杨解生	李建林	李贻煌
严国安	应　祥	汪小保	宋平先	宋迪维
张一鹃（女）	张鲁年	陈兴超	邵奇生	周世敏
柯建明	钟志生	祝光进	徐云（女）	徐晓年
郭　清	黄恩华	谢一平	管华鞍	黎　云
熊茂平	戴春英（女）			

主席团常务主席

陈兴超	钟志生	熊茂平	杜德春	郭　清
杨晓群	尹　宁	卢越明	刘育虹（女）	徐晓年
应　祥	江　鸿			

第三次会议主席团

（41 人）

王　超	王家林	尹　宁	石晓琴（女）	叶玉林
卢力新	卢越明	乐文红（女）	兰鲜花（女，畲族）	朱海群（女）
刘　诚	刘育虹（女）	江　鸿	杜德春	杨小明
杨金红	杨晓群	杨解生	李卫国	李建林
李贻煌	严国安	应　祥	汪小保	宋平先
宋迪维	张一鹃（女）	张鲁年	陈兴超	邵奇生
周　瑛	周世敏	柯建明	钟志生	祝光进
徐晓年	郭　清	谢一平	管华鞍	熊茂平
戴春英（女）				

主席团常务主席

陈兴超	钟志生	熊茂平	杜德春	郭　清
杨晓群	尹　宁	卢越明	刘育虹（女）	徐晓年
应　祥	江　鸿			

第四次会议主席团

（42 人）

王　超	王家林	尹　宁	石晓琴（女）	叶玉林
卢力新	卢越明	兰鲜花（女，畲族）	朱海群（女）	刘　诚
刘军生	刘育虹（女）	江　鸿	杜德春	吴　强
杨小明	杨发航	杨金红	杨晓群	杨解生
李卫国	李建林	李保民	严国安	应　祥
汪小保	宋平先	宋迪维	张一鹃（女）	陈　宏
陈兴超	周　瑛	周世敏	柯建明	祝光进
徐晓年	费尚恒	郭　清	彭世东	谢一平

熊茂平	戴春英（女）

主席团常务主席

陈兴超	熊茂平	彭世东	杜德春	郭　清
杨晓群	尹　宁	卢越明	刘育虹（女）	徐晓年
应　祥	江　鸿			

第五次会议主席团

（40人）

王家林	叶玉林	卢力新	卢越明	兰鲜花（女，畲族）
朱海群（女）	刘育虹（女）	江　鸿	杜德春	吴　强
杨　鹏	杨小明	杨发航	杨金红	杨晓群
杨解生	李卫国	李建林	李保民	严国安
应　祥	宋平先	张一鹃（女）	张子建	张福庆
陈　云	陈　宏	陈兴超	周　瑛	周世敏
胡庆文	祝光进	徐晓年	费尚恒	郭　清
彭世东	程芦山	蔡厚勇	熊茂平	戴春英（女）

主席团常务主席

陈兴超	熊茂平	彭世东	杜德春	郭　清
杨晓群	卢越明	刘育虹（女）	徐晓年	应　祥
江　鸿				

第六次会议主席团

（38人）

王家林	叶玉林	卢力新	卢越明	兰鲜花（女，畲族）
朱海群（女）	刘育虹（女）	江　鸿	杜德春	杨　鹏
杨小明	杨金红	杨晓群	杨海林	李卫国
李建林	李保民	严国安	吴炳生	应　祥
宋平先	张一鹃（女）	张子建	张福庆	陈　云
陈　宏	陈兴超	周　瑛	胡庆文	祝光进
徐晓年	费尚恒	郭　清	彭世东	程芦山

蔡厚勇	熊茂平	戴春英（女）		

主席团常务主席

陈兴超	熊茂平	彭世东	杜德春	郭　清
杨晓群	卢越明	刘育虹（女）	徐晓年	程芦山
江　鸿				

（四）市九届人大历次会议主席团和常务主席

第一次会议主席团

（47人）

毛建华	卢越明	兰　青（女，畲族）	朱淑英（女）	刘军生
刘育虹（女）	江　鸿	杜德春	杨金红	杨晓群
杨海林	杨　森	李　力	李卫国	李　唐
李莉安（女）	李强祖	严国安	肖　良	吴炳生
吴秋邦	余正琨	应　祥	张一鹃（女）	张福庆
陈仁生	陈平华	陈兴超	陈　宏	周永江
项玉林	胡高堂	祝光进	祝晓勤	贺喜灿
姚　军（女）	徐　云（女）	徐晓年	徐　慧（女）	郭　清
梅　峰	曹淑敏（女）	程芦山	童龙云	路文革
蔡厚勇	谭建新			

主席团常务主席

陈兴超	曹淑敏（女）	肖　良	杜德春	郭　清
余正琨	程芦山	刘育虹（女）	李　力	周永江
杨　森	胡高堂			

第二次会议主席团

（39人）

于秀明	毛建华	兰　青（女，畲族）	朱淑英（女）	刘军生
刘育虹（女）	江　鸿	杨金红	杨海林	杨　森
李　力	李卫国	李　唐	李强祖	严国安
肖　良	吴秋邦	余正琨	张一鹃（女）	张福庆

陈平华	陈　宏	周永江	项玉林	胡高堂
祝光进	祝晓勤	贺喜灿	姚　军（女）	徐　云（女）
徐　慧（女）	郭　清	梅　峰	曹淑敏（女）	程芦山
童龙云	路文革	蔡厚勇	谭建新	

主席团常务主席

曹淑敏（女）	于秀明	肖　良	郭　清	余正琨
程芦山	刘育虹（女）	李　力	周永江	杨　森
胡高堂	江　鸿			

第三次会议主席团

（39人）

于秀明	毛建华	兰　青（女，畲族）	朱淑英（女）	刘军生
刘育虹（女）	江　鸿	杨金红	杨海林	杨　森
李　力	李卫国	李　唐	李强祖	严国安
肖　良	吴秋邦	余正琨	张一鹃（女）	张福庆
陈平华	陈　宏	周永江	项玉林	胡高堂
祝光进	祝晓勤	贺喜灿	姚　军（女）	徐　云（女）
徐　慧（女）	郭　清	梅　峰	曹淑敏（女）	程芦山
童龙云	路文革	蔡厚勇	谭建新	

主席团常务主席

曹淑敏（女）	于秀明	肖　良	郭　清	余正琨
程芦山	刘育虹（女）	李　力	周永江	杨　森
胡高堂	江　鸿			

第四次会议主席团

（39人）

于秀明	毛建华	兰　青（女，畲族）	朱淑英（女）	刘军生
刘育虹（女）	江　鸿	杨金红	杨海林	杨　森
李　力	李卫国	李　唐	李强祖	严国安

肖　良	吴秋邦	余正琨	张一鹃（女）	张福庆
陈平华	陈　宏	周永江	项玉林	赵子忠
胡高堂	祝光进	祝晓勤	贺喜灿	姚　军（女）
徐　云（女）	徐　慧（女）	郭　清	梅　峰	程芦山
童龙云	路文革	蔡厚勇	谭建新	

主席团常务主席

于秀明	肖　良	郭　清	余正琨	程芦山
刘育虹（女）	李　力	周永江	杨　森	胡高堂
江　鸿				

第五次会议主席团

（39人）

于秀明	韦　情	勾文青	毛建华	兰　青（女，畲族）
朱淑英（女）	刘军生	刘育虹（女）	杨金红	杨海林
杨　森	李　力	李小平	李卫国	李强祖
严国安	吴秋邦	余正琨	张一鹃（女）	张福庆
周永江	项玉林	赵子忠	胡高堂	祝光进
祝晓勤	贺喜灿	姚　军（女）	徐　云（女）	徐　慧（女）
高怀孝	郭　安	郭　清	黄　云	梅　峰
程芦山	童龙云	路文革	谭建新	

主席团常务主席

郭　安	于秀明	郭　清	余正琨	程芦山
刘育虹（女）	李　力	周永江	杨　森	胡高堂

第六次会议主席团

（35人）

于秀明	韦　情	王　雄	毛建华	田　辉
兰　青（女，畲族）	朱淑英（女）	刘育虹（女）	杨金红	杨海林
杨　森	苏建军	李小平	李卫国	李志兵
李强祖	严国安	吴秋邦	张子建	陈　强

周永江	项玉林	胡高堂	祝光进	贺喜灿
姚　军（女）	徐　云（女）	徐　慧（女）	郭　安	郭　清
黄万林	黄　云	黄　忠	雷纪文（畲族）	魏建君

主席团常务主席

郭　安	于秀明	郭　清	黄万林	田　辉
刘育虹（女）	周永江	杨　森	胡高堂	

第七次会议主席团

（36人）

韦　情	王　雄	毛建华	田　辉	兰　青（女，畲族）
朱淑英（女）	刘育虹（女）	汤小敏	杨金红	杨　森
苏建军	李小平	李卫国	李志兵	李强祖
严国安	吴秋邦	张子建	张　序	陈　敏
陈　强	周永江	项玉林	胡高堂	祝光进
贺喜灿	姚　军（女）	徐　云（女）	徐　慧（女）	郭　安
郭　清	黄万林	黄　云	黄　忠	雷纪文（畲族）
魏建君				

主席团常务主席

郭　安	陈　敏	郭　清	黄万林	田　辉
周永江	刘育虹（女）	杨　森	胡高堂	黄　忠
魏建君				

第八次会议主席团

（36人）

韦　情	王亚青	王　雄	毛建华	田　辉
兰　青（女，畲族）	朱淑英（女）	刘育虹（女）	汤小敏	杨金红
杨　森	苏建军	李小平	李卫国	李志兵
李强祖	严国安	吴秋邦	张子建	张　序
陈　敏	陈　强	周永江	项玉林	胡高堂
祝光进	贺喜灿	姚　军（女）	徐　云（女）	徐　慧（女）

郭　安	郭　清	黄　云	黄　忠	雷纪文（畲族）
魏建君				

主席团常务主席

郭　安	陈　敏	郭　清	田　辉	周永江
刘育虹（女）	杨　森	胡高堂	黄　忠	魏建君

第九次会议主席团

（35 人）

韦　情	王亚青	王　雄	毛建华	田　辉
兰　青（女，畲族）	朱淑英（女）	刘育虹（女）	汤小敏	杨金红
杨　森	苏建军	李小平	李卫国	李志兵
李强祖	严国安	吴秋邦	吴建辉	张子建
张　序	陈　强	周永江	项玉林	胡高堂
祝光进	贺喜灿	姚　军（女）	徐　云（女）	郭　清
黄　云	黄　忠	黄喜忠	雷纪文（畲族）	魏建君

主席团常务主席

黄喜忠	郭　清	张子建	田　辉	周永江
刘育虹（女）	杨　森	胡高堂	黄　忠	魏建君

（五）市十届人大历次会议主席团和常务主席

第一次会议主席团

（53 人）

王亚青	王治元	王清和	王　雄	韦　情
毛建华	艾书广	田甘霖	兰高婷（女，畲族）	吕文杰
朱淑英（女）	刘　江	刘育虹（女）	阮克芬（女）	苏建军
李　力	李小平	李美珍（女）	李强祖	杨　森
肖国军	吴建辉	余红艳（女）	张子建	张　江
张明亮	张单英（女）	陈　嫣（女）	陈鑫英	邵菁靓
林伏昌	林　坤	罗卫国	金建华	周永江
周谷昌	胡高堂	姚　军（女）	敖　捷	夏涌波

徐双文	高明龙	郭　清	黄　忠	黄金龙
黄喜忠	程美华（女）	曾广亮	鄢　华	赖承华
雷纪文（畲族）	褚小涛	蔡　江（女）		

主席团常务主席

黄喜忠	张子建	郭　清	黄金龙	肖国军
吴建辉	夏涌波	雷纪文（畲族）	程美华（女）	徐双文
李美珍（女）	邵菁靓			

第二次会议主席团

（37人）

王清和	韦　情	毛建华	艾书广	兰高婷（女，畲族）
吕文杰	朱淑英（女）	许南吉	阮克芬（女）	李美珍（女）
李强祖	肖国军	吴建辉	张卫民	张明亮
张单英（女）	陈　嫣（女）	陈鑫英	邵菁靓	林伏昌
罗卫国	金建华	周谷昌	姚　军（女）	敖　捷
夏涌波	徐双文	高明龙	郭　清	黄　忠
黄金龙	程美华（女）	曾广亮	赖承华	雷纪文（畲族）
褚小涛	蔡　江（女）			

主席团常务主席

许南吉	郭　清	黄金龙	吴建辉	夏涌波
雷纪文（畲族）	程美华（女）	徐双文	李美珍（女）	邵菁靓

第三次会议主席团

（37人）

王清和	韦　情	毛建华	毛超鹏	艾书广
兰高婷（女，畲族）	吕文杰	朱淑英（女）	许南吉	阮克芬（女）
李美珍（女）	李强祖	肖国军	吴建辉	张卫民
张明亮	陈　嫣（女）	陈鑫英	邵菁靓	林伏昌
罗卫国	金建华	周谷昌	姚　军（女）	敖　捷
夏涌波	徐双文	高明龙	郭　清	黄　忠

黄金龙	程美华（女）	曾广亮	赖承华	雷纪文（畲族）
褚小涛	蔡　江（女）			

主席团常务主席

许南吉	郭　清	黄金龙	肖国军	吴建辉
夏涌波	雷纪文（畲族）	程美华（女）	徐双文	李美珍（女）
邵菁靓				

第四次会议主席团

（40人）

万勇章	王华光	王治元	王清和	毛超鹏
艾书广	兰高婷（女，畲族）	江东生	江　波	朱淑英（女）
许南吉	阮克芬（女）	李美珍（女）	李强祖	肖国军
吴建辉	张明亮	陈　敏	陈　嫣（女）	卓　健
罗卫国	金建华	周谷昌	赵勇凯	姚　军（女）
敖　捷	夏涌波	徐双文	高明龙	郭　清
黄　忠	黄金龙	程美华（女）	程　露（女）	曾广亮
楼　瑾（女）	赖承华	雷纪文（畲族）	褚小涛	蔡　江（女）

主席团常务主席

许南吉	郭　清	黄金龙	肖国军	吴建辉
夏涌波	雷纪文（畲族）	程美华（女）	徐双文	李美珍（女）
赵勇凯				

二、秘书处

大会举行期间设秘书处，由秘书长、副秘书长组成。秘书长由大会主席团成员担任，预备会议选出；副秘书长由市人大常委会秘书长、副秘书长、市人民政府秘书长等担任，由大会主席团第一次会议决定。秘书处下设若干组。

秘书处的主要职责是，在秘书长的组织下，各副秘书长按照分工负责的原则，做好大会秘书、会务、组织议案、宣传、简报、财经、总务、保卫等具体工作；对代表提出的议案进行审查，并向主席团提出处理意见的报告。

（一）市六届人大历次会议秘书长、副秘书长名单

第一次会议
秘 书 长：彭路祥
副秘书长：周荣俊　夏涌波　吴寿轩　杨晓群　魏建锋　江　鸿　严正富
第二次会议
秘 书 长：彭路祥
副秘书长：林　强　李忠仁　夏涌波　杨晓群　魏建锋　严正富　江　鸿
第三次会议
秘 书 长：彭路祥
副秘书长：林　强　李忠仁　杨晓群　夏涌波　应　祥　江　鸿

（二）市七届人大历次会议秘书长、副秘书长名单

第一次会议
秘 书 长：张鲁年
副秘书长：李忠仁　夏涌波　刘滇鸣　应　祥　朱海群（女）严正富
第二次会议
秘 书 长：张鲁年
副秘书长：李忠仁　陈　强　应　祥　朱海群（女）夏涌波　严正富
第三次会议
秘 书 长：张鲁年
副秘书长：李忠仁　龚著宝　应　祥　朱海群（女）严正富
第四次会议
秘 书 长：张鲁年
副秘书长：李忠仁　龚著宝　应　祥　朱海群（女）严正富
第五次会议
秘 书 长：张鲁年
副秘书长：敖高源　卢越明　应　祥　朱海群（女）严正富
第六次会议
秘 书 长：张鲁年
副秘书长：敖高源　徐晓年　应　祥　宋继红

第七次会议

秘 书 长：张鲁年

副秘书长：敖高源　徐晓年　应　祥　宋继红

（三）市八届人大历次会议秘书长、副秘书长名单

第一次会议

秘 书 长：杨晓群

副秘书长：敖高源　江　鸿　吴寿轩　吴建辉　蔡　江（女）宋继红　严细火　朱少武

第二次会议

秘 书 长：杨晓群

副秘书长：江　鸿　吴寿轩　吴建辉　施兆煌　王有金

第三次会议

秘 书 长：杨晓群

副秘书长：应　祥　江　鸿　吴炳生　王有金

第四次会议

秘 书 长：杨晓群

副秘书长：江　鸿　吴炳生　舒平贵　王有金

第五次会议

秘 书 长：杨晓群

副秘书长：江　鸿　吴炳生　舒平贵　王有金　汤小敏

第六次会议

秘 书 长：杨晓群

副秘书长：江　鸿　吴炳生　舒平贵　洪瑜君　汤小敏

（四）市九届人大历次会议秘书长、副秘书长名单

第一次会议

秘 书 长：程芦山

副秘书长：江　鸿　俞　奇　舒平贵　吴寿轩　杨　毅　汤小敏　洪瑜君

第二次会议

秘 书 长：程芦山

副秘书长：江　鸿　俞　奇　舒平贵　汤小敏　洪瑜君

第三次会议

秘 书 长：程芦山

副秘书长：江　鸿　俞　奇　褚小涛　汤小敏　洪瑜君

第四次会议

秘 书 长：程芦山

副秘书长：江　鸿　俞　奇　褚小涛　汤小敏　洪瑜君

第五次会议

秘 书 长：程芦山

副秘书长：俞　奇　褚小涛　汤小敏　洪瑜君

第六次会议

秘 书 长：杨　森

副秘书长：席志新　褚小涛　魏建君　洪瑜君　金武缨（女）

第七次会议

秘 书 长：周永江

副秘书长：魏建君　席志新　褚小涛　洪瑜君　金武缨（女）

第八次会议

秘 书 长：周永江

副秘书长：魏建君　席志新　邬筱露（女）　汪翠微（女）　洪瑜君　金武缨（女）

第九次会议

秘 书 长：周永江

副秘书长：魏建君　席志新　邬筱露（女）　汪翠微（女）　洪瑜君　金武缨（女）

（五）市十届人大历次会议秘书长、副秘书长名单

第一次会议

秘 书 长：吴建辉

副秘书长：江东生　邵菁靓　邬筱露（女）　汪翠微（女）　李剑锋　金武缨（女）

第二次会议

秘 书 长：吴建辉

副秘书长：邵菁靓　王　俊　邬筱露（女）　汪翠微（女）　金武缨（女）　李剑锋

第三次会议

秘 书 长：吴建辉

副秘书长：邵菁靓　王　俊　邬筱露（女）　汪翠微（女）　金武缨（女）　李剑锋

第四次会议

秘 书 长：吴建辉

副秘书长：赵勇凯　王　俊　冯　玮　易冬春　金武缨（女）李剑锋

三、计划预算审查委员会

计划预算审查委员会设主任委员、副主任委员、委员若干名。其成员从代表中提名，经大会通过。计划预算审查委员会主要职责是，审查市人民政府提出的国民经济和社会发展计划、预算，并向大会主席团提出审查报告。市六届人大一次会议之后，不再另设计划预算审查委员会，其职责由市人大财政经济委员会行使。

市六届人大一次会议计划、预算审查委员会

主 任 委 员：郑良健

副主任委员：周荣俊　孔繁春

委　　　员：艾森然　潘邓生　蔡金炎　方培林

四、议案审查委员会

议案审查委员会设主任委员、副主任委员、委员若干名。其成员从代表中提名，经大会通过。议案审查委员会的主要职责是，负责收集、整理代表提出的议案和意见、建议、批评，对代表议案进行审查，提出处理意见，并向主席团报告审查结果。市六届人大一次会议、市七届人大一次会议、市八届人大一次会议设立议案审查委员会，其他历次会议期间，其职责由大会秘书处行使。

（一）市六届人大一次会议议案审查委员会

主 任 委 员：邓绍聪

副主任委员：严正富

委　　　员：杨柏祥　张一鹛（女）彭春生　魏建锋

（二）市七届人大一次会议议案审查委员会

主 任 委 员：罗喜仔

副主任委员：严正富

委　　　员：方　农　吴寿轩　张一鹛（女）张喜忠　陈锦耀　夏涌波

（三）市八届人大一次会议议案审查委员会

主 任 委 员：卢越明

副主任委员：吴寿轩

委　　　员：叶玉林　卢力新　杨小明　宋平先　张一鹃（女）施兆煌　姚建中

第二节　常设机构

市人民代表大会专门委员会是市人民代表大会的常设机构，受市人民代表大会的领导，对其负责并报告工作，在大会闭会期间受市人大常委会领导。共设有监察和司法委员会、财政经济委员会、教育科学文化卫生委员会、法制委员会、社会建设委员会、城乡建设环境与资源保护委员会、农业与农村委员会。

各专门委员会由主任委员、副主任委员若干人和委员若干人组成，其人选由市人民代表大会主席团在代表中提名，市人民代表大会会议通过。

各专门委员会的共同职权是审议市人民代表大会主席团或者市人民代表大会常务委员会交付的议案；向市人民代表大会主席团或者市人民代表大会常务委员会，提出属于市人民代表大会或者常务委员会职权范围内同本委员会有关的议案。

对属于市人民代表大会或者市人民代表大会常务委员会职权范围内同本委员会有关的问题，进行调查研究，提出建议，协助市人民代表大会和常务委员会开展立法、监督等工作。

一、市六届人大专门委员会

市六届人大设有内务司法委员会、财政经济委员会、教育科学文化卫生委员会、农业与环境资源保护委员会共 4 个专门委员会。

（一）市六届人大内务司法委员会

1983 年 12 月设立政法工作委员会。1987 年 4 月，改设为人大政法委员会，1991 年更名为内务司法委员会。1993 年 10 月复改为工作委员会，1999 年 1 月重新设立专门委员会。其主要职责是在市人大及其常委会领导下，研究、审议、拟订和提出监察司法方面的议案；对有关的地方法规草案举行初审；协助市人大及其常委会对监察司法部门进行法律监督和工作监督，听取监察司法部门的工作汇报和专题报告，提出意见和建议等。委员会下设办公室，为正科级内设机构。

主任委员：杨柏样（2004.2—2005.3）
　　　　　邬书鸣（2005.3—2006.12）
委　　员：吴小莲（女，2004.2—2006.12）
　　　　　张爱芬（女，2004.2—2006.12）
　　　　　杨春茂（2004.2—2006.12）

（二）市六届人大财政经济委员会

1983年12月设立市人大财政经济工作委员会。1987年4月至1993年10月，改设为市人大财政经济委员会。1993年10月复改为工作委员会。1999年1月重新设立专门委员会。其主要职责是在市人大及其常委会的领导下，研究、审议和拟订有关财政经济方面的议案；对属于市人大及其常委会职权范围内同财经委有关的问题，进行调查研究，提出建议；协助市人大及其常委会进行法律监督和工作监督；对有关的地方法规草案举行初审。委员会下设办公室，为正科级内设机构。

主任委员：孔繁春（2004.2—2006.12）
委　　员：方培林（2004.2—2006.12）
　　　　　李建林（2004.2—2006.12）
　　　　　张社喜（2004.2—2006.12）

（三）市六届人大教育科学文化卫生委员会

1983年12月设立市人大常委会教科文卫工作委员会。1987年4月至1993年10月，改设为市人大教科文卫委员会。1993年10月复改为工作委员会。1999年1月重新设立专门委员会。其主要职责是在市人大及其常委会领导下，研究、审议和拟订有关教科文卫方面的议案；对属于市人大及其常委会职权范围内与教科文卫委有关的问题进行调查研究，提出建议；协助市人大及其常委会进行法律监督和工作监督。委员会下设办公室，为正科级内设机构。

主任委员：张一鹃（女，2004.2—2006.12）
委　　员：李应春（2004.2—2006.12）
　　　　　吴朝阳（2004.2—2006.12）
　　　　　张彩菊（女，2004.2—2006.12）
　　　　　严国安（2004.2—2006.12）
　　　　　严桂兰（女，2004.2—2006.12）

（四）市六届人大农业与环境资源保护委员会

1999 年 1 月市五届人大一次会议设立市人大农业与环境资源保护委员会，为市人民代表大会专门委员会。其主要职责是研究、审议和拟订有关农业农村、城乡建设与环境资源保护方面的议案；对市人民政府及有关部门实施农业农村法律、法规工作情况进行监督；调查城乡建设与环境资源保护工作方面的法律、法规和市人民代表大会及其常委会的有关决议、决定的执行情况，组织开展执法调查研究和视察检查活动。委员会下设办公室，为正科级内设机构。

主任委员：彭春生（2004.2—2006.12）
委　　员：黄木生（2004.2—2006.12）
周雨亭（2004.2—2006.12）
李国良（2004.2—2006.12）

二、市七届人大专门委员会

市七届人大设有内务司法委员会、财政经济委员会、教育科学文化卫生委员会、农业与环境资源保护委员会共 4 个专门委员会。2007 年 3 月市七届人大二次会议作出撤销农业与环境资源保护委员会的决定，其职权和工作任务分别划入市人大常委会农业和农村工作委员会、市人大常委会城乡建设环境资源保护工作委员会。

（一）市七届人大内务司法委员会

主 任 委 员：李萍文（兼，女，2006.12—2007.3）
夏涌波（2007.3—2007.12）
江胜来（2008.1—2011.9）
副主任委员：李长华（2008.8—2010.5）
委　　　员：吴小莲（女，2006.12—2009.8）
陈来兴（2006.12—2011.9）
祝光进（2006.12—2011.9）
夏涌波（2006.12—2007.3）
程新太（2006.12—2011.9）
熊红英（女，2006.12—2011.9）
黄光明（2010.9—2011.11）

（二）市七届人大财政经济委员会

主 任 委 员：郑良健（兼，2006.12—2007.3）
叶玉林（2007.3—2011.9）
副主任委员：陈锦耀（2007.9—2011.9）
委　　　员：李建林（2006.12—2011.9）
李爱金（女，2006.12—2011.9）
邱曙辉（2006.12—2011.9）
陈小平（2006.12—2011.9）
陈锦耀（2006.12—2007.8）
金联宜（2006.12—2010.12）

（三）市七届人大教科文卫委员会

主任委员：张一鹃（女，2006.12—2011.9）
委　　员：朱海群（女，2006.12—2011.9）
李应春（2006.12—2011.9）
严国安（2006.12—2011.9）
吴文娱（女，2006.12—2011.9）
张彩菊（女，2006.12—2011.9）
邵建平（2006.12—2011.9）

（四）市七届人大农业与环境资源保护委员会

主任委员：罗喜仔（兼，2006.12—2007.3）
委　　员：张喜忠（2006.12—2007.3）
周雨亭（2006.12—2007.3）
郝跃武（2006.12—2007.3）
聂玲娜（女，2006.12—2007.3）
黄木生（2006.12—2007.3）
黄光明（2006.12—2007.3）

三、市八届人大专门委员会

市八届人大在保留市七届人大专门委员会设置的基础上，于2016年1月增设市人大法制委员会。市八届人大共设置内务司法、财政经济、教科文卫、法制4个专门委员会。

（一）市八届人大内务司法委员会

主 任 委 员：宋平先（2011.9—2016.6）
副主任委员：郑占煌（2011.9—2013.4）
　　　　　　毛文芳（2011.9—2015.7）
委　　　员：祝光进（2011.9—2016.11）
　　　　　　朱海群（女，2011.9—2016.11）
　　　　　　黄光明（2011.9—2016.11）
　　　　　　万挺春（2011.9—2016.11）
　　　　　　张贵华（2011.9—2016.11）
　　　　　　彭保太（2011.9—2016.11）

（二）市八届人大财政经济委员会

主 任 委 员：叶玉林（2011.9—2016.11）
副主任委员：陈锦耀（2011.9—2016.11）
　　　　　　倪饶生（2011.9—2015.11）
委　　　员：李爱金（女，2011.9—2012.11）
　　　　　　李建林（2011.9—2016.11）
　　　　　　黄木生（2011.9—2016.11）
　　　　　　余柳宾（2011.9—2013.10）
　　　　　　周建平（2011.9—2016.11）
　　　　　　程新太（2011.9—2016.11）

（三）市八届人大教科文卫委员会

主 任 委 员：张一鹃（女，2011.9—2016.11）
副主任委员：熊红英（女，2011.9—2015.12）
　　　　　　汪白杨（2015.12—2016.11）
委　　　员：李应春（2011.9—2016.5）

陈小平（2011.9—2016.11）
姚　军（女，2011.9—2016.11）
吴拓宇（2011.9—2016.11）
俞　艳（女，2011.9—2016.11）
严国安（2011.9—2016.11）

（四）市八届人大法制委员会

2015 年 3 月，第十二届全国人民代表大会第三次会议修订《中华人民共和国立法法》，赋予设区的市地方立法权。2016 年 1 月 12 日，市八届人大六次会议决定设立鹰潭市人民代表大会法制委员会。江西省第十二届人民代表大会常务委员会第二十四次会议决定，自 2016 年 4 月 1 日起，鹰潭市可以开始制定地方性法规。其主要职责是对提请市人大或者市人大常委会会议审议的地方性法规案进行统一审议；办理大会主席团交付的代表议案；对提请市人大常委会会议审议的地方性法规解释草案进行审议、修改；对属于市人大或者市人大常委会职权范围内同本委员会有关的问题进行调查研究，对地方性法规或者法规中的有关规定进行立法后评估，提出报告或者建议。

主 任 委 员：杨晓群（兼，2016.1—2016.11）
副主任委员：龚著宝（2016.1—2016.11）
委　　　员：杨　毅（2016.1—2016.11）
艾书广（2016.1—2016.11）
吴拓宇（2016.1—2016.11）
王　峰（2016.1—2016.11）
程新太（2016.1—2016.11）

四、市九届人大专门委员会

2019 年 1 月，市人大增设社会建设委员会，将内务司法委员会更名为监察和司法委员会。市九届人大共设置内务司法委员会（监察和司法）、财政经济、教科文卫、法制、社会建设 5 个专门委员会。

（一）市九届人大内务司法委员会（监察和司法委员会）

主 任 委 员：项玉林（2016.11—2021.10）
副主任委员：楼　瑾（女，2016.11—2021.10）

委　　　员：祝光进（2016.11—2021.10）
李　澂（女，2016.11—2021.10）
陈　嫣（女，2016.11—2021.10）
张贵华（2016.11—2021.10）
姚志刚（2016.11—2021.10）

（二）市九届人大财政经济委员会

主 任 委 员：徐　慧（女，2016.11—2021.1）
副主任委员：熊国华（2016.11—2021.10）
委　　　员：李新国（2016.11—2016.12）
张洪堂（2016.11—2021.10）
刘在强（2016.11—2021.10）
吴建华（2016.11—2019.10）
李强祖（2016.11—2021.10）
周赣忠（2020.5—2021.10）
许风成（2020.5—2021.10）
上官新亨（2020.5—2021.10）

（三）市九届人大教科文卫委员会

主 任 委 员：张一鹃（女，2016.11—2019.12）
汤小敏（2020.5—2021.10）
副主任委员：周　鹏（2016.11—2020.3）
李荣德（2020.10—2021.9）
委　　　员：苏红专（2016.11—2020.5）
吴拓宇（2016.11—2021.10）
姚　军（女，2016.11—2021.10）
刘和平（2016.11—2021.10）
乐东明（2016.11—2018.1）
郑天荣（2020.5—2021.10）

（四）市九届人大法制委员会

主 任 委 员：程芦山（兼，2016.11—2020.5）

副主任委员：龚著宝（2016.11—2021.10）

艾书广（2016.12—2021.10）

委　　员：杨　毅（2016.11—2021.10）

王　峰（2016.11—2021.10）

程新太（2016.11—2021.10）

汤海燕（女，2016.11—2021.10）

熊新光（2016.11—2021.10）

姚志刚（2020.5—2021.10）

（五）市九届人大社会建设委员会

2019年1月15日，市九届人大五次会议通过关于设立鹰潭市人民代表大会社会建设委员会的决定。其主要职责是研究、审议和拟定有关社会建设方面的议案；协助市人大常委会检查有关社会建设方面的法律法规的贯彻实施情况、听取和审议市政府有关社会建设方面的专项工作报告；对属于市人大及其常委会职权范围内有关社会建设方面的重要问题开展调查研究，提出意见和建议；对有关的地方法规草案进行初审。委员会下设办公室，为正科级内设机构。

主任委员：欧阳澜（2019.1—2020.3）

陈鑫英（2021.1—2021.10）

副主任委员：桂天信（2019.1—2021.10）

委　　员：李荣生（2019.1—2021.10）

龚志辉（2019.1—2021.10）

朱福兰（女，2019.1—2021.10）

王学刚（2019.1—2021.10）

廖　巍（2019.1—2021.10）

五、市十届人大专门委员会

市十届人大在保留市九届人大专门委员会设置基础上，2024年1月增设市人大农业和农村委员会、市人大城乡建设环境与资源保护委员会。市十届人大共设置7个专门委员会。

（一）市十届人大监察和司法委员会

主任委员：吕文杰（2021.10—2023.12）

　　　　　万勇章（2024.1—　）
副主任委员：楼　瑾（女，2021.10—2023.3）
　　　　　李立敏（女，2023.12—　）
委　　　员：陈　嫣（女，2021.10—　）
　　　　　王　军（2021.10—　）
　　　　　姚志刚（2021.10—　）
　　　　　吴文兆（2021.10—　）
　　　　　刘桂芝（女，2021.10—　）

（二）市十届人大财政经济委员会

主任委员：阮克芬（女，2021.10—　）
副主任委员：熊国华（2021.10—2023.3）
委　　　员：江国珍（2021.10—　）
　　　　　李强祖（2021.10—　）
　　　　　李　萍（女，2021.10—　）
　　　　　彭保太（2021.10—　）
四级调研员：苏　莉（女，2023.12—）

（三）市十届人大教科文卫委员会

主任委员：艾书广（2021.10—　）
副主任委员：张金荣（女，2021.10—　）
委　　　员：王永斌（2021.10—　）
　　　　　项　凯（2021.10—　）
　　　　　王　晖（2021.10—　）
　　　　　姚　军（女，2021.10—　）
　　　　　刘和平（2021.10—　）

（四）市十届人大法制委员会

主任委员：林伏昌（2021.10—2023.12）
　　　　　江东生（2024.1—　）
副主任委员：吴勤胜（2021.10—　）
　　　　　童玲芳（女，2021.10—　）

委　　员：吕文杰（2021.10—　）
万勇章（2021.10—　）
揭继军（2021.10—　）
姚志刚（2021.10—　）
杨　毅（2021.10—　）
童晓霞（女，2021.10—　）

（五）市十届人大社会建设委员会

主任委员：陈鑫英（2021.10—2023.12）
程　露（女，2024.1—　）
副主任委员：胡　伟（2021.10—　）
委　　员：揭继军（2021.10—　）
陈建东（2021.10—　）
李忠堂（2021.10—　）
周津京（女，2021.10—　）
夏海燕（女，2021.10—　）

（六）市十届人大农业和农村委员会

2024 年 1 月 17 日，市十届人大四次会议决定设立市人大农业和农村委员会，为市人民代表大会的专门委员会。其主要职责是研究、审议和拟订有关农业农村方面的议案；对市人民政府及有关部门实施农业与农村法律、法规和农业与农村方面的工作情况进行监督；调查农业与农村工作方面的法律、法规和市人民代表大会及其常委会的有关决议、决定的执行情况，组织开展执法调查研究和视察检查活动；对有关的地方法规草案进行初审。委员会下设办公室，为正科级内设机构。

主任委员：江　波（2024.1—　）
副主任委员：黄光亚（2024.1—　）
委　　员：黄　晶（女，2024.1—　）
洪华贵（女，2024.1—　）
施　诗（女，2024.1—　）
徐有英（女，2024.1—　）
毛超鹏（2024.1—　）

（七）市十届人大城乡建设环境与资源保护委员会

2024 年 1 月 17 日，市十届人大四次会议决定设立市人大城乡建设环境与资源保护委员会，为市人民代表大会的专门委员会。其主要职责是研究、审议和拟订有关城乡建设与环境资源保护方面的议案；协助常委会开展城乡建设和环境保护等方面的法律监督和工作监督；负责城乡建设和环境保护等有关方面的调研、视察、检查活动具体组织工作；对有关的地方法规草案进行初审。委员会下设办公室，为正科级内设机构。

主 任 委 员：楼　瑾（女，2024.1— ）

副主任委员：邱岸龙（2024.1— ）

委　　　员：樊建波（2024.1— ）

王晓帅（2024.1— ）

杨永贵（2024.1— ）

余聪平（2024.1— ）

余军发（2024.1— ）

第二章　市六届人民代表大会

鹰潭市第六届人民代表大会任期从2004年2月至2006年12月，其间共召开3次代表大会会议、26次常委会会议，市人大及其常委会共听取和审议工作报告57项，通过决议决定42项，选举任免国家机关工作人员102人次。

第一节　历次会议情况

第一次会议　2004年2月16日至20日举行。应到代表276名，实到代表259名。会议听取和审议市人民政府、市人大常委会、市中级人民法院、市人民检察院工作报告；审查和批准了鹰潭市2003年国民经济和社会发展计划执行情况与2004年国民经济和社会发展计划草案的报告，批准鹰潭市2004年国民经济和社会发展计划；审查和批准鹰潭市2003年全市和市级预算执行情况及2004年全市和市级预算草案的报告，批准鹰潭市2004年市级预算；通过上述报告的决议。会议选举邵奇生为市第六届人大常委会主任，彭路祥、李萍文、郑良健、刘国林、邓绍聪、罗喜仔为副主任，周荣俊为秘书长，委员20名；选举胡宪为市人民政府市长，阎钢军、肖伏芝、张鲁年、朱浔、汪当时、史可为副市长；选举赖永芳为市中级人民法院院长，选举罗晓泉为市人民检察院检察长，选举出席省第十届人大代表2名；表决通过市六届人大各专门委员会主任委员、委员人选。收到代表议案14件，建议、批评、意见20件。市委书记黄建盛、市人大常委会主任邵奇生在闭幕式上讲话。

第二次会议　2005年3月18日至21日举行。应到代表271名，实到代表245名。会议听取和审议市人民政府、市人大常委会、市中级人民法院、市人民检察院工作报告；审查和批准了鹰潭市2004年国民经济和社会发展计划执行情况与2005年国民经济和社会发展计划草案的报告，批准鹰潭市2005年国民经济和社会发展计划；审查和批准鹰潭市2004年全市和市级预算执行情况及2005年全市和市级预算草案的报告，批准鹰潭市2005年市级预算；通过上述报告的决议。会议接受周荣俊辞去鹰潭市第六届人大常委会秘书长职务的请求，补选李忠仁为鹰潭市第六届人大常委会秘书长，表决通过市六届人大内务司法委员会主任委员的人选。收到代表建议、批评、意见46件。市委书记黄建盛在大会闭幕时讲话。

第三次会议　2006年2月23日至26日举行。应到代表269名，实到代表253名。会议听取和审议市人民政府、市人大常委会、市中级人民法院、市人民检察院工作报告；会议通过了《鹰潭市国民经济和社会发展第十一个五年规划纲要》；审查和批准了鹰潭市2005年国民经济和社会发展计划执行情况与2006年国民经济和社会发展计划草案的报告，批准了鹰潭市2006年国民经济和社会发展计划；审查和批准鹰潭市2005年全市和市级预算执行情况及2006年全市和市级预算草案的报告，批准鹰潭市2006年市级预算；通过了上述报告的决议。收到代表建议、批评、意见22件。

第二节　听取和审议政府工作报告

第一次会议　听取和审议市政府市长胡宪所作的《政府工作报告》。报告总结了五届政府的工作和2003年经济社会发展情况。报告指出，五年来，全市地区生产总值年均增长10.9%；财政总收入年均增长14.1%，其中地方财政收入年均增长11.3%；固定资产投资年均增长29.6%；社会消费品零售总额年均增长9.0%；城镇居民人均可支配收入年均增长8.5%，农民人均纯收入年均增长4.3%。2003年，全市生产总值达到79.09亿元，比上年增长18.2%，比年初预期目标高6.2个百分点，创建市以来新高。其中一产增长4.0%，二产增长30.0%，三产增长11.4%。三次产业结构比为15.7∶47.9∶36.4。财政总收入达到8.63亿元，增长27.9%，其中地方财政收入4.48亿元，增长23.9%，分别超过年初预算15.9和13.3个百分点。全社会固定资产投资30.89亿元，增长55.4%。社会消费品零售总额24.86亿元，增长12%。城镇登记失业率控制在3.6%以内，人口自然增长率8.12‰。主要经济指标增幅均高于全省平均水平。加快实施工业化核心战略，效益在结构调整中明显提高，全市规模以上工业企业完成工业增加值同比增长29.3%，销售收入增长42.3%，利税总额增长65.2%，工业效益综合指数119.85%。报告提出今后五年的总体目标和2004年主要工作安排。今后五年，力争国内生产总值年均增长11.5%，财政总收入年均增长139%，地方财政收入年均增长12%，全社会固定资产投资年均增长15%，社会消费品零售总额年均增长12%，城镇居民人均可支配收入年均增长70%，农民人均纯收入年均增长4.5%，城镇登记失业率控制在3.8%以内。2004年经济和社会发展的总体要求是：坚持以邓小平理论和“三个代表”重要思想为指导，全面贯彻十六大和十六届三中全会精神，认真落实全面、协调、可持续的科学发展观，坚持正确的发展思路，进一步解放思想、与时俱进，深化改革、扩大开放，突出重点、真抓实干，促进经济持续快速协调健康发展和社会全面进步。主要预期目标是：国内生产总值90.26亿元，增长14.1%，其中一产增长4.0%，二产增长

20.6%，三产增长10.0%；财政总收入10亿元，增长15.8%，其中地方财政收入5.06亿元，增长13%；全社会固定资产投资38.0亿元，增长23.0%；社会消费品零售总额27.8亿元，增长12.0%；城镇居民人均可支配收入7520元，增长7.2%；农民人均纯收入2865元，增长5.49%；城镇登记失业率控制在3.9%以内。主要任务：一是坚持扶优扶强，加强提升工业化水平；二是加强基础地位，促进农村经济稳步发展；三是切实做旺旅游业，全面繁荣第三产业；四是继续着力打造精品，实现城市面貌大变样；五是加大对外开放力度，多渠道筹集建设资金；六是统筹兼顾协调发展，实现社会事业新突破；七是大力促进就业和再就业，切实维护社会稳定。

代表们在审议中认为，鹰潭市经济总量小，财政基础薄弱；经济结构不够合理，深层次体制矛盾仍然存在；就业不够充分，部分城乡居民生活困难；农业产业化规模不大，农民增收难度较大；影响社会稳定的因素仍然存在；政府职能转变尚未完全适应市场经济的要求；工作作风有待进一步改进。代表们还就存在的问题提出改进建议意见。

会议通过决议，批准政府工作报告。

第二次会议 听取和审议市政府市长胡宪所作的《政府工作报告》。报告指出，2004年，全市完成生产总值96.37亿元，人均生产总值首次超过1000美元，其中，一产增长7.5%，二产增长22.7%，三产增长14.3%，三产的比重为16.2∶49.2∶34.6。财政总收入10.66亿元，增长23.5%，人均财政总收入达到1000元；其中地方财政收入5.29亿元，增长18.1%。全社会固定资产投资43.92亿元，增长42.1%，增幅比上年回落13.2个百分点。城镇居民人均可支配收入达7723元，增长10.1%，农民人均纯收入3265元，增长20.2%。社会消费品零售总额28.59亿元，增长15.0%。报告提出2005年全市经济社会发展的总体要求：以邓小平理论和“三个代表”重要思想为指导，认真贯彻党的十六大、十六届三中、四中全会和中央经济工作会议以及省委、市委全体（扩大）会议精神，坚持以科学的发展观统领经济社会发展全局，着力推进改革开放，切实转变经济增长方式，进一步巩固农业基础地位，继续抓好工业、城市建设和旅游三项重点工作，促进经济和社会事业持续协调快速发展，全面推动“小康鹰潭”“和谐平安鹰潭”的构建进程，为实现全市综合经济实力再上新台阶奠定坚实的基础。主要预期目标是：全市生产总值108.9亿元，增长13.0%，财政总收入12.11亿元，增长13.6%，其中地方财政收入6.0亿元，增长13.4%；全社会固定资产投资53.6亿元，增长22.0%；社会消费品零售总额增长12.5%；居民消费价格总指数涨幅控制在4%以内；城镇居民人均可支配收入增长7.0%；农民人均纯收入增长6.1%；城镇登记失业率控制在4.2%以内。主要工作任务：进一步做好“三农”工作，保持农业和农村发展的好势头；保持工业发展的强劲势头，推进产业结构优化升级；大力发展旅游业，促进第三产业全面发展；围绕创“四城”活动，推动城市建设再上新台阶；

实施项目带动战略，进一步提高对外开放水平；加快改革开放步伐，为经济发展提供持久动力和活力；切实加强社会主义精神文明建设，推进各项社会事业全面进步；关心群众生活，努力构建“和谐平安鹰潭”。

代表们在审议中认为，鹰潭市经济总量仍然偏小，经济结构调整任务繁重；农民增收基础比较薄弱，地方工业发展亟待加快；就业还不够充分，部分低收入群众生活比较困难；少数历史遗留问题尚未完全解决，影响社会稳定的因素依然存在；政府职能转变尚未完全到位，执政能力有待进一步提高。代表们还就存在的问题提出改进建议意见。

会议通过决议，批准政府工作报告。

第三次会议　听取和审议了市政府市长胡宪所作的《政府工作报告》，向大会报告过去一年政府工作，并就《鹰潭市国民经济和社会发展第十一个五年规划纲要（草案）》作说明。报告指出，2005 年，是实施“十五”计划的最后一年，也是超额完成“十五”计划的关键一年。这一年，全市深入贯彻党的十六大和十六届三中、四中、五中全会精神，紧紧围绕“建设和谐平安鹰潭、共创富民兴市大业”主题，一手抓保持共产党员先进性教育活动，一手抓经济社会发展，全市经济社会发展取得了新的可喜成绩。全市生产总值比上年增长 16.4%；财政总收入增长 35.4%，其中地方财政收入增长 26.7%；全社会固定资产投资增长 36.8%；社会消费品零售总额增长 16.6%；城镇居民人均可支配收入增长 14.5%，农民人均纯收入增长 11.5%。主要经济指标增幅均高于全省平均水平。2006 年是实施“十一五”规划的头一年，经济和社会发展的总体要求是：以只争朝夕的精神开拓创新的作风、全民创业的合力，在奋力争先中求主动、在全面进步中促崛起，强势推进产业发展、城乡建设、环境升级，力求生产总值、财政收入、招商引资增幅“三个站前列”，紧扣为“十一五”开好头、奠好基的目标，努力打好提前量，坚实迈出第一步。主要预期目标是：生产总值增长 13%；财政总收入增长 15.3%，其中地方财政收入增长 13.2%；全社会固定资产投资增长 21%；居民消费价格上涨幅度控制在 3% 以内；城镇登记失业率控制在 4.5% 以内。必须做好以下工作：切实做好“三农”工作，加快推进社会主义新农村建设。加快新型工业化步伐，不断提升工业化水平。大力发展旅游、流通业，不断壮大第三产业。着力推进新型城镇化，不断提高城市发展水平。进一步深化改革开放，不断增强经济发展的活力。大力发展各项社会事业，努力构建“和谐平安鹰潭”。高度关心群众生活，努力解决群众实际困难。

代表们在审议中认为，鹰潭市经济总量仍然偏小，地方企业规模有待进一步做大；第三产业比重不高，区位优势和资源优势有待进一步挖掘；就业和再就业压力仍然较大，解决“三农”问题任务很重；影响社会和谐稳定的因素不少，政府依法行政的能力有待进一步提高。代表们还就存在的问题提出改进建议意见。

会议通过决议，批准政府工作报告。

第三节　审查批准《鹰潭市国民经济和社会发展第十一个五年规划纲要》

第三次会议　审查了市政府提出的《鹰潭市国民经济和社会发展第十一个五年规划纲要（草案）》。纲要回顾了“十五”期间国民经济和社会发展取得的成就，提出鹰潭市“十一五”时期经济社会发展的总体要求、奋斗目标和主要任务。纲要指出，“十五”时期，是鹰潭经济社会发展不平凡的五年，全面超额完成“十五”时期的各项任务。综合经济实力迈上新台阶，全市生产总值由2000年的53.95亿元增加到2005年的118.62亿元，按可比价格计算，年均增长14.6%，超过“十五”计划目标35.62亿元。财政总收入由2000年的5.11亿元增加到14.44亿元，年均增长23.1%，超过“十五”计划目标6.94亿元，人均财政总收入达1325元；其中地方财政收入由2000年的2.99亿元增加到6.71亿元，年均增长17.55%，超过“十五”计划目标2.31亿元。经济结构调整取得新进展，三次产业结构由2000年的20.1∶41.1∶38.8调整到14.5∶49.7∶35.8。城市面貌发生历史性变化，聘请国内知名设计单位对鹰潭市城市总体规划进行修编。开放型经济快速发展，实际引进市外资金由2000年的5.44亿元增加到26.0亿元，年均增长36.7%。经济社会发展后劲明显增强，全社会固定资产投资由2000年的11.04亿元增加到60.1亿元，年均增长40.39%。科技教育及社会事业成绩显著，全市社会消费品零售总额由2000年的19.11亿元增加到36.41亿元，年均增长13.8%。全市城镇居民人均可支配收入由2000年的5342元增加到8843元，年均增长10.6%，超过“十五”计划目标1523元。农民人均纯收入由2000年的2380元增加到3640元，年均增长8.9%，比“十五”计划目标超过530元。依法治市进程不断加快，市本级行政审批事项由964项清理到319项，行政许可实施主体明确为45个。纲要提出了“十一五”时期经济和社会发展的主要目标：一是经济实力进一步增强。按可比价计算，全市生产总值年均增长13%，人均生产总值达到2500美元。财政总收入年均增长15%。固定资产投资年均增长21%。社会消费品零售总额年均增长14%。居民消费价格上涨幅度年均控制在3%左右。二是经济增长质量明显提高。资源利用效率显著提高，万元生产总值能耗比“十五”期末降低20%。自主创新能力增强，科研成果向现实生产力转化加快，科技进步对经济增长的贡献率达到50%以上。三是经济结构继续优化。三次产业结构调整为9.7∶52.5∶37.8，农业综合生产能力进一步提高，工业在经济总量中的比重达到50%以上，服务业层次上升。四是人民群众生活水平和生活质量提高。到2010年，城镇居民人均可支配收入超13600元，农民人均纯收入超5100元。农村公共服务设施大为改善，社会和居民小区文化设施建设进一步加强。就业岗位持续增加，社会保障体系比较健全。科教文卫体等方面条件大为改善。五是生态环境得到有效保护。到 2010 年，全市森林覆盖率达到 57%，城市绿化覆盖率达到 35%。主要污染物排放大幅度减少，城乡环境质量得到进一步提高，城市生活污水集中处理率超过 70%，生活垃圾无害化处理率达到 85%，城市环境质量继续保持国家环境保护模范城市的标准。实现上述目标，必须大力抓好以下几项工作：大力推进农业农村现代化，建设社会主义新农村。加快产业结构优化升级，加速推进新型工业化。统筹城乡发展，加速推进城市化进程。加快改革开放，增强发展动力与活力。以旅游商贸为龙头，加快现代服务业发展。加强基础设施建设，为加快发展提供有力支撑。实施科教兴市和人才强市战略，建设创新创业鹰潭。坚持可持续发展，建设生态鹰潭。

代表在审议中认为，鹰潭市经济总量仍然偏小，地方企业规模有待进一步做大；第三产业比重不高，区位优势和资源优势有待进一步挖掘；解决“三农”问题任务艰巨，就业和再就业压力仍然较大；处理好各种社会利益关系难度加大，构建社会主义和谐社会仍然有很多工作要做。

会议通过决议，批准《鹰潭市国民经济和社会发展第十一个五年规划纲要》。

第四节　审查批准国民经济和社会发展计划

第一次会议　审查市发展计划委员会主任艾农受市人民政府委托所作的《关于鹰潭市 2003 年国民经济和社会发展计划执行情况与 2004 年国民经济和社会发展计划草案的报告》。报告指出，2003 年，全市上下克服了“非典”、严重干旱及洪涝灾害给经济带来的不利影响，实现国内生产总值 79.09 亿元，完成年计划的 107.5%，比上年增长 18.2%；财政总收入 8.63 亿元，完成年计划的 114.6%，比上年增长 27.9%，地方财政收入 4.48 亿元，完成年计划的 111%，比上年增长 23.9%；全社会固定资产投资 30.89 亿元，完成年计划的 131.4%，比上年增长 55.4%；实际引进内资 31.5 亿元，完成年计划的 112.50%，比上年增长 114.39%，外资 2678 万美元，完成年计划的 167.49%，比上年增长 97.2%。报告提出 2004 年国民经济和社会发展的主要预期目标是：国内生产总值 90.26 亿元，比上年增长 14.1%，其中一产 12.86 亿元，增长 4%；二产 45.7 亿元，增长 20.6%；三产 31.7 亿元，增长 10%。财政总收入 10 亿元，增长 15.8%，其中地方财政收入 5.06 亿元，增长 13%；全社会固定资产投资 38 亿元，增长 230%；社会消费品零售总额 27.84 亿元，增长 12%；居民消费价格总指数 102；吸收外商直接投资 3500 万美元，增长 30.7%；引进市外资金 40 亿元，增长 27%；接待游客 453 万人次；城镇居民人均可支配收入 7520 元，增加 506 元；农民人均纯收入 2865 元，增加 148 元；城镇登记失业率控制在 3.9% 以内。

计划、预算审查委员会根据市五届人大财政经济委员会会前初步审查情况和会中代表们的审议意见，对2003年国民经济和社会发展计划执行情况与2004年国民经济和社会发展计划草案进行了审查，认为鹰潭市2004年国民经济和社会发展计划草案指导思想正确，总体安排可行，通过努力是可以实现的。同时认为鹰潭市2003经济社会生活中存在的主要问题是：经济总量偏小；经济结构不甚合理，深层次体制矛盾仍然存在；招商引资质量有待进一步提高；农民收入增长空间开拓不够，城镇低收入群体生活困难，就业再就业不够充分；民间投资有待进一步激活，民营经济在国民经济中比重较低，并提出针对性意见建议。

会议通过决议，批准鹰潭市2004年国民经济和社会发展计划，批准2003年国民经济和社会发展计划执行情况与2004年国民经济和社会发展计划草案的报告。

第二次会议 审查市发展计划委员会主任艾农受市人民政府委托向大会提交的《关于鹰潭市2004年国民经济和社会发展计划执行情况与2005年国民经济和社会发展计划草案的报告》。报告提出，2004年，市人民政府及其各工作部门坚持以邓小平理论和“三个代表”重要思想为指导，认真贯彻落实国家宏观调控政策和市委的工作部署，统筹抓好各项工作，全年实现生产总值96.37亿元，同比增长16.8%，完成年计划的106.8%，超出“十五”计划目标13.37亿元；全市财政总收入达10.66亿元，完成年计划的106.6%，同比增长23.5%，实现四年翻一番，超出“十五”计划目标的3.16亿元；农民人均纯收入3265元，增加548元，同比增长20.2%，增幅创历史最高水平。报告提出2005年国民经济和社会发展主要预期目标是：全市生产总值108.9亿元，比上年增长13%，其中一产16.3亿元，增长4%；二产55.9亿元，增长18.1%；三产36.7亿元，增长10%；财政总收入12.11亿元，增长13.6%，其中地方财政收入6.0亿元，增长13.4%；全社会固定资产投资53.6亿元，增长22.0%；社会消费品零售总额32.16亿元，增长12.5%；居民消费价格总体水平上升4%；出口3150万美元，增长29.6%；吸收外商直接投资3950万美元，增长10.4%；城镇居民人均可支配收入8263元，增长7%；农民人均纯收入3465元，增长6.1%；城镇登记失业率控制在4.2%。

市人大财政经济委员会结合会前初步审查情况和会中代表们的审议意见，对2004年国民经济和社会发展计划执行情况与2005年国民经济和社会发展计划草案进行审查，认为2005年国民经济和社会发展计划符合鹰潭市实际，总体安排可行，通过努力是可以实现的。同时指出2004年国民经济运行中还存在一些不容忽视的问题，主要是鹰潭市经济总量还比较小；农民增收的长效机制还未完全建立；中小企业资金制约较为突出；煤电油运紧张状况尚未根本缓解；就业和再就业任务艰巨；经济发展后劲有待增强，并提出针对性意见建议。

会议通过决议，批准鹰潭市 2005 年国民经济和社会发展计划，批准 2004 年国民经济和社会发展计划执行情况与 2005 年国民经济和社会发展计划草案的报告。

第三次会议　审查市发展计划委员会主任艾农受市人民政府委托向大会提交的《关于鹰潭市 2005 年国民经济和社会发展计划执行情况与 2006 年国民经济和社会发展计划草案的报告》。报告指出，2005 年，市人民政府及其各工作部门以邓小平理论和“三个代表”重要思想为指导，坚持以科学发展观统领经济社会发展全局，认真落实中央、省委系列重大战略决策和部署，紧紧围绕“建设和谐平安鹰潭，共创富民兴市大业”主题，扎实做好各项工作，全市生产总值 118.62 亿元，增长 16.4%；财政收入 14.44 亿元，增长 35.4%。农业生产稳定增长，工业经济持续快速增长，工业增加值占生产总值的比重继续提高，区域特色经济和县域经济发展加快；全社会固定资产投资 60.1 亿元，增长 36.8%，投资结构继续优化；各项改革继续深化，开放合作不断扩大；就业和社会保障取得新成绩，人民生活继续改善；科技、教育、文化、卫生等各项社会事业全面发展，生态环保建设得到加强。报告提出 2006 年全市经济和社会发展的主要目标：全市生产总值 134 亿元，比上年增长 13%，其中一产 17.8 亿元，增长 4%；二产 68.2 亿元，增长 15.6%；三产 48 亿元，增长 13%。财政总收入 16.64 亿元，增长 15.3%，其中地方财政收入 7.588 亿元，增长 13.2%；全社会固定资产投资 72.7 亿元，增长 21%；社会消费品零售总额 41.5 亿元，增长 14%；居民消费价格总水平上升 3%；出口总额 4000 万美元，增长 23.2%；吸收外商直接投资 5600 万美元；城镇居民人均可支配收入 9640 元，增长 9%；农民人均纯收入 3940 元，增长 8.2%；城镇登记失业率控制在 4.5% 以内；单位生产总值能耗降低 4% 左右。

市人大财政经济委员会根据会前的初步审查和会中代表的审议意见，对市人民政府提出的 2005 年国民经济和社会发展计划执行情况与 2006 年国民经济和社会发展计划草案和报告进行了审查，认为全市国民经济和社会发展计划执行情况是好的，2005 年国民经济运行中还存在一些不容忽视的问题，主要是农民增收难度较大，新农村建设任务艰巨；企业自主创新能力不够强，效益有待进一步提高；经济结构不尽合理，服务业发展相对滞后；资源要素制约和环境压力加大，粗放型增长方式尚未根本转变。

会议通过决议，批准鹰潭市 2006 年国民经济和社会发展计划，批准 2005 年国民经济和社会发展计划执行情况与 2006 年国民经济和社会发展计划草案的报告。

第五节　审查批准预算

第一次会议　听取和审查了市财政局局长蔡卫东受市人民政府委托所作的《关于鹰潭市2003年市本级总预算执行情况和2004年市级总预算草案的报告》。报告指出，2003年全市财政总收入完成86341万元，比上年增长27.9%，其中地方财政收入完成44809万元，占预算的113.3%，比上年决算数增长23.9%；上缴中央两税33940万元，比上年增长24.5%；上缴省五个税种1350万元，比上年增长58.5%；上缴所得税6242万元，比上年增长93.8%。市本级（含龙虎山风景旅游区管理委员会）预算执行情况：2003年市本级财政总收入完成20459万元，比上年增长31.2%，其中地方财政收入完成13454万元，比上年决算数增长28.7%；上缴中央两税4190万元，比上年增长21%；上缴省五个税种328万元，比上年增长110.3%；上缴所得税2487万元，比上年增长63.6%。报告提出，2004年全市财政预算安排和财政工作的指导思想是：以"三个代表"重要思想和党的十六大精神为指导，全面贯彻落实党的十六届三中全会精神，坚持与时俱进，大力推进各项财政改革；积极组织财政收入，保证财政收入稳定增长；优化和调整财政支出结构，严格财政支出管理，确保财政收支平衡。2004年，市本级总预算草案是：全市财政总收入为10亿元，比上年预算执行数增长15.8%，其中地方财政收入计划为50653万元，比上年预算执行数增长13%。2004年市本级（含龙虎山风景旅游区、市工业园区管理委员会）财政总收入为24638万元，比上年预算执行数增长17.6%，其中地方财政收入计划为15827万元，比上年预算执行数增长15.3%。市本级（不含龙虎山风景旅游区、市工业园区管理委员会）财政总收入为21110万元，比上年增长11.1%，其中地方财政收入13590万元，比上年增长11.3%。

计划、预算审查委员会经审查认为，财政预算执行情况良好，对2003年财政预算执行情况表示满意。同时认为，在2003年市本级总预算和市本级预算执行过程中，仍然存在一些值得注意的困难和问题，主要是：财政收入增幅虽然很高，但可用财力增加不同步，财力与经济建设、各项社会事业发展的需要还有差距；预算外资金管理需要进一步加强，财政监督的力度还需进一步加大。

会议通过决议，批准鹰潭市2004年市本级预算，批准鹰潭市2003年市本级总预算执行情况和2004年市本级总预算草案的报告。

第二次会议　审查市财政局局长蔡卫东受市人民政府委托所作的《关于鹰潭市2004年市本级总预算执行情况和2005年市本级总预算草案的报告》。报告指出，2004年全市财政总收入完成106632万元，比上年增长23.5%，其中，地方财政收入完成52919万元，占预算的104.5%，比上年决算数增长18.1%；上缴中央两税45200万元，比上年增长33.2%；

上缴省五个税种 1798 万元，比上年增长 33.2%；上缴所得税 6715 万元，比上年增长 7.6%。报告提出，2005 年全市财政预算安排和财政工作的指导思想是：以邓小平理论和“三个代表”重要思想为指导，全面贯彻落实党的十六届四中全会精神和科学发展观，充分发挥财政职能，做大财政“蛋糕”；积极组织财政收入，保证财政收入稳定增长；坚持与时俱进，大力推进各项财政改革；优化和调整财政支出结构，严格财政支出管理，确保财政收支平衡。2005 年，市本级总预算草案是：全市财政总收入为 121100 万元，比上年预算执行数增长 13.6%，其中地方财政收入计划为 60000 万元，比上年预算执行数增长 13.4%。2005 年市本级财政总收入为 23558 万元，比上年预算执行数增长 13.2%。

市人大财政经济委员会经审查认为，财政预算执行情况良好，全市财政总收入和地方财政收入超额完成了年初市人代会通过的预算任务。同时认为，在 2004 年市本级总预算和市本级预算执行过程中，仍然存在着一些问题，主要是：一是财政收入增幅虽然较高，但可用财力增加不同步，收支矛盾较突出；二是财政改革步伐仍需进一步加快，部门预算需进一步完善，国库集中支付应进入实质性运作。对这些问题要高度重视，采取有效的措施，在今后工作中切实加以解决。

会议通过决议，批准鹰潭市 2005 年市本级预算，批准鹰潭市 2004 年市本级总预算执行情况和 2005 年市级总预算草案的报告。

第三次会议　审查市财政局局长蔡卫东受市人民政府委托所作的《关于鹰潭市 2005 年市本级总预算执行情况和 2006 年市级总预算草案的报告》。报告指出，2005 年全市财政总收入完成 144368 万元，比上年增长 35.4%，其中，地方财政收入完成 67056 万元，占预算的 111.8%，比上年决算数增长 26.7%；上缴中央两税 67966 万元，比上年增长 50.4%；上缴省五个税种 2113 万元，比上年增长 17.5%；上缴所得税 7233 万元，比上年增长 7.7%。报告提出了 2006 年全市财政预算安排和财政工作的指导思想：以邓小平理论和“三个代表”重要思想为指导，以科学发展观为统领，积极组织财政收入，不断壮大财政实力，保障重点支出，深化公共财政改革，建立健全公共财政体制，促进全面建设小康社会和构建社会主义和谐社会。2006 年，市级总预算草案是：全市财政总收入为 166440 万元，比上年预算执行数增长 15.3%，其中地方财政收入计划为 75880 万元，比上年预算执行数增长 13.2%。市本级财政总预算收入 32110 万元，比上年预算执行数增长 14%。

市人大财政经济委员会经审查认为，2005 年预算执行情况是好的，2006 年市级总预算草案和市本级预算草案，指导思想和总体思路是正确的，为实现预算任务所提出的各项措施是有力的，预算草案是可行的。同时认为，财政支出结构仍需进一步优化，随着财政收入的逐年增加，财力的不断增强，应逐步增加困难群体的补助，逐步提高干部职工的收入水平；财政投入应更加讲求效益。

会议通过决议，批准鹰潭市2006年市本级预算，批准鹰潭市2005年市本级总预算执行情况和2006年市级总预算草案的报告。

第六节　听取和审议人大常委会工作报告

第一次会议　听取和审议市人大常委会副主任王先发所作的《鹰潭市第五届人大常委会工作报告》，报告总结了市五届人大常委会的工作。报告指出，市五届人大常委会高举邓小平理论伟大旗帜，以“三个代表”重要思想为指导，深入贯彻党的十五大、十六大、十六届三中全会和省第十一次党代会、市第五次党代会精神，围绕加快鹰潭经济发展的大局，认真履行宪法和法律赋予的职责，先后对森林法、城市规划法、人口与计划生育法等8件法律法规的实施情况进行了检查，听取并审议“一府两院”的87个专项工作报告，结合执法检查对5个政府工作部门进行工作评议，全面推行政府部门主要负责人述职评议工作；作出决议决定26项；任免国家机关工作人员249人次；督办代表议案3件、建议132件；接待群众来访2985人次，受理来信1031件，各方面工作取得新的进展，为推进社会主义民主法治建设和依法治市进程，保障和促进鹰潭市改革开放和现代化建设事业的顺利进行，作出应有的贡献。报告总结五年来的工作体会，要做好人大工作，必须始终坚持在党的领导下开展工作，必须紧紧抓住发展这个执政兴国的第一要务，必须注重发挥人大代表主体作用，必须充分发扬民主，坚持严格依法办事，必须把对“一府两院”的监督和支持有机结合起来，必须坚持与时俱进，创造性地开展人大工作。

代表们在审议中充分肯定常委会取得的成绩，同时提出监督工作中了解实情、督促整改的形式和方法有待改进，代表工作和常委会自身建设有待进一步加强等建议。

会议通过决议，批准市人大常委会工作报告。

第二次会议　听取和审议市人大常委会主任邵奇生所作的《市人大常委会工作报告》。报告指出，2004年，常委会坚持以邓小平理论和“三个代表”重要思想为指导，深入贯彻党的十六大和十六届三中、四中全会精神，坚持党的领导、人民当家作主和依法治国的有机统一，紧紧围绕全市改革发展稳定大局，认真行使宪法和法律赋予的职权，组织开展环境保护法、价格法执法检查，并结合执法检查，对市环保局、市计委（物价局）的工作进行评议；对消防法、政府采购法、文物保护法等5部法律法规在鹰潭市的实施情况进行了检查；听取和审议专项工作报告12项；对市建设局局长、水利局局长、卫生局局长和市中级人民法院2名法官进行述职评议；作出决议决定6项；依法任免国家机关工作人员71人次；督办代表建议34件；组织代表开展多次专题视察活动，各项工作在历届基础上取得了新的进展，为促进鹰潭市社会主义物质文明、政治文明和精神文明的协调发展，营造文明、法治和谐的社会环境，作出了积极的贡献。报告提出2005年常委会工作总的要求：在中共鹰潭市委的领导下，以邓小平理论和“三个代表”重要思想为指导，认真贯彻落实党的十六大、十六届三中、四中全会精神，牢固树立党的观念、大局观念和群众观念，坚持党的领导、人民当家作主和依法治国有机统一，围绕中心，着眼大局，认真行使法定职权，充分发挥代表作用，切实加强自身建设，为全市改革开放和现代化建设提供有力的法制保障。

代表们在审议中充分肯定常委会过去一年的工作，同时指出监督工作的力度需要进一步加大，监督的方式需要进一步改进和完善，监督的效果需要进一步增强；代表工作和机关建设还需进一步加强。代表们还就存在的问题提出改进建议意见。

会议通过决议，批准市人大常委会工作报告。

第三次会议　听取和审议市人大常委会主任邵奇生所作的《市人大常委会工作报告》。报告指出，2005年，常委会坚持以经济建设为中心，以加快发展为主题，紧紧围绕市委确定的发展目标、工作思路和重要部署，抓住事关全市经济社会发展全局的重大事项，认真履行宪法和法律赋予的各项职责，作出决议决定6项，组织对义务教育法、国家安全法、档案法、水污染防治法、公民出入境管理法等法律法规的执法检查，并对市教育局的工作进行评议。围绕本市经济社会发展和人民群众关心的问题，听取和审议市政府及其工作部门工作报告10项，继续开展“环保信江行活动”，任免国家机关工作人员30人次，对市经贸委主任、林业局局长、体育局局长和市人民检察院2名检察官进行口头述职评议，对市交通局局长、粮食局局长、文化局局长进行书面述职评议，督办代表建议46件，受理人民群众来信232件，接待来访591人次。报告提出，2006年是全面贯彻落实科学发展观，加快富民兴市进程、建设“和谐平安鹰潭”的重要一年，是实施“十一五”规划的开局之年常委会要在中共鹰潭市委的领导下，以邓小平理论和“三个代表”重要思想为指导，深入贯彻落实党的十六大、十六届四中、五中全会精神，按照市委五届十四次全会的统一部署，坚持用科学发展观统领人大工作，围绕中心、服务大局，认真行使法定职权，充分发挥代表作用，切实加强自身建设，保障和促进全市经济社会协调发展，为实现“十一五”规划的良好开局，作出应有的贡献。

代表们在审议中充分肯定常委会过去一年的工作，同时指出常委会执法检查后的整改督促力度需要进一步加大；代表知情知政渠道有待进一步拓宽，代表的主体作用需要进一步发挥；自身建设还需进一步加强。代表们还就存在的问题提出改进建议意见。

会议通过决议，批准市人大常委会工作报告。

第七节　听取和审议法院工作报告

第一次会议　听取和审议市中级人民法院代院长赖永芳所作的《鹰潭市中级人民法院工作报告》。报告指出，五年来，全市法院高举邓小平理论伟大旗帜，坚持以“三个代表”重要思想为指导，以“公正与效率”为主题，以人民满意为标准，紧紧围绕工作大局，全面开展审判工作，共审结各类刑事一审案件 1709 件，比前五年上升 5.1%；共审结一审民商事案件 8468 件，比前五年上升 22.4%；共审结各类一审行政案件 225 件，比前五年下降 29%；共执行各类生效裁判案件 7309 件，标的额 3.8 亿元，执结率 82%。大力加强队伍建设，积极推进法院改革，各项工作取得可喜的成绩，为维护社会稳定，促进经济发展，保障人民权益作出了积极的贡献。报告提出今后一个时期法院工作的总体要求：必须围绕公正与效率这个主题；明确司法为民这个要求；瞄准营造稳定的社会环境和良好的法治环境这两个目标；突出维护国家安全和社会稳定、为完善社会主义市场经济体制提供司法保障、切实保障人民群众合法权益三个重点；做好审判工作、法院改革和队伍建设三件大事。

代表们在审议中认为，法院队伍的整体素质还不高，还不能完全适应现代司法的要求；司法改革不够全面深入，发展也不平衡；执行难的问题仍然没有得到彻底解决；少数法官的审判作风还存在一些问题。代表们还就存在的问题提出改进建议意见。

会议通过决议，批准市中级人民法院工作报告。

第二次会议　听取和审议了市中级人民法院院长赖永芳所作的《鹰潭市中级人民法院工作报告》。报告指出，2004 年，全市法院高举邓小平理论伟大旗帜，以“三个代表”重要思想为指导，按照市六届人大一次会议的决议，认真落实司法为民要求，积极实践“公正与效率”工作主题，全面发挥审判职能作用，大力加强队伍建设，稳步推进法院改革，着力夯实基层基础，各项工作取得了新进展，为维护社会稳定、促进经济发展、保障公民权益提供了良好的司法保障。全年市中级人民法院共受理各类案件 280 件，审结 262 件；受理各类执行案件 26 件，执结 27 件（含旧存），执行标的额 6340.05 万元，执行率 84.4%。加强对基层法院审判工作的监督指导，支持和尊重基层法院依法独立公正行使审判权，提高全市法院办案质量。全市基层法院新收各类案件 2542 件，审结 2531 件。报告要求，2005 年，全市法院要以邓小平理论和“三个代表”重要思想为指导，深入贯彻党的十六大和十六届三中、四中全会精神，按照科学发展观的要求，以建设和谐平安鹰潭为目标，以“公正与效率”为主题，以司法为民为基点，以司法能力建设为重点以基层建设为基础，推动法院各项工作不断发展、不断创新不断前进。

代表们在审议中认为，法官的整体素质还不高，特别是司法能力和水平还不能适应现代司法的要求。全市法院仍有多年来未结执行积案多件，难以执行；一些当事人及案外人抱着“闹则有理，闹则有利”的思想，随意指责、谩骂法官，无理缠诉，不断上访。代表们还就存在的问题提出改进建议意见。

会议通过决议，批准市中级人民法院工作报告。

第三次会议 听取和审议市中级人民法院院长赖永芳所作的《鹰潭市中级人民法院工作报告》。报告指出，2005年，全市法院积极实践“公正与效率”工作主题，忠实履行宪法和法律职责，严厉打击刑事犯罪，全力维护社会稳定，共受理刑事一审案件18件56人，审结18件56人。受理刑事二审案件48件，审结49件（含旧存）。依法调处民商事纠纷，促进社会和谐发展，受理一审民商事案件26件，审结24件，审结标的额6854.92万元；受理二审民商事案件120件，审结125件（含旧存）。加强行政审判工作，促进依法行政，全年市中级人民法院受理一审行政案件1件，审结2件（含旧存）；受理二审行政案件10件，审结8件；受理行政违法确认案件1件，审结1件。依法文明高效执行，及时兑现当事人的合法权益，全年市中级人民法院受理各类执行案件17件，旧存5件，执结19件，执行标的5400.71万元，执行率86.4%。认真履行宪法和法律赋予的职责，加强对基层法院审判工作的监督指导，全市两级法院新收各类案件3016件，审结和办结3110件（含旧存）。报告提出，2006年，市中级人民法院要以邓小平理论和“三个代表”重要思想为指导，以“公正司法，一心为民”为指针，深入贯彻党的十六大和十六届五中全会精神，全面落实最高法院发布的《人民法院第二个五年改革纲要》和省委《关于进一步加强法院检察院工作的决定》，以科学发展观统揽法院各项工作，践行“公正与效率”的工作主题，充分发挥审判职能作用，稳步推进法院改革，切实加强队伍建设和基层建设，为顺利实施“十一五”规划，为全民创业、构建和谐平安鹰潭提供公正高效的司法保障。

代表们在审议中充分肯定成绩的同时，指出法院工作存在的问题：司法理念和司法能力与新形势的要求还有较大差距；全市法院仍有多年来未结执行积案150多件，难以执行；代表们还就存在的问题提出改进建议意见。

会议通过决议，批准市中级人民法院工作报告。

第八节　听取和审议检察院工作报告

第一次会议 听取和审议市人民检察院代检察长罗晓泉所作的《鹰潭市人民检察院工作报告》。报告指出，五年来，市人民检察院坚持以邓小平理论和“三个代表”重要思想为指导，认真贯彻党的十五大、十六大和全国全省各次政法工作、检察工作会议精神以及市五届人大各次会议的决议，牢固树立立检为公、执法为民的思想，紧紧围绕强化法律监督、维护公平正义，认真履行宪法和法律赋予的职能，依法严厉打击严重刑事犯罪，共批准逮捕各类刑事犯罪嫌疑人 2887 人，提起公诉 2616 人；全年共立案侦查各类职务犯罪案件 247 件 268 人，为国家挽回经济损失 1000 余万元；强化诉讼监督工作，对侦查机关应当立案而不立案的，要求说明不立案理由依法监督立案 71 件；对应当逮捕、起诉而未提请批准逮捕、移送起诉的，决定追捕 64 人，追诉 76 人，为保障改革开放和现代化建设事业的顺利进行作出新的贡献。报告提出今后五年全市检察工作的总体思路：以邓小平理论和“三个代表”重要思想为指导，深入贯彻党的十六大、十六届三中全会精神和全国全省政法工作会议、检察长会议精神，牢固树立立检为公、执法为民思想，紧紧围绕强化法律监督，维护公平正义，认真履行检察职责，坚持一手抓执法办案，一手抓队伍建设，加大打击严重刑事犯罪、查办和预防职务犯罪、强化诉讼监督工作力度，提高执法水平和办案质量，提高队伍整体素质，提高检务保障能力，开拓创新，锐意进取，努力开创鹰潭检察事业新局面，为鹰潭全面建设小康社会创造稳定的社会环境和良好的法治环境。

代表们在审议中认为，检察机关对诉讼活动中一些有法不依、执法不公问题的监督力度不够大，与人民群众的要求还有一定差距；查办职务犯罪工作力度不够大，执法水平和办案质量有待进一步提高；队伍的年龄、文化和专业结构不够合理，整体素质还不完全适应新形势、新任务的要求。代表们还就存在的问题提出改进建议意见。

会议通过决议，批准市人民检察院工作报告。

第二次会议 听取和审议市人民检察院检察长罗晓泉所作的《鹰潭市人民检察院工作报告》。报告指出，2004 年，全市检察机关认真贯彻全国、全省政法工作会议和检察长会议精神，突出“强化法律监督，维护公平正义”的工作主题，落实“加大工作力度，提高执法水平和办案质量”的总体要求，认真履行宪法和法律赋予的职责，积极进取，扎实工作，检察业务有新的进步，检务保障和信息化建设有新的提高，队伍建设有新的变化，服务大局的意识有进一步增强，各项检察业务工作开展平稳顺利，为鹰潭市经济和社会发展创造稳定的社会环境和公正高效的法治环境作出应有的贡献。严厉打击严重刑事犯罪，全力维护社会稳定，全年共审查批准逮捕各类刑事犯罪嫌疑人 571 人，提起公诉 559 人；依法查办和积极预防职务犯罪，促进反腐败斗争持续深入，全年共立案侦查各类职务犯罪案件 44 件 47 人，侦查终结 43 件 47 人，移送审查起诉 37 件 41 人，已向法院提起公诉 29 件 43 人，法院已作出有罪判决 15 件 19 人；强化诉讼监督，维护公平正义，要求侦查机关说明不立案理由 10 件，经监督立案后，批准逮捕 8 件 14 人，提起公诉 7 件 13 人，判刑 7 件 13 人。报告提出，2005 年，全市检察机关将以邓小平理论和“三个代表”重要思想为指导，认真贯彻党的十六大、十六届四中全会、全国全省政法工作会议、检察长会议和市委五届十二次全体（扩大）会议精神，牢固树立科学发展观和正确执法观继续突出“强化法律监督、维护公平正义”工作主题，进一步落实“加大工作力度，提高执法水平和办案质量”总体要求切实加强法律监督能力建设，以业务工作为中心，依法履行各项检察职能，惩治犯罪，化解矛盾，全力维护社会和谐稳定；严肃查办职务犯罪，促进党风廉政建设和反腐败斗争深入发展；强化诉讼监督，维护司法公正，提高司法效率。

代表在审议中认为，基层检察院基础设施建设比较落后，执法保障机制不健全；检察工作整体水平有待进一步提高查办职务犯罪案件和诉讼监督力度不够；干警的整体素质还不高，有些干警尚不能适应新形势的需要。代表们还就存在的问题提出改进建议意见。

会议通过决议，批准市人民检察院工作报告。

第三次会议　听取和审议市人民检察院检察长罗晓泉所作的《鹰潭市人民检察院工作报告》。报告指出，2005 年，全市检察机关突出“强化法律监督，维护公平正义”工作主题，落实“加大工作力度，提高执法水平和办案质量”总体要求，依法履行刑事检察职责，全力维护社会稳定，全年共批准逮捕各类刑事犯罪嫌疑人 512 人，同比下降 10.3%；提起公诉 571 人，同比上升 2.1%。依法履行查办和预防职务犯罪职责，促进廉政建设，全立案侦查各类职务犯罪案件 32 件 40 人，已提起公诉 22 件 25 人，法院已作出有罪判决 31 件 40 人。依法履行诉讼监督职责，维护公平正义，办理立案监督案件 6 件 6 人，监督立案后，已作有罪判决的 3 件 3 人。依法决定不批准逮捕 97 人。切实提高执法水平和办案质量，制定并落实《关于服务“推动全民创业、加快富民兴市”的实施意见》。报告提出，2006 年，全市检察机关要高举邓小平理论和“三个代表”重要思想伟大旗帜，以科学发展观统领检察工作，认真贯彻落实党的十六大和十六届五中全会、全省政法工作会议和全省检察长会议以及市委五届十四次全会精神，坚持检察工作主题和总体要求，坚持把提高办案质量作为重中之重，坚持把提高法律监督能力作为迫切任务，继续推进执法规范化、队伍专业化、管理科学化建设，扎扎实实做好各项检察工作，为和谐创业、富民兴市以及“十一五”规划的顺利实施提供有力的法律保障。

代表们在审议中认为，检察队伍的综合素质还不高，在执法观念和能力以及专业化水平等方面还不适应形势的需要；法律监督能力还不强，监督的力度还不够，检察工作水平和执法规范化建设需要进一步提高和加强。代表们还就存在的问题提出改进建议意见。

会议通过决议，批准市人民检察院工作报告。

第三章 市七届人民代表大会

鹰潭市第七届人民代表大会任期从2006年12月至2011年9月，其间共召开7次代表大会会议，召开48次常委会会议。市人大及其常委会共听取和审议工作报告179项，通过决议决定73个，选举任免国家机关工作人员257人次。

第一节 历次会议情况

第一次会议 2006年12月5日至8日举行。应到代表269名，实到代表256名。大会听取和审议市人民政府、市人民代表大会常务委员会、市中级人民法院、市人民检察院工作报告，通过了报告的决议。会上，市人民政府向大会提交了鹰潭市2006年1月至10月国民经济和社会发展计划执行情况的报告（书面）和鹰潭市2006年1月至10月市级总预算执行情况的报告（书面）。会议选举邵奇生为鹰潭市第七届人大常委会主任，张鲁年、李萍文、郑良健、罗喜仔、管华鞍、彭中华为副主任，李忠仁为秘书长，委员21名；选举董仚生为市人民政府市长，陈智祥、吴晓军、史可、杨晓群、林军、戴春英为副市长；选举凌云为市中级人民法院院长，熊金文为市人民检察院检察长；通过鹰潭市第七届人民代表大会各专门委员会主任委员、委员的人选。市委书记杨宪萍、市长董仚生在闭幕式上讲话。收到代表建议、批评、意见36件。

第二次会议 2007年3月27日至30日举行。应到代表269名，实到代表236名。会议听取和审议市人民政府、市人大常委会、市中级人民法院、市人民检察院工作报告；审查和批准了鹰潭市2006年国民经济和社会发展计划执行情况与2007年国民经济和社会发展计划草案的报告，批准鹰潭市2007年国民经济和社会发展计划；审查和批准鹰潭市2006年全市和市级预算执行情况及2007年全市和市级预算草案的报告，批准鹰潭市2007年市级预算；通过上述报告的决议。会议决定撤销鹰潭市人民代表大会农业与环境资源保护委员会，补选鹰潭市第七届人民代表大会常务委员会委员6人；表决通过鹰潭市第七届人民代表大会内务司法委员会主任委员、鹰潭市第七届人民代表大会财政经济委员会主任委员人选。收到代表建议、批评、意见40件。

第三次会议 2008年1月6日至8日举行，市七届人大三次会议在市区召开。本次会议应到代表271人，实到代表238人。会议听取和审议市人民政府、市人大常委会、市中级人民法院、市人民检察院工作报告；审查和批准鹰潭市2007年国民经济和社会发展计划执行情况与2008年国民经济和社会发展计划草案的报告，批准了鹰潭市2008年国民经济和社会发展计划；审查和批准鹰潭市2007年全市和市级预算执行情况及2008年全市和市级预算草案的报告，批准了鹰潭市2008年市级预算；通过了上述报告的决议。会议选举出席省第十一届人大代表19名。补选市人大常委会委员1名，通过鹰潭市第七届人民代表大会内务司法委员会主任委员的人选。收到建议、批评、意见54件。

第四次会议　2008年4月24日至25日举行。本次会议应到代表270人，实到代表231人。会议接受董仚生辞去鹰潭市人民政府市长职务的请求，会议补选钟志生为市人民政府市长。市委书记杨宪萍、市长钟志生在闭幕会上讲话。

第五次会议　2009年2月24日至27日举行。本次会议应到代表275人，实到代表249人。会议听取和审议市人民政府、市人大常委会、市中级人民法院、市人民检察院工作报告；审查和批准了鹰潭市2008年国民经济和社会发展计划执行情况与2009年国民经济和社会发展计划草案的报告，批准了鹰潭市2009年国民经济和社会发展计划；审查和批准了鹰潭市2008年全市和市级预算执行情况及2009年全市和市级预算草案的报告，批准了鹰潭市2009年市级预算；通过上述报告的决议。会议接受李萍文、郑良健、罗喜仔辞去鹰潭市第七届人大常委会副主任职务的请求，补选尹宁、卢越明、刘育虹为市人大常委会副主任，敖高源为秘书长，委员3名。市委书记杨宪萍在闭幕会上讲话。收到代表建议、批评、意见55件。

第六次会议　2010年1月18日至20日举行。应到代表274名，实到代表249名。会议听取和审议市人民政府、市人大常委会、市中级人民法院、市人民检察院工作报告；审查和批准了鹰潭市2009年国民经济和社会发展计划执行情况与2010年国民经济和社会发展计划草案的报告，批准鹰潭市2010年国民经济和社会发展计划；审查和批准鹰潭市2009年全市和市级预算执行情况及2010年全市和市级预算草案的报告，批准鹰潭市2010年市级预算；通过上述报告的决议。会议接受凌云辞去市中级人民法院院长职务的请求，补选居国屏为市中级人民法院院长。市委书记杨宪萍在闭幕会上讲话。收到代表建议、批评、意见22件。

第七次会议　2011年2月23日至26日举行。应到代表271名，实到代表252名。会议听取和审议市人民政府、市人大常委会、市中级人民法院、市人民检察院工作报告；审查和批准了鹰潭市2010年国民经济和社会发展计划执行情况与2011年国民经济和社会发展计划草案的报告，批准鹰潭市2011年国民经济和社会发展计划；审查和批准鹰潭市2010年全市和市级预算执行情况及2010年全市和市级预算草案的报告，批准鹰潭市2011

年市级预算；通过上述报告的决议。会议通过《鹰潭市国民经济和社会发展第十二个五年规划纲要》。市委书记杨宪萍在闭幕会上讲话。收到代表建议 33 件。

第二节 听取和审议政府工作报告

第一次会议 听取和审议代市长董оп生所作的《政府工作报告》。报告总结 2004 年以来政府工作，报告指出，2004 年以来，全市经济总量迈上了新台阶。全市生产总值由 2003 年的 85 亿元增加到 2006 年的 140 亿元。按现行汇率换算，人均生产总值达到 1600 美元。财政总收入由 8.63 亿元增加到 19.19 亿元，增幅连年位居全省前列；其中地方财政收入由 4.5 亿元增加到 8.3 亿元。三次产业结构由 16.9∶44.5∶38.6 调整到 12.8∶56.2∶31.0，三年内二产上升 11.7 个百分点。全社会固定资产投资由 30.9 亿元增加到 73.1 亿元。社会消费品零售总额由 24.9 亿元增加到 41.5 亿元。全市城镇居民人均可支配收入由 7014 元增加到 9800 元。农民人均纯收入由 2717 元增加到 3968 元。报告提出今后五年主要奋斗目标：经济发展再上新台阶。到 2011 年，全市生产总值达到 300 亿元，比 2006 年增长 114.3%，二、三产业比重分别达到 59.1% 和 32.4%。财政总收入 40 亿元，增长 108.4%，其中地方财政收入 15 亿元，增长 80.7%。城镇居民人均可支配收入和农民人均纯收入分别达到 15000 元和 6000 元，年均分别递增 9% 和 8.6%。主要工作任务是：全力推进工业强市，决战工业 1000 亿元；稳步发展农村经济，力争社会主义新农村建设走在全省前列；着力推动旅游兴市，全面提升第三产业水平；加速市县一体化进程，构筑大鹰潭城市发展格局；以改革开放为强动力，着力提升开放型经济发展水平；以做实项目为支撑，夯实经济社会发展基础；大力实施“科教兴市”战略，切实推进各项社会事业；坚持以人为本的执政理念，合力构建和谐小康社会。

代表们在审议中认为，鹰潭市经济总量仍然偏小，区位和资源优势有待进一步挖掘，人民群众关心的热点难点问题还没有得到根本解决，新农村建设任务还很繁重，维护社会稳定还有大量工作要做，政府的办事效率还有待进一步提高，同时提出了意见建议。

会议通过决议，批准政府工作报告。

第二次会议 听取和审议市政府市长董оп生所作的《政府工作报告》。报告提出 2007 年政府工作总体要求和预期目标。总体思路是：以邓小平理论和“三个代表”重要思想为指导，全面落实科学发展观，突出超常发展、富民强市的主题，抓住关注民生、和谐发展的重点，坚定发挥优势，坚持特色取向，做好铜产业、旅游业、现代物流业和城市建设与管理四篇文章，把握发展大势，抢抓发展机遇，凝聚发展力量，强化发展措施，在谋求更大作为中站前列，在促进新跨越中争崛起，为把鹰潭打造成世界铜都和区域性中心城市奠定坚实基础。全市经济社会发展的主要预期目标是：全市生产总值 163.3 亿元；财政总收入 22.8 亿元，其中地方财政收入 9.66 亿元，增长 13.1%；全社会固定资产投资 89.2 亿元，增长 22%；社会消费品零售总额 48.5 亿元，增长 15%；城镇居民人均可支配收入 10512 元，增长 9%，农民人均纯收入 4268 元，增长 7.6%；城镇登记就业率达到 94%，居民消费价格指数上涨幅度控制在 3% 以内；全市生产总值综合能耗下降 4.3%，主要污染物 COD 排放总量控制在 1.07 万吨以内，二氧化硫排放总量控制在 5.24 万吨以内。工作主要任务和措施是：坚持以人为本，切实改善民生；围绕打造世界铜都目标，加速推进新型工业化；积极发展现代农业，扎实推进社会主义新农村建设；创新旅游发展思路，实现旅游经济新突破；大力发展物流业，变交通资源优势为商贸流通优势；加快城市化进程，进一步完善城市基础设施；坚定不移推进改革开放，建设更具活力的体制机制；全面发展社会事业，不断促进社会和谐。

代表们在审议中表示，赞同报告提出的 2007 年政府工作总体要求和预期目标，认为经过努力是可以实现的。

会议通过决议，批准政府工作报告。

第三次会议　听取和审议市政府市长董仚生所作的《政府工作报告》。报告指出，2007 年，是本届政府的开局之年，全市上下认真贯彻落实科学发展观，突出构建和谐社会这根主线，牢牢抓住超常发展这个关键，扎实推进“四大一新”发展战略，切实转变经济发展方式，发展速度明显加快，预计全年完成生产总值 206.49 亿元，同比增长 14%。实际完成财政总收入 28.1 亿元，同比增长 43.3%，其中地方财政收入 12.5 亿元，同比增长 46.8%。运行质量显著提高，三次产业结构为 9.3∶63∶27.7，二产比重同比提高 9.6 个百分点。发展后劲持续增强。全市预计完成全社会固定资产投资 95 亿元，增长 30%，其中城镇固定资产投资 77.2 亿元，增长 29.5%。县域经济不断壮大，贵溪市财政收入突破 20 亿元，连续五年位居全省第一。节能减排成效显著，全面启动绿色生态鹰潭建设，先后取缔饮用水水源一、二级保护区内的排污口。人民生活日益改善。城镇居民人均可支配收入预计可达 11570 元，增长 19.9%；农民人均纯收入 4406 元，增长 11%。报告提出 2008 年政府工作的总体要求是：高举中国特色社会主义伟大旗帜，以邓小平理论和“三个代表”重要思想为指导，深入贯彻党的十七大、中央经济工作会议和省委十二届四次全会、市委六届四次全会精神，全面落实科学发展观，加快转变经济发展方式，积极推进改革开放和自主创新，精心实施“四大一新”发展战略，统筹城乡协调发展，高度重视改善民生，抢抓机遇，敢于崛起，善于跨越，积极赶超，着力构建绿色生态鹰潭、创新创业鹰潭、和谐平安鹰潭，努力打造独具鹰潭特色的经济“小巨人”。2008 年主要预期目标是：全市生产总值 242 亿元，增长 13%；财政总收入 32.5 亿元，增长 15.5%，其中地方财政收入 14.5 亿元，增长15.5%；全社会固定资产投资116亿元，增长22%；社会消费品零售总额58.5亿元，增长18%；城镇居民人均可支配收入12610元，增长9%；农民人均纯收入4706元，增长7%；城镇就业率达94.5%，居民消费价格指数上涨幅度控制在4%～5%；万元生产总值综合能耗下降4%，化学需氧量和二氧化硫排放总量控制在省下达的目标以内。主要工作任务和措施是：咬定超常发展，奋力实现全市经济好中求快，坚持以建设世界铜都为龙头，力促工业经济实现新跨越；坚持以交通区位优势为依托，力促物流产业发展取得新突破；坚持以做旺旅游为重点，力促第三产业再现新繁荣；坚持以提高资本运作水平为纽带，力促经济发展增添新活力；坚持以招大引强为主线，力促开放型经济跃上新台阶。立足协调发展，努力提高经济社会的可持续发展能力，大力推进城市化进程，努力提升城市品位；高度重视“三农”工作，大力推进新农村建设；突出扩大总量，做强县域经济；鼓励支持全民创业，做活城市经济；深化各项改革，创新体制机制。围绕和谐发展，深入推进民生工程，努力实现生态文明，统筹发展社会事业，切实维护社会稳定，让人民群众共享改革发展成果。

代表们在审议中认为，市政府的工作还存在一些问题和不足：经济总量仍然偏小，运行质量有待进一步提升；县域经济发展不够平衡，潜力和后劲有待进一步挖掘；统筹城乡协调发展、节能减排的任务依然十分艰巨；城市功能不够健全，管理水平尚待提高；行政效能还需进一步优化。

会议通过决议，批准市政府工作报告。

第五次会议 听取和审议市政府市长钟志生所作的《政府工作报告》。报告指出，2008年，全市上下认真贯彻落实科学发展观，紧紧围绕打造独具鹰潭特色经济“小巨人”的总体目标，扎实推进“四大一新”发展战略，全市经济社会保持了又好又快的发展势头。经济发展明显加快，全年完成生产总值256.6亿元，增长14.2%。完成财政总收入36亿元，增长28.1%，基本实现了两年翻一番；地方财政收入16.3亿元，增长30.3%。发展后劲明显增强，全市城镇固定资产投资128亿元，增长64.3%。城乡面貌明显变化，《鹰潭市城市总体规划修编》通过专家论证。人民生活明显提高，城镇居民人均可支配收入达12808元，增长13.4%；农民人均纯收入5100元，增长15.8%。社会事业明显进步，科技工作取得新成果，各级各类教育均衡发展，教学质量不断提高。报告提出，2009年政府工作的总体要求是：高举中国特色社会主义伟大旗帜，以邓小平理论和“三个代表”重要思想为指导，深入学习实践科学发展观，认真贯彻落实胡锦涛总书记在江西视察时提出的“三保一弘扬”重要指示精神，按照省委十二届八次全会和市委六届五次全会的部署，坚定不移地推进“四大一新”发展战略，突出发展抓项目，增长强投入，民生办实事，和谐促稳定，努力开创经济社会发展的新局面。主要预期目标是：生产总值285亿元，增长

11%。财政总收入 41.5 亿元，增长 15%；地方财政收入 18.8 亿元，增长 15%。全社会固定资产投资 235 亿元，增长 80%。社会消费品零售总额 73.4 亿元，增长 20%。外贸出口总额 2.9 亿美元，增长 20.8%。城镇居民人均可支配收入 13830 元，增长 8%；农民人均纯收入 5508 元，增长 8%。居民消费价格总水平涨幅控制在 4% 以内。万元生产总值能耗下降 4%。化学需氧量和二氧化硫排放总量控制在省下达的目标以内。城镇登记失业率控制在 4.5% 以内。主要工作是：全力建设世界铜都，促进工业经济大跨越；扎实推进大框架城市建设，努力塑造鹰潭城市新形象；进一步夯实农业基础，开创“三农”工作新局面；大力发展旅游业，全面提升第三产业水平；积极实施项目带动战略，增强经济社会发展后劲；切实抓好民生工程，着力办好 60 件实事；加快发展社会事业，促进城乡和谐稳定。

代表们在审议中认为，鹰潭市经济社会发展中还存在不少困难和问题：一是经济总量仍然偏小；二是工业支柱产业比较单一，第三产业比重偏低，经济结构不尽合理。三是保障民生、促进和谐还有大量的工作要做。

会议通过决议，批准市政府工作报告。

第六次会议　听取和审议市政府市长钟志生所作的《政府工作报告》。报告指出，2009 年，全市上下深入学习实践科学发展观，紧扣“三保一弘扬”主题，始终坚持“以发展凝聚人心、以改革拓展空间、以正风气形成合力、以加强组织建设强化保障”的总体要求，扎实推进“四大一新”发展战略，全面落实保增长、调结构、促改革、惠民生一系列政策举措，开拓进取，负重奋进，全市经济社会保持了平稳较快发展。全市预计完成生产总值 246 亿元。财政总收入 42.82 亿元，增长 18.8%，剔除江铜所得税，完成 37.08 亿元，增长 2.9%；其中地方财政收入 18.11 亿元，增长 10.9%。全市规模以上工业实现增加值 126 亿元，增长 12%。完成全社会固定资产投资 185 亿元，增长 42%。大框架城市格局已经形成，新修编的《鹰潭城市总体规划（2007—2020）》已获省政府批准。城镇居民人均可支配收入 14100 元，增长 10.1%，农民人均纯收入 5510 元，增长 8%。科技工作取得新成果，鹰潭市连续四届被评为“全国科技进步先进市”，全年共安排义务教育公用经费 4690 万元，免学杂费、免费提供教科书学生达 14.4 万余人。报告提出，2010 年政府工作的总体要求是：坚持以科学发展观为指导，认真贯彻落实党的十七大，十七届三中、四中全会精神，继续以“三保一弘扬”为统领，以全面融入鄱阳湖生态经济区为主线，以“项目建设年”为抓手，深入实施“四大一新”发展战略，紧紧围绕打造独具鹰潭特色经济“小巨人”这一目标，抓住投入和招商两个关键，突出城区、景区、园区三个重点，做好民生工程、农业农村、和谐稳定、行政效能四项工作，抢抓机遇，乘势而上，努力实现经济社会更好更快发展。主要预期目标是：实现生产总值 285 亿元，增长 12%，力争 300 亿元。财政总收入42亿元，增长13.5%；力争45亿元，增长21.6%。地方财政收入20.5亿元，增长13.5%；力争22亿元，增长21.6%。全社会固定资产投资260亿元，增长40%；力争300亿元，增长60%。社会消费品零售总额85亿元，增长16%。外贸出口总额2亿美元，增长8%。城镇居民人均可支配收入15230元，增长8%；农民人均纯收入5950元，增长8%。居民消费价格总水平涨幅控制在3%左右。万元生产总值能耗下降5%，化学需氧量和二氧化硫排放总量控制在省下达目标以内。城镇登记失业率控制在4.5%以内。重点抓好以下八个方面的工作：主攻优势产业，壮大工业经济；狠抓项目建设，扩大固定资产投资；做靓中心城区，加快推进新型城镇化；做好“三农”工作，统筹城乡发展；发展旅游物流，繁荣第三产业；全力办好省运会，协调发展各项社会事业；做实民生工程，促进社会和谐稳定；加强政府自身建设，着力提高行政效能。

代表们在审议中指出，鹰潭市经济社会发展中还存在不少困难和问题：一是经济总量仍然偏小，产业结构调整的压力较大，经济抗风险能力还有待增强；二是经济企稳回升的基础还不牢固，经济增长的内生动力尚待加强；三是固定资产投资尤其是工业投资需要进一步加大力度。

会议通过决议，批准政府工作报告。

第七次会议 听取和审议了市政府市长钟志生所作的《政府工作报告》。报告回顾总结了“十一五”时期和2010年的主要工作。报告指出，2010年，全市上下始终坚持以科学发展观为统领，以全面融入鄱阳湖生态经济区建设为主线，经济社会发展呈现速度加快、质量提升、后劲增强的喜人态势。形成了一个千亿产业，经济实力上了新台阶，铜产业实现主营业务收入1327.8亿元，增长57%，成为全省设区市中首个“千亿产业”。全年实现生产总值342.7亿元。财政总收入55.1亿元；地方财政收入29.5亿元，增长62.9%。全社会固定资产投资260亿元，增长40%。报告提出，2011年经济社会发展的总体要求是：全面贯彻党的十七大、十七届五中全会和省委十二届十四次全会精神，以科学发展为主题，以加快转变经济发展方式为主线，以融入鄱阳湖生态经济区建设为龙头，深度实施“四大一新”发展战略，扎实开展“项目推进年”活动，坚持城区、园区、景区互动，市、县、乡联动，全力打造独具特色的经济“小巨人”，为把鹰潭建设成为鄱阳湖生态经济区璀璨明珠打下坚实基础。经济社会发展的主要预期目标是：生产总值400亿元，增长13%；财政总收入66亿元，增长20%；地方财政收入35.4亿元，增长20%；全社会固定资产投资336亿元，增长30%；社会消费品零售总额104亿元，增长20%；城镇居民人均可支配收入17500元，增长12%；农民人均纯收入7000元，增长12%；居民消费价格总水平涨幅控制在4%左右；万元生产总值能耗下降3.4%，化学需氧量和二氧化硫排放总量控制在省下达目标以内。重点抓好以下八个方面的工作：建设世界铜都，壮大工业经济；做靓中心城区，加快推进新型城镇化；发展旅游物流经济，繁荣第三产业；加强“三农”工作，夯实经济发展基础；狠抓招商引资，提升开放型经济水平；做实民生工程，提升群众幸福指数；加强社会建设，促进社会和谐稳定；提高行政效能，加强政府自身建设。

代表们在审议中认为，鹰潭市经济社会发展还存在不少困难和问题，主要表现在：经济总量仍然偏小，可用财力亟待增强，经济结构调整压力较大，发展环境还需进一步优化。

会议通过决议，批准政府工作报告。

第三节　审查批准《鹰潭市国民经济和社会发展第十二个五年规划纲要》

第七次会议　审查鹰潭市国民经济和社会发展第十二个五年规划纲要。纲要指出，“十一五”期间，全市上下认真贯彻落实科学发展观，按照“以发展凝聚人心、以改革拓展空间、以正风气形成合力、以加强组织建设强化保障”的总体要求，扎实推进“四大一新”发展战略，有效应对国际金融危机的巨大冲击，战胜历史罕见的低温雨雪冰冻灾害和特大洪涝灾害，经济社会发展取得了显著成就，全面和超额完成了“十一五”各项目标任务。生产总值是2005年的2.8倍，年均增长13.5%，人均生产总值达4600美元；财政总收入是2005年的3.8倍，年均增长30.7%；地方财政收入是2005年的4.4倍，年均增长34.5%；全社会固定资产投资是2005年的4.3倍，年均增长34%；社会消费品零售总额是2005年的2.4倍，年均增长18.8%；出口总额是2005年的2.8倍，年均增长22.5%；规模以上工业增加值是2005年的3.4倍，年均增长19.9%。项目建设快速推进，累计实施亿元以上项目151个，完成投资508亿元。市城乡面貌深刻变化，“一体两翼、一江两岸、四区合一”的大框架城市格局已经形成。人民生活得到更多实惠，城镇居民人均可支配收入由8843元增加到15618元，年均增长12%；农民人均纯收入由3640元增加到6249元，年均增长11.4%。纲要提出了全市“十二五”规划的指导思想：高举中国特色社会主义伟大旗帜，以邓小平理论和“三个代表”重要思想为指导，深入贯彻落实科学发展观，适应国内外形势新变化，顺应人民群众过上更好生活新期待，以科学发展为主题，全面融入鄱阳湖生态经济区和海峡西岸经济区建设，切实统筹城乡发展，加快转变经济发展方式，加大改革开放和科技创新力度，深度实施“四大一新”发展战略，着力提高生态文明水平、社会文明程度和人民群众幸福指数，把鹰潭打造成宜居宜业宜游、独具魅力的鄱阳湖生态经济区璀璨明珠。全市“十二五”经济社会发展总体目标是：保持经济平稳较快增长，力争经济总量再翻一番，主要经济指标人均数在全省的位次前移，部分经济指标达到或超过小康社会标准，为2020年全面建成小康社会打下坚实基础。具体目标是：到2015年，地区生产总值680亿元，年均增长12%以上；人均地区生产总值8700美元；财政总收入125亿元，年均增长18%；全社会固定资产投资650亿元，年均增长20%以上；社会消费品零售总额180亿元，年均增长16%；出口总额7亿美元，年均增长14%；实际利用外资2.5亿美元，年均增长15%以上；城镇居民人均可支配收入31200元，年均增长12%以上；农民人均纯收入12500元，年均增长12%以上。纲要提出了七大主要任务：第一，加快推进农业农村现代化；第二，加快推进新型工业化；第三，加快推进服务业发展；第四，加快推进城乡一体化；第五，加快推进交通能源水利和信息化建设；第六，加快推进资源节约和环境保护；第七，加快推进社会事业发展。

会议充分肯定了"十一五"时期鹰潭市经济社会发展取得的重大成就，同意"十二五"规划纲要的总体部署。会议认为，"十二五"是加快转变经济发展方式的攻坚时期，是全面建设小康社会的关键时期。规划纲要提出的"十二五"时期经济社会发展的奋斗目标和主要任务，符合鹰潭市市情和阶段性特征，反映了全市人民的共同意愿，体现了科学发展的客观要求，通过努力是完全可以实现的。

会议通过决议，批准《鹰潭市国民经济和社会发展第十二个五年规划纲要》。

第四节　审查批准国民经济和社会发展计划

第二次会议　审查市发展和改革委员会副主任陈思受市人民政府委托所作的《关于鹰潭市2006年国民经济和社会发展计划执行情况与2007年国民经济和社会发展计划草案的报告（书面）》。报告指出，2006年实现生产总值142.03亿元，占年计划的101.7%，同比增长13.1%，其中一产增长4.6%，二产增长18.9%，三产增长8.9%。财政总收入19.64亿元，占年计划的119%，增长36%；其中地方财政收入8.54亿元，占年计划的114%，增长27.4%。报告提出了2007年全市经济社会发展的预期目标和主要任务。2007年国民经济和社会发展的主要预期目标是：实现生产总值163.3亿元，比上年增长13%，其中一产19.4亿元，增长4%；二产89.2亿元，增长16.0%；三产54.7亿元，增长12%；财政总收入22.8亿元，增长16.3%，其中地方财政收入9.66亿元，增长13.1%；全社会固定资产投资89.2亿元，增长22%；社会消费品零售总额48.5亿元，增长15%；居民消费价格涨幅控制在3%以内；出口总额5600万美元，增长16.2%；吸收外商直接投资8100万美元；城镇居民人均可支配收入10512元，增长9%；农民人均纯收入4268元，增长7.6%；城镇就业率达94%；单位生产总值能耗降低4.3%。围绕实现经济社会发展目标，要着力抓好以下几方面工作：努力在项目建设上再掀新高潮；努力在社会主义新农村建设上实现新亮点；努力在加快重点产业培植上突出新特色；努力在促进城乡一体化发展上出现新变化；努力在改革开放上迈出新步伐；努力在促进资源节约和环境友好上实现新突破；努力在物价监督管理上实现新加强；努力在和谐社会建设上取得新进展。

市人大财政经济委员会根据会前的初步审查和会中代表的审议意见，对市人民政府提出的 2006 年国民经济和社会发展计划执行情况与 2007 年国民经济和社会发展计划草案和报告进行了审查，认为全市国民经济和社会发展计划执行情况是好的，鹰潭市经济社会发展中仍然面临不少困难和挑战，主要是经济总量仍然偏小，地方企业规模有待于进一步做大；第三产业比重不高，区位优势和资源优势有待于进一步挖掘；解决“三农”问题任务艰巨，就业和再就业压力仍然较大；处理好各种社会关系难度加大，构建社会主义和谐社会、实现新跨越仍然还有很多工作要做。

会议通过决议，批准鹰潭市 2007 年国民经济和社会发展计划，批准 2006 年国民经济和社会发展计划执行情况与 2007 年国民经济和社会发展计划草案的报告。

第三次会议　审查了市发展和改革委员会主任徐云受市人民政府委托所作的《关于鹰潭市 2007 年国民经济和社会发展计划执行情况与 2008 年国民经济和社会发展计划草案的报告（书面）》。报告指出，全年实现生产总值 206.49 亿元，占年计划的 126%，同比增长 14%，其中一产增长 5.2%，二产增长 20.1%，三产增长 9.0%。三次产业结构调整为 9.3∶63∶27.7，财政总收入 28.1 亿元，占年计划的 123.2%，增长 43.3%；其中地方财政收入 12.5 亿元，占年计划的 129.8%，增长 46.37%。报告提出了 2008 年全市经济社会发展的预期目标：全市生产总值 242 亿元，增长 13%；财政总收入 32.5 亿元，增长 15.5%，其中地方财政收入 14.5 亿元，增长 15.5%；全社会固定资产投资 116 亿元，增长 22%；社会消费品零售总额 58.5 亿元，增长 18%；城镇居民人均可支配收入 12610 元，增长 9%；农民人均纯收入 4706 元，增长 7%；城镇就业率达 94.5%；居民消费价格涨幅控制在 4% ~ 5%；万元生产总值综合能耗降低 4%。主要工作：紧紧围绕铜都建设，加速新型工业化进程；紧紧围绕农民增收，推进新农村建设；紧紧围绕物流业和旅游业，提升服务业水平；紧紧围绕城市建设，统筹区域经济协调发展；紧紧围绕发展后劲，保持投资适度增长；紧紧围绕发展活力，进一步扩大改革开放；紧紧围绕以人为本，实施好“民生工程”；紧紧围绕和谐发展，实现社会事业全面进步。

市人大财政经济委员会根据会前的初步审查和会中代表的审议意见，对市人民政府提出的 2007 年国民经济和社会发展计划执行情况与 2008 年国民经济和社会发展计划草案和报告进行了审查，认为鹰潭市经济结构不合理、体制机制不完善等深层原因尚未根本解决，导致经济运行中不稳定因素仍然较多，主要表现在：市属经济总量虽逐年上升，但占全市经济比重仍然偏低；经济发展内生动力仍然不足；城市反哺农村的能力还比较薄弱，就业和再就业压力较大。

会议通过决议，批准鹰潭市2008年国民经济和社会发展计划，批准2007年国民经济和社会发展计划执行情况与2008年国民经济和社会发展计划草案的报告。

第五次会议 审查了市发展和改革委员会主任周瑛受市人民政府委托所作的《关于鹰潭市2008年国民经济和社会发展计划执行情况与2009年国民经济和社会发展计划草案的报告（书面）》。报告指出，全年实现生产总值256.6亿元，完成年计划的106%，同比增长14.2%，其中一产增长7.8%，二产增长15.2%，三产增长14.8%。三次产业结构调整为10.9∶63.6∶25.5，财政总收入36亿元，完成年计划的110.4%，增长28.1%，基本实现了两年翻一番；其中地方财政收入16.3亿元，完成年计划的112.6%，增长30.3%。会议提出，2009年国民经济和社会发展主要预期目标是：生产总值285亿元，增长11%；财政总收入41.5亿元，增长15%，其中地方财政收入18.8亿元，增长15%；全社会固定资产投资235亿元，增长80%；社会消费品零售总额73.4亿元，增长20%；外贸出口总额2.9亿美元，增长20.8%；城镇居民人均可支配收入13830元，增长8%；农民人均纯收入5508元，增长8%；居民消费价格总水平涨幅控制在4%以内；万元生产总值能耗下降4%；化学需氧量和二氧化硫排放总量控制在省下达的目标以内；城镇登记失业率控制在4.5%以内。围绕上述目标，要抓好以下几方面工作：抓产业，调结构；抓项目，强投入；抓改革，促开放；稳物价，保民生。

市人大财政经济委员会根据会前的初步审查和会中代表的审议意见，对市人民政府提出的2008年国民经济和社会发展计划执行情况与2009年国民经济和社会发展计划草案和报告进行了审查，认为鹰潭市经济结构和工业产业结构还有待进一步优化，自主创新能力和企业竞争力还有待进一步提高，城乡居民持续增收的机制还有待进一步完善。财经委建议：坚定发展信心，全力保持全市经济平稳较快增长；继续加大固定资产投资，着力增强发展后劲；加快转变经济发展方式，推动产生结构优化升级；努力改善民生，促进经济社会事业协调发展。

会议通过决议，批准鹰潭市2009年国民经济和社会发展计划，批准2008年国民经济和社会发展计划执行情况与2009年国民经济和社会发展计划草案的报告。

第六次会议 审查了市发展和改革委员会主任周瑛受市人民政府委托所作的《关于鹰潭市2009年国民经济和社会发展计划执行情况与2010年国民经济和社会发展计划草案的报告（书面）》。会议指出，2009年，全年预计实现生产总值246亿元，完成计划增长目标，其中一产增长8%，二产增长11.7%，三产增长12.3%。全社会固定资产投资185亿元，增长42%。财政总收入42.82亿元，完成年计划的103.2%，增长18.9%，不含江铜所得税达37.08亿元，增长2.9%；其中地方财政收入18.11亿元，增长10.9%。会议提出，2010年，国民经济和社会发展主要预期目标是：生产总值285亿元，增长12%；财政总收入42亿元（不含江铜所得税），增长13.5%，其中地方财政收入20.5亿元，增长13.5%；全社会固定资产投资260亿元，增长40%；社会消费品零售总额85亿元，增长16%；外贸出口总额2.05亿美元，增长8%；城镇居民人均可支配收入15230元，增长8%；农民人均纯收入5950元，增长8%；居民消费价格总水平涨幅控制在3%左右；万元生产总值能耗下降5%；化学需氧量和二氧化硫排放总量控制在省下达的目标以内；城镇登记失业率控制在4.5%以内。围绕上述目标，抓好以下六个方面的工作：坚定不移地实施项目带动战略，加大投入；坚定不移地主攻工业，做大总量；坚定不移地发展城市经济，加速城镇化进程；坚定不移地稳定农业生产，建设新农村；坚定不移地推进社会事业，保障民生；坚定不移地编好战略性规划，谋划长远。

市人大财政经济委员会根据会前的初步审查和会中代表的审议意见，对市人民政府提出的2009年国民经济和社会发展计划执行情况与2010年国民经济和社会发展计划草案和报告进行了审查，认为鹰潭市经济回升的基础仍不稳固，国际金融危机的影响和冲击仍然不小；支撑经济增长的内生动力还不强；产业结构不尽合理，抗风险能力较弱；工业投资有待加强；城镇化进程有待加快。

会议通过决议，批准鹰潭市2010年国民经济和社会发展计划，批准2009年国民经济和社会发展计划执行情况与2010年国民经济和社会发展计划草案的报告。

第七次会议　审查了市发展和改革委员会主任周瑛受市人民政府委托所作的《关于鹰潭市2010年国民经济和社会发展计划执行情况与2011年国民经济和社会发展计划草案的报告（书面）》。会议指出，2010年，全市预计实现生产总值342.7亿元，完成年计划的120.2%，其中一产增长5.1%，二产增长15.1%，三产增长15.4%。全社会固定资产投资260亿元，完成年度计划目标，增长40%。财政总收入55.1亿元，完成年计划的129.2%，其中地方财政收入29.5亿元，完成年计划的143.4%，增长62.9%。社会消费品零售总额86.6亿元，完成年计划的102%，增长19.4%。报告提出，2011年国民经济和社会发展主要预期目标是：生产总值400亿元，增长13%；财政总收入66亿元，增长20%，其中地方财政收入35.4亿元，增长20%；全社会固定资产投资336亿元，增长30%；社会消费品零售总额104亿元，增长20%；外贸出口总额4.7亿美元，增长30%；城镇居民人均可支配收入17500元，增长12%；农民人均纯收入7000元，增长12%；居民消费价格总水平涨幅控制在4%左右；万元生产总值能耗下降3.4%；化学需氧量和二氧化硫排放总量控制在省下达的目标以内；城镇登记就业率达到96.5%以上。抓好以下十项工作：着力保持经济平稳较快增长；着力推进鄱阳湖生态经济区建设；着力推进农业农村现代化；着力推进新型工业化；着力推进现代服务业发展；着力推进新型城镇化；着力推进对外开放；着力深化各项改革；着力保障和改善民生；着力维护物价稳定。

市人大财政经济委员会根据会前的初步审查和会中代表的审议意见，对市人民政府提出的2010年国民经济和社会发展计划执行情况与2011年国民经济和社会发展计划草案和报告进行了审查，认为鹰潭市经济社会发展呈现出速度加快、质量提升、协调发展的喜人态势，较好完成了市七届人大六次会议确定的主要目标任务，为“十一五”规划的全面实施画上了一个圆满的句号。在看到已取得成就的同时，还必须清醒地认识到，鹰潭市经济社会发展中也存在一些不可忽视的困难和问题，主要是：经济总量偏小，可用财力偏少，调整产业结构任务艰巨发展环境有待进一步优化等。

会议通过决议，批准鹰潭市2011年国民经济和社会发展计划，批准2010年国民经济和社会发展计划执行情况与2011年国民经济和社会发展计划草案的报告。

第五节　审查批准预算

第二次会议　审查市财政局局长蔡卫东受市人民政府的委托所作的《关于鹰潭市2006年市级总预算执行情况和2007年市级总预算草案的报告（书面）》。报告指出，2006年全市财政总收入完成196374万元，比上年增长36%，其中，地方财政收入完成85433万元，占调整预算的114%，比上年决算数增长27.4%；上缴中央两税99481万元，比上年增长46.4%；上缴省五个税种2538万元，比上年增长20.1%；上缴所得税8922万元，比上年增长23.4%。2006年市本级财政总收入完成27023万元，比上年下降4%，其中，地方财政收入完成17343万元，比上年决算数下降9%（剔除财政体制调整因素，同口径计算，2006年市本级财政总收入完成31391万元，比上年增长11.5%，其中，地方财政收入完成21294万元，比上年决算数增长11.8%）；上缴中央两税5500万元，比上年增长11.6%；上缴省五个税种569万元，比上年增长14.9%；上缴所得税3611万元，比上年下降2%。2006年市本级地方财政一般预算支出56013万元，完成预算的127.4%，比上年决算数增长33.7%。报告提出2007年全市财政总收入为228380万元，比上年预算执行数增长16.3%，其中地方财政收入计划为96618万元，比上年预算执行数增长13.1%。2007年市本级（不含龙虎山风景旅游区、市工业园区管理委员会）财政总收入为21400万元，比上年预算执行数增长5.6%。2007年市本级财政总收入为31800万元，比上年预算执行数增长17.7%。

财政经济委员会在审查中认为，2006年财政预算执行情况非常好，取得的成绩振奋人心。在看到成绩的同时，也要看到存在的一些困难和不足：一是地方财政收入占财政总收入的比重呈下降趋势，致使财力的增长与财政总收入的增长不同步，总体财力与经济建设和各项社会事业的发展需要还存有较大差距；二是市本级财政收入占全市财政收入的比重偏小，削弱了市级财政的调控能力；三是县乡间财政发展不平衡，部分县乡财政实力还比较薄弱，保障能力有待进一步提高。

会议通过决议，批准鹰潭市 2007 年市本级预算，批准鹰潭市 2006 年市本级总预算执行情况和 2007 年市级总预算草案的报告。

第三次会议　审查市财政局局长蔡卫东受市人民政府委托所作的《关于鹰潭市 2007 年市级总预算执行情况和 2008 年市级总预算草案的报告（书面）》。报告指出，2007 年全市财政总收入完成 281404 万元，比上年增长 43.1%，其中，地方财政收入完成 125416 万元，占调整预算的 129.8%，比上年决算数增长 46.8%；上缴中央两税 139259 万元，比上年增长 40%；上缴省五个税种 4486 万元，比上年增长 76.8%；上缴所得税 12243 万元，比上年增长 37.2%。2007 年全市地方财政一般预算支出 242522 万元，占预算的 160.8%，比上年决算数增长 48.6%。2007 年市本级财政总收入完成 48551 万元，比上年增长 79.7%。2007 年市本级地方财政一般预算支出 78914 万元，完成预算的 136%，比上年决算数增长 40.9%。报告提出 2008 年市级总预算草案是：全市财政总收入为 325100 万元，比上年预算执行数增长 15.5%，其中地方财政收入计划为 144800 万元，比上年预算执行数增长 15.5%。2008 年市本级（不含龙虎山风景旅游区、鹰潭工业园区管理委员会）财政总收入为 21000 万元，比上年预算执行数下降 8.7%。2008 年市本级（含龙虎山风景旅游区、鹰潭工业园区管理委员会）财政总收入为 55500 万元，比上年预算执行数增长 14.3%。

财政经济委员会在审查中认为，2007 年财政预算执行情况非常好。在看到成绩的同时，也要看到存在的一些困难和不足：一是市本级财政总收入占全市财政总收入的比重偏小，市本级财政调控能力不强；二是县乡间财政发展不平衡，部分县乡财政实力还比较薄弱。

会议通过决议，批准鹰潭市 2008 年市本级预算，批准鹰潭市 2007 年市级总预算执行情况和 2008 年市级总预算草案的报告。

第五次会议　审查了市财政局局长蔡卫东受市人民政府委托所作的《关于鹰潭市 2008 年市级总预算执行情况和 2009 年市级总预算草案的报告（书面）》。报告指出，2008 年全市财政总收入完成 360439 万元，占预算的 110.4%，比上年增长 28.1%，其中，地方财政收入完成 163376 万元，占预算的 112.6%，比上年增长 30.3%；上缴中央两税 169427 万元，占预算的 104.6%，比上年增长 21.7%。2008 年市本级财政总收入完成 76884 万元，占预算的 138.5%，比上年增长 58.4%，其中，地方财政收入完成 37518 万元，占预算的 114.5%，比上年增长 36.7%；上缴中央两税 29814 万元，占预算的 167.6%，比上年增长 89.2%。报告提出 2009 年市级总预算草案，全市财政总收入为 415000 万元，比上年增长 15%，其中地方财政收入计划为 188000 万元，比上年增长 15%。2009 年市本级（不含龙虎山风景旅游区、鹰潭经济技术开发区）财政总收入为 24000 万元，比上年增长 0.4%，其中地方财政收入计划为 14000 万元，比上年下降 5.3%。地方财政收入加税收返还和各项补助等，减去上解支出，市本级可用财力为 53300 万元，市本级支出预算安排 53300 万元。2009 年市本级（含龙虎山风景旅游区、鹰潭经济技术开发区）财政总收入为 101000 万元，比上年增长 31.4%，其中地方财政收入计划为 44500 万元，比上年增长 18.6%。地方财政收入加税收返还和各项补助等，减去上解支出，市本级可用财力为 89976 万元，市本级支出预算安排 89976 万元。

财政经济委员会在审查中认为，2008 年全市各级政府及财税部门想方设法确保经济增长，财政增收；调整优化支出结构，不断提高财政支出保障能力。当前存在的主要问题是：全球金融危机对鹰潭市经济的影响还将延续一段时期，财政收入增长的压力逐步显现；市本级财政总收入占全市财政总收入的比重偏小，市本级财政调控能力不强；县乡间财政发展不平衡，部分县乡财政实力还比较薄弱。

会议通过决议，批准鹰潭市 2009 年市本级预算，批准鹰潭市 2008 年市级总预算执行情况和 2009 年市级总预算草案的报告。

第六次会议　审查了市财政局局长蔡卫东受市人民政府委托所作的《关于鹰潭市 2009 年市级总预算执行情况和 2010 年市级总预算草案的报告（书面）》。报告指出，2009 年全市财政总收入完成 428231 万元，占预算的 103.2%，比上年增长 18.8%，剔除江西铜业公司缴纳的企业所得税，全市财政总收入完成 370769 万元，比上年增长 2.9%。其中，地方财政收入完成 181138 万元，占预算的 95.5%，比上年增长 10.9%。报告提出 2010 年市级总预算草案是：全市财政总收入为 420800 万元，比上年增长 13.5%，其中地方财政收入计划为 205600 万元，比上年增长 13.5%。2010 年市本级（不含龙虎山风景名胜区、鹰潭经济技术开发区）财政总收入为 29000 万元，比上年增长 3.2%，其中地方财政收入计划为 18500 万元，与上年持平。2010 年市本级（含龙虎山风景名胜区、鹰潭经济技术开发区）财政总收入为 103200 万元，比上年增长 16%，其中地方财政收入计划为 60300 万元，比上年增长 15.6%。地方财政收入加税收返还和各项补助等，减去上解支出，市本级可用财力为 103608 万元，市本级支出预算安排 103608 万元。

财政经济委员会在审查中认为，在看到成绩的同时，还应看到存在的一些困难和不足：一是虽然国内外经济逐渐回暖，但经济企稳回升的基础还不牢固，财政工作面临的形势依然严峻；二是财政资金的供需矛盾仍然存在，资金的使用效益有待于进一步提高等。对于这些问题，要高度重视，积极采取有效措施，认真加以解决。

会议通过决议，批准鹰潭市 2010 年市本级预算，批准鹰潭市 2009 年市级总预算执行情况和 2010 年市级总预算草案的报告。

第七次会议　审查市财政局局长李力受市人民政府委托所作的《关于鹰潭市 2010 年市

级总预算执行情况和2011年市级总预算草案的报告（书面）》。报告指出，2010年市级总预算执行情况，全市财政总收入完成551407万元，占预算的129.2%，比上年增长48.7%。其中，地方财政收入完成295082万元，占预算的143.4%，比上年增长62.9%；上缴中央两税217875万元，占预算的111.8%，比上年增长31.7%；上缴所得税38450万元，占预算的198.9%，比上年增长112.7%。报告提出2011年市级总预算草案是：全市财政总收入为661600万元，比上年增长20%，其中地方财政收入计划为354100万元，比上年增长20%。市大本级（含信江新区）财政总收入为206800万元，比上年增长41.5%；其中，地方财政收入112100万元，比上年增长31.7%。地方财政收入加税收返还和各项补助等，减去上解支出，市大本级可用财力为153128万元，市大本级支出预算安排153128万元。市本级财政总收入为97000万元，比上年增长69.1%；其中，地方财政收入47600万元，比上年增长50.7%。地方财政收入加税收返还和各项补助等，减去上解支出，市本级可用财力为90200万元，市本级支出预算安排90200万元。

财政经济委员会在审查中认为，在看到成绩的同时，还应看到存在的一些困难和不足：一是面对日益增长的经济社会发展各方面资金需求，可用财力依然有限，财政收支矛盾仍然突出；二是财政监管面临挑战，资金的使用效益有待进一步提高等。

会议通过决议，批准鹰潭市2011年市本级预算，批准鹰潭市2010年市级总预算执行情况和2011年市级总预算草案的报告。

第六节　听取和审议人大常委会工作报告

第一次会议　听取和审议了市人大常委会主任邵奇生所作的《市人大常委会工作报告》。报告总结了2004年2月换届以来的工作，报告指出，市六届人大常委会在中共鹰潭市委的领导下，坚持以邓小平理论和“三个代表”重要思想为指导，按照科学发展观的要求，深入贯彻党的十六大和十六届三中、四中、五中、六中全会精神，坚持党的领导、人民当家作主和依法治国的有机统一，紧紧围绕全市改革发展稳定大局，认真履行宪法和法律赋予的职责，共开展执法检查23次，听取和审议市政府及其工作部门工作报告36项，对市政府9个工作部门主要负责人、市中级人民法院2名法官、市人民检察院2名检察官进行了述职评议，作出决议、决定22项，依法任免国家机关工作人员101人次，接受9人辞职，决定市政府代理市长、市中级人民法院代理院长、市人民检察院代理检察长各1人，督办代表建议、批评和意见102件，共接待群众来访1032人次，受理来信507件，各项工作取得了新的进展，为推进社会主义民主法治建设和依法治市进程，保障和促进鹰潭市经济社会协调发展，作出积极的贡献。报告总结了两年多来的工作体会：要做好人大工作，发挥人大作用，必须坚持党的领导，保证人大工作正确的政治方向；必须坚持人民当家作主，实现和维护人民群众的根本利益；必须坚持依法治国，充分发扬民主，严格依法办事；必须坚持支持与监督的有机统一，处理好人大与“一府两院”的关系。

代表们在审议中充分肯定市人大常委会过去五年的工作，同时认为，市人大常委会监督工作的力度需要进一步加大，监督的方式需要进一步改进和完善，监督的效果需要进一步增强；代表工作和机关建设还需进一步加强。

会议通过决议，批准市人大常委会工作报告。

第二次会议 听取和审议市人大常委会主任邵奇生所作的《市人大常委会工作报告》。报告提出了2007年市人大常委会的主要工作任务，市人大常委会要在中共鹰潭市委的领导下，以邓小平理论和“三个代表”重要思想为指导，坚持党的领导、人民当家作主和依法治国的有机统一，深入贯彻落实党的十六届六中全会和省、市党代会精神，按照科学发展观的要求，紧紧围绕全市工作大局，认真行使宪法和法律赋予的职权，坚持用科学发展观统领人大工作，努力在构建和谐社会中发挥应有的作用；进一步改进和加强代表工作，密切与代表和人民群众的联系；加强自身建设，不断提高履职能力，为进一步推进全市经济建设、政治建设、文化建设和社会建设作出新的更大的贡献。

代表们通过审议，对报告提出的2007年市人大常委会工作的主要任务表示同意。同时认为常委会跟踪监督的力度还有不足，工作创新力度还需加大，并提出建议意见。

会议通过决议，批准市人大常委会工作报告。

第三次会议 听取和审议了市人大常委会主任邵奇生所作的《市人大常委会工作报告》。报告指出，2007年，常委会坚持以邓小平理论和“三个代表”重要思想为指导，深入贯彻落实科学发展观，按照构建和谐鹰潭的要求，围绕实施“四大一新”发展战略，认真履行法定职责，听取和审议了关于住房公积金归集使用和管理情况、城乡居民最低生活保障工作、公共卫生等8项专项工作报告；围绕《中华人民共和国人民防空法》《中华人民共和国妇女权益保障法》等法律法规实施情况和决议、决定执行情况开展检查7次；围绕国民经济和社会发展计划以及财政预算执行情况开展审查监督；围绕“四大一新”发展战略组织代表就统筹城乡发展、优化发展环境、市容市貌整治等方面的情况开展专题视察；作出决议决定7项，任免国家机关工作人员73人次；督办代表建议76件。报告提出，2008年，常委会要全面贯彻党的十七大精神，高举中国特色社会主义伟大旗帜，以邓小平理论和“三个代表”重要思想为指导，深入贯彻落实科学发展观，坚持党的领导、人民当家作主和依法治国的有机统一，紧紧围绕市委提出的“四大一新”发展战略，认真履行宪法和法律赋予的各项职责，促进社会和谐，推动全市经济社会又好又快发展。

代表们在审议中认为，常委会监督工作的力度需要进一步加大；代表的主体作用需要进一步发挥；人大宣传工作还需加强；常委会组成人员履行职责的意识和能力水平还有待提高。

会议通过决议，批准市人大常委会工作报告。

第五次会议　听取和审议市人大常委会主任邵奇生所作的《市人大常委会工作报告》。报告指出，2008年，常委会坚持以邓小平理论、“三个代表”重要思想和党的十七大、十七届三中全会精神为指导，深入贯彻落实科学发展观，紧贴“四大一新”发展战略，就大铜业、大框架城市中的重点工程建设和新农村建设，先后组织了人大代表86人次进行专题视察，对全市大旅游发展情况开展了专题调研，听取专项报告19项，首次开展“十一五”规划实施情况中期评估监督工作，开展教师法执法检查，作出决议决定7项，依法任免国家机关工作人员51人次，对代表提出的关于加快蔬菜基地建设的建议予以重点督办，新扩建蔬菜基地2000多亩，督办代表建议54件，围绕民生工程和群众关心的热点问题，组织代表就泸溪河水资源开发利用和保护、水土保持法贯彻执行、农业产业化龙头企业发展等情况开展专题视察。报告指出，2009年，常委会要在中共鹰潭市委的领导下，全面贯彻落实党的十七大、十七届三中全会和省委十二届八次全会、市委六届五次全会精神，按照胡锦涛总书记在江西考察工作时提出的“全力以赴保增长、千方百计保民生、加大力度保稳定、大力弘扬井冈山精神”的总体要求，以邓小平理论、“三个代表”重要思想和科学发展观为指导，坚持党的领导、人民当家作主和依法治国的有机统一，紧紧围绕打造独具鹰潭特色经济“小巨人”的总体目标，认真履行宪法和法律赋予的职责，保障经济平稳较快发展，促进社会和谐稳定，努力开创人大工作新局面。

代表们充分肯定常委会过去一年的工作，指出常委会存在的一些问题并提出建议：常委会审议质量有待进一步提高；代表的知情渠道和履职载体有待进一步拓宽；常委会及其机关自身建设也需要进一步加强，并提出建议意见。

会议通过决议，批准市人大常委会工作报告。

第六次会议　听取和审议市人大常委会主任邵奇生所作的《市人大常委会工作报告》。报告指出，2009年，市人大常委会全面贯彻落实党的十七大，十七届三中、四中全会精神，以邓小平理论和“三个代表”重要思想为指导，深入贯彻落实科学发展观，紧紧围绕实现“保增长、保民生、保稳定”的目标依法履职，突出重点，讲求实效，为推动全市经济平稳较快发展、促进社会和谐稳定作出积极的贡献。坚持发展为要，围绕中心服务大局，全力支持“保增长”，围绕旅游、物流业、新农村建设、就业创业、饮食药品安全、困难群体、人居环境、法治建设等听取专项报告20项；作出关于审查同意鹰潭市城市总体规划（修编）等决议决定10项；任免国家机关工作人员42人次。作出决议决定10项；受理来信108件，接待来访295人次。督办代表建议55件。报告提出2010年常委会工作的主要任务：在中共鹰潭市委的领导下，以邓小平理论和“三个代表”重要思想为指导，全面贯彻落实科学发展观，全面融入全市的中心工作，紧紧围绕进位赶超、跨越发展、改善民生、维护稳定的工作主线，依法履行职责，为推动鹰潭经济社会更好更快发展发挥地方人大应有的作用。

代表们在审议中认为，常委会监督工作还存在一些薄弱环节；代表建议督办工作实效还不明显，并提出改进意见建议。

会议通过决议，批准市人大常委会工作报告。

第七次会议 听取和审议了市人大常委会主任邵奇生所作的《市人大常委会工作报告》。报告指出，2010年，常委会坚持以邓小平理论、“三个代表”重要思想为指导，深入贯彻落实科学发展观，全面贯彻落实党的十七大，十七届三中、四中、五中全会精神，围绕全市工作大局，认真履行宪法和法律赋予的职责，围绕灾后重建、生态文明建设、财经运行、省运会承办、少数民族村新农村建设、城市重点工程、“数字审计”建设等听取审议专项工作报告22项。围绕优化经济发展环境、《中华人民共和国工会法》贯彻实施情况、市区社会治安工程建设和应用管理情况进行专题视察调研。围绕保障农产品消费安全、市民出行、教育发展开展专项监督。依法任免国家机关工作人员29人次，作出决定决议8项，督办代表建议22件。报告提出，2011年，常委会要在中共鹰潭市委的领导下，全面贯彻党的十七大和十七届三中、四中、五中全会精神，以邓小平理论和“三个代表”重要思想为指导，深入贯彻落实科学发展观，围绕中心，服务大局，依法履职，讲求实效，为“十二五”开好局、起好步作出人大应有的贡献。

代表们在审议中认为，常委会做好本职工作与参与中心工作需要进一步协调有序，科学兼顾，两促进、两不误；人大宣传工作需要进一步加强，提高用稿率，扩大宣传面；规范性文件备案审查工作需要进一步加强，健全制度，完善规章，并提出建议意见。

会议通过决议，批准市人大常委会工作报告。

第七节 听取和审议法院工作报告

第一次会议 听取和审议市中级人民法院代院长凌云所作的《鹰潭市中级人民法院工作报告》。报告总结了2004年市六届人大以来的法院工作，2004年以来，全市法院积极实践“公正与效率”工作主题，忠实履行宪法和法律职责，受理一审刑事案件1008件，审结972件；受理一审民事案件5003件，审结5021件（含旧存）；受理一审行政诉讼案件81件，审结81件；受理执行案件2327件，旧存440件，执结2208件，执行标的额23115.96万元，执行率达80%。报告提出今后五年工作的总体思路是：紧紧依靠党委的领导、人大的监督、政府的支持，坚持邓小平理论和“三个代表”重要思想，全面落实科学发展观，贯彻中央、省委关于进一步加强“两院”工作的决定精神，围绕市委的总体思路，以“和谐司法”“特色法院”为总体目标，谋划法院工作发展新蓝图，为加快鹰潭市在新的起点上实现富民强市的新跨越、建设和谐新鹰潭提供有力的司法保障。“和谐司法”就是要以公正高效为目标，以司法为民为宗旨，以不出事、干成事为前提，营造公正高效的司法环境和和谐稳定的社会环境，培育团结和睦、创新求新的法院文化，科学断案，和谐审判；“特色法院”就是要通过加快发展，建设功能齐备、环境优美的现代化信息化法院，通过观念更新，打造锐意改革、开拓创新的特色法院。

代表们在审议中认为，法官队伍的整体水平还不能完全适应新形势的要求；少数案件审判质量效率还不高；对基层法院指导力度还有待进一步加强；“执行难”“涉诉信访”问题还未得到根本解决，并提出建议意见。

会议通过决议，批准市中级人民法院工作报告。

第二次会议　听取和审议市中级人民法院院长凌云所作的《鹰潭市中级人民法院工作报告》。报告提出，2007年，全市法院要坚持邓小平理论和“三个代表”重要思想，以“公正司法，一心为民”为指针，全面落实科学发展观，围绕市委和省高院的工作部署，解放思想，更新观念，按照“不出事，敢干事，干成事”的总体要求，思考大问题，谋划大事情，寻求大作为，振奋精神，鼓足干劲，和谐司法，奋发有为，为加快鹰潭市在新的起点上超常规发展，实现富民强市新跨越、建设和谐新鹰潭提供有力的司法保障。具体要努力做好以下工作：更新观念，抓住机遇，在新的起点上实现鹰潭法院的超常规发展；公正司法，一心为民，努力营造和谐稳定的社会环境；立足审判，紧扣大局，为鹰潭经济发展提供优质高效的司法服务；齐抓共管，标本兼治，全力做好涉诉信访工作；深化改革，科学断案，努力实现公平正义；内强素质，外树形象，积极争创人民满意的和谐法院；加强指导，夯实基础，加快迈向现代化信息化法院的步伐。

代表们通过审议，对报告提出的2007年法院工作的主要任务表示同意。同时认为鹰潭市执行难问题还没有从根本上得到解决；涉诉信访解决率不高；个别法官思想观念、审判水平不能完全跟上形势的发展，办案中存在只重法律效果和忽略社会影响的问题，等等，并提出改进建议意见。

会议通过决议，批准市中级人民法院工作报告。

第三次会议　听取和审议了市中级人民法院院长凌云所作的《鹰潭市中级人民法院工作报告》。报告指出，2007年，全市法院认真贯彻落实党的十七大精神和中央《关于进一步加强人民法院、人民检察院工作的决定》及省、市委关于贯彻决定的意见，深入开展“社会主义法治理念”教育和“领导干部作风建设年”活动，紧扣“公正与效率”工作主题，解放思想，更新观念，以超常发展的新理念、新举措，依法履行审判职责，公正高效地办理各类案件。全年共受理各类案件6873件，同比上升120.29%，共办结各类案件6576件，同比上升109.89%。其中受理各类执行案件2885件，同比上升268.93%，执结2750件，执结率90.64%，同比上升6.63个百分点。报告提出，2008年全市法院要全面贯彻党的十七大精神，高举中国特色社会主义伟大旗帜，以邓小平理论、“三个代表”重要思想为指导，深入贯彻科学发展观，紧扣“公正与效率”的主题，围绕党和国家工作大局，按照市委提出的实现“两个历史性突破”和“三个明显”的目标要求，结合鹰潭法院实际，坚持既定的发展思路不动摇，咬定既定的发展目标不放松，继续按照本院提出的“和谐司法”“特色法院”的工作目标和“不出事，敢干事，干成事”的工作要求，进一步鼓舞士气，转变作风，解放思想，更新观念，创新思路，改进方法，破解难题，以“和谐司法”新理念和新举措，充分发挥好审判职能作用，提升人民群众对全市法院工作的满意度，实现鹰潭法院科学发展、和谐发展、超常发展，为实现鹰潭超常发展、构建和谐社会提供公正高效的司法环境和坚强有力的司法保障。

代表们在审议中认为，少数案件审判质量还不高，调解撤诉率有所下降；旧存积案仍然不少，还有一些难啃的“骨头案”，“执行难”问题还未得到根本解决，并提出改进建议意见。

会议通过决议，批准市中级人民法院工作报告。

第五次会议 听取和审议市中级人民法院院长凌云所作的《鹰潭市中级人民法院工作报告》。报告指出，2008年，全市法院高举中国特色社会主义伟大旗帜，认真贯彻落实党的十七大和十七届三中全会精神，积极实践科学发展观，深入开展党的十七大精神和胡锦涛总书记重要讲话大学习、大讨论活动及“政务环境优化年”活动，坚持“三个至上”的指导思想，结合全市法院实际，继续按照“和谐司法”“特色法院”的工作目标和“不出事，敢干事，干成事”的工作要求进一步解放思想，更新观念，创新思路，转变作风。全市法院依法履行法律赋予的神圣职责，公正高效地办理各类案件。外地当事人纷纷将案件协商到鹰潭法院管辖和执行。共受理各类案件5756件，办结5779件（含旧存），结案率88.27%。受理各类执行案件1348件，执结1448件（含旧存），标的额19586.75万元，执结率88.73%。其中，市中级人民法院受理各类案件340件，办结303件。报告提出2009年全市法院总的工作任务：高举中国特色社会主义伟大旗帜，深入贯彻党的十七大和十七届三中全会精神，始终坚持“三个至上”指导思想。全面开展审判执行工作，服务全市中心工作；认真落实司法为民措施，方便群众诉讼；大力加强队伍建设，确保司法公正；切实加强基层基础建设，提高法院整体工作水平，为鹰潭全面建设小康社会提供有力的司法保障。

代表们在审议中指出，全市法院工作有的案件质量和效率有待提高；执行难问题还没有从根本上得到解决；涉诉信访的压力还很大，老的问题没有全部解决，新的问题也屡有发生；个别法官思想观念、审判水平不能完全跟上形势的发展，办案中存在只重法律效果和忽略社会影响的问题，等等，并提出改进建议意见。

会议通过决议，批准市中级人民法院工作报告。

第六次会议　听取和审议市中级人民法院代院长居国屏所作的《鹰潭市中级人民法院工作报告》。报告指出，2009 年，市中级人民法院紧紧围绕“保增长、保民生、保稳定”的工作大局，始终坚持“党的事业至上、人民利益至上、宪法法律至上”的指导思想，积极践行“为大局服务，为人民司法”的工作主题，全面加强审判和执行工作。全市法院共受理各类案件 5506 件，下降 4.34%，审结 5706 件（含旧存），下降 1.26%。其中，市中级人民法院受理各类案件 346 件，上升 1.76%，审结 406 件，上升 33.99%。牢固树立司法为民理念，认真落实各项便民利民措施，全市法院巡回审判案件 237 件，全市人民法庭审结案件 1818 件。报告提出，2010 年，全市法院将以党的十七届四中全会、省委十二届十一次全会和市委六届十一次全会精神为指导，高举中国特色社会主义伟大旗帜，深入贯彻落实科学发展观，坚持“三个至上”的指导思想，坚持为大局服务、为人民司法，围绕社会矛盾化解、社会管理创新、公正廉洁执法，全面加强审判执行、法院改革、队伍建设和基层基础等各项工作，为全市经济社会发展全面提速提供良好的法律服务和优质的司法保障。

代表们在审议中认为，少数法官司法能力不强，解决实际问题的水平不高，少数案件审判质量和效率还不尽如人意；涉诉涉法信访形势依然严峻，案件当事人闹访现象比较突出，给法院工作造成较大压力；“执行难”问题还未得到根本解决，执行联动机制、长效机制有待完善，被执行人逃避执行、转移资产的现象时有发生，并提出改进建议意见。

会议通过决议，批准市中级人民法院工作报告。

第七次会议　听取和审议了市中级人民法院院长居国屏所作的《鹰潭市中级人民法院工作报告》。报告指出，2010 年，市中院始终坚持“三个至上”的指导思想和“为大局服务，为人民司法”的工作主题，始终以执法办案为第一要务，全面发挥审判职能作用。全市法院共受理各类案件 5357 件，下降 2.71%，审结 5199 件，下降 8.89%。其中，市中院受理各类案件 462 件，上升 33.53%，审结 428 件，上升 18.72%。坚持为人民司法，切实满足人民群众司法需求，就地解决矛盾，及时调处纷争，全市人民法庭审结案件 1231 件。加大司法救助，出台《关于涉及民工工资案件执行工作的意见》，审结追索劳动报酬案件 22 件，为民工追讨工资 510.87 万元。报告提出，2011 年，全市法院要以党的十七届五中全会、省委十二届十四次全会和市委六届十二次全会精神为指导，高举中国特色社会主义伟大旗帜，深入贯彻落实科学发展观，坚持为大局服务、为人民司法，继续推进三项重点工作，全面加强审判执行、法院管理、队伍建设和基层基础等各项工作，为实现鹰潭科学发展、进位赶超、绿色崛起提供有力司法保障。

代表们在审议中认为，少数法官大局意识不强、作风不实，个别法官在办案中违法违纪，严重损害司法公信力；涉诉信访形势依然严峻，案件当事人闹访、缠访现象比较突出；“执行难”问题依然没有得到根本解决，逃避执行、抗拒执行、无财产可供执行等现象仍客观存在，并提出改进建议意见。

会议通过决议，批准市中级人民法院工作报告。

第八节　听取和审议检察院工作报告

第一次会议　听取和审议市人民检察院代检察长熊金文所作的《鹰潭市人民检察院工作报告》。报告指出，2004 年以来，全市检察机关认真落实检察工作主题和总体要求，忠实履行法律监督职能，共批准逮捕各类刑事犯罪嫌疑人 1622 人，提起公诉 1638 人；立案侦查贪污贿赂、渎职侵权等职务犯罪案件 106 件 118 人，移送审查起诉 81 件 95 人；加强对刑事立案和侦查活动的监督，要求侦查机关说明不立案理由 19 件，发出检察建议 73 件次；加强对刑事审判活动的监督，对认为确有错误的刑事判决、裁定提出抗诉 2 件，法院改判 2 件；加强对民事行政审判活动的监督，对认为确有错误的民事行政判决、裁定，提出抗诉 8 件，提出再审检察建议 1 件，法院改判 5 件，为创造和谐稳定的社会环境和公正高效的法治环境，服务全市经济和社会发展，作出了应有的贡献。报告提出了今后五年全市检察工作的主要任务：以邓小平理论和“三个代表”重要思想为指导，全面落实科学发展观，以强化法律监督为主线，推动检察业务工作全面发展；立足检察职能，更好地为党和国家工作大局服务；落实执法为民的要求，维护人民群众根本利益；加强检察队伍建设，努力提高法律监督能力，努力维护社会和谐稳定，保障社会公平正义，为顺利实施“十一五”规划，构建社会主义和谐社会和全面建设小康社会，创造稳定的社会环境和良好的法治环境。

代表们在审议中认为，检察院工作中还存在一些问题和不足，一是检察队伍的综合素质与检察官法的要求还有差距，部分检察人员执法观念和能力以及专业化水平还不适应形势发展的需要。二是检察工作力度尤其是查办职务犯罪工作和诉讼监督工作的力度需要进一步加大，检察工作水平需要进一步提高，执法规范化建设需要进一步加强，并提出改进建议意见。

会议通过决议，批准市人民检察院工作报告。

第二次会议　听取和审议市人民检察院检察长熊金文所作的《鹰潭市人民检察院工作报告》。报告提出 2007 年全市检察工作的主要任务。2007 年，全市检察机关要以邓小平理论和“三个代表”重要思想为指导，以科学发展观为统领，以保障和促进社会主义和谐社会建设为目标，切实加强和改进法律监督工作，努力提高检察队伍素质和执法水平，着力在抓落实上下功夫见成效，推动检察工作健康深入发展，为促进全市社会全面进步、经济超常发展提供法律服务和保障。主要工作任务：牢固树立与构建社会主义和谐社会相适应的执法理念；围绕构建社会主义和谐社会，切实加强和改进检察工作；全面准确贯彻宽严相济的刑事司法政策，提高服务和谐社会建设的水平；按照构建社会主义和谐社会的要求，切实加强检察队伍建设。

代表们通过审议，对报告提出的 2007 年全市检察工作的主要任务表示同意。同时认为，检察院诉讼监督工作还需要不断加强；检察机关联系群众、服务群众的能力还需要进一步提高，并提出改进意见建议。

会议通过决议，批准市人民检察院工作报告。

第三次会议　听取和审议市人民检察院检察长熊金文所作的《鹰潭市人民检察院工作报告》。报告指出，2007 年，全市检察机关努力实践“强化法律监督，维护公平正义”的检察工作主题，落实“加大工作力度，提高执法水平和办案质量”的总体要求，充分发挥批捕、起诉职能，依法惩治各类刑事犯罪，保障社会安定有序和人民群众安居乐业。全年共批准逮捕各类刑事犯罪嫌疑人 661 人，起诉 663 人。依法查办和积极预防职务犯罪，促进反腐败斗争深入开展，全年共立案侦查各类职务犯罪案件 26 件 30 人。加强对诉讼活动的法律监督，维护司法公正，对应当立案而不立案的，督促侦查机关立案 4 件。对认为确有错误的刑事判决、裁定提出抗诉 1 件，受理和审查当事人不服人民法院生效裁判的民事申诉案件 13 件。报告提出，2008 年，全市检察机关要高举中国特色社会主义伟大旗帜，以邓小平理论和“三个代表”重要思想为指导，深入贯彻落实科学发展观，认真履行法律监督职能，不断加强和改进各项检察工作，努力服务经济发展，维护社会稳定，促进社会和谐。

代表们在审议中认为，检察工作中法律监督工作力度尤其是查办职务犯罪和诉讼监督工作的力度需要进一步加大，查办有影响有震动的职务犯罪案件少，诉讼监督工作中重协调配合、轻监督制约的问题不同程度地存在。执法办案规范化程度有待进一步提高，为追求办案结果而忽视制度规定、不规范执法的情况仍有发生并提出改进意见建议。

会议通过决议，批准市人民检察院工作报告。

第五次会议　听取和审议市人民检察院检察长熊金文所作的《鹰潭市人民检察院工作报告》。报告指出，2008 年，全市检察机关以党的十七大精神为指引，深入贯彻落实科学发展观，忠实履行宪法和法律赋予的职责，各项检察工作取得了新的成绩。依法履行法律监督职责，努力维护公平正义，批准逮捕各类刑事犯罪嫌疑人 877 人，同比增加 204 人，提起公诉 902 人，同比增加 220 人。认真查办和积极预防职务犯罪，推进反腐倡廉建设。立案侦查各类职务犯罪案件 27 件 30 人，与上年持平。其中，贪污贿赂、挪用公款案件 23 件 26 人，渎职侵权案件 4 件 4 人，已侦查终结 35 件 41 人，起诉 14 件 19 人，法院已开庭审理并作有罪判决 9 件 13 人。强化诉讼监督、审判监督、刑罚执行和监管活动的监督，维护司法公正。报告提出，2009 年，全市检察机关要认真贯彻党的十七大和十七届三中全会精神，高举中国特色社会主义伟大旗帜，深入学习实践科学发展观，进一步强化批捕起诉职能、查办和预防职务犯罪职能、诉讼监督职能，加强检察队伍建设、基层检察院建设、信息化建设，切实保障和促进经济平稳较快发展、保障和改善民生、保障和维护社会和谐稳定、保障和维护公平正义。

代表们在审议中认为，检察机关查办职务犯罪工作的势头和规模与上级检察院的要求还有一定的差距；诉讼监督尤其是刑事诉讼监督力度不够大，效果不够明显，等等，并提出了一些意见建议。

会议通过决议，批准市人民检察院工作报告。

第六次会议 听取和审议市人民检察院检察长熊金文所作的《鹰潭市人民检察院工作报告》。报告指出，2009 年，全市检察机关忠实履行法律监督职责，坚持把维护社会稳定作为第一责任，与公安机关、人民法院密切配合，充分发挥批捕、起诉职能作用，依法惩治各类刑事犯罪，共批准逮捕刑事犯罪嫌疑人 753 人，起诉 892 人。查办职务犯罪工作呈现出良好态势，办案力度进一步加大，办案效果明显增强，共立案查办国家工作人员职务犯罪案件 32 件 34 人，人数同比上升 13.3%；其中贪污贿赂、挪用公款案件 25 件 27 人，渎职侵权案件 7 件 7 人。立案侦查职务犯罪大案 23 人，占立案总数的 67.6%，同比上升 14.3 个百分点；立案侦查涉嫌职务犯罪的县处级领导干部 2 人，同比增加 1 人。侦查终结 28 人，同比下降 36.4%；起诉 19 人，同比上升 20%；法院作有罪判决 18 人，同比增加 11 人。认真履行对诉讼活动的法律监督职责，切实监督纠正群众反映强烈的执法不严、司法不公问题，努力维护法制统一和司法权威。报告提出，2010 年，全市检察机关要全面贯彻党的十七大、十七届四中全会精神，以邓小平理论和“三个代表”重要思想为指导，深入贯彻落实科学发展观，以深入推进社会矛盾化解、社会管理创新、公正廉洁执法三项重点工作为载体，不断强化法律监督，强化自身监督，强化高素质检察队伍建设，促进“法治鹰潭”建设，努力把检察工作提高到新水平，为深入推进鹰潭市“四大一新”发展战略提供有力的司法保障。

代表们在审议中认为，少数检察人员的执法思想和执法观念与落实科学发展观、践行社会主义法治理念的要求还有一定的距离，执法中处理监督与配合、打击与保护、法律效果与政治效果、社会效果关系的能力需要进一步增强；诉讼监督的力度还需进一步加大；个别干警存在不严格执法，乃至违法办案的情况并提出改进意见建议。

会议通过决议，批准市人民检察院工作报告。

第七次会议　听取和审议市人民检察院检察长熊金文所作的《鹰潭市人民检察院工作报告》。报告指出，2010 年，全市检察机关紧紧围绕“四大一新”发展战略、服务鄱阳湖生态经济区建设和深入推进三项重点工作，忠实履行法律监督职责，充分发挥打击刑事犯罪在化解社会矛盾中的基础作用。认真履行批捕、起诉职责，全年共批准逮捕各类刑事犯罪嫌疑人 801 人，提起公诉 923 人。把化解矛盾纠纷贯穿执法办案全过程，依法决定不批准逮捕 89 人、不起诉 61 人。立案侦查各类职务犯罪案件 27 件 35 人，其中贪污贿赂、挪用公款案件 22 件 29 人，渎职侵权案件 5 件 6 人；已侦查终结 34 件 41 人（含上年积存），起诉 19 件 23 人。推动诉讼监督工作，努力维护司法公正，监督侦查机关立案 12 件，同比上升 71.4%。报告提出，2011 年，全市检察机关要认真贯彻落实党的十七届五中全会、省委十二届十四次全会和市委六届十二次全会精神，深入贯彻落实科学发展观，以推动加快转变经济发展方式为主线，以服务鄱阳湖生态经济区建设为龙头，以深化三项重点工作为着力点，在强化法律监督职能、提升检察队伍素质、夯实基层基础工作上下功夫，努力把全市检察工作提高到新水平，为实现“十二五”规划良好开局，推动鹰潭科学发展、进位赶超、绿色崛起提供更加有力的司法保障。

代表们在审议中认为，检察机关深入推进三项重点工作和服务鄱阳湖生态经济区建设的办法和举措还不够多、不够实；诉讼监督工作与人民群众对维护公平正义的期待相比，还需要不断加强；新形势下检察机关联系群众、服务群众的能力还需要进一步提高，并提出改进意见建议。

会议通过决议，批准市人民检察院工作报告。

第四章　市八届人民代表大会

鹰潭市第八届人民代表大会任期从 2011 年 9 月至 2016 年 11 月，共有代表 275 名，其间召开了 6 次代表大会会议，召开 46 次常委会会议，市人大及其常委会共听取和审议工作报告 173 项，通过决议决定 72 项，选举任免国家机关工作人员 296 人次。

第一节　历次会议情况

第一次会议　2011 年 9 月 24 日至 27 日举行。应到代表 275 名，实到代表 264 人。会议听取和审议市人民政府、市人大常委会、市中级人民法院、市人民检察院工作报告，通过了上述报告的决议。会议选举杜德春为市第八届人大常委会主任，杨晓群、尹宁、卢越明、刘育虹、徐晓年、应祥为副主任，江鸿为秘书长，委员 28 名；选举钟志生为市人民政府市长，王家林、宋迪维、辜清、张荣先、李力、徐云为副市长；选举陈仁生为市中级人民法院院长、罗庆华为市人民检察院检察长。市委书记陈兴超、市人大常委会主任杜德春、市长钟志生在闭幕式上讲话。收到代表建议 47 件。

第二次会议　2012 年 2 月 15 日至 17 日举行。应到代表 275 名，实到代表 259 名。会议听取和审议市人民政府、市人大常委会、市中级人民法院、市人民检察院工作报告；审查和批准鹰潭市 2011 年国民经济和社会发展计划执行情况与 2012 年国民经济和社会发展计划草案的报告，批准鹰潭市 2012 年国民经济和社会发展计划；审查和批准鹰潭市 2011 年全市和市级预算执行情况及 2011 年全市和市级预算草案的报告，批准鹰潭市 2012 年市级预算；通过了上述报告的决议。市委书记陈兴超在闭幕式上讲话。收到议案、建议 46 件。

第三次会议　2013 年 1 月 4 日至 6 日举行。应到代表 274 人，出席会议代表 261 名。会议听取和审议市人民政府、市人大常委会、市中级人民法院、市人民检察院工作报告；审查和批准鹰潭市 2012 年国民经济和社会发展计划执行情况与 2013 年国民经济和社会发展计划草案的报告，批准鹰潭市 2013 年国民经济和社会发展计划；审查和批准鹰潭市 2012 年全市和市级预算执行情况及 2013 年全市和市级预算草案的报告，批准鹰潭市 2013 年市级预算；通过了上述报告的决议。会议选举出席省第十二届人大代表 22 名。市委书记陈兴超在闭幕式上讲话。收到代表建议 50 件。

第四次会议　2014 年 1 月 14 日至 16 日举行。应到代表 274 人，实到代表 265 人。会议听取和审议市人民政府、市人大常委会、市中级人民法院、市人民检察院工作报告；审查和批准鹰潭市 2013 年国民经济和社会发展计划执行情况与 2014 年国民经济和社会发展计划草案的报告，批准鹰潭市 2014 年国民经济和社会发展计划；审查和批准鹰潭市 2013 年全市和市级预算执行情况及 2014 年全市和市级预算草案的报告，批准鹰潭市 2014 年市级预算；通过了上述报告的决议。会议接受钟志生辞去市人民政府市长职务、裴勇辞去市人民政府副市长职务的请求，补选熊茂平为市人民政府市长，补选市人大常委会委员 2 名。市委书记陈兴超、市长熊茂平在闭幕式上讲话。收到代表建议 64 件。

第五次会议　2015 年 1 月 21 日至 23 日举行。应到代表 277 人，出席会议代表 254 名。会议听取和审议市人民政府、市人大常委会、市中级人民法院、市人民检察院工作报告；审查和批准鹰潭市 2014 年国民经济和社会发展计划执行情况与 2015 年国民经济和社会发展计划草案的报告，批准鹰潭市 2015 年国民经济和社会发展计划；审查和批准鹰潭市 2014 年全市和市级预算执行情况及 2015 年全市和市级预算草案的报告，批准鹰潭市 2015 年市级预算。会议补选程芦山为鹰潭市第八届人民代表大会常务委员会副主任。收到代表建议 69 件。

第六次会议　2016 年 1 月 12 日至 16 日举行。应到代表 276 名，实到代表 265 名。会议听取和审议市人民政府、市人大常委会、市中级人民法院、市人民检察院工作报告；审查和批准鹰潭市国民经济和社会发展第十三个五年规划纲要；审查和批准鹰潭市 2015 年国民经济和社会发展计划执行情况与 2016 年国民经济和社会发展计划草案的报告，批准鹰潭市 2016 年国民经济和社会发展计划；审查和批准鹰潭市 2015 年全市和市级预算执行情况及 2016 年全市和市级预算草案的报告，批准鹰潭市 2016 年市级预算；通过了上述报告的决议。会议补选吴炳生为市人大常委会副主任，李莉安为市人民检察院检察长；选举省第十二届人大代表 4 名。会议决定设立市人大法制委员会，并通过主任委员、副主任委员、委员人选。收到代表建议 75 件。

第二节　听取和审议政府工作报告

第一次会议　听取和审议了市政府市长钟志生所作的《政府工作报告》。报告回顾了五年来政府工作。五年来，全市上下扎实推进“四大一新”发展战略，积极应对国际金融危机的巨大冲击，战胜了历史罕见的雨雪冰冻灾害和特大洪涝灾害，全面和超额完成了“十一五”规划目标，实现了“十二五”良好开局，全市经济社会跃上了科学发展、进位赶超、绿色崛起的新起点。2010年，全市实现生产总值344.9亿元，是2006年的2.4倍。财政总收入55.1亿元，是2006年的2.8倍；地方财政收入29.5亿元，是2006年的3.4倍，年均增长36.3%。全社会固定资产投资260亿元，是2006年的3.6倍，年均增长37.3%。社会消费品零售总额86.6亿元，是2006年的2倍，年均增长19.3%。粮食生产连续七年增产，年总产稳定在60万吨以上。县域经济实力增强，贵溪市财政收入连续五年保持全省前三强，余江县2009年和2010年财政收入增幅位居全省第一，月湖区财政收入四年翻了两番；90%的乡镇财政收入超千万元，其中6个乡镇财政收入超亿元。报告提出了今后五年的主要奋斗目标是：全力建设富裕秀美宜居和谐鹰潭。深度实施“四大一新”发展战略，突出项目带动、投资拉动、消费驱动，力争经济总量、财政收入、固定资产投资、城乡居民收入实现翻番，主要经济指标增幅在全省位次前移，确保到2016年，全市生产总值达760亿元，年均增长12%以上；财政总收入148亿元，年均增长18%以上；全社会固定资产投资830亿元，年均增长20%以上；社会消费品零售总额220亿元，年均增长16%以上；城镇居民人均可支配收入30500元，年均增长12%以上；农民人均纯收入12300元，年均增长12%以上。要突出抓好以下七个方面的工作：建设绿色世界铜都，加快新型工业化；加快城市建设，推进新型城镇化；壮大旅游物流经济，繁荣第三产业；大力发展现代农业，夯实“三农”基础；深化改革开放，不断增强发展动力和活力；切实保障改善民生，提升人民群众幸福指数；大力发展社会事业，提高社会建设和管理水平。

代表们在审议中认为，鹰潭市经济社会发展还存在不少困难和问题：经济总量偏小与经济结构不尽合理的矛盾并存，旅游物流产业规模不大，转变经济发展方式任重道远；城市规划引领作用不够，中心城区承载力、辐射力、带动力还不强，统筹城乡发展的力度仍需进一步加大；教育、医疗、就业、住房等民生保障与群众的期盼存在一定差距，社会事业发展和社会管理创新的任务仍然十分繁重；发展环境还需进一步优化等，并提出改进意见建议。

会议通过决议，批准政府工作报告。

第二次会议 听取和审议市政府市长钟志生所作的《政府工作报告》。报告指出，2011年，全市上下围绕建设富裕秀美宜居和谐鄱阳湖生态经济区璀璨明珠的目标，以科学发展为主题，以加快转变经济发展方式为主线，抢抓鄱阳湖生态经济区建设战略机遇，开拓进取，扎实工作，全市经济社会实现了平稳较快发展，呈现了开局之年开局好、换届之年态势好的喜人局面。全市生产总值达426.7亿元，增长12.3%。财政总收入71.1亿元；其中，地方财政收入38.8亿元，增长31.5%。全社会固定资产投资336亿元。社会消费品零售总额103.3亿元，增长17.5%。城镇居民人均可支配收入17518元，增长12.2%；农民人均纯收入7623元，增长22%。全市规模以上工业实现增加值239.5亿元，增长15%；主营业务收入 1983.1 亿元，增长 47.1%。城乡建设加速推进，以“项目推进年”活动为抓手，全市在建项目 482 个，总投资 498 亿元，完成投资 277 亿元。报告提出 2012 年政府工作的总体要求：以科学发展为主题，以加快转变经济发展方式为主线，全面融入鄱阳湖生态经济区建设，按照市委提出的“主攻项目，决战‘三区’，凸现特色，实现跨越”的总要求，着力培育产业体系，着力提升城市品质，着力做旺旅游物流，着力统筹城乡发展，着力保障改善民生，开拓创新，真抓实干，努力把鹰潭建设成为富裕秀美宜居和谐的鄱阳湖生态经济区璀璨明珠，以优异成绩迎接党的十八大胜利召开。2012 年全市经济社会发展的主要预期目标是：生产总值 482 亿元，增长 12% 以上。财政总收入 82.5 亿元、增长 16% 以上，力争 90 亿元、增长 26.6%；其中地方财政收入 45.8 亿元，增长 18%。全社会固定资产投资 410 亿元、增长 22% 以上，力争 436 亿元、增长 30%。社会消费品零售总额 124 亿元、增长 20% 以上，力争 130 亿元、增长 25%。城镇居民人均可支配收入 19800 元，增长 13%。农民人均纯收入 8600 元，增长 13%。居民消费价格总水平涨幅控制在 4% 左右。万元生产总值能耗下降 3.4%，化学需氧量、二氧化硫、氨氮、氮氧化物排放量控制在省下达目标以内。重点抓好以下六个方面的工作：着力培育产业体系，做优园区平台；着力提升城市品质，做靓中心城区；着力发展旅游物流，繁荣现代服务业；着力统筹城乡发展，夯实“三农”基础；着力深化改革开放，增强发展活力；着力保障改善民生，保持社会和谐稳定。

代表们在审议中认为，鹰潭市经济社会发展还存在不少困难和问题：铜产业因再生资源税收政策调整面临压力，在一定意义上反映了铜产业发展层次和水平还不高，非铜产业比重偏小，转变发展方式、调整经济结构任重道远。城区人口偏少和城市功能不全，城市经济活力不强，第三产业发展相对滞后。财税结构不尽合理，非实体经济税源比重偏高，地方可用财力不足。城市品质有待提升，部分城市建设项目推进不快，施工环境不够理想，中心城区承载力、辐射力不强，并提出改进意见建议。

会议通过决议，批准政府工作报告。

第三次会议　听取和审议市政府市长钟志生所作的《政府工作报告》。报告指出，2012 年，全市上下按照“主攻项目，决战‘三区’，凸现特色，实现跨越”的总体要求，攻坚克难，扎实工作，实现了经济社会持续健康较快发展。预计完成生产总值 482 亿元；财政总收入 78.7 亿元，增长 10.7%；地方财政收入 58.3 亿元，增长 50%；规模以上工业增加值 280 亿元，增长 15%；全社会固定资产投资 410 亿元，增长 22%；社会消费品零售总额 115 亿元，增长 14.6%；城镇居民人均可支配收入 19880 元，增长 13.5%；农民人均纯收入 8600 元，增长 13%。报告提出 2013 年政府工作的总体要求：高举中国特色社会主义伟大旗帜，以邓小平理论、“三个代表”重要思想和科学发展观为指导，全面贯彻落实党的十八大精神，按照“主攻项目，决战‘三区’，凸现特色，实现跨越”的总体要求，更加注重产业培育，更加注重城市品质，更加注重改革开放，更加注重改善民生，更加注重城乡统筹，更加注重生态文明，开拓创新，扎实工作，加快建设富裕、秀美、宜居、和谐鹰潭，以优异成绩迎接建市30周年。2013年全市经济社会发展的主要预期目标是：生产总值560亿元，增长11%。财政总收入90.5亿元，增长15%；其中，地方财政收入63.6亿元，增长9.2%。全社会固定资产投资500亿元，增长21%。社会消费品零售总额134亿元，增长16%。城镇居民人均可支配收入22200元，增长12%。农民人均纯收入9600元，增长12%。居民消费价格总水平涨幅控制在3.5%以内。万元生产总值能耗下降3.4%，化学需氧量、二氧化硫、氨氮、氮氧化物排放量控制在省下达目标以内。重点抓好以下七个方面的工作：突出项目建设，力促跨越发展。做强工业经济，壮大综合实力；加快城市建设，做靓“一江两岸”；大力发展现代服务业，繁荣城市经济；统筹城乡发展，做好“三农”工作；深化改革开放，激发发展活力；保障改善民生，促进社会和谐。

代表们充分肯定政府工作取得的成绩，也指出存在的一些问题：一是受宏观调控政策影响，经济下行压力加大，产业发展面临困难；二是受国家税收政策调整影响，财政增速趋缓，财源培植难度加大；三是中心城区人口规模偏小，功能配套不够完善，城市承载力、辐射力、带动力不强；四是部分重点项目进度不快，征地拆迁相对滞后；五是教育特别是学前教育等民生工作与群众的需求和期盼存在差距，社会事业发展和社会管理创新的任务仍然艰巨，同时提出不少改进工作的意见建议。

会议通过决议，批准政府工作报告。

第四次会议　听取和审议市政府代市长熊茂平所作的《政府工作报告》。报告指出，2013年，全市上下紧紧围绕建设富裕秀美宜居和谐鹰潭的目标，全面贯彻落实省委提出的“发展升级、小康提速、绿色崛起、实干兴赣”十六字方针，按照“主攻项目，决战‘三区’，凸现特色，实现跨越”的总体要求，坚持稳中求进工作总基调，统筹做好稳增长、调结构、抓改革、优生态、惠民生等各项工作，全市经济社会保持了持续健康发展的良好势头。预计全年完成生产总值560亿元；财政总收入92.66亿元，公共财政预算收入66.13亿元，增长12.4%；规模以上工业增加值322亿元，增长13%；固定资产投资400亿元；社会消费品零售总额137亿元；城镇居民人均可支配收入22200元，增长12%；农民人均纯收入9940元，增长12.9%。产业升级提质增效，全市规模以上工业主营业务收入2750亿元。城市建设步伐加快，全市建成区面积拓展到68.3平方千米。“三农”工作稳步推进，全年粮食总产达69.6万吨。开放水平明显提高，全年引进省外5000万元以上项目资金197亿元，增长14%。民生保障更加有力，全市共投入民生资金18.9亿元，全面完成了省政府下达的76件实事94项民生指标。社会事业协调发展，发展环境不断优化。报告提出2014年政府工作的总体要求是：全面贯彻落实党的十八大、十八届二中、三中全会和省委十三届七次、八次全会精神，按照“主攻项目，决战‘三区’，凸现特色、实现跨越”的总体要求，坚持稳中求进、改革创新，以“8+1”重点工作为抓手，突出转型升级、城乡一体、和谐惠民、绿色发展四大工作主题，强化项目带动、开放推动、消费拉动三大发展支撑，促进经济持续健康较快发展、社会和谐稳定，奋力迈出建设富裕秀美宜居和谐鹰潭新步伐。2014年全市经济社会发展主要预期目标是：生产总值620亿元，增长10%左右。财政总收入105.2亿元，增长13.5%；其中，公共财政预算收入74.7亿元，增长13%。规模以上工业增加值340亿元，增长12%以上。固定资产投资480亿元，增长20%。社会消费品零售总额159亿元，增长16%。城镇居民人均可支配收入24400元，增长10%。农民人均纯收入11000元，增长11%。居民消费价格总水平涨幅控制在3.5%左右。万元生产总值能耗下降3.4%，化学需氧量、二氧化硫、氨氮、氮氧化物排放量控制在省下达目标以内。重点抓好以下八个方面的工作：全面深化改革，增强发展活力；致力转型升级，壮大工业实力；优化产业结构，做旺现代服务业；突出全域统筹，加快城乡一体；强化项目带动，扩大有效投入；保障改善民生，推进社会建设；构建生态文明，促进绿色崛起；注重廉洁高效，加强自身建设。

代表们在审议中认为，鹰潭市经济总量不大、产业结构不优、资源环境压力加大，加快发展、转型升级仍是主要任务。中心城区辐射带动力不强、区域经济发展不平衡、城镇化水平不高，统筹城乡协调发展仍是亟待加强的工作。教育、医疗、住房、社会保障等民生工作与群众期盼还有较大差距，并提出改进工作的意见建议。

会议通过决议，批准政府工作报告。

第五次会议　听取和审议市政府市长熊茂平所作的《政府工作报告》。报告指出，2014年，全市上下全面贯彻“发展升级、小康提速、绿色崛起、实干兴赣”十六字方针，按照“主攻项目，决战‘三区’，凸现特色，实现跨越”总体要求，认真落实稳增长促改革调结构惠民生各项政策措施，全力推进“8+1”重点工作，经济社会保持平稳健康较快发展的良好势头，预计全年完成生产总值606亿元，增长9.8%；财政总收入101.7亿元，增长9.7%；一般公共预算收入73.4亿元，增长11%；规模以上工业增加值340亿元，增长11%；固定资产投资455亿元，增长16%；社会消费品零售总额145亿元，增长12.6%；城镇居民人均可支配收入24300元，增长10%，农村居民人均可支配收入10920元，增长11%。报告提出2015年政府工作的总体要求是：全面贯彻党的十八大、十八届三中、四中全会和习近平总书记系列重要讲话精神，认真落实省委十三届七次、八次、九次、十次全会精神，遵循“发展升级、小康提速、绿色崛起、实干兴赣”十六字方针，按照“主攻项目，决战‘三区’，凸现特色，实现跨越”总体要求，坚持稳中求进工作总基调，主动适应经济发展新常态，全力推进“8+1”重点工作，更加注重改革创新，更加注重转型升级，更加注重城乡统筹，更加注重民生改善，更加注重生态文明，奋力迈出打造世界铜都、中华道都、田园新城新步伐，为建设富裕秀美宜居和谐鹰潭、全面建成小康社会奠定坚实基础。2015年全市经济社会发展主要预期目标是：生产总值增长9%左右，财政总收入增长9%，一般公共预算收入增长9%，规模以上工业增加值增长11%，固定资产投资增长16%，社会消费品零售总额增长13%，城镇居民人均可支配收入增长10%，农村居民人均可支配收入增长10%，居民消费价格总水平涨幅控制在3%左右，完成省下达的节能减排计划任务。重点抓好以下九个方面的工作：着力推进工业强市，形成集群发展新态势；着力推进新型城镇化，构筑全域鹰潭新格局；着力推进服务业发展，强化转型升级新支撑；着力推进“三农”工作，构建现代农业新体系；着力推进改革攻坚，增添发展升级新动力；着力推进开放升级，拓展内生发展新空间；着力推进生态建设，走出绿色崛起新路子；着力推进民生改善，开创社会事业新局面；着力推进自身建设，树立法治政府新形象。

代表们在审议中认为，鹰潭市经济产业结构不优，重大项目支撑乏力，发展升级的压力仍然不小；中心城区辐射带动力不强，县域经济总体实力有待提升，统筹城乡发展的责任仍然重大；公共服务供给与民生改善需求存在差距，社会建设和管理的任务仍然繁重；转变政府职能、运用市场化手段推动发展的能力需要进一步提升，发展环境还需优化，建设法治型、服务型政府的要求仍然迫切等，并提出改进建议意见。

会议通过决议，批准政府工作报告。

第六次会议 听取和审议市长熊茂平所作的《政府工作报告》。报告指出，2015年，全市上下认真学习贯彻习近平总书记系列重要讲话特别是“一个希望、三个着力”指示精神，紧紧围绕省委十六字方针，按照“主攻项目，决战‘三区’，凸现特色，实现跨越”总体要求，坚持把稳增长、促改革、调结构、惠民生作为首要任务，全力落实稳增长促发展40条和创新创业36条具体举措，大力推进“8+1”重点工作，经济运行总体平稳、稳中有进。预计全年完成生产总值640亿元，增长5.6%；财政总收入112.4亿元，增长10.6%，一般公共预算收入83亿元、增长13.1%，规模以上工业增加值350亿元，增长9%；固定资产投资532亿元，增长16.92%；社会消费品零售总额168亿元，增长10.2%；城镇居民人均可支配收入26930元，增长9.5%；农村居民人均可支配收入12485元，增长10%。报告提出2016年全市经济社会发展主要预期目标是：生产总值增长9%左右，财政总收入增长9%，一般公共预算收入增长9%，规模以上工业增加值增长9%，固定资产投资增长15%左右，社会消费品零售总额增长11%，城镇居民人均可支配收入增长9%，农村居民人均可支配收入增长10%，居民消费价格总水平涨幅控制在3%左右，完成省下达的节能减排计划任务。实现上述目标，必须把握“五个更加注重”：更加注重供需结合，增强发展动能；更加注重改革创新，激发发展活力；更加注重开放升级，拓展发展空间；更加注重城乡统筹，促进协调发展；更加注重改善民生，推进共建共享。重点抓好七个方面的工作：坚持多点发力，推动经济稳定增长；坚持三产融合，加快产业升级步伐；坚持城乡统筹，加速新型城镇化建设；坚持改革创新，增强发展动力活力；坚持绿色发展，推进生态文明建设；坚持惠民共享，增强人民群众获得感；坚持务实进取，切实加强政府自身建设。

代表们在审议中认为，鹰潭市产业层次整体水平不高，特色产业优势仍未得到充分发挥，产业结构调整任重道远；城乡基础设施还不完善，教育、医疗、养老等公共服务与群众需求还有差距；思想解放的力度、开放包容的环境、服务发展的水平等方面还存在不足，服务型政府建设还需进一步加快，针对存在的问题提出意见建议。

会议通过决议，批准政府工作报告。

第三节　审查批准《鹰潭市国民经济和社会发展第十三个五年规划纲要》

第六次会议　审查鹰潭市国民经济和社会发展第十三个五年规划纲要。纲要指出，“十二五”以来，面对错综复杂的国内外发展环境和经济下行压力，市委、市政府团结带领全市人民，主动适应、紧紧把握、积极引领经济发展新常态，坚持稳中求进、改革创新，经济社会发展成果喜人，“十二五”规划确定的主要目标和任务将总体达成，为建设富裕秀美宜居和谐鹰潭奠定了扎实基础。综合实力显著增强，全市生产总值是“十一五”末的1.7倍，人均生产总值达8740美元，较“十一五”末增长62.2%。财政总收入突破100亿元大关。固定资产投资五年累计达1987亿元。产业结构不断优化，三次产业结构由9.5∶62.8∶27.7调整为7.6∶60∶32.4。规模以上工业增加值是“十一五”末的1.8倍，市属工业增加值占全市规上工业比重突破60%。城乡面貌深刻变化，鹰潭市被列入国家新型城镇化综合试点城市和省级“多规合一”试点市。改革开放深入推进，余江农村宅基地制度、城市公立医院、行政综合执法体制、智慧城市、信息惠民等列入国家改革试点，一系列关键领域的改革取得突破。社会事业全面进步，城乡居民人均可支配收入分别比“十一五”末增长72.4%和99.8%。五年新增城镇就业人口13.7万人，转移农村劳动力29.8万人。生态环境进一步改善。纲要提出“十三五”发展的指导思想：高举中国特色社会主义伟大旗帜，以马克思列宁主义、毛泽东思想、邓小平理论、“三个代表”重要思想、科学发展观为指导，深入贯彻习近平总书记系列重要讲话精神，遵循“四个全面”的战略布局，坚持发展第一要务和创新、协调、绿色、开放、共享五大发展理念，紧紧围绕提前翻番、同步小康的总目标，以提质、增效、升级为中心，以创新、改革、开放为动力，按照省委十六字方针，全面落实“主攻项目，决战‘三区’，凸现特色，实现跨越”的总体要求，奋力开创鹰潭“世界铜都、中华道都、田园新城”的新局面，为建设富裕秀美宜居和谐鹰潭打下更加坚实的基础。“十三五”时期鹰潭市经济和社会发展的总体目标：小康社会全面建成，经济总量和城乡居民收入提前翻番，产业转型升级成效明显，生态环境巩固提升。经济规模更加壮大，地区生产总值年均增长 8.5% 左右，固定资产投资年均增长 13% 左右，达到 1000 亿元；财政总收入年均增长 10% 左右，达到 180 亿元。转型升级更加明显，三次产业结构调整为 5∶57∶38。人民生活更加富裕，城乡一体化发展更加均衡。社会发展更加和谐，生态环境更加秀美，改革开放更加深入，法治建设更加完善。实现上述目标，纲要还提出了产业转型升级、统筹城乡均衡发展、实施创新驱动发展战略、加强基础设施建设、大力推进绿色发展、全面深化改革开放、大力增进民生福祉、全面推进依法治市等 8 个方面的任务。

会议充分肯定了“十二五”时期鹰潭市经济社会发展取得的重大成就，同意“十三五”规划纲要的总体部署。会议认为，当前全市经济社会发展还存在不少矛盾和问题，主要表现在：产业层次整体水平不高，特色产业优势仍未得到充分发挥，产业结构调整任重道远；城乡基础设施还不完善，教育、医疗、养老等公共服务与群众需求还有差距；并提出改进意见建议。

会议通过决议，批准《鹰潭市国民经济和社会发展第十三个五年规划纲要》。

第四节　审查批准国民经济和社会发展计划

第二次会议　审查市发展和改革委员会主任周瑛受市人民政府委托所作的《关于鹰潭市 2011 年国民经济和社会发展计划执行情况与 2012 年国民经济和社会发展计划草案的报告（书面）》。报告指出，2011 年，预计实现生产总值 426.7 亿元，完成年计划的 106.7%，其中，一产增长 4.3%，二产增长 13.1%，三产增长 13%。三次产业结构比调整为 8.9∶64.8∶26.3。全社会固定资产投资 336 亿元，完成年计划的 100%，增长 29.2%。财政总收入 71.1 亿元，完成年计划的 102.8%，增长 29%，其中地方财政收入 38.8 亿元，完成年计划的 110.2%，增长 31.5%。报告提出，2012 年国民经济和社会发展主要预期目标是：生产总值 482 亿元，增长 12% 以上；财政总收入 82.5 亿元，增长 16%；地方财政收入 45.8 亿元，增长 18%；固定资产投资 345 亿元，增长 25%；社会消费品零售总额 124 亿元，增长 20%；外贸出口 6.4 亿美元，增长 5%；城镇居民人均可支配收入 19800 元，增长 13%；农民人均纯收入 8600 元，增长 13%；居民消费价格总水平涨幅控制在 4% 左右；

万元 GDP 能耗下降 3.4%；化学需氧量、氨氮、二氧化硫、氮氧化物排放总量控制在省下达目标以内；城镇登记失业率控制在 3.5% 以内。围绕上述目标，将认真贯彻“稳中求进”的工作总基调，切实落实市委七届二次全会精神，按照“主攻项目，决战‘三区’，凸现特色，实现跨越”的总体要求，努力做好六个方面的工作：围绕增强发展后劲，全力推进项目建设；围绕做大经济总量，加快发展特色优势产业；围绕统筹城乡发展，加速新型城镇化；围绕转变发展方式，全面推进生态文明建设；围绕增添发展活力，不断深化改革开放；围绕促进社会和谐，扎实推进民生工程建设。

市人大财政经济委员会根据会前的初步审查和会中代表的审议意见，对市人民政府提出的 2011 年国民经济和社会发展计划执行情况与 2012 年国民经济和社会发展计划草案的报告进行了审查，认为鹰潭市经济总量不大，经济结构不尽合理；城市品质还不高，规划引领作用发挥不够；资金、用地、用电、用工等生产要素制约趋紧；社会事业发展和社会管理创新的任务仍然十分繁重；保持物价稳定的压力依然较大等矛盾和问题。

会议通过决议，批准鹰潭市 2012 年国民经济和社会发展计划，批准 2011 年国民经济和社会发展计划执行情况与 2012 年国民经济和社会发展计划草案的报告。

第三次会议　审查了市发展和改革委员会主任黄忠受市人民政府委托所作的《关于鹰潭市 2012 年国民经济和社会发展计划执行情况与 2013 年国民经济和社会发展计划草案的报告（书面）》。报告指出，2012 年，预计实现生产总值 482 亿元，完成年计划的 100%，其中，一产增长 3.6%，二产增长 13.4%，三产增长 10.5%。全社会固定资产投资 410 亿元，完成年计划的 100%，增长 22%；财政总收入 78.7 亿元，完成预算调整后的 100%，增长 10.7%；地方财政收入 58.3 亿元，完成年计划的 130.8%，增长 50%；城镇居民人均可支配收入 19880 元，完成年计划的 101%，增长 13.5%；农民人均纯收入 8600 元，完成年计划的 100%，增长 13%。报告提出 2013 年国民经济和社会发展主要预期目标是：生产总值 560 亿元，增长 11%；财政总收入 90.5 亿元，增长 15%；地方财政收入 63.6 亿元，增长 9.2%；全社会固定资产投资 500 亿元，增长 21%；社会消费品零售总额 134 亿元，增长 16%；外贸出口 7.38 亿美元，增长 6%；城镇居民人均可支配收入 22200 元，增长 12%；农民人均纯收入 9600 元，增长 12%；居民消费价格总水平涨幅控制在 3.5% 以内；万元 GDP 能耗下降 3.4%；化学需氧量、二氧化硫、氨氮、氮氧化物排放量控制在省下达目标以内。围绕上述目标，着力做好六个方面的工作：稳增长，统筹推进三驾马车齐头并进；调结构，统筹推进三次产业协调发展；筑平台，统筹推进三大战场跨越发展；添活力，统筹推进改革开放纵向深入；重环保，统筹推进生态文明建设；惠民生，统筹推进和谐社会建设。

市人大财政经济委员会根据会前的初步审查和会中代表的审议意见，对市人民政府提

出的 2012 年国民经济和社会发展计划执行情况与 2013 年国民经济和社会发展计划草案的报告进行了审查，认为鹰潭市经济形势依然错综复杂、充满变数，面临经济下行的压力；产业层次整体不高，高科技、高附加值的产品缺乏，面临结构调整的压力；部分项目进展不快，中央省属项目后继乏力，面临做大投资总量的压力；资金、土地等要素制约仍然较为突出，面临破除瓶颈制约的压力；一些企业生产经营困难，面临提高增长质量和效益的压力；教育、医疗、就业等民生保障与群众的期盼存在一定差距。这些困难和问题，需要采取有效措施，积极应对，妥善解决。

会议通过决议，批准鹰潭市 2013 年国民经济和社会发展计划，批准 2012 年国民经济和社会发展计划执行情况与 2013 年国民经济和社会发展计划草案的报告。

第四次会议　审查了市发展和改革委员会主任黄忠受市人民政府委托所作的《关于鹰潭市 2013 年国民经济和社会发展计划执行情况与 2014 年国民经济和社会发展计划草案的报告（书面）》。报告指出，2013 年，全市上下牢牢把握“稳中求进”的总基调，紧紧围绕建设富裕秀美宜居和谐鹰潭的目标，认真贯彻落实“主攻项目，决战‘三区’，凸现特色，实现跨越”的总体要求，积极应对和克服国际经济低迷、国内需求不足等不利影响，锐意进取，扎实工作，经济社会总体平稳运行，绝大部分指标完成年度计划。预计全年实现生产总值 560 亿元，完成年计划的 100%；固定资产投资 400 亿元，完成年计划的 100%；财政总收入 92.66 亿元，完成年计划的 102.4%；公共财政预算收入 66.13 亿元，完成年计划的 104%，增长 12.4%，规模以上工业增加值 322 亿元，完成年计划的 100%，增长 13%；城镇居民人均可支配收入 22200 元，完成年计划的 100%，增长 12%；农民人均纯收入 9940 元，完成年计划的 101%，增长 12.9%。报告提出 2014 年国民经济和社会发展主要预期目标是：生产总值 620 亿元，增长 10% 左右。财政总收入 105.2 亿元，增长 13.5%；其中，公共财政预算收入 74.7 亿元，增长 13%。规模以上工业增加值 340 亿元，增长 12% 以上。固定资产投资 480 亿元，增长 20%。社会消费品零售总额 159 亿元，增长 16%。出口总额 9.78 亿美元，增长 7.5%。城镇居民人均可支配收入 24400 元，增长 10%。农民人均纯收入 11000 元，增长 11%。居民消费价格总水平涨幅控制在 3.5% 左右。万元生产总值能耗下降 3.4%，化学需氧量、二氧化硫、氨氮、氮氧化物排放量控制在省下达目标以内。着力做好六个方面的工作：全面深化改革，释放改革红利；加速产业升级，壮大综合实力；统筹城乡发展，构建“全域鹰潭”；推进项目建设，增添发展后劲；加强环境保护，改善人居环境；保障改善民生，提升幸福指数。

市人大财政经济委员会根据会前的初步审查和会中代表的审议意见，对市人民政府提出的 2013 年国民经济和社会发展计划执行情况与 2014 年国民经济和社会发展计划草案的报告进行了审查，认为鹰潭市经济运行还面临一些问题和困难，主要是：受宏观经济环境和全市产业结构影响，部分企业生产经营困难，加快发展、转型升级难度加大；重点项目建设完成年投资计划比例偏低；节能减排面临许多新情况、新问题，环境保护压力加大等。这些问题，需要高度重视，在今后工作中认真研究解决。

会议通过决议，批准鹰潭市2014年国民经济和社会发展计划，批准2013年国民经济和社会发展计划执行情况与2014年国民经济和社会发展计划草案的报告。

第五次会议　审查市发展和改革委员会主任黄忠受市人民政府委托所作的《关于鹰潭市2014年国民经济和社会发展计划执行情况与2015年国民经济和社会发展计划草案的报告（书面）》。报告指出，2014年，面对复杂多变的国内外经济形势，在市委、市政府的正确领导下，全市上下牢牢把握稳中求进工作总基调，围绕建设富裕秀美宜居和谐鹰潭的目标，按照"主攻项目，决战'三区'，凸现特色，实现跨越"的总体要求，紧扣"8+1"重点工作部署，全力抓投资、稳增长，抓转型、调结构，抓改革、惠民生，经济社会持续稳步发展，大部分主要经济指标基本完成年度计划。预计全年实现生产总值606亿元，完成年计划的99.3%，同比增长9.8%；三次产业结构比调整为7.9∶62.4∶29.7；财政总收入101.7亿元，完成调整预算的101.2%，增长9.7%；一般公共预算收入73.4亿元，完成调整预算的100.8%，增长11%；城镇居民人均可支配收入24300元，完成年计划的100%，增长10%；农村居民人均可支配收入10920元，完成年计划的100.2%，增长11%。报告提出2015年国民经济和社会发展主要预期目标是：生产总值660亿元，增长9%左右；财政总收入110.81亿元，增长9%；一般公共预算收入80亿元，增长9%；规模以上工业增加值350亿元，增长11%；固定资产投资530亿元，增长16%；社会消费品零售总额165亿元，增长13%；出口总额9.4亿美元，增长6.8%；城镇居民人均可支配收入26700元，增长10%；农村居民人均可支配收入12020元，增长10%；居民消费价格总水平涨幅控制在3.0%左右；万元GDP能耗下降3.4%；化学需氧量、氨氮、二氧化碳、二氧化硫、氮氧化物排放总量控制在省下达目标以内；城镇登记失业率控制在3.4%以内。围绕上述目标，着力做好六个方面的工作：以深化改革为主动力，激发市场活力；以项目建设为主引擎，增强发展后劲；以结构调整为主抓手，推动转型升级；以城乡统筹为主载体，打造"同城时代"；以绿色生态为主打色，实现可持续发展；以改善民生为主旋律，增进人民福祉。

市人大财政经济委员会根据会前的初步审查和会中代表的审议意见，对市人民政府提出的2014年国民经济和社会发展计划执行情况与2015年国民经济和社会发展计划草案的报告进行了审查，认为受宏观经济形势及相关政策的影响，个别经济指标完成目标难度较大；经济总量偏小、产业结构不优、重大项目支撑乏力的局面还未扭转；城镇化步伐不快，县域经济水平不高，统筹城乡发展压力依然较大；教育、医疗、住房、社会保障等与群众需求差距较为明显等。对此，要认真分析原因，采取有效措施，努力加以解决。

会议通过决议，批准鹰潭市2015年国民经济和社会发展计划，批准2014年国民经济和社会发展计划执行情况与2015年国民经济和社会发展计划草案的报告。

第六次会议 审查市发展和改革委员会主任黄忠受市人民政府委托所作的《关于鹰潭市2015年国民经济和社会发展计划执行情况与2016年国民经济和社会发展计划草案的报告（书面）》。报告指出，2015年，全市上下牢牢把握稳中求进、稳中有为的工作总基调，认真贯彻落实中央和省委的各项决策部署，紧紧围绕建设富裕秀美宜居和谐鹰潭的目标，按照“主攻项目，决战‘三区’，凸现特色，实现跨越”的总体要求，紧扣“8+1”重点工作部署，全力抓投资、稳增长，抓转型、调结构，抓改革、惠民生，经济社会持续稳步发展，预计全年实现生产总值640亿元，完成年计划的96.8%；固定资产投资532亿元，完成年计划的98.7%；财政总收入112.4亿元，完成年计划的102.4%，增长10.6%；一般公共预算收入83.0亿元，完成年计划的105.7%，增长13.1%，规模以上工业增加值350亿元，完成年计划的100%，增长9%；社会消费品零售总额168亿元，完成年计划的98.8%，增长10.2%；城镇居民人均可支配收入26930元，完成年计划的99.6%，增长9.5%；农村居民人均可支配收入12485元，完成年计划的100%，增长10%。物价上涨1.6%，低于控制目标1.4个百分点。报告提出，2016年国民经济和社会发展主要预期目标是：生产总值680亿元，增长9%左右；财政总收入122.6亿元，增长9%；一般公共预算收入90.5亿元，增长9%；固定资产投资612亿元，增长15%左右；规模以上工业增加值360亿元，增长9%；社会消费品零售总额187亿元，增长11%；出口总额9.48亿美元，增长2%；城镇居民人均可支配收入29354元，增长9%；农村居民人均可支配收入13734元，增长10%；居民消费价格总水平涨幅控制在3.0%左右；城镇登记失业率控制在3.5%以内；万元GDP能耗下降2.0%；二氧化碳、化学需氧量、氨氮、二氧化硫、氮氧化物排放总量控制在省下达目标以内。围绕上述目标，重点抓好以下六个方面的工作：以创新发展为动力，抓改革、促提升；以协调发展为助力，抓产业、促统筹；以项目发展为内力，抓投资、促后劲；以开放发展为活力，抓招商、促需求；以绿色发展为生力，抓生态、促持续。加强生态保护；以共享发展为聚力，抓民生、促和谐。

市人大财政经济委员会根据会前的初步审查和会中代表的审议意见，对市人民政府提出的2015年国民经济和社会发展计划执行情况与2016年国民经济和社会发展计划草案的报告进行了审查，认为鹰潭市国民经济和社会发展还存在不少矛盾和问题，主要是世界经济复苏乏力，全国经济减速下行，鹰潭市经济基础较差、内生动力较弱，个别经济指标未能完成年度目标；经济总量不大、产业结构不优，投资的关键性作用发挥不够；统筹城乡发展的任务仍然艰巨，教育、医疗、住房、社会保障等与群众需求还有较大差距；资源环境约束压力加大，食品、交通、安全生产等社会安全问题也不容忽视等。对此，将认真分析原因，采取有效措施，努力加以解决。

会议通过决议，批准鹰潭市 2016 年国民经济和社会发展计划，批准 2015 年国民经济和社会发展计划执行情况与 2016 年国民经济和社会发展计划草案的报告。

第五节　审查批准预算

第二次会议　审查市财政局局长李力受市人民政府委托所作的《关于鹰潭市 2011 年市级总预算执行情况和 2012 年市级总预算草案的报告（书面）》。报告指出，2011 年，全市财政总收入完成 711058 万元，完成预算的 102.8%，比上年增长 29%。其中，地方财政收入完成 388220 万元，完成预算的 110.2%，比上年增长 31.6%；上缴中央两税 191653 万元，完成预算的 69.9%，比上年下降 12%；上缴所得税 131185 万元，完成预算的 200.7%，比上年增长 241.2%。报告提出，2012 年全市财政总收入为 824800 万元，比上年增长 16%，其中地方财政收入计划为 458000 万元，比上年增长 18%。市大本级财政总收入为 261200 万元，比上年增长 6.3%；其中，地方财政收入 142880 万元，比上年增长 8.6%。地方财政收入加税收返还和各项补助等，减去上解支出，市大本级可用财力为 169566 万元，市大本级支出预算安排 169566 万元。市本级财政总收入为 68700 万元，比上年下降 32.7%，剔除限售股转让业务上缴的个人所得税因素后增长 51%。地方财政收入加税收返还和各项补助等，减去上解支出，市本级可用财力为 86500 万元，市本级支出预算安排 86500 万元。

市人大财政经济委员会经审查认为，在看到成绩的同时，还应看到存在的一些困难和不足：一是财政收入总量仍然偏小，财政实力有待增强；二是财税结构有待完善，可用财力有限，面对日益增长的经济社会发展各方面资金需求，财政收支矛盾仍然十分突出；三是财政支出规模范围不断扩大，财政监督力度有待加强等。

会议通过决议，批准鹰潭市 2012 年市本级预算，批准鹰潭市 2011 年市本级总预算执行情况和 2012 年市级总预算草案的报告。

第三次会议　审查了市财政局局长吴文戈受市人民政府委托所作的《关于鹰潭市 2012 年市级总预算执行情况和 2013 年市级总预算草案的报告（书面）》。报告指出，2012 年，全市财政总收入完成 787088 万元，完成预算的 100%，比上年增长 10.7%。其中：地方财政收入完成 582512 万元，完成预算的 130.8%，比上年增长 50%。全市地方财政一般预算支出完成 805592 万元，完成预算的 121.3%，比上年增长 18.3%。报告提出，2013 年全市财政总收入 905000 万元，比上年增长 15%，其中，地方财政收入 636162 万元，比上年增长 9.2%。2013 年市大本级财政总收入 267000 万元，比上年增长 17.1%；其中，地方财政收入 193895 万元，比上年增长 8.9%。地方财政收入加税收返还和各项补助等，减去上解支出，市大本级可用财力为229822万元，支出预算安排229822万元。2013年市本级财政总收入72000万元，比上年增长14.8%。其中，地方财政收入56200万元，比上年增长14.8%。地方财政收入加税收返还和各项补助等，减去上解支出，市本级可用财力为110000万元，支出预算安排110000万元。

市人大财政经济委员会经审查认为，在看到成绩的同时，还应看到存在的一些困难和不足：一是财政收入保持持续增长的压力不断加大，财税收入结构有待进一步优化；二是保民生、保稳定、促发展等刚性支出增长较快，财政收支矛盾仍然突出；三是财政科学化、精细化管理水平有待进一步加强，资金使用绩效仍需提高等。

会议通过决议，批准鹰潭市2013年市本级预算，批准鹰潭市2012年市本级总预算执行情况和2013年市级总预算草案的报告。

第四次会议 审查市财政局局长吴文戈受市人民政府委托所作的《关于鹰潭市2013年市级总预算执行情况和2014年市级总预算草案的报告（书面）》。报告指出，2013年，全市财政总收入完成926550万元，完成预算的102.8%。其中公共财政预算收入完成661346万元，完成预算的107.7%。2013年，全市公共财政预算支出完成1004851万元，完成调整预算的140.3%。报告提出，2014年全市财政总收入1052000万元，其中，公共财政预算收入747000万元。2014年，市大本级财政总收入308740万元，其中，公共财政预算收入232612万元。2014年市本级财政总收入80350万元，其中，公共财政预算收入60100万元。

市人大财政经济委员会经审查认为，在看到成绩的同时，还应看到存在的一些困难和不足：财税政策杠杆作用应进一步发挥；部门预算编制的完整性、规范性有待进一步提高；财政监督力度还需进一步加大；政府性债务管理需进一步加强等，需要继续采取有力措施积极加以解决。

会议通过决议，批准鹰潭市2014年市本级预算，批准鹰潭市2013年市本级总预算执行情况和2014年市级总预算草案的报告。

第五次会议 审查市财政局局长吴文戈受市人民政府委托所作的《关于鹰潭市2014年市级总预算执行情况和2015年市级总预算草案的报告（书面）》。报告指出，2014年，全市财政总收入完成1016627万元，完成调整预算的101.2%，比上年增长9.7%。全市一般公共预算收入完成733931万元，完成调整预算的100.8%。一般公共预算收入分项完成情况是：税收收入525330万元；非税收入208601万元。报告提出，2015年全市财政总收入预算安排1108100万元，全市一般公共预算收入安排800000万元。2015年，市大本级财政总收入预算344500万元，一般公共预算收入253463万元。2015年，市本级财政总收入预算84500万元，市本级一般公共预算收入63500万元。一般公共预算财力预计13.6亿元，支出预算安排13.6亿元，收支预算平衡。

市人大财政经济委员会经审查认为，在看到成绩的同时，还应看到存在的一些困难和不足：一是随着国内经济进入增速换挡、结构调整的新常态，财政保持持续稳定增长的压力加大；二是民生保障、城市建设等各类事业发展投入需求越来越大，财政收支矛盾仍然突出；三是财政管理还不够科学精细，部分资金使用绩效有待提高，财政改革仍需进一步深化。对此，要积极采取措施，逐步加以解决。

会议通过决议，批准鹰潭市 2015 年市本级预算，批准鹰潭市 2014 年市本级总预算执行情况和 2015 年市级总预算草案的报告。

第六次会议　审查市财政局局长吴文戈受市人民政府委托所作的《关于鹰潭市 2015 年市级总预算执行情况和 2016 年市级总预算草案的报告（书面）》。报告指出，2015 年，全市财政总收入完成 1124283 万元，完成预算的 102.4%。全市一般公共预算收入完成 830107 万元，完成预算的 105.7%。2015 年，全市一般公共预算支出完成 1276599 万元，完成调整预算的 132.7%。报告提出，2016 年，全市财政总收入预算安排 1226000 万元，全市一般公共预算收入安排 905000 万元。全市政府性基金预算收入安排 214255 万元，全市国有资本经营预算收入安排 777.06 万元，全市九项社会保险基金预算收入安排 367038 万元。市大本级一般公共预算财力 348550 万元，支出预算安排 348550 万元，收支预算平衡。市本级财政总收入预算 103600 万元；市本级一般公共预算收入 70800 万元。市本级政府性基金预算收入安排 124334 万元；加上上年结余 1640 万元，财力预计 125974 万元，支出预算安排 124929 万元。市本级国有资本经营预算收入安排 193.06 万元，加上上年结余 476 万元，财力预计 669.06 万元。市本级七项社会保险基金预算收入安排 113466 万元，支出预算安排 115175 万元。

市人大财政经济委员会经审查认为，在看到成绩的同时，还应看到存在的一些困难和不足，财政收入与刚性支出的矛盾更加突出，全口径预决算管理尚需更加规范和完善；预算绩效评价工作有待进一步推进。对此，要积极采取措施，逐步加以解决。

会议通过决议，批准鹰潭市 2016 年市本级预算，批准鹰潭市 2015 年市本级总预算执行情况和 2016 年市级总预算草案的报告。

第六节　听取和审议人大常委会工作报告

第一次会议　听取和审议市人大常委会主任邵奇生所作的《鹰潭市七届人大常委会工作报告》。报告指出，市七届人大常委会坚持以邓小平理论和“三个代表”重要思想为指导，深入贯彻落实科学发展观，按照市委提出的“以发展凝聚人心、以改革拓展空间、以正风气形成合力、以加强组织建设强化保障”的总体要求，认真履行宪法和法律赋予的职责，较好地完成了各项任务。五年来，共召开常委会会议 48 次，对 18 部法律法规实施情况开展执法检查，听取和审议市“一府两院”专项工作报告 103 项，作出决议决定 29 项，为推动全市民主法治建设，促进经济社会又好又快发展，作出了积极贡献。报告总结了五年来的实践体会：人大要有为，前提是依法履职，核心是党的领导，关键是服务发展，根本是履职为民。

代表们在审议中认为，常委会有些监督工作实效还不够明显、行使决定权有时还不够严格、代表建议办理质量还不够高等，并提出意见建议。

会议通过决议，批准市人大常委会工作报告。

第二次会议 听取和审议市人大常委会主任杜德春所作的市人大常委会工作报告。报告指出，2011 年，市人大常委会以邓小平理论和“三个代表”重要思想为指导，深入贯彻落实科学发展观，坚持党的领导、人民当家作主、依法治国有机统一，围绕中心，服务大局，为实现“十二五”良好开局积极作为，以督促落实人代会决议为重点，加强对经济工作、发展开放型经济、文化产业发展、普法宣传教育工作监督，听取专项工作报告 17 项。致力于促进保障和改善民生，围绕食品药品安全、生态环境、稳定物价、维护社会公平正义等重点，开展视察调研 5 次，不断加强民生监督、环保监督和司法监督。依法作出决议决定 7 项，任免国家机关工作人员 60 人次。依法做好新一届各级人大代表产生工作，督办代表建议 80 件。组织代表就信江新区建设、城市管理、蔬菜基地建设以及法院、检察院推进社会矛盾化解、社会管理创新、公正廉洁执法三项重点工作的情况，开展视察调研。报告提出，2012 年，市人大常委会要坚持以邓小平理论和“三个代表”重要思想为指导，深入贯彻落实科学发展观，全面贯彻党的十七大、十七届六中全会和省第十三次党代会、市第七次党代会以及市委七届二次全会精神，坚持党的领导、人民当家作主、依法治国有机统一，围绕市委提出的“主攻项目，决战‘三区’，凸现特色，实现跨越”总体要求，认真依法履行职责，为把鹰潭打造成富裕秀美宜居和谐的鄱阳湖生态经济区璀璨明珠作出新的更大贡献。

代表们在审议中认为，常委会推动法律法规有效实施的力度不够大；有些方面的监督工作实效还不明显；激励代表发挥作用的措施还不够实，并提出意见建议。

会议通过决议，批准市人大常委会工作报告。

第三次会议 听取和审议市人大常委会主任杜德春所作的市人大常委会工作报告。报告指出，2012 年，市人大常委会按照市委“主攻项目，决战‘三区’，凸现特色，实现跨越”的总体要求，紧贴富裕秀美宜居和谐鹰潭建设行使职权、开展工作，围绕台资企业发展情况、教育经费的投入使用和管理情况、保障性住房建设情况、排污费征收、管理、使用情况、全市法院生态环境司法保护工作情况、市本级政府融资资金管理使用情况听取专项报告15项，开展《中华人民共和国农业法》执法检查，组织代表视察信江新区建设、水利工程建设，开展“食品药品安全赣鄱行”“环保信江行活动”“赣鄱农产品质量安全行”“秀美鹰潭行”等专题监督活动，全面启动对市“一府两院”和县（市、区）人大及其常委会规范性文件备案审查工作，作出决议决定7项，任免国家机关工作人员51人次，督办代表建议48件。报告提出，2013年，市人大常委会要高举中国特色社会主义伟大旗帜，以邓小平理论、“三个代表”重要思想、科学发展观为指导，深入学习贯彻党的十八大精神，坚持党的领导、人民当家作主和依法治国有机统一，按照“主攻项目，决战‘三区’，凸现特色，实现跨越”总体要求，紧贴大局，依法履职，在推动市委重要决策部署贯彻落实上见到新成效，努力完成本次大会确定的各项工作任务，为建设富裕秀美宜居和谐鹰潭作出新贡献。

代表们在审议中认为，市人大常委会对人大工作面临的新情况、新问题研究不够，尤其是新形势下综合运用多种方式开展监督工作不够；服务代表依法履职的保障力度不大；代表建议的落实率和回复代表的质量需进一步提高；调查研究工作的广度和深度不够。针对存在的问题提出改进意见建议。

会议通过决议，批准市人大常委会工作报告。

第四次会议　听取和审议市人大常委会主任杜德春所作的市人大常委会工作报告。报告指出，2013年，市人大常委会坚持以邓小平理论、“三个代表”重要思想、科学发展观为指导，认真学习贯彻党的十八大、十八届二中、三中全会精神和习近平总书记系列重要讲话精神，全面贯彻落实市委七届七次全会精神，按照市委“主攻项目，决战‘三区’，凸现特色，实现跨越”总体要求，围绕创新社会管理、学前教育、机动车排气污染防治、侨务、水库水质污染整治、失地农民养老保险、农产品质量安全监管体系建设等方面听取专项工作报告15项，加强计划、预算执行情况的监督，听取和审议鹰潭市“十二五”规划纲要实施情况中期评估报告，开展《中华人民共和国农业法》《中华人民共和国土地承包法》《中华人民共和国环境保护法》等法律法规的执法检查，围绕全市现代农业综合示范园区建设、文化建设、旅游景区重点工程建设、部分重点项目建设、天网工程建设情况组织代表开展专题视察，继续开展“食品药品安全赣鄱行”“秀美鹰潭行”“环保信江行”“赣鄱农产品质量安全行”活动，加强规范性文件备案审查，开展“双岗创优”活动，激发代表在推进“四个鹰潭”建设中争作奉献，督办代表建议52件，作出重大事项决议决定3项，任免国家机关工作人员61人次。提出2014年人大工作总体要求是：全面贯彻落实党的十八大、十八届二中、三中全会和习近平总书记系列重要讲话精神，以及省委十六字方针和市委七届七次、八次全会精神，坚持党的领导、人民当家作主、依法治国有机统一，遵照市委“主攻项目，决战‘三区’，凸现特色，实现跨越”总体要求，以监督落实“8+1”

重点工作为抓手，围绕大局依法履职、务实进取，合力建设富裕秀美宜居和谐鹰潭，推动全市人大工作与时俱进。

代表们在审议中认为，市人大常委会的工作还存在不少亟待加强和改进的地方：履职中广泛采纳民意和集中民智还不够；监督工作方式需创新，监督工作实效需提高；代表建议的督办力度需进一步加大，同时提出改进意见建议。

会议通过决议，批准市人大常委会工作报告。

第五次会议 听取和审议市人大常委会主任杜德春所作的市人大常委会工作报告。报告指出，2014年，市人大常委会按照市委总体工作要求以及全面深化改革、建设法治鹰潭和全面建成小康社会的决策部署，围绕社区矫正、职业教育、城市建筑污染治理、沿320国道产业集聚升级带打造、农产品质量安全检验检测中心建设等方面听取和审议“一府两院”专项工作报告13项，审查和批准2013年市级决算，就城市建筑施工污染治理开展专题询问，就5部法律法规实施情况进行执法检查，对31件规范性文件进行备案审查，围绕科技创新服务平台建设及服务创新驱动发展、视察棚户区改造情况开展专题视察，依法作出“关于促进改革创新的决定”等决议决定5项，深化“双岗创优”活动，注重发挥人大代表作用，督办代表建议66件，任免国家机关工作人员26人次。扎实开展党的群众路线教育实践活动，切实加强自身建设。报告提出，2015年市人大工作总体要求是：全面贯彻党的十八大、十八届三中、四中全会和习近平总书记系列重要讲话精神，遵循省委十六字方针，按照市委“主攻项目，决战‘三区’，凸现特色，实现跨越”总体要求和市委七届十次全会决策部署，坚持党的领导、人民当家作主、依法治国有机统一，围绕全面深化改革、建设法治鹰潭、全面建成小康社会和推进“四个鹰潭”建设，忠实履行宪法和法律赋予的职责，勇于担当，奋力作为，推动全市人大工作与时俱进创新发展。

代表们在审议中认为，常委会增强监督实效需要进一步加大实践探索力度；服务保障代表履职需要进一步健全和落实相关工作机制；代表联系群众载体建设亟待加强；队伍建设需要不断巩固和拓展教育实践活动成果，同时提出改进意见建议。

会议通过决议，批准市人大常委会工作报告。

第六次会议 听取和审议市人大常委会主任杜德春所作的市人大常委会工作报告。报告指出，2015年，市人大常委会扎实做好鹰潭市行使地方立法权各项准备工作，组织力量对市情与立法权行使的关联性作全面深入分析；认真梳理近五年来鹰潭市在城乡建设与管理、环境保护、历史文化保护等方面制定的规范性文件；就鹰潭市立法需求展开调研；着手筹建鹰潭市地方立法智力支持人才库。市委、市政府高度重视根据授权制定地方性法规这件大事，明确了立法工作专门机构和人员编制。省人大常委会对鹰潭市行使地方立法权各项筹备工作给予充分肯定，及时通过对鹰潭市的评估。一年来，常委会围绕督促落实稳增长、促改革、调结构、惠民生政策措施，紧贴市委“8+1”重点工作部署，就市“一府两院”推进行政审批制度、商事制度、投融资体制等方面改革情况、全民健身、水利等 29 项工作开展监督，督促政府承诺的十大惠民工程 75 件实事落到实处，对城区饮用水水源保护工作开展专题询问。全年听取和审议市政府依法行政方面共 11 个专项报告，并结合听取和审议市中级人民法院、市人民检察院上半年工作情况报告，分别就“两院”行政审判工作、民事诉讼法律监督工作开展视察调研。分别就国家《城乡规划法》《食品安全法》《农产品质量安全法》等共 10 部法律法规实施情况进行执法检查。作出决议决定 3 项，任免国家机关工作人员 35 人，督办代表 73 件。报告提出，2016 年市人大常委会工作总体思路是：在市委坚强领导下，以邓小平理论、“三个代表”重要思想、科学发展观为指导，深入贯彻党的十八大、十八届三中、四中、五中全会和习近平总书记系列重要讲话精神，自觉遵循中央“四个全面”战略布局，坚持党的领导、人民当家作主、依法治国有机统一，坚持创新、协调、绿色、开放、共享的发展理念，按照省委十六字方针，围绕全面落实“主攻项目，决战‘三区’，凸现特色，实现跨越”总体要求，依法履行人大职能，助力开创全面深化改革、全面推进依法治市、全面建成小康社会新局面。

代表们在审议中认为，常委会立法能力建设繁重而紧迫，人大主导立法的机制亟须建立；人大监督的约束作用尚未完全发挥，监督实效有待进一步增强；代表建议办理质量亟待提升，代表工作机制仍需健全；自身建设应切实加强，履职水平需进一步提高，同时提出改进意见建议。

会议通过决议，批准市人大常委会工作报告。

第七节　听取和审议法院工作报告

第一次会议　听取和审议市中级人民法院代院长陈仁生所作的《鹰潭市中级人民法院工作报告》。报告指出，市中级人民法院围绕中心工作，主动服务大局，促进经济社会和谐发展；围绕能动司法，发挥审判职能，严厉打击严重刑事犯罪，妥善化解民商事纠纷，加强审判监督，加大执行工作力度，妥善化解行政纠纷，切实维护社会和谐稳定，共受理各类案件 27047 件，办结 26465 件，其中，市中院受理 1825 件，办结 1788 件，为全市社会和谐稳定和经济平稳较快发展提供了有力司法保障。报告提出了今后五年全市法院工作的总体思路是：深入学习贯彻胡锦涛总书记“七一”重要讲话精神和党的十七届五中全会精神，按照市第七次党代会和本次大会要求，始终坚持“三个至上”指导思想和“为大局服务，为人民司法”工作主题，紧紧围绕全市工作大局，全面履行审判职能，落实司法为民，狠抓法院管理，强化队伍建设，为鹰潭经济社会科学发展、加速进位赶超、实现绿色崛起提供更加有力的司法保障。

代表们在审议中认为，全市法院工作仍然存在一些问题和困难：一是少数干警的司法理念、司法能力还不能完全适应新形势、新任务的要求；二是少数案件审判质量不高，有的案件审判效果还不够好；三是基层基础建设仍然存在薄弱环节，影响和制约了法院发展。

会议通过决议，批准市中级人民法院工作报告。

第二次会议 听取和审议市中级人民法院院长陈仁生所作的《鹰潭市中级人民法院工作报告》。报告指出，2011 年，市中级人民法院以党的十七届五中、六中全会和市第七次党代会精神为指导，深入贯彻落实科学发展观，坚持“三个至上”指导思想和“为大局服务，为人民司法”工作主题，坚持围绕中心、服务大局，全面加强审判执行工作，一年来，全市法院共受理各类案件 4977 件，同比下降 7.1%，审结 5460 件（含旧存），上升 5%。其中，市中院受理各类案件 443 件，下降 4.4%，审结 504 件，上升 17.8%。坚持司法为民，把维护好群众利益作为工作的出发点和落脚点，通过巡回审判、就地办案等方式审理案件 1384 件，依法缓、减、免诉讼费 50.2 万元。加强审判管理，对全市法院随机抽查的 160 件案件进行了评查。报告提出，2012 年，全市法院要坚持以科学发展观为统领，深入贯彻党的十七大和十七届六中全会精神，按照市第七次党代会、七届二次全会和本次大会要求，始终坚持“三个至上”指导思想和“为大局服务，为人民司法”工作主题，以深入推进三项重点工作为主线，以政法干警核心价值观教育实践活动为抓手，以有效化解矛盾纠纷、维护社会公平正义、促进社会和谐稳定为目标，全面履行审判职能，规范司法行为，狠抓法院管理，强化队伍建设，不断提升全市法院司法水平和司法公信力，为建设富裕秀美宜居和谐鹰潭提供更加优质的司法服务和司法保障，以优异成绩迎接党的十八大胜利召开。

代表们在审议中认为，法院少数干警大局观念和服务意识不强，就案办案、孤立办案的现象还一定程度存在，能动司法的能力和水平有待进一步提高；涉诉信访化解工作有待进一步加强，同时提出改进意见建议。

会议通过决议，批准市中级人民法院工作报告。

第三次会议 听取和审议市中级人民法院院长陈仁生所作的《鹰潭市中级人民法院工作报告》。报告指出，2012 年，市中级人民法院始终坚持“三个至上”指导思想和“为大局服务，为人民司法”工作主题，深入贯彻落实科学发展观，按照市委提出的“主攻项目，决战‘三区’，凸现特色，实现跨越”发展战略，强化能动司法理念，创新服务举措，不断增强服务大局的主动性、针对性和实效性。始终坚持公正司法，在维护社会稳定上有新贡献，全市法院共受理各类案件 5162 件，审结 4985 件（含旧存），同比分别上升 3.88% 和下降 8.66%，审限内结案率为 100%。市法院受理各类案件 538 件，审结 502 件，同比受理案件数上升 21.9%，结案数持平。始终坚持以人为本，在满足人民群众司法需求上有新举措。报告提出，2013 年，全市法院要以邓小平理论、“三个代表”重要思想和科学发展观为指导，深入学习贯彻党的十八大和十八届一中全会以及省委第十一届六次全会精神，切实践行“为大局服务，为人民司法”工作主题，充分发挥审判职能，加强审判执行、队伍建设等各项工作，为建设富裕、秀美、宜居、和谐鹰潭提供更加优质的司法服务和司法保障，以优异成绩迎接鹰潭建市 30 周年。

代表们在审议中认为，法院队伍的整体素质与人民群众对司法的需求还有差距，少数法官司法能力不强，司法作风不实；司法水平有待进一步提高，有的案件裁判不能做到办案的法律效果和社会效果有机统一；处理涉诉信访案件任务繁重，信访压力增大，同时提出改进意见建议。

会议通过决议，批准市中级人民法院工作报告。

第四次会议　听取和审议市中级人民法院院长陈仁生所作的《鹰潭市中级人民法院工作报告》。报告指出，2013 年，市中级人民法院紧紧围绕市委、市政府提出的“主攻项目，决战‘三区’，凸现特色，实现跨越”的总体要求和“努力让人民群众在每一个司法案件中都感受到公平正义”这个目标，坚持以执法办案为第一要务，认真履行宪法和法律赋予的审判职能，努力追求法律效果和社会效果的有机统一。全市法院共受理各类案件 5445 件，同比上升 5.32%，结案 5381 件（含旧存），上升 7.9%，结案率为 91.65%。其中市中院新收各类案件 613 件，同比上升 1.83%，结案 545 件，上升 1.79%，结案率为 88.9%。报告提出，2014 年全市法院将高举中国特色社会主义伟大旗帜，以邓小平理论、“三个代表”重要思想、科学发展观为指导，深入贯彻落实党的十八大、十八届三中全会精神，紧紧围绕“努力让人民群众在每一个司法案件中都感受到公平正义”这个目标，牢牢把握司法为民、公正司法这条主线，认真履行审判职责，为全面深化改革提供有力司法保障；坚持正确政治方向，稳妥推进司法体制改革；以党的群众路线教育实践活动为抓手，大力加强队伍建设；以深化改革为动力，推动人民法院工作全面发展。

代表们在审议中认为，全市法院工作依然存在不少问题和困难，一是涉诉信访问题仍然比较突出，执行难问题没有根本改变；二是审判管理和监督还不够严密，有的案件质量不高，社会效果不佳；三是少数法官能力不强，作风不实，不善于做群众工作，导致一些案件久拖不决或案结事不了。同时提出改进工作的意见建议。

会议通过决议，批准市中级人民法院工作报告。

第五次会议　听取和审议市中级人民法院院长陈仁生所作的《鹰潭市中级人民法院工作报告》。报告指出，2014 年，全市法院紧紧围绕市委中心工作和决策部署，始终坚持司法为民公正司法工作主线，全面推进审判执行、队伍管理和基层基础建设，各项工作取得新的进步。一年来，全市法院共受理各类案件5764件，同比上升5.86%，结案5454件（含旧存），上升1.36%。其中市中院受理各类案件734件，同比上升39.54%，结案648件，上升26.32%。通过充分履行职能，为推进平安鹰潭、法治鹰潭建设作出积极贡献。报告提出，2015年，全市法院将深入贯彻党的十八大、十八届三中、四中全会和习近平总书记系列重要讲话精神，按照市委七届十次全会决策部署，紧紧围绕全市工作大局，以平安鹰潭、法治鹰潭建设为引领，以司法为民、公正司法为主线，以深化司法改革为动力，忠实履行审判职能，全面加强队伍建设，大力提升司法公信力，努力让人民群众在每一个司法案件中都感受到公平正义。

代表们在审议中认为，全市法院工作案件数量持续增长，办案和涉诉信访维稳压力仍然较大；司法能力与形势任务要求不相适应，有的案件存在瑕疵，案结事未了，执行难等问题依然存在；信息化建设滞后，基层基础薄弱，制约整体司法效率和司法公信力提升，并针对问题提出改进工作的意见建议。

会议通过决议，批准市中级人民法院工作报告。

第六次会议 听取和审议市中级人民法院院长陈仁生所作的《鹰潭市中级人民法院工作报告》。报告指出，2015年，全市法院以“努力让人民群众在每一个司法案件中感受到公平正义”为目标，紧紧围绕省委“十六字”方针和市委中心工作，扭住执法办案第一要务，认真履行宪法和法律赋予的审判职能，为经济社会健康发展提供有力司法保障。一年来，全市法院共受理各类案件8507件，同比上升47.59%，结案7397件（含旧存），上升35.63%。其中市中院受理各类案件947件，上升29.02%，结案884件，上升36.42%。报告提出，2016年是“十三五”规划的开局之年，是全面推进依法治国的关键之年，全市法院将全面贯彻落实党的十八大、十八届三中、四中、五中全会精神和习近平总书记系列重要讲话精神，坚持司法为民公正司法，切实抓好审判执行中心工作，深入推进司法改革，深化司法公开，加强队伍建设，为改革发展稳定提供优质司法服务和有力司法保障。

代表们在审议中认为，一是市中院对基层法院监督指导有待加强，法院的司法权威有待进一步提高。二是有的法官作风不正、裁判不公，群众反映强烈的诉讼拖延、执行不力等问题有待解决。三是一些法官的司法能力不适应形势任务要求，准确认定事实、正确适用法律、妥善化解矛盾的水平不高。针对问题提出改进工作的意见建议。

会议通过决议，批准市中级人民法院工作报告。

第八节　听取和审议检察院工作报告

第一次会议 听取和审议市人民检察院代检察长罗庆华所作的《鹰潭市人民检察院工

作报告》。报告指出，全市检察机关认真实践“强化法律监督，维护公平正义”的检察工作主题，紧紧围绕全市改革发展稳定大局，认真履行法律监督职能，批准逮捕盗窃、诈骗等侵犯企业财产犯罪嫌疑人 272 人，提起公诉 253 人；批准逮捕各类刑事犯罪嫌疑人 3542 人，提起公诉 3847 人；共立案查办各类职务犯罪 162 人，依法查办工程建设领域职务犯罪 43 人，大力加强检察队伍和基层基础建设，在维护社会和谐稳定、保障社会公平正义、推进反腐倡廉建设、促进经济社会发展方面作出了不懈努力。报告提出今后五年全市检察工作的总体思路是：高举中国特色社会主义伟大旗帜，以邓小平理论和“三个代表”重要思想为指导，深入贯彻落实科学发展观，紧紧围绕科学发展的主题和加快转变经济发展方式的主线，以强化法律监督、强化自身监督、强化队伍建设为总要求，以执法办案为中心，以深化三项重点工作为着力点，以改革创新为动力，推动检察工作全面发展进步，为把鹰潭打造成富裕、秀美、宜居、和谐的鄱阳湖生态经济区璀璨明珠提供更加有力有效的司法保障和法律服务。

代表们在审议中认为，检察队伍整体素质还不能完全适应新形势的需要，执法理念、执法作风、执法能力有待进一步转变和提高；诉讼监督职能作用发挥不够充分，监督力度需要进一步加大，监督效果需要进一步增强，并提出改进意见建议。

会议通过决议，批准市人民检察院工作报告。

第二次会议　听取和审议市人民检察院检察长罗庆华所作的《鹰潭市人民检察院工作报告》。报告指出，2011 年，全市检察机关认真落实市委、市政府决策部署和省检察院《关于服务鄱阳湖生态经济区建设的指导意见》，充分发挥检察职能作用，不断提升服务发展大局的水平。深入践行“强化法律监督，维护公平正义”的检察工作主题，认真履行批捕、起诉职责，共批准逮捕各类刑事犯罪嫌疑人 739 人，提起公诉 909 人。立案侦查各类职务犯罪案件 30 件 36 人，其中贪污贿赂案件 24 件 29 人，渎职侵权案件 6 件 7 人。强化对诉讼活动的法律监督。深入推进社会矛盾化解，积极参与社会管理创新，促进公正廉洁执法，全力维护社会和谐稳定。报告提出 2012 年全市检察工作的总体思路：高举中国特色社会主义伟大旗帜，以邓小平理论和“三个代表”重要思想为指导，深入贯彻落实科学发展观，紧紧围绕市委“主攻项目，决战‘三区’，凸现特色，实现跨越”的总体要求，按照“强基础、创特色、树形象、谋发展”的检察工作思路，以执法办案为中心，以深化三项重点工作为着力点，以改革创新为动力，以开展政法干警核心价值观教育实践活动为保障，以营造和谐稳定的社会环境迎接党的十八大胜利召开为目标，强化法律监督、强化自身监督、强化队伍建设，全面提升检察工作水平，为把鹰潭打造成富裕秀美宜居和谐的鄱阳湖生态经济区璀璨明珠提供更加有力有效的司法保障和法律服务。

代表们在审议中认为，检察队伍整体素质还不能完全适应新形势的需要，少数检察人员化解社会矛盾纠纷的意识和能力不强，新形势下检察机关联系群众、服务群众的能力还需要进一步提高；诉讼监督职能作用发挥不够充分，监督力度需要进一步加大，监督效果需要进一步增强，同时提出了改进意见建议。

会议通过决议，批准市人民检察院工作报告。

第三次会议 听取和审议市人民检察院检察长罗庆华所作的《鹰潭市人民检察院工作报告》。报告指出，2012 年，全市检察机关紧紧围绕市委“主攻项目，决战‘三区’，凸现特色，实现跨越”的总体要求，牢固树立推动科学发展的大局观，自觉把检察工作融入“四个鹰潭”建设当中，切实发挥检察职能作用，为经济发展提供更加有效的司法保障和法律服务。切实承担维护社会稳定这一首要政治责任，依法严厉打击危害社会治安和公共安全的严重暴力犯罪、黑恶势力犯罪、黄赌毒等犯罪，全年共批准逮捕各类刑事犯罪 655 人，提起公诉 799 人。立案侦查贪污贿赂职务犯罪案件 28 人，其中要案 4 人，大案 21 件。转变执法理念，诉讼监督效果实现新突破。报告提出 2013 年全市检察工作的总体思路是：以党的十八大精神为引领，紧紧围绕市委“主攻项目，决战‘三区’，凸现特色，实现跨越”的总体要求，以“三个强化”为保障，以执法办案为中心，以深化“三项重点工作”为着力点，以改革创新为动力，按照“强基础、创特色、树形象、谋发展、争一流”的工作思路，全面推动各项检察工作健康发展，为把鹰潭打造成富裕、秀美、宜居、和谐的鄱阳湖生态经济区璀璨明珠提供更加有效的司法保障和法律服务。

代表们在审议中认为，检察机关案多人少、高素质法律专业人才相对短缺的矛盾和问题仍然突出；队伍整体素质还不能完全适应新形势的需要；一些检察人员化解社会矛盾纠纷的意识和能力不强，联系群众、服务群众的能力还需要进一步提高，并提出改进工作的意见建议。

会议通过决议，批准市人民检察院工作报告。

第四次会议 听取和审议市人民检察院检察长罗庆华所作的《鹰潭市人民检察院工作报告》。报告指出，2013 年，全市检察机关始终坚持把服务大局作为第一要务，把人民群众的需要作为第一选择，把保障民生作为第一大事，为全市经济社会发展和人民群众安居乐业提供有效的法律服务和司法保障。依法履行各项法律监督职能，批准逮捕各类刑事犯罪嫌疑人 643 人，起诉 928 人。加大对涉案未成年人特殊司法保护力度，对 33 名未成年犯罪嫌疑人依法作出不捕决定，不捕率为 64%，对 22 名未成年犯罪嫌疑人作出不起诉决定，不诉率为 69%。依法履行职务犯罪惩防职能，共查办职务犯罪嫌疑人 53 人，同比上升 51%。依法履行诉讼监督职能，努力营造公平正义的法治环境。报告提出 2014 年全市检察工作的总体思路是：深入贯彻党的十八大、十八届二中、三中全会精神和市委七届七次、八次全会精神，深入开展党的群众路线教育实践活动，以服务和保障全面深化改革为主线，以执法办案为中心，以推进平安鹰潭、法治鹰潭建设为载体，坚持“争一流”的目标不动摇，着力提高队伍素质能力、执法公信力和人民群众满意度，全面推动各项检察工作科学、健康发展，为建成富裕秀美宜居和谐新鹰潭提供更加有效的司法保障和法律服务。

代表们在审议中认为，检察队伍整体素质、法律监督能力还有待进一步提升；群众意识、群众工作能力还有待进一步提高；基层基础建设还有待进一步夯实，同时提出改进工作的意见建议。

会议通过决议，批准市人民检察院工作报告。

第五次会议　听取和审议市人民检察院检察长罗庆华所作的《鹰潭市人民检察院工作报告》。报告指出，2014 年，全市检察机关坚持检察工作“争一流”的目标不动摇，认真履行批捕起诉职能，维护社会和谐稳定，依法批准逮捕各类刑事犯罪嫌疑人 624 人，提起公诉 1137 人。坚决查办和积极预防职务犯罪，依法立案侦查职务犯罪案件 48 件 65 人，促进反腐倡廉建设。加强对诉讼活动的法律监督，努力使人民群众在每一个司法案件中都能感受到公平正义。报告提出，2015 年全市检察工作总体思路是：深入贯彻落实党的十八大、十八届三中、四中全会和习近平总书记系列重要讲话精神，紧紧围绕全市工作大局，以维护社会大局稳定为基本任务，以促进社会公平正义为核心价值追求，以保障人民安居乐业为根本目标，以检察体制机制改革为动力，以司法办案为中心，坚持检察工作“争一流”的目标不动摇，努力提高队伍素质能力、司法公信力和人民群众满意度，全面提升检察工作水平，为建设富裕秀美宜居和谐鹰潭，提供更加有力有效的司法保障和法律服务。

代表们在审议中认为，检察职能作用的发挥与人民群众对公正司法的期望还有差距；检察队伍整体素质有待进一步提高，少数检察干警的能力水平，尤其是服务大局和群众工作的能力水平有待提高；检察信息化建设和应用步伐不快，与新形势、新任务的要求不相适应，同时提出改进工作的意见建议。

会议通过决议，批准市人民检察院工作报告。

第六次会议　会议听取和审议市人民检察院代检察长李莉安所作的《鹰潭市人民检察院工作报告》。报告指出，2015 年，全市检察机关按照“强基础、创特色、转作风、树形象、争一流”的工作思路，以司法办案为中心，以规范司法为抓手，以改革创新为动力，以队伍建设为根本，认真履行批捕、起诉职责，严把事实关、证据关、法律适用关，从源头上切实防止冤假错案的发生，批捕犯罪嫌疑人 722 人，起诉 1213 人。妥善化解社会矛盾，慎用羁押性强制措施，不批捕 90 人、不起诉 40 人，依法妥善办理群众信访 577 件。认真落实中央关于反腐败工作的决策部署，始终保持查办职务犯罪案件规模和力度不减，立案侦查职务犯罪案件 57 件 64 人，其中大要案 54 件 59 人，贪污贿赂案件 46 件 50 人，渎职侵权案件 11 件 14 人。全面强化诉讼监督，维护社会公平正义取得新成效。报告提出，

2016年，全市检察机关要深入贯彻党的十八大、十八届三中、四中、五中全会和习近平总书记系列重要讲话精神，按照服务“四个全面”、省委“十六字”方针和市委“主攻项目，决战‘三区’，凸现特色，实现跨越”总要求，坚持以司法办案为中心，主动适应经济发展新常态，依法全面履行法律监督职能，进一步深化司法体制改革和检察改革，严格规范自身司法行为，不断强化作风能力建设，努力为全市实现“十三五”良好开局、推进鹰潭绿色崛起提供有力司法保障。

代表们在审议中认为，全市检察工作还存在一些问题：运用法治思维和法治方式服务大局、惩治犯罪、化解矛盾的能力有待提升；监督不到位和司法不规范的问题不同程度存在；检察工作特别是职务犯罪侦查工作科技化、信息化水平有待进一步提高。同时提出改进工作的意见建议。

会议通过决议，批准市人民检察院工作报告。

第五章　市九届人民代表大会

鹰潭市第九届人民代表大会任期从2016年11月至2021年10月，共有代表277名，召开9次代表大会会议，召开50次常委会会议，共通过地方性法规9部，市人大及其常委会共听取和审议工作报告173项，通过决议决定73项，选举任免国家机关工作人员295人次。

第一节　历次会议情况

第一次会议　2016年10月31日至11月3日举行。应到代表277人，实到代表272人。会议听取和审议市人民政府、市人大常委会、市中级人民法院、市人民检察院工作报告，作出相应决议。受市政府委托，市发改委向大会提交了鹰潭市2016年1—9月国民经济和社会发展计划执行情况的报告，市财政局向大会提交鹰潭市2016年1—9月预算执行情况的报告。会议选举郭清为市第九届人大常委会主任，程芦山、刘育虹、李力、周永江、杨森、胡高堂为副主任，江鸿为秘书长，委员31名；选举曹淑敏为市人民政府市长，张福庆、黄占共、吴文戈、邓伟、蔡江、张子建为副市长；选举陈仁生为市中级人民法院院长，李莉安为市人民检察院检察长。大会采取举手表决方式，通过了市人大内务司法委员会、财政经济委员会、教育科学文化卫生委员会、法制委员会组成人员名单。选举结束后，举行了宪法宣誓仪式。闭幕会上，市委书记陈兴超、新当选的市人大常委会主任郭清、新当选的市人民政府市长曹淑敏分别讲话。收到代表建议96件。

第二次会议　2017年2月14日至16日举行。应到代表276名，实到代表258名。会议听取和审议市人民政府、市人大常委会、市中级人民法院、市人民检察院工作报告；审查和批准了鹰潭市2016年国民经济和社会发展计划执行情况与2017年国民经济和社会发展计划草案的报告，批准鹰潭市2017年国民经济和社会发展计划；审查和批准鹰潭市2016年全市和市级预算执行情况及2017年全市和市级预算草案的报告，批准鹰潭市2017年市级预算；通过上述报告的决议。会议通过了《鹰潭市立法条例》。市委书记曹淑敏在闭幕会上讲话。收到代表建议44件。

第三次会议　2017年7月26日至27日举行。会议应到代表274名，实到代表261名。

会议补选于秀明为市人民政府市长。市委书记曹淑敏在闭幕式上讲话，于秀明做任职表态发言。

第四次会议 2018年1月8日至10日举行。应到代表276名，实到代表253名。会议听取和审议市人民政府、市人大常委会、市中级人民法院、市人民检察院工作报告；审查和批准了鹰潭市2017年国民经济和社会发展计划执行情况与2018年国民经济和社会发展计划草案的报告，批准鹰潭2018年国民经济和社会发展计划；审查和批准鹰潭2017年全市和市级预算执行情况及2018年全市和市级预算草案的报告，批准鹰潭2018年市级预算；通过上述报告的决议。会议选举蔡厚勇为市监察委员会主任，喻德红为市中级人民法院院长。选举省十三届人大代表18人。会议举行了宪法宣誓仪式。收到代表建议63件。

第五次会议 2019年1月15日至17日举行。应到代表280名，实到257名。会议听取和审议市人民政府、市人大常委会、市中级人民法院、市人民检察院工作报告，市生态文明建设和生态环境状况报告；审查和批准鹰潭2018年国民经济和社会发展计划执行情况与2019年国民经济和社会发展计划草案的报告，批准鹰潭2019年国民经济和社会发展计划；审查和批准鹰潭2018年全市和市级预算执行情况及2019年全市和市级预算草案的报告，批准了鹰潭市2019年市级预算；通过上述报告的决议。会议决定设立市九届人大社会建设委员会，将鹰潭市第九届人民代表大会内务司法委员会更名为监察和司法委员会。选举黄云为市监察委员会主任，补选市人大常委会委员2名，表决通过鹰潭市第九届人民代表大会监察和司法委员会、社会建设委员会主任委员、副主任委员、委员名单，举行了宪法宣誓仪式。收到代表建议51件。

第六次会议 2020年5月12日至14日举行。应到代表276名，实到245名。会议听取和审议市人民政府、市人大常委会、市中级人民法院和市人民检察院工作报告，市生态文明建设和生态环境状况报告；审查和批准鹰潭2019年国民经济和社会发展计划执行情况与2020年国民经济和社会发展计划草案的报告，批准鹰潭2020年国民经济和社会发展计划；审查和批准鹰潭2019年全市和市级预算执行情况及2020年全市和市级预算草案的报告，批准鹰潭2020年市级预算；通过上述报告的决议。会议补选黄忠为市人大常委会副主任，魏建君为秘书长，委员5名；补选王建华为市中级人民法院院长；以举手表决的方式，表决通过了鹰潭市第九届人民代表大会教科文卫委员会、财政经济委员会、法制委员会部分组成人员人选名单。举行宪法宣誓仪式。收到代表建议44件。

第七次会议 2020年7月16日举行。应到代表275名，实到251名。会议补选陈敏为市人民政府市长。会议举行了宪法宣誓仪式，陈敏作任职表态讲话。

第八次会议 2021年1月20日至22日举行。应到代表275名，实到249名。会议听取和审议了市人民政府、市人大常委会、市中级人民法院和市人民检察院工作报告，市生态文明建设和生态环境状况报告，审查和批准鹰潭国民经济和社会发展第十四个五年规划和二〇三五年远景目标纲要；审查和批准鹰潭2020年国民经济和社会发展计划执行情况与2021年国民经济和社会发展计划草案的报告，批准鹰潭2021年国民经济和社会发展计划；审查和批准鹰潭2020年全市和市级预算执行情况及2021年全市和市级预算草案的报告，批准鹰潭2021年市级预算；通过上述报告的决议。会议补选市九届人大常委会委员2名；表决通过鹰潭市第九届人大社会建设委员会主任委员名单；表决通过关于接受徐慧辞去市九届人大财经委主任委员职务请求的决定。闭幕会上，市委书记作了讲话。本次会议共收到代表建议74件。

第九次会议　2021年4月26日至27日举行。会议应到代表275名，实到代表247名。会议补选张子建为鹰潭市人民政府市长、吴建辉为鹰潭市人大常委会副主任，并组织宪法宣誓。张子建作任职表态讲话。

第二节　听取和审议政府工作报告

第一次会议　听取和审议市政府代市长曹淑敏所作的《政府工作报告》。报告回顾五年来政府工作，五年来，全市上下深入贯彻习近平总书记系列重要讲话精神和治国理政新理念新思想新战略，紧紧围绕“主攻项目，决战‘三区’，凸现特色，实现跨越”总体要求，统筹做好稳增长、促改革、调结构、惠民生、防风险各项工作，全力推进“8+1”重点工作，顺利完成“十二五”规划目标任务，实现“十三五”良好开局，连续三年位列全省市县科学发展综合考评二类市第一，在建设富裕秀美宜居和谐鹰潭的生动实践中迈出了新的步伐。2015年，全市实现生产总值639.26亿元，年均增长10.3%；财政总收入112.43亿元，年均增长12.1%；一般公共预算收入83.01亿元，年均增长20.9%；规模以上工业增加值358.61亿元，年均增长12%；固定资产投资531.56亿元，年均增长17.7%；社会消费品零售总额171.71亿元，年均增长13.5%。三次产业结构比由2011年的8.9∶64.6∶26.5调整为2015年的7.7∶59.4∶32.9。国家新型城镇化综合试点和省级“多规合一”试点建设稳步推进综合行政执法体制、贵溪和余江深化县城基础设施投融资体制等10项改革列入国家试点，政府购买公益性岗位等14项改革列入省级试点。连续三年实施十大惠民共享工程，一般公共预算支出中民生支出比重达70%以上。报告提出，今后五年政府工作的总体要求是：高举中国特色社会主义伟大旗帜，以马克思列宁主义、毛泽东思想、邓小平理论、“三个代表”重要思想、科学发展观为指导，全面贯彻党的十八大和十八届三中、四中、五中、六中全会精神，深入贯彻习近平总书记系列重要讲话精神和治国理政新理念新思想新战略，统筹推进“五位一体”总体布局和协调推进“四个全面”战略布局，牢固树立五大发展理念，紧紧围绕省委、省政府决策部署和市第八次党代会精神，突出“全域一体”，做好铜产业、旅游业、物流业“三篇文章”，更加注重改革开放，更加注重创新创业，更加注重城乡统筹，更加注重绿色发展，更加注重民生保障，不断提升世界铜都首位度、中华道都知名度、田园新城宜居度，为建设富裕秀美宜居和谐鹰潭、同步全面建成小康社会而不懈努力。今后五年，鹰潭市经济社会发展的主要奋斗目标是：到2021年，生产总值突破1000亿元，财政总收入突破200亿元，规模以上工业增加值突破500亿元，固定资产投资突破1000亿元，社会消费品零售总额突破300亿元。三次产业结构比调整为5:55:40。市域空间发展格局进一步优化，“多规合一”深入实施，城乡公共资源配置更为均衡，城镇化率达63%。到2018年，现行标准下的23093个贫困人口全部脱贫，34个贫困村全部退出。今后五年，重点抓好以下六个方面的工作：聚力转型融合升级，构建现代产业新体系；加速新型城镇化进程，形成城乡统筹新格局；强化发展动力支撑，打造提速发展新引擎；推进生态文明建设，构筑绿色宜居新家园；倾力保障改善民生，共创幸福美好新生活；切实加强自身建设，塑造执政为民新形象。

代表们在审议中认为，全市经济社会发展还存在不少矛盾和问题，主要表现在：经济总量偏小，城市人气不旺；产业结构不够合理，转型升级任务艰巨；城乡基础设施和公共服务配套还不完善，城市管理和社会治理水平有待加强；创新意识和创新能力不足，人才资源较为缺乏；发展环境仍有待加强，服务型政府建设还需进一步加快。对这些问题，代表们提出针对性意见建议。

会议通过决议，批准政府工作报告。

第二次会议 听取和审议市政府市长曹淑敏所作的《政府工作报告》。报告指出，2016年，全市完成生产总值695.35亿元，增长8.8%；财政总收入116.82亿元，同口径增长10%；一般公共预算收入81.62亿元，同口径增长5%；规模以上工业增加值330.87亿元，增长8.4%；固定资产投资604.16亿元，增长13.7%；社会消费品零售总额194.66亿元，增长12.8%。工业经济增量提质，全市新增规模以上工业企业35户、总数达270户。创新驱动能力增强，新增国家级科技创新平台2个、省级科技创新平台8个，科技进步对GDP的贡献率为56%。惠民生取得实效，集中办好了十大惠民共享工程70件实事，城镇居民人均可支配收入29116元、增长8%，农村居民人均可支配收入13534元、增长9.3%，群众生活水平进一步改善。全市城镇化率达57.48%，提高1.7个百分点。会议指出，2017年是党的十九大召开之年，政府工作的总体要求是：以党的十八大和十八届三中、四中、五中、六中全会精神为指导，深入贯彻习近平总书记系列重要讲话精神和治国理政新理念新思想新战略，特别是对江西工作的重要要求，紧扣中央、全省经济工作会议和省两会部署，按照鹿心社书记对鹰潭市提出的“把铜产业做精、把旅游及相关服务业做‘靓’、把新经济做特、把城乡做美，争当全省产业转型升级先行者、美丽中国江西样板排头兵”的新要求，坚持稳中求进工作总基调，牢固树立和贯彻落实新发展理念，主动适应经济发展新常态，坚持以深化供给侧结构性改革为主线，突出全域一体发展，注重改革开放创新，着力振兴实体经济，着力培育壮大新动能，着力改造提升传统动能，着力打好脱贫攻坚战，迈出决胜全面建成小康社会、建设富裕美丽幸福鹰潭新步伐，以优异成绩迎接党的十九大胜利召开。全市经济社会发展的主要预期目标是：生产总值增长 8.6% 左右，财政总收入增长 6%，一般公共预算收入同口径增长 6%，规模以上工业增加值增长 8.5% 左右，固定资产投资增长 14%，社会消费品零售总额增长 13%，城镇居民人均可支配收入增长 8.6%，农村居民人均可支配收入增长 9%，居民消费价格总水平涨幅控制在 3% 以内，完成省下达的节能减排计划任务。围绕实现上述目标，重点抓好六个方面：突出全域一体，构建区域统筹联动发展新格局；加快新旧动能接续转换，争当产业转型升级先行者；加大改革开放力度，增强发展内生动力和活力；扬优成势做美城乡，争当美丽中国江西样板排头兵；切实保障改善民生，提高群众获得感和幸福感；加强政府自身建设，提高施政能力和服务水平。

代表们在审议中认为，全市经济稳增长的基础还不牢固，新动力不足和旧动力增长乏力的结构性矛盾比较突出；铜精深加工比重和非铜产业比重偏低，现代服务业发展相对滞后，转型升级任务艰巨；缺乏产业引导基金，金融支撑保障作用有待增强；制约发展的体制机制障碍依然存在，全面深化改革还面临不少难啃的“硬骨头”；社会治理和城市管理能力有待加强，教育、医疗等基本公共服务与人民群众期待还有差距；人才资源较为缺乏。对这些问题，代表们提出针对性意见建议。

会议通过决议，批准政府工作报告。

第四次会议　听取和审议市政府市长于秀明所作的《政府工作报告》。报告指出，2017 年，市人民政府按照市委“全域一体、改革创新、优化生态、小市大为”总体要求，扎实推进世界铜都、中华道都、智慧新城建设，经济社会保持平稳健康发展，全年预计完成生产总值 820 亿元，财政总收入 127.7 亿元，一般公共预算收入 75.2 亿元。智慧新城初具雏形，新一代宽带无线移动通信网国家科技重大专项成果转移转化试点示范基地落户鹰潭市，建成国内首个三张 NB-IOT 网络全域覆盖的城市。世界铜都建设纵深发力，铜产业体系不断健全，编制世界铜都发展规划。中华道都知名度加速提升，大上清宫遗址保护性设施建设工程获国家文物局立项批复。城乡融合发展协调推进，《鹰潭市城乡总体规划（2015—2030）》及“多规合一”编制完成。生态文明建设成效显著。百姓幸福指数明显增强。报告提出，2018 年政府工作的总体要求是：全面贯彻落实党的十九大精神，以习近平新时代中国特色社会主义思想为指导，按照市委“全域一体、改革创新、优化生态、小市大为”总体要求，坚持稳中求进总基调，以新发展理念为引领，以推动高质量发展为要求，以供给侧结构性改革为主线，以建设“两都一城”为统揽，统筹推进稳增长、促改革、调结构、优生态、惠民生、防风险各项工作，不忘初心、牢记使命，努力开创决胜全面小康、建设富裕美丽幸福鹰潭新局面，奋力谱写新时代中国特色社会主义发展的鹰潭篇章。2018 年，全市经济社会发展的主要预期目标是：生产总值增长 8.5% 左右，财政总收入增长 8%，一般公共预算收入增长 6.5%，规模以上工业增加值增长 8.6% 左右，固定资产投资增长 12%，社会消费品零售总额增长 12%，城镇居民人均可支配收入增长 8.5%，农村居民人均可支配收入增长 8.6%，居民消费价格总水平涨幅控制在 3% 以内，完成省下达的节能减排计划任务。围绕实现上述目标，重点实施“七大行动计划”：实施创新驱动战略行动计划，着力汇聚“两都一城”建设新动能；实施产业转型升级行动计划，着力厚植“两都一城”建设新支撑；实施城市双修提升行动计划，着力增添“两都一城”建设新魅力；实施乡村振兴战略行动计划，着力夯实“两都一城”建设新基础；实施打造改革开放高地行动计划，着力激发“两都一城”建设新活力；实施打好“三大攻坚战”行动计划，着力肩负“两都一城”建设新责任；实施保障和改善民生行动计划，着力提升“两都一城”建设新福祉。

代表们在审议中认为，全市经济社会发展还存在不少困难和问题：发展不平衡不充分问题仍较突出，经济总量仍然偏小，科技创新能力不强，产业转型任重道远，新旧动能转换还需更大努力。城市功能设施欠账较多，中心城区能级不高、辐射带动能力不强，城乡融合发展水平有待提升。农村、民生等领域短板较为明显，教育、医疗等公共服务与群众期待还有差距，城乡居民持续增收渠道不多。对这些问题，代表们提出针对性意见建议。

会议通过决议，批准政府工作报告。

第五次会议 听取和审议市政府市长于秀明所作的《政府工作报告》。报告指出，2018 年，全市上下按照市委“三大四聚”发展路径和“六强四动一保障”工作思路，紧扣高质量跨越式发展要求，统筹做好稳增长、促改革、调结构、优生态、惠民生、防风险各项工作，预计全年实现生产总值 820 亿元，实现财政总收入 140.87 亿元，一般公共预算收入 80.6 亿元，规模以上工业增加值增长 8.6%，固定资产投资增长 11%。物联鹰潭走在前列，深入推进 03 专项:《新一代宽带无线移动通信网国家科技重大专项》试点示范基地建设。产业升级步伐加快，“2+3”工业体系不断健全。城乡面貌焕然一新，《鹰潭市城乡总体规划（2015—2030 年）》暨“多规合一”编制成果正式获批。群众福祉日益提升，省下达的民生指标基本完成，民生支出占财政总支出比重达 71.4%，获评 2018 年中国地级市民生发展百强城市。报告提出，2019 年政府工作的总体要求是：以习近平新时代中国特色社会主义思想为指导，深入贯彻党的十九大和十九届二中、三中全会、中央经济工作会议以及省委十四届六次、七次全会精神，从更高层次贯彻落实习近平总书记对江西工作重要要求，坚持稳中求进工作总基调，坚持新发展理念，坚持高质量跨越式发展首要战略，坚持以深化供给侧结构性改革为主线，深入落实市委“三大四聚”发展路径和“六强四动一保障”工作思路，全力打好三大攻坚战，全力加快产业升级，全力深化改革开放，全力推动城乡融合，全力提升绿色发展，全力保障改善民生，加快推进“小市大为、跨越赶超”，奋力迈出打造“两都一城”、建设富裕美丽幸福现代化鹰潭的坚实步伐，为与全国同步全面建成小康社会收官打下决定性基础，以优异成绩庆祝中华人民共和国成立 70 周年。发展的主要预期目标是：生产总值增长 8.5%，财政总收入增长 7%，一般公共预算收入增长 5%，规模以上工业增加值增长 8.5% 左右，固定资产投资增长 10% 左右，社会消费品零售总额增长 11% 左右，城镇居民人均可支配收入增长 8.1%，农村居民人均可支配收入增长 8.9%，居民消费价格总水平涨幅控制在 3% 以内，完成省下达的节能减排计划任务。围绕实现上述目标，重点做好五个方面工作：写好“创新篇”，让物联鹰潭的品牌更加响亮；聚焦“高质量”，让转型升级的步伐更加有力；打好“绿色牌”，让美丽鹰潭的魅力更加彰显；打起“改革旗”，让体制机制的优势更加凸显；织好“幸福网”，让人民群众的生活更加美好。

代表们在审议中认为，全市传统产业转型力度还需加大，实体经济面临的困难仍然不小；新动能支撑不够，创新能力不强、高层次人才不足、体制机制不优、大项目不多等问题比较突出；发展不平衡不充分，中心城区辐射带动能力有限，生态环保压力加大，基本公共服务供给能力不足；运用新发展理念创新性开展工作的能力和水平不高，同时提出针对性意见建议。

会议通过决议，批准政府工作报告。

第六次会议　听取和审议市政府市长于秀明所作的《政府工作报告》。报告指出，2019 年，全市上下按照市委“三大四聚”发展路径和“六强四动一保障”工作思路，统筹做好“六稳”工作，持续打好高质量跨越式发展“组合拳”，全年实现生产总值 941.26 亿元，总量位居全省第 9，首次摆脱全省垫底局面。完成财政总收入 149.08 亿元，一般公共预算收入 87.91 亿元。产业转型持续加快，03 专项：《新一代宽带无线移动通信网国家科技重大专项》试点示范建设取得新进展。城乡品质明显提升，全市城镇化率达 62.04%。发展活力不断增强，市县机构改革全面完成。民生福祉日益增进。省下达的民生指标基本完成，民生支出占财政一般公共预算支出比重达 77%。脱贫攻坚取得决定性进展，全市 4997 个贫困人口脱贫，34 个贫困村全部退出。面对疫情防控的严峻挑战，全市各级各部门迅速行动、科学防治、精准施策，成功在较短时间内遏制住疫情蔓延势头，成为全省最晚出现确诊病例、最早确诊病例“清零”的地市；及时打出“稳增长 18 条”“铜 11 条”“文旅 12

条”“金融 8 条”“脱贫攻坚 21 条”等政策“组合拳”，快速推进企业复工复产，经济社会秩序逐步恢复、趋于正常，“战疫”工作取得阶段性胜利。报告提出，2020 年政府工作的总体要求是：以习近平新时代中国特色社会主义思想为指导，深入贯彻党的十九大和十九届二中、三中、四中全会以及习近平总书记视察江西重要讲话精神，全面贯彻中央、省委经济工作会议精神，增强“四个意识”、坚定“四个自信”、做到“两个维护”，紧扣全面建成小康社会目标任务，统筹推进疫情防控和经济社会发展，坚持稳中求进工作总基调，做好“六稳”工作，落实“六保”任务，以新发展理念为引领，以供给侧结构性改革为主线，以改革开放为动力，坚决打赢三大攻坚战，全力推动“六个强起来”，加快高质量跨越式发展，确保与全国全省同步全面建成小康社会和“十三五”规划圆满收官，全力迈出“小市大为、跨越赶超”、建设富裕美丽幸福现代化鹰潭的新步伐，奋力谱写新时代江西改革发展新画卷的鹰潭篇章。经济社会发展的主要预期目标是：生产总值增长 8% 左右，财政总收入增长 5%，一般公共预算收入增长 3.5%，规模以上工业增加值增长 8.5% 左右，固定资产投资增长 9%，社会消费品零售总额增长 10.5% 左右，城镇和农村居民人均可支配收入分别增长 8%、9%，城镇登记失业率控制在 4.5% 以内，居民消费价格总水平涨幅控制在 3% 以内，完成省下达的节能减排计划任务和碳排放强度控制目标任务。围绕实现上述目标，重点做好六个方面工作：坚决打赢三大攻坚战，跨越决胜全面小康的重大关口；坚持新路走快、老路走新，强化决胜全面小康的产业支撑；全力推进城乡融合发展，提升决胜全面小康的城市能级；持续深化改革开放创新，激发决胜全面小康的动力活力；完善提升公共服务水平，增进决胜全面小康的民生成色；大力加强“五型”政府建设，增强决胜全面小康的治理能力。

代表们在审议中认为，全市经济社会发展还存在诸多问题：受疫情冲击，经济不确定性和风险增多，部分铜产业、服务业、小微企业等经营困难加剧；传统产业数字化转型、智能化改造步伐不快，“大好高”项目不够多；城市精细化治理水平仍然不高，城市功能品质还有待提升；少数政府公务人员改革创新、干事创业的精气神不足，形式主义、官僚主义现象时有发生等，对此提出针对性意见建议。

会议通过决议，批准政府工作报告。

第八次会议 听取和审议市长陈敏所作的《政府工作报告》。报告指出，2020 年是全面建成小康社会和“十三五”规划收官之年，全市上下深入贯彻落实习近平新时代中国特色社会主义思想特别是习近平总书记视察江西重要讲话精神，扎实做好“六稳”工作，全面落实“六保”任务，全力打好战疫、战洪、战贫三场硬仗，推动全市发展取得了超预期成绩，全面建成小康社会胜利在望。经济运行逆势增长，预计全年实现生产总值 990 亿元，完成财政总收入 152.05 亿元，一般公共预算收入 88.78 亿元。三大攻坚战取得决定性成果，

“两不愁三保障”全面实现，污染防治成效明显。全力以赴抗击疫情，成为全省最晚出现确诊病例、首批确诊病例清零的地市。产业发展破难前行，全省首家铜产业知识产权联盟成立。国家城乡融合发展试验区建设全面启动，五项试验任务整体推进，在农村集体经营性建设用地入市等方面率先取得突破。改革开放纵深推进，民生福祉日益增进，十项民生工程58件民生实事全面完成。报告提出，2021年政府工作的总体要求是：以习近平新时代中国特色社会主义思想为指导，深入贯彻党的十九大和十九届二中、三中、四中、五中全会以及习近平总书记视察江西重要讲话精神，全面贯彻中央、省委和市委经济工作会议精神，坚持稳中求进工作总基调，立足新发展阶段，贯彻新发展理念，融入共建新发展格局，以高质量发展为主题，以深化供给侧结构性改革为主线，以改革创新为根本动力，以满足人民日益增长的美好生活需要为根本目的，巩固拓展疫情防控和经济社会发展成果，更好统筹发展和安全，扎实做好“六稳”工作、全面落实“六保”任务，全力推动科技创新、产业升级、扩大内需、城乡融合、改革开放、民生改善实现新突破，奋力迈出“小市大为、跨越赶超”新步伐，确保“十四五”开好局，以优异成绩庆祝建党100周年。发展的主要预期目标是：生产总值增长8.5%左右，财政总收入增长7%，一般公共预算收入同口径增长6%，规模以上工业增加值增长9%左右，固定资产投资增长9%左右，社会消费品零售总额增长9.5%左右，城镇居民人均可支配收入增长8.5%，农村居民人均可支配收入增长9%，居民消费价格总水平涨幅控制在3%以内，完成省下达的节能减排计划任务和碳排放强度控制目标任务。围绕实现上述目标，重点做好七个方面工作：更加突出新老并进，打造更具竞争力的工业强市；更加突出创新驱动，打造更具影响力的创新城市；更加突出城乡融合，打造更具承载力的魅力城市；更加突出扩大内需，打造更具吸引力的活力城市；更加突出改革先导，打造更具创造力的开放城市；更加突出民生为本，打造更具给力的幸福城市；更加突出自身建设，打造更具效力的“五型政府”。

代表们在审议中认为，全市经济社会发展还存在诸多问题：经济下行压力持续加大，实体经济发展困难较多；创新能力较弱，产业链整体水平不高，新兴产业体量不大，人才问题突出；城乡基础设施欠账较多，城市功能与品质有待提升；高质量公共服务供给仍需加强等，对此提出针对性意见建议。

会议通过决议，批准政府工作报告。

第三节　审查批准《鹰潭市国民经济和社会发展第十四个五年规划纲要》

第八次会议　审查鹰潭市国民经济和社会发展第十四个五年规划纲要。纲要指出，

“十三五”时期，市委、市政府以习近平新时代中国特色社会主义思想为指导，深入贯彻习近平总书记视察江西重要讲话精神，坚持稳中求进工作总基调，坚持新发展理念，坚持高质量发展，有效应对各类风险挑战特别是新冠疫情的严重冲击，“十三五”规划确定的主要目标任务总体实现。经济综合实力大幅提升，地区生产总值接近千亿元水平，年均增长7.7%。现代产业体系加快形成，“2+3”现代产业体系不断完善。改革创新取得新突破，农村宅改走向全国形成余江经验。城乡面貌发生深刻变化，常住人口城镇化率达到63.54%。人民生活迈入全面小康，如期实现了新时代脱贫攻坚目标任务。市域治理体系和治理能力不断增强，平安鹰潭、法治鹰潭建设扎实推进，社会和谐稳定发展。

纲要提出“十四五”发展的指导思想：高举中国特色社会主义伟大旗帜，深入贯彻党的十九大和十九届二中、三中、四中、五中全会精神，坚持以马克思列宁主义、毛泽东思想、邓小平理论、“三个代表”重要思想、科学发展观、习近平新时代中国特色社会主义思想为指导，全面贯彻党的基本理论、基本路线、基本方略，深入贯彻落实习近平总书记视察江西重要讲话精神，统筹推进“五位一体”总体布局和“四个全面”战略布局，坚持党的全面领导，坚持以人民为中心，坚持贯彻新发展理念，坚持深化改革开放，坚持系统观念，坚持稳中求进工作总基调，以高质量发展为主题，以深化供给侧结构性改革为主线，以改革创新为根本动力，以满足人民日益增长的美好生活需要为根本目的，统筹发展和安全，积极融入共建新发展格局，推进市域治理体系和治理能力现代化，全力建设“世界铜都、中华道都、智慧美城”，努力开创“小市大为、跨越赶超”新境界，奋力开启全面建设社会主义现代化国家新征程、谱写好新时代江西改革发展新画卷——鹰潭篇章。“十四五”时期全市经济社会发展的具体目标是：经济质量效益实现新跨越，综合经济实力明显提升，主要经济指标增幅保持全省“第一方阵”，地区生产总值年均增长7.5%左右。产业结构不断优化，三次产业结构比例进一步优化调整为6∶49∶45。发展动力活力实现新增强，创新引领发展能力明显增强，研发经费投入强度保持在3%以上。城乡融合发展实现新突破，一体化发展格局基本形成，乡村振兴战略全面推进。生态文明建设取得新成效，生态环境质量显著提高，森林覆盖率稳定在56.7%左右。社会文明程度得到新提高，社会主义核心价值观深入人心，人民精神文化生活日益丰富。民生福祉改善达到新水平，脱贫攻坚成果得到巩固提升，居民人均可支配收入达42031元。市域治理水平跃上新台阶，社会主义民主法治更加健全，社会主义公平正义得到进一步彰显。

围绕实现五年目标，纲要提出了十一个方面的战略任务：一是实施创新驱动发展战略，加快建设创新型城市；二是实施工业强市战略，加快构建现代化产业体系；三是实施文旅强市战略，加快构建全域旅游新格局；四是坚持扩大内需战略基点，融入双循环新发展格局；五是实施区域协调战略，打造内陆开放型经济新高地；六是统筹推进城乡发展，打造城乡融合发展先行示范区；七是推动更深层次改革，充分释放经济社会活力；八是推动公共服务优质均衡，全面提升人民生活品质；九是坚持以人民为中心，充分共享改革发展成果；十是巩固提升生态环境质量，推动全面绿色转型发展；十一是统筹发展与安全，建设更高水平"平安鹰潭""法治鹰潭"。

市人大财政经济委员会根据会前的初步审查和会中代表的审议意见，认为鹰潭正处在跨越赶超、转型升级的关键阶段，虽然经济质量不断提高、总量加速扩容、全省位次前移，但发展不足仍然是鹰潭市的主要矛盾，经济总量不大、产业结构不优、创新能力不强、城市人气不旺等问题仍然存在，民生保障、社会治理等与人民群众更高期待仍存在差距，省与市、区（市）税收分成改革加剧了财政压力，区（市）之间、城乡之间发展不均衡不充分现象依然存在，同时提出对策建议。

会议通过决议，批准《鹰潭市国民经济和社会发展第十四个五年规划纲要》。

第四节　审查批准国民经济和社会发展计划

第二次会议　审查市发展和改革委员会主任黄忠受市人民政府委托所作的《关于鹰潭市 2016 年国民经济和社会发展计划执行情况与 2017 年国民经济和社会发展计划草案的报告（书面）》。报告指出，2016 年，全市上下深入贯彻习近平总书记系列重要讲话特别是对江西工作提出的"新的希望、三个着力、四个坚持"重要要求，坚持五大发展理念，着力五大任务，全力抓投资、稳增长，抓转型、调结构，抓改革、惠民生，经济社会持续稳步发展，大部分经济指标基本完成年度计划。全年实现生产总值 695.35 亿元，完成年计划的 102.3%；三次产业结构比调整为 7.6∶58.2∶34.2；财政总收入 116.82 亿元，完成调整预算的 99.8%；一般公共预算收入 81.62 亿元，完成调整预算的 96.0%；城镇居民人均可支配收入 29116 元，完成年计划的 99.2%；农村居民人均可支配收入 13534 元，完成年计划的 98.5%。报告提出，2017 年国民经济和社会发展主要预期目标是：生产总值 740 亿元，增长 8.6% 左右；财政总收入 123.8 亿元，增长 6%；一般公共预算收入 82.4 亿元，同口径增长 6%；规模以上工业增加值 350 亿元，增长 8.5% 左右；固定资产投资 690 亿元，增长 14%；社会消费品零售总额 220 亿元，增长 13%；出口总额 8.12 亿美元，增长 1%；城镇居民人均可支配收入 31620 元，增长 8.6%；农村居民人均可支配收入 14750 元，增长 9%；居民消费价格总水平涨幅控制在 3.0% 以内；万元 GDP 能耗下降 2.7%；化学需氧量、氨氮、二氧化碳、二氧化硫、氮氧化物排放总量控制在省下达目标以内；城镇登记失业率控制在 4.5% 以内。围绕上述目标，着力做好六个方面的工作：着力释放需求、创造供给，加快构筑经济增长新引擎；着力强化创新、深化改革，加快培育经济发展新动能；着力转型升级、优化存量，加快构建产业发展新体系；着力完善功能、统筹城乡，加快塑造田园新城新形象；着力合作交流、内外并举，加快打造对外开放新格局；着力扩面提标、完善服务，加快开创和谐共享新局面。

市人大财政经济委员会根据会前的初步审查和会中代表的审议意见，对市人民政府提出的2016年国民经济和社会发展计划执行情况与2017年国民经济和社会发展计划草案的报告进行了审查，认为鹰潭市受宏观经济形势及相关政策的影响，个别经济指标未能完成目标任务；经济总量偏小、产业结构不优、投资后劲不足、企业成本仍然偏高、实体经济经营困难的局面还未扭转；城镇化步伐不快，县域经济水平不高，统筹城乡发展压力依然较大；教育、医疗、住房、社会保障等与群众需求差距较为明显等，同时提出对策建议。

会议通过决议，批准鹰潭市2017年国民经济和社会发展计划，批准2016年国民经济和社会发展计划执行情况与2017年国民经济和社会发展计划草案的报告。

第四次会议 审查了市发展和改革委员会主任徐略英受市人民政府委托所作的《关于鹰潭市2017年国民经济和社会发展计划执行情况与2018年国民经济和社会发展计划草案的报告（书面）》。报告指出，2017年，全市上下紧紧围绕“全域一体、改革创新、优化生态、小市大为”总体要求和“两都一城”发展定位，坚持“稳中求进”总基调，积极培育发展新动能，全力稳增长、促改革、调结构、优生态、惠民生、防风险，经济社会持续稳步发展，预计全年实现生产总值820亿元，完成年计划的110.8%，同比增长8.6%左右；三次产业结构比调整为6.6∶56.9∶36.5；财政总收入127.7亿元，完成调整预算的104.9%，增长9.3%；一般公共预算收入75.2亿元，完成调整预算的102.8%；城镇居民人均可支配收入31678元，完成年计划的100.2%，增长8.8%；农村居民人均可支配收入14739元，完成年计划的99.9%，增长8.9%。报告提出，2018年国民经济和社会发展主要预期目标是：生产总值920亿元，增长8.5%左右；财政总收入138亿元，增长8%；一般公共预算收入80亿元，增长6.5%；规模以上工业增加值增长8.6%左右；固定资产投资768亿元，增长12%；社会消费品零售总额225亿元，增长12%；出口总额60.2亿元，增长3%左右；城镇居民人均可支配收入34370元，增长8.5%；农村居民人均可支配收入16000元，增长8.6%；居民消费价格总水平涨幅控制在3.0%以内；万元GDP能耗下降3.4%；化学需氧量、氨氮、二氧化碳、二氧化硫、氮氧化物排放总量控制在省下达目标以内；城镇登记失业率控制在4.5%以内。围绕上述目标，着力做好五个方面的工作：坚持产业转型升级，努力呈现稳中快转的发展新态势；坚持加大创新投入，努力构建持续加码的发展新格局；坚持统筹城乡发展，努力展现互动并进的发展新面貌；坚持深化改革开放，努力开创充满活力的发展新局面；坚持以民为本理念，努力形成人人享有的发展新气象。

市人大财政经济委员会根据会前的初步审查和会中代表的审议意见，对市人民政府提

出的 2017 年国民经济和社会发展计划执行情况与 2018 年国民经济和社会发展计划草案的报告进行了审查，认为鹰潭市受宏观经济形势及相关政策的影响，固定资产投资、社会消费品零售总额、一般公共预算收入、农村居民人均可支配收入等指标略低于预期目标；经济总量偏小、产业结构不优、投资后劲不足、企业成本仍然偏高、实体经济经营困难的局面还未扭转；创新能力较弱、转型升级任务艰巨；教育、医疗、住房、社会保障等基本公共服务供给不足，与群众需求差距较为明显，同时提出对策建议。

会议通过决议，批准鹰潭市 2018 年国民经济和社会发展计划，批准 2017 年国民经济和社会发展计划执行情况与 2018 年国民经济和社会发展计划草案的报告。

第五次会议　审查市发展和改革委员会主任徐略英受市人民政府委托所作的《关于鹰潭市 2018 年国民经济和社会发展计划执行情况与 2019 年国民经济和社会发展计划草案的报告（书面）》。报告指出，2018 年，全市上下聚焦高质量发展这个根本要求，牢牢把握稳中有进的工作总基调，以新发展理念为引领，以供给侧结构性改革为主线，坚持全域一体、改革创新、优化生态、小市大为，按照“三大四聚”（“三大”即以大投入带动大建设促进大发展，“四聚”即区域聚焦、产业聚焦、政策聚焦、资源聚焦）发展路径和“六强四动一保障”（“六强”即产业发展强起来、城市建管强起来、乡村振兴强起来、文化旅游强起来、生态文明强起来、民生事业强起来，“四动”即创新驱动、改革推动、开放带动、区域联动，“一保障”即作风保障）工作思路，扎实推进世界铜都、中华道都、智慧新城建设，全年完成生产总值 820 亿元，增长 8.5% 左右；实现财政总收入 140.87 亿元，增长 10.3%，完成预算目标的 102.3%；一般公共预算收入 80.6 亿元，增长 7.1%，完成预算目标 100.5%；农村居民人均可支配收入 16100 元，增长 8.8%，完成年目标的 100.6%。居民消费价格总水平涨幅 2.5%，控制在 3% 以内。报告提出，2019 年国民经济和社会发展主要预期目标是：生产总值 900 亿元，增长 8.5%；财政总收入 150.7 亿元，增长 7%；一般公共预算收入 84.7 亿元，增长 5%；规模以上工业增加值增长 8.5% 左右；固定资产投资增长 10% 左右；社会消费品零售总额 220 亿元，增长 11% 左右；城镇居民人均可支配收入 37004 元，增长 8.1%；农村居民人均可支配收入 17533 元，增长 8.9%；居民消费价格总水平涨幅控制在 3% 以内；城镇登记失业率控制在 4.5% 以内；万元 GDP 能耗下降 3.4%；化学需氧量、氨氮、二氧化碳、二氧化硫、氮氧化物排放总量控制在省下达目标以内。围绕上述目标，重点抓好五个方面的工作：实施“三大行动”，助力转型升级，厚植产业发展新优势；强化“三大动力”，培育发展动能，激发经济发展新活力；聚焦“三大领域”，力促品质提升，推动城市迈入新层次；围绕“三大战役”，筑牢生态优势，共绘绿色发展新画卷；立足“三大提升”，强化民生保障，满足百姓生活新期待。

市人大财政经济委员会根据会前的初步审查和会中代表的审议意见，对市人民政府提

出的 2018 年国民经济和社会发展计划执行情况与 2019 年国民经济和社会发展计划草案的报告进行了审查，认为鹰潭市依然面临着经济下行压力加大，固定资产投资、社会消费品零售总额、城镇居民人均可支配收入等指标略低于预期目标；经济总量偏小、产业结构不优、民营经济活力不强、实体经济依然困难的局面还未扭转；营商环境不够优、投资大项目不多、高层次人才不足、创新能力较弱、新旧动能转换不快，高质量发展压力较大，同时提出对策建议。

会议通过决议，批准鹰潭市 2019 年国民经济和社会发展计划，批准 2018 年国民经济和社会发展计划执行情况与 2019 年国民经济和社会发展计划草案的报告。

第六次会议 审查了市发展和改革委员会主任徐略英受市人民政府委托所作的《关于鹰潭市 2019 年国民经济和社会发展计划执行情况与 2020 年国民经济和社会发展计划草案的报告（书面）》。报告指出，2019 年，全市上下按照“三大四聚”发展路径和“六强四动一保障”工作思路，统筹做好“六稳”工作，全市经济社会保持了总体平稳、稳中有进、进中提质的良好态势。2019 年，全年实现生产总值 941.26 亿元、增长 8.1%，人均生产总值接近 8 万元，超过全省平均水平近 3 万元，名列全省前 3；实现财政总收入 149.08 亿元，增长 5.8%；一般公共预算收入 87.91 亿元，增长 9%；固定资产投资增长 8.8%；城镇居民人均可支配收入 37151 元，增长 8.4%，农村居民人均可支配收入 17668 元，增长 9.4%。报告提出全市 2020 年国民经济和社会发展主要预期目标是：地区生产总值达 1030 亿元，增长 8% 左右；财政总收入 156.53 亿元，增长 5%；一般公共预算收入 90.98 亿元，增长 3.5%；规模以上工业增加值增长 8.5% 左右；固定资产投资增长 9%；社会消费品零售总额 364.9 亿元，增长 10.5% 左右；城镇居民人均可支配收入 40123 元，增长 8%；农村居民人均可支配收入 19258 元，增长 9%；居民消费价格总水平涨幅控制在 3% 以内；城镇登记失业率控制在 4.5% 以内；万元 GDP 能耗下降 3.4%，完成省下达的节能减排计划任务。重点抓好以下五个方面的工作：聚焦动能转换，强化城乡融合发展产业支撑；聚焦项目建设，夯实城乡融合发展重要基石；聚焦改革创新，增强城乡融合发展竞争力；聚焦底线要求，营造城乡融合发展优良环境；聚焦民生提质，确保城乡融合发展取得实效。

市人大财政经济委员会根据会前的初步审查和会中代表的审议意见，对市人民政府提出的 2019 年国民经济和社会发展计划执行情况与 2020 年国民经济和社会发展计划草案的报告进行了审查，认为鹰潭市经济下行压力加大，有效投资增长乏力，一些企业经营生产困难，新旧动能转换还面临不少挑战；“双招双引”成效不够明显，事关全局、带动性强的大项目、好项目总体偏少，经济外向度仍然不足；城乡融合发展、城市综合治理水平尚需提升；生态环保、基本公共服务、脱贫攻坚等领域还有不少短板，同时提出对策建议。

会议通过决议，批准鹰潭市 2020 年国民经济和社会发展计划，批准 2019 年国民经济和社会发展计划执行情况与2020年国民经济和社会发展计划草案的报告。

第八次会议　审查了市发展和改革委员会主任徐略英受市人民政府委托所作的《关于鹰潭市2020年国民经济和社会发展计划执行情况与2021年国民经济和社会发展计划草案的报告（书面）》。报告指出，2020年以来，全市上下坚持以习近平新时代中国特色社会主义思想为指导，聚焦"作示范、勇争先"目标定位和"五个推进"的更高要求，落实省委"二十四字"工作方针，按照市委"三大四聚"发展路径和"六强四动一保障"工作思路，扎实做好"六稳"工作、全面落实"六保"任务，坚决打赢疫情防控和经济社会发展"两场硬仗"，加压奋进实现"双胜利"，预计全年完成生产总值990亿元、增长4.5%左右，完成计划调整的100%；人均地区生产总值突破1.2万美元，位居全省第三；实现财政总收入152.05亿元、增长2.0%，完成计划调整的99.9%；一般公共预算收入88.78亿元、增长1.0%，完成计划调整的100.1%；规模以上工业增加值增长4.5%左右，完成计划调整的100%；固定资产投资增长9.2%，完成计划调整的102.2%；社会消费品零售总额338.5亿元、增长2.5%，完成计划调整的102%；城镇居民人均可支配收入39193元、增长5.5%，完成计划调整的100%；农村居民人均可支配收入18869元、增长6.8%，完成计划调整的100%；CPI上涨2.0%，严格控制在3%以内。报告提出，全市2021年国民经济和社会发展主要预期目标是：地区生产总值达1080亿元，增长8.5%左右；财政总收入162.7亿元，增长7.0%；一般公共预算收入94.1亿元，增长6.0%（同口径）；规模以上工业增加值增长9.0%左右；固定资产投资增长9.0%左右；社会消费品零售总额370.6亿元，增长9.5%左右；城镇居民人均可支配收入增长8.5%；农村居民人均可支配收入增长9.0%；居民消费价格总水平涨幅控制在3%以内；完成省下达的节能减排计划任务和碳排放强度控制目标任务。重点抓好以下六个方面的工作：狠抓创新驱动，打造高质量发展新引擎；狠抓扩大内需，增强高质量发展新动力；狠抓转型升级，培育高质量发展新动能；狠抓改革开放，打造高质量发展新高地；狠抓城乡融合，打造高质量发展新样板；狠抓民生事业，共享高质量发展新成果。

市人大财政经济委员会根据会前的初步审查和会中代表的审议意见，对市人民政府提出的2020年国民经济和社会发展计划执行情况与2021年国民经济和社会发展计划草案的报告进行了审查，认为全市经济和社会发展仍存在不少问题和挑战，主要是：当前疫情变化和外部环境存在诸多不确定性，全市经济持续向好的态势还不稳固；营商环境与市场主体期待有一定差距；民生领域还有不少短板等，并对此提出对策建议。

会议通过决议，批准鹰潭市2021年国民经济和社会发展计划，批准2020年国民经济和社会发展计划执行情况与2021年国民经济和社会发展计划草案的报告。

第五节　审查批准预算

第二次会议　审查了市财政局局长吴建辉受市人民政府委托所作的《关于鹰潭市2016年全市和市级预算执行情况及2017年全市和市级预算草案的报告（书面）》。报告指出，2016年，全市财政总收入完成1168197万元，完成调整预算的99.8%。全市一般公共预算收入完成816182万元，完成预算的96.0%。全市一般公共预算支出完成1280314万元，完成调整预算的121.7%。报告提出，2017年，全市财政总收入预算安排1238000万元；全市一般公共预算收入安排824000万元，增长1%。市大本级财政总收入预算406700万元，一般公共预算收入251913万元。市本级财政总收入预算109700万元；市本级一般公共预算收入68000万元，增长1%。市本级政府性基金预算收入安排75332.5万元；加上上年结余500万元和调入资金3859.2万元，财力预计79691.7万元。市本级国有资本经营预算收入安排244.75万元。市本级七项社会保险基金预算收入安排97708万元，比上年执行数增长10.5%。

市人大财政经济委员会经审查认为，在看到成绩的同时，还应看到存在的一些困难和不足：部分预期目标没有完成，经济增长内生动力不足，产业转型升级任务较重，部分企业经营困难，社会事业发展相对滞后，并提出审查建议。

会议通过决议，批准《关于鹰潭市2016年全市和市级预算执行情况及2017年全市和市级预算草案的报告》，批准2017年市级预算。

第四次会议　审查市财政局局长吴建辉受市人民政府委托所作的《关于鹰潭市2017年全市和市级预算执行情况及2018年全市和市级预算草案的报告（书面）》。报告指出，2017年，全市财政总收入完成1276998万元，完成调整预算的104.9%。全市一般公共预算收入完成752545万元，完成调整预算的102.8%。全市一般公共预算支出完成1283538万元，完成调整预算的117.4%。报告提出，2018年，全市财政总收入预算安排1380000万元。全市一般公共预算收入安排800000万元；一般公共预算预计财力1124600万元，支出预算安排1124600万元。全市政府性基金预算收入安排167960万元，支出安排181395万元，调出资金260万元，年终滚存结余9324万元结转下年支出。全市国有资本经营预算收入安排1655万元，预算支出安排1655万元。全市八项社会保险基金预算收入预算安排359198万元，支出安排339228万元，当年收支预算结余19970万元，累计滚存结余260243万元。

市人大财政经济委员会经审查认为，在看到成绩的同时，还应看到存在的一些困难和不足：财政收支矛盾进一步加大，预算编制的完整性、准确性、透明度有待进一步提高，部分财政资金使用绩效有待提升；政府债务压力较大，并提出审查意见。

会议通过决议，批准《关于鹰潭市 2017 年全市和市级预算执行情况及 2018 年全市和市级预算草案的报告》，批准鹰潭市 2018 年市级预算，批准龙虎山风景名胜区、鹰潭高新技术产业开发区、信江新区 2018 年预算。

第五次会议 审查市财政局局长吴建辉受市人民政府委托所作的《关于鹰潭市 2018 年全市和市级预算执行情况及 2019 年全市和市级预算草案的报告（书面）》。报告指出，2018 年，全市财政总收入完成 1408685 万元，完成调整预算的 102.3%。全市一般公共预算收入完成 806323 万元，完成调整预算的 100.5%。一般公共预算支出完成 1401841 万元，完成调整预算的 120.9%。报告提出，2019 年，全市财政总收入预算安排 1507300 万元。全市一般公共预算收入安排 846600 万元，全市一般公共预算支出预算安排 1198000 万元。全市政府性基金预算收入安排 247561 万元，支出安排 264867 万元，上解省级支出、调出资金等转移性支出 6018 万元，年终滚存结余 7915 万元结转下年支出。国有资本经营预算收入安排 7785 万元，支出安排 7785 万元。全市八项社会保险基金预算收入预算安排 391500 万元，支出安排 393646 万元，当年收支预算结余 –2146 万元，累计滚存结余 277513 万元。2019 年，市级财政总收入预算 104300 万元；一般公共预算收入 60000 万元、下降 2.7%。市级政府性基金预算收入安排 90920 万元，支出预算安排 95522 万元。市级国有资本经营预算收入安排 5992 万元，支出安排 5992 万元。市级六项社会保险基金预算收入安排 84760 万元，支出预算安排 100824 万元。

市人大财政经济委员会经审查认为，在看到成绩的同时，还应看到存在的一些困难和不足：财政收入增长压力大，刚性支出逐年增加，收支矛盾比较突出；财政资金配置效率和预算绩效管理有待加强；政府性任务到期还本付息压力较大，并提出审查意见。

会议通过决议，批准《关于鹰潭市 2018 年全市和市级预算执行情况及 2019 年全市和市级预算草案的报告》，批准鹰潭市 2019 年市级预算，批准龙虎山风景名胜区、鹰潭高新技术产业开发区、信江新区 2019 年预算。

第六次会议 审查了市财政局局长吴建辉受市人民政府委托所作的《关于鹰潭市 2019 年全市和市级预算执行情况及 2020 年全市和市级预算草案的报告（书面）》。报告指出，2019 年，全市财政总收入完成 1490757 万元，完成年初预算的 99.1%。一般公共预算收入完成 879068 万元，完成年初预算的 104.1%。全市一般公共预算支出完成 1550628 万元，完成调整预算的 124.4%。报告提出，2020 年，全市财政总收入预算安排 1565300 万元；一般公共预算收入安排 909800 万元。全市一般公共预算支出预算安排 1560540 万元。全市政府性基金预算收入安排 419532 万元，支出安排 552146 万元，加上各项转移性支出 85460 万元，预计支出总计 648497 万元。全市国有资本经营预算收入安排 9213 万元，预算支出总计 9213 万元。全市社会保险基金预算收入预算安排 239704 万元，预算支出安排 225331

万元，当年收支预算结余 14374 万元，累计滚存结余 234632 万元。2020 年，市级财政总收入预算安排 104000 万元，市本级一般公共预算支出预算安排 285244 万元。市级政府性基金预算收入安排 153935 万元，预算支出安排 273996 万元。市级国有资本经营预算收入安排 5062 万元，预算支出总计 5062 万元。市级社会保险基金预算收入安排 51943 万元，支出预算安排 48465 万元。

市人大财政经济委员会经审查认为，在看到成绩的同时，还应看到存在的一些困难和不足：受经济下行和大规模减税降费影响，收支矛盾加大；部分单位预算执行效率不高，预算绩效管理有待加强；国有资本经营预算编制不够规范；政府债务和风险防控压力较大等，并提出审查意见。

会议通过决议，批准《关于鹰潭市 2019 年全市和市级预算执行情况及 2020 年全市和市级预算草案的报告》，批准鹰潭市 2020 年市级预算，批准龙虎山风景名胜区、鹰潭高新技术产业开发区、信江新区 2020 年预算。

第八次会议 审查市财政局局长吴建辉受市人民政府委托所作的《关于鹰潭市 2020 年全市和市级预算执行情况与 2021 年全市和市级预算草案的报告（书面）》以及 2021 年全市和市级预算草案。报告指出，2020 年，全市财政总收入完成 1520535 万元，一般公共预算收入完成 887775 万元。全市一般公共预算支出完成 1889707 万元，完成调整预算的 108.7%。全市政府性基金预算收入完成 998549 万元，支出完成 1389444 万元。全市国有资本经营预算收入完成 72286 万元，支出完成 72286 万元。全市社会保险基金收入合计 264351 万元，支出完成 232315 万元。报告提出，2021 年，全市财政总收入预算安排 1626971 万元，一般公共预算收入安排 844489 万元。全市一般公共预算支出预算安排 1551403 万元。全市政府性基金预算收入安排 825599 万元，支出安排 790941 万元。全市国有资本经营预算收入安排 67210 万元，支出安排 66285 万元。全市社会保险基金预算收入预算安排 270201 万元，支出安排 256615 万元。2021 年，市级财政总收入预算安排 96700 万元，一般公共预算收入安排 60830 万元。其中，税收收入 15403 万元，非税收入 45427 万元。2021 年，市本级一般公共预算综合财力共计 391351 万元，支出预算安排 391351 万元。市级政府性基金预算收入安排 608485 万元，支出安排 566832 万元。市级国有资本经营预算收入安排 32202 万元，支出总计 32202 万元。市级社会保险基金预算收入安排 186464 万元，支出预算安排 180379 万元。

市人大财政经济委员会经审查认为，2020 年全市预算执行情况总体较好，实现收支平衡。但是也要看到，本市财政运行和预算管理中还存在一些应关注的问题：受经济下行和减税降费等因素影响，财政收支平衡压力持续加大；预算编制的准确度和预算执行的力度有待提高；预算绩效管理水平和资金使用效能仍需加强等，并提出审查意见。

会议通过决议，批准《关于鹰潭市2020年全市和市级预算执行情况与2021年全市和市级预算草案的报告》，批准鹰潭市2021年市级预算，批准龙虎山风景名胜区、鹰潭高新技术产业开发区、信江新区2021年预算。

第六节　审议鹰潭市生态文明建设和生态环境状况的报告

第五次会议　审议市发展和改革委员会主任徐略英受市政府委托所作的《关于鹰潭市生态文明建设和生态环境状况的报告（书面）》。报告指出，自2016年8月江西被国家批复为国家生态文明试验区以来，截至2018年年底，全市环境空气质量优良率达88.2%，比上年同期上升3.8个百分点；$PM_{2.5}$浓度均值为36微克/立方米。全市主要河流断面水质达标率和集中式饮用水水源地水质达标率常年保持在100%。森林覆盖率达到58.25%。主要污染物减排指标全面完成，能耗总量和强度“双控”考核连续两年被评为全省优秀，生态环境质量继续得到提高。余江农村宅基地制度改革试点、城乡环境第三方治理试点、河湖综合执法体制改革等走在全国或全省前列，形成“鹰潭模式”。报告提出，2019年全市生态文明建设的具体目标：全市空气质量优良率达到91.5%以上，确保全市$PM_{2.5}$平均浓度控制在35以内，主要河流监测断面水质保持在国家Ⅲ类标准，城镇生活垃圾和污水集中处理率分别达100%和85%，节能减排完成省下达的计划任务，在生态环境保护立法、考核评价、用能权交易试点等领域形成一批可复制、可推广的改革成果。

代表们在审议中认为，鹰潭市生态文明建设仍存在一些问题：生态文明意识有待进一步提高，有些地方有些单位绿色政绩观尚须进一步树牢；发展方式仍然较为粗放，产业层次整体偏低，科技支撑功能不强；生态文明建设基础依然薄弱，污水管网配套设施不完善，森林质量不高等，同时提出改进的建议意见。

会议通过决议，批准鹰潭市生态文明建设和生态环境状况的报告。

第六次会议　审议市发展和改革委员会主任徐略英受市政府委托所作的《关于鹰潭市生态文明建设和生态环境状况的报告（书面）》。报告指出，2019年，全市上下深入践行“绿水青山就是金山银山”的理念，坚定生态优先、绿色发展的战略定力，坚决打好污染防治攻坚战，大力推动生态文明强起来，生态环境总体保持向好，全市环境空气质量优良率达86.8%；$PM_{2.5}$浓度均值为37微克/立方米，PM_{10}浓度均值为52微克/立方米。人与自然和谐共生，城市“双创”专项行动扎实推进，城市生态空间得到有效保护与修复。示范效应日趋凸显，余江区“宅改”经验入选全国首批乡村治理20个典型案例之一。会议提出，2020年鹰潭市国家生态文明试验区建设总体要求是：以习近平新时代中国特色社会主义思想为指导，认真落实习近平总书记视察江西重要讲话精神，深入贯彻党的十九大和十九届二中、三中、四中全会精神，以国家城乡融合发展试验区建设为抓手，深入推进国家生态文明试验区建设，努力建成具有鹰潭特色、系统完整的生态文明制度体系，在推进生态文明领域治理体系和治理能力现代化方面走在全省前列，美丽中国“江西样板”排头兵目标基本实现。工作目标是：全市森林覆盖率达 56.7%，重要水功能区、集中式饮用水水源地水质达标率保持 100%，城镇生活污水集中处理率 95% 以上，城市空气质量优良天数比率不低于 90% 以上，万元 GDP 能耗、万元 GDP 用水量、温室气体以及主要污染物排放量达到省下达目标，经济发展的质量和效益显著提高，生态环境质量继续位居全省前列，人民群众的生态获得感和幸福感明显增强。

代表们在审议中认为，全市生态文明建设和环境保护还面临不少困难和问题：城乡人居环境整治与人民群众的期待还有较大差距；资源能源消耗与污染物排放总量仍在增加，环境容量压力较大；个别地方环境执法不严、生态文明意识不强，少数企业环保意识薄弱，偷排现象时有发生等，同时提出改进的建议意见。

会议通过决议，批准鹰潭市生态文明建设和生态环境状况的报告。

第八次会议 审议市发展和改革委员会主任徐略英受市政府委托所作的《关于鹰潭市生态文明建设和生态环境状况的报告（书面）》。报告指出，2020 年，全市上下深入贯彻习近平生态文明思想，认真落实“绿水青山就是金山银山”发展理念，紧贴国家生态文明试验区建设战略部署，按照市委提出的“三大四聚”发展路径和“六强四动一保障”工作思路，坚决贯彻新发展理念，积极融入新发展格局，实现“生态文明强起来”阶段性成果：山水林田湖草保护修复、国土空间规划、“三线一单”生态环境分区管控、流域生态补偿、绿色金融改革、河湖林长制、生态环境公益诉讼等具有鹰潭特色系统完整的生态文明制度体系基本建立。环境质量显著提高，城市“双创”专项行动扎实推进，主要河流断面水质和县级及以上城市集中式饮用水水源地水质达标率持续保持 100%，森林覆盖率稳定在 56.7% 左右。绿色发展底色更亮，全社会研发投入占 GDP 比重持续保持全省第一，三次产业占比调整为 7.6∶50.6∶41.8。

会议提出，2021 年，鹰潭市国家生态文明试验区建设总体要求是：以习近平新时代中国特色社会主义思想为指导，全面贯彻党的十九大和十九届二中、三中、四中、五中全会以及中央、省、市经济工作会议精神，深入落实习近平总书记视察江西重要讲话精神，聚焦“作示范、勇争先”的目标定位和“五个推进”的重要要求，坚持稳中求进工作总基调，以国家城乡融合发展试验区建设为抓手，深入推进国家生态文明试验区建设，努力建成具有鹰潭特色、系统完整的生态文明制度体系，推进生态文明领域治理体系和治理能力现代化，不断迈出美丽中国“江西样板”排头兵的新步伐，确保“十四五”开好局、起好步，以优异成绩迎接建党 100 周年。“十四五”时期的总体目标是：深入贯彻落实“绿水青山就是金山银山”发展理念，坚定不移走生态优先、绿色发展之路，按照“生态文明强起来”目标要求，深度参与国家生态文明试验区建设，争当美丽中国“江西样板”排头兵。生态文明制度体系不断完善，生产生活方式绿色转型成效显著。国土空间开发保护格局得到优化，森林覆盖率稳定在56.7%左右，山水林田湖草一体化保护和修复机制更加健全，生态安全屏障更加牢固。生态文明理念深入人心，“绿水青山”和“金山银山”双向转化通道更加顺畅，绿色发展水平走在全省前列，人民群众的生态获得感和幸福感明显增强。

代表们在审议中认为，鹰潭市生态文明建设和环境保护还面临不少困难和问题：资源能源消耗持续增长，产业层次偏低、产业结构不优、关键领域创新能力偏弱等问题仍待进一步解决；环保基础设施还不完善，环境监管执法力度仍需进一步加强等，同时提出改进的建议意见。

会议通过决议，批准鹰潭市生态文明建设和生态环境状况的报告。

第七节　听取和审议人大常委会工作报告

第一次会议　听取和审议了市人大常委会主任杜德春所作的《鹰潭市第八届人大常委会工作报告》。报告总结市八届人大常委会的工作并指出，市八届人大常委会依法选举产生以来，自觉遵循市委决策部署，立足人大工作定位和特点，紧紧围绕全市全面建成小康社会、全面深化改革、全面推进法治鹰潭建设目标与任务，就鹰潭市经济建设、政治建设、文化建设、社会建设、生态文明建设中具有全局性、根本性、长远性的重大事项以及与人民群众切身利益相关、社会普遍关注的事项，适时依法作出的决议、决定共36项。围绕推动稳增长、促改革、调结构、惠民生、防风险政策措施的落实，组织开展分专题执法检查、视察调研、工作评议等系列监督活动共138次，审议专项报告共86项。跟踪加强经济运行情况和财政预算执行情况监督，依法推动建立和完善由一般公共预算、政府性基金预算、国有资本经营预算、社会保险基金预算组成的全口径预算。扎实推进地方立法工作，着力构建人大主导地方立法的体制机制，设立立法工作专门机构，并建立地方立法智力支持人才库，《鹰潭市地方立法条例（草案）》市八届人大常委会进行第一次审议。共依法任免国家机关工作人员272人次。及时就市“一府两院”和县（市、区）人大常委会报送的158件规范性文件进行备案审查。认真督办代表议案建议，由代表提出的“建立信江水质在线监测站”“建立健全全市农产品质量安全监管服务体系”“建立信江新区污水处理厂”3件议案，均得到较好落实。本届共收到代表建议364件，所提问题得到解决和正在解决的320件，占总数的87.9%。报告总结市八届人大常委会履职体会：坚持党的领导、人民当家作主、依法治国有机统一，自觉把党的领导贯穿于人大依法履职全过程，确保人大工作始终坚持正确政治方向；坚持人民主体地位，始终把人民根本利益和共同意志作为人大一切工作出发点和归宿，努力促进广大人民群众共建共享发展成果；坚持围绕中心、服务大局，紧贴全面建成小康社会、全面深化改革、全面推进法治鹰潭建设目标任务谋划和推动人大工作，更好发挥人大在深入推进富裕秀美宜居和谐鹰潭建设中的积极作用；坚持以法作则、依法办事、依法监督，支持“一府两院”充分履行职能，促进依法行政、公正司法；坚持与时俱进、创新发展，以改革创新精神推动人大工作与时俱进，不断丰富人民代表大会制度在鹰潭市实践的时代特征和地方特色。

代表们在审议中充分肯定市八届人大常委会的工作，并指出市人大常委会立法能力建设亟待切实加强；监督工作的方式和手段有待进一步丰富；人大代表密切联系群众的渠道需进一步畅通；自身建设需要进一步加强和改进等，并提出意见建议。

会议通过决议，通过市人大常委会工作报告。

第二次会议 听取和审议市人大常委会主任郭清所作的《市人大常委会工作报告》。报告指出，2016 年，市人大常委会深入学习贯彻习近平总书记系列重要讲话精神和治国理政新理念新思想新战略，紧紧围绕全市改革发展稳定大局，认真履行宪法法律赋予的职责，圆满完成本级人大换届选举，顺利完成市八届人大六次会议确定的工作任务，各项工作取得新进展。全年听取和审议市“一府两院”工作报告 13 项，作出重大事项决议决定 7 项，开展执法检查 6 项、视察调研 10 项，作出决议决定 7 项，对 36 件规范性文件依法备案审查，依法任免地方国家机关工作人员 75 人次。有序启动地方立法工作，及时组织起草《鹰潭市立法条例（草案）》，编制鹰潭市地方立法规划项目库，并制定 2017 年立法工作计划，建立立法专家咨询库，制定立法相关工作制度，为鹰潭市立法工作的稳步开展奠定较好基础。探索开展在乡（镇）设立人大代表联络站（室）试点工作，为代表联系群众搭建平台。督办代表建议 172 件。报告提出，2017 年是党的十九大召开之年，市人大常委会要在中共鹰潭市委领导下，全面贯彻落实党的十八大和十八届三中、四中、五中、六中全会精神，以邓小平理论、“三个代表”重要思想、科学发展观为指导，深入贯彻习近平总书记系列重要讲话精神和治国理政新理念新思想新战略，坚持党的领导、人民当家作主、依法治国有机统一，按照市第八次党代会和市委八届二次全会部署，紧紧围绕全市大局开拓创新，锐意进取，依法行使职权，充分发挥地方国家权力机关的作用，积极助推富裕美丽幸福鹰潭建设。

代表们在审议中认为，市人大常委会工作还存在一些差距和不足，主要是：立法工作基础需进一步加强；刚性监督手段仍需大胆实践；代表意见建议办理实效有待进一步提高；常委会组成人员的履职能力有待提升等，同时提出改进工作的意见建议。

会议通过决议，通过市人大常委会工作报告。

第四次会议　听取和审议市人大常委会主任郭清所作的《市人大常委会工作报告》。报告指出，2017 年，市人大常委会按照“全域一体、改革创新、优化生态、小市大为”总体要求，聚焦“两都一城”发展定位，围绕富裕美丽幸福鹰潭建设目标，稳步推进地方立法工作，制定立法工作制度 7 项，在全市设立 12 个基层立法联系点，建立地方立法专家库，聘请 29 名专家学者担任立法顾问。第一部地方性法规《鹰潭市立法条例》已于 2017 年 6 月 7 日公布施行。共审查规范性文件 73 件。围绕“三大攻坚战”，就脱贫攻坚、污染治理、“两都一城”建设开展视察调研；围绕全域旅游“双创”工作、“三品一标”农产品发展、医药卫生体制改革、农村土地制度改革三项试点工作和供销合作社综合改革情况、生态检察等听取专项报告 18 项，开展义务教育法、道路交通安全法等法律实施情况执法检查 3 项。全年讨论决定重大事项 8 项，专门审查了《鹰潭市城市总体规划（2015—2030）》并作出决议，听取“基本解决执行难”情况的报告并作出相关决议。任免国家机关工作人员 22 人次。制定《关于全市乡镇每年召开两次人民代表大会的意见》，2017 年，举全市之力建立代表联络工作站（室）54 个，督办代表建议 141 件。报告提出，2018 年市人大常委会工作总体思路是：全面贯彻落实党的十九大精神，坚持以习近平新时代中国特色社会主义思想为指导，健全人民当家作主制度体系，发展社会主义民主政治，在中共鹰潭市委领导下，按照“全域一体、改革创新、优化生态、小市大为”总体要求和“两都一城”发展定位，依法履行宪法和法律赋予的各项职责，为决胜全面建成小康社会、建设富裕美丽幸福鹰潭作出新贡献。

代表们在审议中充分肯定市人大常委会过去一年的工作，同时认为常委会在创新人大工作、增强监督实效、发挥代表作用、提升履职能力等方面还存在不足，同时提出改进工作的意见建议。

会议通过决议，通过市人大常委会工作报告。

第五次会议　听取和审议市人大常委会主任郭清所作的《市人大常委会工作报告》。报告指出，2018 年，市人大常委会把学习贯彻习近平新时代中国特色社会主义思想作为首要政治任务，在全市人大系统组织开展“学习研究宣传贯彻习近平总书记关于坚持和完善人民代表大会制度的重要思想”专题活动。聚焦打造“两都一城”、建设富裕美丽幸福现代化鹰潭的目标，共制定《鹰潭市信江饮用水水源保护条例》《鹰潭市文明旅游促进条例》2 部地方性法规，审查规范性文件 83 件。围绕经济高质量发展、“两都一城”建设、乡村振兴、法治鹰潭建设、民生事业发展，听取铜产业、创建食品安全示范城市情况、养老保险落实情况、城区污水管网建设、法检“两院”司法体制改革等专项工作报告 23 项，开展水土保持法、残疾人保障法、档案法等执法检查 3 次。新增代表联络工作室 84 个，督办代表建议 63 件。扎实推进“两学一做”学习教育常态化制度化，制定《关于加强基层人大代表工作及乡镇人大工作的指导意见》。作出决议决定5项，任免国家机关工作人员10人次。报告提出，2019年，市人大常委会工作的总体要求是：以习近平新时代中国特色社会主义思想为指导，进一步坚持和完善人民代表大会制度，坚持党的领导、人民当家作主、依法治国有机统一，紧紧围绕全市发展大局，按照市委“三大四聚”发展路径和“六强四动一保障”工作思路，充分行使宪法和法律赋予的各项职权，为加快推进“小市大为、跨越赶超”、奋力打造“两都一城”、建设富裕美丽幸福现代化鹰潭作出新的更大贡献。

代表们在审议中充分肯定了市人大常委会过去一年的工作，同时认为常委会立法工作中的主导作用有待加强，跟踪督办和监督实效有待进一步增强，服务保障代表履职的载体和方式还有待进一步拓展，“两个机关”建设整体水平还需进一步提升，同时提出改进工作的意见建议。

会议通过决议，通过市人大常委会工作报告。

第六次会议 听取和审议市人大常委会主任郭清所作的《市人大常委会工作报告》。报告指出，2019年市人大常委会坚持以习近平新时代中国特色社会主义思想为指导，认真学习践行习近平总书记关于坚持和完善人民代表大会制度的重要思想，组织活动纪念地方人大设立常委会40周年，扎实开展“不忘初心、牢记使命”主题教育，紧紧围绕全市工作大局，制定《鹰潭市智慧城市促进条例》《鹰潭市户外广告设置管理条例》，审查规范性文件94件。围绕推动高质量发展，就国有资产管理、乡村振兴、扫黑除恶、“三大攻坚战”、高中阶段教育、养老服务体系建设听取专项工作报告21项，开展《中华人民共和国气象法》《中华人民共和国妇女权益保障法》《中华人民共和国自然保护区条例》等执法检查4次，组织代表视察8次，补齐民生短板。在全市所有乡镇（街道）都建立代表联络工作站的基础上，又在有条件的村（社区）设立人大代表联络工作室100个。督办代表建议51件。作出决议决定5项，审查同意《鹰潭市城乡总体规划暨“多规合一”（2015—2030年）》局部调整方案。任免国家机关工作人员30人次。报告提出，2020年市人大常委会工作的总体要求是：以习近平新时代中国特色社会主义思想为指导，全面贯彻党的十九大和十九届二中、三中、四中全会精神，坚持党的领导、人民当家作主、依法治国有机统一，在市委坚强领导下，紧紧围绕统筹推进疫情防控和经济社会发展，开拓创新，依法履职，为推进富裕美丽幸福现代化鹰潭建设展现新形象新作为。

代表们在审议中充分肯定市人大常委会过去一年的工作，同时认为常委会工作还存在一些差距和不足：立法的质量有待提高；监督强度不够有力，监督方式还需完善；代表建议办理的效果不够理想，服务代表的水平有待提升，同时提出改进意见建议。

会议通过决议，通过市人大常委会工作报告。

第八次会议 听取和审议市人大常委会主任郭清所作的《市人大常委会工作报告》。

报告指出，2020年市人大常委会坚持以习近平新时代中国特色社会主义思想为指导，牢牢把握政治机关定位，坚持把党的全面领导贯穿人大工作始终，以实际行动和更高政治站位增强“四个意识”、坚定“四个自信”、做到“两个维护”。主动服务新冠肺炎疫情防控，及时调整监督计划，对鹰潭市贯彻实施《中华人民共和国野生动物保护法》、全国人大常委会《关于全面禁止非法野生动物交易、革除滥食野生动物陋习、切实保障人民群众生命健康安全的决定》情况开展执法检查，听取市政府关于疫情防控工作情况报告，专题调研企业疫情防控和复工复产情况。制定《鹰潭市烟花爆竹销售燃放管理条例》《鹰潭市建设工地扬尘污染防治管理办法》两部法规。共接收报备文件114件。听取审议关于“十三五”规划实施情况、国有自然资源资产管理情况、脱贫攻坚、义务教育、农村人居环境整治、优化法治营商环境等专项报告27项，开展献血法、公证法、信江饮用水水源保护条例等5部法律法规的执法检查，作出5项决议决定，依法任免国家机关工作人员59人次，听取审议市政府7个工作部门主要负责人的履职报告，并进行满意度测评。督办代表建议45件。报告提出，2021年市人大常委会工作的总体要求是：以习近平新时代中国特色社会主义思想为指导，全面贯彻党的十九大和十九届二中、三中、四中、五中全会精神，深入学习贯彻习近平法治思想、习近平总书记关于坚持和完善人民代表大会制度的重要思想，坚持党的领导、人民当家作主、依法治国有机统一，主动适应新发展阶段、践行新发展理念、融入新发展格局，按照市委八届十次全会部署，围绕全市发展大局，全面担负起宪法法律赋予的各项职责，为加快“小市大为、跨越赶超”，实现“十四五”规划良好开局贡献人大力量。

代表们在审议中充分肯定市人大常委会过去一年的工作，同时认为常委会工作还存在一些差距和不足：地方立法对改革发展的引领、支持和保障作用有待进一步发挥；依法监督的方式方法需持续改进，对热点难点问题的监督推动力度有待进一步加大，同时提出改进意见建议。

会议通过决议，通过市人大常委会工作报告。

第八节　听取和审议法院工作报告

第一次会议　听取和审议市中级人民法院院长陈仁生所作的《鹰潭市中级人民法院工作报告》。报告指出，五年来，市中级人民法院以“努力让人民群众在每一个司法案件中感受到公平正义”为目标，紧紧围绕省委“十六字”方针和市委“主攻项目，决战‘三区’，凸现特色，实现跨越”总体要求，始终坚持司法为民公正司法工作主线，依法履行审判职能，努力服务发展大局，稳步推进司法改革，全面加强自身建设，各项工作取得新的进步，为建设富裕秀美宜居和谐鹰潭作出应有的贡献，全市法院共受理各类案件 34088 件，结案 31811 件（含旧存，截至 2016 年 9 月），同比分别上升 26.03% 和 20.2%。其中市中院受理各类案件 3682 件，结案 3354 件，分别上升 101.75% 和 87.58%。报告总结了五年来工作经验：做好法院工作必须始终坚持党对法院工作的绝对领导，把握法院工作正确方向；必须始终坚持围绕中心服务大局，依法全面履行审判职能；必须始终坚持司法为民公正司法工作主线，不断提升司法公信力和人民群众满意度；必须始终坚持目标引领和问题导向，求真务实改革创新；必须始终坚持抓班子带队伍、抓基层强基础，保障法院工作协调发展。报告提出当前和今后一个时期全市法院工作的总体思路：高举中国特色社会主义伟大旗帜，以邓小平理论、“三个代表”重要思想、科学发展观为指导，深入贯彻落实习近平总书记系列重要讲话精神，遵循“五位一体”总体布局和“四个全面”战略布局，按照市第八次党代会和本次大会要求，坚持发展新理念，顺应人民新需求，充分发挥审判职能，大力加强自身建设，稳妥推进司法改革，不断提高司法水平，为促进鹰潭新跨越、实现同步全面建成小康社会提供更加有力的司法保障。

代表们在审议中认为，法院工作中还存在不少问题和困难：有的法院和法官存在单纯业务观点，就案办案、机械执法，办案的社会效果不佳；有的法官司法能力不适应形势任务要求，面对疑难复杂案件，准确认定事实、正确适用法律、妥善化解矛盾的水平不高，案结事未了的情况仍然存在；有的法官宗旨意识淡化，服务观念淡薄，对当事人冷硬横推；个别法官滥用职权，司法不公，影响司法权威。同时提出改进工作的意见建议。

会议通过决议，批准市中级人民法院工作报告。

第二次会议 听取和审议市中级人民法院院长陈仁生所作的《鹰潭市中级人民法院工作报告》。报告指出，2016 年，全市法院紧紧围绕同步全面建成小康社会、建设富裕美丽幸福鹰潭总目标，以“坚持弘扬井冈山精神，争创一流工作业绩”为抓手，坚持司法为民、公正司法，忠实履行宪法法律赋予的职责，充分发挥审判职能，各项工作取得新进展。全市法院受理案件 10435 件，审结 10203 件，同比分别上升 22.66% 和 37.93%。报告提出，2017 年，是党的十九大召开之年，全市法院将深入贯彻落实党的十八大、十八届三中、四中、五中、六中全会精神和习近平总书记系列重要讲话精神，按照市第八次党代会决策部署，落实本次大会决议，增强政治责任感，提高工作预见性，充分发挥审判职能，全面深化司法改革，深入推进信息化建设，坚持弘扬井冈山精神，努力打造过硬队伍，为建设富裕美丽幸福鹰潭营造安全稳定的社会环境、公正规范的法治环境，以优异成绩迎接党的十九大胜利召开。

代表们在审议中认为，法院工作中还存在不少问题和困难：执行案件增长较快，解决执行难的任务十分艰巨；有的干警司法能力不足、服务意识不强，制约审判质效和队伍形象提升，同时提出改进工作的意见建议。

会议通过决议，批准市中级人民法院工作报告。

第四次会议　听取和审议市中级人民法院代院长喻德红所作的《鹰潭市中级人民法院工作报告》。报告指出，2017 年，全市法院紧紧围绕“努力让人民群众在每一个司法案件中感受到公平正义”的目标，坚持司法为民、公正司法，以“坚持弘扬井冈山精神，争创一流工作业绩”为抓手，忠实履行宪法法律赋予的职责，共计受理各类案件 11532 件，结案 11722 件，同比分别上升 15.34% 和 9.83%。其中，市法院共受理各类案件 1054 件，结案 1172 件，同比分别上升 14.57% 和 28.65%。报告提出，2018 年是贯彻党的十九大精神的开局之年，全市法院将按照党的十九大对深化依法治国实践作出的部署，忠实履行审判职责，不断提升审判质效和司法公信力，努力实现审判体系和审判能力现代化，为建设富裕美丽幸福鹰潭提供更加有力的司法保障。

代表们在审议中认为，法院工作中还存在不少问题和困难：与人民群众要求相比，司法能力素质有待进一步提高；新型审判权力监督制约体系有待健全，法院人员分类管理等新情况有待进一步破题；少数干警存在纪律作风问题，同时提出改进工作的意见建议。

会议通过决议，批准市中级人民法院工作报告。

第五次会议　听取和审议市中级人民法院院长喻德红所作的《鹰潭市中级人民法院工作报告》。报告指出，2018 年，全市法院紧紧围绕“努力让人民群众在每一个司法案件中感受到公平正义”的目标，按照市委“三大四聚”发展路径和“六强四动一保障”工作思路，审判类案件新收 9612 件，审结 10180 件，结案率为 97.14%，在全省 12 个中院辖区中位居第三。其中，市中院新收 942 件，审结 1028 件，结案率为 96.71%。全市法院新收刑事案件 1307 件，审结 1336 件；新收民商事案件 7555 件，审结 8077 件。共受理执行案件 6223 件，执结 5667 件，执结率为 91.07%，执行到位金额 13 亿元。报告提出，2019 年，全市法院将以习近平新时代中国特色社会主义思想为指导，全面贯彻党的十九大精神，坚持以人民为中心的发展思想，以执法办案为重点，以司法改革为驱动，以信息技术为依托，以队伍建设为基础，开创新局面，更上一层楼。

代表们在审议中认为，少数法官司法水平不高，审判质效有待进一步提升；新型审判权运行机制尚不完善，司法体制综合配套改革要进一步落实，同时提出改进工作的意见建议。

会议通过决议，批准市中级人民法院工作报告。

第六次会议　听取和审议市中级人民法院代院长王建华所作的《鹰潭市中级人民法院工作报告》。报告指出，2019 年，全市法院深入学习贯彻习近平总书记视察江西时的重要讲话精神，认真贯彻落实党的十九大和十九届二中、三中、四中全会精神，紧紧围绕市委中心工作，围绕人民群众对公平正义的期待，忠实履行宪法法律赋予的职责，受理各类案件18355件，结案18022件，同比分别上升9.88%和13.76%，结案率和执行工作考核均位列全省第三。市中院受理各类案件1549件，结案1532件，同比分别上升23.03%和26.72%，一审服判息诉率、民事案件调解率居全省各中院首位。报告提出，2020年，全市法院将坚持以习近平新时代中国特色社会主义思想为指导，认真贯彻落实市委和省高院的决策部署，自觉服从服务疫情防控和经济社会发展大局，紧紧围绕“努力让人民群众在每一个司法案件中感受到公平正义”的目标，履职尽责，锐意进取，争创一流，为鹰潭“小市大为、跨越赶超”提供坚强的司法保障和优质的司法服务。

代表们在审议中认为，新型审判管理监督机制仍需健全，司法体制综合配套改革措施有待加快落实，智慧法院建设水平和应用能力有待进一步提高，专家型法官短缺，司法作风问题还不同程度存在，同时提出改进工作的意见建议。

会议通过决议，批准市中级人民法院工作报告。

第八次会议　听取和审议市中级人民法院院长王建华所作的《鹰潭市中级人民法院工作报告》。报告指出，2020年，全市法院以习近平新时代中国特色社会主义思想为指导，紧紧围绕“努力让人民群众在每一个司法案件中感受到公平正义”的目标，深入开展“基本职能履行、基础工作支撑、创新能力提升、创优亮点引领”争一流活动，共受理各类案件20487件，结案20471件，结案率99.92%，市中院受理各类案件1329件，结案1327件，结案率99.85%，结案率、调解率位居全省第一。报告提出，2021年，全市法院将全面贯彻落实习近平法治思想，认真贯彻市委和省高院工作要求，践行新发展理念，在服务大局上优化思路方法，在司法办案上强化质量效果，在队伍建设上提升能力水平，为鹰潭市建设“世界铜都、中华道都、智慧美城”，努力开创“小市大为、跨越赶超”新境界提供有力的司法保障。

代表们在审议中认为，法院工作中存在有的案件办理效果不佳，案结事难了；基层基础建设存在短板，有的法庭没有发挥前沿阵地作用；司法作风不实、司法行为不规范等问题，同时提出改进工作的意见建议。

会议通过决议，批准市中级人民法院工作报告。

第九节　听取和审议检察院工作报告

第一次会议　听取和审议市人民检察院检察长李莉安所作的《鹰潭市人民检察院工作报告》。报告指出，五年来，全市检察机关紧紧围绕市委和省检察院的重大决策部署，制定实施《鹰潭市检察机关服务“三区”建设实施意见》，充分发挥检察职能作用，为鹰潭经济社会发展提供了有力的司法保障。依法惩治各类经济犯罪，严厉打击破坏市场经济秩序犯罪 282 人，突出打击非法集资、金融诈骗、传销等涉众型经济犯罪 59 人，坚决打击制假售假、虚开增值税专用发票、侵犯知识产权等犯罪 116 人。全面履行法律监督职责，共批准逮捕各类刑事犯罪 3483 人，起诉 5355 人。严肃查办和积极预防职务犯罪，依法查办了职务犯罪案件 216 件 274 人，其中查办贪污贿赂大案 137 件，渎职侵权重特大案件 29 件，县处级以上要案 27 人。切实加强对诉讼活动的监督，强化对侦查活动的监督，监督立案 131 件，监督撤案 254 件。报告总结五年的检察工作的体会，做好新形势下的检察工作，必须始终坚持党的领导和主动接受人大监督，确保检察权依法正确行使；必须始终坚持把人民放在心中最高位置，维护好人民群众的合法权益；必须始终坚持围绕中心服务大局，自觉把检察工作放在大局中谋划和推进；必须始终坚持以司法办案为中心，不断提高法律监督能力；必须始终坚持从严治检不放松，打造一支过硬检察队伍；必须始终坚持把工作重心放在基层，着力夯实检察事业发展根基。报告提出，今后的五年全市检察工作的总体思路是，高举中国特色社会主义伟大旗帜，牢固树立新发展理念，紧紧围绕“五位一体”总体布局和“四个全面”战略布局，牢牢把握“三个强化”总要求，以司法办案为中心，以深化司法改革为动力，忠实履行宪法法律赋予的职责，抓作风、强队伍，抓规范、强监督，抓短板、强基础，抓创新、强发展，切实维护社会大局稳定、促进社会公平正义、保障人民安居乐业，为同步全面建成小康社会提供有力司法保障。

代表们在审议中认为，检察机关运用法治思维和法治方式服务大局、惩治犯罪、化解矛盾的能力有待提升，监督不到位和司法不规范的问题仍有存在，同时提出改进工作的意见建议。

会议通过决议，批准市人民检察院工作报告。

第二次会议　听取和审议市人民检察院检察长李莉安所作的《鹰潭市人民检察院工作报告》。报告指出，2016 年，全市检察机关紧紧围绕市委建设富裕秀美宜居和谐鹰潭的决策部署，充分发挥检察职能作用，服务和保障经济社会平稳健康发展。批准逮捕破坏社会主义市场经济秩序案件 42 件 54 人，提起公诉 47 件 83 人。持续接力开展“加强生态检察，服务绿色崛起”专项监督和“生态检察工作深化年”活动。忠实履行法律监督职责，严格掌握逮捕、起诉条件，批准（决定）逮捕各类犯罪嫌疑人 973 人，提起公诉 1355 人，不批准逮捕 209 人，不起诉 91 人，无捕后撤案或判无罪案件。立案侦查各类职务犯罪案件 43 件 60 人，其中贪污贿赂类犯罪案件 31 件 44 人，渎职侵权类犯罪案件 12 件 16 人。统筹推进诉讼活动监督。报告提出，2017 年，是党的十九大召开之年，全市检察机关要深入贯彻落实党的十八大和十八届三中、四中、五中、六中全会以及习近平总书记系列重要讲话精神，牢固树立新发展理念，紧紧围绕“五位一体”总体布局和“四个全面”战略布局，牢牢把握“三个强化”总要求，以司法办案为中心，以深化司法改革为动力，忠实履行宪法法律赋予的职责，抓作风、强队伍，抓规范、强监督，抓短板、强基础，抓创新、强发展，切实维护社会大局稳定、促进社会公平正义、保障人民安居乐业，为建设富裕美丽幸福鹰潭、决胜全面建成小康社会提供有力司法保障。

代表们在审议中认为，检察机关法律监督职能的发挥与经济社会发展的需要还不适应，不善监督、监督不到位的问题仍然存在；检察科技与信息化水平相对滞后，利用信息技术侦办案件的能力有待提升，同时提出改进工作的意见建议。

会议通过决议，批准市人民检察院工作报告。

第四次会议 听取和审议市人民检察院检察长李莉安所作的《鹰潭市人民检察院工作报告》。报告指出，2017 年，全市检察机关全年批准（决定）逮捕 667 件 978 人，提起公诉 825 件 1315 人。批准逮捕破坏生态环境资源刑事案件 26 件 35 人，起诉 15 件 45 人。依法立案侦查职务犯罪案件 34 件 71 人。强化刑事立案和侦查监督，监督侦查机关立案 17 件 20 人，监督侦查机关撤案 7 件 11 人，监督行政执法机关移送涉嫌犯罪案件 14 件 15 人，纠正漏捕 47 人，纠正漏诉 20 人。对认为确有错误的民事行政生效判决、裁定、调解书，提出再审检察建议 4 件，对审判和执行活动中的违法情形提出检察建议 54 件。报告提出，2018 年，全市检察机关将深入学习贯彻习近平新时代中国特色社会主义思想和党的十九大精神，认真落实市委和省检察院的工作部署，坚持以新发展理念为引领，以司法办案为中心，以司法改革为动力，以自身建设为根本，充分发挥检察职能作用，服务保障“两都一城”和平安鹰潭、法治鹰潭建设，为决胜全面建成小康社会，建设富裕美丽幸福鹰潭提供更加有力司法保障。

代表们在审议中认为，检察机关法律监督职能发挥还不充分，不善监督的问题依然存在，监督水平有待提升；检察信息化水平相对滞后，依托科技辅助办案的能力有待提高；检察队伍素能还不能完全适应新形势新要求，同时提出改进工作的意见建议。

会议通过决议，批准市人民检察院工作报告。

第五次会议 听取和审议市人民检察院检察长李莉安所作的《鹰潭市人民检察院工作报告》。报告指出，2018 年，全市检察机关制定实施《供给优质检察产品助力谱写新时代中国特色社会主义鹰潭篇章工作方案》，服务保障打好污染防治攻坚战、打好防范化解重大风险攻坚战、打好精准脱贫攻坚战。聚焦主责主业，全面履行刑事检察、诉讼监督、未成年人检察等职责，依法惩治各类危害国家安全和社会稳定的刑事犯罪，全年共审查逮捕 1338 人，审查起诉 2514 人。加强立案和侦查活动监督，纠正漏捕 10 人，纠正漏诉 10 人。强化未成年人法治保护，审查逮捕未成年犯罪嫌疑人及性侵未成年人犯罪嫌疑人 59 人、审查起诉 75 人，不捕 21 人、不诉 24 人。报告提出，2019 年，全市检察机关将坚持以习近平新时代中国特色社会主义思想和党的十九大精神为指导，全面贯彻省委十四届六次、七次全会和市委八届四次、五次、六次全会精神，紧扣“讲政治、顾大局、谋发展、重自强”的新时代检察工作总体要求，认真落实省检察院工作部署，服务发展大局、强化法律监督、深化司法改革、打造过硬队伍，推动鹰潭检察工作全面健康发展。

代表们在审议中认为，检察机关法律监督职能作用发挥还不够均衡充分，司法改革配套机制还需要不断完善，专业化队伍建设还需要持续强化，同时提出改进工作的意见建议。

会议通过决议，批准市人民检察院工作报告。

第六次会议　听取和审议市人民检察院检察长李莉安所作的《鹰潭市人民检察院工作报告》。报告指出，2019 年，全市检察机关围绕市委“三大四聚”发展路径和“六强四动一保障”工作思路，纵深推进扫黑除恶专项斗争，高效起诉涉黑恶犯罪 253 人，摸排移送涉黑恶及“保护伞”线索 122 件。服务保障打好“三大攻坚战”，全域一体护航民营经济发展。认真履行检察职能，办理刑事检察案件 3514 件，同比上升 20.3%；办理民事、行政检察案件 73 件，同比上升 88.6%；办理公益诉讼检察案件 106 件，同比上升 24.7%。坚持创新引领，充分发挥鹰潭生态检察品牌效应，持续擦亮鹰潭检察品牌。会议提出，2020 年全市检察工作总体思路是：坚持以习近平新时代中国特色社会主义思想为指导，深入贯彻党的十九大和十九届二中、三中、四中全会精神，认真落实市委和省检察院工作部署，一以贯之为大局服务、为人民司法，锐意进取加强检察监督能力现代化建设，持之以恒推进刑事、民事、行政、公益诉讼“四大检察”全面协调充分发展，坚定不移打造革命化、正规化、专业化、职业化检察队伍，努力为加快推进“小市大为、跨越赶超”，谱写好新时代江西改革发展新画卷的鹰潭篇章贡献检察力量。

代表们在审议中认为，检察机关服务保障鹰潭高质量发展的成效还需要进一步提升，“四大检察”还存在不少短板，优质检察产品供给能力还需要进一步提升，同时提出改进工作的意见建议。

会议通过决议，批准市人民检察院工作报告。

第八次会议　听取和审议市人民检察院检察长李莉安所作的《鹰潭市人民检察院工作报告》。报告指出，2020 年，全市检察机关认真落实市委“三大四聚”发展路径、“六强四动一保障”工作思路和省检察院工作部署，忠实履职，对标发展大局，为经济社会发展营造安全稳定社会环境、公平正义法治环境。立足法律监督主业，审查逮捕 916 人，审查起诉 2057 人，刑事诉讼监督 55 件，依法不诉 263 人。全年办理民事、行政检察案件 73 件。开展“公益诉讼守护平安鹰潭”等系列活动，办理公益诉讼案件 143 件。打好防“疫”法治保卫战，对所有涉疫案件均提前介入，批捕 31 人、起诉 31 人。打好扫黑除恶专项斗争决胜战，起诉黑恶犯罪36人。严惩扶贫领域犯罪，向被害人发放司法救助金71.4万元。起诉破坏生态环境犯罪70人。报告提出，2021年，全市检察机关将坚持以习近平新时代中国特色社会主义思想为指导，深入贯彻党的十九大和十九届二中、三中、四中、五中全会精神，认真落实市委和省检察院工作部署，用新发展理念指导检察实践，为大局服务、为人民司法，推进刑事、民事、行政、公益诉讼“四大检察”全面协调充分发展，打造革命化、正规化、专业化、职业化检察队伍，为谱写好新时代江西改革发展新画卷的鹰潭篇章提供有力司法保障。

代表们在审议中认为，检察机关服务促进社会治理的实效性还需要提升，“四大检察”发展不平衡问题需要努力破解，队伍素能跟不上新时代更高要求，办理金融、网络等新型案件能力需要提升，同时提出改进工作的意见建议。

会议通过决议，批准市人民检察院工作报告。

第六章　市十届人民代表大会

鹰潭市第十届人民代表大会任期从2021年10月开始，共有代表271名，到2024年1月共召开了4次代表大会会议、20次常委会会议，市人大及其常委会通过地方性法规3部、听取和审议工作报告84项、通过决议决定43个、选举任免国家机关工作人员239人次。

第一节　历次会议情况

第一次会议　2021年10月27日至30日举行。会议应到代表276名，实到代表264名。会议审议并通过了市人民政府、市人大常委会、市中级人民法院和市人民检察院工作报告。会议选举郭清为鹰潭市十届人大常委会主任，吴建辉、夏涌波、雷纪文、程美华、徐双文、李美珍为市十届人大常委会副主任，邵菁靓为鹰潭市人大常委会秘书长，选举产生28名市人大常委会委员；选举张子建为鹰潭市人民政府市长，王亚青、刘江、苏建军、李小平、余红艳、林坤为副市长；选举鄢华为鹰潭市监察委员会主任，田甘霖为鹰潭市中级人民法院院长，张江为鹰潭市人民检察院检察长；表决通过了鹰潭市第十届人民代表大会各专门委员会组成人员名单。会议举行了宪法宣誓仪式，闭幕会上，市委书记黄喜忠，新当选的市十届人大常委会主任郭清、市政府市长张子建分别讲话。收到代表建议84件。

第二次会议　2022年1月22日至24日，市十届人大二次会议在市华侨饭店会议中心举行。会议应到代表276名，实到代表254名，符合法定人数。会议听取和审议了市人民政府、市人大常委会、市中级人民法院、市人民检察院工作报告与生态文明建设和生态环境状况的报告；审查和批准了鹰潭市2021年国民经济和社会发展计划执行情况与2022年国民经济和社会发展计划草案的报告，批准了鹰潭市2022年国民经济和社会发展计划；审查和批准了鹰潭市2021年全市和市级预算执行情况及2022年全市和市级预算草案的报告，批准了鹰潭市2022年市级预算；通过了上述报告的决议。市委书记许南吉在闭幕会上作了讲话。收到代表建议46件。

第三次会议　2023年1月6日至7日举行。会议应到代表273名，实到240名。会议听取和审议了鹰潭市人民政府工作报告、鹰潭市人大常委会工作报告、鹰潭市中级人民法院工作报告、鹰潭市人民检察院工作报告、鹰潭市生态文明建设和生态环境状况的报告，表决通过了关于上述报告的决议；审查和批准了鹰潭市2022年国民经济和社会发展计划执行情况与2023年国民经济和社会发展计划草案的报告，批准了鹰潭市2023年国民经济和社会发展计划；审查和批准了鹰潭市2022年全市和市级预算执行情况及2023年全市和市级预算草案的报告，批准了鹰潭市2023年市级预算。会议审议并表决通过了《鹰潭市人民代表大会议事规则》，会后提请省人大常委会审查批准；选举产生了25名鹰潭市出席江西省第十四届人民代表大会代表。市委书记许南吉在大会闭幕时作了讲话。收到代表建议40件。

第四次会议 2024年1月17日至18日举行。会议应到代表271名，实到247名。会议听取和审议鹰潭市人民政府工作报告、鹰潭市人大常委会工作报告、鹰潭市中级人民法院工作报告、鹰潭市人民检察院工作报告、鹰潭市生态文明建设和生态环境状况的报告，表决通过了关于上述报告的决议；审查和批准了鹰潭市2023年国民经济和社会发展计划执行情况与2024年国民经济和社会发展计划草案的报告，批准了鹰潭市2024年国民经济和社会发展计划；审查和批准鹰潭市2023年全市和市级预算执行情况及2024年全市和市级预算草案的报告，批准鹰潭市2024年市级预算。会议审议并通过了关于设立市十届人大农业与农村委员会、城乡建设环境与资源保护委员会的决定，补选赵勇凯为市十届人大常委会秘书长，选举产生了10名市十届人大常委会委员，通过了市十届人大监察和司法委员会、法制委员会、社会建设委员会主任委员名单，以及农业与农村委员会、城乡建设环境与资源保护委员会组成人员名单。会议举行了宪法宣誓仪式，市委书记许南吉在大会闭幕时作了讲话。收到代表建议62件。

第二节　听取和审议政府工作报告

第一次会议 听取和审议市长张子建所作的《政府工作报告》。报告回顾了五年来政府工作，五年来，全市上下坚持以习近平新时代中国特色社会主义思想为指导，深入贯彻习近平总书记视察江西重要讲话精神，在“三大攻坚战”中决战决胜，在抗击疫情中负重前行，在应对挑战中攻坚克难，全面建成小康社会目标如期实现，经济社会发展取得重大成就，顺利完成了本届政府各项目标任务。坚持创新发展，产业能级实现了跨越性提升，全社会研发投入占GDP比重持续保持全省前列，鹰潭高新区获批国家自主创新示范区，全市规上工业营业收入突破4500亿元；坚持协调发展，城乡面貌发生显著性变化，城乡融合全面铺开，余江撤县设区，乡村振兴全面推进。坚持绿色发展，生态质量取得整体性好转，全力打好蓝天、碧水、净土污染防治攻坚战；坚持开放发展，发展活力实现了系统性增强；坚持共享发展，全面小康取得历史性成就，累计投入民生类资金563.9亿元。报告提出，今后五年经济社会发展的总体要求是：高举中国特色社会主义伟大旗帜，以习近平新时代中国特色社会主义思想为指导，全面贯彻落实党的十九大和十九届二中、三中、四中、五中全会精神，深入贯彻落实习近平总书记“七一”重要讲话精神和视察江西重要讲话精神，围绕立足新发展阶段、贯彻新发展理念、构建新发展格局，坚持稳中求进工作总基调，以供给侧结构性改革为主线，以满足人民日益增长的美好生活需要为根本目的，聚焦高质量跨越式发展首要战略，按照“全域融合、改革创新、绿色转型、奋进争先”工作要求，全力打造区域性综合枢纽城市，加快建设“智铜道合、强富美优”新鹰潭，奋力谱写全面建设社会主义现代化国家鹰潭篇章，描绘新时代鹰潭改革发展新画卷。今后五年全市经济社会发展的主要目标是：主要经济指标增幅保持全省“第一方阵”，到2026年，地区生产总值突破1500亿元，一般公共预算收入突破100亿元，规上工业营业收入突破6000亿元，固定资产投资年均增长8.5%左右，社会消费品零售总额突破550亿元，城乡居民人均可支配收入分别年均增长8%、9%。今后五年政府工作的重点是：聚力打造现代产业之城，再谱“智铜道合”新篇章；聚力打造综合枢纽之城，再添“智铜道合”新优势；聚力打造城乡融合之城，再绘“智铜道合”新画卷；聚力打造山水生态之城，再展“智铜道合”新形象；聚力打造平安幸福之城，再增“智铜道合”新福祉。

代表们在审议中认为，鹰潭市经济社会发展还存在不少矛盾和问题，主要表现在：鹰潭发展不够、不快、不优的问题依然存在，经济总量偏小、产业层次偏低、创新能力偏弱、重量级项目偏少，加快高质量跨越式发展任务艰巨；城市品质不高、人气不旺，城乡融合发展步伐还不快；资源环境承载压力比较大，产业结构、能源结构还不够适应低碳发展要求；教育、医疗、养老等高品质公共服务产品供给不足，满足人民群众对美好生活的向往任务艰巨。对这些问题，代表们提出针对性意见建议。

会议通过决议，批准政府工作报告。

第二次会议　听取和审议市长张子建所作的《政府工作报告》。报告指出，2021年，全市上下坚持以习近平新时代中国特色社会主义思想为指导，全面贯彻习近平总书记视察江西重要讲话精神，扎实做好“六稳”“六保”工作，加快推进高质量跨越式发展，奋力建设“智铜道合、强富美优”新鹰潭，实现了“十四五”良好开局。全年实现生产总值1143.92亿元；转型升级厚植新优势，万亿有色产业集群核心区建设加速推进，铜基新材料产业营业收入达3200亿元，鹰潭国际综合港经济区加快建设；城乡融合实现新突破，国家城乡融合发展试验区建设全面铺开，入选全国首批、全省唯一的海绵城市建设示范城市，花桥水利枢纽工程基本建成；改革开放增添新动能，相对集中行政许可权改革率先完成；民生福祉得到新提升，年初确定的58件民生实事全部完成，推动巩固拓展脱贫攻坚成果同乡村振兴有效衔接，“双减”政策稳步推进。报告提出，2022年政府工作的总体要求是：

以习近平新时代中国特色社会主义思想为指导，深入贯彻党的十九大和十九届历次全会以及中央经济工作会议精神，深入贯彻习近平总书记视察江西重要讲话精神，认真落实省第十五次党代会、省委经济工作会议及市第九次党代会部署要求，大力弘扬伟大建党精神，坚持稳字当头、稳中求进，完整、准确、全面贯彻新发展理念，融入构建新发展格局，以供给侧结构性改革为主线，统筹疫情防控和经济社会发展，统筹发展和安全，继续做好“六稳”“六保”工作，突出“主攻工业、招大引强”，深入实施“七大行动”，坚定不移推进高质量跨越式发展，加快建设“智铜道合、强富美优”新鹰潭，奋力开创“小市有大作为、争创新时代‘第一等工作’”新局面，以优异成绩迎接党的二十大胜利召开。经济社会发展的主要预期目标是：生产总值增长7.5%以上，一般公共预算收入增长5.5%，规模以上工业增加值增长8.5%左右，固定资产投资增长9%左右，社会消费品零售总额增长10.5%左右，城乡居民人均可支配收入分别增长7.5%、8%，居民消费价格总水平涨幅控制在3%以内，节能减排降碳完成省下达任务。重点做好五方面工作：突出主攻工业、招大引强，加速建设新型工业化先进市；突出做旺人气、做大流量，大力发展现代服务业；突出改革开放、项目为王，大力实施营商环境“一号改革工程”；突出全域一体、放大优势，加快打造全国城乡融合发展样板区；突出共建共享、为民惠民，努力创造高品质生活。

代表们在审议中认为，鹰潭市产业层次不高，铜基新材料产业转型升级还需加力，电子信息产业集聚效应还没有显现，创新驱动力有待提升；营商环境与沿海发达地区比较还有不少短板，物流成本、融资成本偏高，要素保障还有不少弱项；城市人气不旺，城市功能与配套还不完善等。对这些问题，代表们提出针对性意见建议。

会议通过决议，批准政府工作报告。

第三次会议 听取和审议了市长张子建所作的《政府工作报告》。报告指出，2022年，全市上下以习近平新时代中国特色社会主义思想为指导，坚持稳中求进工作总基调，按照“疫情要防住、经济要稳住、发展要安全”的重要要求，统筹做好战疫情、抗旱情、促发展、保民生、护稳定等各项工作，经济社会保持平稳健康发展。千方百计稳增长，经济运行态势向好，预计全年生产总值达1235亿元、增长5.5%，一般公共预算收入完成100.6亿元、增长8.6%；坚定不移强产业，转型升级步伐加快，规上工业企业近500家，数字经济“一号发展工程”深入实施，现代农业稳步发展，建成高标准农田10.1万亩；蹄疾步稳促改革，发展活力持续迸发，入选全省首批营商环境创新试点城市，全国城乡融合发展试验区建设成效凸显；全力以赴防风险，社会大局和谐稳定。科学精准应对疫情，第一时间激活应急指挥体系，压紧“四方”责任、落实“四早”要求，集中力量打好了疫情防控阻击战、歼灭战。持之以恒惠民生，群众福祉日益增进，十大民生工程、58件民生实事全部完成，实施城市功能与品质再提升行动。报告提出，2023年政府工作的总体要求是：以习近平新时代中国特色社会主义思想为指导，全面贯彻落实党的二十大精神和中央、省委经济工作会议精神，深入贯彻习近平总书记视察江西重要讲话精神，坚持稳中求进工作总基调，完整、准确、全面贯彻新发展理念，服务和融入新发展格局，着力推动高质量跨越式发展，重点做好新型工业化、新型城镇化两篇文章，深入实施“七大行动”，更好统筹疫情防控和经济社会发展，更好统筹发展和安全，全面深化改革开放，大力提振市场信心，把实施扩大内需战略同深化供给侧结构性改革有机结合起来，突出做好稳增长、稳就业、稳物价、防风险工作，推动经济运行整体好转，实现质的有效提升和量的合理增长，奋力谱写现代化鹰潭建设新篇章，以优异成绩迎接建市四十周年。经济社会发展的主要预期目标是：生产总值增长 7.5% 左右，一般公共预算收入增长 5%，规上工业增加值增长 8.5% 左右，固定资产投资增长 9% 以上，社会消费品零售总额增长 9% 左右，城乡居民人均可支配收入分别增长 7%、8%，居民消费价格总水平涨幅控制在 3% 以内，城镇调查失业率控制在 5.5% 以内，主要污染物排放等指标完成省下达目标。重点做好七方面工作：发挥特色优势，增强现代产业体系竞争力；扩大有效投资，增强高质量发展支撑力；深化改革创新，增强营商环境品牌吸引力；突出全域一体，增强城乡融合发展辐射力；擦亮生态底色，增强绿色低碳发展驱动力；坚持人民至上，增强民生共建共享凝聚力；加强自身建设，增强勇担当善作为保障力。

代表们在审议中认为，鹰潭市商贸旅游、交通运输等行业受疫情影响较大，部分经济指标距预期目标有差距；传统产业数字化转型还不快；经济金融、公共安全等领域风险隐患仍然不少；政府抓民生补短板还有不足，基层治理水平有待提高等。对这些问题，代表们提出针对性意见建议。

会议通过决议，批准政府工作报告。

第四次会议 听取和审议了市长张子建所作的《政府工作报告》。报告指出，2023 年，全市上下坚持以习近平新时代中国特色社会主义思想为指导，深入贯彻习近平总书记考察江西重要讲话精神，坚持稳中求进工作总基调，统筹做好稳增长、促改革、惠民生、保稳定、防风险各项工作，预计全年地区生产总值增长 7%，规上工业增加值增长 13%，一般公共预算收入增长 8.26%，固定资产投资增长 5.1%，社会消费品零售总额增长 7.5%，城乡居民人均可支配收入分别增长 4.6% 和 6.5%，主要经济指标增速保持全省前列。工业转型提速增效，全市规上工业企业达 528 家；改革开放走深走实，国家城乡融合发展试验区建设扎实推进；城乡面貌日益改善，鹰潭市国土空间总体规划获省政府批复；民生福祉持续增进，社会保障更加有力，民生支出同比增长 23.6%，新增城镇就业 1.7 万人、农村劳动力转移就业 1.3 万人，“零就业家庭”保持动态清零。报告提出，2024 年政府工作的总体要求是：以习近平新时代中国特色社会主义思想为指导，全面落实党的二十大精神和习近平总书记考察江西重要讲话精神，深入贯彻中央、省委经济工作会议和省委十五届四次、五次全会精神，聚焦“走在前、勇争先、善作为”的目标要求，围绕打造“三大高地”、实施“五大战略”，坚持稳中求进工作总基调，完整、准确、全面贯彻新发展理念，加快构建新发展格局，着力推动高质量发展，全面深化改革开放，提升科技创新能力，统筹扩大内需和深化供给侧结构性改革，统筹新型城镇化和乡村全面振兴，统筹高质量发展和高水平安全，加快打造国家级铜基新材料先进制造业集群和全国城乡融合发展样板区，切实增强经济活力、提高社会预期、增进民生福祉、推进共同富裕、防范化解风险、保持社会稳定，巩固和增强经济回升向好态势，持续推动经济实现质的有效提升和量的合理增长，为奋力谱写中国式现代化江西篇章作出鹰潭更大贡献。经济社会发展的主要预期目标是：地区生产总值增长 6.5% 左右，一般公共预算收入增长 4% 以上，规上工业增加值增长 10% 以上，固定资产投资增长 7% 左右，社会消费品零售总额增长 7.5% 左右，城乡居民人均可支配收入分别增长 5.5%、7% 左右，居民消费价格总水平涨幅控制在 3% 以内，主要污染物排放等指标完成省下达目标。重点做好五方面工作：坚持创新引领、科技赋能，加快构建特色鲜明的现代化产业体系；坚持扩大内需、深化开放，不断塑造高质量发展的新动能新优势；坚持全域一体、协调共进，全力打造全国城乡融合发展样板区；坚持生态优先、绿色发展，着力绘就人与自然和谐共生的美丽画卷；坚持民生为本、普惠共享，努力提升人民群众美好生活的幸福质感。

代表们在审议中认为，鹰潭市受外部环境影响，经济下行压力持续加大，有效需求仍然不足，投资、出口较为低迷，实体经济较为困难；创新平台、创新主体和人才数量偏少；项目争引质效不高；风险隐患不容忽视，经济金融、民生领域还有不少短板等。对这些问题，代表们提出针对性意见建议。

会议通过决议，批准政府工作报告。

第三节　审查批准国民经济和社会发展计划

第二次会议　审查了市发展和改革委员会主任徐略英受市人民政府委托所作的《关于鹰潭市 2021 年国民经济和社会发展计划执行情况与 2022 年国民经济和社会发展计划草案的报告（书面）》。报告指出，2021 年以来，全市上下按照“全域融合、改革创新、绿色转型、奋进争先”的总体要求，持续巩固拓展疫情防控和经济社会发展成果，全力推进“4+1”重点工作专项，奋力建设“智铜道合、强富美优”新鹰潭，圆满完成全年目标任务，主要经济指标增幅保持全省“第一方阵”，经济总量跨过千亿元关口。全年实现生产总值 1143.92 亿元，完成一般公共预算收入 92.61 亿元，规模以上工业增加值增长 12.2%，固定资产投资增长 11.8%，以上经济指标增速均位列全省第一。社会消费品零售总额 405 亿元，城镇居民人均可支配收入 42048 元，农村居民人均可支配收入 20686 元，CPI 上涨 0.7%。报告提出，2022 年国民经济和社会发展预期目标是：地区生产总值达 1250 亿元，增长 7.5% 以上；一般公共预算收入 97.7 亿元，增长 5.5%；规模以上工业增加值增长 8.5% 左右；固定资产投资增长 9% 左右；社会消费品零售总额 445.5 亿元，增长 10.5% 左右；城镇居民人均可支配收入增长 7.5%；农村居民人均可支配收入增长 8%；居民消费价格总水平涨幅控制在 3% 以内；完成省下达的节能减排计划任务和碳排放强度控制目标任务。围绕上述目标，着力做好以下工作：坚持主攻工业、攻主工业，在现代产业体系上迈出更快步伐；坚持大招商、招大商，在高质量发展上聚集更强后劲；坚持全域一体、城乡联动，在城乡融合发展上谋求更多突破；坚持"绿水青山就是金山银山"，在全面绿色转型上彰显更强决心；坚持民为邦本、本固邦宁，在生活品质提升上拿出更实举措。

市人大财政经济委员会根据会前的初步审查和会中代表的审议意见，对市人民政府提出的 2021 年国民经济和社会发展计划执行情况与 2022 年国民经济和社会发展计划草案的报告进行了审查，认为外部环境更趋复杂严峻和不确定，鹰潭市也同样面临需求收缩、供给冲击、预期转弱的三重压力，疫情影响仍在持续，经济下行压力仍然较大，项目引领推动工业经济高质量发展有待提升，发展环境还不够优化，公共服务供给等民生实事还有不足，同时提出对策建议。

会议通过决议，批准《关于鹰潭市 2021 年国民经济和社会发展计划执行情况与 2022 年国民经济和社会发展计划草案的报告》，批准 2022 年国民经济和社会发展计划。

第三次会议 审查了市发展和改革委员会主任徐略英受市人民政府委托所作的《关于鹰潭市 2022 年国民经济和社会发展计划执行情况与 2023 年国民经济和社会发展计划草案的报告（书面）》。报告指出，2022 年以来，全市上下坚持以习近平新时代中国特色社会主义思想为指导，全面学习贯彻党的二十大精神，牢牢把握稳中求进工作总基调，深入落实党中央"疫情要防住、经济要稳住、发展要安全"重要要求和省委"稳住、进好、调优"经济工作思路，积极克服复杂严峻的外部环境和突发疫情、罕见旱情等超预期因素影响，经济社会保持平稳健康发展。预计全年地区生产总值达到 1235 亿元、增长 5.5%，一般公共预算收入增长 8.6%，规模以上工业增加值增长 8.5%，固定资产投资增长 10%，社会消费品零售总额 429.5 亿元、增长 6%，城镇居民人均可支配收入 44150 元、增长 5%，农村居民人均可支配收入 22350 元、增长 8%，出口总额完成 112.4 亿元，实际利用外资 4.2 亿美元、增长 6%，居民消费价格指数在合理区间运行。报告提出，2023 年全市经济社会发展的主要预期目标是：地区生产总值增长 7.5% 左右，一般公共预算收入增长 5% 左右，规模以上工业增加值增长 8.5% 左右，固定资产投资增长 9% 以上，社会消费品零售总额 468

亿元、增长9%左右，城镇居民人均可支配收入增长7%左右，农村居民人均可支配收入增长8%左右，出口总额量稳质升，实际利用外资稳中有进，居民消费价格总水平涨幅控制在3%以内，完成省下达的节能减排计划任务。重点做好以下工作：聚焦扩大内需，进一步强化稳增长关键支撑；聚焦转型升级，进一步增强产业链供应链韧性；聚焦改革开放，进一步激发高质量发展源头活水；聚焦城乡融合，进一步根植共同富裕厚重土壤；聚焦民生福祉，进一步提升群众幸福感获得感安全感。

市人大财政经济委员会根据会前的初步审查和会中代表的审议意见，对市人民政府提出的2022年国民经济和社会发展计划执行情况与2023年国民经济和社会发展计划草案的报告进行了审查，认为市政府高效统筹疫情防控和经济社会发展，产业转型迈出新步伐，项目建设实现新突破，改革攻坚取得新成效，改善民生彰显新作为，全市经济社会保持平稳健康发展。目前，鹰潭市经济社会发展仍面临不少困难和挑战，产业结构不优，城市能级不高，民生领域还有不少短板，重点领域安全风险不容忽视等，同时提出对策建议。

会议通过决议，批准《关于鹰潭市2022年国民经济和社会发展计划执行情况与2023年国民经济和社会发展计划草案的报告》，批准2023年国民经济和社会发展计划。

第四次会议 审查了市发展和改革委员会主任徐略英受市人民政府委托所作的《关于鹰潭市2023年国民经济和社会发展计划执行情况与2024年国民经济和社会发展计划草案的报告（书面）》。报告指出，2023年，全市坚持以习近平新时代中国特色社会主义思想为指导，全面贯彻党的二十大精神和习近平总书记考察江西重要讲话精神，坚持稳中求进工作总基调，着力扩大内需、优化结构、提振信心、防范化解风险，全市经济社会持续恢复向好，发展质量稳步提升。预计全年地区生产总值达到1302亿元、同比增长7%左右，一般公共预算收入增长8.3%，规模以上工业增加值增长13%左右，固定资产投资增长5.5%左右，社会消费品零售总额增长7.5%左右，城镇、农村居民人均可支配收入分别增长4.6%左右、6.5%左右，进出口增长0.7%左右，出口、实际利用外资增速有所下降，居民消费价格指数在合理区间运行。报告提出，按照稳定预期、提振信心、积极进取的原则，综合考虑各方面因素，2024年全市经济社会发展的主要预期目标是：地区生产总值增长6.5%左右，一般公共预算收入增长4%以上，规模以上工业增加值增长10%以上，固定资产投资增长7%左右，社会消费品零售总额增长7.5%左右，城镇居民人均可支配收入增长5.5%左右，农村居民人均可支配收入增长7%左右，实际利用外资、外贸进出口促稳提质，居民消费价格总水平涨幅控制在3%以内，完成省下达的节能减排计划任务。重点做好以下工作：做强“三驾马车”，构筑经济增长新引擎；做精“三大产业”，构建产业发展新体系；做靓“三张名片”，激发社会发展新活力；做优“三类区域”，塑造智慧美城新形象；做实“三种感受”，打造共同富裕新格局。

市人大财政经济委员会根据会前的初步审查和会中代表的审议意见，对市人民政府提出的2023年国民经济和社会发展计划执行情况与2024年国民经济和社会发展计划草案的报告进行了审查，认为国内外环境错综复杂，不确定、不稳定因素明显增多，鹰潭市经济社会发展中仍然面临不少困难挑战，主要体现在：民间投资活力不足，项目资金压力较大；铜产业受税收等政策因素影响较大，一些企业经营困难；地方财政收支紧张，基层“三保”压力加大；经济金融、公共安全等领域风险隐患还不少；民生补短板离人民期望还有差距等，同时提出对策建议。

会议通过决议，批准《关于鹰潭市2023年国民经济和社会发展计划执行情况与2024年国民经济和社会发展计划草案的报告》，批准2024年国民经济和社会发展计划。

第四节　审查批准预算

第二次会议　审查市财政局局长李志兵受市人民政府委托所作的《关于鹰潭市2021年全市和市级预算执行情况及2022年全市和市级预算草案的报告（书面）》以及2022年全市和市级预算草案。报告指出，2021年，全市财政总收入完成1846370万元，完成调整预算的113.2%。一般公共预算收入完成926125万元，完成调整预算的110.8%。全市一般公共预算支出完成1886467万元，完成调整预算的110.7%。全市政府性基金预算收入完成884726万元，支出完成1521875万元，完成调整预算的103.5%。国有资本经营预算收入完成96395万元，完成调整预算的97.1%，支出完成96395万元，完成调整预算的97.1%。全市社会保险基金收入合计274436万元，完成调整预算的99.85%，支出完成276541万元，完成调整预算的100.06%。2022年，全市一般公共预算收入安排977100万元，比2021年执行数增长（以下简称增长）5.5%，力争突破百亿元。一般公共预算收入中税收收入722100万元，增长8.1%；非税收入255000万元，下降1.2%。全市税收占比达到73.9%。报告提出，2022年，全市一般公共预算收入安排977100万元，支出预算安排1870953万元。全市政府性基金预算收入安排988305万元，支出安排949154万元。全市国有资本经营预算收入安排109220万元，支出安排109220万元。全市社会保险基金预算收入预算安排324696万元，支出安排285185万元。2022年，市级一般公共预算收入安排298623万元，支出安排704080万元；市级政府性基金预算收入安排536372万元，支出安排494594万元；市级国有资本经营预算收入安排56681万元，支出安排7264万元；市级社会保险基金预算收入安排212442万元，支出预算安排194472万元。

市人大财政经济委员会经审查认为，鹰潭市实施积极财政政策，有效发挥了财政保基本民生、保工资、保运转作用，为统筹疫情防控和经济社会发展夯实基础，全市预算执行情况总体良好。但是也要看到，本市财政运行和预算管理中还存在一些应关注的问题：财政收支矛盾仍然突出；预算绩效管理质量有待提高；债务风险防范压力较大等，并提出审查意见。

会议通过决议，批准《关于鹰潭市2021年全市和市级预算执行情况与2022年全市和市级预算草案的报告》，批准2022年市本级预算，批准龙虎山风景名胜区、鹰潭高新技术产业开发区、信江新区2022年预算。

第三次会议 审查市财政局局长李志兵受市人民政府委托所作的《关于鹰潭市2022年全市和市级预算执行情况及2023年全市和市级预算草案的报告（书面）》以及2023年全市和市级预算草案。报告指出，2022年，全市一般公共预算收入预计完成1005715万元，完成年初预算的102.7%，增长8.6%（剔除增值税留抵退税调库因素，实际增长18.3%），税收占比70.1%。全市一般公共预算支出预计完成2077656万元（一般公共预算支出中包含上级转移支付收入等其他财力形成的支出1071941万元），完成调整预算的99.6%，增长11.6%。全市政府性基金预算收入预计完成1552500万元，完成调整预算的103%，支出完成1518776万元。全市国有资本经营预算收入预计完成217271万元，支出预计完成217271万元。社会保险基金收入预计完成329163万元，支出预计完成276462万元。全市政府性债务总额4009402万元，市本级政府性债务总额1517215万元。报告提出，2023年，全市一般公共预算收入安排1056001万元，支出安排1842277万元。全市政府性基金预算收入安排734882万元，支出安排774836万元。全市国有资本经营预算收入安排153062万元，支出安排153062万元。全市社会保险基金预算收入安排325267万元，支出安排284140万元。2023年，市本级一般公共预算收入安排79297万元，支出共计安排431497万元。市本级政府性基金预算收入安排345743万元，支出安排总计345743万元。市本级国有资本经营预算收入安排61760万元，支出安排61760万元。市本级社会保险基金预算收入安排217020万元，支出安排188392万元。

市人大财政经济委员会经审查认为，鹰潭市落实积极的财政政策，统筹推进疫情防控和经济社会发展，扎实做好“六稳”工作、全面落实“六保”任务，较好地发挥了财政职能作用，有力促进了全市经济社会平稳健康发展。与此同时，预算执行和财政管理工作中还存在一些需引起重视的问题，主要是：财政收支紧平衡压力持续增大，财源建设工作仍需加强；财政支出结构需进一步优化，财政资源统筹力度有待加大；财政运行风险需要关注，债务风险不容忽视等，并提出审查意见。

会议通过决议，批准《关于鹰潭市2022年全市和市级预算执行情况与2023年全市和市级预算草案的报告》，批准2023年市本级预算，批准龙虎山风景名胜区、鹰潭高新技术产业开发区、信江新区2023年预算。

第四次会议 审查市财政局局长李志兵受市人民政府委托所作的《关于鹰潭市2023年全市和市级预算执行情况及2024年全市和市级预算草案的报告（书面）》以及2024年全市和市级预算草案。报告指出，2023年，全市一般公共预算收入1085582万元，支出2498119万元。全市政府性基金预算收入731048万元，支出1181098亿元。全市国有资本经营预算收入283333万元，支出7351万元，全市社会保险基金收入319122万元，支出292149万元。全市政府性债务总额4634342万元，市本级政府性债务总额1601532万元。报告提出，2024年，全市一般公共预算收入1129753万元；一般公共预算支出共计安排2438431万元，比2023年汇总预算数下降2.4%。全市政府性基金预算收入784442万元，支出安排630152万元。2024年，预计全市国有资本经营预算收入284566万元，预算支出总计286695万元。全市社会保险基金预算收入安排330207万元，预算支出安排300087万元。2024年，预计市本级一般公共预算收入安排79426万元，支出安排总计621425万元，比2023年汇总预算数下降2.6%。市本级政府性基金预算收入230912万元，预算支出安排171019万元。市本级国有资本经营预算收入安排57430万元，预算支出总计57479万元。市本级社会保险基金预算收入安排203337万元，预算支出安排195052万元。

市人大财政经济委员会经审查认为，面对严峻复杂形势，在市委的坚强领导下，市人民政府及其财税等部门认真落实中央决策部署和省委、市委工作要求，认真执行市十届人大三次会议关于预算的决议，坚持稳中求进工作总基调，全面落实积极的财政政策并提升效能，持续加强财源建设，强化重点领域支出保障，为推动全市经济社会高质量发展发挥了重要作用。同时，在财政管理和预算执行中还存在一些问题，主要是：财政收支矛盾比较突出，部分财政资金使用绩效不高，防范化解债务风险压力较大等。对此，要高度重视，认真研究，采取有效措施加以解决，并提出审查意见。

会议通过决议，批准《关于鹰潭市2023年全市和市级预算执行情况与2024年全市和市级预算草案的报告》，批准2024年市本级预算，批准龙虎山风景名胜区、鹰潭高新技术产业开发区、信江新区2024年预算。

第五节 审议鹰潭市生态文明建设和生态环境状况的报告

第二次会议 审议市发展和改革委员会主任徐略英受市政府委托所作的《关于鹰潭市生态文明建设和生态环境状况的报告（书面）》。报告指出，2021年，全市上下深入贯彻习近平生态文明思想，紧贴国家生态文明试验区建设战略部署，按照市委提出的“全域融合、改革创新、绿色转型、奋进争先”总体要求，坚决贯彻新发展理念，坚持节能降碳，全面推进碳达峰碳中和行动；坚持标本兼治，全力打好污染防治攻坚战；坚持系统治理，持续巩固生态保护修复成果；坚持绿色发展，推动经济社会全面绿色转型；坚持改革创新，不断完善生态文明体制机制，生态环境质量显著提高，生态文明思想深入人心。报告提出，2022 年全市生态文明建设总体要求是：以习近平生态文明思想为指导，全面贯彻党的十九大和十九届二中、三中、四中、五中、六中全会精神以及中央经济工作会议精神，深入落实习近平总书记“七一”重要讲话和视察江西重要讲话精神，按照省第十五次党代会、省委经济工作会议及市第九次党代会部署要求，完整、准确、全面贯彻新发展理念，加快构建新发展格局，明确“作示范、勇争先”的总目标，把握“稳字当头、稳中求进”的总基调，聚焦“两个重点”“七大行动”的总抓手，深度融入国家生态文明试验区建设，推进生态文明领域治理体系和治理能力现代化，加快建设“智铜道合、强富美优”新鹰潭。2022 年主要目标是：生态环境质量持续提高，力争空气质量迈进全省第一方阵，$PM_{2.5}$ 浓度保持全省前列，优良天数比例进一步提升。全市主要河流断面水质持续保持Ⅱ类，地表水环境质量保持全省前列。绿色发展取得显著成效，“绿水青山”和“金山银山”双向转化通道更加顺畅，能源资源配置更加合理、利用效率大幅提升，产业结构和能源结构持续优化，节能减排降碳取得明显成效，绿色发展水平走在全省前列。山水林田湖草一体化保护和修复机制更加健全，国土空间开发保护格局全面优化，城乡人居环境明显改善，森林覆盖率稳定在 56.7% 左右，森林积蓄量达到 1106 万立方米，生态系统质量和稳定性不断提高。全社会生态文明意识显著提升，生态文明改革的整体性、系统性和协调性不断增强，生态文明治理体系和治理能力现代化加快推进，具有鹰潭特色的生态文明体系基本形成。

代表们在审议中认为，鹰潭市生态文明建设和环境保护还面临不少困难和问题：生态文明体制改革仍需大力推进，污染防治、资源保护、综合调控等职能协调有待加强，各类涉及生态文明建设的规划、政策、制度还需进一步统筹衔接；破坏生态环境的行为仍有发生，同时提出改进的建议意见。

会议通过决议，批准鹰潭市生态文明建设和生态环境状况的报告。

第三次会议 审议市发展和改革委员会主任徐略英受市政府委托所作的《关于鹰潭市生态文明建设和生态环境状况的报告（书面）》。报告指出，2022 年，全市上下深入贯彻习近平生态文明思想，紧贴国家生态文明试验区建设战略部署，聚焦“作示范、勇争先”的目标要求，坚决贯彻新发展理念，积极融入新发展格局，始终走生态优先、节约集约、绿色低碳发展之路，扎实开展生态文明试验区改革，坚决打好污染防治攻坚战，持续畅通生态产品价值实现路径，生态环境质量不断提高，绿色生态优势不断巩固，生态文明理念不断丰富深化，各项工作迈上了新台阶。报告提出，2023 年，要坚持以习近平生态文明思想为指导，深入贯彻落实党的二十大精神，推动绿色发展，促进人与自然和谐共生，牢固树立和践行"绿水青山就是金山银山"的理念，站在人与自然和谐共生的高度谋划发展，坚持山水林田湖草沙一体化保护和系统治理，统筹产业结构调整、污染治理、生态保护、应对气候变化，加快发展方式绿色转型，坚定不移走生态优先、节约集约、绿色低碳发展之路，以更高标准打造美丽中国"江西样板"鹰潭名片。主要目标是：生态环境质量保持全省前列。全市空气质量稳定在国家二级标准，主要河流断面水质达标率和县级及以上饮用水水源地水质达标率持续保持100%，考核断面水质持续保持Ⅱ类标准，土壤和地下水环境质量稳步提升。生态保护与修复格局全面优化。山水林田湖草沙一体化保护和修复机制更加健全，城乡人居环境明显改善，海绵城市建设持续推进，坚决打好污染防治攻坚战。经济绿色转型发展加速推进。产业结构和能源结构持续优化，单位地区生产总值能源消耗和二氧化碳排放下降确保完成任务目标，资源配置更加合理，绿色发展水平走在全省前列。生态文明体制机制更加健全。"两山"转化通道不断拓宽，生态产品价值实现机制更趋完善，开展生态产品价值（GEP）核算，建立覆盖各级行政区城乡生态产品价值转化制度，探索将生态产品核算基础数据纳入国民经济核算体系。

代表们在审议中认为，鹰潭市生态文明建设和环境保护还面临不少困难和问题：鹰潭市产业结构偏重、能源结构偏煤，导致资源约束趋紧、产业层次偏低、产业结构不优等问题凸显，疫情影响下经济下行压力加大，发展与保护的关系需进一步平衡协调；破坏生态环境的行为仍有发生等，同时提出改进的建议意见。

会议通过决议，批准鹰潭市生态文明建设和生态环境状况的报告。

第四次会议 审议市发展和改革委员会主任徐略英受市政府委托所作的《关于鹰潭市生态文明建设和生态环境状况的报告（书面）》。报告指出，2023年以来，全市上下深入贯彻习近平生态文明思想，聚焦"走在前、勇争先、善作为"的目标要求，始终坚定不移走生态优先、绿色发展之路，持续推进生态文明建设和生态环境保护，积极稳妥推进碳达峰碳中和，扎实开展生态文明体制改革，坚决打好污染防治攻坚战，畅通生态产品价值实现路径，生态环境质量不断提高，绿色生态优势不断巩固，生态文明理念不断深化，各项工作取得了突出成效。报告提出，2024年是全面贯彻落实党的二十大和习近平总书记考察江西重要讲话精神的重要一年，也是全力抓好生态文明建设，积极稳妥推进碳达峰碳中和的关键一年。总体要求是：以习近平生态文明思想为指导，认真贯彻落实习近平考察江西重要讲话精神，牢固树立和践行"绿水青山就是金山银山"的理念，坚定不移走生态优先、绿色发展之路，聚焦"走在前、勇争先、善作为"的目标要求，开拓创新、攻坚克难，推进生态文明领域治理体系和治理能力现代化，全力以赴在碳达峰碳中和、生态环境治理、生态产品价值实现、绿色低碳发展等方面取得更多新成效，以更高标准打造美丽中国"江西样板"鹰潭名片。主要目标是：生态环境质量保持全省前列。坚决打好污染防治攻坚战，环境空气质量稳定达到国家二级标准，全年不发生重污染天气，地表水环境质量保持全省前列，土壤生态环境和地下水水质稳中向好。生态保护修复格局全面优化。山水林田湖草沙一体化保护和修复机制更加健全，城乡人居环境明显改善，海绵城市建设持续推进，林业碳汇路径探索能力显著增强。经济绿色转型发展加速推进。产业结构和能源结构持续优化，碳达峰试点示范全面开展，单位地区生产总值能源消耗下降确保完成任务目标，资源配置更加合理，绿色发展水平走在全省前列。生态文明体制机制更加健全。“两山”转化通道不断拓宽，生态产品价值实现机制更趋完善，全市生态资源储蓄运营平台加快建设，城乡融合发展深入推进，坚持在“高水平”和“一体化”上再突破。

代表们在审议中认为，鹰潭市生态文明建设和环境保护还面临不少困难和问题：“双碳”研究能力不强，鹰潭市“双碳”领域的高能级高水平创新平台、科研院所严重不足，高层次创新型人才尤其是领军人才，在碳核算、碳交易、CCER、CCUS 等方面尤为不足，实用型中高级技术人才及专业高级管理人才紧缺；节能监察体系不全，在能耗“双控”逐步转向碳排放“双控”的背景下，节能监察的重要性不言而喻，并且有较强的政策性、专业性等等，同时提出改进的建议意见。

会议通过决议，批准鹰潭市生态文明建设和生态环境状况的报告。

第六节　听取和审议人大常委会工作报告

第一次会议　听取和审议市人大常委会主任郭清所作的《市人大常委会工作报告》。报告总结市九届人大常委会的工作，指出，市九届人大一次会议以来，市人大常委会在市委坚强领导下，坚持以习近平新时代中国特色社会主义思想为指导，深入贯彻党的十九大和十九届二中、三中、四中、五中全会精神，坚持党的领导、人民当家作主、依法治国有机统一，立足新发展阶段、贯彻新发展理念、融入新发展格局，围绕全市发展大局认真履行法定职责，彰显新时代地方人大工作新作为。五年来，共召开市人民代表大会会议 9 次，召开市人大常委会会议 50 次。始终坚持立法引领、良法善治，推进市域治理体系和治理能力现代化，共审议通过地方性法规 9 部，制定地方立法条例和 15 项立法工作制度，聘任 29 名立法专家，建立 12 个基层立法联系点，共审查规范性文件 434 件。始终坚持正确监督、有效监督，依法推动全市经济社会高质量跨越式发展，围绕助推经济社会高质量发展和民生改善，听取审议“一府一委两院”专项工作报告 121 个，开展执法检查 18 次。始终坚持科学决策、依法决定，作出决议决定 23 项，审查规范性文件 434 件，任免国家机关工作人员 212 人次，确保党的主张得到贯彻落实。督办代表建议 373 件，高标准建设代表联络工作站 44 个。报告总结了市九届人大常委会履职体会：必须始终坚持党的全面领导；

必须始终坚持围绕中心服务大局；必须始终坚持以人民为中心；必须始终坚持严格依法履职；必须始终坚持探索创新发展。

代表们在审议中充分肯定市九届人大常委会的工作，并指出了市人大常委会立法工作的精细化程度还需进一步提高，监督议题需要进一步精准，代表履职服务保障工作需要进一步改进，机关规范化、制度化、信息化建设需要进一步加强等问题，同时提出意见建议。

会议通过决议，通过市人大常委会工作报告。

第二次会议　听取和审议市人大常委会主任郭清所作的《市人大常委会工作报告》。报告指出，2021 年，市人大常委会坚持以习近平新时代中国特色社会主义思想为指导，认真开展党史学习教育，从百年党史中汲取信仰力量，坚定坚持党的全面领导，全面贯彻党的十九大和十九届历次全会以及中央人大工作会议精神，围绕中心大局依法履职尽责，全年共制定《鹰潭市文明行为促进条例》《鹰潭市大上清宫遗址保护管理规定》2 部地方性法规，备案审查规范性文件 113 件，围绕经济发展、生态保护、民生改善等听取和审议专项工作报告 27 项，开展鹰潭市户外广告设置管理条例、农民专业合作社法等执法检查 4 项，作出决议决定 8 项，任免国家机关工作人员 51 人次，实践全过程人民民主，首次开展代表联络站星级评定工作，督办代表建议 161 件，各项工作取得新进展新成效。报告提出，2022 年市人大常委会工作的总体要求是：以习近平新时代中国特色社会主义思想为指导，全面贯彻落实党的十九大和十九届历次全会以及中央人大工作会议精神，深入学习贯彻习近平法治思想、习近平总书记关于坚持和完善人民代表大会制度的重要思想，坚持党的领导、人民当家作主、依法治国有机统一，聚焦建设“智铜道合、强富美优”新鹰潭奋斗目标，依法履行宪法法律赋予的职责，深入践行全过程人民民主，以“四个机关”建设的成效提升人大工作质量和水平，以优异成绩迎接党的二十大胜利召开。

代表们在审议中充分肯定市人大常委会过去一年的工作，同时认为常委会工作还存在一些差距和不足：立法的广度和深度有待进一步拓展，依法监督的精准度和力度有待进一步增强，服务保障代表履职的水平也有待进一步提高，同时提出改进意见建议。

会议通过决议，通过市人大常委会工作报告。

第三次会议　听取和审议市人大常委会主任郭清所作的《市人大常委会工作报告》。报告指出，2022 年，市人大常委会坚持以习近平新时代中国特色社会主义思想为指导，认真学习领会党的二十大精神，强化思想政治引领，捍卫“两个确立”、做到“两个维护”，全员参与新冠疫情防控，全力守护人民群众生命安全和身体健康。编制 2022—2026 年立法规划，启动《鹰潭市优化营商环境若干规定》《鹰潭市海绵城市规划建设管理条例》立法工作，审议市人民代表大会议事规则，首次对鹰潭市制定的第一部实体法规《鹰潭市信江河饮用水水源保护条例》进行立法后评估，备案审查规范性文件51件。认真贯彻“疫情要防住、经济要稳住、发展要安全”的重要要求，听取和审议优化营商环境、少数民族乡村振兴、农村生活污水处理设施建设运行管理、义务教育优质均衡发展、医疗服务等专项报告22项，开展《中华人民共和国乡村振兴促进法》等执法检查4项，启动“物业社区行”专项监督活动，作出决议决定8项，督办代表建议130件，依法任免国家机关工作人员50人次。报告提出，党的二十大将发展全过程人民民主、推进法治中国建设，作为中国式现代化本质要求的重要内容进行部署，在新征程上赋予人民代表大会制度新的生机活力，赋予人大工作新的职责使命。要把学习贯彻党的二十大精神作为首要政治任务，按照“五个牢牢把握”“三个全面”的重要要求，深刻领悟“两个确立”的决定性意义，增强“四个意识”、坚定“四个自信”、做到“两个维护”，紧扣市委决策部署履职尽责，把二十大精神贯彻落实到人大工作的各方面全过程，在推进中国式现代化鹰潭实践中彰显人大担当。2023年，常委会工作的总体要求是：在市委正确领导下，以习近平新时代中国特色社会主义思想为指导，全面贯彻落实党的二十大精神和中央人大工作会议精神，认真贯彻习近平法治思想、习近平总书记关于坚持和完善人民代表大会制度的重要思想，坚持党的领导、人民当家作主、依法治国有机统一，认真履行法定职责，为发展全过程人民民主而团结奋斗。

代表们在审议中充分肯定市人大常委会过去一年的工作，同时认为常委会工作还存在一些差距和不足：立法引领高质量发展的能力还需进一步加强，监督工作服务高质量发展的水平有待进一步提升，代表工作融入高质量发展的自觉有待进一步激发，同时提出改进意见建议。

会议通过决议，通过市人大常委会工作报告。

第四次会议 听取和审议市人大常委会主任郭清所作的《市人大常委会工作报告》。报告指出，2023年，市人大常委会坚持以习近平新时代中国特色社会主义思想为指导，认真学习贯彻党的二十大精神和习近平总书记考察江西重要讲话精神，深入开展学习贯彻习近平新时代中国特色社会主义思想主题教育，积极践行全过程人民民主，制定《鹰潭市海绵城市规划建设管理条例》《鹰潭市优化营商环境若干规定》，备案审查规范性文件81件。围绕营商环境、科技创新、国家级铜基新材料先进制造业集群建设、国家城乡融合发展试验区建设、民生改善、生态环境等听取审议专项报告17项，开展环保信江行、乡村振兴赣鄱行、物业社区行、公益诉讼江西行专项监督活动，开展《中华人民共和国社区矫正法》《江西省宗教事务条例》《中华人民共和国安全生产法》执法检查，作出决议决定6项，任免地方国家机关工作人员57人次，督办代表建议41件。报告提出，2024年，常委会工作的总体要求是：以习近平新时代中国特色社会主义思想为指导，深入贯彻党的二十大精神和习近平总书记考察江西重要讲话精神，聚焦“走在前、勇争先、善作为”的目标要求，按照省委十五届五次全会和市委九届六次全会部署安排，坚持党的领导、人民当家作主、依法治国有机统一，认真履行法定职责，充分发挥代表作用，为推动全市经济社会高质量发展贡献人大力量。

代表们在审议中充分肯定市人大常委会过去一年的工作，同时认为常委会工作还存在一些差距和不足：在“小切口”“小快灵”精准立法上还需再下功夫；以人大监督助推发展、改进工作、解决问题的效果还需加强；在发挥代表作用上还需拓展提升，同时提出改进意见建议。

会议通过决议，通过市人大常委会工作报告。

第七节　听取和审议法院工作报告

第一次会议　听取和审议市中级人民法院代院长田甘霖所作的《鹰潭市中级人民法院工作报告》。报告指出，五年来，全市法院坚持以习近平新时代中国特色社会主义思想为指导，全面贯彻党的十九大和十九届二中、三中、四中、五中全会精神，深入贯彻习近平总书记视察江西重要讲话精神，紧紧围绕市委决策部署，以“坚持弘扬井冈山精神，争创一流工作业绩”为抓手，始终秉承司法为民宗旨，依法履行审判职能，各项工作取得了新进展。五年来，全市法院共受理各类案件 86485 件，结案 84698 件（含旧存，截至 2021 年 9 月），同比分别上升 158.49% 和 184.38%。其中，市中院受理各类案件 6357 件，结案 6269 件，分别上升 74.07% 和 97.26%。报告提出当前和今后一个时期全市法院工作的总体思路：按照市委部署要求，忠实履行宪法法律职责，更加注重系统观念、法治思维、强基导向，推动审判执行、司法改革、队伍建设等各项工作高质量发展。坚持党对法院绝对领导，以更高站位强化政治建设；坚持服务经济社会大局，以更大担当提供司法保障；坚持践行司法为民宗旨，以更实举措促进公平正义；坚持推进司法责任体系改革，以更优成绩提升司法效能；坚持从严治党治院治警，以更严标准加强队伍建设。

代表们在审议中认为，法院工作中还存在不少问题：专业水平有待提升，司法能力、审判质效与新时代要求相比，还存在差距；基层基础建设存在短板，人民法庭的建设和发展不平衡，深度融入社会治理存在不足等，同时提出改进工作的意见建议。

会议通过决议，批准市中级人民法院工作报告。

第二次会议　听取和审议市中级人民法院院长田甘霖所作的《鹰潭市中级人民法院工作报告》。报告指出，2021 年，全市法院坚持以习近平新时代中国特色社会主义思想为指导，深入贯彻党的十九大、十九届历次全会精神，习近平总书记视察江西重要讲话和“七一”重要讲话精神，紧紧围绕省第十五次、市第九次党代会决策部署，各项工作取得新进展。全市法院受理各类案件35648件，同比上升74.31%，结案34816件，同比上升70.34%。其中，市中院受理各类案件1397件，同比上升5.28%，结案1376件，同比上升3.85%。审判执行质效持续向好，市中院结案率、执行工作“3+1”核心指标位居全省前列。辖区法院一审服判息诉率、一审改判发回重审率、民事一审简易程序适用率位居全省第一。报告提出，2022年，是党的十九大召开之年，全市法院将聚焦“作示范、勇争先”目标定位，围绕市委“主攻工业、招大引强”、开展“七大行动”的工作部署，按照“转变作风、提升能力、夯实基础、争做标杆”的思路，推动全市法院工作高质量发展，服务经济社会发展大局。

代表们在审议中认为，法院工作中还存在案件数量呈上升趋势，案多人少压力持续增加；司法能力、审判质效与新时代要求相比还存在差距；基层基础建设存在短板，深度融入社会治理不足等问题，同时提出改进工作的意见建议。

会议通过决议，批准市中级人民法院工作报告。

第三次会议 听取和审议市中级人民法院院长田甘霖所作的《鹰潭市中级人民法院工作报告》。报告指出，2022年，全市法院坚持以习近平新时代中国特色社会主义思想为指导，深入贯彻落实党的十九大、十九届历次全会、党的二十大精神和习近平总书记视察江西重要讲话精神，认真落实省第十五次、市第九次党代会决策部署，各项工作取得新进展。受理各类案件33487件，同比上升12.89%，结案33185件，同比上升14.58%。其中，市中院受理各类案件1688件，同比上升26.92%，结案1666件，同比上升27.27%。审判执行质效持续向好，审判执行“3+1”核心指标等主要质效指标排名全省前列。报告提出，2023年，全市法院将坚持以习近平新时代中国特色社会主义思想为指导，深入学习宣传贯彻党的二十大精神，认真贯彻党中央、省委、市委的工作部署，进一步转变作风、提升能力、夯实基础、争做标杆，不断开创全市法院工作高质量发展新局面。

代表们在审议中认为，基层法院案件总量持续攀升，案多人少压力持续加大；司法作风有待进一步改进，司法能力仍需进一步提升；审判监督管理机制需进一步健全，司法体制综合配套改革需进一步深化，同时提出改进工作的意见建议。

会议通过决议，批准市中级人民法院工作报告。

第四次会议 听取和审议市中级人民法院院长田甘霖所作的《鹰潭市中级人民法院工作报告》。报告指出，2023年，在市委坚强领导，市人大及其常委会的有力监督和市政府、市政协以及社会各界的大力支持下，全市法院坚持以习近平新时代中国特色社会主义思想为指导，深入贯彻落实党的二十大精神和习近平总书记考察江西重要讲话精神，坚持为大局服务、为人民司法，各项工作取得新进展。受理各类案件29162件（含旧存），同比下降12.92%，结案28680件。其中，市中院受理各类案件1457件，同比下降13.68%，结案1414件。审判执行质效位居全省第一方阵，执行“3+1”核心指标位居全省第一。报告提出，2024年，全市法院将坚持以习近平新时代中国特色社会主义思想为指导，深入学习宣传贯彻党的二十大精神和习近平总书记考察江西重要讲话精神，认真贯彻党中央、省委、市委的工作部署，聚焦“走在前、勇争先、善作为”的目标要求，紧紧围绕“公正与效率”工作主题，不断开创全市法院工作高质量发展新局面。

代表们在审议中认为，法院司法理念与新时代新要求还有差距，推动高质量发展的实效性有待加强；少数干警履职能力还不能较好满足人民群众司法新需求，案件质效有待提高；队伍管理还存在薄弱环节，仍有个别干警发生违法违纪问题，党风廉政建设须常抓不懈，同时提出改进工作的意见建议。

会议通过决议，批准市中级人民法院工作报告。

第八节　听取和审议检察院工作报告

第一次会议　听取和审议市人民检察院代检察长张江所作的《鹰潭市人民检察院工作报告》。报告指出，五年来，市人民检察院坚持以习近平新时代中国特色社会主义思想为指导，深入贯彻党的十九大和十九届二中、三中、四中、五中全会精神，认真贯彻习近平法治思想，全面落实市第八次党代会部署和市九届人大历次会议决议，把增强“四个意识”、坚定“四个自信”、做到“两个维护”融入检察履职，检察工作在百年未有之大变局中，以内设机构重塑性变革，开创新时代“四大检察”“十大业务”法律监督新格局，共批捕黑恶犯罪208人、起诉389人，审查逮捕刑事犯罪5654人、审查起诉7310人，办理民事诉讼监督案件262件，办理行政诉讼监督案件88件，各项工作取得新进展。报告回顾过去五年工作的体会，做好新时代检察工作，必须坚持党对检察工作绝对领导，以习近平新时代中国特色社会主义思想武装头脑、指导实践、推动工作；必须坚持为大局服务，胸怀“国之大者”，把检察工作融入全市经济社会发展大局中谋划推进；必须坚持为人民司法，努力让人民群众在每一个司法案件中都感受到公平正义，厚植党的执政根基；必须坚持法律监督机关宪法定位，革新司法理念、强化改革创新，推动新时代检察工作稳进、落实、提升。报告提出，当前和今后一个时期，全市检察机关将坚持以习近平新时代中国特色社会主义思想为指导，深入贯彻党的十九大和十九届二中、三中、四中、五中全会精神，认真贯彻习近平法治思想，坚持党对检察工作绝对领导，坚持为大局服务、为人民司法，坚决贯彻《中共中央关于加强新时代检察机关法律监督工作的意见》，认真落实市委和省检察院工作部署，准确把握新发展阶段，深入贯彻新发展理念，服务构建新发展格局，优化“四大检察”“十大业务”，转理念、强基础、提质效、争一流，高起点高标准推动检察工作高质量发展，为加快建设“智铜道合、强富美优”新鹰潭提供有力司法保障。

代表们在审议中认为，检察机关司法理念更新不到位，服务高质量发展实效性需要提升；法律监督质效还需要进一步提高；落实司法责任还不够严紧实；纪律作风建设仍需持续加强，同时提出改进工作的意见建议。

会议通过决议，批准市人民检察院工作报告。

第二次会议　听取和审议市人民检察院检察长张江所作的《鹰潭市人民检察院工作报告》。报告指出，2021 年，市人民检察院坚持以习近平新时代中国特色社会主义思想为指导，深入贯彻党的十九大和十九届历次全会精神，深学笃行习近平法治思想和《中共中央关于加强新时代检察机关法律监督工作的意见》，把增强“四个意识”、坚定“四个自信”、做到“两个维护”体现在履职尽责上，坚持为大局服务，聚焦市第九次党代会决策部署，起诉金融诈骗等破坏社会主义市场经济秩序犯罪 130 人，帮助追讨劳动报酬 53.8 万余元，办理生态公益诉讼案件 80 件，办理检察为民实事 691 件，批捕各类刑事犯罪 764 人、起诉 1516 人，办理公益诉讼案件 94 件，加强刑事诉讼监督，精准推进民事、行政诉讼监督，持续深化反腐败斗争，审查起诉职务犯罪 14 人。报告提出，2022 年，全市检察机关将坚持以习近平新时代中国特色社会主义思想、习近平法治思想为指导，深入学习贯彻党的十九大和十九届历次全会精神，全面落实《中共中央关于加强新时代检察机关法律监督工作的意见》及省委实施意见，抓住服务保障党的二十大胜利召开这条主线，把握以检察工作高质量发展服务经济社会高质量发展这个主题，认真落实市委和省检察院工作部署，坚持政治引领、稳中求进，转理念、强基础、提质效、争一流，为加快建设“智铜道合、强富美优”新鹰潭提供有力司法保障。

代表们在审议中认为，检察机关践行习近平法治思想有差距，仍有惯性思维、路径依赖；法律监督质效有待提升，不敢、不愿、不善监督等问题仍然存在；智慧检务建设和检务管理科学化水平有待提升，专业化建设仍需进一步强化，同时提出改进工作的意见建议。

会议通过决议，批准市人民检察院工作报告。

第三次会议　听取和审议市人民检察院检察长张江所作的《鹰潭市人民检察院工作报告》。报告指出，2022 年，全市检察机关坚持以习近平新时代中国特色社会主义思想为指导，全面贯彻习近平法治思想，深入学习贯彻党的二十大精神，坚持政治引领、稳中求进，全面落实《中共中央关于加强新时代检察机关法律监督工作的意见》及省委实施意见，按照“转理念、强基础、提质效、争一流”的鹰潭检察工作思路，积极推进检察工作“质量建设年”，把捍卫“两个确立”、增强“四个意识”、坚定“四个自信”、做到“两个维护”融入检察履职，各项工作取得新进展，审查逮捕各类犯罪嫌疑人 726 人，审查起诉 2008 人，立案办理生态领域公益诉讼案件 95 件，办理民事、行政诉讼监督案件 144 件。报告提出，2023 年，全市检察机关将深入学习宣传贯彻党的二十大精神，认真落实市委、省检察院工作部署，严惩危害国家安全犯罪，常态化开展扫黑除恶斗争，优化法治化营商环境，深化涉案企业合规改革，强化知识产权综合司法保护，加强生态环境司法保护，助推乡村振兴，展现为大局服务、为人民司法新作为。

代表们在审议中认为，检察机关服务大局、为民司法的实效性仍需进一步提升法律监督质效还不够高，高素质专业化的队伍建设仍需进一步提升；数字检察思维不够强，数字检察实战化运用仍需进一步提升，同时提出改进工作的意见建议。

会议通过决议，批准市人民检察院工作报告。

第四次会议　听取和审议市人民检察院检察长张江所作的《鹰潭市人民检察院工作报告》。报告指出，2023 年，全市检察机关坚持以习近平新时代中国特色社会主义思想为指导，深入贯彻党的二十大精神、习近平法治思想和习近平总书记考察江西重要讲话精神，扎实开展第二批主题教育，持续落实《中共中央关于加强新时代检察机关法律监督工作的意见》及省委实施意见，聚焦为大局服务、为人民司法、为法治担当，各项检察工作取得新成效。批捕各类犯罪嫌疑人 724 人，起诉 1389 人；批捕破坏社会主义市场经济秩序犯罪 75 人，起诉 80 人；深化“支持起诉 + 诉前调解”模式，帮助 98 名农民工追回欠薪；提前介入刑事侦查 377 次，自行补充侦查 415 件；办理民事检察监督案件 135 件；办理公益诉讼案件 185 件，深入开展“公益诉讼江西行”活动。报告提出，2024 年，全市检察机关要坚持以习近平新时代中国特色社会主义思想为指导，全面贯彻党的二十大精神、习近平法治思想和习近平总书记考察江西重要讲话精神，坚决落实省委打造“三大高地”、实施“五大战略”和市委打造全国铜基新材料基地、全国城乡融合发展样板区的战略部署，坚持守正创新、巩固深化、完善提升，高质效履行法律监督职责。

代表们在审议中认为，检察机关以检察工作现代化服务保障鹰潭经济社会高质量发展需要持续走深走实，法律监督刚性需要持续强化，司法办案质效需要持续提升，同时提出改进工作的意见建议。

会议通过决议，批准市人民检察院工作报告。

第 三 篇

市人民代表大会常务委员会

市人民代表大会常务委员会是本级人民代表大会的常设机关，对本级人民代表大会负责并报告工作。市人大常委会由本级人民代表大会会议在代表中选举主任、副主任若干人秘书长、委员若干人组成。市人大常委会组成人员名额经省人大常委会确定后，在本届人民代表大会任期内不再变动。每届任期同本级人大相同，行使职权到下届人民代表大会选出新的常委会为止。

第一章　市人大常委会组成人员及工作办事机构

第一节　组成人员及任职时间

一、市六届人大常委会（2004.2—2006.12）

2004 年 2 月 20 日，市六届人大一次会议选举产生，常委会由 28 人组成。

主　任　邵奇生（2004.2—2006.12）
副主任　彭路祥（2004.2—2006.12）
　　　　李萍文（女，2004.2—2006.12）
　　　　郑良健（2004.2—2006.12）
　　　　刘国林（2004.2—2006.12）
　　　　邓绍聪（2004.2—2006.12）
　　　　罗喜仔（2004.2—2006.12）
巡视员　王先发（2004.1—2006.12）
副巡视员　林升泰（2002.6—2005.1）
秘书长　周荣俊（2004.2—2004.4）
　　　　李忠仁（2005.3—2006.12）
委　员　孔繁春（2004.2—2006.12）
　　　　艾森然（2004.2—2006.12）
　　　　邬书鸣（2004.2—2006.12）
　　　　杨柏祥（2004.2—2005.3）
　　　　李应春（2004.2—2006.12）
　　　　李建林（2004.2—2006.12）
　　　　严正富（2004.2—2006.12）
　　　　严桂兰（女，2004.2—2006.12）

吴小莲（女，2004.2—2006.12）
吴文娱（女，2004.2—2006.12）
张一鹃（女，2004.2—2006.12）
张　刚（2004.2—2005.10）
张金涛（2004.2—2006.12）
胡庆文（2004.2—2006.12）
祝光进（2004.2—2006.12）
钱光涌（2004.2—2006.12）
彭春生（2004.2—2006.12）
蔡金炎（2004.2—2006.12）
潘邓生（2004.2—2006.12）
魏建锋（2004.2—2006.12）

二、市七届人大常委会（2006.12—2011.9）

2006 年 12 月 8 日，市七届人大一次会议选举产生，常委会由 29 人组成。届中因退休、工作变动等原因辞职 8 名；补选副主任 3 名，秘书长 1 名，委员 4 名。

主　任　邵奇生（2006.12—2011.9）
副主任　张鲁年（2006.12—2011.8）
李萍文（女，2006.12—2009.2）
郑良健（2006.12—2009.2）
罗喜仔（2006.12—2009.2）
管华鞍（2006.12—2011.8）
彭中华（2006.12—2011.9）
尹　宁（2009.2—2011.9）
卢越明（2009.2—2011.9）
刘育虹（女，2009.2—2011.9）
副巡视员　彭路祥（2006.12—2008.5）
刘国林（2006.12—2008.5）
邓绍聪（2006.12—2009.1）
秘书长　李忠仁（2006.12—2008.11）
敖高源（2009.2—2011.9）

委　员　张一鹃（女，2006.12—2011.9）
严正富（2006.12—2011.9）
吴寿轩（2006.12—2011.9）
傅梓堆（2006.12—2011.9）
方　农（2006.12—2007.12）
朱海群（女，2006.12—2011.9）
李爱金（女，2006.12—2011.9）
熊红英（女，2006.12—2011.9）
吴小莲（女，2006.12—2009.8）
吴文娱（女，2006.12—2011.9）
李应春（2006.12—2011.9）
金联宜（2006.12—2010.12）
祝光进（2006.12—2011.9）
聂玲娜（女，2006.12—2008.4）
舒忠东（2006.12—2008.4）
张金涛（2006.12—2011.9）
胡庆文（2006.12—2011.9）
黄光明（2006.12—2011.9）
李建林（2006.12—2011.9）
邵建平（2006.12—2011.9）
施华山（2006.12—2011.9）
李长华（2007.3—2010.5）
叶玉林（2007.3—2011.9）
卢力新（2007.3—2011.9）
宋平先（2007.3—2011.9）
夏涌波（2007.3—2007.12）
蔡火水（2007.3—2011.9）
江胜来（2008.1—2011.9）
李赛白（2009.2—2011.9）
蔡　江（女，2009.2—2011.9）
张运耀（2009.2—2010.12）

三、市八届人大常委会（2011.9—2016.11）

2011年9月27日，市八届人大一次会议选举产生，常委会由36人组成。届中因退休、工作变动等原因辞职4名；另选副主任2名，委员2名。

主　任　杜德春（2011.9—2016.11）

副主任　杨晓群（2011.9—2016.11）

尹　宁（2011.9—2015.1）

卢越明（2011.9—2016.11）

刘育虹（女，2011.9—2016.11）

徐晓年（2011.9—2016.11）

应　祥（2011.9—2015.7）

程芦山（2015.1—2016.11）

吴炳生（2016.1—2016.11）

副巡视员　张鲁年（2011.8—2013.9）

管华鞍（2011.8—2013.12）

秘书长　江　鸿（2011.9—2016.11）

委　员　王　超（2011.9—2016.11）

宋平先（2011.9—2016.11）

张一鹃（女，2011.9—2016.11）

叶玉林（2011.9—2016.11）

吴寿轩（2011.9—2016.11）

施兆煌（2011.9—2016.11）

李　云（2011.9—2016.11）

李爱金（女，2011.9—2016.11）

朱海群（女，2011.9—2016.11）

徐忠平（2011.9—2016.11）

王　辉（2011.9—2016.11）

张冬娥（女，2011.9—2016.11）

鲁建平（2011.9—2016.11）

李建平（2011.9—2016.11）

李建明（2011.9—2016.11）

李应春（2011.9—2016.5）

祝光进（2011.9—2016.11）
吴拓宇（2011.9—2016.11）
何才厚（2011.9—2016.11）
祝　斌（2011.9—2016.11）
桂　平（2011.9—2016.11）
张贵华（2011.9—2016.11）
柯建明（2011.9—2016.11）
严国安（2011.9—2016.11）
胡庆文（2011.9—2016.11）
余柳宾（2011.9—2013.10）
李建林（2011.9—2016.11）
汪小保（2011.9—2016.11）
舒平贵（2014.1—2016.11）
李新国（2014.1—2016.11）

四、市九届人大常委会（2016.11—2021.10）

2016 年 11 月 3 日，市九届人大一次会议选举产生，常委会由 39 人组成。截至 2020 年 12 月，届中因退休、工作变动等原因辞职 13 名；补选副主任 1 名，秘书长 1 名，委员 7 名。

主　任　郭　清（2016.11—2021.10）
副主任　程芦山（2016.11—2020.5）
　　　　刘育虹（女，2016.11—2021.10）
　　　　李　力（2016.11—2020.5）
　　　　周永江（2016.11—2021.10）
　　　　杨　森（2016.11—2021.8）
　　　　胡高堂（2016.11—2021.10）
　　　　黄　忠（2020.05—2021.10）
　　　　吴建辉（2021.4—2021.10）
一级巡视员　李　力（2020.5—2021.10）
二级巡视员　欧阳澜（2019.12—2021.5）
　　　　　　徐　慧（女，2021.2—2021.6）

秘书长　江　鸿（2016.9—2019.1）
　　　　魏建君（2020.5—2021.10）
委　员　杨海林（2016.11—2021.10）
　　　　张一鹃（女，2016.11—2019.12）
　　　　徐　慧（女，2016.11—2021.10）
　　　　项玉林（2016.11—2021.10）
　　　　谭国平（2016.11—2021.10）
　　　　汤小敏（2016.11—2021.10）
　　　　龚著宝（2016.11—2021.10）
　　　　黎玉平（2016.11—2020.3）
　　　　吴寿轩（2016.11—2021.10）
　　　　吴拓宇（2016.11—2021.10）
　　　　周赣忠（2016.11—2021.10）
　　　　张之逊（2016.11—2021.10）
　　　　祝光进（2016.11—2021.10）
　　　　陈建东（2016.11—2021.10）
　　　　徐文艺（2016.11—2019.6）
　　　　严国安（2016.11—2021.10）
　　　　张贵华（2016.11—2021.10）
　　　　汪翠微（女，2016.11—2021.10）
　　　　李　溦（女，2016.11—2021.10）
　　　　舒平贵（2016.11—2017.7）
　　　　许凤成（2016.11—2021.10）
　　　　周佐明（2016.11—2019.6）
　　　　李荣生（2016.11—2021.10）
　　　　张洪堂（2016.11—2021.10）
　　　　祝晓勤（2016.11—2019.12）
　　　　谭建新（2016.11—2019.12）
　　　　朱淑英（女，2016.11—2021.10）
　　　　李新国（2016.11—2016.12）
　　　　李强祖（2016.11—2021.10）
　　　　吴建华（2016.11—2019.10）

姚　军（女，2016.11—2021.10）
褚小涛（2019.1—2021.10）
欧阳澜（2019.1—2020.3）
陈　强（2020.5—2021.10）
祝春明（2020.5—2021.10）
吴勤胜（2020.5—2021.10）
郭先境（2020.5— 2021.10）
金武缨（女，2020.5—2021.10）
邬筱露（女，2021.1—2021.10）
陈鑫英（2021.1—2021.10）

五、市十届人大常委会（2021.10—2023.12）

2021 年 10 月 30 日，市十届人大一次会议选举产生，常委会由 36 人组成。截至 2024 年 1 月，届中因退休、工作变动等原因辞职 4 名。根据新修订的《中华人民共和国地方各级人民代表大会和地方各级人民政府组织法》，常委会由 47 人组成，2024 年 1 月，市十届人大四次会议补选 11 人，共 43 人。

主　任　郭　清（2021.10—　）
副主任　吴建辉（2021.10—　）
　　　　夏涌波（2021.10—　）
　　　　雷纪文（2021.10—　）
　　　　程美华（女，2021.10—　）
　　　　徐双文（2021.10—　）
　　　　李美珍（女，2021.10—　）
一级巡视员　李　力（2021.10—2023.2）
　　　　　　杨　森（2021.8—2022.5）
　　　　　　周永江（2022.7—2023.6）
　　　　　　胡高堂（2023.6—　）
副厅级干部　周永江（2021.10—2022.7）
　　　　　　刘育虹（女，2021.10—　）
　　　　　　胡高堂（2021.10—2023.6）
二级巡视员　龚著宝（2022.1—2023.5）

项玉林（2022.1—2023.6）
汤小敏（2022.6—2022.8）
吴寿轩（2022.6—2022.12）
陈鑫英（2023.7— ）
谭国平（2024.1— ）

秘书长 邵菁靓（2021.10—2024.1）
赵勇凯（2024.1— ）

委 员 万勇章（2021.10— ）
王 军（2021.10— ）
艾书广（2021.10— ）
吕文杰（2021.10— ）
朱淑英（女，2021.10— ）
邬筱露（女，2021.10—2024.1）
阮克芬（女，2021.10— ）
李强祖（2021.10— ）
李 溦（女，2021.10—2024.1）
吴勤胜（2021.10— ）
汪翠微（女，2021.10— ）
张卫民（2021.10—2024.1 ）
陈建东（2021.10— ）
陈 嫣（女，2021.10— ）
陈鑫英（2021.10— ）
林伏昌（2021.10— ）
金武缨（女，2021.10— ）
金建华（2021.10— ）
胡海俊（2021.10— ）
胡梦莉（女，2021.10— ）
祝发太（2021.10— ）
姚 军（女，2021.10— ）
揭继军（2021.10— ）
彭新华（2021.10— ）
程 露（女，2021.10— ）

曾广亮（2021.10—　）
谭国平（2021.10—　）
潘伟华（2021.10—　）
万文俊（女，2024.1—　）
王华光（2024.1—　）
王晓帅（2024.1—　）
冯　玮（2024.1—　）
江东生（2024.1—　）
江　波（2024.1—　）
易冬春（2024.1—　）
程　蕾（女，2024.1—　）
楼　瑾（女，2024.1—　）
熊国华（2024.1—　）

第二节　工作机构和办事机构

市人大及其常委会根据工作需要，依法设立专门委员会和工作委员会等议事机构和工作机构。专门委员会为市人民代表大会常设工作机构，闭会期间受市人大常委会领导，实行委员制；工作委员会是市人大常委会工作机构，实行主任负责制。1997 年，市人大常委会机关编制 39 名。2015 年 12 月，机关行政编制 43 名。截至 2021 年 1 月，市人大常委会机关共有编制 47 名。

（一）秘书长（2003.1—2024.1）

秘书长主要职责是：协调常委会主任、副主任处理常委会日常工作、机关和办公室工作。副秘书长由市人大常委会决定任命，副秘书长协助秘书长工作。同时，秘书长或副秘书长兼任办公室主任。

秘书长：周荣俊（2003.1—2004.4）
李忠仁（2005.3—2009.2）
敖高源（2009.2—2011.9）
江　鸿（2011.9—2019.1）
魏建君（2020.5—2021.10）
邵菁靓（2021.10—2024.1）

赵勇凯（2024.1—　）

副秘书长：吴寿轩（2003.7—2005.1；2012.5—2021.10）

邬书鸣（2004.7—2005.3）

严细火（2008.8—2012.5）

朱少武（2010.1—2012.11）

杨　毅（2015.11—2020.9）

汪翠微（女，2020.9—2024.1）

谭国平（2021.10—2023.2）

熊国华（2024.1—　）

（二）代表资格审查委员会（2004.1—2024.1）

代表资格审查委员会由主任委员、副主任委员若干名、委员若干名组成。1980 年 8 月至 1983 年 12 月，根据市人大代表出缺、补选情况，由市人民代表大会设立，其成员由市人大常委会在代表中提名，市人民代表大会预备会议通过。从 1985 年始，代表资格审查委员会改由市人大常委会设立，属其常设机构。主任委员、副主任委员、委员从市人大常委会组成人员中提名，市人大常委会会议通过。任期与市人大常委会任期相同。

其主要职责是：负责对本届市人大代表的出缺变动情况和补选、另选的代表资格进行审查，对市人大换届选出的下一届代表资格进行审查，并向市人大常委会提出报告，确认其资格是否有效。

从 2004 年起，市人大及其常委会共 6 次设立代表资格审查委员会。

市六届人大常委会代表资格审查员会（2004 年 3 月 26 日市六届人大常委会第一次会议通过）

主 任 委 员：彭路祥

副主任委员：罗喜仔

委　　　员：孔繁春　艾森然　邬书鸣　杨柏样　严正富　张一鹃（女）

周荣俊　彭春生　蔡金炎　潘邓生　魏建锋

市七届人大常委会代表资格审查员会（2007 年 1 月 12 日市七届人大常委会第一次会议通过）

主 任 委 员：张鲁年

副主任委员：管华鞍

委　　　员：方　农　李忠仁　严正富　吴寿轩　张一鹃（女）

舒忠东　熊红英（女）

市七届人大常委会第三十一次会议于2010年1月12日增补卢越明为副主任委员，增补敖高源、金联宜、蔡江（女）为委员。

市八届人大常委会代表资格审查员会（2011年11月8日市八届人大常委会第一次会议通过）

主任委员：应　祥

副主任委员：江　鸿

委　　员：叶玉林　宋平先　吴寿轩　张一鹃（女）　施兆煌

市九届人大常委会代表资格审查员会（2016年11月29日市九届人大常委会第一次会议通过）

主任委员：杨　森

副主任委员：江　鸿　舒平贵

委　　员：汤小敏　吴寿轩　张一鹃（女）　项玉林　徐　慧（女）
龚著宝　谭国平　黎玉平

市十届人大常委会代表资格审查员会（2021年12月29日市十届人大常委会第二次会议通过）

主任委员：吴建辉

副主任委员：邬筱露（女）　金武缨（女）

委　　员：汪翠微（女）　吴勤胜　林伏昌　祝发太

2024年1月15日市十届人大常委会第二十次会议免去邬筱露的代表资格审查员会副主任委员职务。

（三）市人大常委会城乡建设环境资源保护工作员会（2007.3—2024.1）

1983年12月，市二届人大一次会议设立市人大城乡建设环境保护工作委员会，1987年4月至1993年10月，改设市人大城乡建设保护委员会。1993年10月，市四届人大一次会议以后，该委员会撤销，其职权和工作任务并入市人大常委会财政经济工作委员会。2007年3月20日，市七届人大常委会第四次会议决定设立市人大常委会城乡建设环境资源保护工作员会，为市人大常委会工作机构。

其主要职责是：承办市人大常委会有关城乡建设和环境保护等内容的研究、审议和议案拟定等相关具体工作；协助常委会开展城乡建设和环境保护等方面的法律监督和工作监督；负责城乡建设和环境保护等有关方面的调研、视察、检查活动具体组织工作；对有关的地方法规草案举行初审。委员会下设办公室，为正科级内设机构。

主　任：吴寿轩（2007.3—2011.4）

朱少武（2013.4—2019.1）

黎玉平（2019.1—2020.3）

吴勤胜（2020.3—2020.12）

万勇章（2021.10—2023.3）

楼　瑾（女，2023.3—2024.1）

副主任：吴　斌（2010.1—2012.5）

桂天信（2015.12—2019.1）

万勇章（2019.2—2021.10）

四级调研员：邹　云（女，2022.12—）

（四）市人大常委会农业和农村工作委员会（2007.3—2024.1）

2007 年 3 月 20 日，市七届人大常委会第四次会议决定设立市人大常委会农业和农村工作委员会，为市人大常委会工作机构。

其主要职责是：向市人大常委会主任会议提出属于本委员会职权范围内的有关农业与农村工作的建议；对征求意见的有关法律、法规草案，组织讨论，提出修改意见；对市人民政府及有关部门实施农业与农村法律、法规和农业与农村方面的工作情况进行监督；调查农业与农村工作方面的法律、法规和市人民代表大会及其常委会的有关决议、决定的执行情况，组织开展执法调查研究和视察检查活动；对有关的地方法规草案举行初审。委员会下设办公室，为正科级内设机构。

主　任：蔡火水（2007.3—2012.1）

谭国平（2012.5—2021.10）

程　露（女，2021.10—2023.3）

江　波（2023.3—2024.1）

副主任：黎玉平（2010.1—2013.4）

李增金（2019.2—2021.12）

（五）市人大常委会选举任免联络工作委员会（2004.2—2024.1）

1988 年 7 月设立，为市人大常委会工作机构。

其主要职责是：在市人大常委会领导下，研究、审议和拟订有关选举、任免、联络工作方面的议案和建议；对属于市人大常委会职权范围内与选任联工作有关问题进行调查研究，提出建议；负责市人民代表大会闭会期间的选举、议案等方面的工作，负责市人大常委会人事任免方面具体工作和联系人大代表方面的工作。委员会下设办公室、代表联络科，为正科级内设机构。

主　任：严正富（2004.2—2009.7）

吴寿轩（2011.4—2012.5）

汤小敏（2013.4—2020.3）

金武缨（女，2020.9—）

副主任：张春霞（女，1999.3—2004.2）

汤小敏（2009.9—2013.4）

金武缨（女，2019.2—2020.9）

张　磊（2020.9—2022.5）

严带兵（女，2023.7—　）

（六）市人大常委会法制工作委员会（2016.4—2024.1）

2016 年 4 月设立，为市人大常委会工作机构。

其主要职责是：编制立法规划和年度立法计划草案；拟订法规草案、法规解释草案和其他议案草案；承担法规草案的具体修改工作；负责立法后评估和法规清理工作；负责向省人大常委会报请批准法规的具体工作，并办理批准后的法规的公布工作等。委员会下设办公室、法规科、备案审查科，为正科级内设机构。

主　任：龚著宝（2016.1—2021.10）

吴勤胜（2021.10—　）

副主任：吴勤胜（2016.1—2020.3）

杨　毅（2020.9—2023.7）

（七）市人大常委会外事华侨民族宗教工作委员会（2004.3—2024.1）

2004 年 3 月设立（由市人大常委会办公室外侨民宗科升格），为市人大常委会常设工作机构，实行主任负责制。

其主要职责是：在市人大常委会领导下，研究、审议和拟定有关议案的具体工作；对属于市人大常委会职权范围内同本委员会有关的问题，进行调查研究和视察检查活动，提出建议；协助常委会进行法律监督和工作监督；对有关的地方法规草案举行初审。委员会下设办公室，为正科级内设机构。

主　任：吴寿轩（2005.1—2007.3）

张金涛（2007.3—2012.5）

黎玉平（2013.4—2019.1）

李　怡（2021.10—2023.3）（负责）
祝春明（2019.1—2021.10）
熊国华（2023.3—2024.1）
汪翠微（女，2024.1—　）
副主任：敖仁清（2014.2—2019.2）
张金荣（女，2020.9—2021.10）
四级调研员：周春玲（女，2022.12—）

（八）市人大常委会备案审查工作委员会（2016.4—2024.1）

2016 年 4 月设立，为市人大常委会工作机构，挂在法制工作委员会。

其主要职责是：负责规范性文件的备案审查工作，并向市人大常委会报告审查工作情况。

专职副主任：阮克芬（女，2016.9—2021.10）

（九）市人大常委会预算工作委员会（2016.4—2024.1）

2016 年 4 月设立，为市人大常委会工作机构，挂在市人大财政经济委员会。

其主要职责是：负责对预决算草案和相关的调整方案进行初步审查，负责审查市人民政府报送市人大常委会备案的全市汇总预算，向市人大常委会主任会议报告审查结果，协助市人大常委会对预算执行情况进行监督。

专职副主任：艾花英（女，2016.11—2023.1）

（十）市人大常委会办公室（2002.8—2024.1）

1980 年 8 月，市人大常委会设立办公室，为其常设综合办事机构，实行主任负责制。市一届人大常委会办公室，下设政治法律科、财贸经济科、文教卫生科。从 1983 年市二届人大常委会始办公室为正县级，下设秘书科、行政科，1985 年 4 月增设人事联络科。1989 年 1 月，撤销人事联络科，另设调研信访科。1991 年 2 月，调研信访科改为信访科，增设综合科、外事华侨民族宗教科共 5 个科。2002 年，机构调整，撤销综合科。2004 年 1 月，设立市人大常委会外侨民宗工作委员会，撤销外侨民宗科。2010 年 6 月，增设调研科。2020 年 12 月，市人大常委会办公室内设秘书科、调研科、行政科、信访科共 4 个科。

办公室的主要职责是：负责市人民代表大会会议、常委会会议、主任会议、常委会党组会议、机关党组会议，以及以市人大常委会名义召开的有关会议的服务工作；负责协调和督促代表大会会议、常委会会议、主任会议作出的决定或有关重大事项的贯彻落实；负责机关公文处理、新闻宣传工作；会同各专工委做好市人大常委会组织的执法检查、视察调研等活动的有关服务工作；负责市人大常委会机关的经费和财产管理，以及机关服务接待工作；负责机关的编制定员、人事调配、考核、奖惩、劳动工资及机关离退休干部的服务管理工作。

主　任：周荣俊（2002.8—2004.4）
邬书鸣（2004.4—2005.3）
李忠仁（2005.3—2008.11）
魏建君（2019.2—2020.9）
汪翠微（女，2020.9—2024.1）
易冬春（2024.1—　）

副主任：汪胜钱（1984.1—1987.5）
王吉祥（1984.10—1986.3）
熊　华（1986.3—1987.3）
申　锐（1989.1—1989.5）
徐忠平（1991.2—1995.4）
吴光南（1993.5—1996.3）
吴寿轩（1996.11—2005.1）
严正富（1996.11—2002.11）
汤小敏（2005.12—2009.9）

调研员：吴寿轩（2003.6—2005.1）
李赛白（2008.8—2011.9）
严正富（2009.9—2013.2）
江胜来（2011.9—2011.10）
吴晓明（2013.6—2019.5）
陈锦耀（2016.12—2019.5）

一级调研员：欧阳澜（2019.11—2019.12）
黎玉平（2020.1—2020.3）
吴晓明（2020.9—2021.5）
陈锦耀（2020.9—2020.11）
徐　慧（女，2021.1—2021.2）
汤小敏（2021.12—2022.6）
吴寿轩（2021.12—2022.6）

龚著宝（2021.12—2022.1）
项玉林（2021.12—2022.1）
谭国平（2023.2—2024.1）
金武缨（女，2023.9— ）
二级调研员：吴晓明（2019.5—2020.9）
陈锦耀（2019.5—2020.9）
艾花英（女，2022.1—2023.1）
李增金（2022.1—2023.11）
三级调研员：桂天信（2020.11—2022.3）
艾花英（女，2021.12—2022.1）
李增金（2021.12—2022.1）
杨　毅（2023.7— ）
副调研员：吴鸿飞（2003.6—2009.8）
吴英娟（女，2009.9—2014.2）
李增金（2010.5—2012.11）
艾书广（2013.12—2016.12）
金武缨（女，2013.12—2019.2）
四级调研员：张　磊（2019.5—2020.9）
桂天信（2020.7—2020.11）

第二章　市人大常务委员会会议

市人民代表大会常务委员会的职权：

在本行政区域内，保证宪法、法律、行政法规和上级人民代表大会及其常务委员会决议的遵守和执行。召集本级人民代表大会会议。讨论、决定本行政区域内各方面工作的重大事项；监督本级人民政府、监察委员会、人民法院和人民检察院的工作；撤销本级人民政府的不适当的决定和命令；撤销下一级人民代表大会的不适当的决议。依照法律规定的权限决定国家机关工作人员的任免；在本级人民代表大会闭会期间，罢免和补选上一级人民代表大会的个别代表。在不同宪法、法律、行政法规和本省的地方性法规相抵触的前提下，可以依照法律规定制定地方性法规，报本省人民代表大会常务委员会批准后施行。决定授予地方的荣誉称号。

市人大常委会行使职权的主要方式是举行会议。市人大常委会会议由主任召集，每两个月至少举行一次。常务委员会的决议，由常务委员会以全体组成人员的过半数通过。

第一节　市六届人大常委会会议

市六届人大常委会共召开会议 26 次，听取各项报告 51 项，作出决议决定 18 项，任免国家机关工作人员 102 人次。

第一次会议　2004 年 3 月 26 日召开，出席 25 人。审议并通过市人大常委会 2004 年工作要点；审议并通过《鹰潭市人大常委会组成人员守则》；审议并通过关于修改《鹰潭市人大常委会人事任免办法》的决定、关于修改《鹰潭市人大常委会关于对提请任命的国家机关工作人员进行法律知识考试的决定》的决定、关于修改《鹰潭市公民旁听市人大常委会会议的规定》的决定和关于设立市人大外事华侨民族宗教工作委员会的决定；审议并通过市六届人大常委会代表资格审查委员会组成人员名单。邵奇生主任作讲话。

第二次会议　2004 年 4 月 20 日召开，出席 26 人。审议并通过代表资格审查委员会关于终止代表资格的审查报告；审议并通过关于接受周荣俊辞去市人大常委会秘书长职务请求的决定；决定人事任免事项。邵奇生主任作讲话。

第三次会议　2004 年 5 月 26 日召开，出席 19 人。听取和审议市人民政府关于贯彻执行《中华人民共和国政府采购法》情况的报告；听取和审议市计生委关于人口与计划生育法执法检查和工作评议后整改情况的报告；以无记名投票表决方式，确定对市建设局局长鲁建平、市卫生局局长夏公章、市水利局局长官金福进行述职评议；决定人事任免事项。

第四次会议 2004 年 7 月 28 日至 29 日召开，出席 26 人。听取和审议市人民政府关于鹰潭市 2004 年计划上半年执行情况的报告、关于 2004 年预算上半年执行和预算外资金管理使用情况的报告；听取和审议市人民政府关于鹰潭市上半年“三农”工作情况的报告；决定人事任免事项。

第五次会议 2004 年 9 月 22 日至 23 日召开，出席 23 人。听取和审议市人大常委会执法检查、工作评议组关于检查《中华人民共和国环境保护法》实施情况和评议市环保局工作情况的报告、关于检查《中华人民共和国价格法》实施情况和评议市计委（物价局）工作情况的报告；听取和审议市建设局局长鲁建平、市卫生局局长夏公章、市水利局局长官金福和市中级人民法院两名法官的述职报告；听取和审议市人民政府关于办理代表提出的建议、批评和意见情况的报告。

第六次会议 2004 年 11 月 26 日召开，出席 18 人。听取和审议市人民政府关于鹰潭市 2003 年市本级财政决算情况的报告、关于 2003 年市本级预算执行和其他财政收支审计工作情况的报告；审查批准 2003 年市本级决算；听取和审议市人民政府关于 2004 年市本级财政预算调整方案（草案）的议案及其说明；审查批准 2004 年市本级财政预算调整方案；听取和审议市人民政府关于全市公安基层派出所工作和建设情况的报告；审议市人大农环资委关于开展“环保信江行”活动情况的报告（书面）。

第七次会议 2005 年 1 月 18 日召开，出席 25 人。审议 3 名市政府工作部门负责人，市中级人民法院 2 名法官述职评议后整改情况的报告（书面）；表决人事任免事项。会议议程结束后，举办了《中华人民共和国道路交通安全法》知识讲座。

第八次会议 2005 年 2 月 18 日召开，出席 23 人。审议并通过市人大常委会关于召开市六届人大二次会议的决定草案；审议市人民政府关于提请审议《鹰潭市国家科技进步示范市建设与发展规划》的议案，批准《鹰潭市国家科技进步示范市建设与发展规划》。会议议程结束后，常委会党组召开“保持共产党员先进性教育活动”征求意见会，常委会组成人员参加会议。

第九次会议 2005 年 3 月 11 日召开，出席 24 人。审议市六届人大二次会议议程草案，决定提请市六届人大二次会议预备会议审议；审议市六届人大二次会议主席团和秘书长名单草案，决定提请市六届人大二次会议预备会议审议；审议市六届人大二次会议日程草案、选举和通过人选办法草案，表决议案办法草案、提议案截止时间的决定草案，决定提请市六届人大二次会议主席团第一次会议审议；审议市六届人大二次会议主席团常务主席名单草案、执行主席分组名单草案，副秘书长名单草案，决定提请市六届人大二次会议主席团第一次会议审议；审议并决定市六届人大二次会议列席人员、邀请人员和邀请在主席台就座人员名单。听取和审议市人大常委会代表资格审查委员会关于补选的市六届人大代表的代表资格审查报告；审议市人大常委会工作报告，决定提请市六届人大二次会议审议。决定人事任免事项。

第十次会议 2005 年 4 月 4 日召开，出席 21 人。审议市人民政府按期偿还使用国家开发银行城市基础设施项目贷款的议案，通过市人大常委会关于批准市人民政府按期偿还使用国家开发银行城市基础设施项目贷款的决议。

第十一次会议 2005 年 4 月 26 日召开，出席 22 人。经无记名投票表决，确定 6 名市人民政府工作部门负责人为 2005 年度市人大常委会述职评议对象，其中经贸委主任刘君祥、市体育局局长熊春金、市林业局局长齐群策 3 人口头述职，市交通局局长李力、市文化局局长王辉、市粮食局局长倪饶生为书面述职对象；审议市环保局关于《中华人民共和国环境保护法》执法检查和工作评议后整改情况的报告（书面）；审议市计委（物价局）关于《中华人民共和国价格法》执法检查和工作评议后整改情况的报告（书面）；听取和审议市人民政府关于防汛准备工作情况的报告；决定人事任免事项。会议议程结束后，举办《中华人民共和国反分裂国家法》知识讲座。

第十二次会议 2005 年 6 月 21 日召开，出席 19 人。听取和审议市人民政府关于城市社区建设工作情况的报告；市人民政府关于全市实施食品放心工程情况的报告；决定人事任免事项。会议议程结束后，举办了《中华人民共和国水污染防治法》《中华人民共和国公民出入境管理法》知识讲座。

第十三次会议 2005 年 7 月 29 日召开，出席 24 人。听取和审议市人民政府关于贯彻执行《中华人民共和国公民出入境管理法》情况的报告；听取和审议市人民政府关于贯彻执行《中华人民共和国档案法》情况的报告；决定人事任免事项。会议议程结束后，举办了《中华人民共和国义务教育法》知识讲座。

第十四次会议 2005 年 8 月 23 日至 24 日召开，出席 24 人。听取和审议市人民政府关于 2005 年计划上半年执行情况的报告，关于 2005 年预算上半年执行和预算外资金管理使用情况的报告；听取和审议市人民政府关于贯彻执行《中华人民共和国水污染防治法》情况的报告；听取和审议市人民政府关于"四五"普法工作情况的报告；听取和审议市经贸委主任刘君祥、市林业局局长齐群策、市体育局局长熊春金的述职报告；听取和审议 2 名检察官的述职报告；审议市交通局局长李力、市文化局局长王辉、市粮食局局长倪饶生的述职报告（书面）；听取市人大常委会选任联工委关于赴山东德州考察学习情况的汇报（书面）。

第十五次会议 2005年10月26日至27日召开，出席19人。听取市人民政府关于鹰潭市2004年市级决算情况的报告，关于鹰潭市2004年市级预算执行和其他财政收支的审计情况报告，审查批准2004年市级决算；听取和审议市人民政府关于2005年市级财政预算调整方案（草案）的议案及说明，审查批准2005年市级财政预算调整方案；审议市人大常委会执法检查、工作评议组关于检查《中华人民共和国义务教育法》和评议市教育局工作情况的报告；听取和审议市人民政府关于代表提出的建议、批评和意见办理情况的报告；决定人事任免事项。会议议程结束后，组织集中学习十六届五中全会精神和全市领导干部会议精神。

第十六次会议 2005年12月27日召开，出席22人。审议刘君祥、李力、熊春金、王辉、齐群策、倪饶生和2名检察官述职评议整改情况的报告；审议并通过关于召开市六届人大三次会议的决定草案；决定人事任免事项。

第十七次会议 2006年2月16日召开，出席18人。审议市六届人大三次会议议程草案、市六届人大三次会议主席团和秘书长名单草案，决定提请市六届人大三次会议预备会议审议；审议市六届人大三次会议日程草案、表决议案办法草案、提议案截止时间的决定草案，以及市六届人大三次会议主席团常务主席名单草案、执行主席分组名单草案，副秘书长名单草案，决定提请市六届人大三次会议主席团第一次会议审议；审议并决定市六届人大三次会议列席人员、邀请人员和邀请在主席台就座人员名单；听取和审议市人大常委会代表资格审查委员会关于终止和补选的市六届人大代表的代表资格审查报告；审议市人大常委会工作报告，决定提请市六届人大三次会议审议；决定人事任免事项。

第十八次会议 2006年4月19日召开，出席21人。听取和审议市教育局关于《中华人民共和国义务教育法》执法检查和工作评议后整改情况的报告。会议议程结束后，举办社会主义新农村建设知识讲座。

第十九次会议 2006年6月22日召开，出席22人。听取和审议市人民政府关于贯彻执行《市人大常委会关于批准按期偿还使用国家开发银行城市基础设施项目贷款的决议》情况的报告；听取和审议市人民政府关于《兴建市人民医院综合大楼议案》办理情况的报告；听取市人民政府关于“四五”普法工作情况和“五五”普法安排意见的汇报，审议通过《鹰潭市人大常委会关于加强法制宣传教育的决议》；决定人事任免事项。会议议程结束后，举办《中华人民共和国治安管理处罚法》知识讲座。

第二十次会议 2006年8月25日召开，出席24人。审议并通过关于召开市七届人民代表大会第一次会议的决定，关于鹰潭市第七届人民代表大会代表名额分配和选举问题的决定，市人大常委会关于接受阎钢军、肖伏芝辞去鹰潭市人民政府副市长职务的请求的决定；听取和审议市人民政府关于鹰潭市2006年上半年国民经济和社会发展计划执行情况的报告，市人民政府关于鹰潭市2006年上半年财政预算执行情况和预算外资金管理使用情况的报告；听取和审议市人民政府关于代表提出的建议、批评和意见办理情况的报告；审议并通过市人大农环资委关于开展“环保信江行”活动情况的报告（书面）；决定人事任免事项。

第二十一次会议　2006年9月25日召开，出席22人。审议并通过鹰潭市人民代表大会常务委员会关于调整鹰潭市第七届人民代表大会第一次会议时间的决定。

第二十二次会议　2006年11月8日召开，出席24人。审议并表决市人民政府副市长任职事项，审议并通过鹰潭市人民代表大会常务委员会关于接受胡宪辞去鹰潭市人民政府市长职务的请求的决定。

第二十三次会议　2006年11月14日召开，出席20人。审议并通过鹰潭市人民代表大会常务委员会关于董仚生代理鹰潭市人民政府市长职务的决定；审议并通过关于召开鹰潭市第七届人民代表大会第一次会议的决定。

第二十四次会议　2006年11月20日召开，出席24人。审议并表决人事任职事项，审议并通过鹰潭市人民代表大会常务委员会关于接受赖永芳辞去市中级人民法院院长职务的请求的决定、关于接受罗晓泉辞去市人民检察院检察长职务的请求的决定；审议并通过鹰潭市人民代表大会常务委员会关于凌云代理市中级人民法院院长职务的决定、关于熊金文代理市人民检察院检察长职务的决定。

第二十五次会议　2006年11月24日召开，出席22人。听取和审议市人大常委会代表资格审查委员会关于市七届人大代表资格的审查报告；听取和审议市人民政府关于鹰潭市2005年全市和市本级财政决算的报告、关于鹰潭市2005年市本级预算执行和其他财政收支的审计工作报告，审查并批准2005年市本级财政决算；听取和审议市人民政府关于提请会议批准2006年市本级财政预算调整方案的议案及说明，审查并批准2006年市本级财政预算调整方案。

第二十六次会议　2006年12月2日召开，出席24人。审议市人大常委会工作报告，决定提请市七届人大一次会议审议；审议市七届人大一次会议议程、主席团和秘书长名单草案，决定提请市七届人大一次会议预备会议审议；审议市七届人大一次会议日程、主席团常务主席名单、执行主席分组名单、副秘书长名单草案，决定提请市七届人大一次会议主席团第一次会议审议；审议关于设立市七届人大专门委员会的决定草案，决定提请市七届人大一次会议主席团第一次会议审议；审议市七届人大一次会议选举和通过人选办法、议案审查委员会主任委员、副主任委员、委员人选名单，表决议案办法、代表提议案截止时间的决定草案，决定提请市七届人大一次会议主席团第一次会议审议；审议并通过市七届人大一次会议列席人员、邀请人员和邀请在主席台就座人员名单草案。

第二节　市七届人大常委会会议

市七届人大常委会共召开会议 48 次，听取各项报告 143 项，作出决议决定 39 项，任免国家机关工作人员 201 人次。

第一次会议　2007 年 1 月 12 日召开，出席 27 人。审议并表决通过关于接受刘祖三辞去江西省第十届人民代表大会代表职务的请求的决定，补选江西省第十届人民代表大会代表；审议并通过市七届人大常委会代表资格审查委员会组成人员人选名单（草案）；集中学习《中华人民共和国各级人民代表大会常务委员会监督法》。

第二次会议　2007 年 2 月 7 日至 8 日召开，出席 27 人。听取市人民政府关于节日期间市区社会治安工作情况的报告；听取市人民政府关于市人民医院综合大楼主体工程封顶情况的报告；听取并审议市人大常委会关于修改《市人大常委会议事规则》的决定草案；听取并审议市人民政府人事任职事项。会议各项议程结束后，市人大常委会主任邵奇生对新到任的市人大常委会的组成人员和新任命的市政府组成部门负责人发表讲话。

第三次会议　2007 年 2 月 28 日召开，出席 28 人。审议并通过关于召开市七届人大二次会议的决定；决定人事任免事项。

第四次会议　2007 年 3 月 20 日召开，出席 27 人。审议市七届人大二次会议议程草案、主席团和秘书长名单草案，决定提请市七届人大二次会议预备会议审议；审议市七届人大二次会议日程、主席团常务主席、执行主席分组名单、副秘书长名单草案，决定提请市七届人大二次会议主席团第一次会议审议；审议市七届人大二次会议选举和通过人选办法、表决议案办法、提议案截止时间的决定草案，决定提请市七届人大二次会议主席团第一次会议审议；听取并审议市七届人大二次会议关于撤销鹰潭市人民代表大会农业与环境资源保护委员会的决定草案，决定提请市七届人大二次会议主席团第一次会议审议；审议并通过市七届人大二次会议列席人员、邀请人员和邀请在主席台就座人员名单（草案）；审议市人大常委会工作报告，决定提请市七届人大二次会议审议；听取并审议关于设立鹰潭市人大常委会城乡建设环境资源保护工作委员会、鹰潭市人大常委会农业和农村工作委员会的决定（草案）。

第五次会议　2007 年 3 月 26 日召开，出席 29 人。听取并审议市人大常委会代表资格审查委员会关于补选的市人大代表的代表资格审查报告；审议并通过关于接受李萍文辞去鹰潭市人大内务司法委员会主任委员、郑良健辞去鹰潭市人大财政经济委员会主任委员的决定；决定人事任免事项。

第六次会议　2007 年 5 月 23 日召开，出席 27 人。听取并审议市人民政府关于住房公积金归集、使用和管理情况的报告；听取市人民政府关于贯彻落实《市人大常委会关于批准鹰潭市国家科技进步示范市建设与发展规划的决议》情况的报告；听取市人民政府关于贯彻落实《市人大常委会关于批准按期偿还使用国家开发银行城市基础设施项目贷款的决议》情况的报告；决定人事任免事项。会议议程结束后，举办《中华人民共和国物权法》知识讲座。

第七次会议　2007 年 7 月 23 日召开，出席 26 人。决定人事任免事项；听取并审议市人民政府关于鹰潭市 2007 年上半年国民经济和社会发展计划执行情况的报告；听取并审议市人民政府关于鹰潭市 2007 年上半年财政预算执行情况和预算外资金管理使用情况的报告；听取市人民政府关于 2005 年度市本级预算执行和其他财政收支审计问题整改情况的报告；听取市中级人民法院关于 2007 年全市法院上半年工作情况的报告；听取市人民检察院 2007 年上半年检察工作情况的报告。会议议程结束后，举办《中华人民共和国种子法》知识讲座。

第八次会议　2007 年 9 月 27 日至 28 日召开，出席 26 人。听取和审议市人民政府关于全市深山区少数民族移民扶贫搬迁工作情况的报告；听取和审议市人民政府关于鹰潭市 2006 年全市和市本级财政决算的报告、关于鹰潭市 2006 年市本级预算执行和其他财政收支的审计工作报告，审查批准 2006 年市本级财政决算；听取和审议市人民政府关于市七届人大一次、二次会议代表提出的建议、批评和意见办理情况的报告；审议关于提请确认许可对市七届人大代表吴塘顺采取强制措施的报告；决定人事任免事项。会议议程结束后，举办《中华人民共和国人民防空法》知识讲座。

第九次会议　2007 年 11 月 15 日召开，出席 26 人。审议并通过关于召开鹰潭市第七届人民代表大会第三次会议的决定（草案）；听取并审议市人民政府关于城乡居民最低生活保障工作情况的报告；听取并审议市人民政府关于公共卫生监督执法工作情况的报告；听取并审议市人民政府关于 2007 年市本级财政预算调整方案（草案）的议案和说明，审查批准 2007 年市本级财政预算调整方案；听取市人大常委会视察组关于组织市人大代表视察新农村建设情况的报告；听取市人大常委会城建环资工委关于开展“环保信江行”活动情况的报告；决定人事任免事项。会议议程结束后，举办《江西省劳动保障监察条例》知识讲座。

第十次会议　2007 年 12 月 17 日召开，出席 23 人。审议市人大常委会工作报告，决定提请市七届人大三次会议审议；审议市七届人大三次会议议程、主席团和秘书长名单草案，决定提请市七届人大三次会议预备会议审议；审议市七届人大三次会议日程、常务主席名单、执行主席分组名单、副秘书长名单草案，决定提请市七届人大三次会议主席团第一次会议审议；听取并审议鹰潭市第七届人民代表大会常务委员会代表资格审查委员会关于终止和补选代表的代表资格的审查报告；审议并通过市七届人大三次会议列席人员名单、邀请人员名单、邀请在主席台就座人员名单草案；审议市七届人大三次会议选举和通过人选办法、表决议案办法、代表提出议案截止时间的决定草案，决定提请市七届人大三次会议主席团第一次会议审议；决定人事任免事项。会议议程结束后，举办《江西省劳动保障监察条例》知识讲座。

第十一次会议 2008 年 2 月 29 日召开，出席 32 人。听取和审议市人大常委会城建环资工委关于建立市区居民饮用水安全保障应急预案的议案初审结果的报告；听取和审议市人大常委会农工委关于加快蔬菜基地建设，从根本上解决鹰潭市蔬菜供应紧张、蔬菜价格偏高的议案初审结果的报告，并通过相应决议；审议市人民政府关于落实市人大常委会对全市少数民族移民扶贫搬迁工作情况报告的审议意见研究处理情况的报告（书面）；听取并通过市七届人大常委会代表资格审查委员会关于终止和补选代表的代表资格审查报告。决定人事任职事项。会议议程结束后，举办《中华人民共和国城乡规划法》知识讲座。

第十二次会议 2008 年 3 月 28 日召开，出席 27 人。审议市人民政府关于按期偿还农业发展银行农村基础设施项目贷款的议案，表决并通过市人大常委会关于批准市人民政府提请审议按期偿还农业发展银行农村基础设施项目贷款议案的决议；审议并通过市人大常委会关于对“一府两院”工作人员依法履职情况进行监督的暂行办法。

第十三次会议 2008 年 4 月 3 日召开，出席 31 人。决定人事任职事项，任命钟志生为鹰潭市人民政府副市长；审议通过市人大常委会关于接受董仚生辞去鹰潭市人民政府市长职务的请求的决定；审议通过市人大常委会关于钟志生代理鹰潭市人民政府市长职务的决定。

第十四次会议 2008 年 4 月 18 日召开，出席 25 人。听取市人民政府关于全市“五五”普法工作情况的报告；审议市人民政府关于落实市人大常委会对全市公共卫生监督执法情况报告的审议意见研究处理情况的报告（书面）；审议并通过鹰潭市第七届人民代表大会常务委员会代表资格审查委员会关于终止和补选代表的代表资格的审查报告；审议并通过关于召开第七届人大四次会议的决定；审议并通过市人大常委会关于接受聂玲娜、舒忠东辞去市七届人大常委会委员职务请求的决定。

第十五次会议 2008 年 5 月 22 日召开，出席 23 人。决定批准市人民政府提出的《关于提请审议按期偿还深圳金融租赁有限公司推进城市化建设租赁资金的议案》。

第十六次会议 2008 年 6 月 12 日至 13 日召开，出席 28 人。听取和审议市人民政府关于全市近两年财政转移支付资金管理和使用情况的报告；听取和审议市人民政府关于全市农村广播电视村村通工作情况的报告；听取和审议市人民政府关于鹰潭市住宅专项维修资金管理和使用情况的报告；听取市人民政府关于 2006 年市本级预算执行和其他财政收支审计查出问题整改情况的报告；审议市人民政府关于鹰潭市城乡低保工作情况审议意见办理情况的报告（书面）；决定人事任免事项。会议还举办了《中华人民共和国劳动合同法》和《中华人民共和国就业促进法》知识讲座。

第十七次会议　2008 年 8 月 21 日至 22 日召开，出席 30 人。听取和审议市人民政府关于 2008 年上半年国民经济和社会发展计划执行情况的报告；听取和审议市人民政府关于 2008 年上半年预算执行情况和预算外资金管理使用情况的报告；听取市中级人民法院 2008 年上半年工作情况的报告；听取市人民检察院 2008 年上半年工作情况的报告；决定人事任免等事项。

第十八次会议　2008 年 9 月 26 日至 27 日召开，出席 25 人。听取和审议市人民政府关于鹰潭市 2007 年全市和市本级财政决算情况的报告，关于鹰潭市 2007 年市本级财政预算执行和其他财政收支的审计工作报告，审查批准 2007 年市本级财政决算；听取和审议市人民政府关于市七届人大三次会议代表提出的建议、批评和意见办理情况的报告；听取市人民政府关于工业污染监督管理工作情况的报告；审议并通过市人民政府《关于按期偿还开发银行 206 国道天禄至龙虎山一级公路改造项目贷款的议案》；决定人事任免事项。

第十九次会议　2008 年 11 月 13 日至 14 日召开，出席 27 人。听取和审议市人大常委会执法检查组关于开展《中华人民共和国教师法》执法检查的报告；听取和审议市人民政府关于全市养老保险工作情况的报告；听取和审议市人民政府关于《鹰潭市国民经济和社会发展第十一个五年规划纲要》中期评估的报告，审议并批准《鹰潭市国民经济和社会发展第十一个五年规划纲要》部分指标调整方案；听取和审议市人民政府关于 2008 年市本级财政预算调整方案（草案）的议案和说明，审查批准 2008 年市本级财政预算调整方案；听取和审议市人民政府关于全市大旅游发展情况的报告；听取市人大常委会农工委关于组织市人大代表视察新农村建设情况的报告；决定人事免职事项。会议期间，市人大常委会举办《中华人民共和国企业所得税法》知识讲座。

第二十次会议　2008 年 12 月 26 日召开，出席 26 人。审议并通过关于召开鹰潭市第七届人民代表大会第五次会议的决定；听取市人大常委会视察组关于组织部分市人大代表视察全市铜产业发展情况的报告；听取市人大常委会视察组关于组织部分市人大代表视察全市重点工程建设情况的报告；听取市人大常委会城建环资工委关于鹰潭市 2008 年“环保信江行”活动开展情况的报告；审议并通过市人大常委会代表资格审查委员会关于补选代表的代表资格审查报告；审议并通过市人大教科文卫委关于听取市人民政府关于十三届省运会筹备工作汇报延迟的报告；决定人事任免事项。

第二十一次会议　2009 年 1 月 19 日召开，出席 24 人。审议并表决通过市人大常委会工作报告，决定提请市七届人大五次会议审议；审议市人民政府关于《鹰潭市城市总体规划（2007—2020）的议案》及说明，审查鹰潭市城市总体规划；表决通过市人大常委会关于审查同意鹰潭市城市总体规划（修编）的决议。

第二十二次会议 2009年2月18日召开，出席30人。决定人事任职事项；审议通过市七届人大五次会议议程草案、日程草案；审议通过市七届人大常委会代表资格审查委员会关于终止和补选代表的代表资格审查报告；审议通过市七届人大五次会议主席团和秘书长名单草案、主席团常务主席名单草案、执行主席分组名单草案、副秘书长名单草案；审议通过市七届人大五次会议表决议案办法草案、代表提出议案截止时间的决定草案、选举办法草案；审议通过市七届人大五次会议列席人员、邀请人员和邀请在主席台就座人员名单（草案）。

第二十三次会议 2009年4月23日至24日召开，出席33人。表决通过2009年度市人大常委会会议的主要议题安排；听取和审议市人大常委会执法检查组关于《中华人民共和国就业促进法》执法检查情况的报告；听取市工商局、市国税局、市地税局、市质监局、市人民银行关于支持全市“保增长，促发展”工作情况的报告；审议市人民政府关于基层民主政权建设情况的报告（书面）；审议市人民政府关于全市广播电视村村通工作审议意见办理情况的报告（书面）；审议市人民政府关于住宅专项维修基金管理使用情况审议意见办理情况的报告（书面）；表决通过市人大常委会三个工作委员会委员名单、关于《中华人民共和国就业促进法》执法检查情况的审议意见、关于基层民主政权建设情况的审议意见、关于全市农村广播电视村村通工作审议意见办理情况的审议意见、关于住宅维修基金管理使用情况审议意见办理情况的审议意见；决定人事任免事项。

第二十四次会议 2009年6月10日召开，出席28人。审议并通过关于提请审议按期偿还市投融资公司向金融机构融资贷款的议案。

第二十五次会议 2009年6月24日至25日召开，出席27人。审议市人民政府关于开展“法治鹰潭”建设工作的议案；表决通过市人大常委会关于批准市人民政府《关于开展“法治鹰潭”建设工作的议案》的决议；听取市人民检察院关于办理1名人大代表案件情况的报告；审议市人大常委会关于组织代表视察蔬菜基地建设情况的报告（书面）；审议市人民政府关于鹰潭市“十一五”规划实施中期评估审议意见办理情况的报告（书面）、关于《中华人民共和国教师法》执法检查审议意见办理情况的报告（书面）、关于全市大旅游发展情况审议意见办理情况的报告（书面）；决定人事任免事项。举办了《中华人民共和国节约能源法》知识讲座。

第二十六次会议 2009年7月31日召开，出席33人。听取市人大常委会任命的市人民检察院工作人员依法履职情况的报告，并对其依法履职情况进行了满意度测评；听取关于组织代表视察农村“卫生清洁”工程情况的报告；决定人事任免事项。

第二十七次会议 2009年8月27日至28日召开，出席28人。审议通过市人民政府关于2009年上半年国民经济和社会发展计划执行情况的报告、关于鹰潭市2009年上半年预算执行情况和预算外资金管理使用情况的报告、市中级人民法院关于全市法院民事审判工作情况的报告；听取市人大常委会任命的市中级人民法院工作人员依法履职情况的报告和市人民检察院关于2009年上半年工作情况的报告；决定人事任免事项。

第二十八次会议　2009年9月23日至24日召开，出席32人。表决通过关于进一步提高常委会会议到会率的办法；审议市政府关于按期偿还鹰潭市经贸国有资产运营公司向交通银行江西省分行融资贷款的议案、关于鹰潭市2008年全市和市本级财政决算情况的报告；表决通过市人大常委会关于批准按期偿还鹰潭市经贸国有资产运营公司向交通银行江西省分行融资贷款议案的决议、关于批准2008年市本级财政决算的决议；审议通过市政府关于2008年市本级预算执行及其他财政收支的审计工作报告、关于2007年市本级预算执行及其他财政收支审计查出问题整改情况的报告（书面）；听取并审议市人大常委会执法检查组关于《中华人民共和国城乡规划法》执法检查情况的报告、市政府关于农村药品"两网"建设情况的报告、关于耕地保护责任目标落实情况的报告；听取市政府关于农业产业化发展情况的报告，听取并审议市政府关于依法管理宗教工作情况的报告；决定人事任免事项。

第二十九次会议　2009年11月5日召开，出席28人。听取并审议市人民政府关于第十三届省运会筹备情况的报告；听取市人大常委会关于组织部分代表视察全市保障性住房建设情况的报告、关于组织部分代表视察龙虎山重点工程建设情况的报告。

第三十次会议　2009年12月15日至16日召开，出席28人。表决通过关于召开鹰潭市第七届人民代表大会第六次会议的决定、市人大常委会关于批准鹰潭市2009年市本级财政预算调整方案的决议；听取和审议市人民政府关于鹰潭市大物流发展情况的报告、关于办理市七届人大五次会议代表提出的建议、批评和意见情况的报告；听取市人民政府关于新农村建设情况的报告；听取市人大常委会关于组织代表视察全市农村敬老院建设管理情况的报告、视察全市重点工程建设情况的报告；审议《市人大常委会议事规则（修正案草案）》，表决通过市人大常委会关于修改《市人大常委会人事任免办法》的决定、关于开好市人民代表大会会议的若干意见；决定人事任免事项。

第三十一次会议　2010年1月12日召开，出席31人。审议市人大常委会工作报告，决定提请市七届人大六次会议审议；审议市人大常委会主任会议关于增补市七届人大常委会代表资格审查委员会副主任委员、委员的提案；审议市七届人大六次会议议程、主席团和秘书长名单草案，决定提请市七届人大六次会议预备会议审议；审议市七届人大六次会议日程、常务主席名单、执行主席分组名单、副秘书长名单草案，决定提请市七届人大六次会议主席团第一次会议审议；听取和审议市七届人大常委会代表资格审查委员会关于终止和补选代表的代表资格审查报告；审议市七届人大六次会议表决议案办法、代表提出议案截止时间的决定、会议选举办法草案，决定提请市七届人大六次会议主席团第一次会议审议；审议并通过市七届人大六次会议列席人员、邀请人员和邀请在主席台就座人员名单；决定人事任免事项。

第三十二次会议 2010年3月23日召开，出席30人。表决通过人事任职事项；审议通过《市人大常委会议事规则（修正案草案）》的议案；审议通过市人大常委会关于办理代表建议、批评和意见的规定；审议通过市人民政府关于320国道改建项目融资方案的议案；审议市人民政府关于办理农村药品“两网”建设工作审议意见办理情况的报告（书面）；审议市人民政府关于十三届省运会筹备工作审议意见办理情况的报告（书面）；审议市人民政府关于耕地保护责任制落实审议意见办理情况的报告（书面）；审议市人民政府关于依法管理宗教事务工作审议意见办理情况的报告（书面）。

第三十三次会议 2010年4月20日至21日召开，出席32人。决定人事任免事项；听取和审议市七届人大常委会代表资格审查委员会关于终止李长华、陈福仁代表资格的审查报告；听取市中级人民法院、市人民检察院、市公安局、市司法局关于为经济发展优化环境、为社会稳定提供保障情况的报告；听取和审议市人民政府关于全市农村医疗垃圾无害化处理情况的报告；听取市人大常委会关于组织代表视察造林绿化“一大四小”工程建设情况的报告；审议市人大常委会关于办理代表建议、批评和意见的规定；审议市人民政府关于《中华人民共和国城乡规划法》执法检查审议意见办理情况的报告（书面）、关于大物流发展审议意见办理情况的报告（书面）。

第三十四次会议 2010年6月10日召开，出席31人。审议通过江西鹰潭铜产业示范基地项目集合资金信托计划的议案、鹰潭市龙岗新区农村基础设施建设项目资金贷款的议案。

第三十五次会议 2010年7月27日至28日召开，出席30人。补选1人为江西省第十一届人民代表大会代表；决定人事任免事项；听取市人民政府关于抗洪抢险工作情况的报告；听取和审议市人民政府关于全市村镇灾后卫生防疫工作情况的报告、关于2010年上半年国民经济和社会发展计划执行情况的报告、关于2010年上半年预算执行和预算外资金管理使用情况的报告、关于市七届人大六次会议期间代表提出的建议、批评和意见办理情况的报告；听取和审议市人民检察院关于诉讼监督工作情况的报告；审议市人民政府关于全市餐饮具消毒监督管理情况的报告（书面）；审议市中级人民法院关于2010年上半年工作情况的报告（书面）。

第三十六次会议 2010年9月3日召开，出席27人。决定人事任免事项。

第三十七次会议 2010年9月25日召开，出席28人。决定人事任免事项；审议市人大内司委、市人大常委会外侨民宗工委、农工委增补委员的提案；听取和审议市人民政府关于2009年全市和市本级财政决算的报告、关于2009年度市本级预算执行和其他财政收支的审计工作报告、关于鹰潭市旅游企业经营发展情况的报告、关于鹰潭市城镇污水处理设施和管网建设及运行情况的报告；审议市人民政府关于2008年市本级预算执行和其他财政收支审计整改情况的报告（书面）；听取市人民政府关于鹰潭市城际公交一体化建设情况的报告；听取市人大常委会关于第十三届省运会筹备工作情况的视察报告、关于新农村建设资金管理使用情况的调查报告。

第三十八次会议　2010年11月8日召开，出席30人。听取和审议市人民政府关于全市抗洪灾后重建工作情况的报告、关于水利专项资金管理使用情况的报告；听取市人民政府关于蔬菜基地建设情况的报告；听取市人大常委会关于组织代表视察少数民族村新农村建设情况的报告；决定人事任免事项。

第三十九次会议　2010年12月15日召开，出席30人。听取和审议市人民政府关于2010年市级财政预算调整方案（草案）的议案和说明，审查批准2010年市级财政预算调整方案；决定人事任免事项；学习传达全省设区市人大常委会主任座谈会暨贯彻实施《中华人民共和国监督法》经验交流会精神。

第四十次会议　2010年12月28日召开，出席29人。审议通过市人大常委会关于召开市七届人大七次会议的决定；审议通过关于接受金联宜辞去市七届人大常委会委员、市人大财经委委员职务请求的决定、关于接受张运耀辞去市七届人大常委会委员职务请求的决定；审议关于市人大财经委增补委员的提案；听取市人大常委会关于组织代表视察重点工程建设情况的报告、关于组织代表视察集镇垃圾处理情况的报告；审议市人大常委会关于开展“环保信江行”活动情况的报告、关于开展“农产品质量安全行”情况的报告。

第四十一次会议　2011年1月27日召开，出席28人。审议市人大常委会工作报告，决定提请市七届人大七次会议审议；听取和审议市七届人大常委会代表资格审查委员会关于终止和补选代表的代表资格审查报告；审议市七届人大七次会议议程，主席团和秘书长名单草案，决定提请市七届人大七次会议预备会议审议；审议市七届人大七次会议日程、常务主席名单、执行主席分组名单、副秘书长名单草案，决定提请市七届人大七次会议主席团第一次会议审议；审议市七届人大七次会议表决议案办法、代表提出议案截止时间的决定草案，决定提请市七届人大七次会议主席团第一次会议审议；审议并通过市七届人大七次会议列席人员、邀请人员和邀请在主席台就座人员名单；决定人事任免事项。

第四十二次会议　2011年1月31日召开，出席26人。审议并通过关于调整鹰潭市第七届人民代表大会第七次会议时间的决定；审议鹰潭市第七届人民代表大会第七次会议日程草案，代表提出议案截止时间的决定草案，决定提请鹰潭市第七届人民代表大会第七次会议主席团第一次会议审议。

第四十三次会议 2011年2月21日召开，出席29人。传达学习江西省第十一届人民代表大会第四次会议精神；审议人事任职事项。

第四十四次会议 2011年4月21日召开，出席29人。听取和审议市人民政府关于全市农村医疗垃圾无害化处理审议意见落实情况的报告；听取和审议市人民政府管理和使用审议意见落实情况的报告；听取和审议市人民政府关于污水管网建设管理审议意见落实情况的报告；决定人事任免事项。

第四十五次会议 2011年6月28日至29日召开，出席28人。听取和审议市人民政府关于维护物价稳定工作情况的报告；听取和审议市人民政府关于加快全市文化产业发展工作情况的报告；听取市人民政府关于信江新区建设工作情况的报告；听取市人民政府关于全市“菜篮子”工程建设情况的报告；表决通过市人大常委会关于市八届人大代表名额分配的决定。

第四十六次会议 2011年7月21日至22日召开，出席28人。听取和审议市人民政府关于2011年上半年国民经济和社会发展计划执行情况的报告；听取和审议市人民政府关于2011年上半年预算执行和预算外资金管理使用情况的报告。听取和审议市人民政府关于鹰潭市“五五”普法规划实施情况及“六五”普法工作安排意见的报告；听取市人民政府关于全市外向型经济发展情况的报告；听取市中级人民法院关于2011年上半年工作情况的报告；听取市人民检察院关于2011年上半年工作情况的报告；表决通过市人大常委会关于进一步加强法制宣传教育的决议；决定人事任免事项。

第四十七次会议 2011年9月7日召开，出席27人。审议并通过关于召开市八届人大一次会议的决定；听取和审议市七届人大常委会代表资格审查委员会关于市八届人大代表的资格审查报告；听取和审议市人民政府关于市七届人大七次会议代表提出的建议办理情况的报告；听取市外事办关于出访芬兰、匈牙利、乌克兰三国友好城市情况的报告；决定人事任免事项。

第四十八次会议 2011年9月15日召开，出席26人。审议并通过市人大常委会工作报告，决定提请市八届人大一次会议审议；审议市八届人大一次会议议程、主席团和秘书长名单草案，决定提请市八届人大一次会议预备会议审议；审议市八届人大一次会议日程、常务主席名单、主席团执行主席分组名单、副秘书长名单草案，决定提请市八届人大一次会议主席团第一次会议审议；审议市八届人大一次会议议案审查委员会人员名单草案，决定提请市八届人大一次会议主席团第一次会议审议；审议市八届人大一次会议选举和通过人选办法、表决议案办法、代表提出议案截止时间的决定草案，决定提请市八届人大一次会议主席团第一次会议审议；审议并通过市八届人大一次会议列席人员、邀请人员、邀请在主席台就座人员名单；表决通过关于接受史可辞去市人民政府副市长职务请求的决定。

第三节　市八届人大常委会会议

市八届人大常委会共召开会议46次，听取各项报告136项，作出决议决定33项，任免国家机关工作人员243人次。

第一次会议　2011年11月8日召开，出席34人。学习贯彻党的十七届六中全会、省第十三次党代会和市第七次党代会精神；审议通过市人大常委会关于加强自身建设的决定；听取和审议市人民政府关于2010年全市和市级财政决算的报告；听取和审议市人民政府关于2010年度市级预算执行和其他财政收支的审计工作报告；审议市人民政府关于2009年度市本级预算执行和其他财政收支审计查出问题整改情况的报告（书面）；审议通过市八届人大常委会代表资格审查委员会主任委员、副主任委员、委员名单。

第二次会议　2011年11月25日召开，出席35人。审议市人民政府人事任职议案；审议通过市人大常委会关于接受艾农、吴文戈辞去江西省第十一届人民代表大会代表职务的决定；补选江西省第十一届人民代表大会代表；听取和审议市人民政府关于2011年市级预算调整方案（草案）的议案和说明，审查批准2011年市级预算调整方案。

第三次会议　2012年1月12日召开，出席31人。审议并通过市人大常委会关于召开市八届人大一次会议的决定；审议市人大常委会关于开展“环保信江行”活动情况的报告（书面）；审议市人大常委会关于开展“赣鄱农产品质量安全行”活动情况的报告（书面）；审议并通过市人大常委会关于接受张桂生辞去省十一届人大代表职务请求的决定；决定人事任免事项。

第四次会议　2012年2月10日召开，出席32人。审议市人大常委会工作报告，决定提请市八届人大二次会议审议；审议市八届人大二次会议议程、主席团和秘书长名单草案，决定提请市八届人大二次会议预备会议审议；审议市八届人大二次会议日程、主席团常务主席名单、执行主席分组名单、副秘书长名单草案，决定提请市八届人大二次会议主席团第一次会议审议；审议市八届人大二次会议表决议案办法，代表提出议案截止时间草案，决定提请市八届人大二次会议主席团第一次会议审议；审议并通过市八届人大二次会议列席人员、邀请人员和邀请在主席台就座人员名单；听取和审议市政府关于市八届人大一次会议代表建议办理情况的报告。决定人事任免事项。

第五次会议　2012年3月9日召开，出席32人。补选1人为省十一届人大代表；决定人事任免事项；听取和审议市人民政府关于鹰潭市村委会、社区居委会换届选举工作的情况的报告；审议市人民政府关于维护物价稳定审议意见落实情况的报告；审议关于鹰潭市文化产业发展审议意见落实情况的报告（书面）。

第六次会议 2012年5月31日召开，出席32人。听取和审议市人民政府关于我市固定资产投资情况的报告；听取和审议市人民政府关于鹰潭市教育经费投入和使用管理情况的报告；听取和审议市人民政府关于鹰潭市保障性住房建设情况的报告；审议通过鹰潭市人大常委会规范性文件备案审查工作暂行办法；决定人事任免事项。

第七次会议 2012年6月20日召开，出席31人。听取和审议市人民政府关于鹰潭市台资企业发展情况的报告。全体会议结束后，市人大常委会举办专题知识讲座，邀请省人大常委会委员、选举任免联络工作委员会主任吴会清作“弄清地方各级人大的组织制度，正确行使选举任免权”的专题辅导报告。

第八次会议 2012年8月27日召开，出席35人。听取和审议市人民政府关于2012年上半年国民经济和社会发展计划执行情况的报告；听取和审议市人民政府关于2012年上半年预算执行情况的报告；听取和审议市中级人民法院关于全市审判机关社会管理创新工作情况的报告；听取和审议市人民检察院关于全市检察机关社会管理创新工作情况的报告；审议并通过市人民政府关于将江西省铁路投资集团公司委托贷款还款资金列入同期年度财政预算的议案；决定人事任免事项。

第九次会议 2012年9月28日召开，出席30人。听取市人民政府关于2011年全市和市级财政决算情况的报告；听取市人民政府关于2011年度市级预算执行和其他财政收支的审计工作报告；听取市人大财经委关于2011年全市和市级财政决算情况的审查报告；审议并批准2011年市级财政决算的决议；审议市人民政府关于将江西省铁路投资集团公司委托贷款还款资金列入同期年度财政预算的议案；听取市人大财经委关于对《市人民政府将江西省铁路投资集团公司委托贷款还款资金列入同期年度财政预算议案》的审查报告；审议并批准市人民政府将江西省铁路投资集团公司委托贷款还款资金列入同期财政预算议案的决议；审议市人民政府关于2010年度市级预算执行和其他财政收支审计查出问题整改情况的报告（书面）；听取市人民政府关于鹰潭市新型农村合作医疗基金运行情况的报告；听取市人大教科文卫委关于全市新型农村合作医疗基金运行情况的调查报告；听取市人大常委会选任联工委关于组织市人大代表视察信江新区建设情况的报告。

第十次会议 2012年11月23日召开，出席32人。传达学习党的十八大精神和市委七届五次全会精神；听取市人大常委会执法检查组关于检查《中华人民共和国农业法》实施情况的报告；听取和审议市人民政府关于市本级政府性融资资金管理使用情况的报告；听取和审议市人民政府关于2012年市级总预算和市级预算调整方案（草案）的议案和说明，审查并批准2012年市级总预算和市级预算调整方案；听取和审议市人民政府关于市八届人大二次会议代表建议办理情况的报告；听取和审议市人大教科文卫委关于开展“食品药品安全赣鄱行”活动情况的报告；听取和审议市人大常委会视察组关于组织部分市人大代表视察全市重点水利工程建设情况的报告；决定人事任免事项。

第十一次会议 2012年12月6日召开，出席34人。审议并通过鹰潭市人大常委会关于召开鹰潭市第八届人民代表大会第三次会议的决定；听取和审议市人民政府关于鹰潭市就业培训工作情况的报告；听取和审议市人大常委会城建环资工委关于开展“环保信江行”活动情况的报告；审议市人大常委会农工委关于开展“赣鄱农产品质量安全行”活动情况的报告；审议市人大常委会外侨民宗工委关于开展“秀美鹰潭行”活动情况的报告。

第十二次会议 2012年12月26日召开，出席30人。审议市人大常委会工作报告，决定提请市八届人大三次会议审议；听取和审议市八届人大常委会代表资格审查委员会关于终止和补选代表的代表资格审查报告；审议市八届人大三次会议议程、主席团和秘书长名单草案，决定提请市八届人大三次会议预备会议审议；审议市八届人大三次会议日程、主席团常务主席名单、执行主席分组名单、副秘书长名单草案、决定提请市八届人大三次会议主席团第一次会议审议；审议市八届人大三次会议选举办法、表决议案办法、代表提出议案截止时间的决定草案，决定提请市八届人大三次会议主席团第一次会议审议；审议并通过市八届人大三次会议列席人员、邀请人员和邀请在主席台就座人员名单；决定人事任免事项。

第十三次会议 2013年2月28日召开，出席34人。传达学习省十二届人大一次会议精神；听取和审议市人大常委会2013年监督工作计划；审议并通过关于提请确认许可对市八届人大代表2人采取强制措施的报告。会后举办了中共十八大精神专题讲座。

第十四次会议 2013年4月24日召开，出席32人。传达学习省十二届人大二次会议精神；听取和审议市公安局关于全市公安机关社会管理创新工作情况的报告；听取和审议市人民政府关于全市学前教育工作情况的报告；审议通过市人大常委会关于组织市人大代表开展“双岗创优”活动的实施方案；决定人事任免事项。

第十五次会议 2013年6月26日召开，出席29人。听取和审议市人民政府关于鹰潭市机动车排气污染防治工作情况的报告；听取和审议市人民政府关于水库水质污染整治工作情况的报告；听取和审议市人民政府关于鹰潭市侨务工作情况的报告；审议通过关于确认许可对一名市八届人大代表采取强制措施的报告。

第十六次会议 2013年7月29日召开，出席33人。听取和审议市人民政府关于2013年上半年国民经济和社会发展计划执行情况的报告；听取和审议市人民政府关于2013年上半年预算执行情况的报告；听取市中级人民法院关于2013年上半年工作情况的报告；听取市人民检察院关于2013年上半年工作情况的报告；决定人事任免事项。

第十七次会议 2013年9月10日召开，出席32人。任命熊茂平为市人民政府副市长，并决定其为代理市长；审议市人大常委会关于接受钟志生辞去鹰潭市人民政府市长职务请求的决定。

第十八次会议 2013年9月17日召开，出席28人。审议市人民政府关于2012年全市和市级财政决算的报告，审查和批准市级财政决算。审议市人民政府关于2012年度市级预算执行和其他财政收支的审计工作报告；审议市人民政府关于2011年度市级预算执行和其他财政收支审计查出问题整改情况的报告（书面）；审议市人大常委会外侨民宗工委关于组织市人大代表视察鹰潭市旅游景区重点工程建设情况的报告；审议通过关于确认许可对一名市八届人大代表采取强制措施的报告；决定人事任免事项。

第十九次会议 2013年10月31日召开，出席26人。听取和审议市人民政府关于鹰潭市农产品质量安全监管体系建设情况的报告；听取和审议市人民政府关于鹰潭市被征地农民养老保险工作情况的报告；听取和审议市人大教科文卫委关于组织市人大代表视察鹰潭市文化建设情况的报告；审议通过市人大常委会关于接受余柳宾辞去市人大常委会委员、市人大财经委委员职务请求的决定；审议市人大常委会关于接受裴勇辞去市政府副市长职务请求的决定；决定人事任免事项。

第二十次会议 2013年11月22日召开，出席29人。审议市人民政府关于2013年市级财政预算调整方案（草案）的议案和说明，审议并批准2013年市级财政预算调整方案；听取和审议市人民政府关于代表建议办理情况的报告；审议市人大常委会城建环资工委关于组织市人大代表视察鹰潭市部分重点项目建设情况的报告（书面）；审议市人大常委会农工委关于组织市人大代表视察鹰潭市现代农业综合示范园区建设进展情况的报告（书面）；审议市人大教科文卫委关于组织开展“食品药品安全赣鄱行”活动情况的报告（书面）；决定人事任免事项。

第二十一次会议 2013年12月6日召开，出席28人。审议并通过关于召开市八届人大四次会议的决定；听取和审议市人民政府关于鹰潭市国民经济和社会发展“十二五”规划实施情况中期评估的报告；听取和审议市人大内司委关于全市社会治安视频监控“天网”工程建设和运行情况的视察报告；审议市人大常委会农工委关于开展“赣鄱农产品质量安全行”活动情况的报告（书面）。

第二十二次会议 2014年1月9日召开，出席32人。审议并通过市人大常委会工作报告，决定提请市八届人大四次会议审议；审议并通过市八届人大四次会议议程草案、主席团和秘书长名单草案，决定提请市八届人大四次会议预备会议审议；审议并通过市八届人大四次会议日程草案、主席团常务主席名单草案、执行主席分组名单草案、副秘书长名单草案以及选举办法草案、表决议案办法草案、代表提出议案截止时间的决定草案，决定提请市八届人大四次会议主席团第一次会议审议；审议并通过市八届人大四次会议列席人员、邀请人员和邀请在主席台就座人员名单；审议并通过市八届人大常委会代表资格审查委员会关于终止和补选代表的代表资格审查报告；表决通过人事任免事项；举行党的十八届三中全会精神专题报告学习。

第二十三次会议　2014 年 2 月 21 日召开，出席 32 人。审议并通过市人大常委会《关于促进改革创新的决定》；审议并通过市人大常委会 2014 年工作要点；审议并通过市人大常委会 2014 年监督工作计划；决定人事任免事项。

第二十四次会议　2014 年 3 月 26 日召开，出席 33 人。决定人事任免事项。会议结束后，举行“践行党的群众路线，实现民族复兴伟业”专题学习辅导。

第二十五次会议　2014 年 5 月 30 日召开，出席 29 人。听取和审议市人民政府关于全市社区矫正工作情况的报告、关于全市职业教育工作情况的报告、关于鹰潭市宗教事务管理情况的报告；审议并通过市人民政府关于将鹰潭市信江新区防洪工程项目贷款本息纳入财政预算的议案；审议并通过关于接受宋迪维辞去市人民政府副市长职务请求的决定。

第二十六次会议　2014 年 7 月 30 日召开，出席 30 人。听取和审议市人民政府关于 2014 的上半年国民经济和社会发展计划执行情况的报告；听取和审议市人民政府关于 2014 年上半年预算执行情况的报告；听取和审议市人民政府关于“森林城乡、绿色鹰潭”建设情况的报告；听取市中级人民法院关于 2014 年上半年工作情况的报告；听取市人民检察院关于 2014 年上半年工作情况的报告；审议并通过《关于修改鹰潭市人大常委会议事规则的决定》；决定人事任免事项。

第二十七次会议　2014 年 9 月 25 日至 26 日召开，出席 31 人。听取和审议市人民政府关于鹰潭市 2013 年财政决算的报告，批准 2013 年市级财政决算；听取和审议市人民政府关于 2013 年度市级预算执行和其他财政收支的审计工作报告；审议市人民政府关于 2012 年度市级预算执行和其他财政收支审计查出问题整改情况的报告；听取和审议市人民政府关于鹰潭市殡葬改革和管理工作情况的报告；听取和审议市人民政府关于开展城市建筑施工污染治理情况的报告，并开展专题询问。

第二十八次会议　2014 年 11 月 12 日召开，出席 33 人。审议市人民政府关于沿 320 国道产业集聚升级带建设情况的报告；审议市人民政府关于 2014 年市级财政预算调整方案（草案）的议案和说明，审查批准 2014 年市级财政预算调整方案；审议市人民政府关于鹰潭市旅游人才队伍建设情况的报告；审议市人大常委会城建环资工委关于视察鹰潭市中心城区棚户区改造情况的报告；决定人事任免事项。

第二十九次会议　2014 年 12 月 19 日召开，出席 31 人。通过关于召开市八届人大五次会议的决定；听取和审议市人民政府关于办理市八届人大四次会议代表建议、批评和意见情况的报告；听取和审议市人大内司委关于鹰潭市彩票公益金支持残疾人事业发展情况的视察报告、市人大教科文卫委关于全市科技创新服务平台建设及服务创新驱动发展情况的视察报告；审议市人大常委会城建环资工委关于开展“环保信江行”活动情况的报告；决定人事任免事项。

第三十次会议 2015年1月16日召开，出席32人。听取市人民政府关于信江新区污水处理厂项目建议议案办理情况的报告；审议市人大常委会工作报告，决定提请市八届人大五次会议审议；听取和审议市八届人大常委会代表资格审查委员会关于终止和补选代表的代表资格审查报告；审议市八届人大五次会议议程、主席团和秘书长名单草案，决定提请市八届人大五次会议预备会议审议；审议市八届人大五次会议日程、常务主席名单、执行主席分组名单、副秘书长名单草案，决定提请市八届人大五次会议主席团第一次会议审议；审议市八届人大五次会议选举办法、表决议案办法、代表提出议案截止时间的决定草案，决定提请市八届人大五次会议主席团第一次会议审议；审议并通过市八届人大五次会议列席人员、邀请人员和邀请在主席台就座人员名单草案。决定人事任免事项；审议通过关于接受尹宁辞去市人大常委会副主任职务请求的决定。

第三十一次会议 2015年3月18日召开，出席32人。听取市政府关于政府工作报告相关目标任务责任分工的报告；听取和审议市人大内司委关于全市第九届村（居）委会换届选举工作的视察报告。审议市人大常委会关于健全监督工作规程的实施办法；审议市人大常委会2015年工作要点；审议市人大常委会2015年监督工作计划；审议关于接受刘金炎辞去省十二届人大代表职务请求的决定；决定人事任免事项。

第三十二次会议 2015年5月28日召开，出席33人。听取和审议市人民政府关于鹰潭市国有资产经营管理情况的报告；听取和审议市人民政府关于全市全民健身工作情况的报告；听取和审议市人大常委会执法检查组关于检查《江西省少数民族权益保障条例》实施情况的报告；听取市人民政府关于开展城市建筑施工污染治理审议意见贯彻落实情况的报告，并对建筑施工污染治理的审议意见落实情况进行专项评议；决定人事任免事项。

第三十三次会议 2015年7月20日召开，出席31人。听取和审议市人民政府关于鹰潭市2015年上半年国民经济和社会发展计划执行情况的报告；听取和审议市人民政府关于鹰潭市2015年上半年预算执行情况的报告；听取和审议市中级人民法院关于行政审判工作情况的报告；听取和审议市人民检察院关于民事诉讼法律监督工作情况的报告；决定人事任免事项。

第三十四次会议 2015年9月16日召开，出席30人。听取和审议市人民政府关于2014年全市和市级财政决算的报告，审查和批准市级财政决算；听取和审议市人民政府关于2014年度市级预算执行和其他财政收支的审计工作报告；审议市人民政府关于2013年度市级预算执行和其他财政收支审计查出问题整改情况的报告（书面）；听取和审议市人大常委会执法检查组关于检查《中华人民共和国农产品质量安全法》实施情况的报告；听取和审议市人民政府关于鹰潭市“小农水”项目实施情况的报告；听取和审议市人大常委会城建环资工委关于组织市人大代表视察便民服务工程的视察报告；决定人事任免事项。

第三十五次会议　2015 年 11 月 30 日召开，出席 33 人。审议关于召开鹰潭市第八届人民代表大会第六次会议的决定（草案）；听取和审议市人民政府关于 2015 年市级一般公共预算和政府性基金预算调整方案（草案）的议案和说明、审查批准 2015 年市级一般公共预算和政府性基金预算调整方案；听取和审议市人大常委会执法检查组关于检查《中华人民共和国食品安全法》实施情况的报告；听取和审议市人大常委会执法检查组关于检查《中华人民共和国城乡规划法》实施情况的报告；听取和审议市人大常委会执法检查组关于检查《江西省企业工资集体协商条例》实施情况的报告；听取和审议市人大常委会农工委关于全市森林防火工作的视察报告；决定人事任免事项。

第三十六次会议　2015 年 12 月 28 日召开，出席 33 人。听取和审议市人民政府关于鹰潭市旅游产业发展升级情况的报告；听取和审议市人大常委会执法检查组关于检查《江西省企业权益保护条例》实施情况的报告；听取和审议市人民政府关于办理市八届人大五次会议代表建议、批评和意见情况的报告；提请审议市人大常委会城建环资工委关于开展 2015 年“环保信江行”活动情况的报告（书面）；听取和审议市人大常委会城建环资工委关于城区饮用水水源保护有关情况的调查报告；决定人事任免事项。

第三十七次会议　2016 年 1 月 9 日召开，出席 28 人。审议市人大常委会工作报告，决定提请市八届人大六次会议审议；听取和审议市八届人大常委会代表资格审查委员会关于终止和补选代表的代表资格审查报告；审议市八届人大六次会议议程、主席团和秘书长名单草案，决定提请市八届人大六次会议预备会议审议；审议市八届人大六次会议日程、常务主席名单、执行主席分组名单、副秘书长名单草案，决定提请市八届人大六次会议主席团第一次会议审议；审议市八届人大六次会议关于设立鹰潭市人民代表大会法制委员会的决定草案，决定提请市八届人大六次会议主席团第一次会议审议；审议市八届人大六次会议选举和通过人选办法、表决议案办法、代表提出议案截止时间的决定草案，决定提请市八届人大六次会议主席团第一次会议审议；审议市八届人大六次会议列席人员、邀请人员和邀请在主席台就座人员名单草案；决定人事任免事项；审议通过关于接受罗庆华辞去市人民检察院检察长职务请求的决定，决定李莉安为市人民检察院代检察长。

第三十八次会议　2016 年 2 月 2 日召开，出席 34 人。学习传达省十二届人大五次会议精神；决定人事任免事项；审议通过关于接受杨发航辞去鹰潭市人民政府副市长职务请求的决定；审议通过关于接受张荣先辞去市人民政府副市长职务请求的决定，任命邓伟为市人民政府副市长。

第三十九次会议 2016年3月23日召开，出席31人。听取市政府关于落实2016年政府工作报告目标任务有关情况的报告；审议市人大常委会2016年工作要点；审议市人大常委会2016年监督工作计划；决定人事任免事项。

第四十次会议 2016年4月22日召开，出席31人。听取和审议市人大常委会执法检查组关于检查《中华人民共和国文物保护法》实施情况的报告；审议关于设立鹰潭市人民代表大会常务委员会法制工作委员会、备案审查工作委员会、预算工作委员会的决定草案；审议通过关于确认许可对一名市人大代表采取强制措施的报告；决定人事任免事项。

第四十一次会议 2016年6月29日召开，出席33人。听取和审议市中级人民法院、市人民检察院关于推进司法公开情况的报告；听取和审议市人民政府关于全市水库水质污染治理情况的报告；听取和审议市人大常委会外侨民宗工委关于全市宗教活动场所管理情况的视察报告；决定人事任免事项。

第四十二次会议 2016年7月28日召开，出席25人。听取和审议市人民政府关于鹰潭市2016年上半年国民经济和社会发展计划执行情况的报告；听取和审议市人民政府关于鹰潭市2016年上半年预算执行情况的报告；听取和审议市人民政府关于鹰潭市“六五”普法规划实施情况和“七五”普法工作安排意见的报告；审议市人民代表大会常务委员会关于开展第七个五年法治宣传教育的决议（草案）；审议市中级人民法院关于2016年上半年工作情况的报告（书面）；审议市人民检察院关于2016年上半年工作情况的报告（书面）。

第四十三次会议 2016年8月26日召开，出席31人。审议市人大常委会关于鹰潭市第九届人民代表大会代表名额分配和选举问题的决定（草案）；审议人事任职议案。审议市人大常委会关于接受熊茂平辞去鹰潭市人民政府市长职务请求的决定（草案）；审议市人大常委会关于曹淑敏代理鹰潭市人民政府市长职务的决定（草案）。

第四十四次会议 2016年9月22日召开，出席27人。审议市人大常委会主任会议关于提请审议《鹰潭市地方立法条例（草案）》的议案；听取市人民政府关于鹰潭市2015年财政决算的报告；听取市人民政府关于2015年度市级预算执行和其他财政收支的审计工作报告；听取市人大财经委关于2015年市级决算审查结果的报告；审议市人大常委会关于批准2015年市级财政决算的决议（草案）；审议市人民政府关于2014年度市级预算执行和其他财政收支审计查出问题整改情况的报告（书面）；审议人事任免事项；审议市人大常委会城建环资工委关于交通畅行工程实施情况的视察报告（书面）；审议市人大常委会农工委关于鹰潭市林下经济发展情况的视察报告（书面）。

第四十五次会议 2016年9月30日召开，出席28人。审议人事任免事项；审议市人大常委会关于召开鹰潭市第九届人民代表大会第一次会议的决定（草案）；听取市人大常委会执法检查组关于检查《中华人民共和国禁毒法》实施情况的报告；听取市人民政府关于全市精准扶贫工作开展情况的报告；听取市人大常委会农工委关于全市精准扶贫工作开展情况的调查报告；听取市人民政府关于市八届人大代表提出建议、批评和意见办理情况的报告；听取市人大常委会选任联工委关于市八届人大代表提出建议、批评和意见办理情况报告；听取市人大教科文卫委关于全市大健康产业发展情况的视察报告。

第四十六次会议　2016 年 10 月 28 日召开，出席 28 人。审议市人大常委会工作报告；听取和审议市第八届人民代表大会常务委员会代表资格审查委员会关于市第九届人民代表大会代表资格的审查报告；审议市九届人大一次会议议程、主席团和秘书长名单草案，决定提请市九届人大一次会议预备会议审议；审议市九届人大一次会议日程、主席团常务主席名单、执行主席分组名单、副秘书长名单草案，选举和通过人选办法、表决议案办法、代表提出议案截止时间的决定草案，决定提请市九届人大一次会议主席团第一次会议审议；审议并通过市九届人大一次会议列席人员、邀请人员和邀请在主席台就座人员名单草案；审议人事任免事项。

第四节　市九届人大常委会会议

市九届人大常委会共召开会议 50 次，听取各项报告 135 项，作出决议决定 38 项，任免国家机关工作人员 211 人次，通过法律 9 部。

第一次会议　2016 年 11 月 29 日召开，出席 37 人。审议通过市九届人大常委会关于加强自身建设的决定；审议《鹰潭市立法条例（草案二次审议稿）》；审议市人民政府关于 2016 年市级一般公共预算和政府性基金预算调整方案（草案）的议案，审查批准 2016 年市级一般公共预算和政府性基金预算调整方案；审议市九届人大常委会代表资格审查委员会主任委员、副主任委员和委员名单；审议人事任职事项。

第二次会议　2016 年 12 月 30 日召开，出席 38 人。审议市人大常委会关于接受杜德春辞去江西省第十二届人民代表大会代表职务请求的决定；审议市人大常委会关于接受李新国辞去有关职务的请求的决定审议市九届人大常委会第二次会议补选江西省第十二届人民代表大会代表办法；审议市九届人大常委会第二次会议补选江西省第十二届人民代表大会代表候选人名单；审议市人大常委会城建环资工委关于开展 2016 年“环保信江行”活动情况的报告（书面）。

第三次会议　2017 年 1 月 10 日召开，出席 35 人。审议通过市人大常委会关于召开市九届人大二次会议的决定。

第四次会议　2017 年 2 月 9 日召开，出席 34 人。听取和审议人大常委会代表资格审查委员会关于终止和补选代表的代表资格审查报告；审议市人大常委会工作报告，市九届人大二次会议议程草案、日程草案，会议主席团和秘书长名单草案，会议主席团常务主席名单草案、执行主席分组名单草案、副秘书长名单草案，会议表决议案办法草案、代表提出议案截止时间的决定草案；经会议表决同意，决定将上述草案提请市九届人大二次会议相关会议审议；审议并通过市九届人大二次会议列席人员、邀请人员和邀请在主席台就座人员名单。

第五次会议 2017 年 4 月 28 日召开，出席 31 人。听取和审议市人民政府关于 2016 年鹰潭市生态环境状况和环境保护目标任务完成情况的报告；听取和审议市人大常委会外侨民宗工委关于全市台资企业发展情况的视察报告。

第六次会议 2017 年 6 月 20 日召开，出席 27 人。集中学习《鹰潭市立法条例》；听取和审议市人大常委会执法检查组关于检查《中华人民共和国义务教育法》实施情况的报告；听取和审议市人民政府关于鹰潭市财政涉农资金管理使用情况的报告。

第七次会议 2017 年 7 月 14 日召开，出席 34 人。审议并通过市人大常委会关于接受曹淑敏辞去鹰潭市人民政府市长职务请求的决定；审议并通过市人大常委会关于召开市九届人大三次会议的决定。

第八次会议 2017 年 7 月 24 日召开，出席 36 人。听取和审议市人民政府关于 2017 年上半年国民经济和社会发展计划执行情况的报告、关于 2017 年上半年预算执行情况的报告。听取和审议市中级人民法院关于 2017 年上半年工作情况的报告和关于推进“基本解决执行难”工作情况的报告；听取和审议市人民检察院关于 2017 年上半年工作情况的报告；审议并通过市人大常委会关于推动人民法院解决执行难的决议；听取和审议市人大常委会农工委关于鹰潭市推进“三品一标”农产品发展情况的视察报告；审议并通过市九届人大常委会代表资格审查委员会关于代表资格的审查报告；审议市九届人大三次会议议程草案、主席团和秘书长名单草案，决定提请市九届人大三次会议预备会议审议；审议市九届人大三次会议日程草案、主席团常务主席名单草案、执行主席分组名单草案、副秘书长名单草案、表决议案办法草案和选举办法草案，决定提请市九届人大三次会议主席团第一次会议审议；审议并通过了市九届人大三次会议邀请在主席台就座人员名单；审议并通过了市人大常委会关于接受舒平贵辞去市人大常委会委员职务请求的决定；审议并通过人事任免事项。

第九次会议 2017 年 8 月 29 日召开，出席 31 人。审议并通过《鹰潭市人大常委会议事规则》和人事任免事项；听取和审议市人大常委会执法检查组关于检查《江西省林木种子管理条例》实施情况的报告和市人大常委会城建环资工委关于农村土地制度三项改革试点工作情况的视察报告。

第十次会议　2017 年 9 月 26 日召开，出席 32 人。审议市人民政府关于提请审议《鹰潭市城乡总体规划（2015—2030 年）（草案）》的议案和市人民政府关于 2015 年度市级预算执行和其他财政收支审计查出问题整改情况的报告（书面）；听取和审议市人民政府关于鹰潭市 2016 年财政决算的报告，并审查和批准了 2016 年市级决算。听取和审议市人民政府关于 2016 年度市级预算执行和其他财政收支的审计工作报告；听取和审议市人民检察院关于全市生态检察工作情况的报告。

第十一次会议　2017 年 11 月 29 日召开，出席 29 人。审议关于召开市九届人大四次会议的决定、市人民政府关于 2017 年市本级一般公共预算和政府性基金预算调整方案（草案）的议案；听取和审议市人大常委会执法检查组关于检查《中华人民共和国道路交通安全法》及江西省实施办法贯彻实施情况的报告、市人民政府关于鹰潭市公立医院综合改革情况的报告、关于鹰潭市旅游公共服务设施建设情况的报告、关于鹰潭市深化供销合作社综合改革情况的报告和关于市九届人大一次、二次会议代表建议、批评和意见办理情况的报告；审议并通过人事任职事项。

第十二次会议　2018 年 1 月 4 日召开，出席 36 人。听取和审议市人民政府关于 2016 年度市级预算执行和其他财政收支审计查出问题整改情况的报告，以及市财政局、文广新局、人社局、民政局、房管局 5 个部门的审计查出问题整改情况的报告，并对 5 个部门的整改情况进行满意度测评；听取和审议市人大常委会城建环资工委关于开展 2017 年“环保信江行”活动情况的报告；审议并通过市人大常委会工作报告，决定提请市九届人大四次会议审议；审议并通过市人大常委会代表资格审查委员会关于代表资格的审查报告；审议并通过市九届人大四次会议议程草案、主席团和秘书长名单草案，决定提请市九届人大四次会议预备会议审议；审议并通过市九届人大四次会议日程草案、主席团常务主席名单草案、执行主席分组名单草案、副秘书长名单草案、选举办法草案、表决议案办法草案、代表提出议案截止时间的决定草案，决定提请市九届人大四次会议主席团第一次会议审议；审议并通过市九届人大四次会议列席人员、邀请人员和邀请在主席台就座人员名单；审议并决定有关人事任免事项。

第十三次会议　2018 年 1 月 11 日召开，出席 36 人。审议人事任职事项。

第十四次会议　2018 年 1 月 19 日召开，出席 35 人。表决通过关于接受 1 人辞去江西省第十二届人民代表大会代表职务请求的决定，并报江西省第十二届人民代表大会常务委员会备案。

第十五次会议　2018 年 3 月 29 日召开，出席 37 人。传达学习第十三届全国人民代表大会第一次会议精神；听取和审议市人民政府关于 2017 年鹰潭市生态环境状况和环境保护目标任务完成情况的报告；审议市人大常委会备案审查工委关于 2017 年备案审查工作情况的报告；会议采取口头述职和书面述职相结合的方式，听取市政府秘书长和市政府 25 个部门主要负责人 2017 年度履职情况的报告，并对他们的履职情况进行测评。

第十六次会议　2018 年 4 月 13 日召开，出席 28 人。审议通过高怀孝任市人民政府副市长。

第十七次会议　2018 年 5 月 30 日召开，出席 33 人。传达学习全国省市两级人大常委会负责人学习班主要精神；审议《鹰潭市信江饮用水水源环境保护条例（草案）》；听取和审议市人民政府关于鹰潭市机关事业单位养老保险制度改革情况的报告、市人民政府关于鹰潭市创建国家食品安全示范城市情况的报告、市人民政府关于鹰潭市新型农业经营主体培育发展情况的报告；审议并通过关于接受李唐辞去鹰潭市人民政府副市长职务请求的决定，决定任命勾文青为鹰潭市政府副市长。

第十八次会议　2018 年 6 月 29 日召开，出席 31 人。表决通过鹰潭市人民代表大会常务委员会关于余江县撤县设区有关政权机构名称等事项的决定和鹰潭市第九届人民代表大会常务委员会代表资格审查委员会关于代表资格的审查报告。

第十九次会议　2018 年 7 月 30 日召开，出席 31 人。审议《鹰潭市文明旅游促进条例（草案）》和《鹰潭市信江饮用水水源保护条例（草案二次审议稿）》；听取和审议市人大常委会执法检查组关于检查《中华人民共和国水土保持法》实施情况的报告；听取和审议市人民政府关于 2018 年上半年国民经济和社会发展计划执行情况的报告、关于 2018 年上半年预算执行情况的报告；听取市中级人民法院关于 2018 年上半年工作情况的报告、市人民检察院关于 2018 年上半年工作情况的报告。

第二十次会议　2018 年 9 月 27 日召开，出席 29 人。审议《鹰潭市文明旅游促进条例（草案二次审议稿）》；审议并表决通过《鹰潭市信江饮用水水源保护条例》，会后报请省人大常委会批准；听取和审议市人民政府关于 2017 年市级决算的报告、关于 2017 年度市级预算执行和其他财政收支的审计工作报告，表决通过市人大常委会关于批准 2017 年市级决算的决议；听取和审议市人民政府关于鹰潭市产业扶贫情况的报告；审议并表决通过关于接受蔡厚勇辞去鹰潭市监察委员会主任职务请求的决定；审议并表决通过人事任职事项。

第二十一次会议　2018 年 11 月 26 日召开，出席 32 人。审议并表决通过《鹰潭市文明旅游促进条例》，会后报请省人大常委会批准；听取市人民政府关于《鹰潭市国民经济和社会发展第十三个五年规划纲要》实施情况中期评估的报告；听取和审议市人民政府关于 2017 年度市级预算执行和其他财政收支审计查出问题整改情况的报告，并对鹰潭高新技术产业开发区管委会、龙虎山风景名胜区管委会、信江新区管委会、市教育局、市林业局、市公安局交警支队 2017 年度市级预算执行和其他财政收支审计查出问题整改情况进行满意度测评；审议并批准市人民政府关于提请审议《2018 年市级一般公共预算和政府性基金预算调整方案（草案）以及2018年地方政府债务限额》的议案；听取市人民政府关于2018年度市本级企业国有资产管理情况的报告；听取和审议市人民政府关于市九届人大四次会议代表提出建议、批评和意见办理情况的报告；分别听取和审议市中级人民法院、市人民检察院关于全面落实司法体制改革情况的报告；审议市人大常委会城建环资工委关于开展2018年“环保信江行”活动情况的报告（书面）；审议市人大常委会视察组关于全市公共文化基础设施建设情况的视察报告和关于鹰潭市道文化建设项目情况的视察报告；表决人事任免事项。

第二十二次会议　2018年12月14日召开，出席31人。审议并通过市人大常委会关于召开市九届人大五次会议的决定。

第二十三次会议　2019年1月2日召开，出席34人。审议并通过市人大常委会关于调整市九届人大五次会议召开时间的决定，市九届人大五次会议调整为2019年1月15日在市区举行。

第二十四次会议　2019年1月11日召开，出席35人。审议市人大常委会工作报告，决定提请市九届人大五次会议审议；审议并通过市九届人大常委会代表资格审查委员会关于代表资格的审查报告；审议市九届人大五次会议议程草案、主席团和秘书长名单草案，决定提请市九届人大五次会议预备会议审议；审议市九届人大五次会议日程、主席团常务主席名单、执行主席分组名单、副秘书长名单草案、选举和通过人选办法、表决议案办法、代表提出议案截止时间的决定草案、关于设立市九届人大社会建设委员会的决定草案、关于内务司法委员会更名为监察和司法委员会的决定草案，决定提请市九届人大五次会议主席团第一次会议审议；审议并通过市九届人大五次会议列席人员名单、邀请人员名单、邀请在主席台就座人员名单；审议市人大常委会执法检查组关于检查《中华人民共和国残疾人保障法》实施情况的报告；接受蔡厚勇辞去江西省第十三届人民代表大会代表职务的请求；接受江鸿辞去鹰潭市第九届人大常委会秘书长职务的请求；投票补选黄云为鹰潭市出席江西省第十三届人民代表大会代表；表决人事任免事项。

第二十五次会议　2019年2月18日召开，出席36人。表决人事任免事项。

第二十六次会议　2019年4月25日召开，出席29人。听取和审议市人民政府关于鹰潭市外事工作情况的报告、市人大常委会视察组关于鹰潭市休闲农业和乡村旅游发展工程实施情况的视察报告、市人大常委会备案审查工委关于2018年度规范性文件备案审查工作情况的报告；审议并通过关于接受张福庆辞去鹰潭市人民政府副市长职务请求的决定，任命张志坚为鹰潭市人民政府副市长。

第二十七次会议　2019年6月26日召开，出席34人。传达学习习近平总书记在江西视察时的重要讲话精神；审议《鹰潭市户外广告设置管理条例（草案）》；听取和审议市人民政府关于鹰潭市高中阶段教育工作情况的报告、市人民检察院关于鹰潭市公益诉讼工作情况的报告；审议并表决通过市九届人大常委会代表资格审查委员会关于代表资格的审查报告；审议并表决通过市人大常委会关于接受周佐明、徐文艺辞去市九届人大常委会委员职务的决定；审议人事免职事项。

第二十八次会议 2019年7月30日召开，出席32人。传达学习习近平总书记对地方人大及其常委会工作作出的重要指示及全国人大常委会纪念地方人大设立常委会40周年座谈会精神；听取2019年全市上半年经济社会发展情况通报、专题视察鹰潭市中心城区供水工程和雨污管网改造工程建设的有关情况通报；审议并表决通过关于接受高怀孝、吴文戈辞去市人民政府副市长职务请求的决定；审议并表决通过廖良生任市人民政府副市长的决议。

第二十九次会议 2019年8月22日召开。出席29人。审议《鹰潭市智慧城市促进条例（草案）》；审议《鹰潭市户外广告设置管理条例（草案二次审议稿）》；听取和审议市人大常委会执法检查组关于检查《中华人民共和国妇女权益保障法》及江西省实施办法实施情况的报告；听取和审议市人民政府关于2019年上半年国民经济和社会发展计划执行情况的报告、关于2018年市级决算和2019年上半年预算执行情况的报告、关于2018年度市级预算执行和其他财政收支的审计工作报告，审查批准2018年市级决算；听取和审议市人民政府关于鹰潭市茶油和茶叶产业发展情况的报告；听取市中级人民法院关于2019年上半年工作情况的报告、市人民检察院关于2019年上半年工作情况的报告；听取和审议市九届人大常委会代表资格审查委员会关于代表资格的审查报告；审议人事任免事项。

第三十次会议 2019年9月19日召开，出席31人。审议并表决通过关于接受赵子忠辞去鹰潭市人民政府副市长职务请求的决定；审议并表决通过关于接受喻德红辞去鹰潭市中级人民法院院长等职务请求的决定；审议并表决通过人事任职事项，任命王建华为鹰潭市中级人民法院副院长、审判委员会委员、审判员，并决定其代理市中级人民法院院长职务。

第三十一次会议 2019年10月24日召开，出席32人。传达学习全国人大及省人大常委会纪念地方人大设立常委会40周年座谈会、设区的市人大立法工作交流会精神；审议并表决通过《鹰潭市户外广告设置管理条例》；审议《鹰潭市智慧城市促进条例（草案二次审议稿）》；听取和审议市人大常委会执法检查组关于检查《中华人民共和国自然保护区条例》实施情况的报告、市人民政府关于鹰潭市2018年度行政事业性国有资产管理情况的报告；审议并表决通过鹰潭市第九届人民代表大会常务委员会代表资格审查委员会关于代表资格的审查报告；审议并表决通过关于接受吴建华辞去市人大常委会委员、市人大财经委委员职务请求的决定；审议人事任职事项。

第三十二次会议 2019年12月3日召开，出席30人。传达学习党的十九届四中全会精神；审议并表决通过关于召开市九届人大六次会议的决定；听取并审议市人民政府关于2018年度市级预算执行和其他财政收支审计查出问题整改情况的报告及市水利局等6个部门的审计查出问题整改情况的报告，并开展满意度测评；听取并审议市人民政府关于鹰潭市扫黑除恶专项斗争开展情况的报告、市人大常委会执法检查组关于检查《中华人民共和国气象法》实施情况的报告；审议市人民政府关于2018年度国有资产管理情况的综合报告（书面）、市人大常委会视察组关于鹰潭市实施03专项工作情况的视察报告（书面）；听取并审议市人民政府关于《2019年市级预算调整方案（草案）及2019年政府债务限额》的议案，表决通过市人大常委会关于批准《2019年市级预算调整方案及2019年政府债务限额》的决议；审议并表决通过市人大常委会主任会议关于提请确认许可对一名犯罪嫌疑人市九届人大代表采取强制措施的报告；审议人事任免事项。

第三十三次会议　2019年12月27日召开，出席31人。传达学习全省人大工作会议精神；审议通过关于调整鹰潭市第九届人民代表大会第六次会议召开时间的决定；听取和审议市人民政府关于市九届人大五次会议代表提出建议、批评和意见办理情况的报告、市人大常委会视察组关于鹰潭市少数民族乡村振兴情况的视察报告、市人大常委会城建环资工委关于开展2019年“环保信江行”活动情况的报告。审议通过《鹰潭市智慧城市促进条例》，报省人大常委会批准；审议通过《鹰潭市实施宪法宣誓制度办法》；审议并表决通过关于接受谭建新辞去江西省第十三届人民代表大会代表职务请求的决定；补选鹰潭市出席江西省第十三届人民代表大会代表；审议并表决通过关于接受祝晓勤等辞去有关职务请求的决定。

第三十四次会议　2020年3月26日召开，出席29人。传达学习习近平总书记关于新冠肺炎疫情防控工作重要讲话精神及中央、省委、市委系列相关会议精神和《全国人大常委会关于全面禁止非法野生动物交易、革除滥食野生动物陋习、切实保障人民群众生命健康安全的决定》《省人大常委会关于依法全力做好新型冠状病毒肺炎疫情防控工作的决定》；审议并表决通过市人大常委会主任会议关于提请任免吴勤胜等职务的议案、市人民政府关于提请任免席志新等职务的议案，市监察委员会关于提请任免万荣辉等职务的议案和关于接受欧阳澜、黎玉平辞去有关职务请求的决定。

第三十五次会议　2020年4月29日召开，出席29人。决定5月12日召开鹰潭市第九届人民代表大会第六次会议；审议并表决通过市人民政府关于提请任命王雄职务的议案、市中级人民法院关于提请免去赵登波等职务的议案和市人民检察院关于提请免去宋建平、林芳潭职务的议案；听取市人民政府关于鹰潭市新冠肺炎疫情防控工作情况的报告；听取和审议市人大常委会执法检查组关于检查鹰潭市贯彻实施《中华人民共和国野生动物保护法》和全国人大常委会《关于全面禁止非法野生动物交易、革除滥食野生动物陋习、切实保障人民群众生命健康安全的决定》情况的报告以及市人大常委会备案审查工作委员会关于2019年度规范性文件备案审查工作情况的报告。

第三十六次会议 2020年5月8日召开，出席28人。审议并表决通过市人大常委会代表资格审查委员会关于代表资格的审查报告；审议市人大常委会工作报告，决定提请市九届人大六次会议审议。审议市九届人大六次会议议程、主席团和秘书长名单草案，决定提请市九届人大六次会议预备会议审议；审议市九届人大六次会议日程、常务主席名单、执行主席分组名单、副秘书长名单草案、选举和通过人选办法、表决议案办法、代表提出议案截止时间的决定草案、宪法宣誓的组织办法草案，决定提请市九届人大六次会议主席团第一次会议审议；审议并表决通过市九届人大六次会议列席人员、邀请在主席台就座的代表名单；接受程芦山、李力辞去市九届人大常委会副主任职务的请求。

第三十七次会议 2020年6月19日召开，出席33人。审议通过市人大常委会关于接受于秀明辞去市人民政府市长职务请求的决定，并报鹰潭市第九届人民代表大会第七次会议备案；任命陈敏为市人民政府副市长、决定其代理市人民政府市长职务；听取和审议市人大常委会视察组关于鹰潭市台企侨企工作情况的视察报告、市人民政府关于鹰潭市农村供水工程建设、管理、运营总体情况的报告；传达学习十三届全国人大三次会议精神；集中学习《中华人民共和国民法典》；审议其他人事任免事项。

第三十八次会议 2020年6月30日召开，出席30人。会议决定，鹰潭市第九届人民代表大会第七次会议于2020年7月16日在市区召开；审议并表决通过市人大常委会代表资格审查委员会关于代表资格的审查报告；审议并表决通过关于接受勾文青辞去市人民政府副市长职务请求的决定。

第三十九次会议 2020年7月10日召开，出席33人。审议市九届人大七次会议议程草案、主席团和秘书长名单草案，决定提请市九届人大七次会议预备会议审议；审议市九届人大七次会议日程草案、选举办法草案、表决议案办法草案、宪法宣誓的组织办法草案，审议市九届人大七次会议主席团常务主席名单、执行主席分组名单、副秘书长名单草案，决定提请市九届人大七次会议主席团第一次会议审议；审议市九届人大七次会议列席人员、邀请在主席台就座人员名单。

第四十次会议 2020年9月11日召开，出席29人。审议《鹰潭市烟花爆竹销售燃放管理条例（草案）》和《鹰潭市建设工地扬尘污染防治管理办法（草案）》；听取和审议市人大常委会执法检查组关于检查《中华人民共和国献血法》实施情况的报告、市人民政府关于2020年上半年国民经济和社会发展计划执行情况的报告、市人民政府关于2019年市级决算和2020年上半年预算执行情况的报告，审查批准2019年市级决算；听取和审议市人民政府关于2019年度市级预算执行和其他财政收支的审计工作报告、市人民政府关于鹰潭市“七五”普法规划执行情况的报告、市人民政府关于鹰潭市就业工作情况的报告、市中级人民法院2020年上半年工作情况的报告、市人民检察院2020年上半年工作情况的报告。审议人事任免事项。

第四十一次会议　2020年10月27日召开，出席29人。听取和审议市第九届人民代表大会常务委员会代表资格审查委员会关于个别代表的代表资格的审查报告、市人大常委会执法检查组关于检查《鹰潭市信江饮用水水源保护条例》实施情况的报告；听取和审议市人民政府关于鹰潭市2019年度国有自然资源资产管理情况的报告、市人民政府关于鹰潭市义务教育工作情况的报告、市人民政府关于鹰潭市脱贫攻坚工作情况的报告、市人民政府关于鹰潭市“农村人居环境整治三年行动”实施情况的报告、市人民政府关于鹰潭市2019年度国有资产管理情况的综合报告；审议《鹰潭市烟花爆竹销售燃放管理条例（草案二次审议稿）》和《鹰潭市建设工地扬尘污染防治管理办法（草案二次审议稿）》；听取市人大常委会视察组关于鹰潭市医疗保障工作情况的视察报告；审议人事任免事项。

第四十二次会议　2020年12月17日召开，出席32人。集中学习中共十九届五中全会精神和省委十四届十二次全体（扩大）会议、市委八届十次全体（扩大）会议精神；审议并通过市人大常委会关于召开鹰潭市第九届人民代表大会第八次会议的决定；审议通过《鹰潭市烟花爆竹销售燃放管理条例》《鹰潭市建设工地扬尘污染防治管理办法》，报请省人大常委会批准；审议并通过市人民政府关于提请审议《调整2020年全市国民经济和社会发展计划预期目标方案（草案）》的议案和市人民政府关于提请审议《2020年市级预算调整方案（草案）及2020年地方政府债务限额》的议案；听取和审议市人民政府关于鹰潭市“十三五”规划纲要实施情况和“十四五”规划纲要编制情况的报告、市人民政府关于2019年度市级预算执行和其他财政收支审计查出问题整改情况的报告，以及对市住建局等6个部门的审计查出问题整改情况开展满意度测评；听取和审议市人民政府关于鹰潭市市区行车难停车难情况的报告、市人大常委会城建环资工委关于开展2020年“环保信江行”活动情况的报告、市人民政府关于市九届人大六次会议代表提出建议、批评和意见办理情况的报告；听取市发改委等7个政府工作部门主要负责人履职情况报告，并开展履职测评；审议市人大常委会外侨民宗工委关于鹰潭市心学文化和象山书院建设情况的视察报告。

第四十三次会议　2021年1月13日召开，出席30人。会议审议并表决通过关于推迟召开市九届人大八次会议的决定，将原定于2021年1月19日召开的鹰潭市第九届人民代表大会第八次会议推迟至1月20日举行；审议并表决通过了市人大常委会代表资格审查委员会关于代表资格的审查报告；审议市人大常委会工作报告（讨论稿），决定提请市九届人大八次会议审议；审议市九届人大八次会议议程（草案）、市九届人大八次会议主席团和秘书长名单（草案），决定提请市九届人大八次会议预备会议审议；审议市九届人大八次会议日程（草案）、市九届人大八次会议主席团常务主席名单（草案）、执行主席分组名单（草案）、副秘书长名单（草案）、市九届人大八次会议选举和通过人选办法（草案）、市九届人大八次会议表决议案办法（草案）、代表提出议案截止时间的决定（草案），决定提请市九届人大八次会议主席团第一次会议审议；审议并表决通过市九届人大八次会议列席人员名单、邀请在主席台就座人员名单；接受李志兵辞去江西省第十三届人民代表大会代表职务的请求；补选陈敏为江西省第十三届人民代表大会代表，需报省人大常委会代表资格审查委员会确认代表资格；审议人事任免事项。

第四十四次会议 2021 年 3 月 19 日召开，出席 34 人。会议传达学习了习近平总书记在全国两会期间的重要讲话精神及栗战书委员长参加江西代表团审议时的讲话精神和第十三届全国人民代表大会第四次会议精神；听取和审议市人大常委会备案审查工委关于 2020 年度规范性文件备案审查工作情况的报告；听取并审议通过鹰潭市第九届人民代表大会常务委员会代表资格审查委员会关于个别代表的代表资格的审查报告；听取市教育局、市退役军人事务局、市应急管理局、市政府金融办、市统计局、市人防办等 6 个政府工作部门主要负责人履职情况报告，并开展履职测评；审议并通过人事任免事项；会议还举行宪法宣誓仪式。

第四十五次会议 2021 年 4 月 12 日召开，出席 33 人。会议审议并表决通过关于召开鹰潭市第九届人民代表大会第九次会议的决定。

第四十六次会议 2021 年 4 月 19 日召开，出席 32 人。会议审议市人民政府关于提请审议《鹰潭市文明行为促进条例（草案）》的议案；听取和审议市人民政府关于鹰潭市“十三五”时期病险水库除险加固实施情况的报告和市中级人民法院关于全市法院开展服务保障营商环境优化情况的报告；会议审议并表决通过市人大常委会代表资格审查委员会关于个别代表的代表资格的审查报告；审议并表决通过关于接受陈敏辞去鹰潭市人民政府市长职务请求的决定，并报鹰潭市第九届人民代表大会第九次会议备案；审议市九届人大九次会议议程草案、主席团和秘书长名单草案，决定提请市九届人大九次会议预备会议审议；审议了市九届人大九次会议日程草案、选举办法草案、表决议案办法草案，审议了市九届人大九次会议主席团常务主席名单草案、执行主席分组名单草案、副秘书长名单草案，决定提请市九届人大九次会议主席团第一次会议审议；审议并表决通过市九届人大九次会议列席人员、邀请在主席台就座人员名单；会议听取了市政府秘书长及市住建局、市交通局、市卫健委、市林业局、市医疗保障局 5 个政府工作部门主要负责人履职情况报告，并开展履职测评。会议还表彰了星级人大代表联络工作站。

第四十七次会议 2021 年 6 月 22 日，出席 28 人。会议审议了市人民政府关于提请审议《鹰潭市大上清宫遗址保护管理规定（草案）》的议案；听取和审议了市人民政府关于鹰潭市食品安全工作情况的报告；听取和审议市人大常委会执法检查组关于检查《中华人民共和国工会法》及江西省实施办法实施情况的报告、市人大常委会执法检查组关于检查《中华人民共和国农民专业合作社法》实施情况的报告；听取市人大常委会视察组关于鹰潭市乡村旅游全域发展工作情况的视察报告；听取市司法局、市生态环境局、市城管局、市农粮局、市国资委、市行政审批局、市扶贫办等 7 个政府工作部门主要负责人履职情况报告，并开展履职测评；审议《鹰潭市文明行为促进条例（草案二次审议稿）》；审议并通过了《鹰潭市人民代表大会常务委员会关于加强国有资产管理情况监督的决定》；审议并表决通过关于接受郭先境辞去鹰潭市第九届人民代表大会常务委员会委员职务请求的决定；审议人事任免事项。

第四十八次会议　2021 年 8 月 25 日召开，出席 34 人。会议听取和审议市人民政府关于 2021 年上半年国民经济和社会发展计划执行情况的报告与 2020 年度市级预算执行和其他财政收支审计工作报告；听取和审议市人民政府关于 2020 年市级决算和 2021 年上半年预算执行情况的报告，审查批准了 2020 年市级决算；听取和审议市人大常委会执法检查组关于检查《鹰潭市户外广告设置管理条例》实施情况的报告、市人大常委会视察组关于鹰潭市全民健身工作情况的视察报告、市人大常委会视察组关于鹰潭市应对人口老龄化工作情况的视察报告；审议并通过《鹰潭市人民代表大会常务委员会关于加强我市地方性法规实施工作的决定》；审议《鹰潭市大上清宫遗址保护管理规定（草案二次审议稿）》；审议并通过了《鹰潭市文明行为促进条例》；审议人事任免事项。

第四十九次会议　2021 年 9 月 23 日召开，出席 34 人。会议表决通过关于召开鹰潭市第十届人民代表大会第一次会议的决定、市人大常委会代表资格审查委员会关于个别代表的代表资格的报告和人事任免事项。

第五十次会议　2021 年 10 月 22 日召开，出席 33 人。会议审议并表决通过市人大常委会代表资格审查委员会关于个别代表的代表资格的审查报告；审议市人大常委会工作报告（讨论稿），决定提请市十届人大一次会议审议；审议市十届人大一次会议议程草案、主席团和秘书长名单草案，决定提请市十届人大一次会议预备会议审议；审议市十届人大一次会议日程草案、主席团常务主席名单草案、执行主席分组名单草案、副秘书长名单草案，选举和通过人选办法草案及表决议案办法草案、代表提出议案截止时间的决定草案、宪法宣誓组织方案草案，决定提请市十届人大一次会议主席团第一次会议审议；审议并表决通过了市十届人大一次会议列席人员、邀请在主席台就座人员名单；审议并通过了《鹰潭市大上清宫遗址保护管理规定》，会后报省人大常委会审查批准；审议市人大常委会视察组关于鹰潭市“中华道都”建设情况的视察报告；听取和审议市人民政府关于 2020 年度全市国有资产管理情况的综合报告，审议市人民政府关于 2020 年度全市金融企业国有资产管理情况专项报告（书面）；听取和审议了市九届人大八次会议代表提出建议、批评和意见办理情况的报告与市人大常委会城建环资工委关于开展2021年“环保信江行”活动情况的报告；审议人事任免事项。

第五节　市十届人大常委会会议

市十届人大常委会共召开会议20次，截至2024年1月18日，听取各项报告84项，作出决议决定25项，任免国家机关工作人员165人次，通过法律3部。

第一次会议　2021年10月31日召开，出席35人。会议传达学习中央人大工作会议精神；审议人事任免事项。

第二次会议　2021年12月29日召开，出席35人。会议审议并表决通过《鹰潭市人大常委会关于加强自身建设的决定》《鹰潭市人民代表大会常务委员会关于开展第八个五年法治宣传教育的决议》《鹰潭市第十届人民代表大会常务委员会代表资格审查委员会主任委员、副主任委员和委员名单》；听取并审议市人民政府关于调整2020年地方政府债务限额的议案与2021年市级预算调整方案（草案）及2021年地方政府债务限额的议案和说明，审查批准了2020年地方政府债务限额、2021年市级预算调整方案及2021年地方政府债务限额；听取并审议市人民政府关于2020年度市级预算执行和其他财政收支审计查出问题整改情况的报告及贵溪市政府、余江区政府、市自然资源局、江西师范高等专科学校关于2020年度审计查出问题整改情况的报告，开展了满意度测评；审议人事任免事项，举行了宪法宣誓仪式。

第三次会议　2022年1月6日召开，出席34人。会议审议并表决通过《鹰潭市人民代表大会常务委员会关于召开鹰潭市第十届人民代表大会第二次会议的决定》；审议并表决通过了关于个别代表的代表资格审查报告；审议并表决通过关于接受陈兴超、黄云辞去江西省第十三届人民代表大会代表职务的议案；投票补选了鹰潭市出席江西省第十三届人民代表大会代表。

第四次会议　2022年1月13日召开，出席33人。会议审议并表决通过了市人大常委会工作报告，决定提请市十届人大二次会议审议；审议并表决通过了市十届人大二次会议议程草案、主席团和秘书长名单草案，决定提请市十届人大二次会议预备会议审议；审议并表决通过了市十届人大二次会议日程草案、主席团常务主席名单草案、执行主席分组名单草案、副秘书长名单草案、表决议案办法草案、提出议案截止时间的决定草案，决定提请市十届人大二次会议主席团第一次会议审议；审议并表决通过了市十届人大二次会议列席人员名单、邀请在主席台就座人员名单；会议审议人事任免事项，并举行了宪法宣誓仪式。

第五次会议　2022年3月22日召开，出席30人。会议听取和审议了市人大常委会法工委关于2021年度规范性文件备案审查工作情况的报告；审议通过了市人大常委会农工委关于鹰潭市第十届人民代表大会第一次会议主席团交付审议的代表议案的初审报告；审议人事任免事项。

第六次会议　2022年5月26日召开，出席30人。会议听取审议市人大常委会执法检查组关于检查《中华人民共和国乡村振兴促进法》和《江西省乡村振兴促进条例》实施情况的报告与市人民政府关于鹰潭市少数民族乡村振兴工作情况的报告；会议审议有关人事任免事项。

第七次会议　2022年6月27日召开，出席34人。会议集中学习省委贯彻落实中央人大工作会议精神推进会精神；听取和审议市监察委员会关于整治群众反映强烈的问题专项工作情况的报告、市人民政府关于鹰潭市优化营商环境情况的报告、市人民政府关于鹰潭市医疗服务工作情况的报告、市人大常委会视察组关于鹰潭市未成年人保护工作情况的视察报告；审议并表决通过了《2022年新增地方政府债务限额以及2022年市级预算调整方案》和有关人事任免事项。

第八次会议　2022年10月31日召开，出席33人。会议审议了市人大常委会主任会议关于提请审议《鹰潭市人民代表大会议事规则（草案）》的议案；听取并审议了市人大常委会关于《鹰潭市信江饮用水水源保护条例》立法后评估的报告、市人民政府关于2022年上半年国民经济和社会发展计划执行情况的报告、市人民政府关于2021年市级决算和2022年上半年预算执行情况的报告，审查批准2021年市级决算；听取和审议市人民政府关于2021年度市级预算执行和其他财政收支审计工作报告、市人民政府关于鹰潭市2021年度企业国有资产管理情况的报告、市人大常委会执法检查组关于检查《鹰潭市建设工地扬尘污染防治管理办法》实施情况的报告；审议市人民政府关于鹰潭市2021年度国有资产管理情况的综合报告（书面）；听取并审议市人民政府关于2022年地方政府债务限额及2022年市级预算调整方案（草案）的议案和说明，审查批准了2022年地方政府债务限额以及2022年市级预算调整方案；审议有关人事任免事项。

第九次会议　2022年11月24日召开，出席33人。会议审议并表决通过了鹰潭市人民代表大会常务委员会关于召开鹰潭市第十届人民代表大会第三次会议的决定、《鹰潭市人民代表大会议事规则（草案二次审议稿）》；会议听取和审议市人民政府关于鹰潭市义务教育优质均衡发展工作情况的报告，市人民政府关于鹰潭市安全生产情况的报告，市人民政府关于市十届人大一次、二次会议代表提出建议、批评和意见办理情况的报告，市人大常委会城建环资工委关于开展2022年“物业社区行”活动情况的报告，市人民政府关于鹰潭市高标准农田建设情况的报告，市人民检察院关于加强民事诉讼法律监督工作情况的报告；审议市人民政府关于提请审议《2022 年市级预算调整方案（草案）》的议案，审查批准了 2022 年市级预算调整方案和有关人事任免事项。会议决定，鹰潭市第十届人民代表大会第三次会议将于 2022 年 12 月下旬在市区召开。

第十次会议　2022 年 12 月 30 日召开，出席 32 人。会议审议并表决通过市人大常委会代表资格审查委员会关于个别代表的代表资格的审查报告；审议市人大常委会工作报告（讨论稿），决定提请市十届人大三次会议审议；审议并表决通过市十届人大三次会议议程草案、主席团和秘书长名单草案，决定提请市十届人大三次会议预备会议审议；审议并表决通过了市十届人大三次会议日程草案、主席团常务主席名单草案、执行主席分组名单草案、副秘书长名单草案、表决议案办法草案、提出议案截止时间的决定草案、选举办法草案，决定提请市十届人大三次会议主席团第一次会议审议；审议并表决通过了市十届人大三次会议列席人员名单、邀请在主席台就座人员名单；审议并表决通过了有关人事任免事项。会议审议了市人民政府关于提请审议《鹰潭市优化营商环境若干规定（草案）》的议案和《鹰潭市海绵城市规划建设管理条例（草案）》的议案；听取并审议市人民政府关于 2021 年度市级预算执行和其他财政收支审计查出问题整改情况的报告，以及市工信局、市生态环境局、市住建局、市住房公积金管理中心、市工控公司等 5 个部门的审计查出问题整改情况的报告，并开展满意度测评；听取并审议市人大常委会外侨民宗工委关于鹰潭市旅游新业态发展情况的视察报告、市人大常委会城建环资工委关于开展 2022 年环保信江行活动情况的报告。

第十一次会议　2023 年 2 月 28 日召开，出席 33 人。会议审议《鹰潭市海绵城市规划建设管理条例（草案二次审议稿）》；听取和审议市人大常委会法工委关于 2022 年度规范性文件备案审查工作情况的报告；审议人事任免事项。

第十二次会议　2023 年 3 月 24 日召开，出席 32 人。会议学习贯彻 2023 年全国两会精神；审议人事任免事项。

第十三次会议　2023 年 4 月 26 日召开，出席 33 人。会议审议并表决通过《鹰潭市海绵城市规划建设管理条例（草案三次审议稿）》、市人民政府关于提请审议 2023 年新增地方政府债务限额及 2023 年市级预算调整方案（草案）的议案；审议市人民政府关于提请审议《鹰潭市国土空间总体规划（2021—2035 年）（草案）》的议案；听取并审议了市人民政府关于鹰潭市科技创新工作情况的报告、市人民政府关于鹰潭市退役军人保障工作情况的报告。

第十四次会议　2023 年 6 月 26 日，出席 30 人。会议审议并表决通过了市人民政府关于提请审议 2023 年市级预算调整方案（草案）的议案、人事任免事项；听取并审议了《鹰潭市优化营商环境若干规定（草案二次审议稿）》、市人民政府关于鹰潭市营商环境优化升级推进情况的报告、市人大常委会执法检查组关于检查《中华人民共和国社区矫正法》实施情况的报告、市人民政府关于鹰潭市农村饮水提升改造工程实施情况的报告。

第十五次会议　2023 年 7 月 7 日，出席 31 人。会议审议人事任免事项。

第十六次会议　2023 年 8 月 31 日，出席 34 人。会议审议并表决通过了关于个别代表的代表资格审查报告；审议并表决通过了《鹰潭市优化营商环境若干规定》，会后报省人大常委会审查批准。审议并表决通过了市人大常委会主任会议关于提请审议《鹰潭市人民代表大会常务委员会议事规则修正案（草案）》的议案。听取并审议了市人民政府关于 2023 年上半年国民经济和社会发展计划执行情况的报告；听取并审议了市人民政府关于 2022 年市级决算和 2023 年上半年预算执行情况的报告，审查批准了 2022 年市级决算；听取并审议了市人民政府关于 2022 年度市级预算执行和其他财政收支审计工作报告。听取并审议了市文广新旅局关于鹰潭市乡村公共文化服务保障工作情况的报告。听取并审议了市中级人民法院关于全市法院家事审判工作情况的报告。表彰了星级代表联络工作站，为荣获第二批五星级、四星级的代表联络工作站举行了授牌仪式。会议还表决通过了人事任免事项，并举行宪法宣誓仪式。

第十七次会议　2023 年 10 月 30 日，出席 34 人。会议传达学习习近平总书记考察江西重要讲话精神。审议市人民政府关于提请审议《鹰潭市爱国卫生工作条例（草案）》的议案。审议并表决通过市人大常委会主任会议关于提请审议《鹰潭市人民代表大会常务委员会人事任免办法（修正草案）》的议案；听取并审议市人大常委会执法检查组关于检查《江西省宗教事务条例》实施情况的报告。审议并表决通过市人大常委会主任会议关于提请审议《鹰潭市人民代表大会常务委员会关于支持和保障碳达峰碳中和工作　促进鹰潭绿色转型发展的决定（草案）》的议案。审议并表决通过市人民政府关于 2023 年市级预算调整方案；听取并审议市人民政府关于 2022 年度全市政府债务管理情况的报告。听取并审议市人民政府关于 2022 年度全市国有资产管理情况的综合报告及 2022 年度全市行政事业性国有资产管理情况的专项报告。听取并审议了市人民政府关于鹰潭市优势重点农业产业发展情况的报告。听取并审议市人民政府关于市十届人大三次会议代表建议、批评和意见办理情况的报告。听取并审议市人大监察和司法委关于开展 2023 年“公益诉讼江西行”活动情况的报告。听取并审议了市人大社会建设委关于鹰潭市残疾人保障工作情况的视察报告。听取并审议市人大常委会城建环资工委关于开展 2023 年“物业社区行”活动情况的报告。会议还表决通过人事任免事项，并举行宪法宣誓仪式。

第十八次会议　2023 年 12 月 15 日，出席 31 人。会议传达学习全省立法工作会议精神。审议了市人大常委会主任会议关于提请审议《鹰潭市人民代表大会常务委员会关于召开鹰潭市第十届人民代表大会第四次会议的决定（草案）》的议案。会议决定，鹰潭市第十届人民代表大会第四次会议将于2024年1月17在市区召开。审议《鹰潭市爱国卫生工作条例（草案二次审议稿）》。听取并审议市人民政府关于全市国民经济和社会发展第十四个五年规划纲要实施中期评估情况的报告。听取并审议了市人民政府关于2022年度市级预算执行和其他财政收支审计查出问题整改情况的报告及市民政局、市城市管理局、鹰潭高新区管委会、信江新区管委会、市城建投集团关于2022年度审计查出问题整改情况的报告，并开展满意度测评。

第十九次会议 2023年12月28日，出席32人。会议听取并审议市人大常委会城建环资工委关于开展2023年环保信江行活动情况的报告。审议并表决通过市人大常委会代表资格审查委员会关于个别代表的代表资格的审查报告；审议并表决通过了市十届人大四次会议列席人员范围。

第二十次会议 2024年1月15日，出席30人。会议审议并表决通过市人大常委会代表资格审查委员会关于个别代表的代表资格的审查报告；审议并表决通过市人大常委会工作报告，决定提请市十届人大四次会议审议；审议并表决通过市十届人大四次会议议程草案、主席团和秘书长名单草案，决定提请市十届人大四次会议预备会议审议；审议并表决通过了市十届人大四次会议日程草案、主席团常务主席名单草案、执行主席分组名单草案、副秘书长名单草案、表决议案办法草案、代表提出议案截止时间的决定草案、选举和通过人选办法草案、关于设立市十届人大农业与农村委员会、城乡建设环境与资源保护委员会的决定草案，决定提请市十届人大四次会议主席团第一次会议审议；审议并表决通过了市十届人大四次会议邀请在主席台就座人员名单。会议还审议并表决通过了人事任免事项，并举行宪法宣誓仪式。

第三章　人大常委会工作制度

市人大常委会重视制度建设，根据《中华人民共和国宪法》和《地方各级人民代表大会和地方各级人民政府组织法》等法律法规有关规定，结合工作实际，先后制定了一批人大工作和人大建设方面的规章制度，并在实践中不断修订、充实、完善，使人大及其常委会依法行使职权有章可循，推进民主政治制度化、规范化和程序化建设。

第一节　议事制度

议事制度主要是会议制度和议事程序，人大会议制度是一种民主程序的实践，最根本的人大工作程序就是人大的会议制度，包括人民代表大会、常务委员会、主任会议等具体的议事规则，对会议召开、会议形式、发言表决、议案审议等核心问题作出了规定。

一、人民代表大会议事规则

2023 年 1 月 7 日市十届人大三次会议重新制定通过《鹰潭市人民代表大会议事规则》，共有 9 章 63 条：第一章总则，第二章会议的举行，第三章议案的提出和审议，第四章审议工作报告、审查计划和预算，第五章选举、罢免和辞职，第六章询问和质询，第七章特定问题调查，第八章发言、表决和公布，第九章附则。

二、人大常委会议事规则

2017 年 8 月 29 日市九届人大常委会第九次会议第二次重新制定《鹰潭市人民代表大会常务委员会议事规则》，2023 年 8 月 31 日市十届人大常委会第十六次会议修正。

三、主任会议议事规则

1993 年 11 月 10 日市四届人大常委会第 4 次主任会议通过《鹰潭市人民代表大会主任

会议事规则》，后多次修正。2023 年 8 月 25 日市十届人大常委会第 28 次主任会议第五次修正。

第二节 立法工作制度

2016 年以来，市人大常委会充分发挥人大在立法中的主导作用，通过建立法规起草、调研、审议、评估等制度，不断健全完善立法工作机制，深入推进科学立法、民主立法、依法立法，切实提高地方立法质量。

2016 年 8 月 30 日，市第八届人民代表大会法制委员会第二次会议通过《鹰潭市人民代表大会法制委员会工作规则（试行）》；鹰潭市人大常委会法制工作委员会全体会议通过《鹰潭市人大常委会法制工作委员会工作规则（试行）》，对法制委和法工委的工作职责作出规定，确保法制委、法工委规范运行，推进各项立法工作稳步开展。

2016 年 11 月 23 日，市九届人大法制委员会、常委会法制工作委员会联席会议通过《鹰潭市人大法制委员会、市人大常委会法制工作委员会立法调研工作制度》，加强和改进立法调研工作，推进科学立法、民主立法、依法立法；鹰潭市人大常委会法制工作委员会全体会议通过《鹰潭市人大常委会法制工作委员会编制立法规划项目库和拟定年度立法计划工作规范》，对五年立法规划和年度立法计划的编制工作，包括征集、筛选、确定立法建议项目等进行规定。

2017 年 3 月 31 日，市第九届人民代表大会常务委员会第十次主任会议通过《鹰潭市人大常委会立法专家顾问制度》，充分发挥专家学者在立法工作中的重要作用。

2017 年 8 月 28 日，市第九届人民代表大会常务委员会第二十次主任会议通过《鹰潭市人民代表大会常务委员会基层立法联系点工作制度》《鹰潭市人民代表大会常务委员会法规草案征求意见的办法》，分别对基层立法联系点的设立、调整、职责等以及规范法规草案征求意见工作作出规定，促进科学立法，提高立法质量。

2017 年 9 月 20 日，市第九届人民代表大会常务委员会第二十二次主任会议通过《鹰潭市人民代表大会常务委员会立法听证工作制度》《鹰潭市人民代表大会常务委员会立法论证工作制度》，规范立法听证、论证工作。

2017 年 12 月 22 日，市第九届人民代表大会常务委员会党组会议通过《鹰潭市人大常委会党组立法重大事项向市委请示报告制度》，加强党对立法工作的领导，完善党委领导、人大主导、政府依托、各方参与的立法工作格局。

2017 年 12 月 22 日，市第九届人民代表大会常务委员会第二十七次主任会议通过《鹰潭市人民代表大会常务委员会立法规划项目库管理办法》，规范立法规划项目库管理，增强立法前瞻性、指导性和计划性。

2018 年 11 月 22 日，市第九届人民代表大会常务委员会第四十七次主任会议通过《鹰潭市人大常委会关于立法中涉及的重大利益调整论证咨询工作规范》《鹰潭市人大常委会关于争议较大的重要立法事项引入第三方评估工作规范》，健全立法机关与社会公众沟通机制，发挥社会力量在立法中积极作用，规范立法涉及重大利益调整论证咨询工作以及妥善处理立法中争议较大的重要事项。

2018 年 1 月 31 日，市第九届人民代表大会常务委员会第三十三次主任会议通过《立法项目调研报告技术（格式）规范》《法规草案初审工作指南》，推进立法项目前期调研工作以及相关专工委做好第一次审议有关工作。

第三节　监督工作制度

现行市人民代表大会、常委会和主任会议《议事规则》，进一步明确了监督市“一府一委两院”工作的范围、原则和方法，对人大常委会依法行使监督权起到了重要作用。主要有：

讨论、决定重大事项的规定

为加强科学决策、民主决策、依法决策，保证人大正确有效行使宪法和法律赋予的职权，健全人大讨论决定重大事项制度，做好各级政府重大决策出台前向本级人大报告工作，2014 年 8 月 25 日市八届人大常委会第 69 次主任会议通过《鹰潭市人大常委会讨论、决定重大事项的规定》。

健全监督工作规程的实施办法

为进一步规范人大依法监督行为，增强监督工作针对性和实效性，提升市人大常委会监督工作水平，2015 年 3 月 18 日市八届人大常委会第三十一次会议通过《鹰潭市人大常委会关于健全监督工作规程的实施办法》。

加强国有资产管理情况监督的决定

为贯彻党中央关于加强人大对国有资产监督职能的决策部署，更好地发挥国有资产在服务经济社会发展、保障和改善民生、保护生态环境、保障国家机关和事业单位节约高效履职等方面的重要作用，2021 年 6 月 22 日市九届人大常委会第四十七次会议通过《鹰潭市人民代表大会常务委员会关于加强国有资产管理情况监督的决定》。

审查规范性文件制度

2017 年 3 月 7 日，市九届人大常委会第 9 次主任会议通过《鹰潭市人民代表大会常务委员会规范性文件备案审查工作规定》，明确定义规范性文件是指本行政区域内涉及公民、法人和其他组织权利、义务，具有普遍约束力并可以反复适用的文件。并对规范性文件报送备案的机关、审查内容、审查方式、审查程序等内容作出了具体规定，为备案审查工作开展提供了制度保障。

2018 年 3 月 29 日，市人大备案审查工委首次向市人大常委会报告上一年度规范性文件备案审查工作情况。之后，每年均向市人大常委会进行了专题报告。

2018 年 8 月，市人大备案审查工委制定出台《鹰潭市人大常委会备案审查工委规范性文件备案审查工作联席会制度》，明确了市政府办及市政府法制办、市中级人民法院、市人民检察院为联席会组成单位，每半年召开一次联会，统筹安排全市备案审查工作。

2021 年 12 月 28 日，市第十届人大常委会第 2 次主任会议对《鹰潭市人民代表大会常务委员会规范性文件备案审查工作规定》进行了修正，重点是将监察委员会制定的规范性文件纳入备案审查范围，补充了开展审查工作需要遵循的政治性标准、合法性标准、适当性标准，完善了审查程序和备案审查工作报告制度。

第四节　人事任免工作制度

人事任免办法

1999 年 9 月 28 日市五届人大常委会第四次会议通过，明确规定任免必须坚持的原则、任免范围、任免程序、表决方式等。2004 年 3 月 26 日市六届人大常委会第一次会议第一次修正，2009 年 12 月 16 日市七届人大常委会第三十次会议第二次修正，2023 年 10 月 30 日市十届人大常委会第十七次会议第三次修正。

国家机关工作人员法律知识考试决定

为增强国家机关工作人员的法治观念，促进依法行政和公正司法、提高法律素质和行政司法水平，1999 年 7 月 28 日市五届人大常委会第三次会议通过《鹰潭市人民代表大会常务委员会关于提请任命的国家机关工作人员进行法律知识考试的决定》，明确规定了考试指导思想、考试对象、考试内容与范围、考试命题、评卷及组织领导等。2004 年 3 月 26 日市六届人大常委会第一次会议修正。

宪法宣誓制度

为彰显宪法权威，激励和教育国家工作人员忠于宪法、遵守宪法、维护宪法，加强宪法实施，2019 年 12 月 27 日市九届人大常委会第三十三次会议通过《鹰潭市实施宪法宣誓制度办法》，对进行宪法宣誓人员范围、誓词、组织程序等内容作了规定。

第五节　联系制度

联系人民群众制度

为加强和规范市人大代表联系人民群众工作，充分发挥代表作用，2014 年 8 月 25 日市八届人大常委会第 69 次主任会议通过《鹰潭市人大代表联系人民群众办法》，对联系工作范围、方式、收集意见处理等内容作了规定。

“三联系”活动制度

为密切联系人民群众，切实加强市人大常委会以及市人大代表与人民群众的联系，促进代表增强履职意识和责任意识，建立人大常委会主任会议成员联系常委会委员、常委会组成人员联系市人大代表、人大代表联系人民群众“三联系”活动，2017 年 6 月 1 日市九届人大常委会第 13 次主任会议通过《鹰潭市人大常委会关于开展“三联系”活动的意见》。

人大代表联络工作站建设

为更好发挥人大制度优势，发展全过程人民民主，推动闭会期间人大代表活动制度化、规范化、常态化，2022 年 10 月 25 日市十届人大常委会第 13 次主任会议通过《鹰潭市人大常委会关于进一步加强新时代人大代表联络工作站建设的指导意见》，进一步加强新时代代表联络站建设的总体要求、功能定位、运行机制、日常管理、组织保障等内容作了规定。

第六节　自身建设制度

专门委员会及工作机构工作规则

市人大及其常委会根据工作需要，依法设立工作机构和办事机构，制定了工作机构工作规则，之后根据工作机构的变动，适时对职责作了相应调整。《工作规则》明确规定任务、职责、委员会会议的主要议题、行使职权的原则，与市国家机关和群众团体的对口联系，提出议案、审议议案，开展调研、检查、视察和自身建设等内容，使各工作机构的工作走上制度化、规范化轨道。

自身建设

为适应新时代对地方人大工作的新任务新要求，全面加强自身建设，提升依法履职能力，充分发挥地方国家权力机关的职能作用，推动全市人大工作高质量发展，2021 年 12 月 30 日市十届人大常委会第二次会议通过《鹰潭市人大常委会关于加强自身建设的决定》。

强化“四个机关”建设

为深入学习贯彻党的二十大精神，加强和改进新时代地方人大工作，2023 年 3 月 29 日市人大常委会党组会议研究通过《鹰潭市人大常委会关于深入学习贯彻党的二十大精神，强化“四个机关”建设的实施意见》，围绕习近平总书记在中央人大工作会议上对各级人大及其常委会提出的“成为自觉坚持中国共产党领导的政治机关、保证人民当家作主的国家权力机关、全面担负宪法法律赋予的各项职责的工作机关、始终同人民群众保持密切联系的代表机关”重要要求提出 15 条实施意见。

第四篇

市人大常委会党组和主任会议

第一章　市人大常委会党组

市人大常委会党组是中国共产党在地方国家权力机关中设立的党的组织。

市人大常委会党组主要职责是：在市人大常委会发挥把方向、管大局、保落实的领导作用；全面履行领导责任，加强对本单位业务工作和党的建设的领导，推动党的主张和重大决策转化为法律法规、政策政令和社会共识，确保党的理论和路线方针政策的贯彻落实；讨论和决定贯彻落实党中央以及上级党组织决策部署的重大举措，团结党内外干部和群众，履行宪法和法律赋予的职权，推进社会主义民主和法治建设，推进依法治市进程；讨论本级各国家机关提请任免的干部，实现党委的意图和主张；做好机关干部的教育、培养、使用和交流工作；加强对机关党的建设的领导，落实新时代党的建设总要求，履行全面从严治党主体责任，提高党的建设质量。

市人大常委会党组，由中共鹰潭市委批准成立。党组设书记、副书记各1名、成员若干名，由党员中的市人大常委会主任、副主任、秘书长或个别工作机构主要负责人担任。党组任期同市人大常委会相同。市历届人民代表大会第一次会议选举产生新一届常委会后，市委对党组成员予以重新任命，组成新一届党组。

党组活动的主要方式是召开党组会议。党组会议由党组书记指定议程、召集和主持。党组书记因故不能参加会议时委托副书记召集和主持。

党组会议实行民主集中制原则。

第一节　市六届人大常委会党组

书　记：邵奇生（2004.2—2006.12）

副书记：彭路祥（2004.2—2006.12）

成　员：郑良健（2004.2—2006.12）

刘国林（2004.2—2006.12）

邓绍聪（2004.2—2006.12）

罗喜仔（2004.2—2006.12）

周荣俊（2004.2—2004.4）

邬书鸣（2004.2—2005.3）
李忠仁（2005.3—2006.12）

第二节　市七届人大常委会党组

书　记：邵奇生（2006.12—2011.9）
副书记：张鲁年（2006.12—2011.8）
成　员：郑良健（2006.12—2009.2）
罗喜仔（2006.12—2009.2）
管华鞍（2006.12—2011.9）
彭中华（2006.12—2011.9）
尹　宁（2009.3—2011.9）
卢越明（2009.3—2011.9）
李忠仁（2006.12—2008.11）
敖高源（2009.2—2011.9）

第三节　市八届人大常委会党组

书　记：杜德春（2011.9—2016.9）
副书记：杨晓群（2011.9—2016.11）
成　员：尹　宁（2011.9—2015.1）
卢越明（2011.9—2016.11）
徐晓年（2011.9—2016.11）
应　祥（2011.9—2016.11）
程芦山（2015.1—2016.11）
吴炳生（2016.1—2016.11）
江　鸿（2011.9—2016.11）

第四节　市九届人大常委会党组

书　记：郭　清（2016.9—2021.10）
副书记：程芦山（2016.11—2020.4）

周永江（2020.5—2021.10）
成　员：李　力（2016.11—2020.3）
周永江（2016.11—2020.5）
杨　森（2016.11—2021.10）
胡高堂（2016.11—2021.10）
黄　忠（2020.4—2021.10）
吴建辉（2021.4—2021.10）
江　鸿（2016.11—2019.1）
魏建君（2019.1—2021.10）

第五节　市十届人大常委会党组

书　记：郭　清（2021.10—　）
副书记：吴建辉（2021.10—　）
成　员：夏涌波（2021.11—　）
雷纪文（2021.11—　）
程美华（女，2021.11—　）
李美珍（女，2021.11—　）
邵菁靓（2021.11—2024.1）
赵勇凯（2024.1—　）

第二章　市人大常委会主任会议

第一节　市人大常委会主任会议职责

市人大常委会主任会议由常务委员会主任、副主任、秘书长组成，负责处理常委会的重要日常工作。

市人大常委会主任会议主要职责是：

（一）决定常务委员会会议举行的日期；拟定常务委员会会议议程草案和日程草案，提请常务委员会会议通过；决定常务委员会会议列席人员。

（二）提出常务委员会向市人民代表大会作的工作报告草案和召集市人民代表大会有关准备事项的建议，决定提请常务委员会审议。

（三）拟定常务委员会年度工作要点草案，决定提请常务委员会会议审议，并组织实施。

（四）讨论地方法规草案，决定提请常务委员会审议。

（五）讨论通过常务委员会听取和审议专项工作报告、执法检查年度计划，并由市人大有关专门委员会或者常务委员会工作委员会负责组织实施。

（六）讨论常务委员会执法检查报告，决定提请常务委员会审议。

讨论常务委员会组织开展的视察、专题调查研究和其他工作的情况报告，提出处理意见。

（七）听取市人大专门委员会、常务委员会工作委员会提出的关于代表议案的审议结果报告，决定提请常务委员会审议。

（八）向常务委员会提出属于常务委员会职权范围内的议案，由常务委员会审议，有关议案草案可以委托市人大专门委员会、常务委员会工作委员会拟订。对市人民政府、市中级人民法院、市人民检察院、市人大专门委员会、常务委员会工作委员会向常务委员会提出的属于常务委员会职权范围内的议案，决定提请常务委员会审议，或者先交有关的专门委员会审议、提出报告，再提请常务委员会审议；或者先委托有关的工作委员会进行初审、提出报告，然后提请常务委员会审议。

对常务委员会组成人员 5 人以上联名提出的属于常务委员会职权范围内的议案，决定是否提请常务委员会审议，或者先交有关的专门委员会审议、提出报告，再决定是否提请常务委员会审议；或者先委托有关的工作委员会进行初审、提出报告，然后决定是否提请常务委员会审议；对列入常务委员会会议议程的议案，根据审议情况，决定是否提交表决。在交付表决前，提案人要求撤回的，同意对该议案的审议即行终止。

（九）对常务委员会组成人员 5 人以上书面联名提出的对市人民政府或者有关部门、市中级人民法院或者市人民检察院的质询案，决定交由受质询机关在常务委员会会议上或者有关的专门委员会会议上口头答复，或者由受质询机关书面答复；对答复不满意的，决定由受质询机关再作答复。

（十）对属于常务委员会职权范围内的事项，需要作出决议、决定，但有关重大事实不清的，提议组织关于特定问题的调查委员会，提请常务委员会审议；对五分之一以上常务委员会组成人员书面联名，向常务委员会提议组织关于特定问题的调查委员会，决定提请常务委员会审议，或者先交有关的专门委员会审议、提出报告，再决定提请常务委员会审议；或者先委托有关的工作委员会进行初审、提出报告，然后决定提请常务委员会审议。

（十一）讨论应由常务委员会审议的人事任免事项，决定提请常务委员会会议审议。

（十二）讨论向常务委员会提出的撤职案，决定提请常务委员会审议；对市人民政府、市中级人民法院和市人民检察院向常务委员会提出的撤职案，决定提请常务委员会审议；对五分之一以上常务委员会组成人员书面联名，向常务委员会提出的撤职案，决定是否提请常务委员会审议；或者提议常务委员会全体会议决定组织调查委员会，由以后的常务委员会会议根据调查委员会的报告审议决定。

（十三）听取市人大专门委员会、常务委员会工作委员会提出的县（市、区）人民代表大会及其常务委员会作出的不适当的决议、决定与市人民政府发布的不适当的决定和命令等规范性文件的审查意见，同意相关委员会向制定机关提出书面审查意见；或者决定提请常务委员会审议。

（十四）听取市人民政府或者有关部门、市中级人民法院、市人民检察院的专题工作汇报，提出处理意见。

（十五）讨论市人民检察院检察长提出的重大案件和其他重大问题，决定提请常务委员会审议。

（十六）讨论人民群众对市人民政府、市中级人民法院、市人民检察院和国家工作人员的重要申诉和意见，提出处理意见，必要时提请常务委员会审议。

（十七）讨论省人大常务委员会交办的有关事项和县（市、区）人大常务委员会向市人大常务委员会提出的需要答复的重要事项，提出处理意见。

（十八）指导和协调市人大专门委员会、常务委员会工作委员会和办公室的工作，听取各委办提出的视察、检查、调查等报告和信访等工作汇报，提出处理意见。

（十九）处理常务委员会授权的事项和其他重要日常工作。主任会议每月至少举行1次，必要时可以临时召集。主任会议必须有全体组成人员的过半数出席，始得举行。常务委员会副秘书长、市人大各专门委员会、常务委员会各工作委员会、办公室主要负责人和有关人员列席会议。

经常务委员会主任或主持会议的副主任确定，市人民政府、市中级人民法院、市人民检察院及有关部门负责人可以列席会议。

第二节　市人大常委会主任会议组成人员

市六届人大常委会主任会议成员（2004.2—2006.12）

由市人大常委会主任邵奇生，副主任彭路祥、李萍文、郑良健、刘国林、邓绍聪、罗喜仔，秘书长周荣俊、李忠仁（先后）等8人组成。

邵奇生　主持市人大常委会全面工作；

彭路祥　协助主任负责市人大常委会日常工作，分管常委会机关和办公室、外事华侨民族宗教工作委员会的工作；

李萍文　协助主任工作，分管市人大农业与环境资源保护委员会的工作；

郑良健　协助主任工作，分管市人大财政经济委员会的工作；

刘国林　协助主任工作，分管市人大内务司法委员会的工作；

邓绍聪　协助主任工作，分管市人大教育科学文化卫生委员会的工作；

罗喜仔　协助主任工作，分管市人大常委会选举任免联络工作委员会的工作；

周荣俊　协助主任、副主任处理市人大常委会日常工作及机关工作，主持办公室的全面工作；

李忠仁　协助主任、副主任处理市人大常委会日常工作及机关工作，主持办公室的全面工作。

市七届人大常委会主任会议成员（2006.12—2011.9）

由市人大常委会主任邵奇生，副主任张鲁年、李萍文、郑良健、罗喜仔、管华鞍、彭中华，秘书长李忠仁等8人组成。

邵奇生　主持市人大常委会全面工作；

张鲁年　协助主任负责市人大常委会日常工作，分管常委会机关和办公室、选举任免联络工作委员会、外事华侨民族宗教工作委员会工作；

李萍文　协助主任负责市人大内务司法委员会工作；

郑良健　协助主任负责市人大财政经济委员会工作；

罗喜仔　协助主任负责市人大农业与环境资源保护委员会工作；

管华鞍　协助张鲁年副主任分管常委会选举任免联络工作委员会和外事华侨民族宗教工作委员会工作；

彭中华　分管市人大教育科学文化卫生委员会工作；

李忠仁　协助主任、副主任处理市人大常委会日常工作，负责常委会机关、办公室工作。

2009 年 2 月，市七届人大五次会议接受李萍文、郑良健、罗喜仔辞去副主任职务，补选尹宁、卢越明、刘育虹为副主任，补选敖高源为秘书长。主任会议成员分工作如下调整：

邵奇生　主持市人大常委会全面工作；

张鲁年　协助主任负责市人大常委会日常工作、人大宣传工作，分管市人大财政经济委员会、市人大常委会机关和办公室工作；

管华鞍　分管市人大常委会外事华侨民族宗教工作委员会工作；

彭中华　分管市人大教育科学文化卫生委员会、市人大常委会农业与农村工作委员会工作；

尹　宁　分管市人大常委会城乡建设环境资源保护工作委员会工作；

卢越明　分管市人大常委会选举任免联络工作委员会工作；

刘育虹　分管市人大内务司法委员会工作；

敖高源　协助主任、副主任处理市人大常委会日常工作，负责市人大常委会机关管理工作，主持市人大常委会办公室工作。

市八届人大常委会主任会议成员（2011.9—2016.11）

由市人大常委会主任杜德春，副主任杨晓群、尹宁、卢越明、刘育虹、徐晓年、应祥，秘书长江鸿 8 人组成。

杜德春　主持市人大常委会全面工作；

杨晓群　协助主任负责市人大常委会日常工作，负责联系市人大内务司法委员会，分管市人大常委会机关和办公室工作；

尹　宁　分管市人大常委会城乡建设环境资源保护工作委员会、外事华侨民族宗教工作委员会工作；

卢越明　负责联系市人大财政经济委员会；

刘育虹　负责联系市人大教育科学文化卫生委员会；

徐晓年　分管市人大常委会农业与农村工作委员会工作；

应　祥　分管市人大常委会选举任免联络工作委员会工作；

江　鸿　协助主任、副主任处理市人大常委会日常工作，负责人大宣传工作和市人大常委会机关管理工作，主持市人大常委会办公室工作。

2015 年 1 月，市八届人大常委会第三十次会议接受尹宁辞去副主任职务，市八届人大五次会议补选程芦山为副主任。主任会议成员分工作如下调整：

杜德春　主持市人大常委会全面工作；

杨晓群　协助主任负责市人大常委会日常工作，负责联系市人大内务司法委员会，分管市人大常委会选举任免联络工作委员会工作；

卢越明　负责联系市人大财政经济委员会；

刘育虹　负责联系市人大教育科学文化卫生委员会，分管市人大常委会外事华侨民族宗教工作委员会工作；

徐晓年　分管市人大常委会农业与农村工作委员会工作；

应　祥　分管市人大常委会机关和办公室工作；

程芦山　分管市人大常委会城乡建设环境资源保护工作委员会工作；

江　鸿　协助主任、副主任处理市人大常委会日常工作，负责人大宣传工作和市人大常委会机关管理工作，主持市人大常委会办公室工作。

2015 年 7 月，市八届人大常委会第三十三次会议接受应祥辞去副主任职务。2016 年 1 月，市八届人大六次会议补选吴炳生为副主任。市人大常委会副主任分工作如下调整：

杨晓群　协助主任负责市人大常委会日常工作，负责联系市人大法制委员会、市人大内务司法委员会，分管市人大常委会法制工作委员会工作；

吴炳生　分管市人大常委会选举任免联络工作委员会工作。

市人大常委会其他副主任分工不变。

市九届人大常委会主任会议成员（2016.11—2021.10）

由市人大常委会主任郭清，副主任程芦山、刘育虹、李力、周永江、杨森、胡高堂，秘书长江鸿 8 人组成。

郭　清　主持市人大常委会全面工作；

程芦山　协助主任负责市人大常委会日常工作，负责联系市人大法制委员会、内务司法委员会，分管市人大常委会法制工作委员会工作和备案审查工作委员会工作；

刘育虹　协助主任负责联系市人大财政经济委员会，分管市人大常委会预算工作委员会工作；

李　力　协助主任分管市人大常委会农业和农村工作委员会工作；

周永江　协助主任负责联系市人大教育科学文化卫生委员会，分管市人大常委会外事华侨民族宗教工作委员会工作；

杨　森　协助主任分管市人大常委会选举任免联络工作委员会、市人大常委会机关和办公室工作；

胡高堂　协助主任分管市人大常委会城乡建设环境资源保护工作委员会工作；

江　鸿　协助主任、副主任处理市人大常委会日常工作，负责市人大常委会机关工作。

2019 年 1 月，主任会议成员分工作如下调整：

郭　清　主持市人大常委会全面工作；

程芦山　协助主任负责市人大常委会日常工作，负责联系市人大法制委员会、监察和司法委员会，分管市人大常委会法制工作委员会工作和备案审查工作委员会工作；

刘育虹　协助主任负责联系市人大财政经济委员会，分管市人大常委会预算工作委员会工作；

李　力　协助主任负责联系市人大教育科学文化卫生委员会，分管市人大常委会农业和农村工作委员会工作；

周永江　协助主任负责联系市人大社会建设委员会，分管市人大常委会外事华侨民族宗教工作委员会工作；

杨　森　协助主任分管市人大常委会选举任免联络工作委员会、市人大常委会机关和办公室工作；

胡高堂　协助主任分管市人大常委会城乡建设环境资源保护工作委员会工作。

2020 年 5 月，市九届人大常委会第三十六次会议接受程芦山、李力辞去副主任职务，市九届人大六次会议补选黄忠为副主任、魏建君为秘书长。主任会议成员分工作如下调整：

郭　清　主持市人大常委会全面工作；

周永江　协助主任负责市人大常委会日常工作，负责联系市人大社会建设委员会，分管市人大常委会外事华侨民族宗教工作委员会工作；

刘育虹　负责联系市人大财政经济委员会、教育科学文化卫生委员会，分管市人大常委会预算工作委员会工作；

杨　森　分管市人大常委会选举任免联络工作委员会、市人大常委会机关和办公室工作；

胡高堂　分管市人大常委会城乡建设环境资源保护工作委员会、农业和农村工作委员会工作；

黄　忠　负责联系市人大法制委员会、监察和司法委员会，分管市人大常委会法制工作委员会和备案审查工作委员会工作；

魏建君　负责市人大常委会机关日常工作，主持市人大常委会办公室工作。

2021 年 4 月，鹰潭市第九届人民代表大会第九次会议补选吴建辉为鹰潭市人大常委会副主任。

市十届人大常委会主任会议成员（2021.10—　）

由市人大常委会主任郭清，副主任吴建辉、夏涌波、雷纪文、程美华、徐双文、李美珍，秘书长邵菁靓 8 人组成。

郭　清　主持市人大常委会全面工作；

吴建辉　协助主任负责市人大常委会日常工作，分管市人大常委会机关和办公室、选举任免联络工作委员会工作；

夏涌波　负责联系市人大法制委员会，分管市人大常委会法制工作委员会和备案审查工作委员会工作；

雷纪文　负责联系市人大财政经济委员会，分管市人大常委会预算工作委员会工作；

程美华　分管市人大常委会农业和农村工作委员会、城乡建设环境资源保护工作委员会工作；

徐双文　负责联系市人大教育科学文化卫生委员会，分管市人大常委会外事华侨民族宗教工作委员会工作；

李美珍　负责联系市人大监察和司法委员会、社会建设委员会；

邵菁靓　协助处理市人大常委会日常工作，负责市人大常委会机关工作，协助分管市人大常委会办公室工作。

市十届人大四次会议补选赵勇凯为秘书长。主任会议成员分工作如下调整：

赵勇凯　协助处理市人大常委会日常工作，负责市人大常委会机关工作，协助分管市人大常委会办公室工作。

市人大常委会其他副主任分工不变。

为加强配合，确保人大工作有序开展，在市人大常委会领导之间实行AB角制度。分管领导不在鹰潭，由秘书长协调该分管领导的B角代行相关工作职责，AB角都不在鹰潭期间由秘书长协调其他副主任代行相关工作职责。具体AB角安排如下：吴建辉与夏涌波互为AB角，雷纪文与程美华互为AB角，徐双文与李美珍互为AB角。

第三节　市六届至十届人大常委会主任会议

一、市六届人大常委会主任会议

市六届人大常委会主任会议，自2004年2月至2006年12月，共举行会议70次。

本届人大常委会主任会议为届内历次市人民代表大会会议和常委会会议的召开做准备，先后讨论研究市六届人大二次、三次会议和市七届人大一次会议召开的问题，提出议程草案等各项建议和意见，提请常委会会议审议决定，并组织做好大会筹备工作。讨论研究市六届人大常委会第一次会议至第二十六次会议的召开问题，确定每次会议议程草案和开会日期，组织协调常委会各工作机构做好会前准备工作。

届内，主任会议围绕法律法规的实施，对《中华人民共和国环境保护法》《中华人民共和国价格法》《中华人民共和国义务教育法》《中华人民共和国消防法》《中华人民共和国国家安全法》《中华人民共和国政府采购法》《中华人民共和国文物保护法》《中华人民共和国档案法》《中华人民共和国水污染防治法》《中华人民共和国公民出入境管理法》等法律法规的实施情况开展23次执法检查。通过执法检查，为常委会对市环保局、市发改委（物价局）、市教育局的工作评议，市政府9个工作部门主要负责人、市中级人民法院2名法官、市人民检察院2名检察官的述职评议打好基础。组织市人大代表就全市环境保护、城市建设、农村医疗网点建设、工业园区建设、农民增收、新农村建设、蔬菜基地建设、垃圾填埋场建设、安全生产等人民群众关心的热点难点问题开展专题视察、专题调研活动，充分发挥代表作用，推进经济社会发展。

其间，主任会议高度重视生态环保工作，先后开展“保护水资源、防治水污染、维护水生态”“促进森林资源保护、饮用水资源保护和林业生态保护”“保护水土资源，防治水土流失”等主题活动，支持和督促市政府相关部门积极采取措施，确保饮用水安全，保护森林资源，不断改善生态环境。

主任会议将制度保障作为自身建设的重要方向，重新制定《鹰潭市人大常委会组成人员守则》，修改和完善《鹰潭市人大常委会人事任免办法》《鹰潭市人大常委会关于对提请任命的国家机关工作人员进行法律知识考试的决定》《鹰潭市公民旁听市人大常委会会议的规定》等制度。主任会议还认真开展保持共产党员先进性教育活动，重点学习中共十六届四中、五中、六中全会精神，《江泽民文选》，中央、省委及市委有关人大工作的文件精神和中央领导一系列重要讲话精神，先后举行“提高履职能力”“构建和谐机关”“学习贯彻党章”“树立社会主义荣辱观”等专题学习、研讨会，通过学习增强了政治意识、大局意识和责任意识。

二、市七届人大常委会主任会议

市七届人大常委会主任会议，自2006年12月至2011年9月，共举行会议131次。

本届人大常委会主任会议为届内历次市人民代表大会会议和常委会会议的召开做准备，先后讨论研究市七届人大二次、三次、四次、五次、六次、七次会议和市八届人大一次会议召开的问题，提出议程草案等各项建议和意见，提请常委会会议审议决定，并组织做好大会筹备工作。讨论研究市七届人大常委会第一次会议至第四十八次会议的召开问题，确定每次会议议程草案和开会日期，组织协调常委会各工作机构做好会前准备工作。

5年间，主任会议按照市委大铜业、大物流、大旅游、大框架城市和新农村建设“四大一新”发展战略，研究讨论相关议题28项，组织代表开展视察26次。根据常委会工作要点，主任会议有计划、有重点地对全市法律法规实施中的突出问题和社会关注的热点问题开展执法检查，先后组织开展了《中华人民共和国城乡规划法》《中华人民共和国工会法》等18部法律法规实施情况的检查，针对发现的问题向法律实施主管部门提出了整改意见，推动了法律法规更好地贯彻实施。

在届内，面对2008年的低温雨雪冰冻灾害，主任会议及时调整工作重点，组织代表对全市农林业遭受冰冻灾害情况进行专题视察，提出建议，支持灾后恢复生产。2009年，鹰潭市铜产业受到国际金融危机的严重冲击，主任会议结合《中华人民共和国科学技术进步法》执法检查，组织代表对铜产业技术创新情况进行专题视察调查，提出转方式、调结构、增加科技投入、提高自主创新能力，促进科技成果转化为现实生产力等意见建议。市政府对此高度重视，制定扶持铜企业应对困境、渡过难关的六项政策措施。2010年6月，鹰潭市遭受千年未遇的特大洪涝灾害，主任会议组织开展灾后创建工作调研，推动灾后创建工作。

主任会议坚持以思想政治建设为引导，不断强化自身建设。坚持中国特色社会主义理论体系，深入开展学习实践科学发展观活动，推进理论武装，强化思想建设，着力创建学习型班子和学习型机关。注重工作机构优化设置，在市委关心重视下，主任会议提请常委会适时作出《关于设立鹰潭市人大常委会城乡建设环境资源保护工作委员会、鹰潭市人大常委会农业和农村工作委员会的决定》，使人大内设机构更加适应“三农”工作、城市化建设和环境资源保护工作的需要。

三、市八届人大常委会主任会议

市八届人大常委会主任会议，自 2011 年 9 月至 2016 年 10 月，共举行会议 122 次。

本届人大常委会主任会议为届内历次市人民代表大会会议和常委会会议的召开做准备，先后讨论研究市八届人大二次、三次、四次、五次、六次会议和市九届人大一次会议召开的问题，提出议程草案等各项建议和意见，提请常委会会议审议决定，并组织做好大会筹备工作。讨论研究市八届人大常委会第一次会议至第四十六次会议的召开问题，确定每次会议议程草案和开会日期，组织协调常委会各工作机构做好会前准备工作。

5 年间，尤其是中共十八届三中全会以来，主任会议积极策应市委全面深化改革决策部署，提请常委会在全省率先作出《关于促进改革创新的决定》，就督促“一府两院”大力推进改革创新、动员全市人民支持和参与改革创新作出明确规定，对调动和保护改革创新积极性、营造改革创新法治环境、依法保障改革创新工作产生积极效应。

其间，主任会议主动适应经济发展新常态，坚持以五大发展理念为引领，围绕促进“1+6”产业发展以及打造沿 320 国道产业集聚升级带、发展战略性新兴产业、促进科技创新、做旺旅游景区、加强“三农”工作、推进城乡一体化、构建农业示范园区、建设秀美鹰潭等重大发展举措的落实，组织开展分专题执法检查、视察调研、工作评议等系列监督活动共 138 次，对 37 部法律法规实施情况开展执法检查，有效促进了谋发展、求发展工作举措的落实。强化预算审查监督，认真贯彻执行《预算法》，依法推动建立和完善由一般公共预算、政府性基金预算、国有资本经营预算、社会保险基金预算组成的全口径预算体系，讨论研究市人大常委会预算工委设立工作，更好促进鹰潭市预算改革取得突破性进展。

自 2016 年 4 月 1 日开始行使地方立法权以来，主任会议坚持党对立法工作的领导，稳步推进鹰潭市科学立法、民主立法、依法立法。进一步健全机构，讨论研究市人大法制委、常委会法工委、备案审查工委设立工作，党委领导、人大主导、政府依托、各方参与的立法工作格局已初步形成。

主任会议对代表提出的“建立信江水质在线监测站”“建立健全鹰潭市农产品质量安全监管服务体系”“建立信江新区污水处理厂”3 件议案，进行多次讨论和研究，向常委会提出作为议案的建议。在届内，信江水质在线监测站、市农产品质量安全检验检测中心如期建成并正常运转，信江新区污水处理厂正在建设中，各项议案均得到较好办理。

5 年间，主任会议始终坚持思想政治建设，深入学习中国特色社会主义理论体系，认真学习贯彻中共十八大，十八届三中、四中、五中全会和习近平总书记系列重要讲话精神，不断增强政治意识、大局意识、核心意识、看齐意识，自觉在思想上政治上行动上同党中央保持高度一致。认真组织开展党的群众路线教育实践活动、“三严三实”专题教育、“两学一做”学习教育，联系实际查找思想作风建设存在的问题，制定并落实整改措施。讨论和健全常委会会议议事规则和主任会议议事规则，制定《关于健全监督工作规程的实施办法》，构建起用制度管权管人管事工作机制，推进自身建设不断深化。

四、市九届人大常委会主任会议

市九届人大常委会主任会议，自 2016 年 11 月至 2021 年 10 月，共举行会议 104 次。

主任会议为届内历次市人民代表大会会议和常委会会议的召开做准备，先后讨论研究市九届人大二次、三次、四次、五次、六次、七次、八次、九次会议召开的问题，提出议程草案等各项建议和意见，提请常委会会议审议决定，并组织做好大会筹备工作。讨论研究市九届人大常委会第一次会议至第四十二次会议的召开问题，确定每次会议议程草案和开会日期，组织协调常委会各工作机构做好会前准备工作。

5 年间，主任会议稳步推进鹰潭市立法工作，听取和审议《鹰潭市人大常委会立法规划项目库（2017—2021）》，为《鹰潭市立法条例》《鹰潭市信江饮用水水源保护条例》《鹰潭市文明旅游促进条例》《鹰潭市户外广告设置管理条例》《鹰潭市智慧城市促进条例》《鹰潭市建设工地扬尘污染防治管理办法》《鹰潭市烟花爆竹销售燃放管理条例》《鹰潭市文明行为促进条例》《鹰潭市大上清宫遗址保护管理规定》等 9 部地方性法规的出台实施做好审查审议工作。

其间，主任会议根据常委会工作要点，开展《中华人民共和国水土保持法》《中华人民共和国义务教育法》《中华人民共和国残疾人保障法》《中华人民共和国档案法》《中华人民共和国气象法》《中华人民共和国妇女权益保障法》《中华人民共和国自然保护区条例》《中华人民共和国固体废物污染环境防治法》《中华人民共和国工会法》等执法检查。围绕决胜全面建成小康社会以及防范化解重大风险、精准脱贫、污染防治“三大攻坚战”，主任会议组织开展“环保信江行”检查采访活动，检查《中华人民共和国水污染防治法》实施情况，专题视察城区供水工程和老城区雨污管网改造工程以及污水处理厂建设运行管理情况，督促政府有关部门和企业落实环境保护法定责任。组织市人大代表视察调研扶贫项目和贫困村帮扶情况，听取扶贫工作报告和涉农扶贫资金整合报告，就夯实产业基础、强化科技扶贫等提出意见建议，助推精准脱贫工作。围绕打好防范化解重大金融风险攻坚战，开展政府债务和金融服务民营企业专题调研，支持和督促有关方面积极防范金融风险。建立代表联络工作站（室）54个，实现乡镇（街道）全覆盖，开展代表联络站星级评定工作，为人大代表依法履职搭建平台。加强对市人大常委会任命的地方国家机关工作人员履职情况的监督，听取政府工作部门主要负责人履职情况报告，并开展满意度测评。建成预算联网监督平台，提请市委出台《关于建立市人民政府向市人大常委会报告国有资产管理情况制度的意见》，出台《关于加强国有资产管理情况监督的决定》。组织开展审计查出问题整改情况满意度测评，提升人大预算审查和国有资产监督能力。

2020年，面对突如其来的新冠疫情，主任会议及时调整监督重点，开展了《中华人民共和国野生动物保护法》、全国人大常委会《关于全面禁止非法野生动物交易、革除滥食野生动物陋习、切实保障人民群众生命健康安全的决定》和省人大常委会《关于依法全力做好新型冠状病毒肺炎疫情防控工作的决定》执法检查，推进防控法规和措施有效落实。组织对企业疫情防控和复工复产情况、台企侨企发展情况的专项调研和视察，全力支持市政府出台阶段性、有针对性的政策措施。

主任会议始终把自身建设摆在重要位置来抓，以自身建设新成效推动人大工作新发展。强化政治引领，坚持以习近平新时代中国特色社会主义思想为指导，全面贯彻中共十九大和十九届二中、三中、四中、五中、六中全会精神，深入开展“不忘初心、牢记使命”主题教育和党史学习教育，夯实思想政治根基。完善议事制度，不断规范会议程序，严格执行请假通报制度，确保常委会会议出席率和会议质量。持续深入地推进人大工作创新，完善立法、监督、代表等工作制度。加强人大信息化建设，开通“鹰潭人大发布”微信公众号，启用常委会会议电子表决系统，促进常委会决策民主、科学、透明。讨论研究并提请市委出台《关于加强新时代地方人大工作的意见》，为做好鹰潭市人大工作、加强各级人大建设提供了保障。

五、市十届人大常委会主任会议

市十届人大常委会主任会议，自2021年10月至2024年1月，共举行会议38次。

主任会议为届内历次市人民代表大会会议和常委会会议的召开作准备，先后讨论研究市十届人大二次、三次、四次会议召开的问题，提出议程草案等各项建议和意见，提请常委会会议审议决定，并组织做好大会筹备工作。讨论研究市十届人大常委会第一次会议至第二十次会议的召开问题，确定每次会议议程草案和开会日期，组织协调常委会各工作机构做好会前准备工作。

其间，主任会议深入学习贯彻党的二十大精神和习近平法治思想、中央人大工作会议精神，认真组织开展学习贯彻习近平新时代中国特色社会主义思想主题教育，积极推进鹰潭市立法工作，听取和审议《鹰潭市人大常委会立法规划项目库（2022—2026）》，为《鹰潭市人民代表大会议事规则》《鹰潭市优化营商环境若干规定》《鹰潭市海绵城市规划建设管理条例》等3部地方性法规的出台做好审查审议工作。

主任会议根据常委会监督工作要点，研究组织开展人大代表聚焦“六个江西”建设，争当“四个表率”主题活动，“物业社区行”、“环保信江行”、乡村振兴赣鄱行、《鹰潭市信江饮用水水源保护条例》立法后评估等活动，检查《中华人民共和国乡村振兴促进法》《江西省乡村振兴促进条例》《中华人民共和国安全生产法》《中华人民共和国社区矫正法》《江西省宗教事务条例》实施情况，围绕市委决策部署，突出生态环保、安全生产、教育均衡发展等重点组织开展依法监督有效监督。

研究出台了《鹰潭市人大常委会关于加强自身建设的决定》，大力开展“四个机关”创建活动，加快推进江西数字人大3.0版鹰潭分厅建设，组织《鹰潭市人民代表大会志》编纂工作。认真部署开展调查研究活动，积极为推进中国式现代化鹰潭实践，贡献人大力量。

第五篇

地方立法

2016年，鹰潭市获批行使地方立法权以来，市人大及其常委会坚持以习近平新时代中国特色社会主义思想为指导，贯彻落实习近平法治思想，开拓进取，依法履职，坚持科学立法、民主立法、依法立法，先后制定了体现鹰潭地方特色和发展需求的地方性法规12部，为推进依法治市、构建和谐鹰潭、促进全市经济社会高质量发展提供了坚强的法治保障。

第一章　地方立法权

第一节　地方立法权的获得

党的十八届四中全会审议通过的《中共中央关于全面推进依法治国若干重大问题的决定》中提出："明确地方立法权限和范围，依法赋予设区的市地方立法权。"2015 年 3 月，十二届全国人大三次会议通过《关于修改〈中华人民共和国立法法〉的决定》，依法赋予所有设区的市地方立法权，明确设区的市可以对"城乡建设与管理、环境保护、历史文化保护"等方面的事项制定地方性法规。设区的市制定地方性法规的具体步骤和时间，由省级人大常委会综合考虑本省所辖的设区的市的人口数量、地域面积、经济社会发展情况以及立法需求、立法能力等因素确定。此前，享有立法权的全国"较大的市"共 49 个，包括三类：27 个"省、自治区人民政府所在地的市"、18 个"经国务院批准的较大的市"以及 4 个"经济特区所在地的市"。江西省除省会南昌市有地方立法权外，其他 10 个设区的市无此项职权。

2016 年 4 月，省十二届人大常委会第二十四次会议决定，萍乡、新余、鹰潭 3 个设区市为鹰潭市第二批行使立法权的设区市，明确上述设区市可以开始制定地方性法规。至此，鹰潭市正式获批行使地方立法权。

2023 年 3 月，十四届全国人大第一次会议通过《关于修改〈中华人民共和国立法法〉的决定》，新增了设区市在"基层治理"方面的立法权限，可以对"城乡建设与管理、生态文明建设、历史文化保护、基层治理"等方面的事项制定地方性法规。

第二节　立法机构和队伍建设

2015 年 12 月，经省编办批准，市编委下发《关于设立市人大常委会法制工作委员会等机构编制事项的批复》，同意设立鹰潭市人大常委会法制工作委员会，核定行政编制 6 名，设主任 1 名、副主任 1 名，正科级领导职数 2 名，内设办公室、法规科（备案审查科）。

2016 年 1 月，鹰潭市第八届人民代表大会第六次会议通过《关于设立鹰潭市人民代表大会法制委员会的决定》。

2016 年 3 月，市编委下发《关于市人大常委会挂牌设立有关机构和人员编制的批复》，同意在市人大常委会法制工作委员会挂牌设立备案审查工作委员会，增设备案审查工作委员会专职副主任职数 1 名。将法制工作委员会法规科挂牌设立的备案审查科分离单独设置，增加正科级职数 1 名。

2016 年 11 月，鹰潭市第九届人民代表大会第一次会议通过《鹰潭市第九届人民代表大会各专门委员会主任委员、副主任委员、委员名单》，由市人大常委会副主任程芦山兼任市人大法制委主任委员，龚著宝任市人大法制委副主任委员（兼市人大常委会法工委主任），委员由杨毅、艾书广、王峰、程新太、汤海燕（女）、熊新光担任。

2021 年 10 月，鹰潭市第十届人民代表大会第一次会议通过《鹰潭市第十届人民代表大会各专门委员会主任委员、副主任委员、委员名单》，林伏昌任法制委员会主任委员，吴勤胜（兼市人大常委会法工委主任）、童玲芳（女）任副主任委员，委员吕文杰、万勇章、揭继军、姚志刚、杨毅、童晓霞（女）。

2024 年 1 月，鹰潭市第十届人民代表大会第四次会议通过《鹰潭市第十届人民代表大会有关专门委员会组成人员名单》，江东生任市人大法制委主任委员。

第二章　立法专家库、联系点建设

第一节　立法专家库建设

市人大常委会认真贯彻落实《鹰潭市人大常委会立法专家顾问制度》，对全市立法人才储备情况进行摸底，设立地方立法专家库，为鹰潭地方立法提供专业咨询和智力支持，不断提高立法质量。

2017 年 5 月，市人大常委会组建立法专家库，在全市范围选聘 29 名立法专家，全面涵盖了城乡建设与管理、环境保护、历史文化保护领域专家和法官、检察官、律师等法律实务工作者以及语言文字专家。具体名单：

史国钧	朱丽辉（女）	朱榕斌	刘赛莲（女）	江　凌（女）
李九龙	李绪龙	杨晓彬	吴军祥	何接华
邹晓红（女）	汪春芳（女）	张紧根	张海东	陈建生
陈　峰	邵　芹（女）	周永生	洪裕民	姚志刚
姚维斌	徐永荣	徐靖平（女）	章平平	董细木
童文德	熊初建	薛建园	戴细良	

2022 年 5 月，市九届人大常委会立法专家库任期届满，重新组建了市十届人大常委会立法专家库，选聘专家 31 名。

何接华	洪卫强	段街和	李胜旺	徐永荣
胡　芳（女）	张浩宇	朱明利	宋　鸣	吴文兆
郑华萍（女）	张荣财	曹建文	孙　宽	杨　山
桂先才	郑　杰	姚维斌	曾剑辉	艾乐华
张　永	周会永	邹晓红（女）	陈福云（女）	万　莉（女）
孙　萍（女）	占秋香（女）	罗时平	桂建军	毕家亮
周　静				

第二节　立法联系点建设

2017 年 9 月，市人大常委会按照《鹰潭市人民代表大会常务委员会基层立法联系点工作制度》的要求，本着“全面性 + 代表性，综合性 + 专业性”的原则，在全市设立 12 家基层立法联系点。

社会面立法联系点 7 个：贵溪市雄石街道办事处、罗河镇，余江区锦江镇、邓埠街道办事处，月湖区童家镇、百佳城社区，龙虎山风景名胜区上清镇。

专业面立法联系点 5 个：余江县人大常委会、鹰潭市城市管理行政执法支队、鹰潭市博物馆、贵溪市环保局、月湖区人民法院。

2022 年 5 月，在上述 12 家基层立法联系点基础上，结合立法项目需要，新增 2 家基层立法联系点：鹰潭市市场监管局、余江区中童镇乘龙村。

2018 年 2 月，鹰潭市城市管理行政执法支队被确定为江西省第十三届人民代表大会常务委员会基层立法联系点。

2023 年 5 月，月湖区人大常委会、贵溪市人民法院被确定为江西省第十四届人民代表大会常务委员会基层立法联系点。

第三章　地方性法规

第一节　地方性法规制定

2016年，市人大常委会启动《鹰潭市立法条例》起草工作。2017年《鹰潭市立法条例》正式公布实施。至2024年1月,《鹰潭市信江饮用水水源保护条例》《鹰潭市文明旅游促进条例》《鹰潭市户外广告设置管理条例》《鹰潭市智慧城市促进条例》《鹰潭市烟花爆竹销售燃放管理条例》《鹰潭市建设工地扬尘污染防治管理条例》《鹰潭市文明行为促进条例》《鹰潭市大上清宫遗址保护管理条例》《鹰潭市人民代表大会议事规则》《鹰潭市海绵城市规划建设管理条例》《鹰潭市优化营商环境若干规定》等12部地方性法规相继公布实施。

(一)《鹰潭市立法条例》

按照市人大常委会的工作部署，市人大法制委、常委会法工委从2016年成立之初，就着手研究起草立法条例。通过认真学习《中华人民共和国立法法》《江西省立法条例》，借鉴其他市立法条例中好的做法，结合鹰潭实际，拟定了《鹰潭市立法条例（草案征求意见稿）》。之后，市人大法制委、常委会法工委先后召开部分市人大代表、区（市）人大常委会分管领导座谈会，市直相关部门、法检“两院”分管领导、市人大及常委会相关专工委负责人座谈会，法律专家论证会，以及涉及地方立法内容的行业专家论证会，对条例草案征求意见稿进行充分讨论、审查论证。针对座谈会、论证会上征集的意见，法制委二次召开全体会议，认真研究，逐条审议，先后八易其稿，不断修改完善条例草案。2016年9月22日，市八届人大常委会第四十四次会议对条例草案进行第一次审议。会后，常委会法工委在《鹰潭日报》、鹰潭人大网、鹰潭在线等媒体上全文刊登条例草案及说明，广泛征集各方面意见建议，同时，将条例草案及说明报送省人大常委会法工委审查。省人大常委会法工委高度重视，指派专人认真审查后，对条例草案给予充分肯定，认为总体成熟、可行，结构完整、全面，制度设计规范、合理，语言文字比较准确、严谨，同时，提出一些具体修改意见。根据市人大常委会组成人员的审议意见和各方面的意见，市人大法制委对条例草案又做了一次修改完善。2016年11月29日，市九届人大常委会第一次会议对条例草案进行了第二次审议。常委会组成人员普遍认为，条例草案贯彻党的十八大和十八届三中、四中、五中、六中全会精神，总体吸收常委会组成人员的审议意见和各方面的意见，已趋成熟。会议决定将条例草案提请市九届人大二次会议审议。同年12月，市人大常委会办公室将条例草案及说明发送给市人大代表，并再次报送省人大常委会法工委审查。根据市人大代表和省人大常委会法工委提出的意见，市人大法制委对草案再次作了修改完善，形成了提请大会审议的《鹰潭市立法条例（草案）》。2017年2月14日至16日，市九届人大二次会议对条例草案进行了审议。2月14日上午，市九届人大二次会议第一次全体会议上，市人大常委会副主任、法制委主任委员程芦山对条例草案向与会代表作了书面说明。2月14日全天，各代表团对条例草案进行了分组审议。2月15日上午，根据代表们提出的修改意见，市人大法制委员会召开全体会议进行统一审议，分别提出条例草案修改稿和表决稿，并经大会主席团会议通过。2月16日，鹰潭市九届人大二次会议第三次全体会议表决通过了该条例。5月25日，江西省第十二届人民代表大会常务委员会第三十三次会议批准，自2017年6月7日公布施行。

条例分为总则、分则和附则三部分，共九章六十八条。总则部分（第一章）主要规定了立法目的和依据、适用范围和基本原则；分则部分（第二至八章）包括立法权限、立法准备、立法程序、报批和公布、法规解释等；附则（第九章）规定了条例生效的时间。该条例是综合性、全局性、基础性的程序性法规，也是鹰潭市可以行使地方立法权后制定出台的第一部地方性法规。它的制定出台是对立法工作本身进行立法，是正确行使地方立法权，贯彻依法立法理念，发挥人大及其常委会在立法工作中主导作用的需要，对于规范全市立法活动，稳步推进立法工作，提高立法质量和效率，推进法治鹰潭建设具有重要意义。

（二）《鹰潭市信江饮用水水源保护条例》

安全的饮用水源于安全的水源地，让群众喝上安全放心水，是开展饮用水水源地保护立法的初心，也是立法的价值和意义所在。该条例作为鹰潭市第一部实体性法规，及时回应了广大市民的期盼，解决了信江饮用水水源保护工作中存在的问题，是鹰潭市生态文明建设的一件大事。

2017年初，市政府办公室按照《鹰潭市人大常委会2017年度立法计划》的安排，印发工作方案，明确市环保局为条例（草案）起草牵头单位，成立了起草工作小组。随后，市环保局、市建设局、市农粮局分别就工业污水处理、城镇生活污水处理、农业面源污染和畜禽养殖污染防治组织开展了立法调研，同年10月形成条例（草案征求意见稿）。经市政府第二十一次常务会议通过后，12月28日，市政府向市人大常委会提出了《关于提请审议〈鹰潭市信江饮用水水源环境保护条例（草案）〉的议案》。2018年，市人大常委会开始对条例（草案）进行审议。年初，市人大常委会城环工委组织部分常委会组成人员和人大代表，赴贵溪、余江、月湖和市直有关部门召开座谈会，就修改、完善条例（草案）广泛征求意见，并听取市人大常委会立法专家库部分专家的意见。在此基础上，对条例草案进行了初步修改。5 月 30 日，市第九届人大常委会第十七次会议对条例（草案）进行了第一次审议。一审后，市人大常委会法工委在鹰潭人大网、市政府门户网和鹰潭新闻在线等媒体上全文刊登条例（草案一审稿），向全市各界广泛征求意见。专程向省人大常委会法工委汇报情况，积极争取省人大的指导支持。在收集、汇总常委会组成人员和一审过程中其他有关方面提出的修改意见后，市人大法制委、常委会法工委多次召开全体会议，会同市政府法制办、市环保局，对条例（草案一审稿）进行调整、折合、增删和技术性修改，形成了条例（草案二审稿）。7 月 30 日，市第九届人大常委会第十九次会议对条例（草案）进行了第二次审议。8 月 21 日至 22 日，省人大常委会法工委指派专人赴鹰潭，对条例（草案）的修改工作进行指导。随后，市人大常委会法工委对条例（草案）再次进行了修改，形成了条例（草案三审稿）。9 月 7 日，八届市委第四十三次常委会听取市人大党组《关于制定〈鹰潭市信江饮用水水源保护条例（草案）〉情况的汇报》，审查并原则同意市人大常委会党组的意见。9 月 27 日，市九届人大常委会第二十次会议对条例草案进行了第三次审议，常委会组成人员提出了一些具体修改意见，同时认为，草案已几经修改，内容可行，比较成熟，建议本次会议予以通过。随后，市人大法制委召开全体会议，审议了对草案三次审议稿的修改情况，经常委会主任会议研究同意，形成了条例草案表决稿。9 月 27 日下午，市九届人大常委会第二十次会议表决通过了条例。11 月 29 日，江西省第十三届人民代表大会常务委员会第九次会议批准，自 2019 年 6 月 1 日起施行。

条例共五章四十三条。其中第一章为总则，第二章为饮用水水源保护，第三章为监督管理，第四章为法律责任，第五章为附则。条例的适用范围，贯彻“全域一体”保护的理念，覆盖了本市行政区域内信江（含一级支流）用于城乡集中式供水的饮用水水源保护及管理。关于保护区水质标准，条例规定信江饮用水水源一级保护区水质适用Ⅱ类标准，二级保护区和准保护区水质适用Ⅲ类标准。关于禁止性规定，条例将《中华人民共和国水污染防治法》等法律中有关禁止在饮用水水源保护区从事的行为作了重复性规定。此外，为了更好地保护信江饮用水水源，结合实际，将设置化工原料等危险品贮存场所、堆放场所和转运站，分散养殖和放养畜禽，破坏草坪，丢弃或者掩埋动物尸体，洲滩野炊、露营，开垦种植蔬菜等农作物，停靠船舶，洗涤等列为禁止性行为。条例还重点就加强城镇、工业集聚区的雨污分流管网、污水集中处理等配套设施的规划、建设，指导农业生产者科学合理使用农业投入品等提出了要求，并要求污水处理厂的出水水质应当达到《城镇污水处理厂污染物排放标准》一级 A 标准。同时对重点排污单位安装水污染物排放自动监测设备、产生固体废物的单位存放固体废物等作出了相应规定，以落实上位法的有关规定，防止污染信江饮用水水质。在法律责任方面，条例主要针对鹰潭市实际增加的禁止性规定，如在准保护区和保护区分散养殖和放养畜禽，破坏草坪，开垦种植蔬菜等农作物，丢弃或者掩埋动物尸体，洲滩野炊、露营，停靠船舶，洗涤等，设定了相应的罚则。

（三）《鹰潭市文明旅游促进条例》

2017年,《鹰潭市文明旅游促进条例》作为立法调研项目列入《鹰潭市人大常委会2017年度立法计划》。市旅发委作为牵头单位，成立了调研组，印发了《鹰潭市文明旅游促进条例调研工作方案》，召开区（市）人民政府旅游主管部门和各涉旅部门、旅游企业等系列会议座谈。通过实地走访、问卷调查、外出考察等方式广泛开展了文明旅游立法调研，形成立法调研报告。同时，第三方江西财经大学法学院着手条例的起草工作。2018年，该条例正式列入《鹰潭市人大常委会2018年度立法计划》立法审议项目。市旅发委在江西财经大学法学院提供的参考文本基础上，形成条例（草案），经市政府第二十九次常务会议通过。2018年6月25日市政府向市人大常委会提出了《关于提请审议〈鹰潭市文明旅游促进条例（草案）〉的议案》。2018年7月30日，鹰潭市第九届人大常委会第十九次会议对条例（草案）进行了第一次审议。为做好审议工作，会前，市人大常委会外侨民宗工委组织召开了旅游行业、相关部门、法律专家等参加的各种座谈会，广泛征求意见，形成了条例（草案）审查意见的报告。一审后，市人大常委会法工委通过鹰潭人大网、市政府门户网站、鹰潭在线客户端、鹰潭人大发布微信公众号等平台公布条例（草案）及其说明，组织市直部门、龙虎山管委会相关负责人座谈讨论，广泛听取社会各界意见和建议，同时向省人大常委会法工委汇报条例（草案）一审情况，听取指导意见。在收集、汇总各方面意见建议后，市人大法制委、常委会法工委多次召开全体会议，会同市政府法制办、市旅发委、市文明办，对条例（草案）进行拆合、调整、增删和技术性修改，形成条例（草案二次审议稿）。9月27日，鹰潭市第九届人大常委会第二十次会议对条例（草案二次审议稿）进行了审议。二审后，市人大常委会法工委在鹰潭人大网站公布了条例（草案二次审议稿），并深入余江区人大常委会、月湖区法院、上清镇等基层立法联系点召开座谈会，组织专家论证、旅游经营者及其从业人员座谈，列席民革鹰潭市委会组织的座谈，广泛听取各方面意见建议。10月18日至19日，省人大常委会法工委派专人赴鹰潭，对条例（草案二次审议稿）的修改工作进行指导。随后，市人大法制委根据省人大法工委的指导意见，结合常委会组成人员的审议意见和收集到的各方面意见建议，对条例（草案二次审议稿）进行了审议修改，形成了条例（草案三次审议稿）。11月16日八届市委第46次常委会听取市人大常委会党组《关于制定〈鹰潭市文明旅游促进条例〉有关情况的报告》，审查并原则同意草案送审稿。11 月 26 日，市九届人大常委会第二十一次会议对条例（草案三次审议稿）进行了审议，常委会组成人员提出了一些具体修改意见。随后，市人大法制委召开全体会议，审议了条例（草案三次审议稿）的修改情况，经常委会主任会议研究同意，形成了条例（草案表决稿）。11 月 26 日下午，市九届人大常委会第二十一次会议表决通过了条例。2019 年 3 月 28 日，江西省第十三届人民代表大会常务委员会第十二次会议批准，自 2019 年 7 月 1 日起施行。

条例共六章四十四条。其中第一章为总则，主要是关于立法目的和依据、适用范围、文明旅游的定义、工作原则、政府及部门职责、行业协会的职责、公众参与等方面的规定；第二章为行为规范，主要规定旅游经营者及其从业人员、旅游者的行为规范；第三章为保障和实施，围绕文明旅游应具备的硬件设施和软环境建设，主要对政府及其部门在文明旅游的公共服务体系和基础设施建设、教育宣传、志愿服务、工作表彰等方面的保障和实施作出规定，同时对景区景点的设施保障、经营管理和旅游经营者的文明旅游教育培训、宣传引导等方面作出规定；第四章为监督管理，明确部门职责，做到文明执法；第五章为法律责任；第六章为附则。

（四）《鹰潭市户外广告设置管理条例》

2018 年，《鹰潭市户外广告设置管理条例》列入《鹰潭市人大常委会 2018 年度立法计划》法规草案起草项目。2018 年 12 月，市城管局起草形成条例草案，并报经市政府第三十九次常务会议通过。2018 年 12 月 27 日，市政府向市人大常委会提出了《关于提请审议〈鹰潭市户外广告设置管理条例（草案）〉的议案》。2019 年，条例草案列入《鹰潭市人大常委会 2019 年度立法计划》法规审议项目。2019 年 6 月 26 日，鹰潭市第九届人大常委会第二十七次会议对条例草案进行了第一次审议。为做好审议工作，会前，市人大常委会城建环资工委分别组织召开了市直有关部门（单位）、贵溪市、余江区、户外广告业主和人大代表等四场座谈会，征求各地各部门各界的意见建议，形成了条例草案审查意见的报告。一审后，市人大常委会法工委立即着手展开对草案进行修改工作，一是形成了草案修改征求意见稿，于 7 月 10 日通过鹰潭人大网、市政府门户网和鹰潭新闻在线等媒体向社会公开征求意见；二是根据不同对象，分别召开了有关职能部门、基层立法联系点、立法咨询专家和广告从业人员代表等四个专题座谈认证会，对草案中的重点问题展开讨论、研究；三是会同市城管局深入市商业中心，对户外广告设置情况进行实地考察、调研。在收集、汇总各方面意见建议后，市人大法制委、常委会法工委多次召开全体会议，会同市司法局、市城管局，对条例草案进行拆合、调整、增删和技术性修改，形成条例草案二次审议稿。8 月 22 日鹰潭市第九届人大常委会第二十九次会议对条例草案进行了第二次审议。

二审后，市人大常委会法工委对常委会组成人员的审议意见进行了认真研究，对草案作出进一步修改，于9月6日在鹰潭人大网上公布，向社会征求意见。同时，市人大常委会法工委以书面方式向市直有关部门、基层立法联系点、立法咨询专家征求意见。9月28日至30日，省人大常委会法工委派专人赴鹰潭，对条例的修改完善工作进行指导。9月30日，八届鹰潭市委第68次常委会听取市人大常委会党组《关于制定〈鹰潭市户外广告设置管理条例（草案）〉情况的汇报》，审查并原则同意草案送审稿。在此基础上，市人大常委会法工委、市人大法制委先后召开会议，对条例草案二次审议稿再次进行修改完善和审议，形成了条例草案三次审议稿。10月24日，鹰潭市第九届人大常委会第三十一次会议对条例草案进行了第三次审议，常委会组成人员提出了一些具体修改意见，同时认为，条例草案比较成熟。随后，市人大法制委召开全体会议，审议了条例草案三次审议稿的修改情况，经常委会主任会议研究同意，形成了条例草案表决稿。10月24日下午，鹰潭市第九届人大常委会第三十一次会议表决通过了条例。11月27日，江西省第十三届人民代表大会常务委员会第十六次会议批准，自2020年6月1日起施行。

条例共六章三十九条。其中第一章为总则，第二章为规划与技术规范，第三章为广告设置，第四章为管理维护，第五章为法律责任，第六章为附则。在价值导向方面，为突显户外广告作为公共传播平台的特性与价值，体现鲜明的城市文化，条例在第一章总则中明确了“户外广告应当真实、合法，以健康的表现形式表达广告内容，符合社会主义精神文明建设和弘扬中华优秀传统文化要求”“鼓励户外广告设置创新”等内容。在统一管理方面，条例结合鹰潭实际，在制度设计上采用两项措施。一是建立统一管理体系。确定市城市管理部门为户外广告设置的主管部门，同时，设定了城市管理部门与有关部门之间的沟通与协调制度和联合执法机制。二是设定规划先行制度，明确城市管理部门会同有关部门编制户外广告设置规划和技术规范。通过编制设置规划和技术规范，控制设置总量，实行分区设置，体现鲜明特色。在落实简政放权方面，为体现行政管理“放管服”改革精神，条例对户外广告进行了分类管理，将户外广告划分为大型和非大型户外广告。依据有关上位法明确大型户外广告设置事前审批制度的条件和程序，对非大型户外广告设置作事后告知的一般性规定。在管理措施上，采取事前管理和事后管理相结合的方式，用制度保障优化营商环境。在关注民生方面，条例在制度设计上采用三项措施，一是维护公共利益，对户外广告不得设置的情形和禁止设置的形式进行了细化；二是保障安全环保，明晰“户外广告设置应当选用安全、节能、环保的材料，避免危害公共安全和造成噪声污染、光污染等不利影响”；三是强化了气象灾害天气期间对户外广告的特殊管理，明确“遇有大风、暴雨或者其他恶劣天气预警时，户外广告设置人应当及时采取安全防范措施”。在法律责任方面，为防止处罚数额“随意发挥”，杜绝“同案不同罚”的出现，条例将违法版面面积作为罚款基数，做到处罚裁量具有合理性和可操作性。

（五）《鹰潭市智慧城市促进条例》

2018年，市信息办牵头对智慧城市建设进行立法调研，同年8月形成了《关于促进鹰潭市智慧城市建设立法的调研报告》。2019年2月，市政府成立了由市分管领导挂帅、市信息办承担具体工作的起草领导小组，开始法规起草工作，4月份形成条例（草案征求意见稿）。经多次修改完善后，市政府第五十次常务会议通过了条例（草案），并于8月1日向市人大常委会提出了《关于提请审议〈鹰潭市智慧城市促进条例（草案）〉的议案》。2019年8月初，市人大常委会法工委组织部分常委会组成人员和人大代表，赴余江区人大常委会和市直有关部门召开座谈会，就修改、完善条例（草案）广泛征求意见，并听取市人大常委会立法专家库部分专家的意见，在此基础上，对条例草案的修改完善提出了意见建议。8月22日，市九届人大常委会第二十九次会议对条例（草案）进行了第一次审议。一审后，市人大常委会法工委在鹰潭人大网、市政府门户网和鹰潭新闻在线等媒体上全文刊登条例（草案），并再次召开有关部门负责人座谈会，广泛征求意见。从征求意见反馈情况看，各方面对条例（草案）给予充分肯定，认为条例（草案）结构比较完整，内容比较完善。同时，对条例（草案）的修改完善提出了意见建议。在收集、汇总常委会组成人员一审意见和其他有关方面提出的修改意见后，市人大法制委、常委会法工委多次召开全体会议，会同市政府法制办、市信息办对条例（草案）进行调整、修改和完善，形成了条例（草案二审稿）。10月24日，市九届人大常委会第三十一次会议对条例（草案二审稿）进行第二次审议。二审后，市人大常委会法工委认真研究了常委会组成人员的审议意见，再次书面征求了市政府有关部门的意见。11月25日，八届鹰潭市委第72次常委会听取市人大常委会党组《关于制定〈鹰潭市智慧城市促进条例（草案）〉情况的汇报》，审查并原则同意草案送审稿。12月20日，市人大常委会法工委专程赴省人大常委会，听取省人大常委会法工委有关领导对修改完善条例的指导意见。在此基础上，形成了条例草案三次审议稿。12月27日，鹰潭市第九届人大常委会第三十三次会议第三次审议并表决通过了条例。2020年3月27日，江西省第十三届人民代表大会常务委员会第十九次会议批准，自2020年9月1日起施行。

该条例是江西省第一部智慧城市促进法规，对推动鹰潭经济发展、民生改善，提升鹰潭城市治理和服务水平，促进鹰潭智慧发展、绿色发展，起到积极的引领和保障作用。条例共分八章五十一条，按照内容可分为四大块。第一大块包括第一章总则，主要规定了条例制定的目的、适用范围，智慧城市的概念、建设和管理基本原则、工作机构等内容。第二大块包括第二、三章，主要规定了智慧城市发展规划的编制主体、程序和要求，信息基础设施的建设内容、建设要求。第三大块包括第四、五章，主要规定了智慧城市建设的内容，包括商务、政务、事务和服务等。其中第四章有关商务的规定，从平台建设、技术支撑、产品推广等方面，明确了发展数字经济的具体措施和要求，第五章有关政务、事务、服务的规定，明确了智能化社会治理的具体领域，主要包括城市管理、公共安全、交通、生态环境、教育、卫生健康等。第四大块包括第六、七章，主要规定了智慧城市建设的资金、政策、人才、安全等保障措施，明确了相关的法律责任。

（六）《鹰潭市烟花爆竹销售燃放管理条例》

2019 年 9 月，起草责任单位市公安局启动该条例起草工作，召集相关部门、行业代表进行了多次座谈。11 月，组织相关部门赴省内禁燃立法较早的南昌市开展立法调研。12 月形成条例（草案征求意见稿）并在市政府网站公布广泛征求意见建议。针对禁燃区禁售烟花爆竹并给予经营者补偿的问题，市公安局于 2020 年 5 月召开了立法听证会，获得多数听证代表支持。市司法局对条例（草案）进行了审查，经市政府第七十一次常务会议通过。8 月 9 日，市政府向市人大常委会提交了《关于提请审议〈鹰潭市烟花爆竹销售燃放管理条例（草案）〉的议案》。9 月 11 日，鹰潭市第九届人大常委会第四十次会议对条例（草案）进行了第一次审议。会前，市人大监察司法委通过组织或参与调研、座谈等方式，广泛征求意见，形成了关于条例（草案）审查意见的报告。一审后，市人大常委会法工委，采取召开座谈会、专题研究等方式，认真研究相关问题。一是查阅市政府实施烟花爆竹禁燃禁放二年来的公安机关行政处罚材料，专题对草案中的行政处罚条款进行研究完善；二是于 9 月 21 日前往龙虎山景区管委会召开基层立法联系点、政府部门、村委会等相关单位座谈会，征求修改意见建议；三是 9 月 23 日，市人大常委会法工委召开工作会议，逐条逐句对条例（草案一审稿）进行研究修改，形成条例（草案一审稿修改征求意见稿），并在鹰潭人大网、“鹰潭人大发布”微信公众号等媒体上，向社会公开征求意见。10 月 12 日，市人大法制委会同市人大常委会法工委、市公安局、市司法局，对草案进行拆合、调整、增删和技术性修改，形成了条例（草案二审稿）。10 月 27 日，鹰潭市第九届人大常委会第四十一次会议对条例草案进行了第二次审议。10 月 29 日，法工委召开工作会议，认真研究常委会组成人员提出的审议意见，对条例草案作出修改完善。为进一步论证部门职责分工等相关制度设计的科学性、可操作性，11 月 5 日，法工委召开了市直有关部门和贵溪、余江有关部门参加的征求意见座谈会。11 月 30 日，八届市委第 103 次常委会听取了市人大常委会党组《关于制定〈鹰潭市烟花爆竹销售燃放管理条例〉有关情况的报告》，审查并原则同意草案送审稿。12 月 2 日，省人大常委会法工委派专人赴鹰潭，就修改完善草案进行具体指导。在此基础上，形成了条例（草案三审稿）。12 月 17 日，鹰潭市第九届人大常委会第四十二次会议进行了第三次审议并表决通过。2021 年 3 月 26 日，江西省第十三届人民代表大会常务委员会第二十八次会议批准，2021 年 6 月 1 日起施行。

条例共二十一条。按照内容可分为七个部分。第一部分包括第一条、第二条，主要规定了法规制定的目的、依据、适用范围；第二部分包括第三条、第四条，主要规定了工作机构及其职责等内容；第三部分包括第五条至第七条，主要规定了烟花爆竹禁燃禁售区域、地点以及对经营者的补偿措施；第四部分包括第八条至第十一条，主要规定了在禁燃区外燃放、销售烟花爆竹应遵守的内容、举办焰火晚会的申请以及重污染天气预警期间全域禁燃等特殊情形；第五部分包括第十二条至第十四条，主要规定了相关单位、个人宣传、劝阻、举报、处理等权利和义务；第六部分包括第十五条至第二十条，主要对违反条例的行为设定了法律责任；第七部分是第二十一条，为条例的生效时间。该条例为加强烟花爆竹销售、燃放管理，保护和改善环境，保障公共安全和人身、财产安全提供了坚强的法治保障。

（七）《鹰潭市建设工地扬尘污染防治管理办法》

按照市人大常委会 2018 年及 2019 年立法计划的安排，市住建局于 2018 年对建设工地扬尘污染防治管理工作进行立法调研，形成了调研报告，认为制定《鹰潭市建设工地扬尘污染防治管理办法》既有必要性，也具备可行性。2019 年，市政府办公室印发工作方案，成立了法规草案起草工作小组，明确市住建局为起草牵头单位。同年 9 月，形成办法（草案征求意见稿），在多次调研并修改完善后，2020 年 8 月，市政府第七十二次常务会议通过了办法（草案），并于 8 月 14 日向市人大常委会提交了《关于提请审议〈鹰潭市建设工地扬尘污染防治管理办法（草案）〉的议案》。8 月底至 9 月初，市人大常委会城建环资工委组织部分常委会组成人员和人大代表，赴贵溪市、月湖区和市直有关部门召开征求意见座谈会，在此基础上，对草案修改提出了意见建议。9 月 11 日，市九届人大常委会第四十次会议对办法（草案）进行了第一次审议。一审后，市人大常委会法工委再次召集市政府有关部门和相关企业负责人座谈，并听取市人大常委会部分立法专家的意见建议。在收集、汇总常委会组成人员和其他有关方面提出的修改意见后，市人大法制委、常委会法工委多次召开全体会议，会同市司法局、市住建局，对办法（草案一审稿）进行调整、拆合、增删和技术性修改，形成了办法（草案二审稿）。10 月 27 日，市九届人大常委会第四十一次会议对办法（草案二审稿）进行了第二次审议。二审后，市人大常委会法工委对办法（草案二审稿）进行了修改完善，形成了办法（草案二审征求意见稿），在鹰潭人大网、鹰潭人大发布微信公众号等媒体上全文刊登，向全市各界广泛征求意见。11 月 26 日，省人大常委会法工委派专人赴鹰潭，就修改完善草案进行具体指导。11 月 30 日，八届市委第103次常委会听取了市人大常委会党组《关于制定〈鹰潭市建设工地扬尘污染防治管理办法〉有关情况的报告》，审查并原则同意草案送审稿。在此基础上，形成了办法（草案三审稿）。12月17日，鹰潭市第九届人大常委会第四十二次会议进行了第三次审议并表决通过。2021年3月26日，江西省第十三届人民代表大会常务委员会第二十八次会议批准，自2021年6月1日起施行。

办法共二十二条，内容包括四个部分，其中第一条至第五条主要规定了立法目的、立法依据、法规调整范围和领域，以及政府和有关部门工作职责等；第六条至第十五条为建设工地扬尘污染防治具体要求，主要规定了建设单位、施工单位和监理单位在建设工地扬尘污染防治工作中的职责，并针对各类建设工地规定了防治扬尘的具体要求；第十六条至第二十一条为法律责任部分，主要对违反办法的行为设定了法律责任；第二十二条为附则，明确了法规施行的日期。

（八）《鹰潭市文明行为促进条例》

2021年1月14日，市政府向市人大常委会提出了《关于提请审议〈鹰潭市文明行为促进条例（草案）〉的议案》。3月10日至12日，市人大教科文卫委组织部分常委会委员、市人大代表和市文明办、市司法局负责人赴贵溪市、余江区、月湖区进行立法调研，召开立法调研座谈会4次，就修改条例草案广泛征求意见。4月19日，市九届人大常委会第四十六次会议对条例草案进行了第一次审议。一审后，市人大常委会法工委召开由市人大教科文卫委、市文明办、市司法局负责人员参加的条例草案二审工作协调会，开展条例草案一审和二审的对接工作。4月22日，根据收集整理常委会组成人员的审议意见，市人大常委会法工委集中讨论，开展了对条例（草案一审稿）的第一次研究修改。4月28日，将条例草案第一次修改稿通过鹰潭人大网等媒体向社会公开征求意见。5月25日至26日，市人大常委会法工委前往市高新技术产业开发区管委会、市信江新区管委会开展立法调研，召开征求意见座谈会，听取人大代表、有关部门、乡（镇）人民政府、街道办事处、村（居）民委员会、中小学校的意见建议。5月27日，市人大常委会法工委召开全市12个基层立法联系点座谈会，充分听取基层立法联系点的意见建议。5月31日，根据立法调研收集到的意见建议，市人大常委会法工委对条例草案进行了第二次集中修改。6月8日，市人大法制委举行全体会议，与常委会法工委联合对条例草案进行审议修改，形成了条例草案二次审议稿。市文明办、市司法局有关人员列席了会议。6月22日，市九届人大常委会第四十七次会议对条例草案二次审议稿进行了审议。二审后，市人大常委会法工委对常委会组成人员的审议意见进行了认真梳理和研究。6月28日，对条例草案二次审议稿作出进一步修改。6月30日，市人大常委会法工委与市创建办有关负责人进行专门对接，听取意见建议。7月5日，市人大常委会法工委以书面方式向市直有关部门和部分立法咨询专家征求意见。7月22日，省人大常委会法工委来鹰潭市，就修改完善条例二次审议稿进行指导。7月26日，市人大常委会法工委前往月湖区百佳城社区召开立法调研座谈会，就条例二次审议稿面对面征求居民的意见建议。7月28日，市人大法制委召开全体会议，对条例（草案二次审议稿）的修改情况进行了审议，形成了条例（草案三次审议稿）。市文明办、市人大常委会法工委、市司法局的有关人员列席会议。8月6日，第八届市委第127次常委会听取市人大常委会党组《关于制定〈鹰潭市文明行为促进条例〉有关情况的汇报》，审查并原则同意草案送审稿。8月25日，市九届人大常委会第四十八次会议表决通过条例。9月29日，江西省第十三届人民代表大会常务委员会第三十二次会议批准，自2022年3月1日起施行。

条例共六章三十三条。第一章总则，主要从立法目的、立法依据、适用范围和文明行为概念、文明行为促进工作原则、职责界定、文明行为促进的社会主体等方面作出规定；第二章文明行为规范，主要从文明行为的总体要求、支持和鼓励的文明行为、维护公共场所秩序的文明行为、维护公共环境卫生的文明行为、维护邻里和睦的文明行为、维护交通安全秩序的文明行为、维护网络秩序的文明行为、崇尚健康环保生活方式的文明行为等八个方面，对文明行为分类作出规范；第三章不文明行为治理，主要从完善不文明行为治理体系、建立不文明行为重点治理清单、开展不文明行为重点治理、加强执法监管协作联动等方面作出制度性规定；第四章保障与促进，主要从文明创建、权益保障、表彰奖励、困难帮扶、社会礼遇、公共设施保障、文化引领、教育培训、公益宣传、引导公众参与等工作机制方面作出规定；第五章法律责任，主要从适用上位法的处罚原则、对打击报复行为的处罚、有关主管部门及其工作人员的法律责任等方面作出规定；第六章附则，规定高新区、龙虎山景区、信江新区工作职责和条例施行时间。

（九）《鹰潭市大上清宫遗址保护管理规定》

起草责任单位市文广新旅局于2021年3月起草《鹰潭市大上清宫遗址保护管理规定（征求意见稿）》，随后分别在贵溪市、龙虎山景区召开座谈会，书面征求市直部门意见，并在局政务网上公开征求社会公众意见。根据上述各方面意见，进行了数次修改。5月18日，市政府召开市直有关部门、区（市）政府（管委会）、法律专家、上清镇、上清林场、村民代表等参加的征求意见座谈会暨专家论证会，经市司法局审查，形成规定（草案）。6月1日，市政府向市人大常委会提交《关于提请审议〈鹰潭市大上清宫遗址保护管理规定（草案）〉的议案》。6月22日，鹰潭市第九届人大常委会第四十七次会议对规定（草案）进行了第一次审议。为做好审议工作，会前，市人大常委会外侨民宗工委通过组织或参与调研、座谈等方式，广泛征求意见，形成了关于规定（草案）审查意见的报告。一审后，市人大常委会法工委立即着手，采取召开座谈会、专题研究等方式，认真加以研究。7月5日，市人大常委会法工委召开全体工作人员会议，逐条逐句对草案一审稿进行研究修改，形成草案（一审稿修改征求意见稿），并将其公布在鹰潭人大网、鹰潭人大发布微信公众号等媒体上，向社会公开征求意见。7月20日，市人大常委会法工委会同市司法局、市文广新旅局负责人前往龙虎山景区管委会，召开由管委会负责人以及所属各有关部门、单位和基层立法联系点、乡镇、林场等参加的座谈会，征求属地各方面意见。7月21日，市人大常委会法工委组织召开市直部门座谈会，听取意见建议，并结合各部门职责，就法规条文中的关键问题进行深入交流，在此基础上，进行了第二次修改、完善。7月28日，市人大法制委召开全体委员会议，对草案进行集中审议，市人大常委会法工委、市司法局、市文广新旅局有关负责人列席会议。会后，市人大常委会法工委对草案进行第三次修改、完善，形成了规定（草案二次审议稿）。8月25日，鹰潭市第九届人大常委会第四十八次会议对规定（草案二次审议稿）进行了审议。8月30日，市人大常委会法工委召开全体人员会议，认真研究常委会组成人员的审议意见，对草案作出修改完善。随后，书面征求了立法专家顾问意见。9月17日，八届市委第133次常委会会议听取了市人大常委会党组《关于制定〈鹰潭市大上清宫遗址保护管理规定〉有关情况的汇报》。审查并原则同意草案送审稿。10月8日，省人大常委会法工委指导组一行到鹰潭，就修改完善草案进行具体指导。10月11日，市人大法制委召开会议，对草案再次进行修改、完善和审议，市司法局、市文广新旅局有关人员列席会议。10月22日，市第九届人大常委会第五十次会议表决通过了规定。11月19日，江西省第十三届人民代表大会常务委员会第三十四次会议批准，自2022年6月1日起施行。

制定该规定，从立法层面有力推进大上清宫遗址保护，弘扬民族传统文化，促进鹰潭市旅游发展，实现大上清宫遗址保护与经济发展互惠互利。规定共16条，按照内容可分为七个部分。第一部分包括第一条、第二条，主要规定制定的目的、依据、适用范围；第二部分包括第三条，主要规定工作机构及其职责；第三部分包括第四条、第五条，主要规定了保护范围和建设控制地带具体区域以及保护对象等内容；第四部分包括第六条、第七条，主要规定保护范围和建设控制地带内的禁止性行为；第五部分包括第八条至第十一条，主要规定相关单位承担的经费保障、适度旅游、宣传利用、应急管理等工作内容；第六部分包括第十二条至第十五条，主要规定相关责任要求；第七部分是第十六条，为施行时间。

（十）《鹰潭市人民代表大会议事规则》

2022年3月，市人大常委会成立调研起草领导小组，在广泛调研的基础上，6月形成

《鹰潭市人民代表大会议事规则（草案一审征求意见稿）》。10 月 31 日，市十届人大常委会第八次会议对议事规则（草案一审稿）进行第一次审议。一审后，市人大常委会法工委在鹰潭人大网、市政府门户网和鹰潭新闻在线等媒体上全文刊登议事规则（草案一审稿），向社会公开征求意见，同时又分别召开市委办等有关市直单位，余江区、月湖区人大常委会，上清镇、童家镇基层立法联系点及立法专家等四种类型的座谈会，并书面征求了贵溪市人大常委会的意见。在收集、汇总常委会组成人员和其他有关方面提出的意见后，市人大法制委、常委会法工委对议事规则（草案一审稿）进行调整、修改和完善，形成了议事规则（草案二审稿）。11 月 24 日，市十届人大常委会第九次会议对议事规则（草案二审稿）进行了第二次审议。常委会组成人员普遍认为，议事规则（草案）总体成熟、可行。会议决定将议事规则（草案）提请市十届人大三次会议审议。二审后，市人大常委会办公室将议事规则（草案）及说明文本发送给市人大代表，同时，办公室、法工委分别将议事规则（草案二审稿）报省人大常委会办公厅、法工委审查。他们对议事规则（草案）给予了充分肯定，同时，提出一些具体修改意见。根据他们提出的意见，12 月 30 日，市人大法制委召开会议，对草案再次作修改完善，并形成提交大会审议的议事规则（草案）。2022 年上半年，市委同意将议事规则作为年度立法项目。12 月 16 日，九届市委常委会第 37 次会议审议并原则同意关于议事规则（草案）送审稿。2023 年 1 月 6 日至 7 日，市十届人民代表大会第三次会议对议事规则（草案）进行了审议。1 月 6 日下午，市十届人民代表大会第三次会议第一次全体会议上，市人大常委会副主任夏涌波向代表们作议事规则（草案）的书面说明。1 月 7 日，各代表团对议事规则（草案）进行了分组审议，代表们认为议事规则（草案）已经比较成熟，没有提出修改意见。市人大法制委员会于 1 月 7 日召开全体会议，对议事规则（草案）进行审议，提出《鹰潭市人民代表大会议事规则（草案表决稿）》，并经大会主席团会议通过。2023 年 1 月 7 日，鹰潭市第十届人民代表大会第三次全体会议表决通过《鹰潭市人民代表大会议事规则》。3 月 31 日，江西省第十四届人民代表大会常务委员会第一次会议批准，自 4 月 24 日起公布施行。

议事规则共九章六十三条，分为总则、分则和附则三部分。总则部分，主要明确制定依据和议事原则；分则部分包括会议的举行，议案的提出和审议，审议工作报告、审查计划和预算，选举、罢免和辞职，询问和质询，特定问题调查，发言、表决和公布；附则规定了条例生效的时间。关于会议的举行，一是明确会议召开前相关准备工作的要求，对会议召开的日期和可能提前或者推迟召开会议的情况作出规定；二是对预备会议的召开，主席团、主席团常务主席、大会秘书处相关职责和工作开展作出规定；三是强化和改进作风建设，进一步强化会议纪律、提高议事效率；四是推进会议公开和信息化建设。关于议案的提出和审议，一是明确了议案提出的主体、流程和相关要求；二是明确了办理代表提出的建议、批评和意见的要求。关于审议工作报告、审查计划和预算，一是明确工作报告的汇报主体及其相关决议的表决程序；二是进一步完善国民经济和社会发展计划、财政预算审查程序，增加规定五年规划纲要草案和中长期规划纲要草案的审查、批准和调整程序；三是增加对政府债务、市人民政府对国有资产管理情况的监督要求。关于选举、罢免和辞职，一是明确大会选举和通过的地方国家机关组成人员的范围、人选的推荐和候选人人数；二是对上述人选的选举、辞职明确依据有关法律和相关办法进行，对罢免案的提出、表决作出了规定；三是对监察委员会主任选举、罢免和辞职等内容作了相应规定。关于询问和质询、特定问题调查，一是明确有关部门在各代表团、主席团和专门委员会审议议案和有关报告时应当到会听取意见，回答询问，并对到会人员作出要求；二是明确了质询案的提出主体和要求及处理程序；三是明确调查委员会的设立、组成人员及权利义务，并对提出调查报告、作出相应决议作出规定。关于发言、表决和通过事项的公布程序，一是规定发言的范围、顺序、时间；吸收历年大会议案表决办法的有关内容，对表决程序和表决方式作出明确规定；二是健全完善大会通过事项的公布程序。对大会选举产生和通过地方国家机关组成人员的决定，接受辞职和罢免的决定，以及大会通过的决议、决定、法规公布程序作出规定。

（十一）《鹰潭市海绵城市规划建设管理条例》

2022 年，该条例列为《鹰潭市人大常委会 2022 年度立法计划》法规审议项目后，市住建局及时成立专班，组织开展起草工作。同年 10 月，形成《鹰潭市海绵城市规划建设管理条例（草案）》送审稿，并报经市政府第二十一次常务会议通过。10 月 21 日，市政府向市人大常委会提出了《关于提请审议〈鹰潭市海绵城市规划建设管理条例（草案）的议案〉》。收到市政府提出的议案后，市人大常委会城建环资工委及时组织开展了一审前的准备工作，通过线上公开、立法调研、召开座谈会等方式，广泛征求有关部门、建设企业、基层人大代表、社区负责人、专家代表意见建议，形成了关于条例（草案）审查意见的报告。12 月，鹰潭市第十届人大常委会第十次会议对条例（草案）进行了第一次审议。一审后，市人大常委会法工委立即开展条例草案修改工作。2023 年 1 月 10 至 12 日，先后赴贵溪市、月湖区人大常委会以及高新区、信江新区管委会、百佳城社区等地开展调研，并通过召开座谈会，听取市直相关单位及立法专家的意见建议。2 月 1 日、2 日和 13 日，根据收集的意见建议，市人大法制委、常委会法工委会同市住房和城乡建设局、市司法局、部分专家，对条例（草案）进行了集中修改。2 月 14 日，市人大法制委召开全体会议，对条例（草案）作了修改完善，形成了条例（草案二次审议稿）。2 月 28 日，鹰潭市第十届人大常委会第十一次会议对条例（草案二次审议稿）进行了第二次审议。二审后，市人大常委会法工委在鹰潭人大网、市政府门户网等网站上全文刊登条例（草案二审修改稿）。面向社会公开征求意见，3 月 23 日，市人大法制委、常委会法工委组织市直相关单位对鹰潭市海绵城市建设情况开展现场调研。3 月 28 日，根据常委会组成人员的审议意见和现场调研情况，对条例（草案）作了修改。4 月 17 日，根据省人大常委会法工委审查意见再次进行了修改。4 月 18 日，市人大法制委召开全体会议，对条例（草案）进行了逐条审议，形成了提交常委会审议的条例（草案三次审议稿）。4 月 25 日，九届市委常委会第 48 次会议审议并原则同意草案送审稿。4 月 26 日，鹰潭市第十届人大常委会第十三次会议表决通过了条例。7 月 26 日，江西省第十四届人民代表大会常务委员会第三次会议批准，自 2024 年 1 月 1 日起施行。

制定该条例，是贯彻落实习近平生态文明思想，践行绿色发展理念，加强海绵城市建设，推进城市转型升级，改善城市生态环境，有效提升城市品位的重要举措。条例共六章二十四条。第一章总则，一是明确法规调整范围、工作原则；二是明确海绵城市规划建设管理责任主体是市、区（市）人民政府，同时要求鹰潭高新技术产业开发区管委会、龙虎山风景名胜区管委会、信江新区管委会应当按照市政府的规定负责本辖区内海绵城市规划建设管理工作；三是对住房和城乡建设、自然资源等部门在海绵城市规划建设管理等方面的职责作出了规定。第二章规划和建设，主要明确海绵城市规划和建设的工作要求。一是就海绵城市相关规划编制作出规定；二是就海绵城市项目建设作出规定。第三章运行、维护和管理。一是明确了各类海绵城市设施的运行维护主体；二是明确运行维护要求；三是对雨水收集利用、海绵城市数据共享等作了规定。第四章保障和促进。一是明确海绵城市建设投融资机制和海绵城市设施运行维护费用保障机制；二是为发挥标准引领作用，明确市市场监管部门应当根据工作需要，组织相关部门制定海绵城市建设地方标准；三是对海绵城市建设的技术与人才保障提出了具体要求。第五章法律责任。为衔接好与上位法有关规定的关系，条例对建设、勘察、设计、施工及监理等海绵城市建设责任主体违反本条例规定，上位法已设定罚则的，未作重复性规定，但要求录入本市建筑市场信用监管系统。第六章附则，明确了条例施行时间。

（十二）《鹰潭市优化营商环境若干规定》

2022 年，该规定列为《鹰潭市人大常委会 2022 年度立法计划》法规审议项目后，市发改委及时成立专班，组织开展起草工作，同年 10 月报经市政府第二十二次常务会议通过。11 月 8 日，市政府向市人大常委会提出了《鹰潭市人民政府关于提请审议鹰潭市优化营商环境若干规定草案的议案》。市人大财经委及时组织开展一审前的准备工作，通过线上公开、立法调研、召开座谈会等方式，广泛征求有关部门、企业家代表、行业商会协会代表、人大代表、专家意见建议，形成了关于草案的审查报告。12月30日，鹰潭市十届人大常委会第十次会议对草案进行了第一次审议。一审后，市人大法制委、常委会法工委立即开展草案修改工作。2023年3月12日至17日，组织市发改委、市司法局、市行政审批局等部门相关负责人，对草案进行了集中修改。5月10日至24日，先后在贵溪市、余江区、月湖区人大常委会和鹰潭高新区、贵溪经济开发区、余江工业园区召开调研座谈会；组织召开市、区（市）相关单位和部分乡镇、企业代表、人大代表、政协委员、立法专家等座谈讨论。6月16日，市人大法制委召开全体会议，根据各方面收集的意见建议，对草案进行集中审议，形成了草案二次审议稿。6月26日，市十届人大常委会第十四次会议对草案二次审议稿进行了审议。二审后，针对常委会组成人员的审议意见，市人大常委会法工委前往市政府金融办、市住建局、市自然资源局等单位调研并征求意见。7月6日，市人大法制委、常委会法工委组织相关部门负责人进行集中改稿，对草案作了修改，并将修改后的草案文本报请省人大常委会法工委审查。7月10日，在鹰潭人大网、市政府门户网等媒体上全文刊登草案二审修改稿，向社会公开征求意见。8月18日，根据省人大常委会法工委审查意见和其他各方面意见，对草案再次进行了修改。8月21日，九届市委常委会第56次会议审议并原则同意草案送审稿。8月23日，市人大法制委召开法制委全体会议，对草案进行了逐条审议，形成了提交常委会审议的草案三次审议稿。8月31日，鹰潭市第十届人大常委会第十六次会议对草案三次审议稿进行了审议，常委会组成人员认为草案已经比较成熟，没有提出修改意见。市人大法制委召开全体会议，对草案三次审议稿进行了审议，经常委会主任会议研究同意，形成了草案表决稿。随后，鹰潭市第十届人大常委会第十六次会议表决通过了《鹰潭市优化营商环境若干规定》。2023年11月30日，江西省第十四届人民代表大会常务委员会第五次会议批准，自2024年1月1日起施行。

规定共十九条，概括为六个部分。一是总则，包括第一至第二条，主要就立法目的、立法依据和适用范围作出规定。二是优化政务服务，包括第三条至第六条，主要就线下线上政务服务事项办理、建设项目审批以及公共资源交易等事项作出规定。规范政务服务中心建设，要求市、区（市）人民政府建立政务服务中心进驻事项清单制度。各政务服务中心要设立综合服务窗口，实现一窗受理、高效办结；设置专用窗口，协调处理申请人办不成的疑难事项和复杂问题；推行政务服务质量评价制度，畅通评价渠道，及时反馈差评调查核实、整改情况。规范线上政务服务，要求市人民政府完善政务数据归集、共享、交换和应用机制，公共数据应当按照规定共享至全市一体化在线政务服务平台，推进各类业务系统与政务服务平台互联互通。优先应用政务服务平台数据，推行政务服务全流程网上办理。优化工程建设项目审批，明确对社会投资的小型低风险新建、改扩建项目，发布统一的企业开工条件，满足条件的可以直接发放相关证书，项目即可开工。规范公共资源交易管理，明确实行公共资源交易目录管理，推进公共资源全过程电子化交易。三是优化市场环境，包括第七条至第十一条，主要就基础配套设施建设、政府性融资担保机构建设、企业创新创业、标准化和知识产权激励等事项作出规定。规范城镇规划建设用地范围内基础配套设施建设，要求基础配套设施应当延伸至用户建筑区划红线，用户不承担红线外发生的费用，法律、法规和国家、省有关政策另有规定的除外。加强政府性融资担保机构建设，建立普惠型贷款风险补偿和应急转贷机制，为中小微企业等市场主体融资增信、拓宽融资渠道、降低融资成本提供支持，并要求进一步完善市金融综合服务平台功能。优化企业创新创业环境，明确政府应当支持企业申报科技创新项目，支持将铜企业以及其他优势企业纳入省相关产业链科技创新联合体，设立专项资金支持各类创业创新平台为高新技术企业、科技型中小企业提供专业孵化、创业引导等服务。支持开展产品和服务标准化工作，规定市人民政府应当建立标准化奖励制度，设立专项资金，推动单位以及个人开展或者参与标准化工作。建立并完善促进知识产权发展的激励机制，规定市人民政府应当设立专项资金，支持市场主体创造、保护和运用知识产权。建立技术调查服务制度，为知识产权质押融资、纠纷调解、行政执法等活动提供专业技术支持。四是强化政策支持，包括第十二条至第十四条，主要就企业技术改造和扩产增资政策支持、惠企政策兑现、外来从业人员政策保障等事项作出规定。强化现有企业政策支持，明确企业实施技术改造或者扩产增资总额达到规定标准的，分类给予政策支持。强化惠企政策兑现，明确政府应当依托江西政务服务网、“赣服通”等平台设立的企业服务专区以及政务服务中心设置的惠企政策窗口，及时发布、更新惠企政策，提供惠企政策服务，并对惠企政策和惠企资金兑现作出规定。强化外来从业人员的政策支持，要求制定相关政策措施，做好外来从业人员在住房、子女就学等方面的保障工作，并对进一步完善企业用工供需对接平台和健全人力资源市场信息发布制度作出规定。五是优化法治环境，包括第十五条至第十七条，主要就轻微违法经营行为免罚清单、企业破产服务、投诉举报等事项作出规定。建立完善市场主体轻微违法经营行为免罚清单，明确市、区（市）人民政府有关部门应当按照有关规定，建立完善免罚清单，并及时公布。优化企业破产服务及拯救机制，要求在政务服务中心设立破产管理绿色通道，为企业破产查询提供专窗服务。同时，支持人民法院建立重整识别、预重整等破产拯救机制，促进具有营运价值的困境企业及时获得重整救济。优化营商环境投诉举报处理机制，要求建立投诉、举报快速处理渠道，并明确投诉、举报的交办、承办和反馈时限。六是附则，包括第十八条及第十九条，明确三个功能区应当按照市人民政府规定负责本辖区内的优化营商环境工作，以及该法规的施行日期。

第二节　立法后评估

2019年6月1日,《鹰潭市信江饮用水水源保护条例》实施，这是鹰潭市获得地方立法权后制定的第一部实体性法规。自法规实施以来，保护信江饮用水水源的各项机制、制度、措施落实情况，以及取得的成效，存在的问题等，都是群众关心关注的热点问题。市人大常委会坚守人民至上理念，秉持人民群众立场，于2022年6月至10月对该条例实施开展立法后评估，深入了解实施成效和不足，全面掌握立法质量，推动进一步加强信江饮用水水源的保护，以实际行动回应群众关切。

为切实做好立法后评估工作，市人大常委会精心组织，周密部署，成立市人大常委会副主任夏涌波为组长的评估工作领导小组。制定工作方案，明确了评估目的、内容、方式和步骤。评估过程中，首先由各区（市）政府及市生态环境局等有关部门开展水资源调研，进行工作自评；其次，评估工作领导小组深入各区（市）开展专题调研，深入查看有关饮用水水源地、污水处理厂、入江入河口水质自动监测站、工矿企业及水利枢纽等现场，详细了解水源保护、污水处理、水质自动监测、排污口设置等情况，掌握第一手资料。

在评估工作中，始终坚持全过程人民民主。一是尊重群众主体地位，主动邀请人大代表、群众、专家等参加调研、座谈，听取各方面意见；二是深入乡镇、村组一线，做到集思广益，共商共议；三是丰富民主立法形式，制作调查问卷，在鹰潭人大公众号线上推送，并在信江沿江主要乡镇线下发放，公开征集意见建议，回收有效问卷618份；四是拓宽民主立法渠道，先后在上清镇、锦江镇等基层立法联系点实地考察，召开座谈会，发挥基层立法联系点在评估中的作用。

通过调研和实地查看发现，条例实施以来，得到高位推动，部门职责权限更加清晰，制度措施总体得到落实，水生态环境质量逐步提高，公众饮水安全感不断提升。但也存在一些问题，一是工作实施中的问题，表现在普法宣传力度有待提高、系统落实有待加强、配套机制有待完善、源头防范措施有待抓实、地方性法规运用意识有待强化等；二是法规自身方面的问题，主要是个别条款需要修改、个别机构的职能和名称需要调整、个别文字用语需要完善等。

市人大常委会高度重视立法后评估成果运用，及时将常委会会议审议意见转市政府及其有关部门办理，并限期反馈办理情况，对发现的问题持续跟踪整改。通过一手抓立法、一手抓实施，促进立法与实施良性互动。

第六篇

决议决定

市人民代表大会及其常委会依法行使决定权，讨论决定全市政治、经济、教育、科学、文化、卫生、环境和资源保护、民政、民族、旅游和城市建设等方面的重大事项，以及关系到本市全局性、长远性、根本性的问题和人民群众普遍关心的问题。

市人民代表大会决议决定重大事项，由主席团、常委会、各专门委员会、市人民政府提出属于本级人民代表大会职权范围内的议案，经主席团提交大会审议、表决；市人大代表 10 人以上联名提出的议案，由主席团决定是否列入大会议程。决定列入大会议程的，提交大会审议、表决，或会后交由市人大有关专门委员会调研，提出审结报告，提请市人大常委会审议决定。

市人大常委会决议决定重大事项，由市人大各专门委员会、常委会工作委员会、办公室和市人民政府、市监察委员会、市中级人民法院、市人民检察院提出属于常委会职权范围内的议案，经主任会议决定提请常委会会议审议。

市人民代表大会及其常委会决议决定重大事项，采取举手表决或无记名按表决器表决方式，以全体代表或全体组成人员的过半数通过。

决定重大事项的法律文书形式是决议、决定。

第一章　市人民代表大会决议决定

市六届人民代表大会第一次会议，至市十届人民代表大会第四次会议，共讨论决定重大事项 158 项。

按届别区分：市六届人民代表大会会议 20 项；市七届人民代表大会会议 36 项；市八届人民代表大会会议 36 项；市九届人民代表大会会议 40 项；市十届人民代表大会会议 26 项。

按内容分类：审查批准国民经济和社会发展计划、财政预算、五年规划的决定 46 项；审查批准市人大常设机关和各执行机关工作报告的决定 107 项；决定其他重大事项 5 项。

第一节　市六届人大讨论决定的重大事项

2004 年 2 月 16 日，市六届人大一次会议作出《关于设立市六届人大专门委员会的决定》，通过《关于政府工作报告的决议》《关于鹰潭市 2003 年国民经济和社会发展计划执行情况与 2004 年国民经济和社会发展计划的决议》《关于鹰潭市 2003 年市级预算执行情况和 2004 年市级预算的决议》《关于鹰潭市人大常委会工作报告的决议》《关于鹰潭市中级人民法院工作报告的决议》《关于鹰潭市人民检察院工作报告的决议》。

2005 年 3 月 18 日，市六届人大二次会议通过《关于政府工作报告的决议》《关于鹰潭市 2004 年国民经济和社会发展计划执行情况与 2005 年国民经济和社会发展计划的决议》《关于鹰潭市 2004 年市级预算执行情况和 2005 年市级预算的决议》《关于鹰潭市人大常委会工作报告的决议》《关于鹰潭市中级人民法院工作报告的决议》《关于鹰潭市人民检察院工作报告的决议》。

2006 年 2 月 22 日，市六届人大三次会议通过《关于政府工作报告的决议》《关于鹰潭市国民经济和社会发展第十一个五年规划纲要的决议》《关于鹰潭市 2005 年国民经济和社会发展计划执行情况与 2006 年国民经济和社会发展计划的决议》《关于鹰潭市 2005 年市级预算执行情况和 2006 年市级预算的决议》《关于鹰潭市人大常委会工作报告的决议》《关于鹰潭市中级人民法院工作报告的决议》《关于鹰潭市人民检察院工作报告的决议》。

第二节　市七届人大讨论决定的重大事项

2006 年 12 月 4 日，市七届人大一次会议作出《关于设立市七届人大专门委员会的决定》，通过《关于政府工作报告的决议》《关于鹰潭市人大常委会工作报告的决议》《关于鹰潭市中级人民法院工作报告的决议》《关于鹰潭市人民检察院工作报告的决议》。

2007 年 3 月 27 日，市七届人大二次会议通过《关于政府工作报告的决议》《关于鹰潭市 2006 年国民经济和社会发展计划执行情况与 2007 年国民经济和社会发展计划的决议》《关于鹰潭市 2006 年市级预算执行情况和 2007 年市级预算的决议》《关于鹰潭市人大常委会工作报告的决议》《关于鹰潭市中级人民法院工作报告的决议》《关于鹰潭市人民检察院工作报告的决议》。

2008 年 1 月 5 日，市七届人大三次会议通过《关于政府工作报告的决议》《关于鹰潭市 2007 年国民经济和社会发展计划执行情况与 2008 年国民经济和社会发展计划的决议》《关于鹰潭市 2007 年市级预算执行情况和 2008 年市级预算的决议》《关于鹰潭市人大常委会工作报告的决议》《关于鹰潭市中级人民法院工作报告的决议》《关于鹰潭市人民检察院工作报告的决议》。

2009 年 2 月 23 日，市七届人大五次会议通过《关于政府工作报告的决议》《关于鹰潭市 2008 年国民经济和社会发展计划执行情况与 2009 年国民经济和社会发展计划的决议》《关于鹰潭市 2008 年市级预算执行情况和 2009 年市级预算的决议》《关于鹰潭市人大常委会工作报告的决议》《关于鹰潭市中级人民法院工作报告的决议》《关于鹰潭市人民检察院工作报告的决议》。

2010 年 1 月 17 日，市七届人大六次会议通过《关于政府工作报告的决议》《关于鹰潭市 2009 年国民经济和社会发展计划执行情况与 2010 年国民经济和社会发展计划的决议》《关于鹰潭市 2009 年市级预算执行情况和 2010 年市级预算的决议》《关于鹰潭市人大常委会工作报告的决议》《关于鹰潭市中级人民法院工作报告的决议》《关于鹰潭市人民检察院工作报告的决议》。

2011 年 2 月 22 日，市七届人大七次会议通过《关于政府工作报告的决议》《关于鹰潭市国民经济和社会发展第十二个五年规划纲要的决议》《关于鹰潭市 2010 年国民经济和社会发展计划执行情况与 2011 年国民经济和社会发展计划的决议》《关于鹰潭市 2010 年市级预算执行情况和 2011 年市级预算的决议》《关于鹰潭市人大常委会工作报告的决议》《关于鹰潭市中级人民法院工作报告的决议》《关于鹰潭市人民检察院工作报告的决议》。

第三节　市八届人大讨论决定的重大事项

2011年9月23日，市八届人民代表大会第一次会议通过《关于政府工作报告的决议》《关于鹰潭市人大常委会工作报告的决议》《关于鹰潭市中级人民法院工作报告的决议》《关于鹰潭市人民检察院工作报告的决议》。

2012年2月14日，市八届人民代表大会第二次会议通过《关于政府工作报告的决议》《关于鹰潭市2011年国民经济和社会发展计划执行情况与2012年国民经济和社会发展计划的决议》《关于鹰潭市2011年市级预算执行情况和2012年市级预算的决议》《关于鹰潭市人大常委会工作报告的决议》《关于鹰潭市中级人民法院工作报告的决议》《关于鹰潭市人民检察院工作报告的决议》。

2013年1月13日，市八届人民代表大会第三次会议通过《关于政府工作报告的决议》《关于鹰潭市2012年国民经济和社会发展计划执行情况与2013年国民经济和社会发展计划的决议》《关于鹰潭市2012年市级预算执行情况和2013年市级预算的决议》《关于鹰潭市人大常委会工作报告的决议》《关于鹰潭市中级人民法院工作报告的决议》《关于鹰潭市人民检察院工作报告的决议》。

2014年1月14日，市八届人民代表大会第四次会议通过《关于政府工作报告的决议》《关于鹰潭市2013年国民经济和社会发展计划执行情况与2014年国民经济和社会发展计划的决议》《关于鹰潭市2013年市级预算执行情况和2014年市级预算的决议》《关于鹰潭市人大常委会工作报告的决议》《关于鹰潭市中级人民法院工作报告的决议》《关于鹰潭市人民检察院工作报告的决议》。

2015年1月20日，市八届人民代表大会第五次会议通过《关于政府工作报告的决议》《关于鹰潭市2014年国民经济和社会发展计划执行情况与2015年国民经济和社会发展计划的决议》《关于鹰潭市2014年市级预算执行情况和2015年市级预算的决议》《关于鹰潭市人大常委会工作报告的决议》《关于鹰潭市中级人民法院工作报告的决议》《关于鹰潭市人民检察院工作报告的决议》。

2016年1月12日，市八届人民代表大会第六次会议作出《关于设立鹰潭市人民代表大会法制委员会的决定》，通过《关于政府工作报告的决议》《关于鹰潭市国民经济和社会发展第十三个五年规划纲要的决议》《关于鹰潭市2015年国民经济和社会发展计划执行情况与2016年国民经济和社会发展计划的决议》《关于鹰潭市2015年市级预算执行情况和2016年市级预算的决议》《关于鹰潭市人大常委会工作报告的决议》《关于鹰潭市中级人民法院工作报告的决议》《关于鹰潭市人民检察院工作报告的决议》。

第四节　市九届人大讨论决定的重大事项

2016 年 10 月 30 日，市九届人民代表大会第一次会议通过《关于政府工作报告的决议》《关于鹰潭市人大常委会工作报告的决议》《关于鹰潭市中级人民法院工作报告的决议》《关于鹰潭市人民检察院工作报告的决议》。

2017 年 2 月 16 日，市九届人民代表大会第二次会议通过《关于政府工作报告的决议》《关于鹰潭市 2016 年国民经济和社会发展计划执行情况与 2017 年国民经济和社会发展计划的决议》《关于鹰潭市 2016 年市级预算执行情况和 2017 年市级预算的决议》《关于鹰潭市人大常委会工作报告的决议》《关于鹰潭市中级人民法院工作报告的决议》《关于鹰潭市人民检察院工作报告的决议》。

2018 年 1 月 10 日，市九届人民代表大会第四次会议通过《关于政府工作报告的决议》《关于鹰潭市 2017 年国民经济和社会发展计划执行情况与 2018 年国民经济和社会发展计划的决议》《关于鹰潭市 2017 年市级预算执行情况和 2018 年市级预算的决议》《关于鹰潭市人大常委会工作报告的决议》《关于鹰潭市中级人民法院工作报告的决议》《关于鹰潭市人民检察院工作报告的决议》。

2019 年 1 月 17 日，市九届人民代表大会第五次会议作出《关于设立鹰潭市第九届人民代表大会社会建设委员会的决定》《关于鹰潭市第九届人民代表大会内务司法委员会更名为监察和司法委员会的决定》，通过《关于政府工作报告的决议》《关于鹰潭市 2018 年国民经济和社会发展计划执行情况与 2019 年国民经济和社会发展计划的决议》《关于鹰潭市 2018 年市级预算执行情况和 2019 年市级预算的决议》《关于鹰潭市生态文明建设和生态环境状况报告的决议》《关于鹰潭市人大常委会工作报告的决议》《关于鹰潭市中级人民法院工作报告的决议》《关于鹰潭市人民检察院工作报告的决议》。

2020 年 5 月 14 日，市九届人民代表大会第六次会议通过《关于政府工作报告的决议》《关于鹰潭市 2019 年国民经济和社会发展计划执行情况与 2020 年国民经济和社会发展计划的决议》《关于鹰潭市 2019 年市级预算执行情况和 2020 年市级预算的决议》《关于鹰潭市生态文明建设和生态环境状况报告的决议》《关于鹰潭市人大常委会工作报告的决议》《关于鹰潭市中级人民法院工作报告的决议》《关于鹰潭市人民检察院工作报告的决议》。

2021 年 1 月 12 日，市九届人民代表大会第八次会议通过《关于政府工作报告的决议》《关于鹰潭市国民经济和社会发展第十四个五年规划和二〇三五年远景目标纲要的决议》《关于鹰潭市 2020 年国民经济和社会发展计划执行情况与 2021 年国民经济和社会发展计划的决议》《关于鹰潭市 2020 年市级预算执行情况和 2021 年市级预算的决议》《关于鹰潭市生态文明建设和生态环境状况报告的决议》《关于鹰潭市人大常委会工作报告的决议》《关于鹰潭市中级人民法院工作报告的决议》《关于鹰潭市人民检察院工作报告的决议》。

第五节　市十届人大讨论决定的重大事项

2021 年 10 月 30 日，市十届人民代表大会第一次会议通过《关于政府工作报告的决议》《关于鹰潭市人大常委会工作报告的决议》《关于鹰潭市中级人民法院工作报告的决议》《关于鹰潭市人民检察院工作报告的决议》。

2022 年 1 月 24 日，市十届人民代表大会第二次会议通过《关于政府工作报告的决议》《关于鹰潭市 2021 年国民经济和社会发展计划执行情况与 2022 年国民经济和社会发展计划的决议》《关于鹰潭市 2021 年预算执行情况和 2022 年预算的决议》《关于鹰潭市生态文明建设和生态环境状况报告的决议》《关于鹰潭市人大常委会工作报告的决议》《关于鹰潭市中级人民法院工作报告的决议》《关于鹰潭市人民检察院工作报告的决议》。

2023 年 1 月 7 日，市十届人民代表大会第三次会议通过《关于政府工作报告的决议》《关于鹰潭市 2022 年国民经济和社会发展计划执行情况与 2023 年国民经济和社会发展计划的决议》《关于鹰潭市 2022 年预算执行情况和 2023 年预算的决议》《关于鹰潭市生态文明建设和生态环境状况报告的决议》《关于鹰潭市人大常委会工作报告的决议》《关于鹰潭市中级人民法院工作报告的决议》《关于鹰潭市人民检察院工作报告的决议》。

2024 年 1 月 18 日，市十届人民代表大会第四次会议通过《关于设立鹰潭市第十届人民代表大会农业和农村委员会、城乡建设环境与资源保护委员会的决定》《关于政府工作报告的决议》《关于鹰潭市 2023 年国民经济和社会发展计划执行情况与 2024 年国民经济和社会发展计划的决议》《关于鹰潭市 2023 年预算执行情况和 2024 年预算的决议》《关于鹰潭市生态文明建设和生态环境状况报告的决议》《关于鹰潭市人大常委会工作报告的决议》《关于鹰潭市中级人民法院工作报告的决议》《关于鹰潭市人民检察院工作报告的决议》。

第二章　市人大常委会决议决定

市六届人大常委会至市十届人大常委会，决定重大事项 146 项。

按届别区分：市六届人大常委会 22 项；市七届人大常委会 38 项；市八届人大常委会 36 项；市九届人大常委会 33 项；市十届人大常委会 17 项。

按内容分类：政法方面 7 项；财经方面 63 项；城建方面 3 项；人大工作方面 56 项，其他 17 项。

第一节　市六届人大常委会讨论决定的重大事项

2004 年 3 月 26 日，市六届人大常委会第一次会议作出《关于修改〈鹰潭市人大常委会人事任免办法〉的决定》《关于设立鹰潭市人大常委会外事华侨民族宗教工作委员会的决定》。

作出《关于修改〈鹰潭市人大常委会关于对提请任命的国家机关工作人员进行法律知识考试的决定〉的决定》。决定对原《鹰潭市人大常委会关于对提请任命的国家机关工作人员进行法律知识考试的决定》中的指导思想和目的、考试的对象、考试的内容及范围、考试的形式、组织命题、考试和评卷工作、考试的时间安排、组织领导等方面进行修改。

作出《关于修改〈鹰潭市公民旁听市人大常委会会议的规定〉的决定》,《鹰潭市公民旁听市人大常委会会议的规定》根据本决定作相应修改并对条款顺序作相应调整，重新公布。

2004 年 11 月 26 日，市六届人大常委会第六次会议通过《关于批准我市 2003 年市本级财政决算的决议》。2003 年，市本级财政决算总收入为 40488 万元，支出为 34779 万元。通过《关于批准我市 2004 年市本级财政预算调整方案的决议》。决定调整支出预算 3463 万元，即调增支出 15 项，共计 3863 万元；调减支出 1 项，计 400 万元。

2005 年 2 月 18 日，市六届人大常委会第八次会议作出《关于召开市六届人大二次会议的决定》。鹰潭市第六届人民代表大会第二次会议于 2005 年 3 月 18 日在市区召开。通过《关于批准鹰潭市国家科技进步示范市建设与发展规划的决议》。决定批准《鹰潭市国家科技进步示范市建设与发展规划》，交由市人民政府组织实施。

2005 年 4 月 4 日，市六届人大常委会第十次会议通过《关于批准市人民政府按期偿还国家开发银行城市基础设施项目贷款的决议》。

2005 年 10 月 27 日，市六届人大常委会第十五次会议通过《关于批准鹰潭市 2004 年市本级决算的决议》。2004 年，市本级财政决算总收入为 46007 万元，支出为 40701 万元。通过《关于批准我市 2005 年市本级财政预算调整方案的决议》。决定批准 2005 年市本级财政预算调整方案，调整支出预算 3123 万元。

2005 年 12 月 27 日，市六届人大常委会第十六次会议作出《关于召开市六届人大三次会议的决定》。决定鹰潭市第六届人民代表大会第三次会议于 2006 年 2 月下旬在市区召开。

2006 年 6 月 22 日，市六届人大常委会第十九次会议，通过《关于加强法制宣传教育的决议》。决定提出：围绕全市经济和社会发展“十一五”规划提出的目标任务，进一步加强宪法和国家基本法律的宣传普及，使全体公民进一步掌握宪法、遵守宪法、维护宪法的权威；全市一切有接受教育能力的公民都要接受法制宣传教育；坚持学法用法相结合，全面开展多层次多领域的依法治理工作，不断提高社会法治化管理水平；创新和丰富法制宣传教育形式，全面推进法制宣传教育工作制度化、规范化、阵地化和社会化建设；进一步加强法制宣传教育工作的组织领导，不断加大法制宣传教育工作的投入；依法开展监督，促进法制宣传教育各项工作任务落到实处。

2006 年 8 月 25 日，市六届人大常委会第二十次会议作出《关于召开市七届人民代表大会第一次会议的决定》。决定鹰潭市第七届人民代表大会第一次会议于 2006 年 9 月 26 日在市区召开。作出《关于鹰潭市第七届人民代表大会代表名额分配和选举问题的决定》。决定指出，省人大常委会确定鹰潭市七届人大代表名额为 281 名，各选举单位应在 2006 年 9 月 17 日前选出市七届人大代表。

2006 年 9 月 25 日，市六届人大常委会第二十一次会议作出《关于调整鹰潭市第七届人民代表大会第一次会议时间的决定》。决定鹰潭市第七届人民代表大会第一次会议调整至 2006 年第四季度进行，鹰潭市第七届人民代表大会代表的选出时间推迟。

2006 年 11 月 14 日，市六届人大常委会第二十三次会议作出《关于召开鹰潭市第七届人民代表大会第一次会议的决定》。决定鹰潭市第七届人民代表大会第一次会议于 2006 年 12 月 5 日在市区召开，各选举单位于 2006 年 11 月 22 日前选出鹰潭市第七届人民代表大会代表

2006 年 11 月 24 日，市六届人大常委会第二十五次会议通过《关于批准我市 2005 年市本级财政决算的决议》。2005 年，市本级地方财政收入为 19053 万元，支出为 47036 万元。通过《关于批准我市 2006 年市本级财政预算调整方案的决议》。调减财政收入 5480 万元，地方财政收入调减 4560 万元；调整支出预算 4352 万元，即调增支出 8 项，共计 4352 万元。

第二节　市七届人大常委会讨论决定的重大事项

2007 年 2 月 7 日，市七届人大常委会第二次会议作出《关于修改〈鹰潭市人民代表大会常务委员会议事规则〉的决定》。

2007 年 2 月 28 日，市七届人大常委会第三次会议作出《关于召开鹰潭市第七届人民代表大会第二次会议的决定》。决定鹰潭市第七届人民代表大会第二次会议于 2007 年 3 月下旬在市区召开。

2007 年 3 月 20 日，市七届人大常委会第四次会议作出《关于召开鹰潭市第七届人民代表大会第二次会议的决定》。决定鹰潭市第七届人民代表大会第二次会议于 2007 年 3 月 28 日在市区召开。作出《关于设立鹰潭市人大常委会城乡建设环境资源保护工作委员会、鹰潭市人大常委会农业和农村工作委员会的决定》。

2007 年 9 月 27 日，市七届人大常委会第八次会议通过《关于批准 2006 年市本级财政决算的决议》。2006，年全市财政一般预算决算总收入为 202831 万元，支出为 169279 万元。

2007 年 11 月 15 日，市七届人大常委会第九次会议作出《关于召开鹰潭市第七届人民代表大会第三次会议的决定》。鹰潭市第七届人民代表大会第三次会议于 2008 年 1 月 6 日在市区召开。通过《关于批准我市 2007 年市本级财政预算调整方案的决议》。决定调增支出科目 12 项，调增支出预算共计 2511 万元。

2008 年 2 月 29 日，市七届人大常委会第十一次会议通过《关于“建立市区居民饮用水安全保障应急预案的议案”的决议》。决定将“关于建立市区居民饮用水安全保障应急预案的议案的决议”改作建议，交由市人民政府办理。通过《关于“加快蔬菜基地建设，从根本上解决鹰潭市蔬菜供应紧张、蔬菜价格偏高的议案”的决议》。决定将“关于加快蔬菜基地建设，从根本上解决鹰潭市蔬菜供应紧张、蔬菜价格偏高的议案”改作建议，交由市人民政府办理。

2008 年 3 月 28 日，市七届人大常委会第十二次会议通过《关于批准市人民政府提请审议按期偿还农业发展银行农村基础设施项目贷款议案的决议》。决定批准市人民政府提出的《关于提请审议市人民政府按期偿还农业发展银行农村基础设施项目贷款的议案》。

2008 年 4 月 18 日，市七届人大常委会第十四次会议，作出《关于召开市七届人大四次会议的决定》。决定鹰潭市第七届人民代表大会第四次会议于 2008 年 4 月 24 日在市区召开。

2008 年 5 月 22 日，市七届人大常委会第十五次会议通过《关于批准市人民政府提请审议按期偿还深圳金融租赁有限公司推进城市化建设租赁资金议案的决议》。决定批准市人民政府提出的《关于提请审议市人民政府按期偿还深圳金融租赁有限公司推进城市化建设租赁资金的议案》。

2008年9月26日，市七届人大常委会第十八次会议通过《关于批准2007年市本级财政决算的决议》。2007年，全市财政一般预算决算收入为286412元，支出为250794万元。通过《关于批准市人民政府提请审议按期偿还开发银行206国道天禄至龙虎山一级公路改造项目贷款议案的决议》。决定批准市人民政府提出的《关于提请审议市人民政府按期偿还开发银行206国道天禄至龙虎山一级公路改造项目贷款的议案》。

2008年11月13日，市七届人大常委会第十九次会议通过《关于批准〈鹰潭市国民经济和社会发展第十一个五年规划纲要〉部分指标调整方案的决议》。决定批准鹰潭市国民经济和社会发展第十一个五年规划纲要部分指标调整方案。通过《关于批准鹰潭市2008年市级财政预算调整方案的决议》。决定调整支出预算14734万元，即调增9个方面41个项目。

2008年12月26日，市七届人大常委会第二十次会议作出《关于召开鹰潭市第七届人民代表大会第五次会议的决定》。决定鹰潭市第七届人民代表大会第五次会议于2009年2月24日在市区召开。

2009年1月19日，市七届人大常委会第二十一会议通过《关于审查同意鹰潭市城市总体规划（修编）的决议》。原则同意《鹰潭市城市总体规划（2007—2020）》，由市人民政府根据本次常委会组成人员的审议意见修改完善后上报省人民政府审批。

2009年6月10日，市七届人大常委会第二十四次会议通过《关于批准市人民政府提请审议按期偿还市投融资公司向金融机构融资贷款议案的决议》。决定批准市人民政府提出的《关于提请审议市人民政府按期偿还市投融资公司向金融机构融资贷款的议案》。

2009年6月25日，市七届人大常委会第二十五次会议通过《关于批准市人民政府〈关于开展“法治鹰潭”建设工作的议案〉的决议》。开展“法治鹰潭”建设，是鹰潭市在深入开展普法教育基础上进行的一项长期的法治实践活动，是以新的起点构筑鹰潭市法治建设的新平台，是促进城乡建设与管理实现新跨越的新举措，有利于全面提升鹰潭市依法治市水平，全面落实科学发展观，优化社会法治环境，促进全市经济社会又好又快发展，构建社会主义和谐社会。

2009年9月24日，市七届人大常委会第二十八次会议通过《关于批准2008年市本级财政决算的决议》。2008年，市本级财政一般预算决算总收入为135491万元，支出110322万元。

2009年12月16日，市七届人大常委会第三十次会议作出《关于召开鹰潭市第七届人民代表大会第六次会议的决定》。决定鹰潭市第七届人民代表大会第六次会议于2010年1月中旬在市区召开。作出《关于修改市人大常委会人事任免办法的决定》。通过《关于批准鹰潭市2009年市本级财政预算调整方案的决议》。决定批准2009年市本级财政预算调整方案，即调增 12 个方面 20 个项目，调增支出预算共计 9243 万元。

2010 年 3 月 24 日，市七届人大常委会第三十二次会议作出《关于修改〈鹰潭市人民代表大会常务委员会议事规则〉的决定》。通过《关于批准市人民政府提请审议 320 国道改建项目融资方案的议案的决议》。

2010 年 6 月 10 日，市七届人大常委会第三十四次会议通过《关于批准市人民政府提请审议江西鹰潭铜产业示范基地项目集合资金信托计划议案的决议》。通过《关于批准市人民政府提请审议鹰潭市龙岗新区农村基础设施建设项目资金贷款议案的决议》。

2010 年 9 月 25 日，市七届人大常委会第三十七次会议通过《关于批准 2009 年市本级财政决算的决议》。2009 年，市本级财政一般预算决算收入为 177643 万元，支出为 148836 万元。

2010 年 12 月 15 日，市七届人大常委会第三十九次会议，通过《关于批准我市 2010 年市级财政预算调整方案的决议》。决定批准 2010 年市级财政预算调整方案，即调增 18 个方面 56 个项目，调增支出预算共计 25525 万元。

2010 年 12 月 28 日，市七届人大常委会第四十次会议，作出《关于召开市七届人大七次会议的决定》。决定鹰潭市第七届人民代表大会第七次会议于 2011 年 2 月 14 日在市区召开。

2011 年 1 月 31 日，市七届人大常委会第四十二次会议，作出《关于调整鹰潭市第七届人民代表大会第七次会议时间的决定》。决定鉴于江西省第十一届人民代表大会第四次会议调整为 2 月 14 日召开，鹰潭市第七届人民代表大会第七次会议调整为 2 月 23 日召开。

2011 年 6 月 28 日，市七届人大常委会第四十五次会议，作出《关于市八届人大代表名额分配的决定》。决定指出，省人大常委会确定鹰潭市八届人大代表名额为 281 名，贵溪市 110 名，余江县 83 名，月湖区 74 名，驻鹰潭的中国人民解放军 10 名。

2011 年 7 月 21 日，市七届人大常委会第四十六次会议，作出《关于进一步加强法制宣传教育的决议》。决议要求深入学习以宪法为统领的中国特色社会主义法律体系，着力增强法制宣传教育的针对性和实效性，不断丰富和创新法制宣传教育的形式和方法，坚持法制宣传教育与法治实践相结合，健全和完善法制宣传教育的组织领导和保障机制，切实加强对本决议贯彻实施情况的监督检查。

2011 年 9 月 7 日，市七届人大常委会第四十七次会议，作出《关于召开市八届人大一次会议的决定》。决定鹰潭市第八届人民代表大会第一次会议于 2011 年 9 月 24 日在市区召开。

第三节　市八届人大常委会讨论决定的重大事项

2011年11月8日，市八届人大常委会第一次会议，作出《关于加强自身建设的决定》。决定要求坚持党的领导，确保市委决策部署贯彻落实；坚持服务大局，依法行使职权；坚持民主集中制原则，增强人大常委会合力；坚持以民为先，维护人民群众根本利益；坚持求真务实，切实提高工作效率；坚持廉洁奉公，树立地方国家机关良好形象；坚持强化学习，不断提升依法履职水平。通过《关于2010年市级财政决算的决议》。2010年，市大本级财政一般预算决算收入为235837万元，支出为191888万元。

2011年11月25日，市八届人大常委会第二次会议，通过《关于批准2011年市级预算调整方案的决议》。决议批准2011年鹰潭市市级预算调整方案，即调整18个方面53个项目的支出，调增支出预算共计28868万元。

2012年1月12日，市八届人大常委会第二次会议作出《关于召开市八届人大一次会议的决定》。决定鹰潭市第八届人民代表大会第二次会议于2012年2月15日在市区召开。

2012年6月20日，市八届人大常委会第七次会议，通过《关于批准市人民政府提请审议按期偿还市城市资产营运有限公司向江信国际信托融资还款缺口资金议案的决议》。

2012年8月27日，市八届人大常委会第八次会议通过《关于批准市人民政府提请审议江西省铁路投资集团公司委托贷款本息资金列入财政预算议案的决议》。

2012年9月28日，市八届人大常委会第九次会议通过《关于批准市人民政府提请审议江西省铁路投资集团公司委托贷款本息资金列入财政预算议案的决议》。通过《关于批准2011年市级财政决算的决议》。2011年，市大本级一般预算收入为291100万元，支出为268362万元。

2012年11月23日，市八届人大常委会第十次会议通过《关于批准2012年市级总预算和市级预算调整方案的决议》。全市财政总收入预算由824800万元调整为787000万元，调减37800万元；市大本级财政收入预算数由261200万元调整为228000万元，调减33200万元；市大本级预测可用财力由169566万元调整为184205万元（含地方政府债券收入7237万元），调增14639万元；市大本级预算支出由169566万元调整为183596万元（含地方政府债券支出7237万元），调增14030万元。

2012年12月6日，市八届人大常委会第十一次会议作出《关于召开鹰潭市第八届人民代表大会第三次会议的决定》。决定鹰潭市第八届人民代表大会第三次会议于2013年1月3日在市区召开。

2013年9月17日，市八届人大常委会第十八次会议通过《关于批准2012年市级财政市级决算的决议》。2012年，市大本级公共财政预算收入为355490万元，支出293822万元。

2013年11月22日，市八届人大常委会第二十次会议，通过《关于批准2013年市级财政预算调整方案的决议》。决定调整支出预算43758万元，用于16个方面72个项目支出。

2013年12月6日，市八届人大常委会第二十一次会议，作出《关于召开市八届人大四次会议的决定》。决定鹰潭市第八届人民代表大会第四次会议于2014年1月14日在市区召开。

2014年2月21日，市八届人大常委会第二十三次会议，作出《关于促进改革创新的决定》。决定提出：改革创新是全市人民的共同任务；改革创新应坚持解放思想、实事求是，冲破陈旧观念障碍，突破利益固化藩篱；认真贯彻市委改革创新决策部署，整体促进和督促落实“8+1”重点工作；鼓励和支持全市各级国家机关围绕贯彻市委全面深化改革的实施意见，从实际工作出发，在经济建设、政治建设、文化建设、社会建设、生态文明建设等方面实施改革创新，探索和推进有利于进一步解放和发展社会生产力、增强社会活力的体制机制，破解阻碍鹰潭经济社会发展的“瓶颈”；加强对改革创新工作的统筹协调和督促落实；充分运用现行法律制度及国家政策资源推进改革创新；各级人民政府及其部门在职权范围内决策、推进改革创新工作，应当经过前期调研、制定方案、征求意见、论证评估、审议决定、组织实施、实施后评估等程序；各级人民政府应当鼓励和支持企事业单位、社会组织和基层自治组织根据自身发展需求，自主发展需求，自主开展改革创新；市人民政府按照国家、省有关规定对本市改革创新工作有突出贡献的单位和个人给予表彰和奖励，并鼓励企事业单位、社会组织和基层自治组织建立改革创新激励机制；对有关单位违反法律和政策规定，以改革创新名义另搞一套，可能造成严重不良后果的，各级人民政府及其主管部门应当要求其立即纠正；各级人民法院、人民检察院应当在职责范围内积极推进审批、检察工作的改革创新，根据国家的要求和部署，按照最高人民法院、最高人民检察院深化司法体制改革的意见，认真落实司法体制改革措施，切实维护司法公正，让人民群众在每个案件中感受到公平正义；充分运用各新闻媒体积极宣传改革创新的各项政策举措、先进事迹和成功经验，营造敢闯敢试、锐意进取、宽容改革创新失误的良好社会氛围；依法保障改革创新，宽容改革创新失误；全市各级国家机关和国家工作人员应当按照正确、准确、有序、协调推进的要求，大力支持和积极参与改革创新工作，不得阻挠、延误改革创新决策的实施；各级人大常委会应当积极推进人民代表大会制度理论和实践创新，坚持人民主体地位，认真履行法定职责，加强对同级人民政府、人民法院、人民检察院贯彻执行全面深化改革决策部署的工作监督。

2014年5月30日，市八届人大常委会第二十五次会议，通过《关于批准市人民政府关于将鹰潭市信江新区防洪工程项目贷款本息纳入同期财政预算议案的决议》。市城市资产运营有限公司向江西省国家开发银行申请为10年的5亿元项目贷款，用于实施信江新区防洪工程项目。

2014年7月30日，市八届人大常委会第二十六次会议，作出《关于修改鹰潭市人大常委会议事规则的决定》。《鹰潭市人大常委会议事规则的决定》根据本决定作相应的修改，重新公布。

2014年9月26日，市八届人大常委会第二十七次会议，通过《关于批准2013年市财政决算的决议》。2013年，市大本级公共财政决算收入430774万元，支出358934万元。

2014年11月12日，市八届人大常委会第二十八次会议，通过《关于批准2014年市级财政预算调整方案的决议》。2014年，市大本级可用财力年初预算数为263906万元，根据市财政部门测算，预计全年可用财力达到310292万元（含省转贷地方政府债券21516万元），超收46386万元。其中市本级预计全年可用财力为155991万元，超收39991万元；龙虎山景区预计超收2106万元；鹰潭高新区预计超收3600万元；信江新区预计超收689万元。市大本级拟调增支出预算35327万元，收支相抵，预计结余11059万元。市本级拟调增支出预算29038万元，收支相抵，预计结余10953万元，用于设立市本级预算稳定调节基金。

2014年12月19日，市八届人大常委会第二十九次会议，作出《关于召开市八届人大五次会议的决定》。决定鹰潭市第八届人民代表大会第五次会议于2015年1月21日在市区召开。

2015年9月16日，市八届人大常委会第三十四次会议，通过《关于批准2014年市级财政决算的决议》。2014年，公共财政决算收入605229万元，支出578668万元。

2015年11月30日，市八届人大常委会第三十五次会议，作出《关于召开鹰潭市第八届人民代表大会第六次会议的决定》。决定鹰潭市第八届人民代表大会第六次会议于2016年1月12日在市区召开。通过《关于2015年市级一般公共预算和政府性基金预算调整方案的决议》。市大本级支出预算拟调增62778万元，总额为357226万元。

2016年4月22日，市八届人大常委会第四十次会议，作出《关于设立鹰潭市人民代表大会常务委员会法制工作委员会、备案审查工作委员会、预算工作委员会的决定》。

2016年7月28日，市八届人大常委会第四十二次会议，作出《关于开展第七个五年法治宣传教育的决议》。决议要求突出法治宣传教育的重点内容，增强法治宣传教育的针对性和实效性，推进鹰潭特色法治文化建设，推进多层次多领域依法治理，推进法治宣传教育创新，健全落实普法责任制，加强组织实施和监督检查。

2016年8月26日，市八届人大常委会第四十三次会议，作出《关于鹰潭市第九届人民代表大会代表名额分配和选举问题的决定》。决定指出，省人大常委会确定鹰潭市八届人大代表名额为281名，贵溪市111名，余江县83名，月湖区75名，驻鹰潭的中国人民解放军10名。

2016年9月22日，市八届人大常委会第四十四次会议，通过《关于批准2015年市级财政决算的决议》。2015年，一般公共预算决算收入703859万元，支出658132万元；政府性基金决算收入393666万元，支出339216万元。

2016年9月30日，市八届人大常委会第四十五次会议，作出《关于召开鹰潭市第九届人民代表大会第一次会议的决定》。决定鹰潭市第九届人民代表大会第一次会议于2016年10月31日在市区召开。

第四节　市九届人大常委会讨论决定的重大事项

2016年11月29日，市九届人大常委会第一次会议，作出《关于加强自身建设的决定》。决定要求坚持党的领导，坚定人大工作正确的政治方向；强化理论武装，不断提升依法履职能力；紧贴发展大局，依法行使人大常委会职权；坚持民主集中制，增强人大常委会履职合力；改进工作作风，密切人大代表和人民群众的联系；注重廉洁自律，树立地方国家权力机关良好形象。通过《关于2016年市级一般公共预算和政府性基金预算调整方案的决议》。决定市大本级支出预算调增15563万元，支出总额为364113万元；政府性基金预算支出调减86826万元，其中：市本级调减国有土地使用权出让收入安排的支出53925万元、龙虎山景区调减7310万元、高新区调减25591万元。

2017年1月10日，市九届人大常委会第三次会议，作出《关于召开鹰潭市第九届人民代表大会第二次会议的决定》。决定鹰潭市第九届人民代表大会第二次会议于2017年2月14日在市区召开。

2017年7月14日，市九届人大常委会第七次会议，作出《关于召开鹰潭市第九届人民代表大会第三次会议的决定》。决定鹰潭市第九届人民代表大会第三次会议于2017年7月27日在鹰潭召开。

2017年7月24日，市九届人大常委会第八次会议，通过《关于推动人民法院解决执行难的决议》。决议要求统一思想，充分认识推进解决执行难的重要意义；完善机制，充分发挥人民法院解决执行难的主体作用；加强协作，形成解决执行难的工作合力；加大力度，依法支持和监督人民法院执行工作。

2017年8月29日，市九届人大常委会第九次会议，通过《鹰潭市人民代表大会常务委员会议事规则》。

2017年9月26日，市九届人大常委会第十次会议，听取和审议市财政局《关于鹰潭市2016年财政决算的报告》和市审计局《关于2016年度市级预算执行和其他财政收支的审计工作报告》，通过《关于批准2016年市级财政决算的决议》。听取和审议鹰潭市人民政府关于《鹰潭市城乡总体规划（2015—2030年）》的议案和编制情况说明及其文本，通过《关于审查同意〈鹰潭市城乡总体规划（2015—2030年）〉的决议》。要求市人民政府要进一步完善规划的有关内容，尽快按规定上报省政府批准，同时应抓紧编制各专项规划，严格执行总规，按照市委"全域一体、改革创新、优化生态、小市大为"总体要求，围绕"两都一城"发展定位，开拓创新，扎实工作，为建设富裕美丽幸福鹰潭不懈努力。

2017年11月29日，市九届人大常委会第十一次会议，通过《关于召开鹰潭市第九届人民代表大会第四次会议的决定》。决定鹰潭市第九届人民代表大会第四次会议于2018年1月8日在市区召开。通过《关于批准2017年市本级一般公共预算和政府性基金预算调整方案的决议》。市本级财政总收入由109700万元调整为96800万元，调减12900万元。其中：一般公共预算收入由市九届人大二次会议批准的68000万元调整为58340万元，调减9660万元。市本级一般公共预算可用财力由195000万元调整为229288万元，调增34288万元。市本级支出预算由195000万元调整为233558万元，调增38558万元。收支相抵，预计超支4270万元，从市本级预算稳定调节基金中调入4270万元，市本级一般公共预算收支平衡。市人民政府提出的政府性基金预算调整方案，市本级政府性基金收入预算由79691万元调整为72208万元，调减7483万元。支出预算由79691万元调整为72208万元，调减7483万元，市本级政府性基金预算收支平衡。

2018年6月29日，市九届人大常委会第十八次会议，通过《关于余江县撤县设区有关政权机构名称等事项的决定》。决定就余江县撤县设区有关政权机构名称等事项作如下决定：对有关政权机构名称作相应改变，即原余江县人民代表大会及其常务委员会、县人民政府、县监察委员会、县人民法院、县人民检察院分别改为鹰潭市余江区人民代表大会及其常务委员会、区人民政府、区监察委员会、区人民法院、区人民检察院。原县辖乡（镇）的名称也应随着行政区划名称的改变作出相应改变；原余江县第十六届人民代表大会，改为余江区第一届人民代表大会，原直接选举产生的余江县第十六届人民代表大会代表，随着行政区划名称的改变而改为余江区第一届人民代表大会代表，任期顺延，至届满为止；原余江县人民代表大会及其常务委员会和县人民政府组成人员、县监察委员会、县人民法院、县人民检察院以及其他国家工作人员，其职务名称随着行政区划名称的改变作出相应改变，任期顺延不变。

2018年9月27日，市九届人大常委会第二十次会议，听取市财政局《关于2017年市级决算的报告》和市审计局《关于2017年度市级预算执行和其他财政收支的审计工作报告》，通过《关于批准2017年市级决算的决议》。

2018年11月26日，市九届人大常委会第二十一次会议，通过《关于批准〈2018年市级一般公共预算和政府性基金预算调整方案以及2018年地方政府债务限额〉的决议》。一般公共预算调整情况：市本级一般公共预算可用财力由200000万元调整为239045万元，调增39045万元。市本级支出预算由200000万元调整为246495万元，调增46495万元。收支相抵，预计超支7450万元，从市本级预算稳定调节基金中调入7450万元，市本级一般公共预算收支平衡；政府性基金预算调整情况：市本级政府性基金预算收入由104860万元调整为130087万元，净调增25227万元。预算支出由104860万元调整为130087万元，调增25227万元，市本级政府性基金预算收支平衡；2018年地方政府债务限额情况：鹰潭市2018年地方政府债务限额为2076272万元，其中，一般债务1388169万元，专项债务688103万元。市本级2018年的债务限额为1180090万元，其中，一般债务789899万元、专项债务390191万元。

2018年12月14日，市九届人大常委会第二十二次会议，作出《关于召开鹰潭市第九届人民代表大会第五次会议的决定》。决定鹰潭市第九届人民代表大会第五次会议于2019年1月16日在鹰潭召开。

2019年1月2日，市九届人大常委会第二十三次会议，作出《关于调整鹰潭市第九届人民代表大会第五次会议召开时间的决定》。决定原定2019年1月16日召开的鹰潭市第九届人民代表大会第五次会议，提前到2019年1月15日召开。

2019年8月22日，市九届人大常委会第二十九次会议，听取市财政局《关于2018年市级决算和2019年上半年预算执行情况的报告》和市审计局《关于2018年度市级预算执行和其他财政收支的审计工作报告》，通过《关于批准2018年市级决算的决议》。

2019年12月3日，市九届人大常委会第三十二次会议，作出《关于召开鹰潭市第九届人民代表大会第六次会议的决定》。决定鹰潭市第九届人民代表大会第六次会议于2020年1月9日在鹰潭召开。通过《关于批准〈2019年市级预算调整方案及2019年地方政府债务限额〉的决议》。决定批准市人民政府提出的2019年市级预算调整方案及2019年地方政府债务限额，批准龙虎山风景名胜区、鹰潭高新区、信江新区提出的2019年预算调整方案。

2019年12月27日，市九届人大常委会第三十三次会议，通过《鹰潭市实施宪法宣誓制度办法》。作出《关于调整鹰潭市第九届人民代表大会第六次会议召开时间的决定》。决定原定2020年1月9日召开的鹰潭市第九届人民代表大会第六次会议，调整到2020年2月中下旬召开。

2020年4月29日，市九届人大常委会第三十五次会议，作出《关于鹰潭市第九届人民代表大会第六次会议召开时间的决定》。决定鹰潭市第九届人民代表大会第六次会议于2020年5月12日在市区召开。

2020 年 6 月 30 日，市九届人大常委会第三十八次会议，作出《关于召开鹰潭市第九届人民代表大会第七次会议的决定》。决定鹰潭市第九届人民代表大会第七次会议于 2020 年 7 月 16 日在市区召开。

2020 年 9 月 11 日，市九届人大常委会第四十次会议，听取和审议市财政局《关于 2019 年市级决算和 2020 年上半年预算执行情况的报告》和市审计局《关于 2019 年度市级预算执行和其他财政收支的审计工作报告》，通过《关于批准 2019 年市级决算的决议》。

2020 年 12 月 17 日，市九届人大常委会第四十二次会议，作出《关于召开鹰潭市第九届人民代表大会第八次会议的决定》。决定鹰潭市第九届人民代表大会第八次会议于 2021 年 1 月 19 日在鹰潭召开。通过《关于批准〈2020 年市级预算调整方案及 2020 年地方政府债务限额〉的决议》。共五个方面。一般公共预算方面：市本级一般公共预算可用财力由 285244 万元调整为 426684 万元，净调增 141440 万元。市本级支出预算由 285244 万元调整为 418518 万元，净调增 133274 万元。收支相抵，预计结余 8166 万元，全部补充预算稳定调节基金，市本级一般公共预算收支平衡。政府性基金预算方面：市本级政府性基金预算收入由 306014 万元调整为 718975 万元，净调增 412961 万元。预算支出由 306014 万元调整为 697761 万元，净调增 391747 万元。收支相抵，预计年末滚存结余 21214 万元。国有资本经营预算方面：市本级国有资本经营预算收入由 5062 万元调整为 6666 万元，净调增 1604 万元。预算支出由 5062 调整为 6666 万元，净调增 1604 万元（其中 178 万元调入一般公共预算），国有资本经营预算收支平衡。社会保险基金预算方面：市本级社会保险基金预算收入由 51943 万元调整为 175866 万元，净调增 123923 万元。预算支出由 48465 万元调整为 162962 万元，净调增 114497 万元。收支相抵，预计当年结余 12904 万元。2020 年地方政府债务限额情况：鹰潭市 2020 年地方政府债务限额为 2726144 万元，其中，一般债务 1502861 万元，专项债务 1223283 万元。市本级 2020 年的债务限额为 1415533 万元，其中：一般债务 797024 万元、专项债务 618509 万元。通过《关于批准〈调整 2020 年全市国民经济和社会发展计划预期目标方案〉的决议》。一是地区生产总值由原计划增长 8% 左右调整为增长 4.5% 左右；二是第二产业增加值、规模以上工业增加值由原计划分别增长 8%、8.5% 左右均调整为增长 4.5% 左右；三是第三产业增加值由原计划增长 9% 调整为增长 4.5% 左右；四是财政总收入、一般公共预算收入由原计划分别增长 5%、3.5% 调整为增长 2.13%、增长 0.86%；五是社会消费品零售总额由原计划增长 10.5% 左右调整为增长 0.5% 左右；六是城、乡居民人均可支配收入由原计划分别增长 8%、9% 调整为增长 5.5%、6.8%。

2021 年 1 月 13 日，市九届人大常委会第四十三次会议，作出《关于推迟召开鹰潭市第九届人民代表大会第八次会议的决定》。决定原定于 2021 年 1 月 19 日召开的鹰潭市第九届人民代表大会第八次会议推迟至 1 月 20 日举行。

2021 年 4 月 12 日，市九届人大常委会第四十五次会议，作出《关于召开鹰潭市第九届人民代表大会第九次会议的决定》。决定鹰潭市第九届人民代表大会第九次会议于 2021 年 4 月 26 日在市区召开。

2021 年 6 月 22 日，市九届人大常委会第四十七次会议，作出《关于加强国有资产管理情况监督的决定》。决定提出：市人大常委会围绕党中央和省委、市委关于国有资产管理和治理的决策部署，聚焦监督政府管理国有资产的情况，坚持依法监督、正确监督，坚持全口径、全覆盖，坚持问题导向，依法、全面、有效履行国有资产监督职责；市人大常委会以每年听取和审议市人民政府关于国有资产管理情况的报告作为履行人大国有资产监督职责的基本方式，并综合运用执法检查、询问、质询和特定问题调查等法定监督方式；市人民政府按照综合报告与专项报告相结合的方式，做好国有资产管理情况报告工作；市人民政府每年向市人大常委会报告上一年度全市和市级国有资产管理情况，依法由市人民政府负责人报告，也可以委托有关部门主要负责人报告；市人民政府完善各类国有资产报表体系，作为报告的重要组成部分；市人大常委会围绕年度国有资产管理情况报告议题组织开展专题调查研究，可以邀请市人大代表参与；市人大常委会审议市人民政府关于国有资产管理情况的报告，开展国有资产监督，应当重点关注下列内容：贯彻落实党中央有关国有资产重大方针政策和省委、市委重要决策部署情况；有关法律法规实施情况；市人大常委会有关决议和审议意见落实情况；改革完善各类国有资产管理体制情况；企业国有资产（不含金融企业）、金融企业国有资产服务国家战略和经济社会发展，提升国有经济竞争力、创新力、控制力、影响力、抗风险能力等情况；行政事业性国有资产保障国家机关和事业单位节约高效履职，增强基本公共服务的可及性和公平性等情况；国有自然资源资产支持经济社会发展和提高生态环境质量、落实自然资源保护与有效利用、保护生态环境、节能减排等约束性指标等情况；国有资本保值增值、防止国有资产流失制度的建立和完善，国有企业兼并重组、破产清算等国有资产处置以及国有资产收益分配情况；审计查出问题整改情况；其他与国有资产管理有关的重要情况；市人大常委会会议审议综合报告、专项报告时，市人民政府有关部门负责人应当到会听取意见、回答询问；市人民政府应当建立健全整改与问责机制；按照稳步推进的原则，建立健全整改与问责情况跟踪监督机制；市人大财经委与市人民政府审计部门及其他有关部门建立健全工作联系机制，加强工作沟通，定期举行工作会议，通报国有资产监督和管理情况；建立国有资产管理情况日常报告制度和重大事项报告制度；健全国有资本经营预算管理制度，强化国有资本经营预算对国有资本的总体布局、投资运作、收益管理等的统筹约束和支撑保障作用；市人大常委会办事机构按照《中华人民共和国各级人民代表大会常务委员会监督法》等法律法规规定，将市人大常委会国有资产监督工作五年规划，国有资产管理情况报告及专题调研报告，市人民政府研究处理审议意见及整改与问责情况、执行决议情况的报告，向市人大代表通报并向社会公布；各区（市）人大常委会结合本地实际，参照《全国人民代表大会常务委员会关于加强国有资产管理情况监督的决定》《江西省人民代表大会常务委员会关于加强国有资产管理情况监督的决定》和本决定，建立健全国有资产管理情况监督制度，加强监督力量，依法履行人大国有资产监督职责。

2021 年 8 月 25 日，市九届人大常委会第四十八次会议，听取和审议市财政局《关于2020 年市级决算和 2021 年上半年预算执行情况的报告》和市审计局《关于 2020 年度市级预算执行和其他财政收支的审计工作报告》，通过《关于批准 2020 年市级决算的决议》。作出《关于鹰潭市第十届人民代表大会代表名额分配和选举问题的决定》。决定指出，省人大常委会确定鹰潭市十届人民代表大会代表名额为 281 名，各区（市）和驻鹰潭部队应在 2021 年 10 月选出市十届人大代表。作出《关于加强我市地方性法规实施工作的决定》。决定：准确把握地方性法规的地位、充分认识地方性法规的作用、将鹰潭市地方性法规融入市域法治体系；建立长效实施机制：明确法规实施工作的原则、建立各司其职的长效机制、坚持向党委请示报告制度；营造良好实施氛围：全面落实普法责任制、加强干部法制教育培训、广泛开展法制宣传；严格推进法规实施：做好法规实施准备工作、出台相关配套制度、推行考核评价制度、依法落实监察职责、推进地方性法规的司法适用；不断强化执法监督：实行实施情况报告制度、加大执法检查力度、加强跟踪督办工作、适时开展立法后评估。

2021 年 9 月 23 日，市九届人大常委会第四十九次会议，作出《关于召开鹰潭市第十届人民代表大会第一次会议的决定》。决定鹰潭市第十届人民代表大会第一次会议于 2021 年 10 月 28 日在市区召开。

第五节　市十届人大常委会讨论决定的重大事项

2021 年 12 月 29 日，市十届人大常委会第二次会议，作出《关于加强自身建设的决定》。决定：坚持党的全面领导，保持正确政治方向：坚决做到“两个维护”、坚持党对人大工作全面领导；坚持理论武装，提升依法履职能力：强化政治理论学习、强化业务知识学习、健全完善学习制度、坚持理论联系实际；坚持围绕中心，充分发挥职能作用：紧贴中心谋划工作、扎实提高立法质量、持续改进监督工作、科学决定重大事项、依法做好任免工作；坚持民主集中制，提升议事决策水平：依法集体行使职权、加强与“一府一委两院”的沟通衔接、强化人大工作联系、带头执行决定决议；坚持全过程人民民主，密切与人大代表和人民群众的联系：始终坚持人民立场、充分发挥代表作用、密切联系人民群众；坚持正风肃纪，树立人大良好形象：全面落实主体责任、加强思想道德修养、自觉接受人民监督、打造过硬干部队伍。作出《关于开展第八个五年法治宣传教育的决议》。决议要求以习近平法治思想引领全民普法工作，突出全民普法重点内容，突出全民普法重点对象，着力提升普法工作的针对性和实效性，加强鹰潭特色法治文化建设，大力推进普法与依法治理有机融合，加强组织实施和监督检查。通过《关于批准 2021 年市级预算调整方案及 2021 年地方政府债务限额的决议》，共五个方面。一般公共预算方面：市本级一般公共预算可用财力由 391351 万元调整为 426772 万元，净调增 35421 万元。市本级支出预算由 391351 万元调整为 426772 万元，净调增 35421 万元。收支相抵，市本级一般公共预算收支平衡。政府性基金预算方面：市本级政府性基金预算收入由 608485 万元调整为 514947 万元，净调减 93538 万元。预算支出由 608485 万元调整为 459771 万元，净调减 148714 万元。收支相抵，预计年末滚存结余 55176 万元。国有资本经营预算方面：市本级国有资本经营预算收入由 32202 万元调整为 44047 万元，净调增 11845 万元。预算支出由 32202 调整为 44047 万元，净调增 11845 万元（其中 41277 万元调入一般公共预算），国有资本经营预算收支平衡。社会保险基金预算方面：市本级社会保险基金预算收入由 186464 万元调整为 176635 万元，净调减 9829 万元。预算支出由 180379 万元调整为 189161 万元，净调增 8782 万元。收支相抵，预计当年减少结余 12526 万元，预计 2021 年底年末滚存结余 159587 万元。2021 年地方政府债务限额情况：鹰潭市 2020 年地方政府债务限额 2824544 万元，市本级 2020 年地方政府债务限额 1400533 万元。在此基础上，加上省财政厅分配下达鹰潭市 2021 年新增地方政府债务限额，鹰潭市 2021 年地方政府债务限额为 3629980 万元，其中，一般债务 1641197 万元，专项债务 1988783 万元。市本级 2021 年的债务限额为 1537919 万元，其中，一般债务 815251 万元，专项债务 722668 万元。通过《关于批准 2020 年地方政府债务限额的决议》。决定批准鹰潭市 2020 年市级决算，批准龙虎山风景名胜区、鹰潭高新技术产业开发区和信江新区 2020 年决算。

2022 年 1 月 6 日，市十届人大常委会第三次会议，作出《关于召开鹰潭市第十届人民代表大会第二次会议的决定》。决定鹰潭市第十届人民代表大会第二次会议于 2022 年 1 月 23 日在鹰潭召开。

2022 年 6 月 27 日，市十届人大常委会第七次会议，通过《关于批准 2022 年新增地方政府债务限额以及 2022 年市级预算调整方案的决议》。决定批准 2022 年新增地方政府债务限额 57.0559 亿元，批准市本级预算调整方案，批准鹰潭高新区、龙虎山景区、信江新区预算调整方案。

2022 年 10 月 31 日，市十届人大常委会第八次会议，通过《关于批准 2021 年市级决算的决议》。决定批准鹰潭市 2021 年市本级决算，批准龙虎山风景名胜区、鹰潭高新技术产业开发区和信江新区 2021 年决算。通过《关于批准 2022 年地方政府债务限额以及 2022 年市级预算调整方案的决议》。决定批准市本级预算调整方案，批准鹰潭高新区预算调整方案。

2022 年 11 月 24 日，市十届人大常委会第九次会议，作出《关于召开鹰潭市第十届人民代表大会第三次会议的决定》。鹰潭市第十届人民代表大会第三次会议于 2022 年 12 月下旬在市区召开。通过《关于批准 2022 年市级预算调整方案的决议》。决定批准 2022 年市本级预算调整方案，批准龙虎山景区、鹰潭高新区、信江新区 2022 年预算调整方案。

2023 年 4 月 26 日，市十届人大常委会第十三次会议，通过《关于批准 2023 年新增地方政府债务限额及 2023 年市级预算调整方案的决议》。决定批准 2023 年新增地方政府债务限额 34.2 亿元，批准市本级预算调整方案，批准鹰潭高新区、龙虎山风景区、信江新区预算调整方案。

2023 年 6 月 26 日，市十届人大常委会第十四次会议，通过《关于批准 2023 年市级预算调整方案的决议》。决定安排市级新增债务限额 107120 万元（其中市本级 43000 万元、鹰潭高新区 48120 万元、龙虎山风景区 13000 万元、信江新区 3000 万元），区（市）新增债务限额 185400 万元；市本级一般公共预算收入调增 36835 万元，支出调整 36835 万元；政府性基金收入调整 274700 万元，支出调整 274700 万元。

2023 年 8 月 31 日，市十届人大常委会第十六次会议，作出《关于修改〈鹰潭市人民代表大会常务委员会议事规则〉的决定》。《鹰潭市人民代表大会常务委员会议事规则》根据本决定作相应修正并对条文顺序作相应调整后，重新公布。通过《关于批准 2022 年市级决算的决议》。决定批准鹰潭市 2022 年市本级预算，批准鹰潭高新技术产业开发区、龙虎山风景名胜区和信江新区 2022 年决算。

2023 年 10 月 30 日，市十届人大常委会第十七次会议，作出《关于支持和保障碳达峰碳中和工作促进鹰潭绿色转型发展的决定》。决定提出要准确把握碳达峰、碳中和工作基本要求，切实强化政府碳达峰、碳中和工作职能，全面落实碳达峰、碳中和主要任务和重大举措，加快构建激励扶持政策体系，大力加强统计、监测、监管和考核评价，广泛深入开展碳达峰、碳中和宣传教育，积极动员全社会力量参与碳达峰、碳中和，依法加强人大有关立法和监督工作，对违反碳达峰、碳中和有关规定的行为，依据相关法律法规进行处理。通过《关于批准 2023 年市级预算调整方案的决议》。决定市本级一般公共预算综合财力由 480332 万元调整为 620333 万元，净调增 140001 万元；市本级预算支出由 480332 万元调整为 620333 万元，净调增 140001 万元。市本级政府性基金预算收入由 634443 万元调整为 652133 万元，净调增 17690 万元；预算支出由 634443 万元调整为 618019 万元，净调减 16424 万元。市本级国有资本经营性预算收入由 61760 万元调整为 54248 万元，净调减 7512 万元；预算支出由 61760 万元调整为 54248 万元，净调减 7512 万元。

2023 年 12 月 15 日，市十届人大常委会第十八次会议，作出《关于召开鹰潭市第十届人民代表大会第四次会议的决定》。决定鹰潭市第十届人民代表大会第四次会议于 2024 年 1 月 17 日在市区召开。

第七篇

监督工作

市人大及其常委会根据《中华人民共和国各级人民代表大会常务委员会监督法》（简称监督法）和江西省实施监督法办法，依据宪法和有关法律的规定，对“一府一委两院”行使监督权。

监督工作主要内容包括听取和审议“一府一委两院”工作报告；听取和审议国民经济和社会发展计划和预算执行情况报告，审查和批准决算；听取和审议审计工作报告；开展法律法规实施情况检查；组织视察和调研；实施述职评议、工作评议、专题询问和规范性文件备案审查等。监督范围覆盖财政经济、农业农村、城乡建设、生态环境、监察司法、教科文卫、社会建设、外侨民宗、备案审查等领域。

第一章　听取和审议专项工作报告

2004年至2023年，市人大常委会第六届至第十届共听取和审议“一府一委两院”专项工作报告200项。其中，第六届9项，第七届66项，第八届51项，第九届51项，第十届23项。

第一节　市六届人大常委会听取和审议工作报告

2004年7月28日，市六届人大常委会第四次会议听取和审议市人民政府《关于我市上半年农业和农村工作情况的报告》。会议要求，市人民政府要全面贯彻落实好党中央关于农民增收的各项政策措施；用足用活用好政策，加大对农业的投入，改善农村基础设施；积极化解乡村债务，加强农技人员管理和培训；妥善处理好失地农民和农村弱势群体的生产生活困难，确保农村社会稳定。

2004年9月22日至23日，市六届人大常委会第五次会议听取和审议市人民政府《关于市六届人大一次会议代表提出的建议、批评和意见办理情况的报告》。会议要求，市人民政府及各承办单位要认真总结经验，对部分因时间关系和条件限制暂时不能解决的建议、批评和意见进行跟踪，务必从实现、发展、维护好人民群众的根本利益出发，努力提高代表建议、批评和意见办理工作水平。

2004年11月30日，市六届人大常委会第六次会议听取和审议市人民政府《关于全市公安派出所工作和建设情况的报告》。会议要求，市人民政府要进一步统一加强派出所建设的认识；加强民警的教育管理和培训等工作；有效解决警力紧张困难，保障好派出所各项工作经费；进一步完善治安防控网络，创建和谐稳定的社会治安环境。

2005年4月26日，市六届人大常委会第十一次会议听取和审议市人民政府《关于全市防汛准备工作情况的报告》。会议要求，市人民政府及有关部门要加强宣传，提高全民依法防洪意识；加大依法防洪力度；加强防汛办建设，充分发挥参谋部作用；认真做好汛期地质灾害防御工作。

2005年6月21日，市六届人大常委会第十二次会议听取和审议市人民政府《关于全市社区建设情况的报告》。会议要求，要进一步提高加强城市社区建设重要性的认识；进一步加强社区建设的领导；进一步完善共驻共建格局；进一步明确社区居委会的职责，理顺外部关系；进一步加大社区建设投入。

2005年8月23日至24日，市六届人大常委会第十四次会议听取和审议市人民政府《关于全市“四五”普法工作情况的报告》。会议要求，要进一步提高对普法和依法治国工作重要性的认识；进一步拓宽普法教育渠道；认真做好考核验收工作。

2005年10月26日至27日，市六届人大常委会第十五次会议听取和审议市人民政府《关于市六届人大二次会议代表提出的建议、批评和意见办理情况的报告》。会议要求，市人民政府及各承办单位要进一步提高对办理代表建议工作的认识；要加大调研力度，拓宽建议办理工作思路；要通过各种途径，努力提高承办人员的业务水平。

2006年6月22日，市六届人大常委会第十九次会议听取和审议市人民政府关于“四五”普法工作情况和“五五”普法安排意见的汇报，审议通过《鹰潭市人大常委会关于加强法制宣传教育的决议》。

2006年8月25日，市六届人大常委会第二十次会议听取和审议市人民政府《关于市六届人大三次会议代表提出的建议、批评和意见办理情况的报告》。会议要求，要进一步提高认识，加强领导；进一步加强队伍建设，提高办理工作质量；进一步加大政府协调力度，使承办工作更有效。

第二节　市七届人大常委会听取和审议工作报告

2007年2月7日至8日，市七届人大常委会第二次会议听取和审议市人民政府《关于节日期间市区社会治安工作情况的报告》。会议要求，要进一步明确节日期间市区社会治安工作的重点，加大对刑事治安案件的打击力度；进一步发动群众，做好群防群治工作；进一步发挥好巡防员、保安员两支队伍的作用；进一步加强队伍建设，努力提高公安队伍的整体素质。

2007年5月23日，市七届人大常委会第六次会议听取和审议市人民政府《关于对鹰潭市住房公积金归集、使用和管理情况的报告》。会议要求，要加强住房公积金制度的宣传；进一步加强住房公积金归集工作；严格控制住房公积金缴存比例及缴存基数；强化公积金安全运作的监督约束机制；进一步提高为民服务的质量。

2007年5月23日，市七届人大常委会第六次会议听取和审议市人民政府《关于贯彻落实〈市人大常委会关于批准按期偿还使用国家开发银行城市基础设施项目贷款的决议〉情况的报告》。会议要求，市城投公司应尽快办理开行贷款项目建设用地审批手续，确保开行贷款资金按期支付到位；市城投公司和市国土资源管理部门尽快制定土地挂牌出让计划；城投公司要尽快将已完成工程决算报财政审核；尽快将40号路余款调配到新的项目中，以利于盘活资金；龙虎山大道延伸一期工程要根据招标程序落实施工单位，以提高资金使用效益。

2007年7月23日，市七届人大常委会第七次会议听取和审议《关于市中级人民法院上半年工作情况的报告》《市人民检察院上半年工作情况的报告》。会议要求，市法、检“两院”要进一步健全完善相关工作机制，加强队伍建设；进一步加强对基层院的指导、领导和支持；市中级人民法院要进一步做好人大转办信访案件的办理、答复工作；市人民检察院要继续加大查办职务犯罪力度和诉讼监督力度；市人民政府要进一步加大对市法、检“两院”工作的支持。

2007年9月27日至28日，市七届人大常委会第八次会议听取和审议市人民政府《关于我市深山区少数民族移民扶贫搬迁工作情况的报告》。会议要求，市人民政府要加强对搬迁工程的督查、指导；积极妥善地解决搬迁群众生产、生活问题；认真做好相关资料的收集、整理、保存等工作。

2007年9月27日至28日，市七届人大常委会第八次会议听取和审议市人民政府《关于市七届人大一次、二次会议代表提出的建议、批评和意见办理情况的报告》。会议要求，要进一步提高对代表建议办理工作的认识；进一步提高代表建议办理质量；争取时间，尽早办好代表建议。

2007年11月15日，市七届人大常委会第九次会议听取和审议市人民政府《关于全市城乡居民最低生活保障工作情况的报告》。会议要求，要进一步加大城乡低保法规、政策的宣传力度；进一步加强督促检查工作；进一步健全完善相关制度，加强基础工作；进一步加强低保工作队伍建设。

2007年11月15日，市七届人大常委会第九次会议听取和审议市人民政府《关于全市公共卫生监督执法情况的报告》。会议要求，要强化法制宣传，普及卫生知识，切实提高业界卫生法制意识和群众自我保护意识；强化部门协作，切实形成齐抓共管合力；加强队伍建设，提高监督执法的整体水平和能力；加大财政投入，逐步改善卫生监督执法条件；加大监督执法力度，维护公共卫生秩序，保障百姓健康权益。

2008年2月29日，市七届人大常委会第十一次会议听取和审议市人大常委会农工委《关于加快蔬菜基地建设，从根本上解决鹰潭市蔬菜供应紧张、蔬菜价格偏高问题的议案初审结果报告》。会议指出，要提高市民的蔬菜供应量和质量，扩大商品蔬菜种植面积；加大投入，改善生产条件，提高复种指数；开辟本地菜农自由交易区，满足菜农自销的需要。会议决定，将“关于加快蔬菜基地建设，从根本上解决鹰潭市蔬菜供应紧张、蔬菜价格偏高问题的议案”改作建议，交由市人民政府办理。

2008年4月18日，市七届人大常委会第十四次会议听取和审议市人民政府《关于全市“五五”普法工作情况的报告》。会议要求，市人民政府及其相关部门要进一步重视普法、依法治理工作；进一步加大普法工作力度；进一步创新形式，增强普法实效；进一步加大普法工作督办检查力度。

2008年6月12日至13日，市七届人大常委会第十六次会议听取和审议市人民政府《关于我市近两年来财政转移支付资金管理和使用情况的报告》。会议要求，要加大工作力度，积极向上级争取转移支付资金；要规范资金分配，提高专项转移支付透明度和合理性；要按照《中华人民共和国预算法》要求，尽量将转移支付资金纳入预算编制；要加强制度建设，强化监督约束机制。

2008年6月12日至13日，市七届人大常委会第十六次会议听取和审议市人民政府《关于全市农村广播电视村村通工作情况的报告》。会议要求，要进一步加大宣传力度，努力营造村村通工作的良好氛围；进一步加强领导，切实加快村村通工程建设进程；进一步加大筹资力度，确保村村通工程建设、运行所需资金；进一步探索创新，努力建立健全村村通工作的长效机制。

2008年6月12日至13日，市七届人大常委会第十六次会议听取和审议市人民政府《关于我市住宅专项维修资金管理和使用情况的报告》。会议要求，市人民政府及相关部门要把房屋维修资金的使用和管理作为一项重要的民生工程来抓；尽快制定出台鹰潭市住宅维修资金管理使用办法；要切实加强维修资金的监管工作；加强业主委员会的建设和指导，提高维修资金使用比例；要切实解决好历史遗留问题；加强维修资金管理机构建设。

2008年8月21日至22日，市七届人大常委会第十七次会议听取和审议市中级人民法院《关于2008年上半年工作情况的报告》。会议要求，市中级人民法院要进一步加大对刑事犯罪的打击力度；继续加大执行工作力度；完善和加强人民陪审员的使用及管理工作；进一步加强队伍建设。

2008年8月21日至22日，市七届人大常委会第十七次会议听取和审议市人民检察院《关于2008年上半年工作情况的报告》。会议要求，市人民检察院要进一步加大惩治和预防职务犯罪的工作力度；进一步加大诉讼监督力度；进一步准确贯彻宽严相济的刑事司法政策。

2008年9月26日至27日，市七届人大常委会第十八次会议听取和审议市人民政府《关于市七届人大三次会议代表提出的建议、批评和意见办理情况的报告》。会议要求，要进一步提高对建议办理工作重要性的认识；严格按照法定的时间及规定程序办理代表建议；政府办要及时向人大报送代表建议、批评和意见办理情况报告。

2008年9月26日至27日，市七届人大常委会第十八次会议听取和审议市人民政府

《关于我市工业污染监督管理工作情况的报告》。会议要求，市人民政府及其相关部门要加强宣传，提高共识，形成工作合力；加强监管能力建设，进一步提升鹰潭市工业污染监管工作水平；进一步完善工业污染应急预案；加强环保干部队伍建设，进一步提高监督管理能力。

2008 年 11 月 13 日至 14 日，市七届人大常委会第十九次会议听取和审议市人民政府《关于全市养老保险工作情况的报告》。会议要求，要进一步提高认识，加强对养老保险工作的领导；进一步加大扩面征缴力度，提高养老保险参保率和保费征缴率；进一步加强基金监管工作，防范基金风险。

2008 年 11 月 13 日至 14 日，市七届人大常委会第十九次会议听取和审议市人民政府《关于全市大旅游发展情况的报告》。会议要求，市人民政府及有关部门要整合旅游资源，精心修订规划；围绕产业目标，创新发展机制；明确功能定位，完善配套设施；加强宣传营销，树立鹰潭大旅游形象；狠抓项目建设，强化支撑体系。

2009 年 1 月 19 日，市七届人大常委会第二十一次会议听取和审议市人民政府关于《鹰潭市城市总体规划（2007—2020 年）修编工作情况的报告》和城市总体规划修编审查小组《关于鹰潭市城市总体规划（修编）的审查报告》。会议要求，市人民政府要加强规划的宣传，扩大社会公众参与面；尽快编制出台专业性规划和控制性详规；加强规划实施的监督管理。会议表决通过关于审查同意鹰潭市城市总体规划（修编）的决议。

2009 年 4 月 23 日至 24 日，市七届人大常委会第二十三次会议分别听取和审议市工商局、市国税局、市地税局、市质监局、市人民银行《关于全市“促增长，促发展”工作情况的报告》。会议要求，市人民政府要坚持解放思想，以科学发展观统领工作大局；进一步优化发展环境，努力营造投资兴业的良好氛围；积极解决实际问题，全力以赴做好保增长工作；贯彻落实重大项目带动战略，大力支持重大项目建设。

2009 年 4 月 23 日至 24 日，市七届人大常委会第二十三次会议审议市人民政府《关于鹰潭市基层民主政权建设工作情况的报告》。会议要求，市人民政府要下大力气提高对基层民主建设重要性和必要性的认识；下大力气加快经济发展，为农村民主政治建设提供坚实的物质基础；下大力气抓好制度建设，规范办事程序；下大力气规范运作，加强督导，确保村务公开真实持久。

2009 年 8 月 27 日至 28 日，市七届人大常委会第二十七次会议听取和审议市中级人民法院《关于全市法院民事审判工作情况的报告》。会议要求，要进一步发挥民事审判职能作用，全力服务党和国家工作大局；要进一步完善民事审判工作机制，规范民事司法行为；要进一步加强监督指导，提升整体执法水平；要进一步提高民事法官整体素质，确保审判公正高效权威。

2009年8月27日至28日，市七届人大常委会第二十七次会议听取了市人大常委会任命的市中级人民法院部分工作人员依法履职情况的报告。

2009年8月27日至28日，市七届人大常委会第二十七次会议听取和审议市人民检察院《关于2009年上半年工作情况的报告》。会议要求，市人民检察院要继续开展好深入学习实践科学发展观活动；切实维护社会和谐稳定；进一步加大查办和预防职务犯罪工作力度；全面加强对诉讼活动的法律监督；扎实推进检察队伍建设；进一步加强基层检察院建设，做好信息化基础工作。

2009年9月23日至24日，市七届人大常委会第二十八次会议听取和审议市人民政府《关于全市农村药品“两网”建设工作情况汇报》。会议要求，要进一步加大宣传力度，筑牢群众安全用药基础；加强“两员”队伍建设，不断夯实基层基础；有效整合资源，巩固、扩大“两网”成效。

2009年9月23日至24日，市七届人大常委会第二十八次会议听取和审议市人民政府《关于我市耕地保护责任目标落实情况的报告》。会议要求，市人民政府及其相关部门要加大宣传教育力度，增强全市耕地保护意识；进一步完善土地执法监管机制，加大土地执行力度；遏制丢荒弃耕现象，提高耕地利用率；加大投入，不断提高耕地数量和质量；站在“以民为本”的高度，把规范农民建房与新农村建设有机结合起来。

2009年9月23日至24日，市七届人大常委会第二十八次会议听取和审议市人民政府《关于鹰潭市农业产业化发展情况的报告》。会议要求，要加强领导，增强农业产业化发展的推动力；通过实施“六个十”现代农业工程，提升一批特色基地，壮大一批龙头企业；加大扶持力度，切实兑现已经出台的一系列扶持农业产业化发展的政策措施；加大引资力度，多渠道增加对农业产业化龙头企业的投入。

2009年9月23日至24日，市七届人大常委会第二十八次会议听取和审议市人民政府《关于我市依法管理宗教事务工作情况的报告》。会议要求，市人民政府要认真贯彻“三保一弘扬”的总要求，切实加强对宗教工作的领导；依据两个条例，切实做到依法管理宗教事务；继续加强宗教工作主体在县工作，加强宗教管理基层基础建设；采取可行措施，做好宗教活动场所的整体规划和重点保护工作；进一步开展宗教政策法规的宣传教育，切实营造良好的宗教工作氛围。

2009年11月5日，市七届人大常委会第二十九次会议听取和审议市人民政府《关于江西省第十三届运动会筹备工作情况的报告》。会议要求，市人民政府及其相关部门要加快省运会场馆建设进度；加大资金筹措力度；城市管理需要强化责任。

2009年12月15日至16日，市七届人大常委会第三十次会议听取和审议市人民政府《关于我市大物流发展情况的报告》。会议要求，要强化意识，坚定信心；规划引导，合理布局；整合资源，夯实基础；创新机制，培育主体；引资引智，培育人才。

2009年12月15日至16日，市七届人大常委会第三十次会议听取和审议市人民政府《关于办理市七届人大五次会议代表提出的建议、批评和意见情况的报告》。会议要求，要进一步深化对办理工作的认识；努力提高办理工作的质量；切实提升代表提建议的质量。

2009年12月15日至16日，市七届人大常委会第三十次会议听取和审议市人民政府《关于我市新农村建设工作情况的报告》。会议要求，市人民政府及有关部门要抓村集体经济，解决有钱办事的问题；抓组织机构建设，解决有人办事的问题；抓卫生清洁工程和（“三清六改四普及”）解决环境整洁的问题。

2010年5月20日至21日，市七届人大常委会第三十三次会议听取和审议市中级人民法院、市人民检察院、市公安局、市司法局《关于为经济发展优化环境、为社会稳定提供司法保障的报告》。会议要求，四部门要以服务省运会为契机，全力维护社会稳定；增强中心意识，积极服务经济建设；推进执法能力建设；通力合作，密切配合。

2010年5月20日至21日，市七届人大常委会第三十三次会议听取和审议市人民政府《关于全市农村医疗垃圾无害化处理情况的报告》。会议要求，市人民政府及有关部门要将农村医疗垃圾纳入“卫生清洁”工程范畴，实行“统一管理，双线运作”方式处理；尽快建立、完善农村医疗垃圾处理机制，促进农村医疗垃圾无害化处理步入正常轨道。

2010年7月27日至28日，市七届人大常委会第三十五次会议听取和审议市人民政府《关于我市抗洪抢险工作情况的报告》《关于全市镇灾后卫生防疫工作情况的报告》。会议要求，要进一步加大垃圾清理和环境整治力度，消除疫病滋生环境；统筹协调，综合治理，确保灾区群众饮食饮水卫生安全；加强防疫与健康知识的宣传与教育，增强群众疫病防控意识和能力。

2010年7月27日至28日，市七届人大常委会第三十五次会议听取和审议市人民政府《关于市七届人大六次会议期间代表提出的建议、批评和意见办理情况的报告》。会议要求，要进一步强化责任意识，提高对代表建议办理工作的认识；进一步巩固办理成果，注重办理时效，及时负责答复；进一步加强与代表的沟通与联系；进一步提高建议质量，引导代表加强调查研究。

2010年7月27日至28日，市七届人大常委会第三十五次会议听取和审议市人民检察院《关于诉讼监督情况的报告》。会议要求，市人民检察院要强化诉讼监督意识，进一步增强监督工作的主动性；强化诉讼监督实效，进一步推进诉讼监督工作深入发展；加强自身建设，进一步提高监督能力和水平。

2010年7月27日至28日，市七届人大常委会第三十五次会议审议了市人民政府《关于全市餐饮具消毒监督管理情况的报告》。会议要求，市人民政府要加大餐饮具消毒效果监测，定期或不定期开展集中消毒餐饮具的抽检，向社会公布检测结果；大力宣传贯彻《食品安全法》《消毒管理办法》；在餐饮服务监管职能未移交食品药品监管局前，卫生部门继续做好对餐饮具卫生安全的监督管理；建立职能部门联席协调机制，卫生、工商、食品药品监管部门加强工作配合和信息沟通，形成监管合力。

2010年7月27日至28日，市七届人大常委会第三十五次会议审议市中级人民法院《关于2010年上半年工作情况的报告》。会议要求，市中级人民法院要充分发挥审判职能作用，自觉服务大局；继续深入推进“三项重点工作”；把强化审判管理与融入“数字鹰潭”建设结合起来；有效化解信访积案和执行未结积案；加强队伍建设。

2010年9月25日，市七届人大常委会第三十七次会议听取和审议市人民政府《关于鹰潭市旅游企业经营发展情况的报告》。会议要求，要调整旅游产业结构，推动旅游业转型升级；加强旅游集散地建设，引导旅游企业集聚发展；加强旅游行业监管，优化旅游企业经营秩序；完善旅游企业扶持政策，促进旅游产业快速发展。

2010年9月25日，市七届人大常委会第三十七次会议听取和审议市人民政府《关于我市城镇污水处理设施和管网建设及运行情况的报告》。会议要求，要以科学发展观为统领，不断提高对水环境保护的责任意识；进一步推进污水处理设施和配套管网建设；常抓不懈，切实做好监管工作；加强污水处理设施的运营管理。

2010年9月25日，市七届人大常委会第三十七次会议听取和审议市人民政府《关于我市城际公交一体化建设情况的报告》。会议要求，要建大公交网络，促一体化进程；编制专项规划，完善场站建设；建立GPS系统，打造“数字公交”；打响公交品牌，树立行业形象。

2010年9月25日，市七届人大常委会第三十七次会议听取和审议市人民政府《关于我市新农村建设资金使用情况》。会议要求，县级应优先安排配套资金；按时完成省批准的村点建设；进一步规范资金报账和使用制度。

2010年11月8日，市七届人大常委会第三十八次会议听取和审议市人民政府《关于我市抗洪灾后重建工作情况的报告》。会议要求，市人民政府及有关部门要统筹规划重大水毁项目重建工作；全力抓好2010年农田水利建设；做好重建项目的跟踪和衔接工作。

2010年11月8日，市七届人大常委会第三十八次会议听取和审议市人民政府《关于我市2009年水利专项资金使用管理情况的报告》。会议要求，要深化认识，加大水利建设力度；加强政策研究，积极向上争取更多的水利专项资金；完善制度，加强工程管理；严肃财经纪律，加强水利专项资金管理；加强监督监察，发挥职能部门作用。

2010年11月8日，市七届人大常委会第三十八次会议听取和审议市人民政府《关于鹰潭市蔬菜基地建设情况的报告》。会议要求，市人民政府及有关部门要抓住机遇，搞好蔬菜基地规划与布局；抓好蔬菜基地建设；做好技术推广和服务；进一步加大投入，扶持和推进重点蔬菜基地建设，切实抓好蔬菜生产，保障城市供应。

2010年11月8日，市七届人大常委会第三十八次会议听取和审议人民政府《关于社会抚养费征收管理使用情况报告》。会议要求，市人民政府及有关部门要完善机制、落实责任；协调配合，形成合力；突出重点，重点治理；强化管理，提高效益。

2011年6月28日至29日，市七届人大常委会第四十五次会议听取和审议市人民政府《关于维护物价稳定工作情况的报告》。会议要求，要进一步加强对物价工作的领导；进一步加强价格政策的宣传工作；进一步发挥好价格杠杆作用。

2011年6月28日至29日，市七届人大常委会第四十五次会议听取和审议市人民政府《关于加快全市文化产业发展工作情况的报告》。会议要求，要强化责任，做优文化产业发展相关环境；破解难题，拓展文化产业发展空间；凸显优势，打造独具鹰潭特色的产业品牌；谋划未来，充实文化产业发展后劲。

2011年6月28日至29日，市七届人大常委会第四十五次会议听取和审议市人民政府《关于信江新区开发建设情况的报告》。会议要求，要全力推进“项目开工月”工作；认真抓好项目招商招标工作；尽快完成国有土地房屋拆迁；强力推进集体土地房屋拆迁；精心抓好信江新区二期规划建设工作。

2011年6月28日至29日，市七届人大常委会第四十五次会议听取和审议市人民政府《关于全市“菜篮子”工程建设情况的报告》。会议要求，市人民政府及有关部门要按照高起点、高标准的要求，搞好全市新一轮蔬菜基地建设规划调整；多引进实力强、科技含量高、有稳定市场销路的大企业，努力打造一流的蔬菜基地；做好蔬菜技术推广和服务；想方设法增加对蔬菜基地的投入，扶持和推进重点蔬菜基地建设。

2011年7月21日至22日，市七届人大常委会第四十六次会议听取和审议市人民政府《关于我市“五五”普法规划实施情况和“六五”普法工作安排意见的报告》。会议要求，要进一步明确“六五”普法工作的安排意见；进一步明确“六五”普法工作的主要目标；进一步明确“六五”普法主要任务；进一步明确“六五”普法的对象与要求；进一步创新工作理念和方法措施；进一步强化“六五”普法的组织领导和保障措施。

2011年7月21日至22日，市七届人大常委会第四十六次会议听取和审议市人民政府《关于2011年上半年全市外向型经济发展情况的报告》。会议要求，要加大招商引资力度，加强产业对接；加大政策引导，提高外贸出口总量；加大帮扶力度，促进企业“走出去”；加大口岸建设力度，不断降低企业出口成本。

2011年7月21日至22日，市七届人大常委会第四十六次会议听取和审议市中级人民法院《关于2011年上半年工作情况的报告》。会议要求，市中级人民法院要强化服务大局，着力促进经济发展方式转变；强化执法办案，着力维护社会和谐稳定；强化司法为民，着力保障和改善民生；强化自身建设，着力提高司法能力与工作水平。

2011 年 7 月 21 日至 22 日，市七届人大常委会第四十六次会议听取和审议市人民检察院《关于 2011 年上半年工作情况的报告》。会议要求，市人民检察院要更加注重服务鄱阳湖生态经济区建设，保障经济社会科学发展；更加注重深入推进三项重点工作，进一步防范和化解社会矛盾；更加注重执法办案，充分发挥法律监督职能作用。

2011 年 9 月 7 日，市七届人大常委会第四十七次会议听取和审议市人民政府《关于市七届人大七次会议代表提出的建议、批评和意见督办情况的报告》。会议要求，市人民政府及各承办单位要提高建议办理思想认识，注重办理实效，完善交办制度。

第三节　市八届人大常委会听取和审议工作报告

2012 年 3 月 9 日，市八届人大常委会第五次会议听取和审议市人民政府《关于我市村委会、社区居民委员会换届选举工作情况的报告》。会议要求，市人民政府要做好换届后续工作，深入推进理事会建设，推进基层社会管理服务标准化项目建设。

2012 年 5 月 31 日，市八届人大常委会第六次会议听取和审议市人民政府《关于我市固定资产投资情况的报告》。会议要求，市人民政府要继续实施大项目带动战略，为鹰潭市跨越发展提供支撑；优化投资结构，不断提高投资效益；拓宽筹资渠道，保证项目建设资金来源；创新工作举措，不断提高投资管理水平。

2012 年 5 月 31 日，市八届人大常委会第六次会议听取和审议市人民政府《关于全市教育经费投入和使用管理情况的报告》。会议要求，要强化法治意识，确保教育经费各项法定增长落实到位；落实部门责任，强化教育各项税费的征收管理和使用；完善体制机制，优化财政支出结构，着实解决教育发展相关问题。

2012 年 5 月 31 日，市八届人大常委会第六次会议听取和审议市人民政府《关于我市保障性住房建设情况的报告》。会议要求，市人民政府及有关部门要进一步加大宣传力度；进一步加快保障房建设进程；要积极探索住房保障管理工作；要进一步完善保障性住房动态管理机制；要认真做好来年任务的筹划工作。

2012 年 6 月 20 日，市八届人大常委会第七次会议听取和审议市人民政府《关于全市台资企业发展情况的报告》。会议要求，市人民政府及有关部门要进一步加强对台商投资的产业引导；进一步提高和加大对台企的服务水平与扶持力度；进一步加大对台招商引资力度；进一步加强企业外部环境建设。

2012 年 8 月 27 日，市八届人大常委会第八次会议听取和审议市中级人民法院《关于社会管理创新工作开展情况的报告》。会议要求，市中级人民法院要进一步强化参与社会管理创新工作的意识，创新机制；进一步加强和规范司法建议工作；进一步稳定和加强司法协理员队伍建设；进一步探索建立社会管理创新的工作保障机制。

2012年8月27日，市八届人大常委会第八次会议听取和审议市人民检察院《关于社会管理创新工作情况的报告》。会议要求，市人民检察院要进一步强化社会管理创新工作的主动意识；进一步发挥检察建议的桥梁纽带作用；进一步加强队伍建设；进一步建立完善基层检察工作站（室）职能。

2012年9月28日，市八届人大常委会第九次会议听取和审议市人民政府《关于全市新型农村合作医疗基金运行情况的报告》。会议要求，市人民政府及有关部门要加大宣传力度，切实提高农民群众的政策知晓率和知晓度；强化责任意识，着力加强基金运行各环节的监督和管理；加强队伍建设，不断提升工作人员的思想素质和业务水平；改革创新现有模式、方式，确保基金运行安全有序。

2012年11月23日，市八届人大常委会第十次会议听取和审议市人民政府《关于市本级政府性融资资金管理使用情况的报告》。会议要求，市人民政府要努力拓宽融资渠道，不断创新融资模式；加强制度建设，规范政府性融资管理；建立政府性融资偿贷机制，认真落实还款计划；加大政府性融资资金监管力度，有效提高资金使用效益；进一步提高土地经营水平，规范和加强土地出让金收支管理。

2012年11月23日，市八届人大常委会第十次会议听取和审议市人民政府《关于市八届人大二次会议代表提出的议案与建议、批评和意见办理情况的报告》。会议要求，要进一步提高各承办单位对建议办理工作重要性的认识；进一步加强建议办理的督促检查工作，对涉及全局性关系民生问题的重点建议进行跟踪督查；加大审核把关力度，进一步规范议案和建议的书写格式。

2012年12月6日，市八届人大常委会第十一次会议听取和审议市人民政府《关于全市就业培训工作开展情况的报告》。会议要求，市人民政府要加大宣传力度，进一步营造良好的培训氛围；充分发挥企业自主培训的作用；整合资源，优化布局，加强职业培训基地建设；政府要加强引导和扶持，进一步规范资金的管理和使用。

2013年4月24日，市八届人大常委会第十四次会议听取和审议市公安局《关于全市公安机关社会管理创新工作情况的报告》。会议要求，市公安局要进一步加大社会管理创新工作的宣传力度；进一步加大社会管理创新工作的投入力度；进一步加强公安队伍建设的力度；进一步加大社会防控体系资源整合的力度。

2013年4月24日，市八届人大常委会第十四次会议听取和审议市人民政府《关于全市学前教育工作情况的报告》。会议要求，市人民政府及有关部门要采取有效措施，加快学前教育发展；加强民办园的清理与整治，不断规范民办幼儿园的办学行为；多措并举，切实加强幼师队伍建设；强化安全管理，严防隐患火灾。

2013年6月26日，市八届人大常委会第十五次会议听取和审议市人民政府《关于我市机动车排气污染防治工作情况的报告》。会议要求，市人民政府要进一步强化领导小组的统一领导和规范化建设；切实加强各相关部门的职责监管和落实督查；要认真执行有关机动车排气污染防治方面的法律法规以及各项规定。

2013年6月26日，市八届人大常委会第十五次会议听取和审议市人民政府《关于全市水库水质污染整治工作情况的报告》。会议要求，市人民政府要强化部门工作责任，加大工作执行力度；加速推进达标排放进度，实现节能减排；加强部门联动配合，职能部门各司其职，为整治水库水质污染创造一个良好的工作氛围。

2013年6月26日，市八届人大常委会第十五次会议听取和审议市人民政府《关于全市侨务工作情况的报告》。会议要求，市人民政府要进一步加大法律宣传力度，营造依法护侨氛围；进一步夯实侨务工作基础，尽快开展侨情普查；进一步提升服务水平，加大引资引智力度；进一步完善工作机制，主动服务经济社会发展。

2013年7月29日，市八届人大常委会第十六次会议听取和审议市中级人民法院《关于2013年上半年工作情况的报告》。会议要求，市中级人民法院要坚持群众路线，落实司法为民；坚持法治原则，确保公正司法；坚持从严治院，打造过硬队伍。

2013年7月29日，市八届人大常委会第十六次会议听取和审议市人民检察院《关于2013年上半年工作情况的报告》。会议要求，市人民检察院要进一步增强服务大局意识；进一步强化监督能力；进一步提升执法公信力；进一步提高队伍素质能力。

2013年10月31日，市八届人大常委会第十九次会议听取和审议市人民政府《关于我市农产品质量安全监管服务体系建设情况的报告》。会议要求，市人民政府要强化农产品质量安全责任意识；加快监管服务体系建设进度；加强对农产品质量安全检验检测工作的支撑与保障；积极弥补监管空档。

2013年10月31日，市八届人大常委会第十九次会议听取和审议市人民政府《关于全市被征地农民社会养老保险工作情况的报告》。会议要求，市人民政府要想方设法扩大被征地农民养老保险覆盖面；要确保各级政府财政配套资金足额到位；要力争将被征地农民养老保险纳入省级统筹；要将被征地农民养老保险纳入城镇职工养老保险或城乡居民养老保险体系；要高度重视信江新区被征地农民要求缴费参保的诉求。

2013年11月22日，市八届人大常委会第二十次会议听取和审议市人民政府《关于市八届人大三次会议代表提出建议、批评和意见办理情况的报告》。会议要求，市人民政府要提高建议办理工作的思想认识；完善代表建议交办制度；规范代表建议答复；强化对建议的审核把关。

2014年5月30日，市八届人大常委会第二十五次会议听取和审议市人民政府《关于全市社区矫正工作情况汇报》。会议要求，市人民政府要进一步加强社区矫正工作的领导；进一步加大社区矫正工作的建设力度；进一步强化社区矫正工作的综合协作。

2014年5月30日，市八届人大常委会第二十五次会议听取和审议市人民政府《关于全市职业教育工作情况的报告》。会议要求，市人民政府要强化责任，促进职业教育健康有序发展；加大统筹力度，优化整合职教资源；加强校企合作，进一步发挥职教服务当地经济发展作用。

2014年5月30日，市八届人大常委会第二十五次会议听取和审议市人民政府《关于我市宗教事务管理情况的报告》。会议要求，市人民政府要着力提高各界对宗教工作重要性的认识；依法规范宗教工作有序开展；加强宗教事务基层基础工作。

2014年7月30日，市八届人大常委会第二十六次会议听取和审议市人民政府《关于"森林城乡、绿色鹰潭"建设的报告》。会议要求，市人民政府要加强对湿地公园、森林公园的保护与管理，要健全长效机制，努力提升档次；要加强统筹，有序规划，分解责任，注重调动基层的积极性和创造性，巩固已经取得的成果；要制定相关政策措施，防止产生新的山林权属纠纷；要加大政策扶持力度，想方设法，引导发展这一生态富民产业；要加强森林管护人员的教育与管理。

2014年7月30日，市八届人大常委会第二十六次会议听取和审议市中级人民法院《关于2014年上半年工作情况的报告》。会议要求，市中级人民法院要进一步发挥司法职能，为鹰潭经济社会发展提供更加有力的司法保障；进一步提升审判质效，确保公正司法；进一步完善便民利民的制度措施，深入整治"六难三案"问题；进一步加强队伍建设，提升干警素质；进一步坚持求真务实，稳步推进司法改革。

2014年7月30日，市八届人大常委会第二十六次会议听取和审议市人民检察院《关于2014年上半年工作情况的报告》。会议要求，市人民检察院要继续深入推进教育实践活动；积极强化法律监督能力；重点抓好职务犯罪的结案率；探索开展检察改革试点工作；努力提高检察信息化水平。

2014年9月25日至26日，市八届人大常委会第二十七次会议听取和审议市人民政府《关于我市殡葬改革和管理工作情况的报告》。会议要求，市人民政府应在统一殡葬改革认识上有举措；应在推进殡葬改革上有力度；应在改善殡葬基础设施上有作为；应在提升殡葬管理能力上有创新。

2014年9月25日至26日，市八届人大常委会第二十七次会议听取和审议市人民政府《关于开展城市建筑施工污染治理情况的报告》，并开展专题询问。会议要求，市人民政府要加大问责处罚力度，扩大监督渠道；坚持有法必依原则，履行依法行政责任；突出监管关键重点，抓好联动责任落实；强化现场监管措施，提高现代监管能力。

2014年11月12日，市八届人大常委会第二十八次会议听取和审议市人民政府《关于沿320国道产业聚集升级建设情况的报告》。会议要求，市人民政府要注重统筹协调发展；在集群发展中推进产业转型升级；强化资源要素保障；突出生态文明建设。

2014年11月12日，市八届人大常委会第二十八次会议听取和审议市人民政府《关于我市旅游人才队伍建设情况的报告》。会议要求，市人民政府要完善政策措施，多方吸引人才；整合资源，多渠道培养人才；着力提高旅游从业人员素养。

2014年12月19日，市八届人大常委会第二十九次会议听取和审议市人民政府《关于市八届人大四次会议代表提出建议、批评和意见办理情况的报告》。会议要求，市人民政府要完善代表建议交办机制；进一步加大协调力度；切实加大建议所提问题的解决力度。

2015年1月16日，市八届人大常委会第三十次会议听取和审议市人民政府《关于信江新区污水处理厂项目建设议案办理情况的报告》。会议要求，市人民政府要加快进度，确保2015年1月底完成信江新区污水处理厂项目BOT公开招标，春节前通过公示后正式确定投资人；加强调度，确保3月底完成施工图图审及“三通一平”等各项前期工作；加大力度，确保信江新区污水处理厂项目2015年3月底开工建设，8月底主体完工，10月底项目第一阶段竣工并试运行。

2015年3月18日，市八届人大常委会第三十一次会议听取和审议市人民政府《关于政府工作报告相关目标任务有关情况的报告》。会议要求，市人民政府要在省委、省政府和市委的正确领导下，在市人大的依法监督下，按照“主攻项目，决战‘三区’，凸现特色，实现跨越”总体要求，坚持稳中求进工作总基调，主动适应经济发展新常态，加快打造世界铜都、中华道都、田园新城步伐，确保政府工作报告各项目标任务顺利完成，向人大代表和全市人民交上一份满意的答卷。

2015年5月28日，市八届人大常委会第三十二次会议听取和审议市人民政府《关于我市国有资产经营管理情况的报告》。会议要求，市人民政府要理顺体制机制，建立统一的国有资产监督管理体系；继续深化改革，构建现代企业制度；优化产业布局，做大做强企业；积极探索实践，完善国有资本经营预算制度。

2015年5月28日，市八届人大常委会第三十二次会议听取和审议市人民政府《关于全市全民健身情况的报告》。会议要求，市人民政府要加大宣传力度，不断提高全民健身意识；进一步加强组织领导，推动全民健身活动向社会各个层面拓展；强化措施，多元投入，加强体育健身场地设施建设与管理；依法全面落实学校体育工作，切实增强学生体能素质。

2015年7月20日，市八届人大常委会第三十三次会议听取和审议市中级人民法院《关于2015年上半年工作情况的报告》。会议要求，市中级人民法院要全面履行审判职能，服务改革发展大局；始终坚持司法为民，切实维护公平正义；不断深化司法公开，着力推进阳光司法；深入推进司法改革，切实保障公正司法；着力打造过硬队伍，切实提高能力水平。

2015年7月20日，市八届人大常委会第三十三次会议听取和审议市人民检察院《关于2015年上半年工作情况的报告》。会议要求，市人民检察院要更加注重增强服务大局意识；更加注重强化法律监督能力；更加注重提升司法公信力；更加注重提高队伍素质能力；更加注重夯实基层基础工作；更加注重推动工作机制改革。

2015年7月20日，市八届人大常委会第三十三次会议听取和审议市中级人民法院《关于行政审判工作情况的报告》。会议要求，市中级人民法院要进一步加大修改后的《行政诉讼法》的宣传力度；进一步重视加强行政审判工作，提高案件的质量和效率；市政府及其有关部门要进一步自觉接受行政审判的监督；多措并举，努力提升审判队伍专业化水平。

2015年7月20日，市八届人大常委会第三十三次会议听取和审议市人民检察院《关于民事诉讼法律监督工作情况的报告》。会议要求，市人民检察院要加大宣传力度，提高社会认可度和知晓度；强化依职监督主动性，拓宽案源渠道；进一步推动法、检两院协调机制落实；进一步加强民行检察队伍建设。

2015年9月16日，市八届人大常委会第三十四次会议听取和审议市人民政府《关于我市“小农水”项目实施情况的报告》。会议要求，市人民政府要进一步加大资金整合力度；进一步加强项目实施监管；进一步改善施工条件；积极探索有效的工程建后管护运转机制。

2015年12月28日，市八届人大常委会第三十六次会议听取和审议市人民政府《关于我市旅游产业发展升级情况的报告》。会议要求，市人民政府要在坚持“大项目”带动的同时，强化“大要素”支撑；在坚持“大景区”定位的同时，强化“大旅游”发展；在坚持“全域游”发展的同时，强化“全民游”共享。

2015年12月28日，市八届人大常委会第三十六次会议听取和审议市人民政府《关于市八届人大五次会议代表提出建议、批评和意见办理情况的报告》。会议要求，要认真总结经验，在认真抓好代表培训工作的基础上，进一步提高代表建议办理质量和办理工作水平，切实加强和改进建议督办工作，不断增强代表建议办理实效，充分发挥人大代表在建设富裕秀美宜居和谐鹰潭中的应有作用。

2016年3月23日，市八届人大常委会第三十九次会议听取和审议市人民政府《关于落实 2016 年政府工作报告目标任务有关情况的报告》。会议要求，市人民政府及有关部门要根据政府工作报告的目标任务进行梳理分解，完善责任机制；进一步细化目标任务，确保各项工作取得实效；进一步形成“上下联动、左右互动、合力推进”的工作格局；分层分级，狠抓督查；动态管理，强化考核，确保政府工作报告各项目标任务顺利完成。

2016 年 6 月 29 日，市八届人大常委会第四十一次会议听取和审议市人民政府《关于全市水库水质污染治理情况的报告》。会议要求，市人民政府要做好打“持久战”的思想准备，防范水库水质污染反弹；要加大综合整治力度，建立治理管理长效机制；要加强部门、区域协作，提高污染治理效率；要加大扶持力度，解决好水库对外承包合同解除后续问题。

2016 年 6 月 29 日，市八届人大常委会第四十一次会议听取和审议市中级人民法院、市人民检察院《关于推进司法公开情况的报告》。会议要求，市中级人民法院、市人民检察院要进一步提高认识，有效提升司法公开能力；进一步整合司法公开平台，探索建立信息共享机制；进一步加大宣传教育力度，提高司法公开工作的时效性。

2016 年 7 月 28 日，市八届人大常委会第四十二次会议听取和审议市人民政府《关于我市“六五”普法规划实施情况和“七五”普法工作安排意见的报告》。会议要求，市人民政府要突出法治宣传教育的重点内容；增强法治宣传教育的针对性和实效性；推进鹰潭特色法治文化建设；推进多层次多领域依法治理；推进法制宣传教育创新；健全落实普法责任制；加强组织实施和监督检查。会议表决通过了市人大常委会《关于开展第七个五年法治宣传教育的决议》。

2016 年 7 月 28 日，市八届人大常委会第四十二次会议听取和审议市中级人民法院《关于 2016 年上半年工作情况的报告》。会议要求，市中级人民法院要牢固树立五大发展理念，努力提升服务大局水平；充分发挥司法审判职能，全力防控风险服务发展；集中精力破难补短，不断提升司法公信力；积极稳妥推进司法改革，激发法院工作发展活力；切实加强法院队伍建设，努力营造良好司法生态。

2016 年 7 月 28 日，市八届人大常委会第四十二次会议听取和审议市人民检察院《关于 2016 年上半年工作情况的报告》。会议要求，市人民检察院要更加注重增强服务大局意识；更加注重强化法律监督能力；更加注重提升司法公信力；更加注重提高队伍素质能力；更加注重夯实基层基础工作；更加注重推动检察机制改革。

2016 年 9 月 30 日，市八届人大常委会第四十五次会议听取和审议市人民政府《关于全市精准扶贫工作开展情况的报告》。会议要求，市人民政府要进一步加大宣传发动力度，提高贫困人口的脱贫意识；进一步提高扶贫资金的使用效率，选准选好产业扶贫项目；进一步加强资源整合，加大脱贫攻坚工作力度。

2016 年 9 月 30 日，市八届人大常委会第四十五次会议听取和审议市人民政府《关于市八届人大代表提出的建议、批评和意见办理情况报告》。会议要求，要认真总结经验，在抓好代表培训工作的基础上，进一步提高代表建议办理质量和办理工作水平；切实改进和创新建议督办工作；不断增强代表建议实效。

第四节　市九届人大常委会听取和审议工作报告

2017 年 4 月 28 日，市九届人大常委会第五次会议听取和审议市人民政府《关于 2016 年我市生态环境状况和环境保护目标任务完成情况的报告》。会议要求，市人民政府应高度重视生态环境保护的社会氛围营造工作；应高度重视与群众生产生活密切相关的生态环境保护问题的解决；应高度重视生态环境保护工作大格局的构建。

2017 年 6 月 20 日，市九届人大常委会第六次会议听取和审议市人民政府《关于财政涉农扶贫资金管理使用情况的报告》。会议要求，市人民政府要加强领导，积极推进涉农扶贫资金整合工作；规划引领，推动财政涉农扶贫精准发力；强化监督，进一步提升财政涉农扶贫资金使用绩效；加强队伍建设，增强扶贫机构力量。

2017 年 7 月 24 日，市九届人大常委会第八次会议听取和审议市中级人民法院《关于 2017 年上半年工作情况的报告》。会议要求，市中级人民法院要进一步加强服务保障力度；进一步提高为民司法水平；进一步落实司法改革措施；进一步提升法院队伍素质；进一步自觉接受各方监督。

2017 年 7 月 24 日，市九届人大常委会第八次会议听取和审议市人民检察院《关于 2017 年上半年工作情况的报告》。会议要求，市人民检察院要紧扣全面加强全市检察机关党的建设这一主线，突出生态检察和司法责任制改革两项工作重点，以零容忍的姿态从严治检、压实主体责任、落实监督责任，统筹抓实服务大局、检察监督、规范司法、队伍建设、作风建设、基层基础建设和检察公共关系建设等七个方面工作，为建设富裕美丽幸福鹰潭，决胜全面建成小康社会提供有力司法保障。

2017 年 7 月 24 日，市九届人大常委会第八次会议听取和审议市中级人民法院《关于推进“基本解决执行难”工作情况的报告》。会议要求，市中级人民法院要健全联动机制，形成综合治理执行难格局；规范执行工作，提高执行工作能力和水平；扩大执行宣传，营造良好执行环境。会议审议并通过市人大常委会关于推动人民法院解决执行难的决议。

2017 年 9 月 26 日，市九届人大常委会第十次会议听取和审议市人民政府《关于提请审议〈鹰潭市城乡总体规划（2015—2030 年）〉》的议案和市人大常委会城建环资工委的审查报告。会议要求，市人民政府要进一步完善规划的有关内容；尽快依照法律程序上报审批；抓紧编制各专项规划；坚决维护总规严肃性。

2017年9月26日，市九届人大常委会第十次会议听取和审议市人民检察院《关于生态检察工作情况的报告》。会议要求，市人民检察院要加强生态环境犯罪的打击力度；构建生态司法保护合力；加大生态检察工作的宣传力度。

2017年11月28日，市九届人大常委会第十一次会议听取和审议市人民政府《关于我市公立医院综合改革情况的报告》。会议要求，市人民政府要加快医疗服务价格调整步伐，不断完善价格调整机制；切实加强队伍建设，不断提高医疗服务能力和水平；强化"三医联动"，合力推进公医改革；强化组织领导，坚持问题导向和目标导向，切实推动医改目标落地。

2017年11月28日，市九届人大常委会第十一次会议听取和审议市人民政府《关于我市旅游公共服务设施建设情况的报告》。会议要求，市人民政府要科学规划，统筹优化旅游服务供给；加快优质便捷的景区服务设施建设；切实提升景区内部服务设施功能和服务质量水平。

2017年11月28日，市九届人大常委会第十一次会议听取和审议市人民政府《关于我市供销合作社综合改革情况的报告》。会议要求，市人民政府要强化深改工作领导，提升工作合力；提高驾驭深改工作能力，不断破解深改难题；压实深改工作责任，确保深改目标的实现。

2017年11月28日，市九届人大常委会第十一次会议听取和审议市人民政府《关于九届人大一次、二次会议代表提出的建议、批评和意见办理情况的报告》。会议要求，市人民政府及有关承办单位要加强组织，严格落实责任；突出重点难点，力求在解决问题上下功夫，在具体落实上见成效；突出沟通协调，不断提升代表建议办理实效，充分发挥人大代表在建设富裕美丽幸福鹰潭中的应有作用。

2018年3月29日，市九届人大常委会第十五次会议听取和审议市人民政府《关于2017年我市生态环境状况和环境保护目标任务完成情况的报告》。会议要求，市人民政府要切实树立"人民环保靠人民"的理念；高度重视环境质量下降情况；进一步加大治理工作力度。

2018年5月30日，市九届人大常委会第十七次会议听取和审议市人民政府《关于我市机关事业单位养老保险制度改革情况的报告》。会议要求，市人民政府要加快事业单位分类改革步伐；促进配套政策尽快落地；扩大宣传，加强培训，营造良好的政策实施环境。

2018年5月30日，市九届人大常委会第十七次会议听取和审议市人民政府《关于我市创建国家食品安全示范城市工作情况的报告》。会议要求，市人民政府要切实加强能力建设，不断推进创建工作常态化；加速推进农贸批发市场建设和农产品“三品一标”认证，保障食用农产品质量安全；尽快新建市生猪定点屠宰场，规范生猪屠宰行为，确保市民肉食品安全；依法加强“四小”监管，严厉查处食品无证经营行为；加大宣传力度，积极营造创建工作的良好氛围。

2018 年 5 月 30 日，市九届人大常委会第十七次会议听取和审议市人民政府《关于我市新型农业经营主体培育发展情况的报告》。会议要求，市人民政府要加快构建地方特色产业体系；加大品牌创建力度；提升农业经营效益；提高政策构建针对性。

2018 年 7 月 30 日，市九届人大常委会第十九次会议听取和审议市中级人民法院《关于 2018 年上半年工作情况的报告》。会议要求，市中级人民法院要在服务发展上展现新作为，在司法为民上落实新举措，在司法改革上迈出新步伐，在队伍建设上得到新加强。

2018 年 7 月 30 日，市九届人大常委会第十九次会议听取和审议市人民检察院《关于 2018 年上半年工作情况的报告》。会议要求，要始终坚持以习近平新时代中国特色社会主义思想为指引，紧紧围绕市委八届四次全会提出的总体要求，“三大四聚”的发展路径和“六强四动一保障”的工作思路，更加主动适应经济发展新常态；更加注重完善检察监督体系；更加扎实推进司法体制改革工作。

2018 年 9 月 27 日，市九届人大常委会第二十次会议听取和审议市人民政府《关于我市产业扶贫情况的报告》。会议要求，市人民政府要处理好眼前脱贫和持续脱贫的关系；产业脱贫和环境保护的关系；政府帮扶和自身发展的关系；要千方百计激发贫困户自主创业热情；要建立健全有效激励机制。

2018 年 11 月 26 日，市九届人大常委会第二十一次会议听取和审议市人民政府《关于 2018 年度市本级企业国有资产管理情况的报告》。会议要求，市人民政府要加快推进企业市场化改革；进一步理顺国有企业监管体制；进一步推进人才工作；进一步完善监督考核体制机制。

2018 年 11 月 26 日，市九届人大常委会第二十一次会议听取和审议市中级人民法院、市人民检察院《关于全面落实司法体制改革情况的报告》。会议要求，市中级人民法院、市人民检察院要进一步完善司法改革配套措施；完善以司法责任制为核心的新型办案机制；深化人员分类管理，完善绩效考评机制。

2018 年 11 月 26 日，市九届人大常委会第二十一次会议听取和审议市人民政府《关于市九届人大四次会议代表提出建议、批评和意见办理情况的报告》。会议要求，市人民政府及有关承办单位要强化责任落实，切实加强办理工作的领导；突出沟通协调，切实加强办理工作的共识；聚焦中心工作，切实推动建议办理工作取得新成效。

2019 年 4 月 25 日，市九届人大常委会第二十六次会议听取和审议市人民政府《关于我市外事工作情况的报告》。会议要求，市人民政府要深化对外交流合作，提升城市文化和国际影响力；统筹外事资源，提高外事工作综合效能；加大外事服务力度，促进全市经济发展。

2019 年 6 月 26 日，市九届人大常委会第二十七次会议听取和审议市人民政府《关于我市高中阶段教育工作情况的报告》。会议要求，市人民政府要多措并举建设适应需求的高中师资队伍；加快完善高中阶段教育经费保障机制；优化高中阶段教育结构，促进普职教育协调发展；加强素质教育，推动特色发展。

2019 年 6 月 26 日，市九届人大常委会第二十七次会议听取和审议市人民检察院《关于开展公益诉讼工作情况的报告》。会议要求，市人民检察院要高位推动，切实解决公益诉讼中的难题；行政执法机关要积极履职，克难攻坚；检察机关要增强办案能力，提高办案质量；扩大社会宣传，营造有利于公益诉讼的氛围。

2019 年 7 月 30 日，市九届人大常委会第二十八次会议听取了市人民政府《关于 2019 年全市上半年经济社会发展情况的报告》。会议要求，市人民政府要深入贯彻习近平总书记视察江西重要讲话精神，聚焦“作示范、勇争先”的目标定位和“五个推进”的更高要求，统筹做好稳增长、促改革、调结构、优生态、惠民生、防风险、保稳定各项工作，确保实现全年经济发展目标任务，奋力谱写新时代江西改革发展新画卷鹰潭篇章。

2019 年 8 月 22 日，市九届人大常委会第二十九次会议听取和审议市人民政府《关于我市油茶产业发展情况的报告》。会议要求，市人民政府要进一步壮大发展规模；进一步改善企业经营；进一步做强做大品牌。

2019 年 8 月 22 日，市九届人大常委会第二十九次会议听取和审议市中级人民法院《关于 2019 年上半年工作情况的报告》。会议要求，市中级人民法院要着力在政治教育上下更大功夫；着力在服务大局上下更大功夫；着力在司法为民上下更大功夫；着力在自身建设上下更大功夫。

2019 年 8 月 22 日，市九届人大常委会第二十九次会议听取和审议市人民检察院《关于 2019 年上半年工作情况的报告》。会议要求，市人民检察院要认真落实市委八届七次全会工作部署，紧扣“稳进、落实、提升”工作总基调，深入开展“不忘初心、牢记使命”主题教育，持续服务经济高质量发展、积极推动“四大检察”全面协调充分发展、扎实深化司法体制改革、大力锤炼过硬检察队伍，努力为加快推进“小市大为、跨越赶超”作出新的更大贡献，以优异成绩向中华人民共和国成立 70 周年献礼。

2019 年 10 月 24 日，市九届人大常委会第三十一次会议听取和审议市人民政府《关于我市 2018 年度行政事业性国有资产管理情况的报告》。会议要求，市人民政府要强化资产管理意识和责任落实机制；强化部门配合和数据共享机制；强化资产清查和监管基础工作。

2019 年 12 月 3 日，市九届人大常委会第三十二次会议审议了市人民政府《关于 2018 年度国有资产管理情况的综合报告》。会议要求，市人民政府要深化国有企业改革，充分激发企业经营主体活力；加强金融企业国有资产管理，重视人才队伍建设；提升管理认识，夯实行政事业性国有资产监管基础。

2019 年 12 月 3 日，市九届人大常委会第三十二次会议听取和审议市人民政府《关于我市扫黑除恶专项斗争开展情况的报告》。会议要求，市人民政府及有关部门要坚持打深打透，始终保持扫黑除恶高压态势；坚持标本兼治，着力铲除黑恶势力滋生土壤；压实主体责任，确保专项斗争措施落实；坚持统筹谋划，努力实现长效常治目标。

2019 年 12 月 27 日，市九届人大常委会第三十三次会议听取和审议市人民政府《关于市九届人大五次会议代表提出建议、批评和意见办理情况的报告》。会议要求，市人民政府要认真总结经验，进一步提高代表建议办理质量和办理工作水平，切实加强和改进建议督办工作，不断增强代表建议办理实效。

2020 年 4 月 29 日，市九届人大常委会第三十五次会议听取和审议市人民政府《关于我市新冠肺炎疫情防控工作情况的报告》。会议要求，市人民政府要坚决贯彻习近平总书记关于打赢新冠肺炎疫情防控人民战争、总体战、阻击战的重要指示和系列讲话精神，全面落实党中央、国务院，省委、省政府的部署要求，科学防治，精准施策，织牢织密疫情防控网；集中专家，集中力量，全力抓好患者救治，确保应收尽收、应治尽治；毫不放松抓紧抓实抓细各项防控工作，奋力夺取疫情防控和经济社会发展双胜利。

2020 年 6 月 19 日，市九届人大常委会第三十七次会议听取和审议市人民政府《关于我市农村供水工程建设、管理、运营总体情况的报告》。会议要求，市人民政府要切实把提升农村居民饮水安全项目建设与改造列入“十四五”规划；加强对农村集中供水卫生质量有效监管；坚持用改革创新的办法推动农村饮水安全事业的发展。

2020 年 9 月 11 日，市九届人大常委会第四十次会议听取和审议市人民政府《关于我市“七五”普法规划执行情况的报告》。会议要求，市人民政府要强化机制建设，落实普法责任；要突出普法宣传重点，不断增强普法宣传工作的针对性；要创新普法宣传形式，努力推进全市法治文化建设。

2020 年 9 月 11 日，市九届人大常委会第四十次会议听取和审议市人民政府《关于我市就业工作情况的报告》。会议要求，市人民政府要全力以赴援企稳岗、扩容增岗；进一步加强各级各类职业培训；打造“智慧就业”平台，提升服务水平；加大财政支持力度，完善就业培训政策。

2020 年 9 月 11 日，市九届人大常委会第四十次会议听取和审议市中级人民法院《关于2020年上半年工作情况的报告》。会议要求，市中级人民法院要围绕中心大局，在服务发展上有新作为；践行司法为民，在便民利民上有新举措；深化改革创新，在司法质效上有新提升；加强队伍建设，在干事创业上有新风貌。

2020年9月11日，市九届人大常委会第四十次会议听取和审议市人民检察院《关于2020年上半年工作情况的报告》。会议要求，市人民检察院要在常态化疫情防控新形势下，重点服务“六稳”“六保”工作，注重加强各类市场主体平等保护；持续推进“四大检察”全面协调充分发展，决胜扫黑除恶专项斗争；加强检察监督能力现代化建设，高标准推进检察改革；深入推进政法队伍教育整顿，持续打造革命化、正规化、专业化、职业化检察队伍。

2020年10月27日，市九届人大常委会第四十一次会议听取和审议市人民政府《关于2019年度全市国有资产管理情况的综合报告》。会议要求，市人民政府要激发企业内生动力，推动国有企业高质量跨越式发展；主动对标对表，强化金融企业国有资产监督管理；坚持问题导向，夯实行政事业性国有资产管理基础；聚焦重点难点，有力推进国有资产管理各项工作落实。

2020年10月27日，市九届人大常委会第四十一次会议听取和审议市人民政府《关于我市2019年度国有自然资源资产管理情况的报告》。会议要求，市人民政府要继续抓好自然资源资产确权登记工作；继续抓好国土空间优化工作；继续抓好“节地增效”工作；继续抓好耕地保护工作；继续抓好生态保护修复工作；继续抓好林业资源管理工作；继续抓好水资源管理工作。

2020年10月27日，市九届人大常委会第四十一次会议听取和审议市人民政府《关于我市义务教育工作情况的报告》。会议要求，市人民政府要进一步推进义务教育均衡发展；进一步优化教育资源配置；进一步深化教育综合改革；进一步加强师资队伍建设。

2020年10月27日，市九届人大常委会第四十一次会议听取和审议市人民政府《关于我市脱贫攻坚工作情况的报告》。会议要求，市人民政府要进一步提升产业扶贫的质效；进一步探索农村集体经济与贫困户稳定增收的长效机制；进一步增强脱贫攻坚工作的紧迫感和责任感。

2020年10月27日，市九届人大常委会第四十一次会议听取和审议市人民政府《关于我市“农村人居环境整治三年行动”实施情况的报告》。会议要求，市人民政府要加大宣传力度，为农村人居环境整治工作提供最可靠的前提保障；加强科学指导，认真组织实施；加紧立法研究，尽快把鹰潭市农村人居环境整治引上法制化轨道。

2020年12月17日，市九届人大常委会第四十二次会议听取和审议市人民政府《关于鹰潭市市区行车难、停车难情况的报告》。会议要求，市人民政府及有关部门要贯彻“商住设施做减法，公用设施做加法”的理念，扩大供给；加强城市交通道路建设和管理；优化公交车辆配置，实施公交优先策略；持续加大交通安全宣传力度。

2020 年 12 月 17 日，市九届人大常委会第四十二次会议听取和审议市人民政府《关于市九届人大六次会议代表提出建议、批评和意见办理情况的报告》。会议要求，市人民政府要始终尊重人民群众的诉求和意愿，着力在督促承办单位提高建议办理质量上做文章，推动代表建议工作再上新的台阶；引导代表积极投身“十四五”发展生动实践，协助代表提出高质量的代表建议，充分发挥人大代表在奋力开启全面建设社会主义现代化国家新征程，谱写好新时代江西改革发展新画卷鹰潭篇章中的应有作用。

2021 年 4 月 19 日，市九届人大常委会第四十六次会议听取和审议市人民政府《关于我市“十三五”时期病险水库除险加固实施情况的报告》。会议要求，市人民政府要进一步巩固提升已有成果；认真解决灌渠“中梗阻”问题；切实加快水管单位改制步伐；尽快将山塘水库除险加固列入“十四五”规划。

2021 年 4 月 19 日，市九届人大常委会第四十六次会议听取和审议市中级人民法院《关于全市法院服务保障营商环境优化情况的报告》。会议要求，市中级人民法院要提高认识，增强主动性和责任感；认真履职，增强精准性和有效性；狠抓队伍，增强专业性和廉洁性；扩大宣传，增强深入性和广泛性。

2021 年 6 月 22 日，市九届人大常委会第四十七次会议听取和审议市人民政府《关于我市食品安全工作情况的报告》。会议要求，市人民政府要进一步增强食品监管的责任感和使命感；进一步健全和完善食品监管体系；进一步加强执法能力建设；进一步突出监管重点；进一步构建食品安全共建共治共享格局。

2021 年 10 月 22 日，市九届人大常委会第五十次会议听取和审议市人民政府《关于 2020 年度全市国有资产管理情况的综合报告》《关于 2020 年度全市金融企业国有资产管理情况的报告》。会议要求，市人民政府要加强人才队伍建设；加强金融资产管理；加强体制机制建设。

2021 年 10 月 22 日，市九届人大常委会第五十次会议听取和审议市人民政府《关于市九届人大八次会议代表提出建议、批评和意见办理情况的报告》。会议要求，市人民政府要继续深入学习贯彻习近平总书记关于坚持和完善人民代表大会制度的重要思想，切实提升代表建议办理实效，真正推动解决实际问题，让人民群众的呼声和期盼有着落、有回应；引导代表积极投身“十四五”发展生动实践，协助代表提出高质量的代表建议。

第五节　市十届人大常委会听取和审议工作报告

2021 年 12 月 29 日，市十届人大常委会第二次会议审议并表决通过《鹰潭市人民代表大会常务委员会关于开展第八个五年法治宣传教育的决议》。会议要求，要深入学习贯彻习近平法治思想，全面贯彻中央全面依法治国工作会议精神，严格执行全国人大常委会、省人大常委会“八五”普法决议，推动鹰潭市第八个五年法治宣传教育工作的开展。

2022 年 5 月 26 日，市十届人大常委会第六次会议听取和审议市人民政府《关于我市少数民族乡村振兴工作情况的报告》。会议要求，市人民政府及有关部门要突出特色品牌，彰显民族特色；加快文旅融合，推动经济发展；坚持绿色发展，做优乡村生态；加强乡村治理，促进乡风文明。

2022 年 6 月 27 日，市十届人大常委会第七次会议听取和审议市监察委员会《关于整治群众反映强烈的问题专项工作情况的报告》。会议要求，市监察委员会要以“法治化”规范履职用权；以“强监督”深化专项整治；以“系统性”提升整治质效，打通监察监督“最后一千米”，不断满足人民群众对美好生活的向往。

2022 年 6 月 27 日，市十届人大常委会第七次会议听取和审议市人民政府《关于我市医疗服务工作情况的报告》。会议要求，市人民政府要培育品牌，加强医疗专科能力建设；完善机制，加强人才队伍建设；协同推进，加强医疗医保联动机制建设；深化改革，加强县域紧密型医共体建设；加大投入，加强智慧医疗建设。

2022 年 6 月 27 日，市十届人大常委会第七次会议听取和审议市人民政府《关于优化营商环境情况的报告》。会议要求，市人民政府要破除数据壁垒，打造便利高效的政务环境；优化资源配置，打造竞争有序的市场环境；深化政务诚信，打造公平透明的法治环境。

2022 年 10 月 31 日，市十届人大常委会第八次会议听取和审议市人民政府《关于我市 2021 年度国有企业资产管理情况的报告》《关于我市 2021 年度国有资产管理情况的综合报告》。会议要求，市人民政府要持续加强国有企业党建工作；持续深化国有企业改革工作；持续强化金融企业国有资产管理；持续提升行政事业国有资产管理认识；持续加大国有自然资源资产保护力度。

2022 年 11 月 24 日，市十届人大常委会第九次会议听取和审议市人民政府《关于我市义务教育优质均衡发展工作情况的报告》。会议要求，市人民政府要加强协调配合，完善教育规划布局；补短板强弱项，推进学校标准化建设；强化统筹管理，合理配置教师资源；深化教育改革，促进城乡教育融合发展；坚持“五育”并举，提升办学内涵和教育质量。

2022 年 11 月 24 日，市十届人大常委会第九次会议听取和审议市人民检察院《关于加强民事诉讼法律监督工作情况的报告》。会议要求，市人民检察院要多措并举，拓展案源线索；完善工作机制，增强工作合力；加强素能建设，提升监督水平。

2022 年 11 月 24 日，市十届人大常委会第九次会议听取和审议市人民政府《关于我市安全生产情况的报告》。会议要求，市人民政府及有关部门要进一步深化宣传教育；进一步完善监管机制；进一步提升监管能力。

2022 年 11 月 24 日，市十届人大常委会第九次会议听取和审议市人民政府《关于市十届人大一次、二次会议代表提出建议、批评和意见办理情况的报告》。会议要求，市人民政府要认真总结经验，深入学习贯彻党的二十大精神，全面贯彻习近平总书记关于坚持和完善人民代表大会制度的重要思想，进一步贯彻落实中央人大工作会议精神，继续完善工作机制和方式方法，紧扣“内容高质量、办理高质量”“既要重结果，也要重过程”要求，着力在协助代表提出内容高质量的建议和督促承办单位提高建议办理质量上下功夫，在代表建议工作中积极发展全过程人民民主，支持和保障代表更好依法履职、充分发挥作用。

2022 年 11 月 24 日，市十届人大常委会第九次会议听取和审议市人民政府《关于我市高标准农田建设情况的报告》。会议要求，市人民政府要确保工程建设质量；加强建后管护；统筹兼顾推进后续工程；提高工程设计标准；推进品牌建设。

2023 年 4 月 26 日，市十届人大常委会第十三次会议听取和审议市人民政府《关于〈鹰潭市国土空间总体规划（2021—2035 年）〉的编制说明》。会议要求，市人民政府要增强责任感和使命感，进一步做好规划编制工作；突出科学性和前瞻性，进一步发挥规划引领作用；维护权威性和强制性，进一步保障规划有效实施。

2023 年 4 月 26 日，市十届人大常委会第十三次会议听取和审议市人民政府《关于我市科技创新工作情况的报告》。会议要求，市人民政府要加大科技投入，提高资金使用效益；优化引智环境，加强人才队伍建设；完善创新体系，加强科技创新平台建设；强化企业主体意识，提升企业自主创新能力；促进科技成果转化，强化重点产业科技支撑。

2023 年 4 月 26 日，市十届人大常委会第十三次会议听取和审议市人民政府《关于我市退役军人保障工作情况的报告》。会议要求，市人民政府要强化高位推动，进一步完善服务保障机制；强化政策落实，进一步提高服务保障水平；强化基础支撑，进一步提升服务保障质效；强化宣传教育，进一步营造浓厚社会尊崇氛围。

2023 年 6 月 26 日，市十届人大常委会第十四次会议听取和审议市人民政府《关于我市营商环境优化升级推进情况的报告》。会议要求，市人民政府要健全体制机制，形成改革工作合力；强化数字赋能，提升政务服务质效；聚焦重点领域，持续深化专项治理；坚持科学施策，惠企助企纾困解难。

2023 年 6 月 26 日，市十届人大常委会第十四次会议听取和审议市人民政府《关于我市农村饮用水提升改造工程实施情况》。会议要求，市人民政府要统筹推进城乡供水一体化工程建设；建立健全水源保护机制体制；加强对农村集中供水质量有效监管。

2023年8月31日，市十届人大常委会第十六次会议听取和审议市人民政府《关于我市乡村公共文化服务保障工作情况的报告》。会议要求，市人民政府要完善体制机制，进一步强化乡村公共文化服务保障；优化资源配置，推进城乡公共文化一体化发展；立足农村实际，提升乡村公共文化服务质量；挖掘文化内涵，打造乡村公共文化特色品牌。

2023年8月31日，市十届人大常委会第十六次会议听取和审议了中级人民法院《关于全市法院家事审判工作情况的报告》。会议要求，全市法院要认真贯彻落实习近平总书记关于注重家庭家教家风建设的重要论述精神，提高政治站位，全力推进家事审判工作高质量发展；加强队伍建设，进一步提升家事案件审判和调解能力；完善联动机制，努力打造共建共治共享的社会治理新格局；持续加大宣传，在全社会营造“家和万事兴”的良好氛围。

2023年10月30日，市十届人大常委会第十七次会议听取和审议市人民政府《关于我市优势重点农业产业发展情况的报告》。会议要求，要做大产业规模，尽快形成一种大发展势头；壮大龙头企业，鼓励强强联合，同行业抱团发展；打造农业全产业链，推动农业及其相关联产业产值不断提升；健全利益联结机制，逐步形成机制灵活、形式多样、各具特色的联农带农典型。

2023年10月30日，市十届人大常委会第十七次会议听取和审议市人民政府《关于2022年度全市国有资产管理情况的综合报告》《关于2022年度全市行政事业性国有资产管理情况的专项报告》。会议要求，要提高思想认识，夯实资产管理基础；完善管理机制，构建协同监管体系；聚焦重点难点，提升资产管理质效，进一步管好用好行政事业性国有资产，保障和促进经济社会各项事业发展。

2023年10月30日，市十届人大常委会第十七次会议听取和审议市人民政府《关于市十届人大三次会议代表建议、批评和意见办理情况的报告》。会议要求，要积极学习贯彻党的二十大精神，全面贯彻落实习近平总书记关于坚持和完善人民代表大会制度的重要思想，结合第二批主题教育，认真总结经验，开展深入细致的调查研究，做实代表建议办理工作，让全过程人民民主在代表建议工作中得到有效落实和充分彰显。

第二章　计划和预算监督

2004 年至 2023 年，市人大常委会第六届至第十届听取和审议国民经济和社会发展计划执行情况报告、预算执行情况报告以及审计工作报告共 164 项。其中，第六届 16 项，第七届 28 项，第八届 35 项，第九届 53 项，第十届 32 项。

第一节　市六届人大常委会计划和预算监督

2004 年 7 月 28 日至 29 日，市六届人大常委会第四次会议听取和审议市人民政府《关于我市 2004 年上半年国民经济计划执行情况的报告》。会议要求，要坚持科学发展观，转变政府职能，为加快发展营造良好环境；要坚持城乡统筹，促进农业和农村全面发展；要努力加快市属工业经济的发展；要做好中小企业融资服务工作；要进一步加大招商引资和促进出口的工作力度，提高对外开放水平；要加强对改制企业国有资产的监管；要保持物价的基本稳定，防止物价出现较大波动。

2004 年 7 月 28 日至 29 日，市六届人大常委会第四次会议听取和审议市人民政府《关于 2004 年上半年财政预算执行情况的报告》《关于我市 2004 年上半年预算外资金管理使用情况的报告》。会议要求，对预算内要突出重点，确保全年任务的完成；要加大电子化进程和实施科学化管理；要积极推进财税制度改革，努力实现增收节支；要对市直改制企业进行一次全面清理；要进一步提高预算外资金管理的认识；进一步建立健全预算外资金管理制度。

2004 年 11 月 30 日，市六届人大常委会第六次会议审议了市人民政府《关于提请审议今年市级本级财政预算调整方案的议案》。会议决定批准 2004 年市本级调整方案。

2004 年 11 月 30 日，市六届人大常委会第六次会议听取和审议市人民政府《关于鹰潭市 2003 年全市和市本级财政决算的报告》《关于 2003 年度市本级预算执行和其他财政收支的审计工作报告》。会议要求，要进一步强化预算约束；要认真研究解决审计工作报告中指出的关于市本级预算管理、税收征管、专项资金管理使用、部门预算执行及其他财政收支中存在的 16 个方面的问题，并将处理结果报告市人大常委会。会议决定批准 2003 年市本级财政决算。

2005年8月23日至24日，市六届人大常委会第十四次会议听取和审议市人民政府《关于我市上半年国民经济计划执行情况的报告》。会议要求，要认真贯彻落实全省、全市领导干部会议精神，为全民创业、本土创业营造良好环境；大力发展农村经济，促进农民增收；进一步提高开放型经济发展水平；要合理整合配置资源，努力提高资源使用效率；要进一步加大重点建设项目的实施力度。

2005年8月23日至24日，市六届人大常委会第十四次会议听取和审议市人民政府《关于我市预算内、预算外上半年执行情况的报告》。会议要求，对预算内要做大收入“蛋糕”，增强财政实力；加强调查研究，破解财政难题；减少财政资金存淀，提高财政资金使用效率。要进一步提高预算外资金管理的认识，加强监管，探索管理新路子。

2005年10月26日至27日，市六届人大常委会第十五次会议听取和审议市人民政府《关于鹰潭市2004年全市和市本级财政决算的报告》《关于2004年度市本级预算执行和其他财政收支的审计报告》。会议要求，对审计报告中指出的问题，要按照审计报告中提出的意见进行整改；要进一步加强和完善部门预算，改进编制方法；要加强审计监督，进一步促进财政收支的规范化管理。会议决定批准2004年市本级财政决算。

2005年10月26日至27日，市六届人大常委会第十五次会议审议了市人民政府关于提请审议今年市本级财政预算调整方案的议案。会议要求，向人代会报告提请审批的建设项目，特别是用财政资金建设的项目应慎重；年初预算要增强预见性，尽量避免大调整现象的出现；将来安排的建设性资金不搞切块，应尽量落实到项目上。会议决定批准2005年市本级预算调整方案。

2006年8月25日，市六届人大常委会第二十次会议听取和审议市人民政府《关于我市2006年上半年国民经济计划执行情况的报告》。会议要求，要优化发展环境，加快民营经济发展；要克服要素制约，扎实奠定发展基础；要加快社会主义新农村建设步伐，建立农业增产增收的长效机制；要切实提高市属工业经济运行质量，着力培育新的经济增长点；要积极发展现代服务业，加快第三产业发展。

2006年8月25日，市六届人大常委会第二十次会议听取和审议市人民政府《关于我市预算内、预算外上半年执行情况的报告》。会议要求，对预算内要培植后劲财源，保持强劲增势；进一步推进财政改革，提高工作效能；认真贯彻国务院颁发的“国八条”和今年的“国六条”。

2006年11月24日，市六届人大常委会第二十五次会议听取和审议市人民政府《关于鹰潭市2005年全市和市本级财政决算的报告》《关于2005年度市本级预算执行和其他财政收支的审计工作报告》。会议要求，要发挥财税调控职能，逐步优化财源结构；加强“收支两条线”管理，严格实行综合预算；继续加强审计监督工作。会议决定批准2005年市本级财政决算。

2006 年 11 月 24 日，市六届人大常委会第二十五次会议听取和审议市人民政府《关于提请审议今年市本级财政预算调整方案（草案）的议案和说明》。会议要求，要细化预算编制，增加预算约束；优化支出结构，规范支出管理。会议决定批准 2006 年市本级预算调整方案。

第二节　市七届人大常委会计划和预算监督

2007 年 7 月 23 日，市七届人大常委会第七次会议听取和审议市人民政府《关于鹰潭市 2007 年上半年国民经济和社会发展计划执行情况的报告》。会议要求，贯彻国家宏观调控政策，要结合鹰潭实际，区别对待，有保有压；要进一步抓好项目建设；大力推进节能减排工作；积极做好价格管理工作，加强对居民消费价格的监测和调控；要努力解决中小企业融资难的问题。

2007 年 7 月 23 日，市七届人大常委会第七次会议听取和审议市人民政府《关于我市 2007 年上半年预算执行和预算外资金管理使用情况的报告》。会议要求，预算内要调整优化产业结构，增强财政收入后劲；加强本土优势特色企业和支柱企业扶持力度，进一步用好用足财税政策；加强财政支出监管，强化财政保障能力。预算外要切实加强法律和政策的宣传力度；切实加强对缴存财政专户的预算外资金合法性的审核；切实加强对单位收费收入的细化管理；切实加强对预算外资金管理的监督。

2007 年 7 月 23 日，市七届人大常委会第七次会议听取和审议市人民政府《关于对 2005 年度市本级预算执行和其他财政收支审计问题整改情况的报告》。会议要求，继续抓好督办，加大力度，切实把存在的问题整改到位；在新年度预算的编制安排和执行工作中，要认真贯彻《监督法》《预算法》，严格编制程序，细化预算支出内容，提高预算编制的科学性，增强预算约束力；要进一步加强依法审计。

2007 年 9 月 27 日至 28 日，市七届人大常委会第八次会议听取和审议市人民政府《关于鹰潭市 2006 年全市和市本级财政决算的报告》《关于我市 2006 年市本级预算执行和其他财政收支的审计报告》。会议要求，要提高预算编制的科学性和准确性；优化预算支出结构；加强专项资金的监督和管理；加强审计监督工作。会议决定批准鹰潭市 2006 年市本级财政决算。

2007 年 11 月 15 日，市七届人大常委会第九次会议审议了市人民政府《关于提请审议今年市本级财政预算调整方案的议案》。会议要求，要规范财政支出行为，提高资金使用效益；坚持依法征管，确保今年财政收入目标任务圆满完成；严格按照有关法律政策，认真搞好2008年预算编制。会议决定批准2007年市本级财政预算调整方案。

2008年6月12日，市七届人大常委会第十六次会议听取和审议市人民政府《关于对2006年度市本级预算执行和其他财政收支查出问题整改情况的报告》。会议要求，要切实把抓好审计查出问题的整改，作为审计工作的重点；积极探索建立财政资金管理长效机制，规范财政性资金出借行为；加强对专项资金的监督管理，强化监督实效。

2008年8月21日至22日，市七届人大常委会第十七次会议听取和审议市人民政府《关于我市2008年上半年国民经济和社会发展计划执行情况的报告》。会议要求，要坚定信心、积极应对，努力实现年度国民经济和社会发展计划；以重大项目为抓手，不断增强经济发展动力；进一步改善投融资环境，为中小企业发展创造良机；坚定不移地推进节能减排，加快绿色生态鹰潭建设步伐。

2008年8月21日至22日，市七届人大常委会第十七次会议听取和审议市人民政府《关于我市2008年上半年预算执行和预算外资金管理使用情况的报告》。会议要求，要积极优化发展条件，努力增强经济发展后劲；认真把握税收征管实际，努力实现全年财政收入目标；严格预算管理，努力强化预算约束力；进一步加强非税收入管理，努力缓解鹰潭市财政资金的收支矛盾。

2008年9月26日至27日，市七届人大常委会第十八次会议听取和审议市人民政府《关于鹰潭市2007年全市和市本级财政决算的报告》《关于我市2007年市本级预算执行和其他财政收支的审计报告》。会议要求，要进一步增强预算编制的科学性；要进一步增强预算执行的严肃性；要进一步增强维护财经纪律的自觉性。会议决定批准鹰潭市2007年市本级财政决算。

2008年11月13日至14日，市七届人大常委会第十九次会议听取和审议市人民政府《关于提请审议〈鹰潭市国民经济和社会发展第十一个五年规划纲要〉部分指标调整方案的议案》。会议决定批准鹰潭市国民经济和社会发展第十一个五年规划纲要部分指标调整方案。

2008年11月13日至14日，市七届人大常委会第十九次会议审议了市人民政府《关于提请审议2008年市本级财政预算调整方案的议案》。会议要求，要注重提高预算的准确性和科学性；要注重发挥财政资金引导企业创新发展的导向作用；要注重加大农村财政资金投入力度；要注重加强政府债务管理。会议决定批准2008年市本级财政预算调整方案。

2009年8月27日至28日，市七届人大常委会第二十七次会议听取和审议市人民政府《关于2009年上半年国民经济和社会发展执行情况的报告》《关于我市2009年上半年预算执行情况和预算外资金使用情况的报告》。会议要求，市人民政府要统一对当前形势的认识，增强加快发展的紧迫感；加强经济运行协调服务，确保实现全面保增长目标；加大项目建设力度，为持续发展打好基础。

2009 年 9 月 23 日，市七届人大常委会第二十八次会议听取和审议市人民政府《关于2008 年全市和市本级财政决算情况的报告》。会议要求，市人民政府要积极拓展增收渠道，创新税收征管，确保全市预算收入平稳较快增长；完善预算管理，细化预算编制；进一步关注民生，优化支出结构，努力打造公共阳光财政；强化审计监督，加大整改力度，切实提高资金使用效益。会议决定批准 2008 年市本级财政决算。

2009 年 9 月 23 日，市七届人大常委会第二十八次会议听取和审议市人民政府《关于2008 年度市本级预算执行及其他财政收支的审计工作报告》《关于 2007 年度市本级预算执行及其他财政收支审计查出问题整改情况的报告》。会议要求，市人民政府要规范部门预算管理工作，强化预算执行约束力；创新财政预决算审计方式，拓宽预算执行审计工作的广度和深度；加强专项资金审计监督，提高专项资金使用效益；加大审计查出问题的整改力度，确保审计监督实效。

2009 年 12 月 15 日至 16 日，市七届人大常委会第三十次会议审议了市人民政府《关于提请审议鹰潭市 2009 年市本级财政预算调整方案的议案》。会议要求，市人民政府要加强研究分析，精心谋划好明年财政预算盘子；加快财税结构转型，形成税费收入加资本收益的财税架构；严格资金监管，有效提高资金收益。会议决定批准 2009 年市本级预算调整方案。

2010 年 7 月 27 日至 28 日，市七届人大常委会第三十五次会议听取和审议市人民政府《关于鹰潭市 2010 年上半年国民经济和社会发展计划执行情况的报告》。会议要求，市人民政府要发扬抗洪救灾精神，夺取今年经济社会发展的全面胜利；转变经济发展方式，加快经济转型升级步伐；强化投资拉动作用，全力以赴推进重点项目建设；更加重视改善民生，促进社会各项事业全面发展。

2010 年 7 月 27 日至 28 日，市七届人大常委会第三十五次会议听取和审议市人民政府《关于我市 2010 年上半年预算外资金管理和使用情况的报告》。会议要求，市人民政府要加强财源建设，确保财政收入持续增长；强化预算约束，进一步提高预算执行力；优化支出结构，确保重点支出；加强预算外资金管理，深化“收支两条线”改革。

2010 年 9 月 25 日，市七届人大常委会第三十七次会议听取和审议市人民政府《关于2009 年全市和市本级财政决算的报告》《关于 2009 年度市本级预算执行和其他财政收支的审计工作报告》《关于 2008 年度市本级预算执行和其他财政收支审计查出问题整改情况的报告》。会议要求，市人民政府要大力加强财源建设，确保财政收入稳定增长；加强财政支出管理，提高资金使用收益；不断深化财政管理改革，强化财政监管。会议决定批准2009 年市本级财政决算。

2010年12月15日，市七届人大常委会第三十九次会议听取和审议市人民政府《关于2010年市级财政预算调整方案的议案和说明》。会议要求，市人民政府要做好预算调整的衔接工作；要管理和使用好地方政府债券转贷资金；要进一步做好增收节支工作。会议决定批准2010年市级财政预算调整方案。

2011年7月21日至22日，市七届人大常委会第四十六次会议听取和审议市人民政府《关于鹰潭市2011年上半年国民经济和社会发展计划执行情况的报告》。会议要求，市人民政府要理性看待经济增长，稳步推进经济持续健康发展；提高要素保障能力，缓解各类“瓶颈”制约；抓好发展方式转变，进一步优化经济结构；进一步关注民生，营造和谐稳定的社会环境。

2011年7月21日至22日，市七届人大常委会第四十六次会议听取和审议市人民政府《关于我市2011年上半年财政预算执行情况的报告》《关于我市2011年上半年预算外资金管理和使用情况的报告》。会议要求，市人民政府要准确把握政策，积极争取上级支持；严格预算执行，优化支出结构；深化财政改革，不断健全监管体系。

第三节　市八届人大常委会计划和预算监督

2011年11月8日，市八届人大常委会第一次会议听取和审议市人民政府《关于鹰潭市2010年全市和市级财政决算的报告》《关于2010年度市级预算执行和其他财政收支的审计工作报告》《关于2009年度市本级预算执行和其他财政收支审计查出问题整改情况的报告》。会议要求，市人民政府要努力拓宽财政收入渠道；不断优化支出结构；进一步加强预算管理和监督；扎实稳妥推进审计信息公开和审计整改工作。会议决定批准2010年市本级财政决算。

2011年11月25日，市八届人大常委会第二次会议审议了市人民政府《关于2011年市级预算调整方案的议案》。会议要求，要做好预算调整的衔接工作；进一步加强预算管理；切实加强对超收收入资金的监管。会议决定批准2011年市级预算调整方案。

2012年8月27日，市八届人大常委会第八次会议听取和审议市人民政府《关于鹰潭市2012年上半年国民经济和社会发展计划执行情况的报告》。会议要求，市人民政府要积极推进经济转型升级，进一步提高经济质量的发展；高度关注实体经济发展，进一步帮助企业排忧解难；加大项目建设力度，进一步增强经济发展后劲；努力改善民生，进一步办好让市民得实惠的好事实事。

2012年8月27日，市八届人大常委会第八次会议听取和审议市人民政府《关于我市2012年上半年财政预算执行情况的报告》。会议要求，市人民政府要围绕年度收入目标，强化征收任务落实；围绕加强财源建设，强化实体经济服务；围绕提高资金使用效益，深化预算管理。

2012 年 9 月 28 日，市八届人大常委会第九次会议听取和审议市人民政府《关于鹰潭市 2011 年全市和市级财政决算的报告》《关于 2011 年度市级预算执行和其他财政收支的审计工作报告》《关于 2010 年度市级预算执行和其他财政收支审计查出问题整改情况的报告》。会议要求，市人民政府要多渠道培植税源，依法、科学、有效做好财政收支工作；加强预算管理，提高预算管理科学化、规范化、精细化水平；努力扩大审计成果，着力抓好整改工作。会议决定批准 2011 年市级财政决算。

2012 年 11 月 23 日，市八届人大常委会第十次会议审议了市人民政府《关于鹰潭市 2012 年市级总预算和市级预算调整方案的议案》。会议要求，市人民政府要善始善终做好 2012 年预算收支工作；认真严格落实财力支出调整项目；高质量做好明年预算编制工作。会议决定批准 2012 年市级总预算和市级预算调整方案。

2012 年 11 月 23 日，市八届人大常委会第十次会议听取和审议市人民政府《关于市本级政府性融资资金管理使用情况的报告》。会议要求，市人民政府要努力拓宽融资渠道，不断创新融资模式；加强制度建设，规范政府性融资管理；建立政府性融资偿贷机制，认真落实还款计划；加大政府性融资资金监管力度，有效提高资金使用效益；进一步提高土地经营水平，规范和加强土地出让金收支管理。

2013 年 7 月 29 日，市八届人大常委会第十六次会议听取和审议市人民政府《关于鹰潭市 2013 年上半年国民经济和社会发展计划执行情况的报告》。会议要求，市人民政府要进一步推进改革创新，不断优化发展环境；大力发展实体经济，加快经济转型升级步伐；强化要素保障，确保项目有序推进；切实保障和改善民生，促进社会和谐稳定。

2013 年 7 月 29 日，市八届人大常委会第十六次会议听取和审议市人民政府《关于 2013 年上半年预算执行情况的报告》。会议要求，市人民政府要全力组织征收，确保完成年度目标任务；确保重点支出，充分发挥资金使用效益；切实改进预算编制和执行，继续深化部门预算改革。

2013 年 9 月 17 日，市八届人大常委会第十八次会议审议了市人民政府《关于鹰潭市 2012 年财政决算的报告》《关于 2012 年度市本级财政预算执行和其他财政收支的审计工作报告》《关于 2011 年度市级预算执行和其他财政收支审计查出问题整改情况的报告》。会议要求，市人民政府要进一步加强预算决算管理；进一步加强财政收支管理；进一步加强审计监督。会议决定批准 2012 年市级财政决算。

2013 年 11 月 22 日，市八届人大常委会第二十次会议审议了市人民政府《关于鹰潭市 2013 年市级财政预算调整方案的议案》。会议要求，市人民政府要善始善终做好今年的财政收入征收工作；严格按照预算调整方案和有关规定安排好年底前的各项支出；坚持厉行节约，反对铺张浪费，防止年终突击花钱，严肃财经纪律；进一步加强和改进预算管理，提高预算编制的科学性。会议决定批准2013年市级财政预算调整方案。

2013年12月6日，市八届人大常委会第二十一次会议听取和审议市人民政府《关于〈鹰潭市国民经济和社会发展第十二个五年规划纲要〉实施情况中期评估报告》。会议要求，市人民政府要加强规划纲要衔接和落实，促进各项目标任务圆满完成；加快经济转型升级，进一步推进富裕鹰潭建设；加大节能减排和环境保护力度，进一步推进秀美鹰潭建设；统筹城乡发展，进一步推进宜居鹰潭建设；着力改善民生，进一步推进和谐鹰潭建设。

2014年7月30日，市八届人大常委会第二十六次会议听取和审议市人民政府《关于2014年上半年国民经济和社会发展计划执行情况的报告》。会议要求，市人民政府要紧紧围绕“8+1”重点工作，不断增强发展升级的定力；持续加大投资拉动力度，不断增强经济发展后劲；切实保障和改善民生，不断增进人民福祉。

2014年7月30日，市八届人大常委会第二十六次会议听取和审议市人民政府《关于2014年上半年预算执行情况的报告》。会议要求，市人民政府要善于变压力为动力，着力夯实财源基础；厉行勤俭节约，着力保障和改善民生；深化预算改革，着力完善预算管理制度。

2014年9月25日至26日，市八届人大常委会第二十七次会议听取和审议市人民政府《关于鹰潭市2013年财政决算的报告》《关于2013年度市级预算执行和其他财政收支的审计工作报告》《关于2012年度市级预算执行和其他财政收支审计查出问题整改情况的报告》。会议要求，市人民政府要抓紧做好贯彻实施预算法的各项准备工作；改进和完善预决算编制与执行管理；强化审计在预决算管理中的监督作用。会议决定批准鹰潭市2013年市级财政决算。

2014年11月12日，市八届人大常委会第二十八次会议审议了市人民政府《关于2014年市级财政预算调整方案的议案》。会议要求，市人民政府要按照新预算法的要求，精心谋划好2015年的预算编制工作；切实加强对地方政府债券资金使用的监管；严格收支预算管理。会议决定批准鹰潭市2014年市级财政预算调整方案。

2015年7月20日，市八届人大常委会第三十三次会议听取和审议市人民政府《关于鹰潭市2015年上半年国民经济和社会发展计划执行情况的报告》。会议要求，市人民政府要切实打好政策“组合拳”，促进经济平稳健康发展；继续推进产业转型升级，提高经济增长质量；积极落实各项改革举措，充分激发市场和社会活力；扎实实施惠民工程，促进社会和谐进步。

2015年7月20日，市八届人大常委会第三十三次会议听取和审议市人民政府《关于我市2015年上半年预算执行情况的报告》。会议要求，市人民政府要充分发挥财政职能作用，促进经济平稳增长；狠抓增收节支，着力提高保障能力；切实增强预算意识，进一步提高部门预算管理水平。

2015年9月16日，市八届人大常委会第三十四次会议听取和审议市人民政府《关于2014年全市和市级财政决算的报告》《关于2014年度市级预算执行和其他财政收支的审计工作报告》《关于2013年度市级预算执行和其他财政收支审计查出问题整改情况的报告》。会议要求，市人民政府要进一步加强预决算管理；切实强化审计监督；注重防范财政运行风险。会议决定批准鹰潭市2014年市级财政决算。

2015年11月30日，市八届人大常委会第三十五次会议听取和审议市人民政府《关于2015年市级一般公共预算和政府性基金预算调整方案的议案及其说明》。会议要求，市人民政府要进一步加强对省转贷地方政府债券资金的管理和监督；按照批准的预算调整方案，及时将资金拨付到位，强化资金的统筹使用和监督管理；认真做好2016年的预算编制工作。会议决定批准鹰潭市2015年市级一般公共预算和政府性基金预算调整方案。

2016年7月28日，市八届人大常委会第四十二次会议听取和审议市人民政府《关于我市2016年上半年国民经济和社会发展计划执行情况的报告》。会议要求，市人民政府要围绕稳增长，进一步扩大有效投资；围绕支持实体经济发展，进一步优化发展环境；围绕增进民生福祉，进一步办好民生实事。

2016年7月28日，市八届人大常委会第四十二次会议听取和审议市人民政府《关于我市2016年上半年预算执行情况的报告》。会议要求，市人民政府要更好地发挥财政职能作用，促进经济社会发展；科学把握财政形势，提升依法理财水平；深化财税体制改革，强化预算刚性约束。

2016年9月22日，市八届人大常委会第四十四次会议听取和审议市人民政府《关于鹰潭市2015年财政决算的报告》《关于2015年度市级预算执行和其他财政收支的审计工作报告》《关于2014年度市级预算执行和其他财政收支审计查出问题整改情况的报告》。会议要求，市人民政府要进一步按预算法要求高标准编制好预决算；进一步保证财政资金安全有效使用；进一步加大对财政资金审计监督力度。会议决定批准鹰潭市2015年市级决算。

第四节　市九届人大常委会计划和预算监督

2016年11月29日，市九届人大常委会第一次会议审议市人民政府《关于2016年市级一般公共预算和政府性基金预算调整方案的议案》。会议要求，市人民政府要深入贯彻落实预算法，不断完善政府预算管理制度；积极争取地方政府债券，认真抓好债券发行工作；统筹用好债务资金、结余结转及预算稳定调节基金；切实强化对债券资金使用情况的监督检查；财政部门每半年将债券发行、资金筹集、管理使用等情况向市人大财经委报告，并接受社会监督。会议决定批准鹰潭市2016年市级一般公共预算和政府性基金预算调整方案。

2017年7月24日，市九届人大常委会第八次会议听取和审议市人民政府《关于2017年上半年国民经济和社会发展计划执行情况的报告》。会议要求，市人民政府要突出项目引领，着力扩大有效投入规模；加快发展新经济，着力培育新动能；优化要素配置，着力振兴实体经济；增进民生福祉，着力维护社会和谐。

2017年7月24日，市九届人大常委会第八次会议听取和审议市人民政府《关于2017年上半年预算执行情况的报告》。会议要求，市人民政府要认真组织收入，确保全年收入预算完成；保障重点支出，进一步优化支出结构；强化预算管理，进一步提高部门预算编制水平。

2017年9月26日，市九届人大常委会第十次会议听取和审议市人民政府《关于鹰潭市2016年财政决算的报告》《关于2016年度市级预算执行和其他财政收支的审计工作报告》《关于2015年度市级预算执行和其他财政收支审计查出问题整改情况的报告》。会议要求，市人民政府要改进和完善预算决算编报工作，加强政府性债务监管，加大审计监督力度。会议决定批准鹰潭市2016年市级财政决算，批准龙虎山风景名胜区、鹰潭高新技术产业开发区和信江新区2016年财政决算。

2017年11月28日，市九届人大常委会第十一次会议听取和审议市人民政府《关于2017年市本级一般公共预算和政府性基金预算调整方案的议案和说明》。会议要求，市人民政府及有关单位和部门应当严格执行市人大常委会批准的市本级预算调整方案，加强收入预测和征管工作；增强预算编制的准确性和预算执行的严肃性；强化支出预算管理，科学调度和即时拨付资金，提高预算支出执行效率；强化债券资金使用监管，确保资金依法规范进行，提高资金使用效益。会议决定批准市人民政府提出的2017年市本级一般公共预算和政府性基金预算调整方案，批准龙虎山风景名胜区、鹰潭高新区、信江新区提出的2017年一般公共预算和政府性基金预算调整方案。

2018年1月4日，市九届人大常委会第十二次会议听取和审议市人民政府《关于2016年度鹰潭市级财政预算执行和其他财政收支审计查出问题整改情况的报告》和市财政局、市文化广电新闻出版局、市人力资源和社会保障局、市民政局、市房产管理局《关于审计查出问题整改情况的报告》，并开展满意度测评。

2018年7月30日，市九届人大常委会第十九次会议听取和审议市人民政府《关于2018年上半年国民经济和社会发展计划执行情况的报告》。会议要求，市人民政府要深入贯彻落实市委八届四次全会精神，确保全面目标完成；积极扩大有效投入，发挥投资支撑作用；加快现代产业体系建设，推动高质量发展；精准对接人民对美好生活的需求，提高保障和改善民生水平。

2018年7月30日，市九届人大常委会第十九次会议听取和审议市人民政府《关于2018年上半年预算执行情况的报告》。会议要求，市人民政府要巩固财源税基，做大政府财力；加强地方债务管理，积极防范化解财政风险；加强预算管理，切实维护预算的严肃性。

2018年9月27日，市九届人大常委会第二十次会议听取和审议市人民政府《关于2017年市级决算的报告》《关于2017年度市级预算执行和其他财政收支的审计工作报告》。会议要求，市人民政府要进一步改进完善预算决算编报工作；全面实施预算绩效管理；防范化解地方政府债务风险；更好发挥审计监督作用。会议决定，批准鹰潭市2017年市级决算，批准龙虎山风景名胜区、鹰潭高新技术产业开发区和信江新区2017年决算。

2018年11月26日，市九届人大常委会第二十一次会议听取和审议市人民政府《关于2017年度市级预算执行和其他财政收支审计查出问题整改情况的报告》和高新区管委会、龙虎山景区管委会、信江新区管委会、市教育局、市林业局、市公安局交警支队《关于审计查出问题整改情况的报告》，并开展满意度测评。

2018年11月26日，市九届人大常委会第二十一次会议听取和审议市人民政府《关于2018年市级一般公共预算和政府性基金预算调整方案以及2018年地方政府债务限额的议案和说明》。会议要求，市人民政府要强化预算约束；强化政府债务管理；推进预算绩效管理。会议决定批准龙虎山风景名胜区、鹰潭高新区、信江新区提出的2018年预算调整方案。

2018年11月26日，市九届人大常委会第二十一次会议听取和审议市人民政府《关于鹰潭市国民经济和社会发展实施情况中期评估报告》。会议要求，市人民政府要聚焦高质量发展，厚植产业发展新优势；聚焦新动能培育，激发经济发展新活力；聚焦促品质提升，推动城市迈入新层次；聚焦筑生态优势，共绘绿色发展新画卷；聚焦强民生保障，满足百姓生活新期待。

2019年8月22日，市九届人大常委会第二十九次会议听取和审议市人民政府《关于2019年上半年国民经济和社会发展计划执行情况的报告》。会议要求，市人民政府要着力扩大有效需求，大力推动制造业高质量发展，加强保障和改善民生。

2019年8月22日，市九届人大常委会第二十九次会议听取和审议市人民政府《关于

2018 年市级决算和 2019 年上半年预算执行情况的报告》《关于 2018 年度市级预算执行和其他财政收支的审计工作报告》。会议要求，市人民政府要深化预算制度改革，提高依法理财水平；积极采取有效措施，推动重大政策落实；强化民生领域监督，着力保障改善民生；加快构建长效机制，提升审计监督效能。会议决定批准 2018 年度市级决算。

2019 年 12 月 3 日，市九届人大常委会第三十二次会议听取和审议市人民政府《关于 2018 年度市级预算执行和其他财政收支审计查出问题整改情况的报告》及市水利局、鹰潭高新区、市体育局、市行政服务中心、市国资委、市交通运输局《关于审计查出问题整改情况的报告》，并开展满意度测评。

2019 年 12 月 3 日，市九届人大常委会第三十二次会议听取和审议市人民政府《关于提请审议〈2019 年度市级预算调整方案及 2019 年政府债务限额〉的议案》。会议决定批准 2019 年市级预算调整方案及 2019 年政府债务限额。

2020 年 9 月 11 日，市九届人大常委会第四十次会议听取和审议市人民政府《关于 2020 年上半年国民经济和社会发展计划执行情况的报告》。会议要求，市人民政府要慎终如始抓好常态化疫情防控工作；全力以赴做好“六稳”“六保”工作；群策群力描绘“十四五”规划蓝图。

2020 年 9 月 11 日，市九届人大常委会第四十次会议听取和审议市人民政府《关于 2019 年市级决算和 2020 年上半年预算执行情况的报告》《关于 2019 年度市级预算执行和其他财政收支的审计工作报告》。会议要求，市人民政府要积极发挥财政职能，做好“六稳”“六保”工作；树牢过“紧日子”思想，优化财政收支结构；依法加强审计监督，强化审计查出问题整改。会议决定批准鹰潭市 2019 年市级决算，批准龙虎山风景名胜区、鹰潭高新技术产业开发区和信江新区 2019 年决算。

2020 年 12 月 17 日，市九届人大常委会第四十二次会议审议市人民政府《关于提请审议〈调整 2020 年全市国民经济和社会发展计划预期目标方案〉的议案》。会议要求，市人民政府要在疫情防控常态化前提下，坚持稳中求进工作总基调，坚持新发展理念，坚持以供给侧结构性改革为主线，积极融入新发展格局，推动鹰潭市经济实现高质量跨越式发展，全面完成调整后的 2020 年全市国民经济和社会发展计划预期目标，确保决胜全面建成小康社会、决战脱贫攻坚目标任务的顺利完成。会议决定批准调整 2020 年全市国民经济和社会发展计划预期目标方案。

2020 年 12 月 17 日，市九届人大常委会第四十二次会议审议市人民政府《关于提请审议〈2020年市级预算调整方案（草案）及2020年地方政府债务限额〉的议案》。会议要求，市人民政府要强化政府债务管理；保证预算执行力度；优化财政收支结构。会议决定批准鹰潭市 2020 年市级决算，批准龙虎山风景名胜区、鹰潭高新区、信江新区提出的 2020 年预算调整方案。

2020 年 12 月 17 日，市九届人大常委会第四十二次会议听取和审议市人民政府《关于 2019 年度市级预算执行和其他财政收支审计查出问题整改情况的报告》和市住建局、市卫健委、市人防办、市国控集团、月湖区政府、信江新区管委会《关于审计查出问题整改情况的报告》，并开展满意度测评。

2020 年 12 月 17 日，市九届人大常委会第四十二次会议听取和审议市人民政府《关于市"十三五"规划纲要实施情况和"十四五"规划纲要编制情况的报告》。会议要求，市人民政府及有关部门要深入学习贯彻习近平新时代中国特色社会主义思想和习近平总书记视察江西重要讲话精神，按照市委"三大四聚"发展路径和"六强四动一保障"工作思路，全力建设"世界铜都、中华道都、智慧美城"，努力开创"小市大为、跨越赶超"新境界，奋力开启全面建设社会主义现代化国家新征程、谱写好新时代江西改革发展新画卷鹰潭篇章。

2021 年 8 月 25 日，市九届人大常委会第四十八次会议听取和审议市人民政府《关于 2021 年上半年国民经济和社会发展计划执行情况的报告》。会议要求，市人民政府要统筹疫情防控和经济社会发展；全力打好构建新发展格局"组合拳"；切实改善民生福祉。

2021 年 8 月 25 日，市九届人大常委会第四十八次会议听取和审议市人民政府《关于 2020 年市级决算和 2021 年上半年预算执行情况的报告》《关于 2020 年度市级预算执行和其他财政收支的审计工作报告》。会议要求市人民政府进一步保障中央和省委、市委重大决策部署贯彻落实；进一步强化预决算编制管理；进一步加强审计整改力度。会议决定批准鹰潭市 2020 年市级决算，批准龙虎山风景名胜区、鹰潭高新技术产业开发区和信江新区 2020 年决算。

第五节　市十届人大常委会计划和预算监督

2021 年 12 月 29 日，市十届人大常委会第二次会议审议市人民政府《关于提请审议 2021 年市级预算调整方案（草案）及 2021 年地方政府债务限额的议案》。会议要求，市人民政府要强化预算的严肃性；加强预算绩效管理工作；规范地方政府债务管理；做好 2022 年预算编制工作。会议决定批准 2020 年地方政府债务限额 2824544 万元；决定批准 2021 年地方政府债务限额 3629980 万元；决定批准 2021 年市级预算调整方案，批准龙虎山风景名胜区、鹰潭高新区、信江新区预算调整方案。

2021 年 12 月 29 日，市十届人大常委会第二次会议听取和审议市人民政府《关于 2020 年度市级预算执行和其他财政收支审计查出问题整改情况的报告》和贵溪市政府、余江区政府、市自然资源局、江西师范高等专科学校《关于审计查出问题整改情况的报告》，并开展满意度测评。

2022 年 6 月 27 日，市十届人大常委会第七次会议审议市人民政府《关于提请审议〈2022 年新增地方政府债务限额以及 2022 年市级预算调整方案〉的议案》。会议要求，市人民政府及相关部门要严格执行批准后的市级预算调整方案；强化债券项目建设和资金使用情况的监督管理；切实加强债券项目库建设，加强债券项目的谋划、储备和申报；持续强化地方政府债务管理，坚决遏制政府隐性债务。会议决定批准 2022 年新增地方政府债务限额 57.0559 亿元，批准市本级预算调整方案，批准鹰潭高新区、龙虎山景区、信江新区预算调整方案。

2022 年 10 月 31 日，市十届人大常委会第八次会议审议市人民政府《关于 2022 年上半年国民经济和社会发展计划执行情况的报告》。会议要求，市人民政府要紧紧围绕年度目标任务加强经济形势研判和运行调度；紧紧围绕扩大内需战略基点引导市场需求释放潜力；紧紧围绕创建一流营商环境着力破解制约市场主体发展难题；紧紧围绕共同富裕切实改善民生福祉。

2022 年 10 月 31 日，市十届人大常委会第八次会议审议市人民政府《关于 2021 年市级决算和 2022 年上半年预算执行情况的报告》《关于 2021 年度市级预算执行和其他财政收支的审计工作报告》。会议要求，市人民政府要进一步提升积极财政政策效能；进一步完善财政预决算管理；进一步加强政府债务风险管控；进一步加大审计整改力度。

2022 年 10 月 31 日，市十届人大常委会第八次会议审议市人民政府《关于 2022 年地方政府债务限额及 2022 年市级预算调整方案的议案》。会议要求，市人民政府及其有关部门要严格执行批准后的市级预算调整方案；强化专项债券资金使用管理；加快推动债券项目建设；持续强化地方政府债务管理。会议决定批准市本级预算调整方案，批准鹰潭高新区预算调整方案。

2022 年 11 月 24 日，市十届人大常委会第九次会议审议市人民政府《关于提请审议〈2022 年市级预算调整方案〉的议案》。会议要求，市人民政府要严肃预算编制；保障预算执行；优化财政收支结构；做好 2023 年预算编制工作。会议决定批准 2022 年市本级预算调整方案，批准龙虎山景区、鹰潭高新区、信江新区 2022 年预算调整方案。

2022 年 12 月 30 日，市十届人大常委会第十次会议听取和审议市人民政府《关于 2021 年度市级预算执行和其他财政收支审计查出问题整改情况的报告》和市工信局、市生态环境局、市住建局、市住房公积金管理中心、市工控公司《关于审计查出问题整改情况的报告》，并开展满意度测评。

2023 年 4 月 26 日，市十届人大常委会第十三次会议审议市人民政府《关于 2023 年新增地方政府债务限额及 2023 年市级预算调整方案的议案》。会议要求，市人民政府及相关部门要进一步加强政府债务管理；要进一步加快债券发行和使用进度；要加强债券项目资金“借、用、管、还”全流程管理；要加快政府债券项目库建设。会议决定批准 2023 年新增地方政府债务限额 34.2 亿元，批准市本级预算调整方案，批准鹰潭高新区、龙虎山风景区、信江新区预算调整方案。

2023 年 6 月 26 日，市十届人大常委会第十四次会议审议市人民政府《关于提请审议 2023 年市级财政预算调整方案的议案》。会议要求，市人民政府及有关部门要严格执行批准后的市级预算调整方案，尽快将新增债务限额分解下达至区（市），督促各地政府及时提请本级人大常委会审查批准后执行；要进一步加快债券发行，强化债券资金使用管理，确保资金投向符合要求和鹰潭市经济社会发展需要；要加快推动债券项目建设，充分发挥债券资金对稳定经济增长的支撑作用；要坚持底线思维，坚决遏制新增政府隐性债务，严控政府债务风险。会议决定批准市级预算调整方案。

2023 年 8 月 31 日，市十届人大常委会第十六次会议听取和审议市人民政府《关于全市 2023 年上半年国民经济和社会发展计划执行情况的报告》。会议要求，市人民政府全面贯彻落实省委十五届四次全会和市委九届五次全会精神，始终坚持稳中求进工作总基调，提振发展信心，积极扩大有效投资；聚焦内外循环，挖掘市场消费潜力；助企纾困解难，推动民营经济发展；统筹发展安全，防范化解风险隐患。

2023 年 8 月 31 日，市十届人大常委会第十六次会议听取和审议市人民政府《关于 2022 年市级决算和 2023 年上半年预算执行情况的报告》《关于 2022 年度市级预算执行和其他财政收支的审计工作报告》。会议要求，要加强财政资源统筹，推动经济实现质的有效提升和量的合理增长；规范预算决算编制，促进预算管理提质增效；强化预算绩效管理，提高资金使用效益；加大审计监督力度，提升审计监督效能。会议决定批准 2022 年市级财政决算。

2023 年 10 月 30 日，市十届人大常委会第十七次会议审议市人民政府《关于提请审议〈2023 年市级预算调整方案〉的议案》。会议要求，要严格预算执行，加强资金监管；强化预算绩效管理，切实做到花钱要问效、无效要问责；防范化解债务风险，严禁违规变相举借政府债务，坚决遏制隐性债务增量；科学合理编制 2024 年预算，进一步提高预算编制的科学性、准确性、完整性。会议决定批准 2023 年市本级预算调整方案，批准鹰潭市高新区、龙虎山景区、信江新区 2023 年预算调整方案。

2023 年 12 月 15 日，市十届人大常委会第十八次会议听取和审议市人民政府《关于全市国民经济和社会发展第十四个五年规划纲要实施中期评估情况的报告》。会议要求，要激发创新发展动力，打造国家级先进制造业集群；挖掘投资消费潜力，全面增强经济发展新动力；优化升级发展环境，推进改革开放实现新突破；突出全域一体发展，全力打造城乡融合样板区；着力擦亮生态底色，争创绿色低碳发展新样板；持续增进民生福祉，提升人民群众生活新品质；防范化解重大风险，筑牢社会安全发展新屏障。

2023 年 12 月 15 日，市十届人大常委会第十八次会议听取和审议市人民政府《关于 2022 年度市级预算执行和其他财政收支审计查出问题整改情况的报告》及市民政局、市城市管理局、鹰潭高新区管委会、信江新区管委会、市城建投集团关于 2022 年度审计查出问题整改情况的报告，并开展满意度测评。会议要求，要继续贯彻落实中央、省委和市委关于做好审计整改长效机制的部署要求，切实抓好审计整改工作，运用好屡审屡犯提示清单，夯实整改“下半篇文章”；持续抓好当前仍未整改到位问题的整改工作，对立行立改类问题要限期整改到位，分阶段整改类问题原则上审计报告出具后 1 年内整改到位；审计机关要继续加强跟踪检查，督促被审计单位进一步落实整改主体责任，对审计整改不力的，适时组织联合督查等，确保整改任务落实到位，取得实效。

第三章　执法检查

2004年至2023年，市人大常委会第六届至第十届共开展执法检查45项。其中，第六届9项，第七届8项，第八届9项，第九届14项，第十届5项。

第一节　市六届人大常委会执法检查

2004年5月，市人大常委会副主任郑良健带领执法检查组对全市《中华人民共和国政府采购法》实施情况进行检查。检查组指出，全市仍存在认识上有偏差，工作上落实不到位，体制上不完善等问题。执法检查组建议：大力加强学习宣传，提高贯彻执行的自觉性；理顺政府采购体制；积极推行政府采购预算；建立健全相关制度，进一步规范政府采购行为；全面推行国库集中支付制度；进一步加强对政府采购工作的监管力度。

2004年5月，市人大常委会副主任刘国林带领执法检查组对全市《中华人民共和国消防法》实施情况进行检查。检查组指出，执法过程中仍存在社会消防安全意识淡薄，消防执法环境不够宽松，消防宣传教育工作不到位，城市公共消防基础设施建设投入不足等问题。执法检查组建议：加大消防法律法规宣传力度，提高社会消防安全意识；加大消防执法力度，强化监督管理；加强农村及公共聚集场所的消防安全工作；认真做好消防发展规划的完善、落实工作；将供电部门纳入消防领导体系；加强消防装备建设；消防部门要继续加强自身队伍建设，不断提高消防人员的业务水平。

2004年5月，市人大常委会副主任邓绍聪带领执法检查组对全市《中华人民共和国人口与计划生育法》实施情况进行了检查。检查组指出，全市人口与计划生育工作仍然存在思想教育不充分、机制不完善、性别比例失调、队伍专业化不足等问题。执法检查组建议：要以科学发展观为指导，不断强化宣传和思想教育，营造人口与计划生育的良好环境。

2004年5月至9月，市人大常委会副主任李萍文带领执法检查组对全市《中华人民共和国环境保护法》实施情况进行了检查。检查组指出，全市仍存在少数企业和个别部门领导法治观念、环保意识比较淡薄；环保执法干部队伍素质有待提高，执法手段有待完善；环保目标责任制没有完全落实到位等问题。执法检查组建议：要大力加强宣传，进一步提高全社会环保意识和法治观念；抓好三支队伍建设，推动环保工作再上新台阶；创新工作方法，严格依法行政。

2004年5月至9月，市人大常委会副主任郑良健带领执法检查组对全市《中华人民共和国价格法》实施情况进行了检查。检查组指出，全市价格管理工作仍然存在价格执法职能还没有完全到位；价格调控基础薄弱；价格执法手段不足，行政处罚难以执行；价格执法队伍素质还不能完全适应形势的要求；审计报告反映市计委（物价局）财务收支方面有问题等问题。执法检查组建议：要牢固树立科学发展观，加强宏观调控，努力保持物价基本稳定；要进一步加强价格监督，营造良好发展环境；要进一步加强对价格调节基金的征收和管理；对审计报告中提出的问题，要认真对待，切实抓好整改；要加强执法队伍建设。

2005年6月，市人大常委会副主任邓绍聪带领执法检查组对全市《中华人民共和国档案法》《江西省档案管理条例》实施情况进行了检查。检查组指出，全市仍存在部分单位领导档案意识和档案法制观念淡薄，导致档案工作相对滞后；档案库房不足，保管设施简陋，安全隐患较大；档案工作人员素质与现代档案事业的需求有差距；部分档案收集不齐全、保管不集中等问题。执法检查组建议：要进一步加强档案法律知识的学习宣传力度，为依法管理档案营造良好的社会环境；改善馆库环境，确保档案安全；注重档案队伍建设，不断提高档案干部的政治业务素质；强化档案基础业务建设，不断开发利用档案信息资源。

2005年7月，市人大常委会副主任彭路祥带领执法检查组对全市《中华人民共和国公民出境入境管理法》实施情况进行了检查。检查组指出，全市仍存在法律宣传力度有待进一步加大，出国（境）受理审核把关力度有待进一步加强，对入境人员的管理工作有待进一步到位，外事档案管理有待进一步规范，因公出国（境）管理工作有待进一步改进，外事干部配备和办公条件有待进一步改善等问题。执法检查组建议：加大《中华人民共和国公民出境入境管理法》学习宣传力度，增强各级各部门出入境管理意识；严格执法，进一步规范出入国（境）秩序；打管结合，提高对入境人员的管理水平；加强外事执法队伍建设，切实提高外事执法水平；适当加大投入，加强外事基础设施建设和信息化建设。

2005年7月，市人大常委会副主任李萍文带领执法检查组对全市《中华人民共和国水污染防治法》实施情况进行了检查。检查组指出，全市仍存在法规宣传的深度、广度还不够，全社会的环保意识还不够高，环保知识欠缺；信江流经城市河段的有机污染呈上升势头，部分水质指标在部分检测断面超标；规模化养猪场污染历史欠账重，环境监管工作刚起步；泸溪河沿岸居民生活污水排放影响仙水岩旅游事业发展等问题。执法检查组建议：要大力加强宣传，进一步提高全社会水污染防治法制意识；进一步完善行政执法责任制、行政执法过错责任追究制；全力推进信江综合整治工作；采取措施防止泸溪河水水质污染；

加大规模化养殖业的污染防治力度。

2005 年 7 月至 10 月，市人大常委会副主任邓绍聪带领执法检查组对鹰潭市《中华人民共和国义务教育法》实施情况进行了检查。检查组指出，鹰潭市仍然存在少数地区和部门对教育特别是义务教育地位和作用的认识存在偏差；经费投入不足，学校运转困难；教师管理存在问题，队伍建设不尽如人意；城乡教育发展不均衡，多数农村孩子享受不到优质教育资源；控辍保学措施不足，农村中学生辍学现象较为严重；学校安全存在疏漏，安全管理合力不足等问题。执法检查组建议：要加大宣传力度，增强社会共识，努力为义务教育事业的发展创造良好的社会环境；进一步加大投入，巩固和完善农村义务教育“以县为主”的管理体制；加强师资队伍建设，努力建造一支高素质的教师队伍；努力缩小城乡教育差距，促进义务教育均衡发展；积极控辍防流，巩固和提高“普九”成果；实行综合治理，确保校园安全。

第二节　市七届人大常委会执法检查

2008 年 8 月至 10 月，市人大常委会副主任彭中华带领执法检查组对鹰潭市《中华人民共和国教师法》实施情况进行了检查。检查组指出，鹰潭市仍然存在教师职称和编制缺乏，教师综合素质需要加强，教师待遇需要进一步保障等问题。执法检查组建议：要进一步加大宣传力度，增强社会共识，努力营造依法治教、尊师重教的良好氛围；采取有效措施，切实解决教师缺编和职称相关问题；加强教师教育，规范教师行为，全面提高教师的综合素质；加大教育投入，改善教师工作生活条件，保障提高教师待遇；重视解决农村教师队伍中存在的实际问题，切实加强农村教师队伍建设。

2009 年 3 月至 4 月，市人大常委会主任邵奇生带领执法检查组对鹰潭市《中华人民共和国就业促进法》的实施情况进行了检查。检查组指出，鹰潭市仍然存在财力有限，难以支付促进就业工作所需资金；“招工难”和“就业难”的矛盾依然突出；就业培训工作有待改进；就业扶持工作有待加强；基层就业服务机构规范化建设不足等问题。执法检查组建议：市人民政府要进一步加大宣传力度，提高认识，推进就业促进法的贯彻实施；进一步确保财政收入，提高就业再就业资金使用效率；进一步做好就业培训工作，不断提高劳动力技能水平；进一步整合资源，形成合力，共同做好就业再就业工作。

2009 年 5 月至 8 月，市人大常委会主任邵奇生带领执法检查组对鹰潭市《中华人民共和国城乡规划法》的实施情况进行了检查。检查组指出，鹰潭市仍然存在城中村和城乡接合部规划实施难度较大；自然村的规划编制工作相对滞后；城区规划特色不明显，布局欠合理；法律执行力有待全面贯彻落实等问题。执法检查组建议：市人民政府要进一步加大宣传力度，不断增强规划意识；加大城乡规划的编制力度，提高规划编制水平；严格依法履行有关程序，维护法律的严肃性；进一步加大执法力度，维护规划的权威性。

2010 年 11 月，市人大常委会执法检查组对鹰潭市《中华人民共和国工会法》的实施情况进行了检查。检查组指出，鹰潭市仍存在贯彻实施工会法的自觉性不够；在一些特殊领域工会组建存在困难；工会经费收缴较难；侵犯工会资产、不尊重工会资产独立性的现象时有发生等问题。执法检查组建议：要进一步加大对工会法的学习宣传贯彻力度，提高全社会对贯彻实施《工会法》重大意义的认识；积极推进工会组建，把职工尤其是农民工最大限度地组织到工会中来；为工会经费收缴创造更好的法律政策环境和舆论氛围；严格依法保护和处置工会资产，杜绝侵害工会资产的行为。

第三节　市八届人大常委会执法检查

2012 年 9 月，市人大常委会副主任徐晓年带领执法检查组对鹰潭市《中华人民共和国农业法》的实施情况进行了检查。检查组指出，鹰潭市仍存在学习宣传不够深入广泛，农业基础设施建设薄弱，农业投入不足，农业面源污染防治亟须加强，农产品质量安全监督体系建设不健全等问题。执法检查组建议：市人民政府要深入学习宣传《农业法》，进一步增强干部群众的法律意识；千方百计加大农业投入，增强农业发展后劲；加快农业基础设施建设，提高农业综合生产能力；重视农业标准化生产，减少农业面源污染；加强农产品质量监管体系建设，保障农产品有效安全供给。

2015 年 4 月，市人大常委会副主任刘育虹带领执法检查组对鹰潭市《江西省少数民族权益保障条例》情况进行检查。检查组指出，鹰潭市仍然存在少数民族专业技术人员的培养驻留难，樟坪畲族乡生态环境保护应予重视，对口帮扶和资金投入应更加精准等问题。执法检查组建议：市人民政府要帮扶与引导并重，依法加强少数民族工作；开发与保护并重，促进经济社会绿色化发展；管理与培养并重，稳定充实专业技术人员队伍。

2015 年 6 月至 8 月，市人大常委会副主任徐晓年带领执法检查组对鹰潭市《中华人民共和国农产品质量安全法》的实施情况进行了检查。检查组指出，鹰潭市仍然存在法律实施有盲点，农产品市场质量有安全隐患等问题。执法检查组建议：市人民政府要进一步巩固和打牢农产品质量安全监管基础；尽快落实市场农产品质量安全监管职责；加快建立农产品质量安全市场准入与责任追溯制度；加快农检改革步伐。

2015 年 6 月至 10 月，市人大常委会副主任刘育虹带领执法检查组对鹰潭市《中华人民共和国食品安全法》的实施情况进行了检查。检查组指出，鹰潭市仍然存在部分食品生产经营者法律意识淡薄，相关制度执行不力；大量存在的无证生产经营小作坊、小餐饮成为监管执法的软肋与死穴，其安全隐患令人担忧；能力建设与监管需求不匹配，制约了监管工作的高效开展等问题。执法检查组建议：市人民政府要加强法律法规宣传教育，强化食品生产经营者主体责任意识；采取有效措施，切实加强无证食品小作坊、小餐饮的监督与管理；加强能力建设，不断提升食品安全监管水平；加强食品安全风险监测与应急处置工作，推动形成食品安全社会共治共管格局。

2015 年 10 月，市人大常委会副主任杨晓群带领执法检查组对鹰潭市《江西省企业工资集体协商条例》的实施情况进行了检查。检查组指出，鹰潭市仍然存在对条例的学习和认识不到位；工资集体协调工作发展不平衡；工资集体协商的程序不规范，内容形式化、简单化等问题。执法检查组建议：市人民政府要注重舆论引导，形成社会共识；注重力量整合，凝聚推进合力；注重机制建设，促进规范运作；注重分类指导，务求工作实效；注重方式创新，深化协商内涵。

2015 年 4 月至 11 月，市人大常委会副主任程芦山带领执法检查组对鹰潭市《中华人民共和国城乡规划法》的实施情况进行了检查。检查组指出，鹰潭市仍然存在控规调整情况较为普遍，违规违法行为仍较突出，城市规划管理还相对滞后，城乡规划编制进展不够平衡，乡村规划法治较为乏力等问题。执法检查组建议：市人民政府要进一步强化依法规划、依规建设的理念；进一步加大依法规划、依规建设的力度；进一步提高依法规划、依规建设的水平。

2015 年 9 月至 12 月，市人大常委会副主任杨晓群带领执法检查组对鹰潭市《江西省企业权益保护条例》的实施情况进行了检查。检查组指出，鹰潭市仍然存在条例宣传的广度和深度还不够，侵犯企业合法权益的行为还时有发生，企业维权意识不强，对实际问题的解决还难以满足企业的期望值等问题。执法检查组建议：市人民政府要加大宣传力度，形成深入贯彻落实条例的共识；强化监督检查，切实做好企业权益保护工作；创新体制机制，尽心尽力为企业排忧解难。

2016 年 3 月，市人大常委会副主任刘育虹带领执法检查组对鹰潭市《中华人民共和国文物保护法》的实施情况进行了检查。检查组指出，鹰潭市仍然存在文物保护意识整体不强，未能形成广泛社会共识；文物安全形势严峻，文物安全状况堪忧；文物保护机构不全，专业人才匮乏，执法力量薄弱；文物经费短缺，使用手续烦琐，难以满足全市文物保护工作需要等问题。执法检查组建议：市人民政府要加大宣传教育力度，切实增强全社会自觉保护文物的法律意识和责任；依法履行职责，切实保障文物安全；强化能力建设，不断提高文物保护工作水平；促进合理利用，努力发挥文物的社会效益和经济效益；加快地方立法，完善相关法律制度，推进鹰潭市历史文化保护法制化。

2016 年 8 月，市人大常委会副主任杨晓群带领执法检查组对鹰潭市《中华人民共和国禁毒法》的实施情况进行了检查。检查组指出，鹰潭市仍然存在思想认识有待提高，禁毒工作机制尚需完善；吸毒人员持续增长，禁吸戒毒工作仍需加强；社区戒毒康复工作推进缓慢，主体责任落实不够等问题。执法检查组建议：市人民政府要加强组织领导，全面落实禁毒工作责任；深化禁毒预防教育，提高全民禁毒意识；坚持堵源截流，进一步打击毒品违法犯罪活动；创新吸毒人员服务管理，扎实推进禁吸禁毒工作；加强禁毒工作保障，提升禁毒实战能力。

第四节　市九届人大常委会执法检查

2017 年 3 月至 6 月，市人大常委会副主任周永江带领执法检查组对鹰潭市《中华人民共和国义务教育法》的实施情况进行了检查。检查组指出，鹰潭市仍然存在城区义务教育学校建设滞后，教师配置及教师结构不尽合理，城区学校大班额现象突出，义务教育经费管理和使用不规范等问题。执法检查组建议：市人民政府要加快城区义务教育学校规划和建设，多措并举化解“大班额”；加强教师编制管理，保障义务教育师资需求；全面实施素质教育，不断提高教育教学质量；完善义务教育经费保障机制，提高义务教育资金使用效率；强化部门责任，合力整治校园周边环境；理顺义务教育管理体制，依法落实县级主体责任。

2017 年 6 月至 8 月，市人大常委会副主任李力带领执法检查组对鹰潭市《江西省林木种子管理条例》的实施情况进行检查。检查组指出，鹰潭市仍然存在林木种子产业化水平较低，市场占有率低，竞争力不强，企业实力偏弱；技术开发能力薄弱，缺乏技术创新和市场开拓能力，新品种选育有待进一步加强；工作监管仍有疏漏，无证生产经营现象仍然存在等问题。执法检查组建议：市人民政府要大力推进林木种子产业化发展；加大良种选育和新品种权益保护力度；做细做实行业监管工作。

2017 年 7 月至 11 月，市人大常委会副主任程芦山带领执法检查组对鹰潭市《中华人民共和国道路交通安全法》《江西省实施〈中华人民共和国道路交通安全法〉办法》的实施情况进行了检查。检查组指出，鹰潭市交通安全管理工作仍然存在薄弱环节，道路交通安全设施滞后，政府有关部门对道路安全教育的力度仍需加大，执法保障和警力不足等问题。执法检查组建议：市人民政府要加大道路基础设施建设；建立健全道路交通安全综合管理工作机制；建立健全道路交通安全宣传教育长效机制。

2018 年 5 月至 7 月，市人大常委会副主任李力带领执法检查组对鹰潭市《中华人民共和国水土保持法》的实施情况进行了检查。检查组指出，鹰潭市仍然存在法律意识不强，依法行政的能力水平有待提高，部门协同不够等问题。执法检查组建议：市人民政府要加大宣传力度，增强法律意识；把握工作尺度，解决突出问题；强化部门协同，保证法律实施，确保水土保持规则、预防、治理、检测监督和执法等各项工作都能有序开展。

2018 年 11 月，市人大常委会副主任程芦山带领执法检查组对鹰潭市《中华人民共和国残疾人保障法》实施情况进行检查。检查组指出，鹰潭市仍然存在工作合力有待进一步加强，残保金征收不到位，残疾人康复或托养中心建设滞后，特殊教育学校建设仍需发展完善等问题。执法检查组建议：要加大残保金征收力度；积极谋划建设残疾人康复或托养中心；加快特殊教育学校建设步伐；形成工作合力，提高全社会尊残助残氛围。

2019 年 7 月，市人大常委会副主任周永江带领执法检查组对鹰潭市《中华人民共和国妇女权益保障法》的实施情况进行了检查。检查组指出，全市仍然存在妇女权益保障相关法律法规及政策宣传不够深入；妇女人身、婚姻家庭等权益受侵害现象仍然存在；女性劳动、财产权益受侵害现象时有发生；妇女工作组织建设仍有差距等问题。执法检查组建议：市人民政府要增强全社会依法维护妇女权益的意识，加大法律宣传力度；要建立健全部门联合执法机制，加大执法处置力度；要抓住当前突出问题，积极维护妇女权益；要完善工作机制建设，切实发挥保障作用。

2019 年 9 月，市人大常委会副主任胡高堂带领执法检查组对鹰潭市《中华人民共和国自然保护区条例》的实施情况进行了检查。检查组指出，鹰潭市仍然存在机构设置尚未到位，基础设施比较薄弱，执法压力相对较大，保护开发矛盾凸显等问题。执法检查组建议：要进一步提高思想认识，切实明确做好自然保护区工作的重大意义；进一步完善管理体制机制，不断加强自然保护区各项工作的规范化、科学化；进一步加大执法力度；进一步强化监督管理，推进鹰潭市自然保护区工作再上新台阶。

2019 年 10 月，市人大常委会副主任李力带领执法检查组对鹰潭市《中华人民共和国气象法》的实施情况进行了检查。检查组指出，鹰潭市仍然存在公众气象法律意识不浓，气象设施建设相对落后，专业人才流失比较严重等问题。执法检查组建议：市人民政府要进一步加大法律宣传力度；进一步加大对气象事业的支持力度；进一步改善气象工作条件。

2020 年 4 月，市人大常委会副主任李力带领执法检查组对鹰潭市《中华人民共和国野生动物保护法》和全国人大常委会《关于全面禁止非法野生动物交易、革除滥食野生动物陋习、切实保障人民群众生命健康安全的决定》的实施情况进行了检查。检查组指出，鹰潭市仍然存在巩固现有成果难度大，养殖户受冲击损失大，脱贫攻坚工作受影响等问题。执法检查组建议：市人民政府要巩固现有成果，保持现有发展态势，必须强化源头管控；要采取更加行之有效的措施，加大执法力度；要在认真细致做好政策解读、思想安抚和社会稳定的前提下，进一步做好善后工作。

2020年8月，市人大常委会副主任刘育虹带领执法检查组对鹰潭市《中华人民共和国献血法》的实施情况进行了检查。检查组指出，鹰潭市仍然存在区域发展不平衡，工作合力有待加强；采供血能力建设标准低，临床用血安全有隐患；宣传工作针对性、实效性不强，各方面对无偿献血的认知度和认同度不高等问题。执法检查组建议：市人民政府要进一步强化宣传，营造氛围，努力增强全社会参与无偿献血的意识和自觉性；进一步完善制度，形成政府主导、部门联动、社会参与的长效机制；进一步强化管理，严把质量，确保临床用血安全；进一步加大投入，改善条件，促进无偿献血事业健康发展。

2020年8月至10月，市人大常委会副主任胡高堂带领执法检查组对《鹰潭市信江饮用水水源保护条例》的实施情况进行检查。检查组指出，鹰潭市仍然存在普法力度不够大，部分水源保护区划定及其设施建设滞后，部分污水处理厂问题突出，水质监测能力有待提升等问题。执法检查组建议：市人民政府要进一步加大法规宣传，引导广大群众知法守法；牢固树立法治思维，强化责任担当，使条例发挥刚性约束功能；要善于运用执法成果，以条例的贯彻实施推动问题整改，推动实现预期目标、达到治理效果，确保群众饮水安全。

2021年3月至6月，市人大常委会副主任周永江带领执法检查组对鹰潭市《中华人民共和国工会法》及江西省实施办法的实施情况进行了检查。检查组指出，鹰潭市仍然存在思想认识上还有差距；依法维护职工合法权益机制不够完善；基层工会组织建设存在薄弱环节；职工文化服务阵地建设和工会经费拨缴不到位等问题。执法检查组建议：市人民政府要进一步加大宣传力度，提高对贯彻实施《中华人民共和国工会法》重要性的认识；进一步维护和保障职工的合法权益；进一步加强基层工会组织建设；进一步加强职工文化服务阵地建设和工会经费拨缴工作。

2021年6月，市人大常委会副主任胡高堂带领执法检查组对鹰潭市《中华人民共和国农民专业合作社法》的实施情况进行了检查。检查组指出，鹰潭市仍然存在农民合作社登记注册把关不严，合作社运转不规范，合作层次低等问题。执法检查组建议：市人民政府要严格依法登记注册；积极稳妥地推动全系统整改完善；进一步巩固拓展整市质量提升试点成效。

2021年7月，市人大常委会副主任胡高堂带领执法检查组对《鹰潭市户外广告设置管理条例》的实施情况进行了检查。检查组指出，鹰潭市仍然存在学习宣传不广不深，区市规划编制滞后，监管工作仍有缺位等问题。执法检查组建议：市人民政府要加大宣传力度，积极营造贯彻实施《条例》的良好氛围；尽快依法编制有关规划，做到规划先行；有序开展审批，规范户外广告的设置；强化监管措施，不断提高城市管理水平，有力推动鹰潭市文明城市和卫生城市创建工作。

第五节　市十届人大常委会执法检查

2022 年 3 月至 5 月，市人大常委会副主任程美华带领执法检查组对鹰潭市《中华人民共和国乡村振兴促进法》和《江西省乡村振兴促进条例》的实施情况进行检查。检查组指出，鹰潭市仍然存在法律学习宣传不够深入，农民稳定增收基础不够牢固，农村人才普遍缺乏，乡村治理体系不够完善，法定职责落实不够到位，乡村振兴合力尚未形成等问题。执法检查组建议：市人民政府要加大法律宣传力度；建立农民稳定增收长效机制；壮大农业农村人才队伍；建立健全乡村治理体系；建立健全相关制度；强化工作协同，形成强大工作合力，推进乡村振兴各项工作开展。

2022 年 5 月至 8 月，市人大常委会副主任程美华带领执法检查组对《鹰潭市建设工地扬尘污染防治管理办法》的实施情况进行了检查。检查组指出，鹰潭市仍然存在法规宣传不够深入，设施建设不够规范，措施落实不够严格，监督管理不够到位等问题。执法检查组建议：各级政府及其相关部门要进一步强化思想认识，积极营造全社会扬尘污染防治良好氛围；进一步强化设施建设，实现在建项目在线监测设备全面覆盖；进一步强化日常管理，严格落实建设、监理、施工单位的主体责任；进一步强化监督执法，形成建设施工扬尘污染防治相关部门各司其职、通力协作、合力监管的良好局面。

2023 年 4 月至 6 月，市人大常委会副主任李美珍带领执法检查组对鹰潭市《中华人民共和国社区矫正法》实施情况进行检查。检查组指出，鹰潭市仍然存在社区矫正法宣传力度还需进一步加大，社区矫正部门协作机制有待进一步完善，对社矫对象的教育帮扶还需更加精细，矫正场所规范化建设和经费保障仍需进一步加强等问题。执法检查组建议：要进一步提高政治站位，确保社区矫正法严格实施；进一步严格依法履职，不断提高社区矫正工作水平；进一步加大精准帮教，着力提升社区矫正效果；进一步加强宣传引导，有效凝聚法律实施的整体合力。

2023 年 8 月，市人大常委会副主任李美珍带领执法检查组对鹰潭市《中华人民共和国安全生产法》实施情况进行检查。检查组指出，鹰潭市仍然存在主体责任落实仍有差距，监管责任落实仍有差距，应急管理基础仍有差距，安全生产形势依然严峻等问题。执法检查组建议：要进一步强化安全法治保障，进一步拧紧各方责任链条，进一步加大执法惩戒力度，进一步防范化解风险隐患，切实提高应急管理人员切身利益，促进更多优秀人才加入应急管理队伍。

2023 年 7 月至 10 月，市人大常委会副主任徐双文带领执法检查组对鹰潭市《江西省宗教事务条例》实施情况进行了检查。检查组指出，鹰潭市仍然存在宗教实践缺乏有效载体和手段；宗教工作法治化水平有待提高，执法合力有待加强；宗教团体和活动场所管理仍需完善等问题。执法检查组建议：要提高政治站位，加强宣传引导，进一步加大条例贯彻实施力度；夯实基层基础，优化工作机制，进一步提高宗教事务法治管理水平；完善制度规范，运用“导”的方法，进一步加强宗教团体和宗教活动场所自身建设；突出重点领域，防范化解隐患，进一步促进宗教领域和谐。

第四章　视　察

2004 年至 2024 年 1 月，市人大常委会第六届至第十届共开展视察 126 项。其中，第六届 13 项，第七届 26 项，第八届 31 项，第九届 38 项，第十届 18 项。

第一节　市六届人大常委会视察

2004 年 6 月 9 日至 10 日，市人大常委会副主任邓绍聪带领视察组，对鹰潭市疾病预防控制体系建设和市人民医院综合大楼筹建情况进行了视察。视察中，发现鹰潭市疾控体系建设工作仍存在疾控中心专业技术人员少，技术力量单薄，整体素质偏低；检测设备落后，检测能力不足；疾控信息网络和应急体系薄弱；经费投入不足等问题。视察组建议：市人民政府要高度重视，加大宣传力度，提高全社会防病防疫意识和自我保护能力；加强队伍建设，提高整体素质；加强在建项目管理，促进全市疾控机构硬件建设；依法落实疾控体系建设所需的经费；采取有效措施，切实加快“兴建市人民医院综合大楼”议案的办理进程，给人大代表以及全市人民一份满意答卷。

2004 年 8 月 3 日至 5 日，市人大常委会副主任邓绍聪带领部分市人大代表，对鹰潭市农村药品“两网”（监督网、供应网）建设情况进行了视察。视察中，发现受到人员、技术、经费等多方面因素制约，鹰潭市仍存在“两网”建设不够平衡；农村药品监督协管员、信息员的作用未能得到有效发挥；部分诊所药品购进、存放、使用很不规范；农村药品价格缺乏有效管理；农村药品零售店发展制约较多等问题。视察组建议：市人民政府要统一思想，加强领导，切实抓好农村药品“两网”建设；采取有效措施，充分发挥药监协管员和信息员的作用；强化监管职能，坚持监管与服务并举；采取有效措施，限制农村药品价格上涨。

2005 年 4 月 27 日至 29 日，市人大常委会副主任邓绍聪带领部分市人大代表，对鹰潭市市区及景区食品放心工程实施情况进行了视察。视察中，发现鹰潭市食品安全总体水平不高，食品质量安全隐患不少；作坊式、小型食品生产加工企业不少，导致问题食品不断；食品安全监管力量薄弱，技术检测设备简陋水平不高；食品质量安全管理权限分离，难以形成管理合力；部分食品从业人员素质差，缺乏道德和诚信，导致食品安全隐患增多；群众的自我保护意识不强、自我保护能力有限等问题。视察组建议：市人民政府要强化政府职能，创优执法环境；落实部门责任，加强监督管理，净化食品市场；整合现有资源，逐步建立统一的食品检验、检测体系；建立蔬菜、水果等农产品进入市场的准入机制；进一步加强食品安全的宣传教育。

第二节　市七届人大常委会视察

2007年10月16日至17日，市人大常委会主任邵奇生带领部分市人大代表，对鹰潭市新农村建设情况进行了视察。视察中，发现部分农民对新农村建设的主体意识不强；少数基层组织对新农村建设的目标不明确、认识不够；缺乏产业支撑，农民增收的渠道单一；新农村建设工作发展不平衡；新农村建设资金缺口较大等问题。视察组建议：要加强宣传，让广大农民群众成为新农村建设的主力军；要大力发展农村经济，夯实新农村建设的经济基础；要科学规划，抓好新农村建设和发展；要统筹兼顾，抓点带面，整体推进；要创新工作思路，群策群力，多方式拓宽筹资渠道。

2008年10月29日至30日，市人大常委会主任邵奇生带领部分市人大代表，对鹰潭市新农村建设情况进行了视察。视察中，发现有些村干部软、懒、散现象，等、靠、要思想仍然存在；主导产业难以形成规模；资金投入不足；整体发展不平衡等问题。视察组建议：市人民政府及有关部门要因地制宜，分类指导；选择试点，树立典型；增加投入，加大扶持；建好班子，固本强基；搞好发动，激发热情；调整结构，发展生产。

2008年12月11日，市人大常委会主任邵奇生带领部分省、市人大代表，对鹰潭市铜产业发展情况进行了视察。视察中，发现鹰潭市在推进大铜产业发展过程中，存在受国际金融危机的冲击，致使一些铜企业陷入困境；铜产业发展层次和技术水平不高，导致一些企业抗风险能力较弱；铜产业物流基础工作滞后，造成一些企业发展能力受限等问题。视察组建议：市人民政府要客观认清形势，进一步坚定发展大铜产业的信心和决心；努力在量的扩张和质的提升上下功夫，不断增强铜产业抗风险能力；积极向上争取重大项目布局、政策、资金等方面的支持，形成促进鹰潭市铜产业发展的强大合力和后劲；进一步优化发展环境，大力营造发展大铜产业的氛围。

2008年12月12日，市人大常委会主任邵奇生带领部分省、市人大代表，对鹰潭市重点工程建设情况进行了视察。视察中，发现鹰潭市仍存在龙虎山大道延伸工程时间跨度长，工程进展较慢；单个重点工程项目的建设与整个城市的大框架整体布局存在不协调、不连贯之处；龙虎山大道与206国道在绿化、路灯、彩色自行车道等方面的衔接缺乏整体性等问题。视察组建议：市人民政府及有关部门要加强宣传，鼓舞信心；统筹规划，整体推进；加强协调，统一标准；以人为本，搞好绿化；通盘考虑，相互促进；加强监督，合理使用。

2009年6月12日，市人大常委会组织部分人大代表，在市人大常委会主任邵奇生、副主任彭中华带领下，对鹰潭市蔬菜基地建设情况进行了视察。视察中，发现鹰潭市仍存在蔬菜基地建设缓慢，没有达到五年规划方案的进度；规划中的童家镇蔬菜基地目前还只是处在选址阶段，没有可供视察的实质内容，基地建设行动迟缓，蔬菜基地建设招商引资缺乏力度等问题。视察组建议：蔬菜是人们日常生活的必需品，供应状况如何，直接影响到人民群众的正常生活，关系着社会稳定。既要增强责任感、使命感，又要增强紧迫感，要用办工业园区的模式建设蔬菜基地，要像抓重点工程一样抓蔬菜基地建设；可以先进行土地流转，统一平整，而后招商或分种；要进一步研究资金筹备办法，想方设法加大蔬菜基地建设的投入。

2009年7月2日至3日，市人大常委会组织部分市人大代表，在市人大常委会主任邵奇生、副主任彭中华带领下，对鹰潭市实施农村“卫生清洁”工程情况进行了视察。视察中，发现鹰潭市实施“卫生清洁”工程工作存在政府投入资金不足，有的村庄还存在被动应付现象等问题。视察组建议：市人民政府实施农村“卫生清洁”工程，落实长效机制需要长期的资金投入，政府在资金政策上要有配套措施；实施农村“卫生清洁”工程，村里的理事长要选配事业心强、公道正派、文化素质相对较高的人担任；要再宣传、再发动，进一步抓紧、抓实；鹰东连接线两旁的村庄，农村“卫生清洁”工程要统一布局、联动建设，在现有的良好基础上，力争形成一个整体，长期的示范效应。

2009年10月16日，市人大常委会副主任张鲁年、管华鞍、刘育虹带领部分市人大代表，对龙虎山景区2009年重点工程建设进行了视察。视察中，发现鹰潭市龙虎山景区2009年重点工程建设仍存在有的工程进展较慢，有的工程尚未动工建设；新游线和游客服务中心的配套设施尚未完善；景区内景点的升级改造迫在眉睫，投资700万元的水浒城，现破损严重，利用率不高；上清古镇应尽快恢复古镇原貌，打造中国道都；景区的开发与建设应加强环境保护，景区的亮化、绿化应注重科学性，不能有违自然等问题。视察组建议：市人民政府要进一步推进在建项目的完成和未建项目的开工；进一步做好建成项目的完善工作；进一步加大招商引资力度，加快景区内景点的升级改造；进一步做好旅游资源的开发和保护工作；强化景区经营管理，进一步提升旅游服务水平；加快旅游产品开发，进一步提升旅游品位；创新宣传促销方式，进一步提高宣传促销水平；加大资源开发与保护力度，确保旅游资源的永续利用。

2009年10月20日，市人大常委会副主任尹宁带领部分市人大代表，对鹰潭市保障性住房建设情况进行了视察。视察中，发现鹰潭市仍存在公共服务和配套设施建设滞后；缺乏相应的保障性住房管理工作机构；保障性住房小区的管理难度较大；工程质量有待进一步提高等问题。视察组建议：市人民政府要进一步提高对保障性住房建设工作的认识；设立保障性住房管理工作机构；加快保障性住房小区配套设施建设步伐；加强保障性住房小区的管理。

2009 年 11 月 17 日，市人大常委会主任邵奇生带领部分市人大代表，对鹰潭市农村敬老院的建设和管理情况进行了视察。视察中，发现鹰潭市农村敬老院的建设和管理工作存在建设资金短缺，部分原已开工、改（扩）建敬老院的乡镇负债较重；供养标准偏低，难以满足“五保”对象的吃、穿、住、医、葬等需求；管理人员待遇偏低，管理服务水平有待进一步提升等问题。视察组建议：市人民政府要努力营造尊老敬老社会环境氛围；进一步做好“五保”老人供养资金的保障工作；进一步规范敬老院基础设施建设；进一步加强敬老院管理工作。

2009 年 12 月 3 日，市人大常委会主任邵奇生带领部分市人大代表，对鹰潭市重点工程建设情况进行了视察。视察中，发现鹰潭市重点工程建设存在项目施工环境较差；投资总额小；相关部门之间不够协调，影响施工整体进度；部分重点工程配套设施没有跟进等问题。视察组建议：市人民政府要加强宣传，形成共识；加强协调，形成合力；统筹兼顾，科学规划；拓宽渠道，多方融资；加强监管，确保质量。

2010 年 5 月 4 日至 5 日，市人大常委会主任邵奇生带领部分市人大代表，对鹰潭市造林绿化“一大四小”工程建设情况进行视察。视察中，发现鹰潭市造林绿化“一大四小”工程建设存在少数地方造林绿化所植之树，树的种类与大小不适合当地种植；少数地方在低洼地植树，由于排水不畅造成成活率低；占用良田进行通道绿化需充分论证等问题。视察组建议：市人民政府要进一步加大宣传力度；要科学规划，有效管护；要做到选择树种与林业产业项目相结合、造林与育苗相结合、造林与管护相结合、植树与培养本土林业专业人才相结合，努力提高林业专业人员的技术水平和林业产业化水平。

2010 年 9 月 1 日，市人大常委会主任邵奇生带领部分常委会委员和市人大教科文卫委委员，对鹰潭市筹备第十三届省运会工作情况进行了视察。视察组认为，鹰潭市高度重视第十三届省运会，切实加强筹备工作的组织领导；大力宣传，为省运会成功举办营造氛围；积极筹备，扎实做好各项基础工作。视察组建议：市人民政府要进一步营造省运会浓厚氛围，激发广大市民积极参与省运会的热情和主人翁意识；细化后勤接待、安全保卫工作方案；抓好城市主干道和市体育中心等比赛场馆周边环境的整治。

2010 年 10 月 14 日，市人大常委会副主任管华鞍带领部分市人大代表和市人大常委会外侨民宗工委委员，对鹰潭市少数民族新农村建设工作进行了视察。视察中，发现鹰潭市少数民族新农村建设工作存在部分干部对新农村建设没有引起足够重视，农民参与新农村建设的主体意识不强；部分少数民族村在规划和建设上没有彰显本民族的传统文化元素；产业特色不明显，群众持续增收难度大；部分少数民族村在新农村建设验收合格后，长效管理机制没有得到落实等问题。视察组建议：市人民政府要进一步加强农村基层组织建设，合力推进长效管理机制有效落实；进一步转变观念，发挥农民主体作用；强化少数民族村新农村建设对民族性特色的规划；拓宽农民增收渠道，促进农民持续增收；加大工作力度，合力推进民族地区新农村建设。

2010年12月1日，市人大常委会组织部分市人大代表，在市人大常委会主任邵奇生，副主任彭中华带领下，对鹰潭市集镇垃圾处理情况进行了视察。视察组认为市人民政府把集镇垃圾处理作为新农村建设的基础工程，高度重视，高位推进，成效显著。集镇垃圾的处理，实行了部门联动，相关部门在沼气能源项目、设施环保监测等方面与集镇垃圾治理配套跟进。集镇垃圾的处理，实现了垃圾的减量化、无害化、资源化，与以往相比有质的变化。视察组建议：要进一步落实县（市、区）、乡（镇）工作责任制，加强垃圾处理设施的维护；要继续争取上级扶持资金，市、县（市、区）政府要把集镇垃圾处理经费，纳入财政预算；科学开展集镇垃圾处理，垃圾处理要从源头抓起，环保理念教育要从娃娃抓起。

2010年12月21日，市人大常委会主任邵奇生带领部分省、市人大代表，对鹰潭市重点工程建设情况进行了视察。视察中，发现鹰潭市重点工程建设存在少数项目前期准备工作不够充分及建设资金没有完全落实，造成少数项目延期开工甚至没有开工；一些重点工程项目征地拆迁难度大，施工环境不够理想，仍不同程度地存在阻工现象；项目建设融资渠道不够宽，导致一些项目因资金不到位而不能开工或进展缓慢等问题。视察组建议：市人民政府要抓好项目前期工作，为项目的顺利实施打好基础；积极拓宽融资渠道，努力缓解资金压力；集中突破征迁难题，营造良好施工环境；统筹兼顾，进一步提高重点工程建设的质量和效益；加大协调服务力度，加快项目建设进度。

第三节 市八届人大常委会视察

2012年9月4日，市人大常委会组织部分省、市人大代表，在市人大常委会主任杜德春带领下，对信江新区建设情况进行了实地察看。视察中，发现鹰潭市信江新区建设存在规划的系统性、发展时序及实施之间还存在较大矛盾；融资压力大；污水处理等生活必需的配套设施建设未能及时跟进；征地拆迁工作与信江新区的建设速度之间不够协调；一中等部分建设项目质量监管不到位等问题。视察组建议：市人民政府要科学完善，认真执行规划；加强工程建设的质量管理；加快配套设施的建设进程；科学运作，经营好土地；进一步维护好、实现好和依法保障好人民群众的根本利益。

2012 年 9 月 17 日至 18 日，市人大常委会副主任徐晓年带领部分市人大代表，对鹰潭市重点水利工程建设情况进行了视察。视察中，发现鹰潭市重点水利工程建设存在个别县（区）前期工作经费一时难以足额落实到位，一定程度上影响了水利工程项目的争取；灌区末级渠道改造严重滞后；水库水质污染比较严重；县、乡两级水利技术人员匮乏，部分乡镇还没有专职水利管理人员。视察组建议：市人民政府要进一步加大“三争”工作力度；组织实施灌区配套整治；加强水环境保护；重视水利技术人才队伍建设。

2013 年 8 月 27 日，市人大常委会副主任刘育虹带领部分市人大代表，对全市文化建设情况进行了视察。视察中，发现鹰潭市存在文化发展环境和条件与现代文化建设所需有差距；公共文化设施建设相对滞后，部分基层地区文化设施管理不到位，利用效率不高；鹰潭市现有的文化产业（包括新增 70 家文化休闲娱乐产业）大多起点较低，规模较小，科技含量及品质不高，特色不鲜明，且未形成集聚效应，以至影响带动力不大，发展不足等问题。视察组建议：市人民政府要建立健全综合保障机制，切实做优文化发展环境；加强公共文化设施建设和管理，提高公共文化服务效能与水平；采取有效措施，加快发展文化休闲娱乐业及其他文化产业。

2013 年 9 月 3 日，市人大常委会副主任尹宁带领部分市人大代表，对龙虎山景区重点工程的建设情况进行了视察。视察中，发现鹰潭市龙虎山景区重点工程建设存在项目建设进度快慢不一，工期压力大；融资压力大；部分项目征地拆迁及土地流转阻力较大；有些建设项目未能如期开工等问题。视察组建议：市人民政府要进一步加快建设进度；进一步加强质量监管；进一步拓宽项目融资渠道；进一步做好生态保护工作。

2013 年 10 月 11 日，市人大常委会副主任尹宁带领部分市人大代表，对鹰潭市重点工程建设情况进行了视察。视察中，发现鹰潭市存在市属重点工程开工率较低，部分项目进展缓慢；重点工程建设资金紧缺；信江新区尤其是主要重点项目存在水涝隐患；信江新城区部分重要基础配套设施的推进力度还不够等问题。视察组建议：市人民政府要进一步强化工程快速推进的措施，进一步强化项目科学推进的措施；进一步强化新区整体推进的措施，逐步完善信江新区发展功能。

2013 年 11 月 6 日，市人大常委会副主任杨晓群带领部分市人大代表，对鹰潭市现代农业示范园区的建设情况进行了视察。视察中，发现鹰潭市存在个别园区产业布局不够明晰；部分基础设施建设标准不高；资源整合力度不大，建设进度缓慢；入园企业档次不高，示范带动力不强等问题。视察组建议：市人民政府要突出重点，扎实推进；整合资源，夯实基础；落实规划，培养主体；统一规范，完善政策。

2013 年 11 月 27 日，市人大常委会副主任杨晓群带领部分市人大代表，对鹰潭市社会治安视频监控“天网”工程建设和运行情况进行了视察。视察中，发现鹰潭市存在对“天网”工程重要性认识不够深入；视频监控点覆盖面不足；“天网”工程的维护、管理不够到位；视频监控的社会资源整合难度较大等问题。视察组建议：市人民政府要进一步统一思想，提高认识；进一步扩大视频监控点的覆盖面；进一步加大经费保障力度；进一步整合资源，实现视频监控的资源共享。

2014 年 9 月 19 日，市人大常委会副主任徐晓年带领部分市人大代表，对鹰潭市特困群众救助、保障房建设新进展的情况进行了视察。视察中，发现鹰潭市仍存在救助资金筹措社会化程度还不够高；政府在敬老院入住老人的生活水平提高上投入少；农村低保，基层在实际执行中，有降低标准现象；有的已建成保障房入住率还不够高等问题。视察组建议：关于特困群众救助，要加大救助资金筹措的宣传力度，努力提高救助水平；要尽可能地提高入住福利院、敬老院的生活水平；农村低保要做到应保尽保，使政策惠及每个特困群众；要加强从事救助服务人员的教育培训。关于保障房建设，建设与使用要在申报、审核、退出等方面细化工作，公开信息，形成良性机制，让全社会都来监督；保障房的分配，就是要解决迫切需要住房的居民安居问题；要加强对县（市、区）保障房建设与使用的领导、指导，提高入住率。

2014 年 10 月 16 日，市人大常委会副主任尹宁带领部分市人大代表，对鹰潭市中心城区棚户改造工作进行了视察。视察中，发现鹰潭市中心城区棚户改造工作仍然存在棚改各项目的推进不够平衡；棚改的有关政策制定不够科学；棚改项目建设管理不够到位等问题。视察组建议：市人民政府要进一步加大项目推进的督查和指导力度；切实加强有关政策的科学性和连续性；着力强化项目建设管理的各项措施。

2014 年 10 月 22 日，市人大常委会副主任徐晓年带领部分市人大代表，对鹰潭市科技创新服务平台建设及服务创新驱动发展情况进行了视察。视察中，发现鹰潭市仍存在现有平台除少数几家外，大多处于较低层次，整体功能不完善，综合服务能力较弱；科技创新人才总量不足、结构不优、层次不高；企业的整体品质、结构不优，产业集群化程度不高，创新能力不足等问题。视察组建议：市人民政府要进一步加快科技创新平台建设，不断提高平台服务创新的能力和功效；加强创新人才培养，为平台建设及服务创新提供智力支撑；加快主体培育，不断提高企业创新能力。

2014 年 11 月 5 日，市人大常委会副主任杨晓群带领部分市人大代表，对鹰潭市彩票公益金支持残疾人事业发展情况进行了视察。视察中，发现鹰潭市仍存在资金管理使用上未做到关注残疾个体与关注残疾人事业项目同步同力，制约了资金对助推整个残疾人事业的特殊作用和使用效果。具体标准规定出台前，有关部门和单位认识上有局限性，安排用于残疾人事业的彩票公益金象征性、补助性情况较为普遍，未完全落实专款专用的要求，有关资金管理部门也忽视了这方面的监督和检查等问题。视察组建议：市人民政府要严格按照《管理办法》规定标准提取彩票公益金；科学安排使用残疾人事业专项资金；切实加强相关法律法规执行和资金使用管理的监督。

2015 年 2 月 5 日至 6 日，市人大常委会副主任杨晓群带领部分市人大常委会委员和市人大代表，对鹰潭市第九届村（居）委会换届选举工作进行了视察。视察组认为，鹰潭市第九届村（居）委会换届选举工作平稳顺利，圆满完成。当选委员整体素质明显提高，结构更趋合理，依法选举水平进一步提高。但仍然存在少数村在依法选举、规范操作上有差距，一些地方选民参与意识不强等问题。视察组建议：市人民政府要抓好新老班子交接，开展新任委员的集中培训，建立村（居）委会任期规划，完善各项工作制度；完善基层民主评议、民主理财、民主监督等机制，提高基层民主决策水平；要进一步加强基层民主政治建设。

2015 年 9 月 2 日，市人大常委会副主任程芦山带领部分市人大代表，对鹰潭市便民服务工程实施情况进行了视察。视察中，发现鹰潭市仍存在城区农贸市场建设进展顺利，但管理问题仍较突出；停车场建设稳步推进，但还有不足；垃圾中转站建设步伐加快，但站点设置远未达标；公交网络不断优化完善，但运行软硬件水平仍较低等问题。视察组建议：市人民政府要尽快组织编制鹰潭市城区农贸市场专项规划，以实现市场与城市建设同步；突出规划优先的思路，加大垃圾中转站的建设和管理力度；抓紧《鹰潭市城区机动车停车收费管理工作方案》的落实，统筹和科学使用好空地、空间等资源，大力鼓励社会各方力量建设停车场；围绕便民为民，大力优先发展公共交通，从政策、资金和城市道路、交管等各方面支持公交事业。

2015 年 10 月 20 日至 21 日，市人大常委会副主任徐晓年带领部分市人大代表，对全市森林防火工作进行视察。视察中，发现鹰潭市森林火灾隐患仍然存在，零星散落的火警时有发生；森林防火远程监控仍有盲点，野外监控摄像头分布不广；对森林防火工作的财政支持还不够等问题。视察组建议：市人民政府及相关部门要进一步加强野外用火管理；进一步提升森林防火远程监控能力；进一步强化对森林防火工作领导。

2016 年 4 月 19 日，市人大常委会副主任刘育虹带领部分市人大代表和外侨民宗工委，对鹰潭市宗教活动场所管理情况进行了视察。视察中，发现鹰潭市仍然存在有些宗教活动场所属地管理责任、自我管理制度落实不到位；一些宗教活动场所建设不规范，有的存在安全隐患；非法宗教活动依然存在等问题。视察组建议：市人民政府及相关部门要广泛开展宗教政策法规学习宣传活动；精准摸底，分类管理，妥善处理宗教活动场所建设、管理不规范和安全隐患等问题；整体联动，多措并举，加大依法管理宗教事务力度。

2016 年 6 月 21 日，市人大常委会副主任刘育虹带领部分市人大代表，对鹰潭市大健康产业发展情况进行了视察。视察中，发现鹰潭市大健康产业仍存在产业发展规划有待进一步评估完善，产业布局、目标任务、协调推进机制有待进一步明确；产业要素有待进一步优化，技术人才缺乏，物流成本偏高，扶持政策不足，基础设施建设相对滞后，骨干企业的引领作用不明显；对道教养生文化和龙虎山休闲旅游等资源研究、发掘不够，未能形成道教养生、休闲养生等特色品牌等问题。视察组建议：市人民政府要进一步评估完善大健康产业发展规划和相关政策实施，集聚大健康产业发展的资源要素，大力培育大健康产业企业集群。

2016 年 7 月 12 日至 14 日，市人大常委会副主任徐晓年带领部分市人大代表，对鹰潭市林下经济发展情况进行了视察。视察中，发现鹰潭市林下经济发展取得一定成绩，但从总体来看，仍然存在指导服务不尽到位，企业创新能力普遍不强，农民所得实惠不大等问题。视察组建议：各级政府和林业主管部门要加大产业扶持力度，着力在产业布局与规划、生产分工与配套、品牌整合与扶持上下功夫；努力提高企业创新能力，引导企业在种养上采用新技术，在加工上开发新产品，在营销上培育新品牌、开展新业态；妥善调处好承租者与农民之间的利益关系。

2016 年 8 月 25 日，市人大常委会副主任程芦山带领部分市人大代表，对鹰潭市交通畅行工程实施情况进行了视察。视察组认为，市政府及其相关部门高度重视、有序实施、有力推进交通畅行工程，11 件实事落实情况较好，全域规划引领交通发展的基础作用在发挥，全域城乡建设协调发展的统筹力度在加大，全域城乡建设管理水平在提高。但仍存在交通畅行工程推进进展不够平衡，协调机制不够顺畅，政策落实不够到位等问题。视察组建议：市人民政府要进一步加大工作推进力度，进一步健全协调工作机制，进一步科学调配有限公共资源。

第四节 市九届人大常委会视察

2017 年 3 月 30 日至 31 日，市人大常委会副主任周永江带领部分市人大常委会委员、市人大代表，对鹰潭市台资企业发展情况进行了视察。视察中，发现鹰潭市仍然存在批准注册的台资企业多，正常生产经营的台资企业少；台资企业总量及规模小；台资企业生产经营遇到一些困难亟待解决等问题。视察组建议：市人民政府及相关部门要进一步加强和改进对台招商引资工作；进一步维护台商的合法权益，切实关心爱护台企的成长发展；要更好地将政策红利转化为企业红利，吸引台企落户鹰潭。

2017 年 6 月 19 日，市人大常委会组织在鹰部分全国人大代表、省人大代表和市人大代表，在市人大常委会主任郭清带领下，实地视察移动物联网产业园建设。视察组认为，鹰潭市大力发展以物联网为代表的电子信息产业，目前已经与移动、联通、电信三大运营商达成合作，全国首个地市级全域覆盖的窄带物联网已建成，为鹰潭市乃至江西省抢抓物联网产业发展新机遇、打造经济发展新亮点中赢得先机。视察组建议：作为人大代表，要主动参与，紧跟时代步伐，强化移动物联网相关知识学习，掌握鹰潭市移动物联网产业发展的情况；要发挥人大代表的桥梁纽带作用，走进群众，做好宣传工作，为物联网产业发展营造良好社会氛围；要积极支持，移动物联网产业从研发到产品化，路程长、困难多，需要理解和支持，要发挥好支持监督作用，共同推动智慧新城建设。

2017 年 6 月 21 日，市人大常委会副主任李力带领部分市人大代表，对鹰潭市农产品质量安全暨“三品一标”农业品牌创建情况进行视察。视察中，发现鹰潭市仍存在有相当一批已获“三品一标”认证的企业负责人对“三品一标”认识模糊；“小而散”的生产状况较为突出；证后监管不到位；实现农业部和省农业厅提出的“三品一标”发展目标、总体目标的难度较大等问题。视察组建议：市人民政府要进一步加大工作宣传力度，扩大基地建设规模，严格工作监管，强化工作责任，使“三品一标”农产品真正成为市民放心消费、普遍认可的公众品牌。

2017 年 8 月 17 日，市人大常委会副主任胡高堂带领部分市人大常委会委员和基层人大代表，对鹰潭市农村土地制度三项改革试点工作情况进行了视察。视察中，发现鹰潭市农村土地制度三项改革试点工作仍存在思想发动不够充分、试点工作存有隐患、关键环节尚未突破等问题。视察组建议：市人民政府要围绕“全村动起来”，紧贴实际造足势；围绕“全村美起来”，注重长远解难事；围绕“全村好起来”，突出关键抓突破。

2018 年 1 月 29 日，市人大常委会副主任周永江带领部分市人大代表，对鹰潭市科技创新工作进行视察。视察组认为，全市在科技创新平台建设、高新技术企业认定、科技成果转化等方面取得一定成绩，为建设“科技大市”作出了应有的贡献。视察组建议：要进一步加大科技服务力度，为做大做强高新技术企业提供科技支撑；进一步加大科技宣传力度，不断增强全社会“科学技术是第一生产力”意识；进一步加大协调力度，创建全市高新技术企业技术创新协同体；进一步增强企业自主创新能力，充分发挥科技成果转化效益。

2018 年 5 月 24 日至 25 日，市人大常委会副主任周永江带领部分市人大常委会委员、市人大代表对鹰潭市少数民族工作进行了视察。视察组建议：市人民政府及相关部门要发挥少数民族服务中心作用，充实工作人员，增拨工作经费，完善服务设施；落实差别化支持政策，促进民族乡村经济社会发展；推进全市上下形成中华民族一家亲，同心共筑中国梦的良好氛围。

2018 年 6 月 6 日，市人大常委会主任郭清带领市人大常委会组成人员、部分市人大代表，对鹰潭市10个美丽乡村建设示范点进行视察。通过视察，总的认为，市委、市政府大力实施乡村振兴战略，把“农业强、农村美、农民富”作为重大民生工程，摆到重要位置，“三农”工作成效显著，尤其是美丽乡村建设，做到以点带面、连线成片、整体推进。视察组建议：市人民政府在产业振兴方面，要着力缩小城乡差距，大力发展乡村集体经济，承接新型农业经营主体，注重新功能新业态的开拓；文化振兴方面，要加强农村文化领域治理，做好乡村文化的挖掘、保护、宣传营销工作；人才振兴方面，加强农业专业人才队伍建设，培养一支懂农业、爱农业、爱农民的队伍，通过政策支持，引进外来人员投入乡村振兴战略的具体实践中；生态振兴方面，改善人居环境，解决农村污染尤其是生活污水处理问题；组织振兴方面，发挥好基层干部和老党员在乡村文化建设中的核心带头作用。

2018年9月12日，市人大常委会主任郭清带领部分人大代表，对全市精准扶贫工作情况进行视察。通过视察，总的认为，鹰潭市按照“核心是精准、关键在落实、确保可持续”的工作方针，重对标、补短板，破瓶颈、解难题，强基层、转作风，以“两业”扶贫、健康扶贫、教育扶贫、安居扶贫政策，确保精准扶贫工作稳步推进、成效明显。视察组建议：市政府在精准扶贫工作中要进一步提高认识，积极落实中央、省委和市委总体要求，坚持问题导向，坚持分类施策，坚持抓细抓长，真正让这项事业惠及更多群众，顺利完成既定目标。要精准施策、精准发力，以产业项目带动贫困户持续脱贫增收；要积极落实各项政策措施，努力扩大政策扶贫效果；要加大扶贫资金投入和监管力度，加强县级脱贫攻坚规划项目库建设；要强化基层干部队伍保障，积极动员社会力量，帮助贫困地区群众解决稳定脱贫、长久脱贫难题，为全市精准扶贫工作作出更大贡献。

2018年9月20日至21日，市人大常委会副主任李力带领部分市人大代表，对全市公共文化基础设施建设进行了视察。视察中，发现鹰潭市公共文化基础设施建设仍存在公共文化设施标准等级不高；公共文化服务有待完善；文化人才队伍建设有待加强等问题。视察组建议：市人民政府及相关部门要加快公共文化设施建设，为人民群众精神文化需求提供服务平台；拓宽公共文化服务渠道，提升基层站点使用效益；加强人才队伍建设，提高公共文化服务水平。

2018年11月8日至9日，市人大常委会副主任周永江带领部分市人大常委会委员、市人大代表，对鹰潭市道文化建设项目进行了视察。视察中，发现鹰潭市道文化建设项目仍存在正一观二期扩建项目规划没有将天师草堂、天师炼丹池、天师磨剑池等纳入其中；贵溪鬼谷洞项目、龙虎山道教学院项目历经8年，开发利用进展缓慢；道教活动场所管理混乱；道文化建设项目总体上缺乏人才和人气等问题。视察组建议：市人民政府要完善正一观二期扩建项目规划设计，将龙虎山正一道发源发展历史脉络充分展示出来，注重人文景观与自然景观的融合；大上清宫重建项目规划设计可借鉴完善后的正一观二期项目理念，与大上清宫遗址保护利用通盘考虑，多方论证，精心规划设计；依法加强道教活动场所管理；加强道文化建设项目人才培训和人气培育。

2018 年 12 月 19 日，市人大常委会主任郭清带领部分省、市人大代表对全市经济发展情况和市“一府一委两院”工作情况进行视察。代表们实地察看了贵溪市塘湾镇唐甸村、信江新区周塘烘焙小镇、生态检察展示基地、阳光世纪花苑、欧非炬能等地，详细了解鹰潭市在新农村建设、重点产业发展、生态环境保护、人居环境整治、民生工程建设等方面取得的发展成就和存在的问题。视察组建议：要着力推动全面深化改革，实现高质量发展，保护生态环境，加强民生保障，努力把鹰潭市建设成为世界铜都、中华道都、智慧新城。各级人大代表要继续深入调查研究，听民声、解民情，密切同人民群众的联系，为在省、市人大会议上审议好各项报告，提出高质量的、有价值的议案建议做好充分准备。

2019 年 4 月 11 日至 12 日，市人大常委会副主任李力带领部分市人大代表，对鹰潭市休闲农业和乡村旅游发展工程的实施情况进行视察。视察中，发现鹰潭市休闲农业和乡村旅游发展工程的实施仍存在规划编制不够科学合理，规划引领作用发挥不够；基础设施相对滞后；体制机制不够完善，政策扶持连续性不够等问题。视察组建议：市人民政府及相关部门要强化规划引领作用，突出特色做精品；进一步加大基础设施建设力度；进一步完善体制机制，加大政策扶持力度；破解农业融资难题，加大资金扶持力度。

2019 年 6 月 20 日，市人大常委会副主任胡高堂带领部分市人大常委会委员、人大代表，对市中心城区供水工程和老城片区雨污管网改造工程建设情况进行了视察。视察中，发现鹰潭市中心城区供水工程和雨污管网改造工程建设仍存在部分工段施工进度相对缓慢；受工程封闭施工、道路开挖影响，老城区交通压力陡增，市民较多时间出行不便；东湖黑臭水体、白露桥洞内涝等问题虽经多次治理仍未得到彻底改善，百姓怨言颇多；部分工程施工管理不严，影响市民生产生活等问题。视察组建议：市人民政府要进一步加快施工进程；进一步加大协调力度；进一步加快畅通工程建设；进一步加强工程管理，切实做到科学有序施工，保障人民群众生产生活安全。

2019 年 7 月 31 日，市人大常委会副主任胡高堂带领部分市人大代表，对全市污水处理厂建设运行管理情况进行了视察。视察组先后到月湖新城污水处理厂、信江新区污水处理厂及余江区生活污水处理厂，实地察看项目建设、运行及管理情况，并召开座谈会听取相关工作情况汇报，了解当前存在的困难及下一步工作安排。视察组建议：污水处理是生态环境保护工作的重要一环，直接关系到群众的切身利益。各级各有关部门要针对存在的问题，拿出科学合理的整改解决方案，切实提高污水收集率；要瞄准目标、理顺体制，明确责任、细化任务，在确保质量和安全的前提下，加快污水管网设施建设；要切实增强责任感、紧迫感，以过硬的工作作风，将问题整改到位，带来实实在在的变化。

2019年10月9日，市人大教科文卫委员会带领部分市人大常委会委员和市人大代表，对鹰潭市03专项工作的实施情况进行了视察。视察组认为，在市政府及其相关部门的努力下，03专项试点示范工作取得较好成效。在2019年巴塞罗那全球智慧城市大会上，鹰潭荣获全球智慧城市数字化转型奖和全球智慧城市中国区产业数字化转型奖两项殊荣。但仍然存在推进机制不完善，公共服务平台支撑能力发挥不充分，示范应用力度不大，科技创新人才严重不足等问题。视察组建议：市人民政府及相关部门要进一步深化认识，理顺并完善相关机制，切实增强工作合力和动力；加快龙头产业的培育和扶持，不断壮大鹰潭市物联网核心及相关产业集群；加快专业人才队伍建设，营造良好的成才用人机制；加快鹰潭智慧城市建设立法，用法律手段保障并推进03专项试点示范工作深入、有序开展。

2019年10月17日至18日，市人大常委会副主任周永江带领部分市人大常委会委员和市人大代表，对鹰潭市绿色殡葬改革相关情况进行了视察。视察中，发现鹰潭市治理散埋乱葬取得了阶段性成效，殡葬基础设施得到了明显改善，移风易俗新风气基本形成。视察组建议：要加强统筹规划，以全域一体的理念统筹建设公益性墓地；要加强部门联动，形成“政府主导、民政牵头、部门配合、群众参与”的工作格局；要加强后续管理，建立健全长效管理、服务机制，坚持不懈地推动殡葬改革工作平稳有序、健康发展，把这项功在当代、利在千秋的大事办实办好。

2019年4月24日、11月27日，市人大常委会副主任周永江带领部分市人大常委会委员、市人大代表，对鹰潭市少数民族乡村振兴工作情况进行了视察。视察中，发现鹰潭市少数民族乡村振兴工作仍然存在特色产业发展面临提质增效“瓶颈”，群众增收难度加大，专业人才缺乏，发展思路不明晰等问题。视察组建议：市人民政府要做实促进民族地区产业提质增效结构优化品牌；做特文化旅游、生态旅游文章；做优“民族团结进步”特色亮点。

2019年12月18日，市人大常委会组织部分省、市人大代表，在常委会副主任程芦山、杨森带领下，对全市“一府两院”工作情况进行视察。视察组认为：鹰潭市经济发展、重点项目建设、义务教育等工作均取得了较好成绩，对视察中发现的亮点，代表们纷纷予以肯定，同时对进一步推进项目建设提出建议和意见。市人大常委会要认真汇总各位代表的视察感悟和调研心得，选准角度，凝聚共识，帮助代表在省、市人大会上提出高质量的意见建议，为建设富裕美丽幸福现代化鹰潭作出新贡献。

2019年12月26日，市人大常委会主任郭清带领部分市人大代表，对月湖区民生工程及人大工作进行了视察。视察组指出，民生工程既是民心工程，又是德政工程，每一项都关系到广大人民群众的切身利益，承载着党和政府全心全意为人民服务的根本宗旨，要加快推进社区养老事业发展及老旧小区改造工作，保障民生工程质量，加强公共基础建设，满足公众期盼，维护公共利益，着力提升老百姓满意度、幸福感。视察组建议：人大代表是人民的代表，要坚持以人民为中心，着力解决广大人民群众的急事、难事、小事，全心全意为人民服务；要充分发挥好人大代表联络工作站的作用，加强联系，解决老百姓实际困难与问题；代表们要走得出去、沉得下去，积极主动深入群众、了解民意、打捞问题，要善于听民意理民事，切实维护好群众根本利益。

2020 年 6 月 5 日，市人大常委会副主任周永江带领部分市人大常委会委员和市人大代表，对鹰潭市台资侨资企业工作情况进行了视察。视察中，发现全市台资侨资企业工作仍存在优强企业和项目较少；用工贵、融资难等现象影响企业发展；安商亲商的企业发展环境有待提升；政策落实机制不顺畅等问题。视察组建议：市人民政府要推进企业项目建设；落实好各项税费减免政策；确保各项扶持政策落地；建立台企侨企发展协调机制。

2020 年 6 月 16 日，市人大常委会副主任胡高堂带领部分市人大代表，对花桥水利枢纽工程建设情况进行视察。视察组一行实地察看了工程进展情况，听取了工程建设、移民安置等有关情况汇报，重点了解工作中存在的困难问题及下一步工作安排。视察组建议：花桥水利枢纽工程是一项民心工程，也是一项发展工程。要坚持质量为先，在抢抓进度的同时保证工程质量、施工安全；要坚持上下协同，齐心协力解决好建设中存在的各种难题；要坚持保障民生，千方百计做好移民安置等各项工作；要坚持保护生态，统筹谋划好周边生态环境保护等问题，把这一造福子孙后代的系统工程真正做成示范工程、样板工程。

2020 年 9 月 21 日，市人大常委会组织部分市人大代表，在常委会副主任刘育虹、杨森、胡高堂带领下，对全市工业重点项目进行了视察。视察组认为，鹰潭市坚定不移实施工业强市战略，加快跨越赶超发展，组织实施了一批重大项目，突破了一批产业链关键核心技术，推进传统产业提质升级，新兴产业加速发展，产业结构优化升级，工业经济发展态势良好。视察组建议：各级人大代表要充分发挥人大代表的主体作用，认真履职尽责，积极建言献策，为助推鹰潭工业加快发展、谱写好新时代江西改革发展新画卷的鹰潭篇章贡献力量。

2020 年 10 月 14 日至 15 日，市人大常委会副主任周永江带领部分常委会委员和市人大代表，对鹰潭市医疗保障工作情况进行了视察。视察中，发现鹰潭市医疗保障工作仍存在医疗保险基金支付压力逐年增加；医疗保障改革的协同性不够；医保信息化建设相对滞后等问题。视察组建议：市人民政府要坚持以人民健康为中心，优化医疗保障公共管理服务；坚持问题导向，积极推进医疗保障制度改革；坚持依法依规，加强医疗保障基金监督管理。

2020 年 12 月 3 日，市人大常委会副主任周永江带领部分市人大常委会委员、市人大代表和专家学者，对鹰潭市心学文化和象山书院建设工作情况进行了视察。视察中，发现仍然存在项目文化挖掘和相关遗址保护还要加强；贵溪没有正式成立象山心学研究专门机构；应天山象山精舍恢复重建及《徐霞客游记》中仙桥、元代著名书画家赵孟頫笔下的洗药池等奇特景观和遗址遗迹保护利用重视不够等问题。视察组建议：要在加强原址保护的基础上，凸显文化地标和精神家园功能；要统筹谋划心学研究机构建设；要深度挖掘象山心学文化历史底蕴；要保护和利用并举。

2020 年 12 月 23 日，市人大常委会、市政协组织部分市人大代表、市政协委员。在市人大常委会主任郭清、市政协主席戴春英带领下，对鹰潭市创建工作情况进行联合视察。视察组认为，文明城市创建工作开展以来，全市上下坚定信心、同心协力，以务实的作风、扎实的举措，不断把各项工作引向深入，创建工作取得了可喜的成绩。视察组建议：创建全国文明城市，对于增强鹰潭市综合竞争力、提升人民群众生活品质、推进经济社会全面发展具有十分重要的意义。创建工作非一日之功，各地各有关部门要坚持以人民为中心的发展理念，锲而不舍、一以贯之抓好工作落实，建立起长效工作机制，全面提升城市文明程度；要坚持问题导向，对照测评各项指标要求，破解检查中发现的各类“老大难”问题，拿出真招实招，逐一对账销号；要强化宣传教育引导，让文明城市创建工作家喻户晓，推动形成全民参与、共创共建的良好格局。

2020 年 12 月 29 日，市人大常委会组织部分省、市人大代表，在常委会副主任刘育虹、杨森带领下，实地视察了 912 老旧小区改造、贵溪市第九中学、江西利众玻璃、韬奋小镇、智联云馆、周塘小镇等项目，详细了解项目进展、配套措施等情况。视察组建议：省人大代表开展集中视察，既是学习贯彻落实省委全会精神的具体行动，又是对鹰潭经济社会发展的高度关注和大力支持。代表们有着强烈的责任意识和大局意识，为鹰潭的经济社会发展提出许多真知灼见，对于开阔视野、拓展思路，不断提高科学决策水平有着重要的促进作用。市人大及其常委会各专工委和政府各部门要牢固树立服务意识，强化工作合力，为后期省人大代表视察、调研提供优质服务，协助代表做好议案、建议准备工作，全面保障代表依法履职。

2021 年 5 月 21 日，市人大常委会副主任周永江带领部分市人大常委会委员和市人大代表，对鹰潭市乡村旅游发展情况进行了视察。视察中，发现全市乡村旅游发展工作仍存在各区（市）、乡镇、各职能部门对乡村旅游发展认识不到位，实际重视程度不一，发展合力还有待加强；乡村旅游特色不明显，要素不健全，高端产品少，存在同质化情况；乡村旅游基础设施配套程度不高等问题。视察组建议：市人民政府及有关部门要大力推进项目建设，加大政策支持，坚持精品示范。

2021 年 7 月 20 日至 21 日，市人大常委会组织在鹰潭市人大代表和部分市人大代表对鹰潭市应对人口老龄化工作进行了视察。市委书记黄喜忠，市人大常委会主任郭清，市委常委、市纪委书记、市监委主任黄云，市人大常委会副主任周永江、刘育虹参加视察。视察组认为，全市老年社会保障体系进一步完善，养老服务体系基本建成，老年文化、教育、体育事业呈现蓬勃发展态势，老年人合法权益得到有效保障等。但同时也存在工作合力不够，发展投入不足，服务水平不高，设施建设不快等问题。视察组建议：市人民政府要进一步加强领导，统筹推进应对人口老龄化事业的发展；进一步超前谋划，努力实施好积极应对人口老龄化国家战略；进一步细化措施，提升规范化服务水平；进一步加快建设，打造具有鹰潭特色的养老服务新格局。

2021 年 8 月 3 日，市人大常委会副主任胡高堂带领部分市人大代表，对东湖水环境治理及城市雨污管网建设情况进行视察。视察组认为，市委、市政府对东湖水环境治理及城市雨污管网建设工作高度重视，住建等有关部门做了大量卓有成效的工作，东湖水环境治理初见成效，但东湖水质仍未得到显著改善，水体治理现状与群众期盼有一定差距。视察组建议：要坚持高起点规划、高标准设计、高水平实施，将东湖水环境治理作为整体工程逐步推进；要坚持标本兼治，以高度负责的态度，组建专门的队伍，严格控污，有效治污，强化管理，采取多种举措解决增量及存量问题；要以海绵城市建设为契机，综合施策、着力破解这一难题，将民生工程真正打造成民心工程。

2021 年 8 月 5 日，市人大常委会副主任刘育虹带领部分市人大常委会委员和市人大代表，对鹰潭市全民健身工作情况进行了视察。视察中，发现鹰潭市全民健身工作仍存在全民健身活动开展不平衡，全民健身意识整体不够高；公共健身活动场所设施总体数量不足，难以满足群众健身需求；体育专业人才缺乏，有关方面引导监管力度还不够等问题。视察组建议：市人民政府要进一步加强组织领导，推动全民健身活动向社会各个层面拓展；完善全民健身服务公共体系，建立多元投入机制；科学合理规划设施建设，提高设施使用的普惠性；提高公共管理水平，增强综合服务能力。

2021 年 9 月 14 日，市人大常委会副主任周永江带领部分市人大常委会委员和市人大代表，对鹰潭市打造“中华道都”建设情况进行了视察。视察中，发现鹰潭市“中华道都”建设工作仍存在道都建设氛围不浓厚，协调机制作用发挥不够；总体规划和远景目标不明朗，重大项目建设后劲不足；道文化挖掘和传承推广的力度不够，政府部门投入不足，道协所募资金支撑乏力等问题。视察组建议：市人民政府要强化打造“中华道都”的共识共举；要超前谋划一批大项目；要切实利用和发挥好现有道文化资源与场所的作用；要充分发挥道学院培育道文化人才作用；要举全市之力共同推动中华道都建设。

第五节　市十届人大常委会视察

2021 年 12 月 8 日至 9 日，市人大常委会、市政协组织部分市人大代表、市政协委员，在市人大常委会副主任程美华、市政协副主席聂玲娜带领下，对鹰潭市 2021 年部分重点建设项目实施情况进行联合视察，视察组一行通过实地察看、听取汇报、座谈评议的方式对金山弄改造、余信贵大道月湖段工程等 9 个重点项目进行视察，详细了解项目建设进展情况、存在困难和问题。视察组建议：要全力以赴抓进度，保证工期，保障质量，全力推进项目建设；要毫不松懈抓质量 ，从源头抓起，从细节入手，努力把工程项目打造成经得起时间考验、经得起群众检验的阳光工程、放心工程和精品工程；要统筹协调抓服务，积极融合各方资源，努力形成建设合力，确保各项重点工程按计划完成今年工作任务，为推动全市国民经济和社会发展作出贡献。

2021 年 12 月 16 日，市人大常委会组织在鹰潭市人大代表和部分市人大代表，在市人大常委会主任郭清、副主任吴建辉带领下，对花桥水利枢纽工程项目进展情况及鹰潭市巩固拓展脱贫攻坚成果同乡村振兴有效衔接工作进行集中视察。视察组指出，花桥水利枢纽工程是广大市民关注的一项重大民生工程，自项目启动以来，全市各级政府及相关部门做了大量的工作，保证了项目建设按计划有序推进。在推进“巩固拓展脱贫攻坚成果同乡村振兴有效衔接”工作中，各级各有关部门重点围绕“四抓”稳步推进，呈现力度加大、进度加快、质量提升的良好态势。视察组建议：在花桥水利枢纽工程项目建设中，要克服困难、完善管理，在保证工程质量、施工安全的基础上，尽快发挥工程综合效益；要坚持上下协同、齐心协力，千方百计做好移民安置等各项工作，统筹谋划好周边生态环境保护等问题，把这一造福子孙后代的系统工程做成样板工程。要按照省党代会提出的“推动鹰潭打造全国城乡融合发展样板区”要求，把巩固拓展脱贫攻坚成果同乡村振兴有效衔接工作与城乡融合发展工作结合起来，有效推动产业发展、基础设施建设，增强农村发展内生动力；要利用已有监测平台，进一步科学精准区分帮扶对象，做到应纳尽纳、应扶尽扶、应帮尽帮。

2022 年 5 月 25 日、27 日，市人大常委会副主任李美珍带领部分市人大代表，对鹰潭市未成年人保护工作情况进行视察。视察中，发现鹰潭市未成年人保护工作仍存在宣传力度不够，群众知晓率低；社会环境和学校周边环境整治有待进一步加强；特殊群体的关爱有待进一步改善；未成年人活动场所建设和管理有待进一步加强等问题。视察组建议：市人民政府要牢牢把握未成年人保护工作的政治方向；加大《中华人民共和国未成年人保护法》宣传教育力度；加大未成年人保护的综合整治力度；加强公益性未成年人活动场所的建设和管理。

2022年10月18日，市人大常委会副主任程美华带领部分市人大代表，对信江城区段水环境治理工作进行视察。视察组指出，水环境治理与群众的生产生活息息相关，事关城市品质和形象，事关人民群众的福祉。要进一步提高政治站位，深入贯彻落实习近平生态文明思想，坚持把水环境治理工作摆在更加突出的位置抓紧抓实抓出成效，不断增强人民群众获得感、幸福感。视察组建议：要注重信江河沿岸生态保护，筑牢信江生态屏障，确保水源地水质安全；要充分发挥河长制制度优势，压紧压实各级河（湖）长责任，强化环境执法监管，加大问题整改力度；要科学优化城区自来水厂制水工艺，加强水质检测频次和力度，确保城区居民饮用水安全。

2022年11月7日至8日，市人大常委会副主任徐双文带领在鹰潭部分省人大代表、市人大常委会委员、区（市）人大常委会分管领导、相关部门负责人，对鹰潭市旅游新业态发展情况进行视察。视察中，发现全市仍存在"龙虎天下绝"品牌不够响亮，旅游产品供给还不丰富，旅游市场半径还需扩大，旅游业受疫情影响严重等问题。视察组建议：市人民政府要合力唱响"龙虎天下绝"品牌；谋划推进重大文旅项目建设；高质量建设旅游综合体；创新方式有效应对疫情冲击。

2023年10月12日至13日，市人大常委会副主任李美珍带领部分市人大常委会委员、社会委委员、相关部门负责人，对鹰潭市残疾人保障工作情况进行视察。视察中，发现鹰潭市仍然存在爱残扶残助残的社会氛围不够浓厚，残疾人就业仍存在困难，残疾人康复服务有短板，无障碍环境建设不够完善等问题。视察组建议：要切实提高政治站位，进一步增强做好新时代残疾人工作的责任感和使命感；职能部门要充分发挥桥梁纽带作用，关心关注残疾人特殊需求，提供更多"有深度、有宽度、有温度"的精准助残服务；认真做好残疾人保障各项工作，推动全市残疾人事业高质量发展，不断谱写残疾人幸福美好生活新篇章。

2023年10月17日至18日，市人大常委会组织在鹰省人大代表和部分市人大代表，在市人大常委会副主任吴建辉、徐双文带领下，对鹰潭市打造国家级铜基新材料先进制造业集群工作开展视察。视察组认为，鹰潭市通过聚焦顶层设计，明确发展路径；聚焦短板弱项，强化创新驱动；聚焦主体培育，强化发展动能；聚焦要素保障，强化发展生态等一系列举措，全市铜基新材料产业规模相对领先，产品门类齐全，产业生态不断完善，科技创新水平显著提升。视察组建议：市人民政府要通过开展科创平台攻坚行动，深入实施关键共性技术攻关，精准开展产学研对接，着力提升铜基新材料产业先进性。要全力做好存量技改和增量赋能文章，实施项目带动战略，不断提升铜基新材料产业竞争力。要持续深化地企合作，稳定基础铜原料供应，激活做旺铜贸易，着力提升铜基新材料产业协同性。要健全优强企业梯次培育体系，深化铜基新材料转型金融试点，完善铜产业发展政策体系，着力完善铜基新材料产业生态圈。

2024 年 1 月 10 日，市人大常委会组织在鹰潭部分省人大代表和部分市人大代表，在市人大常委会副主任吴建辉、徐双文带领下，对鹰潭市国家城乡融合发展试验区建设情况进行视察。视察组认为，自试验区落地鹰潭以来，全市坚持不破法规破常规、不触红线守底线，边探索边总结边推进，实施了一系列体制机制改革，改革试点任务全面铺开，全域一体化城乡融合发展格局基本形成，全市城镇化率、农村居民人均可支配收入等均取得了喜人的成绩。视察组建议：市人民政府及有关部门要持续聚焦“打造全国城乡融合发展样板区”目标，全力以赴、奋勇争先，在“高水平”和“一体化”上再突破，为全国城乡融合发展贡献可复制可推广的“鹰潭标准”，为谱写中国式现代化鹰潭篇章作出更大贡献。

第五章　专题监督

2004 年至 2023 年，市人大常委会第六届至第十届共开展专题监督 29 项。其中，第六届 2 项，第七届 4 项，第八届 12 项，第九届 6 项，第十届 5 项。

第一节　市六届人大常委会专题监督

2004 年 11 月 30 日，市六届人大常委会第六次会议听取和审议市人大农环资委《关于鹰潭市 2004 年“环保信江行”活动情况的报告》。会议要求，大力宣传、增强共识，是开展好环保行活动的基础；政府配合，各方支持，是开展好环保行活动的保证；注重实效，避免形式，是开展好环保行活动的关键。

2006 年 8 月 25 日，市六届人大常委会第二十次会议听取和审议市人大农环资委《关于鹰潭市 2006 年“环保信江行”活动情况的报告》。会议要求，要牢固树立“既要金山银山，更要青山绿水”的思想观念，促进经济社会可持续发展；认真贯彻实施《水土保持法》，加强监督管理，加强治理保护，切实落实水土保持方案报批制度和水土保持“三同时”制度；加强领导，协同作战，形成合力，提高成效。

第二节　市七届人大常委会专题监督

2007 年 11 月 15 日，市七届人大常委会第九次会议听取和审议市人大常委会城建环资工委《关于我市 2007 年“环保信江行”活动情况的报告》。会议要求，要着力加强水资源保护和水污染防治工作；要加快市区供水设施建设和改造；强化政府职责，明确部门分工，健全饮用水水源保护的工作机制，全面加强饮用水安全监督管理；要加大水源保护宣传力度，倡导全社会用水护水新风尚。

2008 年 12 月 26 日，市七届人大常委会第二十次会议听取和审议市人大常委会城建环资工委《关于我市 2008 年“环保信江行”活动情况的报告》。会议要求，要进一步加强宣传，提高“环保信江行”活动共识；要进一步加大治理，提升水污染整治力度；要进一步形成合力，保障水污染防治长期效果。

2010 年 12 月 28 日，市七届人大常委会第四十次会议听取和审议市人大常委会城建环资工委《关于我市 2010 年“环保信江行”活动情况的报告》。会议要求，要加强宣传，不断提高对水污染防治的认识；多措并举，着力加强水污染防治工作；常抓不懈，切实做好生活饮用水安全保障工作；加强环境监察，监测能力建设，加大环境执法力度。

2010 年 12 月 28 日，市七届人大常委会第四十次会议听取和审议市人大常委会农工委《关于开展“赣鄱农产品质量安全行”活动情况的报告》。会议要求，要统一思想，提高认识；突出重点，强化基础；认真组织，加强协调。

第三节　市八届人大常委会专题监督

2012 年 1 月 12 日，市八届人大常委会第三次会议听取和审议市人大常委会城建环资工委《关于我市 2011 年“环保信江行”活动情况的报告》。会议要求，要加强监督，不断建立健全对水污染防治工作的长效机制；多措并举，着力加强水污染防治工作。

2012 年 1 月 12 日，市八届人大常委会第三次会议听取和审议市人大常委会农工委《关于开展“赣鄱农产品质量安全行”活动情况的报告》。会议要求，要采取群众喜闻乐见、生动活泼、通俗易懂的形式，继续广泛宣传农产品质量安全方面的法律法规知识；推动全市农产品质量安全检验检测机构的整合和检验检测能力的建设；通过开展《中华人民共和国农业法》执法检查，推动各级政府加大农产品质量安全工作的财政投入；组织开展“回头看”，对活动中发现的问题进行梳理和跟踪督办，着力推动一些事关农产品质量安全的重点、难点问题的解决。

2012 年 11 月 23 日，市八届人大常委会第十次会议听取和审议市人大教科文卫委《关于开展“食品药品安全赣鄱行”活动情况的报告》。会议要求，要加强药品检验机构队伍建设，为之履行职能提供相适应的技术力量和资源保障；强化保障措施，不断加大药品监管力度；完善基本药物中标备案制度，切实加强基本药物管理；进一步加强药品法律法规及安全知识的宣传普及，提高全社会药品法治意识和安全用药意识。

2012 年 12 月 6 日，市八届人大常委会第十一次会议听取和审议市人大常委会城建环资工委《关于开展 2012 年“环保信江行”活动情况的报告》。会议要求，要进一步落实政府的责任；要进一步落实企业的责任；要进一步加强日常监管。

2012 年 12 月 6 日，市八届人大常委会第十一次会议听取和审议市人大常委会农工委《关于开展 2012 年“赣鄱农产品质量安全行”活动情况的报告》。会议要求，要加大宣传力度，努力提高全社会农产品质量安全意识；加大投入，提高检测能力和水平；加快标准化建设，提高农产品品质；加大监管力度，提高执法效率。

2012 年 12 月 6 日，市八届人大常委会第十一次会议听取和审议市人大常委会外侨民宗工委《关于开展 2012 年“秀美鹰潭行”活动情况的报告》。会议要求，对交由市政府及有关职能部门加以解决、并限期整改的问题，要抓好督促整改；对需要省政府及相关职能部门研究办理的，要加强沟通协调，力求全市在政策、资金上得到更多支持；综合运用检查、视察、调研等多种监督形式，进一步推动活动深入开展。

2013 年 11 月 22 日，市八届人大常委会第二十次会议听取和审议市人大教科文卫委员会《关于开展 2013 年“食品药品安全赣鄱行”活动情况的报告》。会议要求，要采取有效措施，切实加强无证食品小作坊的监督与管理；加大市场整治力度，严格规范肉品经营秩序；强化宣传教育和培训，确保餐饮单位尤其是校园餐桌食品安全；加强检验检测能力建设，为有效实施食品安全监管提供强力技术支撑。

2013 年 11 月 22 日，市八届人大常委会第二十次会议听取和审议市人大常委会外侨民宗工委《关于开展 2013 年“秀美鹰潭行”活动情况的报告》。会议要求，要强化规划引领，科学合理布局；加大扶持力度，完善基础设施；加强宣传促销，提升品牌影响；强化培训管理，规范经营。

2013 年 12 月 6 日，市八届人大常委会第二十一次会议听取和审议市人大常委会农工委《关于开展“赣鄱农产品质量安全行”活动情况的报告》。会议要求，要在农产品质量安全监管服务体系建设上，进一步加大监督力度；在促进部门履职上，督促有关责任部门建立健全农产品安全质量监测信息定期报送制度；结合“双岗创优”，组织部分市人大代表对鹰潭市农产品生产基地的质量安全状况进行视察调研；创新方法，充分发挥组委会成员单位在开展“赣鄱农产品质量安全行”活动中的主体作用。

2013 年 12 月 6 日，市八届人大常委会第二十一次会议听取和审议市人大常委会城建环资工委《关于开展“环保信江行”活动情况的报告》。会议要求，要围绕建设富裕秀美宜居和谐鹰潭目标，切实把生态建设和环境保护摆在更加突出的重要位置；借助实施《江西省机动车排气污染防治条例》，切实推动鹰潭市机动车排气污染防治工作走前头；加快推动城乡供水一体化，切实保障广大群众饮用水安全。

2014 年 12 月 19 日，市八届人大常委会第二十九次会议听取和审议市人大常委会城建环资工委《关于开展 2014 年“环保信江行”活动情况的报告》。会议要求，市人民政府要立足先行规划，不断增强环境保护的自觉性和责任感；突出工作重点，统筹推进环境保护的各项污染治理工作；强化责任追究，切实加大环境保护的执法力度。

2015 年 12 月 28 日，市八届人大常委会第三十六次会议听取和审议市人大常委会城建环资工委《关于开展 2015 年“环保信江行”活动情况的报告》。会议要求，要强化机遇意识，加大水环境保护力度；强化规划先行引领意识，着力改革创新，统筹水污染防治工作；

强化依法严格保护意识，围绕固扩成效，抓好水环境综合治理。

第四节　市九届人大常委会专题监督

2016 年 12 月 30 日，市九届人大常委会第二次会议听取和审议市人大常委会城建环资工委《关于开展 2016 年“环保信江行”活动情况的报告》。会议要求，市人民政府要进一步提高生态文明建设和环境保护的自觉性；进一步加强和重视畜禽养殖污染防治工作；进一步提高化肥农药科学施用普及程度；进一步拧成查污防污的工作合力。

2018 年 1 月 4 日，市九届人大常委会第十二次会议听取和审议市人大常委会城建环资工委《关于开展 2017 年“环保信江行”活动情况的报告》。会议要求，要围绕站高看深提认识，促共识；坚持问题导向用力促、持续抓；注重科学效实真整改、快整改。

2018 年 11 月 26 日，市九届人大常委会第二十一次会议听取和审议市人大常委会城建环资工委《关于开展 2018 年“环保信江行”活动情况的报告》。会议要求，要自觉提高环境保护的政治站位；持续深入推进治理；认真抓好问题整改。

2019 年 12 月 27 日，市九届人大常委会第三十三次会议听取和审议市人大常委会城建环资工委《关于开展 2019 年“环保信江行”活动情况的报告》。会议要求，要进一步深化思想认识；进一步加强能力建设；进一步强化执法监督；进一步突出问题整改。

2020 年 12 月 17 日，市九届人大常委会第四十二次会议听取和审议市人大常委会城建环资工委《关于开展 2020 年“环保信江行”活动情况的报告》。会议要求，要广泛宣传农村供水法律法规；切实加快农饮工程建设；逐步加强水质检测能力建设；不断强化农饮安全监管。

2021 年 10 月 22 日，市九届人大常委会第五十次会议听取和审议市人大常委会城建环资工委《关于开展 2021 年“环保信江行”活动情况的报告》。会议要求，要进一步深化思想认识；进一步强化监督管理；进一步加大整改力度；进一步加快水生态修复。

第五节　市十届人大常委会专题监督

2022 年 11 月 24 日，市十届人大常委会第九次会议听取和审议市人大常委会城建环资工委《关于开展 2022 年“物业社区行”活动情况的报告》。会议要求，要强化思想认识，切实压紧压实属地责任；探索有效途径，着力破解业主大会召开难、业委会成立难运行难问题；健全长效机制，着力提升物业服务行业监管水平；完善配套措施，依法推动物业收益收支公开透明；坚持问题导向，切实解决物业重点难点问题。

2022 年 12 月 30 日，市十届人大常委会第十次会议听取和审议市人大常委会城建环资工委《关于开展 2022 年“环保信江行”活动情况的报告》。会议要求，要提高认识，坚决扛起农村生活污水治理的政治责任；因地制宜，不断提升农村生活污水的治理效能；多措并举，切实强化农村生活污水治理的资金保障；强化担当，建立健全农村生活污水治理的长效机制。

2023 年 10 月 30 日，市十届人大常委会第十七次会议听取和审议市人大监察司法委《关于开展 2023 年“公益诉讼江西行”活动情况的报告》。会议要求，要进一步提高政治站位，围绕活动目标抓落实；进一步主动依法履职，围绕难点堵点提质效；进一步优化工作成效，围绕扬长补短凝合力；进一步创新宣传方式，围绕长治长效强宣传。

2023 年 10 月 30 日，市十届人大常委会第十七次会议听取和审议市人大常委会城建环资工委《关于开展 2023 年“物业社区行”活动情况的报告》。会议要求，要强化属地责任，打通服务群众“最后一米”；健全工作机制，扎实推进垃圾分类工作深入开展；探索有效途径，着力提升物业行业服务质量；优化管理方式，持续改善开放式小区居住环境。

2023 年 12 月 28 日，市十届人大常委会第十九次会议听取和审议市人大常委会城建环资工委《关于开展 2023 年“环保信江行”活动情况的报告》。会议要求，要全面落实法律责任，精准实施控源截污；系统开展生态修复，统筹推进美丽河湖建设；依法落实主体责任，切实加强花桥水库水生态保护修护。

第六章　评议和满意度测评

第一节　工作评议

组织市人大代表评议国家机关部门的工作，是市人大常委会行使监督职权的方式之一。1997 年以前，主要是参与并指导县、乡人大组织代表评议“七所八站”（县级政府派驻乡镇的工作单位如工商所、税务所、派出所、粮管所等）。先后组织对贵溪县塘湾镇、彭湾乡、余江县画桥镇等基层站所进行评议。1998 年始，市人大常委会组织部分代表评议市人民政府部门的工作。2006 年 8 月，监督法出台后，工作评议没有纳入法定的监督方式，工作评议工作一度停滞。

2004 年 5 月至 9 月，结合开展《中华人民共和国价格法》执法检查，组织对市计委（物价局）的工作进行评议。指出执法职能还没有完全到位、价格调控基础薄弱、价格执法手段不足、价格执法队伍素质还不能完全适应新形势的要求、审计报告反映市计委（物价局）财务收支方面的问题。根据评议指出的问题和建议，市计委（物价局）认真采纳代表意见和建议，通过牢固科学发展观、增强价格调控应变能力，进一步加强价格监管、共创和谐的价格环境，强化价格调节基金征管、夯实价格调控基础，加强对县级价格工作的领导、支持力度，加强价格执法队伍建设、适应依法治价的要求，加强审计问题整改等措施，取得良好成效。市六届人大常委会第十一次会议听取和审议市计委（物价局）关于整改工作情况的报告。

2004 年 5 月至 9 月，结合开展《中华人民共和国环境保护法》执法检查，组织对市环保局的工作进行评议。指出少数企业和个别部门领导法治观念、环保意识比较淡薄，环保执法干部队伍素质有待提高、执法手段有待完善，环保目标责任制没有完全落实到位。市环保局认真采纳代表意见和建议，对存在的问题逐一研究，制定整改措施，取得明显成效。市六届人大常委会第十一次会议听取和审议市环保局关于整改工作情况的报告。

2005 年 10 月，结合开展《中华人民共和国义务教育法》执法检查，组织对市教育局工作进行评议。指出少数地区和部门对教育特别是义务教育的地位和作用认识存在偏差、经费投入不足，学校运转困难、教师管理存在问题、队伍建设不尽如人意、城乡教育发展不平衡，多数农村孩子享受不到优质教育资源、控辍保学措施不足，农村中学生辍学现象较严重、学校安全存在疏漏，安全管理不够到位。市教育局认真采纳代表意见和建议，对存在的问题逐一研究，制定整改措施，取得明显成效。市六届人大常委会第十八次会议听取和审议市教育局关于义务教育法执法检查和工作平移后整改情况的报告。

2015 年 5 月 28 日，市八届人大常委会第三十二次会议，听取市人民政府关于开展城市建筑施工污染治理审议意见贯彻落实情况报告，并对落实审议意见的总体情况进行评议和测评，参加评议测评的委员对审议意见落实情况表示满意和基本满意的占 81.8%。

第二节　述职评议

述职评议是地方人大常委会通过听取“一府两院”等国家机关工作人员述职，并由常委会组成人员或一定数量的人大代表对其履职情况进行评议，督促其依法履职的一种监督形式。1987 年 6 月，市二届人大常委会第二十五次会议，首次安排国家机关工作人员向常委会述职。2006 年 8 月，监督法出台后，述职评议没有纳入法定的监督方式，述职评议工作一度停滞。党的十八大以来，市人大常委会继续探索推进述职评议工作。从 2018 年起，市人大常委会分年度对市政府主要负责人开展履职评议，并按“满意”“基本满意”“不满意”进行满意度测评。

2004 年 9 月，市六届人大常委会第五次会议，听取、评议市建设局局长鲁建平、市水利局局长官金福、市卫生局局长夏公章和市中级人民法院民事审判第三庭庭长李伏金、刑事审判第二庭庭长陈文的述职报告。

2005 年 8 月，市六届人大常委会举行第十四次会议，听取、评议市经贸委主任刘君祥、市林业局局长齐群策、市体育局局长熊春金的述职报告；听取、评议市检察院侦查监督处处长杨高生、公诉处检察员杨柳的述职报告；听取、评议市交通局局长李力、市文化局局长王辉、市粮食局局长倪饶生的述职报告（书面）。

2009 年 7 月 31 日，市七届人大常委会第二十六次会议听取市人民检察院施兆荣、郑德泉、刘俊、吴仁祥、史国钧履职情况的报告，并进行了满意度测评。

2009 年 8 月 27 日，市七届人大常委会第二十七次会议听取了市中级人民法院 23 名法官依法履职情况报告，并进行了满意度测评。

2018 年 3 月 29 日，市九届人大常委会第十五次会议，采取口头述职和书面述职相结合的方式，听取了市政府秘书长和市政府 26 个部门主要负责人 2017 年度履职情况的报告，并对他们的履职情况进行了测评。其中市教育局局长王碧龙、市民政局局长彭元龙、市城建局局长艾农、市文广新局局长黄顺茂、市体育局局长欧阳澜、市审计局局长杨芳等 6 个政府工作部门主要负责人作口头履职报告，其他 20 个政府工作部门主要负责人作书面履职报告。市发改委、市交通局、市统计局、市安监局、市旅发委等5个政府工作部门主要负责人任职未满一年，此次未安排履职测评。

2020年12月17日，市九届人大常委会第四十二次会议，听取市发改委主任徐略英、市科技局局长敖高源、市工信局局长高华、市人社局局长段建龙、市水利局局长童细宏、市文广新旅局局长程美华、市市场监管局局长夏涌波履职情况报告，并对他们的履职情况进行了测评。

2021年3月19日，市九届人大常委会第四十四次会议，听取市教育局局长陈小丽、市退役军人事务局局长江鸿、市应急管理局局长桂峰、市政府金融办主任樊全华、市统计局局长刘林根、市人防办主任洪芬平履职情况报告，并对他们的履职情况进行了测评。

2021年4月19日，市九届人大常委会第四十六次会议，听取市人民政府秘书长席志新、市住建局局长张平来、市交通局局长费尚恒、市卫健委主任李恩福、市林业局局长胡斌、市医疗保障局局长万挺春履职情况报告，并对他们的履职情况进行了测评。

2021年6月22日，市九届人大常委会第四十七次会议，听取市司法局局长盛才明、市生态环境局局长罗金文、市城管局局长张拱慧、市农粮局局长吴发财、市国资委主任刘长根、市行政审批局局长胡志新、市扶贫办主任汪荣中履职情况报告，并对他们的履职情况进行了测评。

第三节　满意度测评

组织开展审计查出问题整改情况满意度测评工作是市人大常委会加强审计监督的重要方式。组织开展满意度测评前，由市人大财经委会同市审计局协商确定开展满意度测评的审计查出问题和责任部门单位，并对拟进行满意度测评的审计查出问题整改情况组织开展跟踪监督，督促有关责任部门单位深入查找原因，抓好整改落实，按照要求完善整改情况报告，为常委会开展满意度测评做好准备。测评由常委会组成人员在常委会全体会议上采用按键表决的方式进行，设置满意、基本满意、不满意三个评价档次。测评结果当场公布。进行满意度测评时，有关责任部门单位负责人应当列席会议。满意度测评结果及时报送市委、抄送市人民政府。2018年1月4日，市九届人大常委会第十二次会议首次开展了审计查出问题满意度测评工作。2018年至2023年12月市人大常委会共对30个部门进行了满意度测评。

2018年1月4日，市九届人大常委会第十二次会议听取和审议市人民政府《关于2016年度市级预算执行和其他财政收支审计查出问题整改情况的报告》；听取和审议市财政局、市文广新局、市人社局、市民政局、市房管局5个部门的审计查出问题整改情况的报告，并进行满意度测评，测评结果均为满意。

2018 年 11 月 26 日，市九届人大常委会第二十一次会议，听取和审议市人民政府《关于 2017 年度市级预算执行和其他财政收支审计查出问题整改情况的报告》；听取和审议了鹰潭高新技术产业开发区管委会、龙虎山风景名胜区管委会、信江新区管委会、市教育局、市林业局、市公安局交警支队《关于 2017 年度市级预算执行和其他财政收支审计查出问题整改情况的报告》，并对 6 个部门审计查出问题整改情况的报告进行满意度测评，测评结果均为满意。

2019 年 12 月 3 日，市九届人大常委会第三十二次会议，听取和审议市人民政府《关于 2018 年度市级预算执行和其他财政收支审计查出问题整改情况的报告》；听取和审议了鹰潭高新区、市交通运输局、市水利局、市国资委、市体育局、市行政服务中心审计查出问题整改情况的报告，并对 6 个部门审计查出问题整改情况的报告进行了满意度测评，测评结果均为满意。

2020 年 12 月 17 日，市九届人大常委会第四十二次会议，听取和审议市人民政府《关于 2019 年度市级预算执行和其他财政收支审计查出问题整改情况的报告》；听取和审议市住建局、市卫健委、市人防办、市国控集团、月湖区人民政府、信江新区管委会审计查出问题整改情况的报告，并对 6 个部门审计查出问题整改情况的报告进行了满意度测评，测评结果均为满意。

2021 年 12 月 29 日，市十届人大常委会第二次会议，听取和审议市人民政府关于《2020 年度市级预算执行和其他财政收支审计查出问题整改情况的报告》；听取和审议了贵溪市人民政府、余江区人民政府、市自然资源局、江西师范高等专科学校审计查出问题整改情况的报告，并对 4 个部门审计查出问题整改情况的报告进行了满意度测评，测评结果均为满意。

2022 年 12 月 30 日，市十届人大常委会第十次会议，听取和审议市人民政府《关于 2021 年度市级预算执行和其他财政收支审计查出问题整改情况的报告》；听取和审议市工信局、市生态环境局、市住建局、市住房公积金管理中心、市工控公司审计查出问题整改情况的报告，并对 5 个部门审计查出问题整改情况的报告进行了满意度测评，测评结果均为满意。

2023 年 12 月 15 日，市十届人大常委会第十八次会议，听取并审议了市人民政府关于 2022 年度市级预算执行和其他财政收支审计查出问题整改情况的报告及市民政局、市城市管理局、鹰潭高新区管委会、信江新区管委会、市城建投集团关于 2022 年度审计查出问题整改情况的报告并开展满意度测评，测评结果均为满意。

第四节　专题询问

2014 年 9 月 25 日，市八届人大常委会第二十七次会议召开联组会议首次开展专题询问。2014 年 9 月至 2023 年 12 月，市人大常委会共开展专题询问 2 次。

2014 年 9 月 25 日，市八届人大常委会第二十七次会议召开联组会议，就城市建筑施工污染治理情况进行专题询问。 询问采取一问一答的方式进行。市人大代表鲁建平、张一鹃、张冬娥、王辉、陈锦耀、万挺春、程新太、徐伟波，分别就城市建筑施工扬尘治理有关规章制度落实情况、城管综合管理信息平台建设、城市管理协调联动机制、建筑垃圾清运管理、建筑施工噪声污染监管、大气污染防治等问题，向有关部门负责人提出询问，并提出积极的意见和建议。应询单位负责人予以认真答复，为代表们答疑解惑，并提出下一步工作计划，逐一作出整改承诺。代表们对回答表示满意或基本满意。

2015 年 12 月 28 日，市八届人大常委会第三十六次会议召开联组会议，就城区饮用水水源保护工作进行专题询问。市人大代表朱海群、张冬娥、李建明、祝光进、吴拓宇、陈锦耀分别就城区饮用水水源保护区范围内的河砂开采治理、非法电鱼、医疗废水排放、水源安全突发事件应急、饮用水卫生状况定期监测等问题，向有关部门负责人提出询问。贵溪市政府，市环保局、市城建局、市城管执法局、市水利局、市农粮局、市公安局、市卫健委主要负责人到会应询，并逐一作出整改承诺。

第七章　规范性文件备案审查

2011 年，市人大常委会规范性文件备案审查工作开始启动，具体工作由办公室秘书科承担，主要是向省人大常委会报送市人大及其常委会决议决定。市本级“一府两院”及县级人大常委会向市人大常委会报送规范性文件的工作机制还未正式形成。

2016 年，市人大常委会法制工作委员会及下挂的备案审查工作委员会成立后，逐步实现了备案审查工作规范化、专业化、制度化发展，并按照“有件必备、有备必审、有错必纠”的工作要求，全域一体推进全市备案审查工作落地做实。

坚持季度核查、年度通报，严把报备关。建立季度核查机制，每季度将各单位发文目录与已报备文件进行比对，核查应报未报文件情况，避免漏报、迟报。建立年度通报机制，通报报备工作中存在的问题，强化各单位报备意识。

坚持分口把关、集中审查，严把审查关。将所有备案的规范性文件对口分送各专工委进行专业政策、法规等审查把关，备案审查工委同步全面审查，分口审查结束后，法工委组织集中审查，就审查中的重点、焦点、难点问题进行把关，力求问题提得准、意见立得住。

坚持紧扣核心、守住底线，严把纠错关。强化审查问题的共识、报备机关分类自行纠错、人大常委会机关依法纠错。按照“疑件从有”原则，对查实存在合法性或适当性问题的文件，交报备机关 2 个月内研究并反馈处理意见，着力推动自行纠错。

2020 年 8 月，全国人大常委会法工委编著的《规范性文件备案审查案例选编》，选录了鹰潭市人大常委会报送的《鹰潭市人民政府关于加快推进装配式建筑发展的实施意见》《鹰潭市人民政府办公室关于印发鹰潭市全面治理拖欠农民工工资问题管理办法的通知》和《鹰潭市人民政府关于印发加强农村留守儿童关爱保护工作实施方案的通知》等三个规范性文件的审查纠错案例。

2021 年 5 月，全国人大常委会法工委在上海举办地方立法培训班。鹰潭市人大常委会备案审查工委专职副主任阮克芬代表江西省，在培训班上作了题为《全域一体　上下联动推进备案审查工作落地做实》的典型交流发言，从夯实工作基础、突出关键环节、强化互联互动、坚持全域一体等方面，介绍了鹰潭市人大常委会规范性文件备案审查工作的做法和成效。

第一节　规范性文件报备

市八届人大常委会　向省人大常委会报备市人大及其常委会决议决定共计 60 件，其中 2011 年度 15 件、2012 年度 11 件、2013 年度 13 件、2014 年度 12 件、2015 年度 9 件。

市九届人大常委会　向省人大常委会报备市人大及其常委会决议决定共计 126 件，其中 2016 年度 22 件、2017 年度 16 件、2018 年度 16 件、2019 年度 22 件、2020 年度 22 件、2021 年度 28 件。接收市“一府两院”及下级人大常委会报备的规范性文件共计 520 件。

2016 年度，接收规范性文件 36 件，其中市人民政府 3 件、市中级人民法院 6 件、贵溪市人大常委会 12 件、余江县人大常委会 5 件、月湖区人大常委会 10 件。

2017 年度，接收规范性文件 73 件，其中市人民政府 25 件、市中级人民法院 2 件、市人民检察院 1 件、贵溪市人大常委会 14 件、余江县人大常委会 20 件、月湖区人大常委会 11 件。

2018 年度，接收规范性文件 83 件，其中市人民政府 38 件、市中级人民法院 3 件、市人民检察院 1 件、贵溪市人大常委会 13 件、余江区人大常委会 12 件、月湖区人大常委会 16 件。

2019 年度，接收规范性文件 94 件，其中市人民政府 34 件、市中级人民法院 5 件、市人民检察院 4 件、贵溪市人大常委会 12 件、余江区人大常委会 17 件、月湖区人大常委会 22 件。

2020 年度，接收规范性文件 114 件，其中市人民政府 30 件、市中级人民法院 4 件、市人民检察院 3 件、贵溪市人大常委会 18 件、余江区人大常委会 39 件、月湖区人大常委会 20 件。

2021 年度，接收规范性文件 120 件，其中市人民政府 19 件、市中级人民法院 5 件、市人民检察院 11 件、贵溪市人大常委会 21 件、余江区人大常委会 32 件、月湖区人大常委会 32 件。

市十届人大常委会　向省人大常委会报备市人大及其常委会决议决定共计 35 件，其中 2022 年度 18 件、2023 年度 17 件。接收市“一府一委两院”及下级人大常委会报备的规范性文件共计 157 件。

2022 年度，接收规范性文件 61 件，其中市人民政府 17 件、市中级人民法院 4 件、市人民检察院 1 件、贵溪市人大常委会 13 件、余江区人大常委会 18 件、月湖区人大常委会 8 件。

2023 年度，接收规范性文件 100 件，其中市人民政府 21 件、市中级人民法院 10 件、市人民检察院 3 件、贵溪市人大常委会 21 件、余江区人大常委会 19 件、月湖区人大常委会 26 件。

第二节　规范性文件审查

2017 年度，对《鹰潭市人民政府拟订地方性法规草案和制定规章程序规定》《鹰潭市人民政府办公室关于印发鹰潭市全面治理拖欠农民工工资问题管理办法的通知》等 18 件规范性文件中，存在超越权限、与上位法抵触等问题提出审查意见。

2018 年度，对《鹰潭市人民政府办公室关于印发鹰潭市城乡建设档案管理规定的通知》《鹰潭市人民政府办公室关于印发鹰潭市深化消防简政放权优化服务便民举措（试行版）的通知》等 9 件规范性文件中，存在与上位法不一致、与上位法精神不符合等问题提出了审查意见。

2019 年度，对《鹰潭市人民政府关于印发鹰潭市爱国卫生工作管理办法的通知》《鹰潭市人民政府办公室关于印发鹰潭市城市规划区建设项目范围内天然林木砍伐移植管理办法的通知》等 7 件规范性文件中，存在与上位法抵触、与上位法规定不一致等问题提出审查意见。

2020 年度，对《鹰潭市人民政府关于调整高污染燃料禁燃区的通告》《鹰潭市生育保险和职工基本医疗保险合并实施细则》等 13 件规范性文件中，存在与上位法抵触、与上位法规定不一致等问题提出审查意见。

2021 年度，对《鹰潭市集体经营性建设用地入市管理办法（试行）》等 13 件规范性文件中，存在违反程序规定、与上位法规定不一致等问题提出审查意见。

2022 年度，对《鹰潭市人民政府办公室关于印发鹰潭国际综合港经济区铁海联运扶持资金管理办法（修订版）的通知》《关于批准区人民政府〈提请审议江西省鹰潭市余江区智能制造产业园基础设施建设 PPP 项目政府支出责任纳入中期财政规划和财政预算管理的议案〉的决议》等 5 件规范性文件中，存在与上位法抵触、超越权限等问题提出审查意见。

2023 年度，在《鹰潭市中级人民法院、鹰潭市人民检察院、鹰潭市教育局关于印发〈关于落实教职员工犯罪从业禁止制度的实施细则（试行）〉的通知》《鹰潭市人民政府办公室印发关于进一步促进中心城区房地产市场平稳健康发展若干措施的通知》等 4 件规范性文件中，存在与上位法抵触、不一致等问题提出审查意见。

第三节　规范性文件专项清理

根据省人大常委会的统一部署，不定期开展专项清理工作，切实维护国家法治统一。

2018 年 9 月，开展涉及生态环境保护内容的地方性法规、地方政府规章和规范性文件清理工作。

2020 年 4 月，开展涉及野生动物保护内容的地方性法规、地方政府规章和规范性文件清理工作。

2021 年 3 月，开展涉及长江流域保护内容的地方性法规、地方政府规章和规范性文件清理工作。

2021 年 4 月，开展涉及行政处罚内容的地方性法规、地方政府规章和规范性文件清理工作。

2021 年 9 月，开展涉及计划生育内容的地方性法规、地方政府规章和规范性文件清理工作。

2022 年 10 月，再次开展涉及计划生育内容的地方性法规、地方政府规章和规范性文件清理工作。

2023 年 11 月，开展涉及行政复议内容的地方性法规、决议决定、地方政府规章和规范性文件清理工作。

在上述专项清理工作中，市人大及其常委会制定的地方性法规、作出的决议决定均无须废止、修改。

第八篇

选举与任免

选举和任免地方国家工作人员，是《中华人民共和国宪法》和《中华人民共和国地方各级人民代表大会和地方各级人民委员会组织法》赋予地方人民代表大会及其常委会的一项重要职权。市人大及其常委会把坚持党管干部原则同依法行使选举权、任免权相统一，不断完善代表选举、人事任免程序，严格落实选举、任免等制度，为全市国家机关的有效运转提供了组织保证。

第一章　选　举

人民代表大会选举制度是我国政治制度的重要组成部分。

市人民代表大会，依法选举市人大常委会主任、副主任、秘书长、委员，市人民政府市长、副市长，市监察委员会主任，市中级人民法院院长，市人民检察院检察长（选出的市人民检察院检察长，须报省人民检察院检察长提请省人大常委会批准），决定市人大各专门委员会主任委员、副主任委员、委员人选事项。

根据人事变动情况，届中市人民代表大会进行另行选举或补选。

选举实行等额选举和差额选举制度，采用无记名投票方式。市人大常委会主任、秘书长，市人民政府市长，市监察委员会主任，市中级人民法院院长、市人民检察院检察长的候选人数可以多 1 人，进行差额选举；如果提名的候选人只有 1 人，也可以等额选举。市人大常委会副主任、市人民政府副市长候选人数，比应选人数多 1 人至 3 人；市人大常委会委员候选人数，比应选人数多十分之一至五分之一，进行差额选举。

第一节　市人大常委会组成人员选举

市六届至十届人民代表大会的第一次会议，依法选举产生本届常委会（市人大常委会各届组成人员名单详见第三篇第一章第一节）。

各专门委员会的组成人员人选，由主席团在代表中提名，大会通过（各专门委员会组成人员名单详见第三篇第一章第二节）。

第二节　市人民政府市长、副市长选举

2004 年 2 月 20 日，市六届人民代表大会第一次会议，选举市人民政府市长、副市长。

市　长：胡　宪（2004.2—2006.11）

副市长：阎钢军（2004.2—2006.8）

肖伏芝（2004.2—2006.8）

张鲁年（2004.2—2006.12）

朱　浔（2004.2—2005.7）

汪当时（女，2004.2—2006.12）

史　可（2004.2—2006.12）

2006年12月7日，市七届人民代表大会第一次会议，选举市人民政府市长、副市长。

市　长：董佥生（2006.12—2008.3）

副市长：陈智祥（2006.12—2010.11）

吴晓军（2006.12—2010.5）

史　可（2006.12—2011.9）

杨晓群（2006.12—2011.9）

林　军（2006.12—2008.11）

戴春英（女，2006.12—2011.9）

2008年4月25日，市七届人民代表大会第四次会议，补选钟志生为市人民政府市长。

2011年9月27日，市八届人民代表大会第一次会议，选举市人民政府市长、副市长。

市　长：钟志生（2011.9—2013.9）

副市长：王家林（2011.9—2016.11）

宋迪维（2011.9—2014.5）

辜　清（2011.9—2016.2）

张荣先（2011.9—2016.11）

李　力（2011.9—2016.11）

徐　云（女，2011.9—2016.11）

2014年1月16日，市八届人民代表大会第四次会议，补选熊茂平为市人民政府市长。

2016年11月3日，市九届人民代表大会第一次会议，选举市人民政府市长、副市长。

市　长：曹淑敏（女，2016.11—2017.7）

副市长：张福庆（2016.11—2019.4）

黄占共（2016.11—2021.10）

吴文戈（2016.11—2019.7）

邓　伟（2016.11—2021.10）

蔡　江（女，2016.11—2021.10）

张子建（2016.11—2021.4）

2017年7月27日，市九届人民代表大会第三次会议，补选于秀明为市人民政府市长。

2020年7月16日，市九届人民代表大会第七次会议，补选陈敏为市人民政府市长。

2021年4月27日，市九届人民代表大会第九次会议，补选张子建为市人民政府市长。

2021 年 10 月 30 日，市十届人民代表大会第一次会议，选举市人民政府市长、副市长。

市　长：张子建（2021.10—　）

副市长：王亚青（2021.10—2023.10）

刘　江（2021.10—　）

苏建军（2021.10—2022.5）

李小平（2021.10—　）

余红艳（女，2021.10—　）

林　坤（2021.10—2022.12）

注：人大常委会任命的副市长名单详见本篇第二章第二节。

第三节　市监察委员会主任选举

2018 年 1 月 10 日，市九届人民代表大会第四次会议选举蔡厚勇为市监察委员会主任。

2019 年 1 月 17 日，市九届人民代表大会第五次会议补选黄云为市监察委员会主任。

2021 年 10 月 30 日，市十届人民代表大会第一次会议选举鄢华为市监察委员会主任。

第四节　市中级人民法院院长选举

2004 年 2 月 20 日，市六届人民代表大会第一次会议选举赖永芳为市中级人民法院院长。

院长：赖永芳（2004.2—2006.11）

2006 年 12 月 7 日，市七届人民代表大会第一次会议选举凌云为市中级人民法院院长。

院长：凌　云（2006.12—2009.8）

2010 年 1 月 20 日，市七届人民代表大会第六次会议补选居国屏为市中级人民法院院长。

院长：居国屏（2010.1—2011.9）

2011 年 9 月 27 日，市八届人民代表大会第一次会议选举陈仁生为市中级人民法院院长。

2016 年 11 月 3 日，市九届人民代表大会第一次会议选举陈仁生为市中级人民法院院长。

院长：陈仁生（2011.9—2018.1）

2018 年 1 月 10 日，市九届人民代表大会第四次会议补选喻德红为市中级人民法院院长。

院长：喻德红（女，2018.1—2019.9）

2020 年 5 月 14 日，市九届人民代表大会第六次会议补选王建华为市中级人民法院院长。

院长：王建华（女，2020.5—2021.10）

2021 年 10 月 30 日，市十届人民代表大会第一次会议选举田甘霖为市中级人民法院院长。

院长：田甘霖（2021.10—　）

第五节　市人民检察院检察长选举

2004 年 2 月 20 日，市六届人民代表大会第一次会议选举罗晓泉为市人民检察院检察长。

检察长：罗晓泉（2004.3—2006.11）

2006 年 12 月 7 日，市七届人民代表大会第一次会议选举熊金文为市人民检察院检察长。

检察长：熊金文（2006.12—2011.9）

2011 年 9 月 27 日，市八届人民代表大会第一次会议选举罗庆华为市人民检察院检察长。

检察长：罗庆华（2011.12—2016.1）

2016 年 1 月 15 日，市八届人民代表大会第六次会议补选李莉安为市人民检察院检察长。

2016 年 11 月 3 日，市九届人民代表大会第一次会议选举李莉安为市人民检察院检察长。

检察长：李莉安（女，2016.4—2021.9）

2021 年 10 月 30 日，市十届人民代表大会第一次会议选举张江为市人民检察院检察长。

检察长：张　江（2021.11—　）

第六节　鹰潭市出席江西省人民代表大会代表选举

根据《中华人民共和国地方各级人民代表大会和地方各级人民委员会组织法》规定，市人民代表大会会议选举鹰潭市出席江西省人民代表大会代表，市人大常委会补选出缺的省人大代表。自2008年1月至2023年1月，市人民代表大会共选举出席江西省人民代表大会代表69名（不含省推荐代表），其中省十一届人大代表15名，省十二届人大代表18名，省十三届人大代表18名，省十四届人大代表18名。出席省人民代表大会历届代表如下。

鹰潭市出席省十一届人大代表名单

艾　农	史　可	刘　诚	刘育虹（女）
杜德春	杨宪萍	吴文戈	张鲁年
邵奇生	施华山	戚建萍（女）	董仚生
程芦山	雷纪文（畲族）	廖奇志（女）	

鹰潭市出席省十二届人大代表名单

卢力新	吕佩菲（女）	刘军生	刘育虹（女）
杜德春	李卫国	杨小明	张子建
陈兴超	周　瑛	郑华萍（女）	钟志生
祝光进	姚建中	葛　菁（女）	程芦山
雷　英（女，畲族）	熊茂平		

鹰潭市出席省十三届人大代表名单

于秀明	左智亮	刘育虹（女）	刘洪波
苏建军	李志兵	肖　良	周谷昌
郑华萍（女）	胡梦莉（女）	侯心刚	桂有金
徐　俊	郭　清	葛　菁（女）	雷相贵（畲族）
蔡厚勇	谭建新		

鹰潭市出席省十四届人大代表名单

马　力	方　璐（女）	方森滨	左智亮
兰正碧（畲族）	朱淑英（女）	许南吉	严福生
肖冬祥	张　健（女）	张子建	陈小书
罗　洁（女）	徐双文	郭　清	鄢　华
潘　磊	潘丽娟（女）		

2011年11月25日，市八届人大常委会第二次会议补选市委书记陈兴超，市委副书记、市人民政府市长钟志生为市出席省第十一届人民代表大会代表。

2012年3月9日，市八届人大常委会第五次会议补选省人民政府副省长姚木根为市出席省第十一届人民代表大会代表。

2015 年 12 月 28 日，市八届人大常委会第三十六次会议补选省人民政府法制办公室主任、党组书记张玉印为市出席省第十二届人民代表大会代表。

2016 年 1 月 15 日，市八届人大六次会议选举甘筱青、李友鸿 、沈建华、雷晓燕为市出席省第十二届人民代表大会代表。

2016 年 12 月 30 日，市九届人大常委会第二次会议补选市委副书记、市长曹淑敏，市人大常委会党组书记、主任郭清为市出席省第十二届人民代表大会代表。

2019 年 1 月 2 日，市九届人大常委会第二十三次会议补选市纪委书记、市监察委员会代主任黄云为市出席省第十三届人民代表大会代表。

2019 年 12 月 27 日，市九届人大常委会第三十三次会议，补选月湖区人大常委会党组书记、主任朱淑英为市出席省第十三届人民代表大会代表。

2021 年 1 月 13 日，市九届人大常委会第四十三次会议补选市委副书记、市长陈敏为市出席省第十三届人民代表大会代表。

2022 年 1 月 16 日，市十届人大常委会第三次会议补选江西科技师范大学党委书记李红勇，市委副书记、市长张子建为市出席省第十三届人民代表大会代表。

第二章　任　免

依法任免国家机关工作人员，是法律赋予人大常委会的重要职权之一。市历届人大常委会非常重视，逐步建立、健全、完善人事任免机制，不断完善任免程序。

1999 年 9 月 28 日市五届人大常委会第四次会议通过《鹰潭市人民代表大会常务委员会人事任免办法》后，2004 年 3 月 26 日市六届人大常委会第一次会议进行了第一次修正，2009 年 12 月 16 日市七届人大常委会第三十次会议进行了第二次修正，2023 年 10 月 30 日市十届人大常委会第十七次会议进行了第三次修正，市人大常委会人事任免工作更加规范化、制度化。修订后，市人大常委会的人事任免工作，坚持中国共产党的领导，坚持充分发扬民主，坚持严格依法办事。市人大常委会在行使任免权中，坚持任命与监督相结合，探索任后监督途径，加强对国家机关工作人员的监督，并支持他们做好工作。

自市六届人大常委会第一次会议始，至 2024 年 1 月市十届人大常委会第二十次会议止，市人大常委会共任免国家机关工作人员 942 人次，其中任命（含批准任命）618 人次，免职（不含接受辞职）341 人次。

2004—2024 年鹰潭市人大常委会任免国家机关工作人员一览表

表 1　　　　　　　　　　　　　　　　　　　　　　　　单位：人

届别	市人大常委会		市人民政府		市监委		市中级人民法院		市人民检察院		合计	
	任	免	任	免	任	免	任	免	任	免	任	免
六届	5	3	40	4	—	—	23	11	14	3	82	21
七届	18	6	80	33	—	—	30	19	27	13	155	71
八届	15	12	69	25	—	—	32	29	44	18	160	84
九届	14	10	73	20	11	5	11	27	14	33	123	95
十届	12	18	56	21	5	3	13	17	12	11	98	70
合计	64	49	318	103	16	8	109	103	111	78	618	341

第一节　市人大常委会工作人员任免

一、市六届人大常委会

（一）任职

2004 年 4 月 20 日决定任命：
邬书鸣为市人大常委会办公室主任。
2004 年 7 月 29 日决定任命：
邬书鸣为市人大常委会副秘书长。
2005 年 1 月 18 日决定任命：
吴寿轩为市人大常委会外事华侨民族宗教工作委员会主任。
2005 年 3 月 11 日决定任命：
李忠仁为市人大常委会办公室主任。
2005 年 12 月 27 日决定任命：
汤小敏为市人大常委会办公室副主任。

（二）免职

2004 年 4 月 20 日决定免去：
周荣俊的市人大常委会办公室主任职务。
2004 年 4 月 20 日决定接受：
周荣俊请求辞去市人民代表大会常务委员会秘书长职务。
2005 年 1 月 18 日决定免去：
吴寿轩的市人大常委会副秘书长、办公室副主任职务。
2005 年 3 月 11 日决定接受：
杨柏祥请求辞去市人大内务司法委员会主任委员职务。
2005 年 3 月 11 日决定免去：
邬书鸣的市人大常委会副秘书长、办公室主任职务。

二、市七届人大常委会

（一）任职

2007 年 3 月 26 日决定任命：

张金涛为市人大常委会外事华侨民族宗教工作委员会主任。

吴寿轩为市人大常委会城乡建设环境资源保护工作委员会主任。

蔡火水为市人大常委会农业农村工作委员会主任。

2007 年 9 月 28 日决定任命：

陈锦耀为市人大财政经济委员会副主任委员。

2008 年 8 月 22 日决定任命：

李长华为市人大内务司法委员会副主任委员。

严细火为市人大常委会副秘书长。

2009 年 9 月 24 日决定任命：

汤小敏为市人大常委会选举任免联络工作委员会副主任。

2010 年 1 月 12 日决定任命：

朱少武为市人大常委会副秘书长。

吴斌为市人大常委会城乡建设环境资源保护工作委员会副主任。

黎玉平为市人大常委会农业和农村工作委员会副主任。

2010 年 9 月 26 日任命：

黄光明为市人大内务司法委员会委员。

（二）决定任命

李学军、汪平、刘鸿为市人大常委会外事华侨民族宗教工作委员会委员。

李红卫为市人大常委会农业和农村工作委员会委员。

2010 年 12 月 28 日任命：

吴朝阳为市人大财政经济委员会委员。

2011 年 1 月 27 日任命：

郑占煌为市人大内务司法委员会副主任委员。

2011 年 4 月 21 日决定任命：

吴寿轩为市人大常委会选举任免联络工作委员会主任。

（三）免职

2007 年 3 月 26 日决定免去：

吴寿轩的市人大常委会外事华侨民族宗教工作委员会主任职务。

2007 年 5 月 23 日决定免去：

夏涌波的市人大常委会副秘书长职务。

2008 年 11 月 14 日决定免去：

李忠仁的市人大常委会办公室主任职务。

2009 年 9 月 24 日决定免去：

严正富的市人大常委会选举任免联络工作委员会主任职务。

汤小敏的市人大常委会办公室副主任职务。

2010 年 5 月 21 日撤销：

李长华的市人大常委会委员、市人大内务司法委员会副主任委员职务。

2011 年 4 月 21 日决定免去：

吴寿轩的市人大常委会城乡建设环境资源保护工作委员会主任职务。

2011 年 7 月 22 日决定接受：

李赛白请求辞去市人大常委会委员职务。

三、市八届人大常委会

（一）任职

2012 年 5 月 31 日决定任命：

吴寿轩为市人大常委会副秘书长（正县级）。

谭国平为市人大常委会农业和农村工作委员会主任。

2012 年 12 月 26 日决定任命：

艾花英为市人大常委会办公室副主任。

2013 年 4 月 24 日决定任命：

汤小敏为市人大常委会选举任免联络工作委员会主任。

黎玉平为市人大常委会外事华侨民族宗教工作委员会主任。

朱少武为市人大常委会城乡建设环境资源保护工作委员会主任。

2014 年 2 月 21 日决定任命：

敖仁清为市人大常委会外事华侨民族宗教工作委员会副主任。

2015 年 1 月 16 日任命：

项玉林为市人大内务司法委员会副主任委员（正县级）。

2015 年 12 月 28 日决定任命：

杨毅为市人大常委会副秘书长。

桂天信为市人大常委会城乡建设环境资源保护工作委员会副主任。

汪白杨为市人大教育科学文化卫生委员会副主任委员（正县级）。

2016 年 3 月 23 日决定任命：

龚著宝为市人大常委会法制工作委员会主任。

吴勤胜为市人大常委会法制工作委员会副主任。

2016 年 9 月 22 日决定任命：

阮克芬为市人大常委会备案审查工作委员会专职副主任。

2016 年 10 月 28 日决定任命：

艾花英为市人大常委会预算工作委员会专职副主任。

（二）免职

2012 年 1 月 12 日决定免去：

蔡火水的市人大常委会农业和农村工作委员会主任职务。

2012 年 5 月 31 日决定免去：

严细火的市人大常委会副秘书长职务。

吴寿轩的市人大常委会选举任免联络工作委员会主任职务。

张金涛的市人大常委会外事华侨民族宗教工作委员会主任职务。

吴斌的市人大常委会城乡建设环境资源保护工作委员会副主任职务。

2013 年 4 月 24 日决定免去：

郑占煌的市人大内务司法委员会副主任委员职务。

2013 年 4 月 24 日决定免去：

黎玉平的市人大常委会农业和农村工作委员会副主任职务。

朱少武的市人大常委会副秘书长职务。

2015 年 7 月 20 日决定免去：

毛文芳的市人大内务司法委员会副主任委员职务。

2015 年 11 月 30 日决定免去：

倪饶生的市人大财政经济委员会副主任委员职务。

2015 年 12 月 28 日决定免去：

熊红英的市人大教育科学文化卫生委员会副主任委员（正县级）职务。

2016 年 10 月 28 日决定免去：

艾花英的市人大常委会办公室副主任职务。

四、市九届人大常委会

（一）任职

2016 年 12 月 30 日决定任命：

艾书广为市人大法制委员会专职副主任委员。

2019 年 1 月 11 日决定任命：

黎玉平为市人大常委会城乡建设环境资源保护工作委员会主任。

祝春明为市人大常委会外事华侨民族宗教工作委员会主任。

2019 年 2 月 18 日决定任命：

魏建君为市人大常委会办公室主任。

万勇章为市人大常委会城乡建设环境资源保护工作委员会副主任。

李增金为市人大常委会农业和农村工作委员会副主任。

金武缨为市人大常委会选举任免联络工作委员会副主任。

2020 年 3 月 26 日决定任命：

吴勤胜为市人大常委会城乡建设环境资源保护工作委员会主任。

2020 年 9 月 11 日决定任命：

汪翠微为市人大常委会副秘书长、办公室主任。

金武缨为市人大常委会选举任免联络工作委员会主任。

杨毅为市人大常委会法制工作委员会副主任。

张磊为市人大常委会选举任免联络工作委员会副主任。

张金荣为市人大常委会外事华侨民族宗教工作委员会副主任。

2020 年 10 月 27 日决定任命：

李荣德为市人大教育科学文化卫生委员会副主任委员。

（二）免职

2019 年 1 月 11 日决定免去：

黎玉平的市人大常委会外事华侨民族宗教工作委员会主任职务。

朱少武的市人大常委会城乡建设环境资源保护工作委员会主任职务。

2020 年 3 月 26 日决定免去：

汤小敏的市人大常委会选举任免联络工作委员会主任职务。

黎玉平的市人大常委会城乡建设环境资源保护工作委员会主任职务。

吴勤胜的市人大常委会法制工作委员会副主任职务。

周鹏的市人大教育科学文化卫生委员会副主任委员职务。

2020 年 3 月 26 日决定接受：

欧阳澜请求辞去市人大常委会委员、市人大社会建设委员会主任委员职务。

黎玉平请求辞去市人大常委会委员职务。

2020 年 9 月 11 日决定免去：

魏建君的市人大常委会办公室主任职务。

杨毅的市人大常委会副秘书长职务。

2021 年 1 月 13 日决定免去：

桂天信的市人大社会建设委员会副主任委员职务。

2021 年 9 月 23 日决定免去：

李荣德的市人大教育科学文化卫生委员会副主任委员职务。

五、市十届人大常委会

（一）任职

2021 年 10 月 31 日决定任命：

谭国平为市人大常委会副秘书长（正县级）。

吴勤胜为市人大常委会法制工作委员会主任。

万勇章为市人大常委会城乡建设环境资源保护工作委员会主任。

程露为市人大常委会农业和农村工作委员会主任。

2023 年 3 月 24 日决定任命：

江波为市人大常委会农业和农村工作委员会主任。

熊国华为市人大常委会外事华侨民族宗教工作委员会主任。

楼瑾为市人大常委会城乡建设环境资源保护工作委员会主任。

2023 年 6 月 26 日决定任命：

严带兵为市人大常委会选举任免联络工作委员会副主任。

2023 年 12 月 28 日决定任命：

李立敏为市人大监察和司法委员会副主任委员。

2024 年 1 月 15 日决定任命：

熊国华为市人大常委会副秘书长（正县级）。

易冬春为市人大常委会办公室主任。

汪翠微为市人大常委会外事华侨民族宗教工作委员会主任。

（二）免职

2021 年 10 月 31 日决定免去：

吴寿轩的市人大常委会副秘书长（正县级）职务。

龚著宝的市人大常委会法制工作委员会主任职务。

祝春明的市人大常委会外事华侨民族宗教工作委员会主任职务。

吴勤胜的市人大常委会城乡建设环境资源保护工作委员会主任职务。

谭国平的市人大常委会农业和农村工作委员会主任职务。

阮克芬的市人大常委会备案审查工作委员会专职副主任职务。

张金荣的市人大常委会外事华侨民族宗教工作委员会副主任职务。

2022 年 3 月 22 日决定免去：

李增金的市人大常委会农业和农村工作委员会副主任职务。

艾花英的市人大常委会预算工作委员会专职副主任职务。

2022 年 5 月 26 日决定免去：

张磊的市人大常委会选举任免联络工作委员会副主任职务。

2023 年 3 月 24 日决定免去：

谭国平的市人大常委会副秘书长职务。

程露的市人大常委会农业和农村工作委员会主任职务。

万勇章的市人大常委会城乡建设环境资源保护工作委员会主任职务。

2023 年 3 月 24 日决定免去：

熊国华的市人大财政经济委员会副主任委员职务。

楼瑾的市人大监察和司法委员会副主任委员职务。

2023 年 12 月 28 日决定免去：

杨毅的市人大常委会法制工作委员会副主任职务。

2023 年 12 月 28 日决定接受：

吕文杰请求辞去市人大监察和司法委员会主任委员职务。

林伏昌请求辞去市人大法制委员会主任委员职务。

陈鑫英请求辞去市人大社会建设委员会主任委员职务。

2024 年 1 月 15 日决定免去：

汪翠微的市人大常委会副秘书长、办公室主任职务。

熊国华的市人大常委会外事华侨民族宗教工作委员会主任职务。

邬筱露的市人大常委会代表资格审查委员会副主任委员职务。

2024 年 1 月 15 日决定接受：

邵菁靓请求辞去市人大常委会秘书长职务。

张卫民、邬筱露、李微请求辞去市人大常委会委员职务。

第二节　市人民政府工作人员任免

一、市六届人大常委会

（一）任职

2004 年 4 月 20 日决定任命：

杨晓群为市人民政府秘书长。

艾农为市发展计划委员会主任。

刘君祥为市经济贸易委员会主任。

张方林为市教育局局长。

李志坚为市科学技术局局长。

朱浔为市公安局局长。

朱寅健为市监察局局长。

简四涛为市民政局局长。

吴炳生为市司法局局长。

蔡卫东为市财政局局长。

施兆煌为市人事局局长。

周荣俊为市劳动和社会保障局局长。

叶銮清为市国土资源局局长。

鲁建平为市建设局局长。

程四才为市环境保护局局长。

李力为市交通局局长。

官金福为市水利局局长。

江胜来为市农业局局长。

齐群策为市林业局局长。

李建平为市对外贸易经济合作局局长。

倪饶生为市粮食局局长。

王辉为市文化局局长。

熊春金为市体育局局长。

杨金红为市广播电视局局长。

夏公章为市卫生局局长。

张冬娥为市计划生育委员会主任。

卢越明为市审计局局长。

黎云为市旅游局局长。

2004 年 7 月 29 日决定任命：

李志坚为市科学技术局局长。

李白云为市统计局局长。

2005 年 3 月 11 日决定任命：

杨柏样为市安全生产监督管理局局长。

2005 年 7 月 29 日决定任命：

周佐明为市广播电视局局长。

夏维纪为市民族宗教事务局局长。

2006 年 2 月 16 日决定任命：

魏运亭为市公安局局长。

艾农为市发展和改革委员会主任。

张冬娥为市人口和计划生育委员会主任。

2006 年 6 月 22 日决定任命：

江金街为市卫生局局长。

2006 年 8 月 25 日决定任命：

吴晓军为市人民政府副市长。

2006 年 11 月 8 日决定任命：

董仚生为市人民政府副市长。

2006 年 11 月 14 日决定：

董仚生代理市人民政府市长职务。

2006年11月20日决定任命：
陈智祥为市人民政府副市长。

（二）免职

2005年7月29日决定免去：
朱浔的市公安局局长职务。
杨金红的市广播电视局局长职务。
2006年6月22日决定免去：
艾农的市发展和改革委员会主任职务。
夏公章的市卫生局局长职务。
2006年8月25日决定接受：
阎钢军、肖伏芝辞去市人民政府副市长职务。
2006年11月8日决定接受：
胡宪请求辞去市人民政府市长职务。

二、市七届人大常委会

（一）任职

2007年2月7日决定任命：
陈强为市人民政府秘书长。
张方林为市教育局局长。
李志坚为市科学技术局局长。
魏运亭为市公安局局长。
蔡卫东为市财政局局长。
毛建和为市监察局局长。
简四涛为市民政局局长。
吴炳生为市司法局局长。
施兆煌为市人事局局长。
周荣俊为市劳动和社会保障局局长。
鲁建平为市建设局局长。
程四才为市环境保护局局长。
李力为市交通局局长。

江胜来为市农业局局长。

齐群策为市林业局局长。

官金福为市水利局局长。

李建平为市对外贸易经济合作局局长。

倪饶生为市粮食局局长。

王辉为市文化局局长。

熊春金为市体育局局长。

周佐明为市广播电视局局长。

江金街为市卫生局局长。

张冬娥为市人口和计划生育委员会主任。

卢越明为市审计局局长。

李白云为市统计局局长。

黎云为市旅游局局长。

杨柏样为市安全生产监督管理局局长。

夏维纪为市民族宗教事务局局长。

2007 年 5 月 23 日决定任命：

徐晓年为市经济贸易委员会主任。

2007 年 7 月 24 日决定任命：

吴炳生为市建设局局长。

2007 年 11 月 16 日决定任命：

徐云为市发展和改革委员会主任。

方农为市民政局局长。

夏涌波为市司法局局长。

吴建辉为市规划局局长。

2007 年 12 月 18 日决定任命：

周永江为市环境保护局局长。

揭润年为市安全生产监督管理局局长。

黄占共为市农业局局长。

乐文红为市对外贸易经济合作局局长。

洪晓明为市统计局局长。

2008 年 2 月 29 日决定任命：

李雨时为市人民政府副市长。

2008 年 4 月 3 日决定任命：

钟志生为市人民政府副市长，决定钟志生代理市人民政府市长职务。

2008 年 6 月 13 日决定任命：

周瑛为市发展和改革委员会主任。

2008 年 8 月 22 日决定任命：

卢越明为市人民政府秘书长。

李力为市审计局局长。

尹宁为市交通局局长。

艾农为市民政局局长。

李卫国为市环境保护局局长。

黄忠为市统计局局长。

雷纪文为市民族宗教事务局局长。

2008 年 12 月 26 日决定任命：

宋迪维为市人民政府副市长。

2009 年 2 月 18 日决定任命：

周永江为市人民政府外事侨务办公室主任。

2009 年 6 月 25 日决定任命：

徐晓年为市人民政府秘书长。

徐慧为市经济贸易委员会主任。

2009 年 7 月 31 日决定任命：

吴小莲为市人口和计划生育委员会主任。

吴南平为市人事局局长。

齐群策为市交通局局长。

官金福为市林业局局长。

徐礼丰为市文化局局长。

2009 年 8 月 27 日决定任命：

范如虎为市教育局局长。

龚著宝为市水利局局长。

2009 年 9 月 24 日决定任命：

张荣先为市公安局局长。

2009 年 12 月 16 日决定任命：

姚军章为市监察局局长。

2010 年 1 月 12 日决定任命：

叶明和为市规划局局长。

2010 年 3 月 23 日决定任命：

徐慧为市工业和信息化委员会主任。

吴南平为市人力资源和社会保障局局长。

柯嘉为市商务局局长。

周佐明为市文化广电新闻出版局局长。

叶明和为市城乡规划局局长。

齐群策为市交通运输局局长。

2010 年 5 月 21 日决定任命：

廖奇志为市城乡建设局局长。

2010 年 7 月 28 日决定任命：

吴细美为市食品药品监督管理局局长。

2010 年 9 月 3 日决定任命：

熊茂平为市人民政府副市长。

2010 年 12 月 15 日决定任命：

王家林、张荣先为市人民政府副市长。

2010 年 12 月 15 日决定任命：

李力为市财政局局长。

吴文戈为市审计局局长。

2010 年 12 月 28 日决定任命：

叶剑为市城乡建设局局长。

2011 年 2 月 21 日决定任命：

徐鹏程为市人民政府副市长。

2011 年 7 月 22 日决定任命：

童细宏为市城市管理局局长。

2011 年 9 月 7 日决定任命：

辜清为市人民政府副市长。

（二）免职

2007 年 3 月 26 日决定免去：

简四涛的市民政局局长职务。

2007年7月24日决定免去：

吴炳生的市司法局局长职务。

鲁建平的市建设局局长职务。

2007年9月28日决定免去：

李力的市交通局局长职务。

2007年12月18日决定免去：

陈强的市人民政府秘书长职务。

程四才的市环境保护局局长职务。

江胜来的市农业局局长职务。

李建平的市对外贸易经济合作局局长职务。

李白云的市统计局局长职务。

杨柏样的市安全生产监督管理局局长职务。

2008年6月13日决定免去：

徐云的市发展和改革委员会主任职务。

2008年8月22日决定免去：

卢越明的市审计局局长职务。

夏维纪的市民族宗教事务局局长职务。

周永江的市环境保护局局长职务。

洪晓明的市统计局局长职务。

方农的市民政局局长职务。

2009年4月24日决定免去：

尹宁的市交通局局长职务。

卢越明的市人民政府秘书长职务。

2009年6月25日决定免去：

魏运亭的市公安局局长职务。

徐晓年的市经济贸易委员会主任职务。

2009年7月31日决定免去：

张冬娥的市人口和计划生育委员会主任职务。

齐群策的市林业局局长职务。

官金福的市水利局局长职务。

王辉的市文化局局长职务。

施兆煌的市人事局局长职务。

2009 年 8 月 27 日决定免去：
张方林的市教育局局长职务。
2009 年 9 月 24 日决定免去：
吴炳生的市建设局局长职务。
2009 年 12 月 16 日决定免去：
毛建和的市监察局局长职务。
2010 年 1 月 12 日决定免去：
吴建辉的市规划局局长职务。
2010 年 11 月 9 日决定接受：
陈智祥请求辞去鹰潭市人民政府副市长职务。
2010 年 12 月 15 日决定接受：
宋迪维请求辞去市人民政府副市长职务。
2010 年 12 月 15 日决定免去：
李力的市审计局局长职务。
蔡卫东的市财政局局长职务。
2010 年 12 月 28 日决定免去：
廖奇志的市城乡建设局局长职务。
2011 年 7 月 22 日决定免去：
俞奇的市城市管理局局长职务。
2011 年 9 月 7 日决定接受：
熊茂平请求辞去市人民政府副市长职务。
2011 年 9 月 15 日决定接受：
史可请求辞去市人民政府副市长职务。

三、市八届人大常委会

（一）任职

2011 年 11 月 25 日决定任命：
周瑛为市发展和改革委员会主任。
徐慧为市工业和信息化委员会主任。
范如虎为市教育局局长。
张荣先为市公安局局长。

吴南平为市人力资源和社会保障局局长。

姚军章为市监察局局长。

艾农为市民政局局长。

夏涌波为市司法局局长。

李力为市财政局局长。

叶明和为市城乡规划局局长。

叶剑为市城乡建设局局长。

童细宏为市城市管理局局长。

李卫国为市环境保护局局长。

齐群策为市交通运输局局长。

龚著宝为市水利局局长。

黄占共为市农业局局长。

官金福为市林业局局长。

柯嘉为市商务局局长。

周佐明为市文化广电新闻出版局局长。

江金街为市卫生局局长。

吴小莲为市人口和计划生育委员会主任。

吴文戈为市审计局局长。

黄忠为市统计局局长。

黎云为市旅游局局长。

揭润年为市安全生产监督管理局局长。

雷纪文为市民族宗教事务局局长。

周永江为市外事侨务办公室主任。

吴细美为市食品药品监督管理局局长。

敖高源为市科学技术局局长。

2012 年 3 月 9 日决定任命：

吴炳生为市人民政府秘书长。

吴文戈为市财政局局长。

吴建辉为市审计局局长。

喻霞为市环境保护局局长。

2012 年 5 月 31 日决定任命：

王碧龙为市教育局局长。

李涛为市司法局局长。

黄顺茂为市文化广电新闻出版局局长。

欧阳澜为市体育局局长。

夏涌波为市食品药品监督管理局局长。

2012 年 8 月 27 日决定任命：

裴勇为市人民政府副市长。

2012 年 8 月 27 日决定任命：

黄忠为市发展和改革委员会主任。

高华为市工业和信息化委员会主任。

2012 年 11 月 23 日决定任命：

杨森为市监察局局长。

2013 年 4 月 24 日决定任命：

周永江为市民政局局长。

艾农为市城乡建设局局长。

陈强为市农业局局长。

蔡江为市林业局局长。

徐略英为市统计局局长。

谢雯为市外事侨务办公室主任。

2013 年 9 月 10 日决定任命：

熊茂平为市人民政府副市长，决定熊茂平代理市人民政府市长职务。

2013 年 11 月 22 日决定任命：

周华爱为市旅游局局长。

2014 年 1 月 9 日决定任命：

杨发航为市人民政府副市长。

2014 年 3 月 26 日决定任命：

张福庆为市人民政府副市长。

2014 年 11 月 12 日决定任命：

陈云为市人民政府副市长。

2015 年 1 月 16 日决定任命：

李恩福为市卫生和计划生育委员会主任。

2015 年 3 月 19 日决定任命：

李志兵为市城乡规划局局长。

2015 年 5 月 28 日决定任命：

童细宏为市城市管理行政执法局局长。

陈强为市农业和粮食局局长。

周华爱为市旅游发展委员会主任。

夏涌波为市市场监督管理局局长。

2015 年 12 月 28 日决定任命：

吴文戈为市人民政府副市长。

2016 年 2 月 2 日决定任命：

邓伟为市人民政府副市长。

俞奇为市人民政府秘书长。

2016 年 3 月 23 日决定任命：

邓伟为市公安局局长。

童细宏为市水利局局长。

夏涌波为市市场和质量监督管理局局长。

江东生为市城市管理局（市城市管理行政执法局）局长。

2016 年 4 月 22 日决定任命：

李唐为市人民政府副市长。

2016 年 6 月 29 日决定任命：

余红艳为市商务局局长。

2016 年 8 月 26 日决定任命：

曹淑敏为市人民政府副市长，决定曹淑敏代理市人民政府市长职务。

（二）免职

2012 年 2 月 10 日决定免去：

叶明和的市城乡规划局局长职务。

2012 年 3 月 9 日决定免去：

吴文戈的市审计局局长职务。

李卫国的市环境保护局局长职务。

李力的市财政局局长职务。

吴细美的市食品药品监督管理局局长职务。

2012 年 5 月 31 日决定免去：

范如虎的市教育局局长职务。

夏涌波的市司法局局长职务。

周佐明的市文化广电新闻出版局局长职务。

2012 年 8 月 27 日决定免去：

周瑛的市发展和改革委员会主任职务。

徐慧的市工业和信息化委员会主任职务。

2012 年 11 月 23 日决定免去：

姚军章的市监察局局长职务。

2013 年 4 月 24 日决定免去：

周永江的市外事侨务办公室主任职务。

艾农的市民政局局长职务。

官金福的市林业局局长职务。

黄占共的市农业局局长职务。

叶剑的市城乡建设局局长职务。

黄忠的市统计局局长职务。

2013 年 10 月 31 日决定免去：

吴小莲的市人口和计划生育委员会主任职务。

黎云的市旅游局局长职务。

2016 年 2 月 2 日决定免去：

吴炳生的市人民政府秘书长职务。

龚著宝的市水利局局长职务。

2016 年 3 月 23 日决定免去：

童细宏的市城市管理局（市城市管理行政执法局）局长职务。

柯嘉的市商务局局长职务。

2016 年 8 月 26 日决定接受：

熊茂平请求辞去市人民政府市长职务。

2016 年 9 月 22 日决定免去：

李志兵的市城乡规划局局长职务。

2016 年 10 月 28 日决定免去：

雷纪文的市民族宗教事务局局长职务。

四、市九届人大常委会

（一）任职

2016 年 12 月 30 日决定任命：

俞奇为市人民政府秘书长。

黄忠为市发展和改革委员会主任。

高华为市工业和信息化委员会主任。

王碧龙为市教育局局长。

敖高源为市科学技术局局长。

邓伟为市公安局局长。

李美珍为市监察局局长。

彭元龙为市民政局局长。

吴建辉为市财政局局长。

段建龙为市人力资源和社会保障局局长。

吴强为市城乡规划局局长。

李涛为市司法局局长。

艾农为市城乡建设局局长。

江东生为市城市管理局（市城市管理行政执法局）局长。

喻霞为市环境保护局局长。

齐群策为市交通运输局局长。

童细宏为市水利局局长。

陈强为市农业和粮食局局长。

胡斌为市林业局局长。

余红艳为市商务局局长。

黄顺茂为市文化广电新闻出版局局长。

欧阳澜为市体育局局长。

李恩福为市卫生和计划生育委员会主任。

杨芳为市审计局局长。

徐略英为市统计局局长。

周华爱为市旅游发展委员会主任。

揭润年为市安全生产监督管理局局长。

谢雯为市外事侨务办公室主任。

祝发太为市民族宗教事务局局长。

夏涌波为市市场和质量监督管理局局长。

陈鑫英为市国有资产监督管理委员会主任。

洪芬平为市人民防空办公室主任。

2017 年 8 月 29 日决定任命：

赵子忠为市政府副市长。

2017 年 8 月 29 日决定任命：

徐略英为市发展和改革委员会主任。

费尚恒为市交通运输局局长。

林伏昌为市统计局局长。

桂峰为市安全生产监督管理局局长。

2017 年 11 月 29 日决定任命：

程美华为市旅游发展委员会主任。

2018 年 4 月 13 日决定任命：

高怀孝为市政府副市长。

2018 年 5 月 30 日决定任命：

勾文青为市政府副市长。

2018 年 11 月 26 日决定任命：

盛才明为市司法局局长。

2019 年 1 月 11 日决定任命：

陈小丽为市教育局局长。

黄顺茂为市体育局局长。

喻霞为市生态环境局局长。

陈强为市农业农村粮食局局长。

程美华为市文化广电新闻出版旅游局局长。

李恩福为市卫生健康委员会主任。

江鸿为市退役军人事务局局长。

桂峰为市应急管理局局长。

夏涌波为市市场监督管理局局长。

艾农为市住房和城乡建设局局长。

樊全华为市政府金融工作办公室主任。

高华为市工业和信息化局局长。

谢雯为市政府外事办公室主任。

罗卫国为市扶贫办公室主任。

2019 年 2 月 18 日决定任命：

罗金文为市生态环境局局长。

张平来为市住房和城乡建设局局长。

万挺春为市医疗保障局局长。

2019 年 4 月 25 日决定任命：

张志坚为市人民政府副市长。

2019 年 7 月 30 日决定任命：

廖良生为市人民政府副市长。

2019 年 8 月 22 日决定任命：

刘林根为市统计局局长。

2019 年 12 月 3 日决定任命：

吴发财为市农业农村粮食局局长。

2020 年 3 月 26 日决定任命：

席志新为市人民政府秘书长。

张拱慧为市城市管理局局长。

刘长根为市国有资产监督管理委员会主任。

2020 年 4 月 29 日决定任命：

王雄为市人民政府副市长。

2020 年 6 月 19 日决定任命：

陈敏为市人民政府副市长，决定陈敏代理市人民政府市长职务。

2020 年 9 月 11 日决定任命：

胡志新为市行政审批局局长。

汪荣中为市扶贫办公室主任。

2020 年 10 月 27 日决定任命：

王亚青为市人民政府副市长。

2021 年 8 月 25 日决定任命：

李志兵为市财政局局长。

2021 年 9 月 23 日决定任命：

刘江为市公安局局长。

2021年10月22日决定任命：
汪荣中为市乡村振兴局局长。

（二）免职

2017年8月29日决定免去：
齐群策的市交通运输局局长职务。
徐略英的市统计局局长职务。
黄忠的市发展和改革委员会主任职务。
周华爱的市旅游发展委员会主任职务。
揭润年的市安全生产监督管理局局长职务。
2018年11月26日决定免去：
李涛的市司法局局长职务。
2019年1月11日决定免去：
王碧龙的市教育局局长职务。
欧阳澜的市体育局局长职务。
2019年2月18日决定免去：
喻霞的市生态环境局局长职务。
艾农的市住房和城乡建设局局长职务。
2019年8月22日决定免去：
林伏昌的市统计局局长职务。
2019年12月3日决定免去：
俞奇的市人民政府秘书长职务。
陈强的市农业农村粮食局局长职务。
2020年3月26日决定免去：
江东生的市城市管理局局长职务。
陈鑫英的市国有资产监督管理委员会主任职务。
2020年6月19日决定免去：
罗卫国的市扶贫办公室主任职务。
2020年6月30日决定接受：
勾文青请求辞去市人民政府副市长职务。
2021年1月13日决定免去：
敖高源的市科学技术局局长职务。

余红艳的市商务局局长职务。
2021 年 8 月 25 日决定免去：
吴建辉的市财政局局长职务。
2021 年 9 月 23 日决定免去：
邓伟的市公安局局长职务。

五、市十届人大常委会

（一）任职

2021 年 10 月 31 日决定任命：
魏建君为市人力资源和社会保障局局长。
2021 年 12 月 29 日决定任命：
刘江为市公安局局长。
席志新为市人民政府秘书长。
徐略英为市发展和改革委员会主任。
陈小丽为市教育局局长。
高华为市工业和信息化局局长。
彭元龙为市民政局局长。
盛才明为市司法局局长。
李志兵为市财政局局长。
张平来为市住房和城乡建设局局长。
罗金文为市生态环境局局长。
张拱慧为市城市管理局局长。
费尚恒为市交通运输局局长。
童细宏为市水利局局长。
吴发财为市农业农村粮食局局长。
李恩福为市卫生健康委员会主任。
江鸿为市退役军人事务局局长。
桂峰为市应急管理局局长。
杨芳为市审计局局长。
胡志新为市行政审批局局长。
刘长根为市国有资产监督管理委员会主任。

胡斌为市林业局局长。

樊全华为市政府金融工作办公室主任。

黄顺茂为市体育局局长。

刘林根为市统计局局长。

洪芬平为市人民防空办公室主任。

汪荣中为市乡村振兴局局长。

万挺春为市医疗保障局局长。

2022 年 1 月 13 日决定任命：

王俊为市人民政府秘书长。

2022 年 3 月 22 日决定任命：

吴锽荣为市科学技术局局长。

赵勇凯为市司法局局长。

王富生为市住房和城乡建设局局长。

张平来为市交通运输局局长。

江东生为市水利局局长。

蔡国华为市农业农村粮食局局长。

倪爱华为市文化广电新闻出版旅游局局长。

李金忠为市应急管理局局长。

冯玮为市审计局局长。

吴发财为市市场监督管理局局长。

桂峰为市行政审批局局长。

2022 年 5 月 26 日决定任命：

詹东旺为市商务局局长。

江敏为市退役军人事务局局长。

黄海有为市生态环境局局长。

朱少武为市人民防空办公室主任。

2022 年 6 月 27 日决定任命：

毛建华为市人民政府副市长。

2022 年 10 月 31 日决定任命：

张能为市体育局局长。

2023 年 3 月 24 日决定任命：

高华为市卫生健康委员会主任。

余战龙为市工业和信息化局局长。

2023 年 7 月 7 日决定任命：

陈敏为市人民政府副市长。

2023 年 8 月 31 日决定任命：

叶庆国为市体育局局长。

2023 年 10 月 30 日决定任命：

杨涛为市民政局局长。

邬筱露为市人力资源和社会保障局局长。

项志成为市水利局局长。

魏建君为市审计局局长。

朱少武为市国防动员办公室主任。

2024 年 1 月 15 日决定任命：

邵菁靓为市司法局局长。

（二）免职

2022 年 1 月 13 日决定免去：

席志新的市人民政府秘书长职务。

2022 年 3 月 22 日决定免去：

盛才明的市司法局局长职务。

罗金文的市生态环境局局长职务。

张平来的市住房和城乡建设局局长职务。

吴发财的市农业农村粮食局局长职务。

桂峰的市应急管理局局长职务。

费尚恒的市交通运输局局长职务。

童细宏的市水利局局长职务。

江鸿的市退役军人事务局局长职务。

杨芳的市审计局局长职务。

洪芬平的市人民防空办公室主任职务。

胡志新的市行政审批局局长职务。

2022 年 5 月 26 日决定接受：

苏建军请求辞去市人民政府副市长职务。

2022 年 10 月 31 日决定免去：
黄顺茂的市体育局局长职务。
2022 年 12 月 30 日决定接受：
林坤请求辞去市人民政府副市长职务。
2023 年 3 月 24 日决定免去：
高华的市工业和信息化局局长职务。
李恩福的市卫生健康委员会主任职务。
2023 年 8 月 31 日决定免去：
张能的市体育局局长职务。
2023 年 10 月 30 日决定接受：
王亚青请求辞去市人民政府副市长职务。
2023 年 10 月 30 日决定免去：
彭元龙的市民政局局长职务。
魏建君的市人力资源和社会保障局局长职务。
江东生的市水利局局长职务。
冯玮的市审计局局长职务。
2024 年 1 月 15 日决定免去：
赵勇凯的市司法局局长职务。

第三节　市监察委员会人员任免

一、市九届人大常委会

（一）任职

2018 年 1 月 11 日任命：
李美珍为市监察委员会副主任。
吴素华为市监察委员会委员。
侯剑锋为市监察委员会委员。
陈勇为市监察委员会委员。
2018 年 11 月 26 日任命：
黄云为市监察委员会副主任，决定黄云代理市监察委员会主任职务。

2020 年 3 月 26 日任命：

万荣辉为市监察委员会副主任。

唐中为市监察委员会委员。

2020 年 9 月 11 日任命：

李云为市监察委员会委员。

2021 年 6 月 22 日任命：

张强为市监察委员会委员。

2021 年 9 月 23 日任命：

鄢华为市监察委员会副主任，决定鄢华代理市监察委员会主任职务。

2021 年 10 月 22 日任命：

唐中为市监察委员会副主任。

（二）免职

2020 年 3 月 26 日免去：

侯剑锋的市监察委员会委员职务。

2020 年 6 月 19 日免去：

陈勇的市监察委员会委员职务。

2021 年 1 月 13 日免去：

吴素华的市监察委员会委员职务。

2021 年 8 月 25 日免去：

张强的市监察委员会委员职务。

2021 年 10 月 22 日免去：

李美珍的市监察委员会副主任职务。

二、市十届人大常委会

（一）任职

2022 年 3 月 22 日任命：

刘勇建为市监察委员会委员。

刘荣伟为市监察委员会委员。

张铮为市监察委员会委员。

2023 年 3 月 24 日任命：
彭卫平为市监察委员会委员。
2023 年 10 月 30 日任命：
段继腾为市监察委员会委员。

（二）免职

2022 年 10 月 31 日免去：
刘荣伟的市监察委员会委员职务。
2023 年 3 月 24 日免去：
张铮的市监察委员会委员职务。
2023 年 6 月 26 日免去：
李云的市监察委员会委员职务。

第四节　市中级人民法院工作人员任免

一、市六届人大常委会

（一）任职

2004 年 7 月 29 日任命：
张水才为市中级人民法院审判委员会委员。
陈文为市中级人民法院审判委员会委员。
邹静为市中级人民法院审判委员会委员。
李伏金为市中级人民法院审判委员会委员。
洪裕民为市中级人民法院审判委员会委员。
刘细样为市中级人民法院审判委员会委员。
彭建国为市中级人民法院审判委员会委员。
熊胜生为市中级人民法院审判委员会委员。
喻巧平为市中级人民法院刑事审判第二庭副庭长。
徐永荣为市中级人民法院立案庭副庭长、审判员。
2005 年 1 月 18 日任命：
赵登波为市中级人民法院审判委员会委员、立案庭庭长、审判员。
李国盛为市中级人民法院审判员。

李俊为市中级人民法院审判员。

徐员生为市中级人民法院审判员。

范文正为市中级人民法院审判员。

陈信仕为市中级人民法院审判员。

丁力为市中级人民法院审判员。

2005年6月21日任命：

俞水才为市中级人民法院审判监督庭庭长、审判委员会委员。

汪险峰为市中级人民法院民事审判第一庭副庭长。

徐员生为市中级人民法院立案庭副庭长。

刘赛连为市中级人民法院审判员。

2006年6月22日任命：

薛华为市中级人民法院审判员。

2006年11月20日任命：

凌云为市中级人民法院副院长、审判委员会委员，决定凌云代理市中级人民法院院长职务。

（二）免职

2004年5月26日免去：

汪国森的市中级人民法院审判员职务。

2004年7月29日免去：

喻巧平的市中级人民法院立案庭副庭长职务。

刘家和的市中级人民法院审判委员会委员职务。

魏天保的市中级人民法院审判委员会委员职务。

曾宪章的市中级人民法院审判委员会委员职务。

张四贵的市中级人民法院审判委员会委员、审判员职务。

2005年1月18日免去：

张水才的市中级人民法院立案庭庭长职务。

刘细样的市中级人民法院审判监督庭庭长、审判委员会委员职务。

徐文辉的市中级人民法院执行庭副庭长、审判员职务。

2005年6月21日免去：

俞水才的市中级人民法院民事审判第一庭副庭长职务。

汪险峰的市中级人民法院立案庭副庭长职务。

2006年11月20日决定接受：

赖永芳请求辞去市中级人民法院院长职务。

二、市七届人大常委会

（一）任职

2007年2月28日任命：

姚江鹏为市中级人民法院副院长、审判委员会委员。

姚耀庭为市中级人民法院副院长、审判委员会委员。

2007年3月26日任命：

熊胜生为市中级人民法院刑事审判第二庭庭长。

2007年9月28日任命：

赵登波为市中级人民法院刑事审判第一庭庭长。

2007年11月16日任命：

陈华秀为市中级人民法院民事审判第二庭庭长。

汪险峰为市中级人民法院立案庭庭长。

程志军为市中级人民法院民事审判第二庭副庭长、审判员。

2008年6月13日任命：

傅高煌为市中级人民法院审判监督庭庭长。

俞水才为市中级人民法院民事审判第三庭庭长。

徐员生为市中级人民法院民事审判第一庭副庭长。

2008年8月22日任命：

陈华秀、汪险峰、童力为市中级人民法院审判委员会委员。

2008年12月26日任命：

徐永荣为市中级人民法院行政审判庭庭长。

黄景洪为市中级人民法院立案庭副庭长、审判员。

汪富华为市中级人民法院行政审判庭副庭长、审判员。

2009年8月27日任命：

居国屏为市中级人民法院审判委员会委员、副院长，决定居国屏代理市中级人民法院院长职务。

2009年12月16日任命：

傅高煌为市中级人民法院审判委员会委员。

2010 年 9 月 26 日任命：

徐永荣、刘赛连为市中级人民法院审判委员会委员。

2011 年 1 月 27 日任命：

薛华为市中级人民法院刑事审判第一审判庭副庭长。

李胜旺为市中级人民法院民事审判第三庭副庭长、审判员。

汪福庚为市中级人民法院立案庭副庭长、审判员。

周林昌为市中级人民法院审判监督庭副庭长、审判员。

汪朝晖为市中级人民法院审判员。

谢秋荣为市中级人民法院审判员。

2011 年 7 月 22 日任命：

王建东为市中级人民法院副院长、审判委员会委员、审判员。

张水才为市中级人民法院副院长。

史国钧为市中级人民法院审判委员会委员、审判员。

2011 年 9 月 7 日任命：

陈仁生为市中级人民法院副院长、审判委员会委员、审判员，决定陈仁生代理市中级人民法院院长职务。

（二）免职

2007 年 2 月 28 日免去：

邹静的市中级人民法院审判员、民事审判第二庭庭长、审判委员会委员职务。

陈文的市中级人民法院审判员、刑事审判第二庭庭长、审判委员会委员职务。

2007 年 3 月 26 日免去：

王玉清的市中级人民法院审判员职务。

2007 年 9 月 28 日免去：

李佳寿的市中级人民法院副院长、审判委员会委员职务。

史继衡的市中级人民法院刑事审判第一庭庭长、审判委员会委员职务。

赵登波的市中级人民法院立案庭庭长职务。

2007 年 11 月 16 日免去：

陈华秀的市中级人民法院民事审判第二庭副庭长职务。

汪险峰的市中级人民法院民事审判第一庭副庭长职务。

2008 年 6 月 13 日免去：

李伏金的市中级人民法院民事审判第三庭庭长职务。

洪裕民的市中级人民法院行政审判庭庭长职务。
俞水才的市中级人民法院审判监督庭庭长职务。
徐员生的市中级人民法院立案庭副庭长职务。
邱建平的市中级人民法院行政审判庭副庭长职务。
林祥义的市中级人民法院民事审判第三庭副庭长职务。
2008 年 12 月 26 日免去：
徐永荣的市中级人民法院立案庭副庭长职务。
2011 年 1 月 27 日免去：
邹锦明的市中级人民法院刑事审判第一庭副庭长职务。
2011 年 7 月 22 日免去：
魏洪光的市中级人民法院副院长、审判委员会委员职务。
2011 年 9 月 7 日免去：
李佳寿的市中级人民法院审判员职务。
李伏金的市中级人民法院审判委员会委员、审判员职务。

（三）决定接受

居国屏请求辞去市人民法院院长职务。

三、市八届人大常委会

（一）任职

2012 年 5 月 31 日任命：
邓新科为市中级人民法院审判委员会委员、审判员。
陈翠英为市中级人民法院审判委员会委员。
熊红英为市中级人民法院审判员。
刘静为市中级人民法院审判员。
2013 年 4 月 24 日任命：
徐文辉为市中级人民法院审判委员会委员、审判员。
陈华秀为市中级人民法院民事审判第一庭庭长。
汪险峰为市中级人民法院民事审判第二庭庭长。
童力为市中级人民法院立案庭庭长。
汪福庚为市中级人民法院民事审判第三庭副庭长。

谢秋荣为市中级人民法院立案庭副庭长。

张志明为市中级人民法院民事审判第二庭副庭长、审判员。

黄建湖为市中级人民法院立案庭副庭长、审判员。

2013 年 7 月 29 日任命：

曾华为市中级人民法院副院长、审判委员会委员、审判员。

2014 年 3 月 26 日任命：

钱强森为市中级人民法院行政审判庭副庭长、审判员。

张鑫冰为市中级人民法院审判员。

赵阳为市中级人民法院审判员。

徐遇金为市中级人民法院审判员。

汪彩霞为市中级人民法院审判员。

2014 年 7 月 30 日任命：

刘赛连为市中级人民法院行政审判庭庭长。

2014 年 11 月 12 日任命：

程志军为市中级人民法院审判委员会委员。

黄景洪为市中级人民法院审判委员会委员。

2015 年 1 月 16 日任命：

邹静为市中级人民法院副院长、审判委员会委员、审判员。

2015 年 5 月 28 日任命：

刘赛连为市中级人民法院立案庭庭长。

汪富华为市中级人民法院行政审判庭庭长。

2016 年 3 月 23 日任命：

赵登波为市中级人民法院刑事审判第二庭庭长。

熊胜生为市中级人民法院刑事审判第一庭庭长。

黄景洪为市中级人民法院立案庭庭长。

赵阳为市中级人民法院审判监督庭副庭长。

徐遇金为市中级人民法院民事审判第一庭副庭长。

丁阳为市中级人民法院审判员。

范超为市中级人民法院审判员。

2016 年 9 月 30 日任命：

陈文为市中级人民法院审判委员会委员、审判员。

（二）免职

2012 年 5 月 31 日免去：

刘细样的市中级人民法院审判员职务。

2013 年 4 月 24 日免去：

肖建玲的市中级人民法院审判员职务。

熊红英的市中级人民法院审判员职务。

彭建国的市中级人民法院审判委员会委员职务。

廖卫星的市中级人民法院民事审判第一庭庭长职务。

陈华秀的市中级人民法院民事审判第二庭庭长职务。

汪险峰的市中级人民法院立案庭庭长职务。

程志军的市中级人民法院民事审判第二庭副庭长职务。

黄景洪的市中级人民法院立案庭副庭长职务。

李胜旺的市中级人民法院民事审判第三庭副庭长职务。

汪富华的市中级人民法院行政审判庭副庭长职务。

汪福庚的市中级人民法院立案庭副庭长职务。

2014 年 3 月 26 日免去：

史继衡的市中级人民法院审判员职务。

2014 年 7 月 30 日免去：

徐永荣的市中级人民法院行政审判庭庭长职务。

顾培民的市中级人民法院审判员职务。

2015 年 1 月 16 日免去：

姚江鹏的市中级人民法院副院长职务。

2015 年 5 月 28 日免去：

童力的市中级人民法院审判委员会委员、立案庭庭长、审判员职务。

刘赛连的市中级人民法院行政审判庭庭长职务。

张文胜的市中级人民法院审判监督庭副庭长职务。

谢建设的市中级人民法院审判员职务。

魏洪光的市中级人民法院审判员职务。

石约的鹰潭市中级人民法院审判员职务。

2015 年 11 月 30 日免去：

洪裕民的市中级人民法院审判员职务。

徐员生的市中级人民法院民事审判第一庭副庭长、审判员职务。

2016 年 3 月 23 日免去：

刘赛连的市中级人民法院立案庭庭长职务。

赵登波的市中级人民法院刑事审判第一庭庭长职务。

熊胜生的市中级人民法院刑事审判第二庭庭长职务。

张志明的市中级人民法院民事审判第二庭副庭长职务。

2016 年 9 月 30 日免去：

陈翠英的市中级人民法院审判委员会委员、审判员职务。

四、市九届人大常委会

（一）任职

2017 年 8 月 29 日任命：

史国钧为市中级人民法院副院长。

2018 年 1 月 4 日任命：

喻德红为市中级人民法院副院长、审判委员会委员、审判员，决定喻德红代理市中级人民法院院长职务。

2019 年 8 月 22 日任命：

黄文杰为市中级人民法院审判员。

2019 年 9 月 19 日任命：

王建华为市中级人民法院副院长、审判委员会委员、审判员，决定王建华代理市中级人民法院院长职务。

2019 年 10 月 24 日任命：

陈文为市中级人民法院副院长。

2020 年 6 月 19 日任命：

魏鹏为市中级人民法院审判委员会委员、刑事审判第一庭庭长、审判员。

2020 年 9 月 11 日任命：

张志明为市中级人民法院审判监督庭庭长。

2021 年 3 月 19 日任命：

徐永荣为市中级人民法院民事审判第一庭庭长。

谢秋荣为市中级人民法院刑事审判第二庭庭长。

黄文杰为市中级人民法院刑事审判第一庭副庭长。

2021 年 9 月 23 日任命：
田甘霖为市中级人民法院副院长、审判委员会委员、审判员。

（二）免职

2017 年 7 月 24 日免去：
姚耀庭的市中级人民法院副院长职务。
姚江鹏的市中级人民法院审判委员会委员、审判员职务。
彭建国的市中级人民法院审判员职务。
徐玉华的鹰潭市中级人民法院审判员职务。
2019 年 6 月 26 日免去：
王建东的市中级人民法院副院长职务。
姚耀庭的市中级人民法院审判委员会委员、审判员职务。
刘赛连的市中级人民法院审判委员会委员、审判员职务。
廖卫星的市中级人民法院审判委员会委员、审判员职务。
邱志荣的市中级人民法院审判员职务。
邱建平的市中级人民法院审判员职务。
陈信仕的市中级人民法院审判员职务。
2020 年 4 月 29 日免去：
赵登波的市中级人民法院刑事审判第二庭庭长职务。
傅高煌的市中级人民法院审判监督庭庭长职务。
熊胜生的市中级人民法院刑事审判第一庭庭长职务。
陈华秀的市中级人民法院民事审判第一庭庭长职务。
2020 年 6 月 19 日免去：
邹锦明的市中级人民法院审判员职务。
2020 年 9 月 11 日免去：
王建东的市中级人民法院审判委员会委员职务。
李国盛的市中级人民法院审判员职务。
2020 年 10 月 27 日免去：
喻巧平的市中级人民法院刑事审判第二庭副庭长、审判员职务。
占景辉的市中级人民法院审判员职务。
2021 年 3 月 19 日免去：
王建东的市中级人民法院审判员职务。

俞水才的市中级人民法院民事审判第三庭庭长职务。
谢秋荣的市中级人民法院立案庭副庭长职务。
黄清明的市中级人民法院审判员职务。
2021 年 6 月 22 日免去：
史国钧的市中级人民法院副院长、审判委员会委员、审判员职务。
2021 年 8 月 25 日免去：
张水才的市中级人民法院副院长、审判委员会委员职务。
2021 年 9 月 23 日免去：
林祥义的市中级人民法院审判员职务。

五、市十届人大常委会

（一）任职

2022 年 3 月 22 日任命：
艾征为市中级人民法院审判员。
2022 年 5 月 26 日任命：
徐文辉为市中级人民法院副院长。
薛华为市中级人民法院民事审判第三庭庭长。
2022 年 12 月 30 日任命：
童力为市中级人民法院副院长、审判委员会委员、审判员。
占俊峰为市中级人民法院审判员。
2023 年 2 月 28 日任命：
李胜旺为市中级人民法院刑事审判第一庭庭长。
黄景洪为市中级人民法院刑事审判第二庭庭长。
张志明为市中级人民法院立案庭庭长。
谢秋荣为市中级人民法院审判监督庭庭长。
2023 年 10 月 30 日任命：
周林昌为市中级人民法院民事审判第三庭副庭长。
2023 年 12 月 28 日任命：
刘赛连为市中级人民法院副院长、审判委员会委员、审判员。
丁阳为市中级人民法院民事审判第二庭庭长、审判员。
吴全明为市中级人民法院审判员。

（二）免职

2022 年 5 月 26 日免去：

邓新科的市中级人民法院审判委员会委员、审判员职务。

薛华的市中级人民法院刑事审判第一庭副庭长职务。

2022 年 10 月 31 日免去：

傅高煌的市中级人民法院审判委员会委员、审判员职务。

2022 年 12 月 30 日免去：

魏鹏的市中级人民法院刑事审判第一庭庭长、审判委员会委员、审判员职务。

范文正的市中级人民法院审判员职务。

2023 年 2 月 28 日免去：

邹静的市中级人民法院副院长职务。

黄景洪的市中级人民法院立案庭庭长职务。

张志明的市中级人民法院审判监督庭庭长职务。

谢秋荣的市中级人民法院刑事审判第二庭庭长职务。

汪福庚的市中级人民法院民事审判第三庭副庭长职务。

2023 年 6 月 26 日免去：

张水才的市中级人民法院审判员职务。

邹静的市中级人民法院审判委员会委员、审判员职务。

2023 年 8 月 31 日免去：

陈文的市中级人民法院副院长职务。

2023 年 10 月 30 日免去：

汪险峰的市中级人民法院民事审判第二庭庭长职务。

周林昌的市中级人民法院审判监督庭副庭长职务。

黄建湖的市中级人民法院立案庭副庭长职务。

2023 年 12 月 28 日免去：

汪朝晖的市中级人民法院审判员职务。

第五节　市人民检察院工作人员任免

一、市六届人大常委会

（一）任职

2004年7月29日任命：

史国钧为市人民检察院检察委员会委员。

方成为市人民检察院检察委员会委员。

杨高生为市人民检察院检察委员会委员。

王江明为市人民检察院检察员。

江瑜为市人民检察院检察员。

刘方良为市人民检察院检察员。

刘征建为市人民检察院检察员。

邹晓春为市人民检察院检察员。

黄菊花为市人民检察院检察员。

谢丽美为市人民检察院检察员。

2005年4月26日批准任命：

方成为余江县人民检察院检察长。

2006年6月22日任命：

陈金茂为市人民检察院副检察长、检察委员会检察员。

施兆荣为市人民检察院副检察长、检察委员会检察员。

2006年11月20日任命：

熊金文为市人民检察院副检察长、检察委员会检察员，决定熊金文代理市人民检察院检察长职务。

（二）免职

2005年4月26日免去：

方成的市人民检察院检察委员会委员、检察员职务。

2005年10月27日免去：

姚仕宏的市人民检察院检察员职务。

2006年6月22日免去：

廖克炎的市人民检察院检察员职务。

2006 年 11 月 20 日决定接受：
罗晓泉请求辞去市人民检察院检察长职务。

二、市七届人大常委会

（一）任职

2007 年 5 月 23 日批准任命：
方成为贵溪市人民检察院检察长。
王湖为余江县人民检察院检察长。
杨高生为月湖区人民检察院检察长。
2008 年 2 月 29 日任命：
陈小毛为市人民检察院检察员。
2008 年 9 月 27 日任命：
罗晓玲为市人民检察院检察员。
陈金茂为市人民检察院检察员。
余志霖为市人民检察院检察员。
黄斌为市人民检察院检察员。
王建红为市人民检察院检察员。
刘益钦为市人民检察院检察员。
夏自强为市人民检察院检察员。
俞和平为市人民检察院检察员。
肖志丽为市人民检察院检察员。
2008 年 12 月 26 日任命：
吴仁祥为市人民检察院副检察长、检察委员会委员。
陈俊杰为市人民检察院检察员。
2009 年 12 月 16 日任命：
廖小平为市人民检察院检察委员会委员。
江瑜为市人民检察院检察委员会委员。
李规划为市人民检察院检察委员会委员。
胡金国为市人民检察院检察委员会委员。
邹晓春为市人民检察院检察委员会委员。

2010 年 7 月 28 日任命：

刘俊为市人民检察院副检察长。

2011 年 7 月 22 日任命：

方成为市人民检察院副检察长、检察委员会委员、检察员。

张铮为市人民检察院检察员。

2011 年 9 月 7 日任命：

罗庆华为市人民检察院副检察长、检察委员会委员，决定罗庆华代理市人民检察院检察长职务。

（二）批准任命

杨高生为贵溪市人民检察院检察长。

王湖为余江县人民检察院检察长。

廖小平为月湖区人民检察院检察长。

（三）免职

2007 年 2 月 28 日批准：

施兆荣辞去月湖区人民检察院检察长职务。

2007 年 5 月 23 日免去：

王湖的市人民检察院检察委员会委员、检察员职务。

杨高生的市人民检察院检察委员会委员、检察员职务。

2008 年 9 月 27 日免去：

罗晓玲的市人民检察院副检察长、检察委员会委员职务。

陈金茂的市人民检察院副检察长、检察委员会委员职务。

陈小毛的市人民检察院检察员职务。

2009 年 12 月 16 日免去：

桂火发的市人民检察院检察委员会委员、检察员职务。

梁光荣的市人民检察院检察委员会委员职务。

林梅兴的市人民检察院检察委员会委员职务。

2010 年 9 月 26 日免去：

吴鸣的市人民检察院检察员职务。

2011 年 4 月 21 日免去：

徐冬才、徐敬旺的市人民检察院检察员职务。

2011 年 7 月 22 日免去：
史国钧的市人民检察院检察委员会委员、检察员职务。
廖小平的市人民检察院检察委员会委员、检察员职务。
2011 年 9 月 7 日决定接受：
熊金文请求辞去鹰潭市人民检察院检察长职务。

（四）批准接受

方成辞去贵溪市人民检察院检察长职务。
杨高生辞去月湖区人民检察院检察长职务。

三、市八届人大常委会

（一）任职

2012 年 5 月 31 日任命：
王冠为市人民检察院检察员。
刘文安为市人民检察院检察员。
朱玉宝为市人民检察院检察员。
孙颖萍为市人民检察院检察员。
李绪龙为市人民检察院检察员。
梁波为市人民检察院检察员。
2012 年 8 月 27 日任命：
江晓军为市人民检察院检察员。
刘秋有为市人民检察院检察员。
2013 年 4 月 24 日任命：
张铮为市人民检察院检察委员会委员。
刘方良为市人民检察院检察委员会委员。
刘征建为市人民检察院检察委员会委员。
孙赵发为市人民检察院检察委员会委员。
陈俊杰为市人民检察院检察委员会委员。
2013 年 9 月 17 日任命：
郭小锋为市人民检察院检察委员会委员。
王江明为市人民检察院检察委员会委员。

柳杨为市人民检察院检察委员会委员。

左开亮为市人民检察院检察员。

杨秦峰为市人民检察院检察员。

杨震武为市人民检察院检察员。

朱明利为市人民检察院检察员。

汪菲菲为市人民检察院检察员。

廖琴为市人民检察院检察员。

陈继为市人民检察院检察员。

刘志斌为市人民检察院检察员。

林芳潭为市人民检察院检察员。

2013 年 11 月 22 日任命：

江瑜为市人民检察院副检察长。

2014 年 2 月 21 日任命：

刘文安为市人民检察院检察委员会委员。

潘元元为市人民检察院检察员。

谭景芳为市人民检察院检察员。

2014 年 12 月 19 日任命：

颜翔、吴小辉、倪睿、侯睿、洪达理、鲁晓三为鹰潭市人民检察院检察员。

2015 年 3 月 19 日任命：

张浩宇为市人民检察院检察员。

2015 年 9 月 16 日任命：

江晓军为市人民检察院检察委员会委员。

刘秋有为市人民检察院检察委员会委员。

姚建强为市人民检察院检察员。

张晓峰为市人民检察院检察员。

2016 年 1 月 9 日任命：

李莉安为市人民检察院副检察长、检察委员会委员，决定李莉安代理市人民检察院检察长职务。

肖志丽为市人民检察院检察委员会委员。

李逢源为市人民检察院检察员。

2016 年 9 月 30 日任命：

王湖为市人民检察院副检察长、检察委员会委员、检察员。

（二）免职

2012年2月10日免去：

郑德泉的市人民检察院副检察长职务。

2012年8月27日免去：

陈金茂的市人民检察院检察员职务。

梁光荣的市人民检察院检察员职务。

刘益钦的市人民检察院检察员职务。

2012年12月26日免去：

林梅兴、俞和平的市人民检察院检察员职务。

2013年11月22日免去：

吴仁祥的市人民检察院副检察长职务。

2014年7月30日免去：

吴木林的市人民检察院检察员职务。

龚文泰的市人民检察院检察员职务。

2015年3月19日免去：

廖琴的市人民检察院检察员职务。

2015年7月20日免去：

刘银萍、毛晓渊、倪睿的市人民检察院检察员职务。

2016年4月22日免去：

施兆荣的市人民检察院副检察长、检察委员会委员职务。

郑德泉的市人民检察院检察委员会委员职务。

侯睿的市人民检察院检察员职务。

2016年9月30日免去：

张晓峰的市人民检察院检察员职务。

2016年10月28日免去：

江瑜的市人民检察院副检察长、检察委员会委员、检察员职务。

四、市九届人大常委会

（一）任职

2016年11月29日批准任命：

杨高生为贵溪市人民检察院检察长。

张晓峰为余江县人民检察院检察长。

廖小平为月湖区人民检察院检察长。

2017 年 7 月 24 日任命：

廖峰为市人民检察院副检察长、检察委员会委员、检察员。

2018 年 9 月 27 日任命：

江晓军为市人民检察院副检察长。

2020 年 6 月 19 日批准任命：

张晓峰为贵溪市人民检察院检察长。

刘文安为余江区人民检察院检察长。

（二）任命

杨高生为市人民检察院副检察长、检察委员会委员、检察员。

李绪龙为市人民检察院检察委员会委员。

王冠为市人民检察院检察委员会委员。

梁波为市人民检察院检察委员会委员。

朱玉宝为市人民检察院检察委员会委员。

2021 年 1 月 13 日任命：

邹晓春为市人民检察院副检察长。

2021 年 9 月 23 日任命：

张江为市人民检察院副检察长、检察委员会委员、检察员，决定张江代理市人民检察院检察长职务。

（三）免职

2017 年 7 月 24 日免去：

汪小平的市人民检察院检察员职务。

2017 年 8 月 29 日免去：

刘俊的市人民检察院副检察长、检察委员会委员、检察员职务。

吴仁祥的市人民检察院检察委员会委员、检察员职务。

罗晓玲的市人民检察院检察员职务。

彭海彬的市人民检察院检察员职务。

2019 年 6 月 26 日免去：

李琴的市人民检察院检察员职务。

2019 年 12 月 3 日免去：

王江明的市人民检察院检察委员会委员、检察员职务。

张铮的市人民检察院检察委员会委员、检察员职务。

王建红的市人民检察院检察员职务。

余志霖的市人民检察院检察员职务。

颜翔的市人民检察院检察员职务。

刘志斌的市人民检察院检察员职务。

吴小辉的市人民检察院检察员职务。

洪达理的市人民检察院检察员职务。

鲁晓三的市人民检察院检察员职务。

杨秦峰的市人民检察院检察员职务。

2020 年 4 月 29 日免去：

宋建平的市人民检察院检察员职务。

林芳潭的市人民检察院检察员职务。

2020 年 6 月 19 日批准免去：

杨高生的贵溪市人民检察院检察长职务。

张晓峰的余江区人民检察院检察长职务。

（四）免去

江晓军的市人民检察院副检察长、检察委员会委员职务。

肖志丽的市人民检察院检察委员会委员职务。

刘方良的市人民检察院检察委员会委员职务。

刘征建的市人民检察院检察委员会委员职务。

刘文安的市人民检察院检察委员会委员、检察员职务。

2020 年 10 月 27 日免去：

王湖的市人民检察院副检察长、检察委员会委员职务。

胡金国的市人民检察院检察委员会委员、检察员职务。

周永忠的市人民检察院检察员职务。

2021 年 1 月 13 日免去：

魏毅的市人民检察院检察员职务。

黄菊花的市人民检察院检察员职务。

2021 年 6 月 22 日免去：
姚建强、谢丽美的市人民检察院检察员职务。
2021 年 8 月 25 日免去：
江晓军的市人民检察院检察员职务。

五、市十届人大常委会

（一）任职

2021 年 10 月 31 日批准任命：
张晓峰为贵溪市人民检察院检察长。
梁波为余江区人民检察院检察长。
王冠为月湖区人民检察院检察长。
2021 年 10 月 31 日任命：
施兆荣为市人民检察院检察员。
2021 年 12 月 29 日任命：
胡芳为市人民检察院检察员。
2022 年 3 月 22 日任命：
李美桂为市人民检察院检察员。
2022 年 5 月 26 日任命：
张浩宇为市人民检察院检察委员会委员。
胡芳为市人民检察院检察委员会委员。
朱明利为市人民检察院检察委员会委员。
杨震武为市人民检察院检察委员会委员。
宋文生为市人民检察院检察员。
2023 年 8 月 31 日任命：
陈俊杰为市人民检察院副检察长。

（二）免职

2021 年 10 月 31 日免去：
梁波的市人民检察院检察委员会委员、检察员职务。
王冠的市人民检察院检察委员会委员、检察员职务。

2021 年 12 月 29 日免去：

王湖的市人民检察院检察员职务。

肖志丽的市人民检察院检察员职务。

夏自强的市人民检察院检察员职务。

2022 年 11 月 24 日免去：

柳杨的市人民检察院检察委员会委员职务。

2023 年 3 月 24 日免去：

刘秋有的市人民检察院检察委员会委员职务。

陈继的市人民检察院检察员职务。

2023 年 8 月 31 日免去：

杨高生的市人民检察院副检察长职务。

邹晓春的市人民检察院副检察长职务。

2023 年 12 月 28 日免去：

刘方良的市人民检察院检察员职务。

第九篇

市人大常委会机关建设

第一章　机构、组织、群团工作

第一节　机构设置及沿革

依照地方组织法的规定，市人大常委会根据工作需要，依法设立工作机构和办事机构。

市人大各工作机构在本级人大常委会的领导下，为人民代表大会会议、常委会会议及主任会议做好服务，为人民代表大会及其常委会依法行使职权服务，积极当好常委会的参谋和助手。随着人大各项工作的开展，办事机构不断健全，人员编制逐步增加。

一、机构编制现况

市人大常委会办公室，内设秘书科、调研科、行政科、信访科；

市人大监察和司法委员会，内设办公室；

市人大财政经济委员会，内设办公室、计划预算科；

市人大教育科学文化卫生委员会，内设办公室；

市人大法制委员会；

市人大社会建设委员会，内设办公室；

市人大农业和农村委员会，内设办公室；

市人大城乡建设环境资源保护委员会，内设办公室；

市人大常委会选举任免联络工作委员会，内设办公室、代表联络科；

市人大常委会外事华侨民族宗教工作委员会，内设办公室；

市人大常委会法制工作委员会，内设办公室、法规科、备案审查科。

市人大常委会机关现核行政编制47名（含专项行政编制4名），正处级领导职数10名、副处级领导职数12名，正科级职数17名，副科级职数1名。

二、机构沿革

2004年，根据鹰潭市机构编制委员会《关于同意设立鹰潭市人大常委会外侨民宗工作委员会的批复》（鹰编发〔2004〕10号）文件精神，设立市人大常委会外侨民宗工作委员会，为市人大常委会内设的正县级机构，下设办公室，为正科级，处级领导职数根据工作需要配备。不增加编制，其人员内部调剂。撤销市人大常委会原办公室内设的外侨民宗科。

2007年，根据鹰潭市机构编制委员会《关于鹰潭市人大有关机构调整的通知》（鹰编发〔2007〕2号）文件精神，撤销市人大农业与环境资源保护委员会及其下设办公室，相应职数予以收回。设立市人大常委会农业和农村工作委员会、市人大常委会城乡建设环境资源保护工作委员会，为市人大常委会内设的正县级工作机构，各配备主任1名，副主任1名；两个工作机构分别下设办公室，为正科级，各配科级职数1名。不增加编制，所需工作人员暂由内部调剂解决。

2010年，根据中共鹰潭市委、鹰潭市人民政府《关于印发〈鹰潭市人民政府机构改革实施方案〉的通知》（鹰发〔2010〕7号）和鹰潭市委办公室《关于印发〈鹰潭市人大常委会机关主要职责内设机构和人员编制规定〉的通知》（鹰办字〔2010〕159号）文件精神，市人大常委会机关行政编制38名（含专项行政编制4名）。其领导职数为：市人大常委会秘书长1名、副秘书长2名；市人大常委会办公室主任1名（兼）、副主任2名（兼）；市人大内务司法委员会主任委员1名、副主任委员1名；市人大财政经济委员会主任委员1名、副主任委员1名；市人大教育科学文化卫生委员会主任委员1名、副主任委员1名；市人大常委会选举任免联络工作委员会主任1名、副主任1名；市人大常委会外事华侨民族宗教工作委员会主任1名、副主任1名；市人大常委会城乡建设环境资源保护工作委员会主任1名、副主任1名；市人大常委会农业和农村工作委员会主任1名、副主任1名；正科级13名、副科级1名，核定财政补助聘用人员指标3名。市人大常委会办公室内设3个职能科（室）：秘书科、行政科、信访科。市人大内务司法委员会内设1个职能科（室）：办公室。市人大财政经济委员会内设2个职能科（室）：办公室、计划预算科。市人大教育科学文化卫生委员会内设1个职能科（室）：办公室。市人大常委会选举任免联络工作委员会内设2个职能科（室）：办公室、代表联络科。市人大常委会外事华侨民族宗教工作委员会内设1个职能科（室）：办公室。市人大常委会城乡建设环境资源保护工作委员会内设1个职能科（室）：办公室。市人大常委会农业和农村工作委员会内设1个职能科（室）：办公室。

2010年，根据鹰潭市机构编制委员会《关于同意市人大常委会办公室增设调研科的批复》(鹰编发〔2010〕39号)精神，同意市人大常委会办公室增设调研科，为市人大常委会办公室正科级内设机构，所需编制内部调剂；核增科级职数1名。其他维持不变。

2015年，根据江西省机构编制委员会办公室《关于鹰潭市人大常委会设立法制工作委员会的批复》(赣编办文〔2015〕122号)和鹰潭市机构编制委员会《关于设立市人大常委会法制工作委员会等机构编制事项的批复》(鹰编发〔2015〕124号)文件精神，同意市人大常委会设立法制工作委员会，正县级，内设办公室、法规科(备案审查科)，均为正科级。核定法制工作委员会行政编制6名，其中由市编委调剂解决4名，由市人大常委会机关内部调剂解决2名。核定法制工作委员会主任1名(兼法制委员会副主任委员)，副主任1名，正科级领导职数2名。同意市人大法制委员会设置专职副主任委员1名(副县级，列入市人大常委会机关副县级领导职数)，其主任委员及其他经选举产生的领导不列入市人大常委会机关县级职数。法制委员会不单设办事机构和内设机构。调整后，市人大常委会机关核定行政编制43名(其中专项行政编制4名)，内设正科级机构15个。核定正县级领导职数9名，副县级领导职数11名，正科级领导职数16名，副科级领导职数1名。其他维持不变。

2016年，根据鹰潭市机构编制委员会《关于市人大常委会挂牌设立有关机构和人员编制的批复》(鹰编发〔2016〕5号)精神，同意在市人大常委会法制工作委员会挂牌设立备案审查工作委员会，增设备案审查工作委员会专职副主任职数1名；同时，同意将法制工作委员会法规科挂牌设立的备案审查科分离单独设置，增加正科级职数1名；同意在市人大财政经济委员会挂牌设立预算工作委员会，增设预算工作委员会专职副主任职数1名。调整后，市人大常委会机关核定行政编制43名(其中专项行政编制4名)，内设正科级机构16个。核定正县级领导职数9名，副县级领导职数13名，正科级领导职数17名，副科级领导职数1名。

2019年，根据中共江西省委办公厅、省政府办公厅《关于印发〈鹰潭市市县两级机构改革方案〉的通知》(赣厅字〔2018〕88号)，中共鹰潭市委办公室、市政府办公室《关于印发〈鹰潭市机构改革实施方案〉的通知》(鹰办字〔2019〕1号)和中共鹰潭市委办公室《关于调整市人大常委会机关职责机构编制事项的通知》(鹰办字〔2019〕66号)文件精神，组建市人大社会建设委员会，市人大内务司法委员会更名为市人大监察和司法委员会；市人大社会建设委员会设置办公室，负责该专门委员会日常工作；市人大内务司法委员会办公室更名为市人大监察和司法委员会办公室，负责该专门委员会日常工作；核减市人大常委会机关行政编制2名；设市人大社会建设委员会专职副主任委员1名。调整后，市人大常委会机关行政编制为43名(含专项行政编制4名)，正科级领导职数17名，副科级领导职数1名。其他职责机构编制事项不变。

2020 年，根据鹰潭市委机构编制委员会办公室《关于核增市人大办公室处级领导职数的通知》（鹰编办发〔2020〕33 号）精神，将原由市人大秘书长兼任的市人大办公室主任职数单独设置，核增市人大办公室主任职数 1 名。其他维持不变。

2022 年，根据鹰潭市委机构编制委员会办公室《关于理顺市人大厅级领导编制关系的通知》（鹰编办发〔2022〕6 号）文件精神，同意从市纪委市监委机关、市文广新旅局、市市场监管局、民革鹰潭市委会分别划转 1 名行政编制到市人大常委会机关，待相关领导离退休或岗位调整后再将行政编制转回原工作单位。使用市人大常委会机关 1 名行政空编用于转接编制关系。划转后，市人大常委会机关行政编制 47 名。

2023 年，根据江西省委机构编制委员会办公室《关于反馈省委巡视选人用人专项检查中鹰潭市及区（市）机构编制问题的函》（赣编办函〔2023〕17 号）和鹰潭市委机构编制委员会办公室《关于调整鹰潭市人大及其常委会有关机构设置和领导职数的批复》（鹰编办发〔2023〕41 号）精神，撤销市人大常委会农业和农村工作委员会、城乡建设环境与资源保护工作委员会及其内设的办公室；核销市人大常委会农业和农村工作委员会、城乡建设环境与资源保护工作委员会主任各 1 名（正处级）、副主任各 1 名（副处级）及办公室主任各 1 名（正科级）；按程序设立市人大农业与农村委员会，设主任委员 1 名（正处级），副主任委员 1 名（副处级），办公室主任 1 名（正科级）；同意按程序设立市人大城乡建设环境与资源保护委员会，设主任委员 1 名（正处级），副主任委员 1 名（副处级），办公室主任 1 名（正科级）；核销市人大常委会备案审查工作委员会、预算工作委员会专职副主任各 1 名（副处级）。调整后，市人大常委会机关核定正处级领导职数 10 名、副处级领导职数 12 名，正科级职数 17 名，副科级职数 1 名，其他机构编制事项维持不变。

第二节　机关党组织建设

一、机关党组

经中共鹰潭市委批准，2000 年 7 月成立市人大常委会机关党组。机关党组设书记、副书记、成员若干名，由机关党员中的市人大常委会秘书长、副秘书长、办公室主任和各专工委主要负责人担任。

机关党组主要职责是：在市人大常委会党组领导下，贯彻党的路线、方针、政策和市委的决议决定，做好经常性机关党员和群众的思想政治工作，加强对机关科级及以下干部的教育、培养、任用、管理，团结带领机关党员和群众，完成党组织交付的各项任务，做好人大常委会机关工作。

机关党组成员及任职时间

书　记：周荣俊（2004.2—2004.4）

邬书鸣（2004.4—2005.3）

李忠仁（2005.3—2008.9）

敖高源（2008.9—2011.11）

江　鸿（2011.11—2019.1）

魏建君（2019.1—2021.10）

邵菁靓（2021.10—2024.1）

赵勇凯（2024.1—　）

副书记：易冬春（2024.1—　）

成　员：杨柏样（2004.2—2005.3）

彭春生（2004.2—2007.3）

夏涌波（2004.2—2007.9）

严正富（2004.2—2009.7）

邬书鸣（2005.7—2007.3）

张一鹃（2005.7—2019.11）

吴寿轩（2005.7—2021.9）

汤小敏（2005.11—2021.9）

蔡火水（2007.3—2011.11）

叶玉林（2007.3—2016.9）

陈锦耀（2007.8—2020.7）

江胜来（2007.11—2011.9）

严细火（2008.8—2012.5）

李长华（2008.8—2017.8）

朱少武（2009.12—2019.1）

黎玉平（2009.12—2020.1）

吴　斌（2009.12—2012.5）

郑占煌（2011.1—2013.3）

宋平先（2011.6—2016.6）

谭国平（2012.4—2023.2）

吴晓明（2013.3—2020.7）

敖仁清（2014.1—2019.2）
龚著宝（2016.1—2021.9）
徐　慧（女，2016.11—2020.12）
项玉林（2016.11—2021.9）
欧阳澜（2019.1—2020.1）
祝春明（2019.1—2021.9）
陈鑫英（2020.1—2023.2）
吴勤胜（2020.1—　）
金武缨（女，2020.9—　）
吕文杰（2021.9—2023.2）
李　怡（2021.9—2023.2）
林伏昌（2021.9—2023.9）
艾书广（2021.10—　）
万勇章（2021.10—　）
程　露（女，2021.10—　）

二、机关党总支及各党支部

1984 年 5 月，市人大常委会机关党支部成立。1997 年 9 月，经市直属机关工作委员会批准，改设机关党总支委员会。市人大常委会机关中共党员队伍（含退休人员）不断发展壮大，1984 年为 24 名，2004 年为 60 名，至 2024 年 1 月为 80 名。

市人大常委会机关党总支及各党支部主要职责任务是：宣传和贯彻执行党的路线、方针、政策，宣传和贯彻党中央、省、市委和市人大常委会党组、机关党组的决议决定；组织学习马克思列宁主义、毛泽东思想、邓小平理论、“三个代表”重要思想、科学发展观和习近平新时代中国特色社会主义思想，学习党的基本知识，学习科学文化、法律法规、业务知识；发挥党员的先锋模范作用，团结、组织党内外干部和群众，完成工作任务，做好本职工作；开展多种形式健康有益的支部活动和文体活动；加强对党员的管理和监督，密切联系群众，了解群众对党员、党的工作的批评和意见；做好发展吸收新党员工作；监督党员遵纪守法，同违法违纪行为作斗争。

（一）机关党总支书记、副书记及任职时间

书　记：夏涌波（2004.2—2006.11）

汤小敏（2006.11—2009.11）
严细火（2009.11—2012.4）
吴晓明（2012.4—2014.9）
吴寿轩（2014.9—2018.9）
敖仁清（2018.9—2019.2）
祝春明（2019.3—2022.1）
林伏昌（2022.2—2023.12）
艾书广（2023.12—　）
副书记：孙月根（2004.2—2008.12）
桂天信（2008.12—2016.3）
胡　伟（2016.3—　）

（二）机关各党支部书记及任职时间

第一党支部
书　记：吴英娟（女，2004.2—2006.11）
汤火兴（2006.11—2012.4）
艾书广（2012.4—2014.9）
童玲芳（女，2014.9—2018.9）
张　磊（2018.9—2022.5）
倪龙飞（2022.5—　）
第二党支部
书　记：陈锦耀（2004.2—2006.11）
万勇章（2006.11—2014.9）
熊国华（2014.9—2018.9）
黄光亚（2018.9—　）
第三党支部
书　记：桂天信（2004.2—2008.12）
李增金（2009.4—2018.9）
张金荣（女，2018.9—2022.5）
陈　旭（2022.5—　）
第四党支部（离退休干部党支部）
书　记：楼　瑾（女，2006.11—2014.9）

周春玲（女，2014.9—2018.9）
陈　旭（2018.9—2021.1）
叶闳毅（2022.5—　）

三、机关党建活动

2005年，市人大常委会机关积极开展保持共产党员先进性教育活动。安排集中学习讨论8次、党课2次；听取了全省基层优秀党员先进事迹报告；制作简报10期、墙报2期、学习园地2期；组织第一阶段学习测试，开展“新时期保持共产党员先进性具体要求”暨“党员的先进性在人大常委会机关应体现在哪里”的大讨论；发扬民主，坚持开门教育，征集意见和整改建议20多条，强化督查整改，群众满意度测评100%；制定《机关学习制度》《机关干部轮岗交流制度》《机关工作协调会议制度》《机关工作人员实行年休假制度的暂行办法》《机关财务管理规定》，修订了《机关车辆管理规定》《机关考勤工作办法》《文稿拟制规程》《常委会会议会务工作规程》《主任会议会务工作规程》。

2009年，市人大常委会机关积极开展深入学习实践科学发展观活动。按照市委统一部署，正确把握坚持解放思想、突出实践特色、贯彻群众路线、解决突出问题等原则，认真开展学习实践科学发展观活动。坚持学习在前，重在实践，组织“解放思想，加速崛起”为主题的大讨论；广泛征求意见，召开专题民主生活会，形成分析检查报告；制定整改落实方案，较好地完成各项任务。活动期间，围绕“提高依法履职能力，推动科学发展”等7个方面的调研课题，常委会领导及机关干部撰写调研报告37篇。

2010年，市人大常委会机关积极开展创先争优活动暨“双创双争四提升”活动。加强班子建设，遵循讲民主更讲包容、讲协调更讲配合、讲程序更讲实效的基本原则，班子成员相互理解、相互支持，心齐劲足、团结和谐，班子凝聚力、战斗力明显增强；强化思想政治教育，加强干部管理，重视理论学习；坚持科级干部半年一次述职测评，实行科级岗位公推竞岗等措施，有效提高机关干部素质；转变机关作风，健全完善各项规章制度，实行干部问责制，党员、干部人人作出承诺，各项工作更加规范有序，严谨高效；认真落实党风廉政建设责任制，严格执行廉洁自律各项规定，机关没有发生违法违纪行为。

2013年，市人大常委会机关深入开展以“为民务实清廉”为主要内容的党的群众路线教育实践活动。认真落实中央八项规定及其实施细则精神和省委、市委实施意见，积极践行密切联系群众工作作风；在解决文山会海、铺张浪费、超标准接待等问题上取得积极成效；完善机关人、财、物管理和公务接待管理等制度，勤俭办文、办会、办事，车辆管理进一步加强，公务接待进一步规范；在深入基层调研工作中，努力克服形式主义和官僚主义，以求实的精神和细致的安排，确保视察和检查不搞形式、不走过场，掌握真实情况，真正做到接地气、连民心。

2015 年，市人大常委会机关认真开展“三严三实”（严以修身、严以用权、严以律己，谋事要实、创业要实、做人要实）专题教育。聚焦对党忠诚、个人干净、敢于担当，把践行“三严三实”与增强人大依法履职实效、与联系服务代表和群众结合起来，精心组织班子成员上专题党课，开展学习研讨交流；进行“为官不为”问题专项整治；召开专题民主生活会；通过系统学习党的十八届四中、五中全会精神和习近平总书记系列重要讲话精神，广泛征求各方面意见建议，深入查摆并整改落实监督工作、代表工作、自身建设中“不严不实”问题；党员干部严守党的政治纪律和政治规矩的自觉性得到加强，理想信念更加坚定，责任意识更加强烈，政治素质和工作成效显著提升。

2016 年，市人大常委会机关积极开展“两学一做”（学党章党规、学系列讲话，做合格党员）学习教育。紧紧围绕坚定执着追理想、实事求是闯新路、艰苦奋斗攻难关、依靠群众求胜利 4 个专题，以党支部“三会一课”形式开展集中学习和交流研讨，每次安排 4 名干部主题发言；邀请市委宣讲团、市委讲师团的专家上党课；认真组织学习《中国共产党廉洁自律准则》《中国共产党纪律处分条例》《中共江西省委关于落实把纪律挺在前面要求的意见》《关于集中整治和查处基层侵害群众利益不正之风和腐败问题的指导意见》等党内法规，认真贯彻《关于在全省推行党员“先锋创绩”制度的意见》要求；开展“三亮三融”活动，引导党员立足岗位作贡献，到挂点联系点开展新农村建设、精准扶贫帮困和志愿服务等活动。

2019 年，市人大常委会机关认真开展“不忘初心、牢记使命”主题教育。围绕“理论学习有收获”“思想政治受洗礼”目标，坚持把学习贯彻习近平新时代中国特色社会主义思想作为重中之重，制定实施方案，研究细化学习教育安排，多形式、分层次、全覆盖加强学习教育；教育期间组织集中学习 8 次、交流研讨 6 次，查摆突出问题 56 个；聚焦机关自身建设、代表工作、扫黑除恶专项斗争、义务教育和殡葬改革等社会关注度高的热点难点问题开展调研，确定调研课题 11 个，形成调研报告 20 篇。

2021 年，市人大常委会机关积极开展党史学习教育。认真落实党中央决策部署和省委、市委工作要求，紧紧围绕学党史、悟思想、办实事、开新局，强化组织领导，精心谋划实施，推动党史学习教育走深走实；认真组织专题学习和培训，召开常委会党组理论学习中心组学习会 7 次、机关党组理论学习中心组学习会 7 次，并结合人大业务，举办了集中培训 10 次，举办专题辅导讲座 4 次，着力打造极具人大特色的学习教育阵地；扎实开展“我为群众办实事”实践活动，把“我为群众办实事”实践活动融入人大履行职责各方面，找准人大工作实际与人民群众关切的结合点，切实在推动解决群众最关心最直接最现实的利益问题上下功夫，积极发挥人大代表作用，办好民生实事，做到“学史力行”见实见效。

2023 年，市人大常委会机关认真开展学习贯彻习近平新时代中国特色社会主义思想主题教育。制定《鹰潭市人大常委会机关关于开展学习贯彻习近平新时代中国特色社会主义思想主题教育的实施方案》；深入学习贯彻习近平总书记关于主题教育重要讲话精神以及党中央、省委和市委关于主题教育的部署要求，牢牢把握“学思想、强党性、重实践、建新功”总要求，把理论学习、调查研究、推动发展、检视整改、建章立制贯通起来，在以学铸魂、以学增智、以学正风、以学促干上下功夫，做到真学细悟、深研真改、真抓实干，切实以实际工作成果检验主题教育成效；举办市人大常委会机关主题教育专题读书班，召开机关党组理论学习中心组学习会 4 次，举办专题辅导讲座 4 次；常委会党组班子、机关党组班子以及县处级以上领导干部结合岗位实际，围绕市委要求的 12 个重要方面，确定 36 个调研课题，深入开展调查研究，形成 36 个调研报告；召开市人大常委会机关党组主题教育调研成果转化暨整改整治工作推进会，强化问题整改整治，推动解决发展难题，真正用实效检验主题教育成果，推动主题教育走深走实。

第三节　机关群团组织

一、机关工会

2002 年 5 月建立。2024 年 1 月，有工会会员 64 名。

历任工会主席：吴寿轩（2004.2—2013.9）
　　　　　　　李增金（2013.9—2023.11）
　　　　　　　胡　伟（2023.11—　）

二、机关共青团支部委员会

1995 年 7 月建立。

2018 年 4 月，市直机关团工委根据鹰潭市团组织现状，结合工作实际整合资源，决定成立市直机关联合团支部。市直机关第一联合团支部由市人大常委会机关、市机关事务管理局、市财政局、原市房管局等四个单位组成。

市人大常委会机关干部徐欣担任联合团支部副书记。

三、机关妇女工作小组

1994 年 8 月建立。

历任组长：吴英娟（女，2004.2—2011.12）
　　　　　金武缨（女，2011.12—2014.12）
　　　　　邹　云（女，2014.12—2019.10）
　　　　　李立敏（女，2019.10—2023.11）
　　　　　明桂玲（女，2023.11—　）

四、机关老年体育协会

1997 年 5 月建立。

历任主席：彭保华（2004.2—2010.10）
　　　　　王瑞林（2010.10—2023.12）
　　　　　李　平（2023.12—　）

五、市人大常委会机关关心下一代工作委员会

1997 年 5 月建立。

历任主任：彭保华（2004.2—2023.12）
　　　　　李　平（2023.12—　）

第二章　重要日常工作

第一节　列席市委常委会

2004 年 2 月 3 日，市人大常委会主任邵奇生、秘书长周荣俊列席五届市委常委会第 143 次会议。会议专题研究市人大和市政协换届有关工作。

2004 年 4 月 13 日，市人大常委会主任邵奇生、副主任罗喜仔列席五届市委常委会第 151 次会议。会议研究修改《鹰潭市人民代表大会常务委员会人事任免办法》有关事宜。

2004 年 7 月 19 日，市人大常委会主任邵奇生、副主任彭中华、秘书长邬书鸣列席五届市委常委会第 155 次会议。会议研究了市人大常委会党组关于对市建设局局长、市水利局局长、市卫生局局长以及市中级人民法院民三庭庭长、刑二庭庭长进行述职评议的请示。

2004 年 8 月 5 日，市人大常委会主任邵奇生、秘书长邬书鸣列席五届市委常委会第 157 次会议。会议传达学习全省人大工作会议精神，并研究了相关贯彻意见；听取了市人大常委会 2004 年上半年工作情况汇报。

2004 年 12 月 9 日，市人大常委会主任邵奇生、秘书长邬书鸣列席五届市委常委会第 169 次会议。会议研究了召开市六届人大二次会议有关事宜。

2005 年 1 月 20 日，市人大常委会主任邵奇生列席五届市委常委会第 171 次会议。会议传达了中共江西省委《关于推迟鹰潭等六市领导班子换届时间的通知》，研究确定了市六届人大二次会议、市政协六届二次会议召开时间。

2005 年 1 月 29 日，市人大常委会主任邵奇生列席了五届市委常委会第 172 次会议。会议传达学习了全省两会精神。

2005 年 3 月 3 日，市人大常委会主任邵奇生、副主任罗喜仔列席五届市委常委会第 175 次会议。会议研究了市六届人大二次会议主席团成员和邀请在主席台就座人员名单。

2005 年 3 月 16 日，市人大常委会主任邵奇生列席了五届市委常委会第 176 次会议。会议研究了关于成立中共鹰潭市六届人大二次会议临时委员会有关事宜。

2005 年 9 月 14 日，市人大常委会主任邵奇生列席了五届市委常委会第 183 次会议。会议研究了部分人员请求将人事工资关系转入市人大、市政协机关有关事宜。

2005 年 12 月 14 日，市人大常委会主任邵奇生、副主任彭路祥列席了五届市委常委会第 188 次会议。会议研究了关于召开市六届人大三次会议有关事宜。

2006 年 1 月 23 日，市人大常委会主任邵奇生、副主任彭路祥、秘书长李忠仁列席了五届市委常委会第 190 次会议。会议研究了关于召开市六届人大三次会议有关事宜；讨论了《关于进一步加强市人大代表工作和市人大常委会制度建设的意见》。

2006 年 1 月 25 日，市人大常委会主任邵奇生、秘书长李忠仁列席了五届市委常委会第 191 次会议。会议研究了市六届人大三次会议有关报告。

2006 年 2 月 15 日，市人大常委会主任邵奇生列席了五届市委常委会第 192 次会议。会议传达学习了全省两会精神。

2006 年 3 月 21 日，市人大常委会副主任郑良健列席了五届市委常委会第 194 次会议。会议传达学习了全国两会精神。

2006 年 9 月 24 日，市人大常委会主任邵奇生、秘书长李忠仁列席了五届市委常委会第 207 次会议。会议研究了市七届人大一次会议时间调整相关事宜。

2006 年 10 月 25 日，市人大常委会主任邵奇生列席了五届市委常委会第 208 次会议。会议传达学习了全省县、乡两级人大换届选举工作会议精神，并研究了贯彻落实意见。

2006 年 11 月 12 日，市人大常委会主任邵奇生列席了五届市委常委会第 211 次会议。会议专题研究了鹰潭市党委、人大、政府、政协领导班子和法检两长换届候选人的安排建议。

2006 年 11 月 14 日，市人大常委会主任邵奇生、秘书长李忠仁列席五届市委常委会第 212 次会议。会议研究了市人大、市政协换届工作有关事宜。

2006 年 11 月 18 日，市人大常委会主任邵奇生列席五届市委常委会第 213 次会议，会议研究市人大、市政协换届选举工作相关事项和有关人事任免问题。

2006 年 12 月 1 日，市人大常委会主任邵奇生，副主任张鲁年、彭中华，秘书长李忠仁列席了六届市委常委会第 1 次会议。会议研究了召开市七届人大一次会议有关事宜。

2007 年 2 月 9 日，市人大常委会主任邵奇生、副主任张鲁年、秘书长李忠仁列席了六届市委常委会第 9 次会议。会议研究了关于召开市七届人大二次会议有关事宜。

2007 年 3 月 15 日，市人大常委会主任邵奇生，副主任张鲁年、郑良健、罗喜仔、管华鞍，秘书长李忠仁列席了六届市委常委会第 11 次会议。会议研究了市七届人大二次会议有关事宜。

2007 年 11 月 9 日，市人大常委会主任邵奇生、副主任张鲁年、秘书长李忠仁列席了六届市委常委会第 25 次会议。会议研究了关于召开市七届人大三次会议有关事宜。

2007 年 12 月 25 日，市人大常委会主任邵奇生、秘书长李忠仁列席了六届市委常委会第 28 次会议。会议审议并原则通过了市人大、“一府两院”等相关报告，作进一步修改完善后，提交市七届人大三次会议审议。

2008 年 1 月 2 日，市人大常委会主任邵奇生列席了六届市委常委会第 29 次会议。会议研究了市七届人大三次会议相关事宜。

2008 年 4 月 14 日，市人大常委会主任邵奇生、副主任张鲁年、秘书长李忠仁列席了六届市委常委会第 34 次会议。会议研究了市七届人大四次会议相关事宜。

2008 年 11 月 20 日，市人大常委会主任邵奇生、副主任管华鞍列席了六届市委常委会第 39 次会议。会议听取了全省设区市人大常委会主任座谈会精神及贯彻意见的汇报。

2008 年 12 月 10 日，市人大常委会主任邵奇生列席了六届市委常委会第 42 次会议。会议研究了市七届人大五次会议相关事宜。

2009 年 1 月 16 日，市人大常委会主任邵奇生、副主任张鲁年、彭中华列席了六届市委常委会第 45 次会议。会议审议了《市人大常委会工作报告》。

2009 年 1 月 21 日，市人大常委会主任邵奇生，副主任张鲁年列席了六届市委常委会第 46 次会议。会议研究了市七届人大五次会议相关事宜。

2009 年 2 月 22 日，市人大常委会主任邵奇生列席了六届市委常委会第 47 次会议。会议传达学习了省十一届人大二次会议精神。

2009 年 4 月 10 日，市人大常委会主任邵奇生列席了六届市委常委会第 49 次会议。会议研究了关于配齐配强市人大常委会工作委员会委员的事宜。

2009 年 11 月 11 日，市人大常委会主任邵奇生、副主任张鲁年列席了六届市委常委会第 59 次会议。会议研究了市人大常委会人事任免办法。

2009 年 12 月 17 日，市人大常委会副主任张鲁年列席了六届市委常委会第 61 次会议。会议研究了关于召开市七届人大六次会议相关事宜。

2010 年 1 月 10 日，市人大常委会主任邵奇生、副主任张鲁年、秘书长敖高源列席了六届市委常委会第 62 次会议。会议研究了市七届人大六次会议有关事宜。

2010 年 2 月 2 日，市人大常委会主任邵奇生、副主任张鲁年、秘书长敖高源列席了六届市委常委会第 65 次会议。会议传达学习了省十一届人大三次会议精神，研究了市人大常委会议事规则。

2010 年 4 月 2 日，市人大常委会主任邵奇生、秘书长敖高源列席了六届市委常委会第 68 次会议。会议研究了关于办理市人大代表建议、批评和意见的规定。

2010 年 11 月 30 日，市人大常委会主任邵奇生、秘书长敖高源列席了六届市委常委会第 76 次会议。会议研究了关于召开全市人大工作会议相关事宜。

2010 年 12 月 26 日，市人大常委会主任邵奇生、秘书长敖高源列席了六届市委常委会第 77 次会议。会议研究了关于召开市七届人大七次会议相关事宜。

2011 年 1 月 25 日，市人大常委会主任邵奇生、副主任张鲁年、秘书长敖高源列席了六届市委常委会第 80 次会议。会议研究了市七届人大七次会议相关事宜。

2011 年 3 月 6 日，市人大常委会主任邵奇生、秘书长敖高源列席六届市委常委会第 81 次会议。会议传达学习了省十一届人大四次会议精神，讨论了市人大常委会党组关于做好全市县、乡两级人民代表大会换届选举有关工作的意见。

2011 年 6 月 21 日，市人大常委会主任邵奇生、副主任张鲁年、卢越明列席六届市委常委会第 90 次会议。会议研究了关于鹰潭市第八届人民代表大会代表名额分配的意见。

2011 年 9 月 14 日，市人大常委会主任邵奇生、副主任张鲁年、秘书长敖高源列席了六届市委常委会第 97 次会议。会议研究了关于召开市八届人大一次会议有关事宜。

2012 年 2 月 9 日，市人大常委会主任杜德春、副主任杨晓群、秘书长江鸿列席七届市委常委会第 8 次会议。会议传达学习了省十一届人大五次会议精神，研究了关于召开市八届人大二次会议有关事宜。

2012 年 4 月 9 日，市人大常委会主任杜德春、副主任卢越明、秘书长江鸿列席七届市委常委会第 10 次会议。会议研究了关于承办全国 23 城市人大常委会第 19 次联席会议相关事宜。

2012 年 11 月 29 日，市人大常委会主任杜德春、副主任杨晓群、秘书长江鸿列席七届市委常委会第 16 次会议。会议研究了关于召开鹰潭市第八届人民代表大会第三次会议有关问题的请示。

2012 年 12 月 21 日，市人大常委会主任杜德春、副主任杨晓群、秘书长江鸿列席七届市委常委会第 17 次会议。会议研究了关于召开市八届人大三次会议有关事项。

2013 年 2 月 3 日，市人大常委会主任杜德春、秘书长江鸿列席七届市委常委会第 19 次会议。会议传达学习省十二届人大一次会议精神。

2014 年 1 月 6 日，市人大常委会主任杜德春、秘书长江鸿列席七届市委常委会第 30 次会议。会议研究了关于召开市八届人大四次会议有关事宜。

2014 年 1 月 27 日，市人大常委会主任杜德春、秘书长江鸿列席七届市委常委会第 32 次会议。会议传达学习了省十二届人大三次会议精神。

2014 年 12 月 16 日，市人大常委会主任杜德春、副主任杨晓群、秘书长江鸿列席七届市委常委会第 46 次会议。会议听取了关于全省人大工作会议主要精神及贯彻意见的汇报，研究了关于召开市八届人大五次会议有关问题的请示。

2015 年 1 月 4 日，市人大常委会主任杜德春、副主任杨晓群、秘书长江鸿列席七届市委常委会第 47 次会议。会议研究了关于召开市八届人大五次会议有关事宜。

2015 年 2 月 6 日，市人大常委会主任杜德春、秘书长江鸿列席七届市委常委会第 48 次会议。会议传达学习了省十二届人大四次会议精神。

2015 年 5 月 25 日，市人大常委会主任杜德春、副主任应祥列席七届市委常委会第 50 次会议。会议讨论了关于《中共鹰潭市委关于与时俱进创新发展人大工作的实施意见》、关于《中共鹰潭市人大常委会党组关于召开人大工作会议的请示》。

2015 年 11 月 27 日，市人大常委会主任杜德春、副主任杨晓群、秘书长江鸿列席七届市委常委会第 57 次会议。会议研究了关于召开鹰潭市第八届人民代表大会第六次会议有关问题的请示。

2016 年 1 月 5 日，市人大常委会主任杜德春、副主任杨晓群、秘书长江鸿列席七届市委常委会第 60 次会议。会议研究了关于召开市八届人大六次会议有关事宜。

2016 年 2 月 1 日，市人大常委会主任杜德春、秘书长江鸿列席七届市委常委会第 62 次会议。会议传达学习了省十二届人大五次会议精神。

2016 年 8 月 10 日，市人大常委会主任杜德春、副主任吴炳生列席七届市委常委会第 72 次会议。会议听取了鹰潭市第九届人民代表大会代表名额分配建议的汇报。

2016 年 9 月 2 日，市人大常委会主任杜德春、副主任杨晓群列席七届市委常委会第 73 次会议。会议研究了关于召开鹰潭市第九届人民代表大会第一次会议的请示。

2016 年 9 月 29 日，市人大常委会主任杜德春、秘书长江鸿列席八届市委常委会第 1 次会议。会议传达学习省十二届人大六次会议精神。

2016 年 10 月 14 日，市人大常委会主任杜德春、副主任杨晓群、秘书长江鸿列席八届市委常委会第 2 次会议。会议研究了关于召开九届人大一次会议有关事宜。

2017 年 1 月 7 日，市人大常委会主任郭清、副主任程芦山、秘书长江鸿列席八届市委常委会第 8 次会议。会议研究了关于召开市九届人大二次会议有关问题的请示。

2017 年 1 月 24 日，市人大常委会主任郭清、副主任程芦山列席八届市委常委会第 9 次会议。会议传达学习省十二届人大七次会议精神。

2017 年 2 月 6 日，市人大常委会主任郭清、副主任程芦山、秘书长江鸿列席八届市委常委会第 10 次会议。会议研究了关于市九届人大二次会议有关事宜。

2017 年 3 月 17 日，市人大常委会副主任程芦山列席八届市委常委会第 12 次会议。会议研究了关于市人大常委会 2017 年度立法计划的请示。

2017 年 7 月 14 日，市人大常委会主任郭清，副主任程芦山、杨森，秘书长江鸿列席八届市委常委会第 16 次会议。会议研究了关于召开鹰潭市第九届人民代表大会第三次会议有关事宜。

2017 年 9 月 5 日，市人大常委会副主任杨森列席八届市委常委会第 21 次会议。会议讨论了《关于全市乡镇每年召开两次人民代表大会的意见》。

2017年9月25日，市人大常委会主任郭清、副主任杨森列席八届市委常委会第22次会议，会议听取了关于全省县乡人大工作和建设经验交流会精神及贯彻意见的汇报。

2017年11月17日，市人大常委会副主任程芦山、杨森列席八届市委常委会第24次会议。会议研究了关于召开鹰潭市九届人民代表大会第四次会议有关问题的请示。

2017年12月8日，市人大常委会主任郭清、副主任程芦山列席八届市委常委会第26次会议。会议讨论了关于拟定《鹰潭市人大常委会2018年度立法计划（草案）》的请示、关于编制《鹰潭市九届人大常委会立法规划项目库（2017—2021）（草案）》的请示。

2018年1月2日，市人大常委会主任郭清、副主任程芦山、秘书长江鸿列席八届市委常委会第28次会议。会议研究了关于市九届人大四次会议有关事宜。

2018年2月3日，市人大常委会主任郭清、副主任程芦山列席八届市委常委会第29次会议。会议听取了关于省十三届人大一次会议精神的汇报。

2018年9月7日，市人大常委会副主任程芦山列席八届市委常委会第43次会议。会议讨论了《鹰潭市信江饮用水水源保护条例》。

2018年11月16日，市人大常委会主任郭清、副主任程芦山列席八届市委常委会第46次会议。会议讨论了《鹰潭市文明旅游促进条例》、关于编制市人大常委会2019年度立法计划的请示，听取了关于全省立法工作会议精神及贯彻意见的汇报。

2018年12月13日，市人大常委会主任郭清、秘书长江鸿列席八届市委常委会第49次会议。会议研究了关于召开市九届人大五次会议有关问题的请示。

2019年1月11日，市人大常委会主任郭清、秘书长江鸿列席八届市委常委会第52次会议。会议研究了关于召开市九届人大五次会议有关事宜。

2019年7月25日，市人大常委会主任郭清列席八届市委常委会第63次会议。会议讨论了关于建立市人民政府向市人大常委会报告国有资产管理情况制度的意见。

2019年9月30日，市人大常委会主任郭清、副主任程芦山列席八届市委常委会第68次会议。会议听取了关于全国人大及省人大常委会纪念地方人大设立常委会40周年座谈会、设区的市人大立法工作交流会精神和贯彻意见的汇报，讨论了《鹰潭市户外广告设置管理条例》。

2019年11月25日，市人大常委会主任郭清、副主任程芦山列席八届市委常委会第72次会议。会议研究了关于召开市九届人大六次会议有关问题的请示、市人大常委会2020年度立法计划、《鹰潭市智慧城市促进条例》。

2019年12月27日，市人大常委会主任郭清、秘书长魏建君列席八届市委常委会第75次会议。会议听取了关于全省人大工作会议精神及贯彻意见的汇报。

2020年1月21日，市人大常委会主任郭清、秘书长魏建君列席八届市委常委会第79次会议。会议传达学习了省十三届人大四次会议精神。

2020年4月28日，市人大常委会主任郭清、秘书长魏建君列席八届市委常委会第88次会议。会议研究了关于筹备召开市九届人大六次会议的请示。

2020年5月6日，市人大常委会主任郭清、秘书长魏建君列席八届市委常委会第89次会议。会议研究了关于召开市九届人大六次会议有关事宜。

2020年6月18日，市人大常委会主任郭清、秘书长魏建君列席八届市委常委会第91次会议。会议讨论了关于召开全市人大工作会议的请示、中共鹰潭市委关于加强新时代地方人大工作的实施意见。

2020年6月28日，市人大常委会主任郭清、秘书长魏建君列席八届市委常委会第92次会议。会议研究了关于召开市九届人大七次会议有关问题的请示。

2020年7月3日，市人大常委会主任郭清、秘书长魏建君列席八届市委常委会第93次会议。会议研究了市九届人大七次会议有关事宜。

2020年11月30日，市人大常委会主任郭清、副主任黄忠、秘书长魏建君列席八届市委常委会第103次会议。会议讨论了关于制定《鹰潭市烟花爆竹销售燃放管理条例》有关情况的报告、关于制定《鹰潭市建设工地扬尘污染防治管理办法》有关情况的报告、关于编制市人大常委会2021年度立法计划的说明、关于召开市九届人大八次会议有关问题的请示。

2021年1月12日，市人大常委会主任郭清、秘书长魏建君列席八届市委常委会第107次会议。会议研究了关于召开市九届人大八次会议有关事宜。

2021年2月1日，市人大常委会主任郭清、秘书长魏建君列席八届市委常委会第108次会议，会议传达学习了省十三届人大五次会议精神。

2021年4月9日，市人大常委会主任郭清、秘书长魏建君列席八届市委常委会第116次会议。会议研究了关于召开市九届人大九次会议有关问题的请示。

2021年4月19日，市人大常委会主任郭清、秘书长魏建君列席八届市委常委会第117次会议。会议研究了市九届人大九次会议有关事宜。

2021年4月23日，市人大常委会主任郭清、副主任杨森列席八届市委常委会第118次会议。会议听取了关于全省县乡两级人大换届选举工作会议精神及贯彻意见的汇报，讨论了关于做好全市县、乡两级人民代表大会换届选举工作的实施意见。

2021年8月6日，市人大常委会主任郭清、副主任杨森、黄忠列席八届市委常委会第127次会议。会议研究了《鹰潭市文明行为促进条例》、关于鹰潭市第十届人民代表大会代表名额分配的意见。

2021年9月13日，市人大常委会主任郭清、秘书长魏建君列席八届市委常委会第132次会议。会议研究了关于召开市十届人大一次会议有关问题的请示。

2021年9月17日，市人大常委会主任郭清、副主任黄忠列席八届市委常委会第133次会议。会议研究了《鹰潭市大上清宫遗址保护管理规定》。

2021年10月19日，市人大常委会主任郭清、副主任周永江、秘书长魏建君列席九届市委常委会第2次会议。会议传达学习了习近平总书记在中央人大工作会议上的重要讲话精神，研究了市十届人大一次会议有关事宜。

2021年11月15日，市人大常委会主任郭清、副主任周永江、秘书长魏建君列席九届市委常委会第5次会议。会议传达学习了习近平总书记在参加北京市区人大代表换届选举投票时的重要讲话精神。

2021年11月27日，市人大常委会主任郭清列席九届市委常委会第6次会议。会议传达学习《中共中央关于新时代坚持和完善人民代表大会制度、加强和改进人大工作的意见》精神。

2022年1月4日，市人大常委会主任郭清、副主任吴建辉、秘书长邵菁靓列席九届市委常委会第9次会议。会议研究了关于召开鹰潭市第十届人民代表大会第二次会议有关事宜。

2022年1月12日，市人大常委会副主任程美华、秘书长邵菁靓列席九届市委常委会第10次会议。会议研究了市十届人大二次会议有关事宜。

2022年1月21日，市人大常委会主任郭清、副主任吴建辉、秘书长邵菁靓列席九届市委常委会第11次会议。会议听取了市人大常委会党组工作报告。

2022年2月24日，市人大常委会主任郭清、副主任夏涌波列席九届市委常委会第13次会议。会议听取了鹰潭市人大常委会关于《立法规划项目库（2022—2026）（草案）》《2022年度立法计划（草案）》编制情况的汇报。

2022年3月8日，市人大常委会主任郭清、秘书长邵菁靓列席九届市委常委会第14次会议。会议传达学习了习近平总书记在2022年第5期《求是》杂志发表的重要文章《在中央人大工作会议上的讲话》，传达学习了《贯彻落实中央人大工作会议重点任务分工方案》精神。

2022年5月27日，市人大常委会主任郭清、秘书长邵菁靓列席九届市委常委会第21次会议。会议听取了省委贯彻落实中央人大工作会议精神推进会精神及贯彻意见的汇报。

2022年11月24日，市人大常委会主任郭清、秘书长邵菁靓列席九届市委常委会第35次会议。会议研究了关于召开市十届人大三次会议有关事宜。

2022年12月16日，市人大常委会主任郭清，副主任吴建辉、夏涌波，秘书长邵菁靓列席九届市委常委会第37次会议。会议审议了《鹰潭市人大常委会2023年度立法计划（草案）》《鹰潭市人民代表大会议事规则（草案）》，研究了市十届人大三次会议有关事宜。

2023年1月18日，市人大常委会主任郭清、秘书长邵菁靓列席九届市委常委会第40次会议。会议传达学习了省两会精神，听取了市人大常委会党组2022年工作报告。

2023年2月22日，市人大常委会副主任吴建辉、秘书长邵菁靓列席九届市委常委会第43次会议。会议审议并原则通过了《市人大常委会2023年监督工作计划》《市人大常委会2023年代表工作计划》。

2023年4月25日，市人大常委会主任郭清、副主任夏涌波列席九届市委常委会第48次会议。会议审议了《鹰潭市海绵城市规划建设管理条例》。

2023年8月21日，市人大常委会主任郭清、副主任夏涌波列席九届市委常委会第56次会议。会议审议了《鹰潭市优化营商环境若干规定（草案）》。

2024年1月5日，市人大常委会主任郭清、秘书长邵菁靓列席九届市委常委会第68次会议，讨论了市人大常委会工作报告。

2024年1月15日，市人大常委会主任郭清、副主任吴建辉、秘书长邵菁靓列席九届市委常委会第69次会议，听取了市人大常委会党组工作情况汇报，讨论了市十届人大四次会议有关事项。

第二节　中心工作

新农村建设工作　2007年，市人大常委会办公室挂点余江县画桥镇百子村黄家村，帮助开展新农村建设工作。市人大常委会机关先后派出4名干部到村蹲点帮扶；筹集资金60多万元，硬化村道路3.5千米，修建沼气池48个，改建或新建卫生厕所62个，铺设自来水管道1800余米；打造村民文化休闲中心，高质量完成了村建任务。被评为鹰潭市新农村建设先进单位，得到省村建工作考评组的肯定和好评。

2008年，市人大常委会办公室挂点余江县画桥镇百子村倪家村，帮助开展农村“卫生清洁”工程和新农村建设工作。按照建成特色、打造亮点、创生态和谐环境的要求，积极开展工作，进度、质量、效果得到了群众和市新村办的好评。

2009年，市人大常委会办公室挂点余江县画桥镇百子村竹科村，帮助开展农村“卫生清洁”工程和新农村建设工作。在常委会主要领导督导和其他成员单位的通力配合下，通过多方筹资，硬化了通村公路，修建了沼气池，铺设了自来水管道等，使竹科村面貌大为改观，被评为鹰潭市新农村建设先进单位。

2010年，市人大常委会办公室挂点余江县画桥镇百子村徐家村，帮助开展农村“卫生清洁”工程和新农村建设工作。经过努力，该村小组被评为鹰潭市农村“卫生清洁”工程和新农村建设工作综合先进自然村小组。

2011年，市人大常委会办公室挂点余江县画桥镇百子村饶家村，帮助开展农村“卫生清洁”工程和新农村建设工作。市人大常委会机关派出2名干部到村蹲点帮扶；筹集资金50多万元，用于道路硬化、改水改厕、绿化等基础设施建设；修建了一个占地180余平方米的村民文化休闲广场，并配齐了体育健身器材。村容村貌焕然一新。

2012年，市人大常委会办公室挂点高新区白露街道小英村水古塘村，帮助开展创建“秀美乡村”活动。帮助筹措建设资金90多万元（含财政拨款）；拆除不符合规划的各类建筑14栋，拆除猪牛栏3栋、露天厕所20个；硬化通村公路及村内道路累计3.3千米，栽种绿化苗木800余棵；改建、新建卫生厕所40个，改水40户，改房11户；修建了200平方米群众健身活动场所和220平方米的公共休闲场所，配备了多种健身活动器材；修建排水沟2000多米，改造池塘2座。全村家家户户喝上了自来水，用上了卫生厕，走上了平坦路，村庄环境面貌焕然一新。市人大常委会机关被评为鹰潭市秀美乡村建设帮扶先进单位。

2013年，市人大常委会办公室挂点贵溪市河滩镇龙石石里，帮助开展“秀美乡村”创建活动。协调筹集资金73万元；按照村庄规划，帮助该村硬化通村公路及村内道路，改水改厕；修建群众健身活动场所，完善民俗文化点等村民生产、生活配套设施；顺应创新社会治理要求，开展“送法进乡村”活动，帮助修订完善村务公开、民主管理制度，推进基层民主自治。在各方努力下，较好改善了当地群众的生产生活条件，得到群众好评。

2014年，市人大常委会办公室挂点高新区白露街道倪家桥西新村，帮助开展“秀美乡村”建设工作。协调筹集资金90余万元；按照村庄规划建设，帮助该村整治环境，硬化通村公路及村内道路，改水改厕改栏；修建休闲广场、外墙粉刷、建立民俗文化点等村民生产、生活配套设施；较好改善了当地群众的生产生活条件，得到群众好评。

2015年，市人大常委会办公室挂点余江区龙岗街道新湖山背源，帮助开展新农村建设工作。协调筹集资金80余万元，改善村民居住环境；牵头开展精准扶贫工作，多次调研摸底，经常上门走访；加强协调联络，帮助3名扶贫对象脱贫解困。获“优秀市直帮扶单位”称号。

2016年，市人大常委会办公室挂点贵溪市文坊镇西窑村新村，帮助开展新农村建设工作。协调筹集资金60余万元；不断推进“三清一筹”“七改三网”建设工作，先后拆除空闲房7栋，拆除路障12处，拆除乱搭乱建15处，拆除破烂猪牛栏9间；硬化村内主、次干道及入户路1000米；每家每户接通自来水，新建内外厕15个；全村瓦房进行了压屋顶处理，部分新楼房外墙统一粉刷亮化；新建牛栏5间，填埋了2处废旧池塘；改造绿化用地，修建主排水沟600多米、房前屋后排水沟1000多米。

2017年，市人大常委会办公室挂点信江新区周塘村周塘，帮助开展新农村建设工作。协调筹集资金90余万元；帮助村委会整治水塘1处，迁移清除水井12座；完成入口地基平整和清表工作任务；开展改水、改路、改厕、改电工程。较好改善村民居住环境。获“优秀市直帮扶单位”称号。

2018年，市人大常委会办公室挂点贵溪市雷溪镇张桥邹家，帮助开展新农村建设工作。出资5万元用于新农村建设；参与进行村庄整体规划设计；推进房屋改造、绿化亮化、道路拓宽、沥青路面、庭院陶土砖铺设等工程建设；帮助做好村内改水、改路、改厕和环境整治工作。获“优秀市直帮扶单位”称号。

2019年，市人大常委会办公室挂点高新区白露街道倪家居委会双港口村，帮助开展新农村建设工作。积极推进环村路改造、“厕所革命”、污水管网雨污分流、市民广场等工程建设。获“优秀市直帮扶单位”称号。

2020年，市人大常委会办公室挂点高新区白露街道双凤村，帮助开展新农村建设工作。在主要干道上实现“白改黑”，沿街商铺铺装完成80%；修建雨水渠（明渠）4200余米，雨水、污水管道（地下）10260米，污水处理系统建成；建筑外立面改造110余户，21980多平方米，改造完成率95%；知青大楼改造完成，占地542平方米，共2层；党建广场占地面积6400平方米，基本完工；强弱电下沉工程基本完成，环村景观亮化管线预埋完毕；新建公厕3座，拆除猪栏62栋、牛栏33栋、铁皮棚33栋，清理沟渠1700米，清理建筑垃圾900余吨；樟树林占地6040平方米，修复完成85%左右；停车场建设完成，占地600平方米；景观湖完成清淤工作。获“优秀市直帮扶单位”称号。

2021年，市人大常委会办公室挂点龙虎山风景区上清镇后街、槐树组，帮助新农村建设工作。落实帮扶资金33万元；扎实推进上清集镇小街小巷改造提升项目；安装绿仿古路灯98盏，常规照明灯24盏，洗墙灯188米；完成房屋立面改造48户。获评“优秀市直帮扶单位”。

2022年，市人大常委会办公室挂点余江区潢溪镇店前村雷家，帮助开展新农村建设工作。落实帮扶资金28万元；助推发展“甘蔗—红糖”产业，打造“晓花匠”品牌红糖；建设畲族风情广场。获“优秀市直帮扶单位”称号。

2023年，市人大常委会办公室挂点余江区潢溪镇戈桥村新汪家自然组，帮助开展新农村建设工作。新汪家自然村坐落在潢溪镇周边，交通便利，有居民22户、人口132人，耕地面积110亩。根据《关于实行市级领导和市直部门挂点帮扶新农村建设暨农村人居环境整治的通知》（鹰村治字〔2023〕1号）安排，市人大常委会办公室牵头，市国控集团公司、农业发展银行鹰潭分行、工商银行鹰潭分行共同挂点帮扶。工作中，落实了帮扶措施和帮扶资金近30万元；完成污水管网建设、村内环境整治、老年活动中心健身器材添置、路面铺设沥青、排水沟修建，停车场硬化等工作；农村人居环境实现了由村庄整治向功能品质提升迈进，农村面貌实现了由干净整洁向美丽宜居迈进。

平安创建工作　2019 年，市人大常委会办公室挂点高新区白露街道，帮助开展平安创建工作。给予平安帮扶资金 2 万元，助力综治中心建设。

2020 年，市人大常委会办公室挂点高新区白露街道小英村。给予平安帮扶资金 2 万元，助推小英村委会综治信息化建设，开展扫黑除恶专项斗争宣传工作。

2021 年，市人大常委会办公室挂点帮扶高新区白露街道杨塘村。给予杨塘村综治中心建设帮扶资金 2 万元。

2022 年至 2023 年，市人大常委会办公室挂点帮扶余江区潢溪镇渡口村。每年给予平安建设资金 2 万元。

脱贫攻坚工作　2017 年至 2020 年，市人大常委会办公室挂点高新区白露街道，开展脱贫攻坚工作。结对帮扶贫困户 12 户，利用扶贫专项资金 5 万元，解决了贫困户打井难问题和贫困群众看病费用报销问题；帮助 11 名贫困家庭学生落实了“两免一补”、免除教辅材料费、保险费、校服费、发放国家助学金、“雨露计划”和助学贷款等相关优惠政策；帮助解决章排选等 7 户贫困户提高低保标准问题；帮助 12 户贫困户免息、免担保办理了小额信贷（2.5 万元或 5 万元）问题，用于投资产业项目，每户获取固定收益 2000 元或 4000 元；与贫困群众签订了“增收激励协议”，帮助获得增收激励奖金 5500 元；协调落实了保障扶贫、电力扶贫和就业扶贫等各项扶贫政策。到 2019 年底，挂点 12 户贫困家庭全部脱贫（2016 年完成脱贫 6 户，2017 年完成脱贫 4 户，2018 年完成脱贫 1 户，2019 年完成脱贫 1 户）。2018 年度、2019 年度获“先进市直帮扶单位”称号。

2019 年至 2023 年，市人大常委会办公室挂点月湖区江边街道公园社区，开展城镇居民脱贫解困工作。帮扶城镇困难群众 36 户，共 52 人，其中，城镇特困人员 2 人、城镇低保对象 46 人、支出型贫困低收入家庭对象 4 人。积极落实兜牢基本生活保障底线，落实教育保障政策，优化医疗保障服务，保障基本住房安全，加大就业创业扶持力度等方面帮扶政策，努力完成工作任务。

2019 年至 2024 年 1 月，市人大常委会办公室挂点月湖区江边街道公园社区，开展城镇居民脱贫解困工作。帮扶城镇困难群众 36 户，共 52 人，包括城镇特困人员 2 户 2 人，支出型贫困家庭 2 户 2 人，低保边缘户 1 户 1 人，事实无人抚养儿童 2 户 3 人。积极落实兜牢基本生活保障底线，优化医疗保障服务，保障基本住房安全，加大就业创业扶持力度等方面帮扶政策。

其中，2019 年对 7 户 7 人提高低保金保障金额 500 元，对 12 名困难户发放临时救助金 7200 元；

2020年对6户6人提高低保金保障金额390元，对16名困难户发放临时救助金9600元；

2021年对16户20人提高低保金保障金额1060元，对13名困难户发放临时救助金7800元，对4名困难户发放区级救助金16000元；

2022年对7户10人提高低保金保障金额460元，对16名困难户发放临时救助金9600元，对8名困难户发放先行救助金4000元；

2023年对29户45人提高低保金保障金额4500元，对15名困难户发放先行救助金7100元，落实了教育保障政策，12名低保户子女在校就读，逢年过节组织发放棉衣、棉被、毛毯、油米面等物资近万元。

乡村振兴工作 2021年至2024年1月，市人大常委会办公室挂点余江区潢溪镇渡口村，开展乡村振兴工作。渡口村是中国杰出的新闻记者、出版家、政论家邹韬奋先生的故里。全村下辖6个自然村（上黄、下黄、沙塘、彭家、洞门底、梁上燕），共859户3526人，其中中共党员55人、支部书记1人、副书记1人、支委3人。脱贫户31户91人，没有观察监测贫困对象，脱贫户人均经济收入均超过8000元/年，部分脱贫户人均收入达到30000元/年。在工作中，拨付了驻村工作经费及帮扶经费共15万元，走访慰问金1.6万元；帮助争取基础设施建设等项目13个，资金总额280余万元；驻村工作队员结合韬奋文化传承，助力文化振兴，主动思谋，开展节假日小学生公益托管及爱国主义教育活动，该活动得到中央有关媒体宣传报道；依托红色名村发展韬奋小镇文旅项目，以文旅小镇为依托推进集体土地入市，盘活“两闲”资产，完善农村产权抵押担保权能；依托乡村物业公司发展村集体经济，成立渡口村物业服务中心，落实渡口村农村人居环境长效管护、乡村自治和集体经济发展长效机制。2022年度驻村工作队获评“好”等级。

美丽乡镇建设工作 2021年至2024年1月，市人大常委会办公室挂点联系余江区潢溪镇，开展美丽乡镇建设工作。推进集镇沿街店面、线路线缆、广告店招、农贸市场、背街小巷改造整治工作，帮助实施24米大道拓宽提升工程；农贸市场改造、背街小巷提升、新时代文明实践广场等集镇建管项目基本完工；补齐农村基础设施短板，开展道路、村庄亮化，完善小型农田水利设施；全镇新农村建设率达100%，农村城乡供水一体化，污水处理一体化进步迅速，实现农村饮水安全全覆盖；投资800余万元铺设污水管网4.5千米，农村改厕1256户；投入400余万元，对206国道、恩润大道、梁余线、背街小巷、自然村，进行综合整治和日常管护；在全镇推行“物业进乡村”模式，以渡口、潢溪2个物业公司为抓手，设立11个其他村的农村物业服务站点，将“扫把还给村委会”，将村庄长效管护、队伍管理、绩效发放下放到村一级；利用“村村享”随手拍功能，使群众参与到卫生管护中来，做到发现问题，及时整改，从而形成常态化管护机制。

创建全国文明城市、国家卫生城市工作 2018年，市人大常委会办公室挂点月湖区江边街道公园社区以及责任路段月湖区林荫路，开展“双创”工作。督促社区和辖区内各经营店主签订“门前三包”责任书，实行“门前三包”责任制；帮助制定“路长制”责任路段，精心安排小街小巷路长制工作人员；对社区主干道非机动车停放进行了规范画线；组织志愿服务队对来往非机动车违停车主进行劝导，规范停车；拆除违搭雨篷；对市一小周边流动摊点进行规范设点，禁止在学校周边100米以内摆摊设点。辖区内卫生环境，市民文明素养得到很大改进。

2019年至2023年底，市人大常委会办公室挂点联系社区为月湖区江边街道公园社区，责任路段为月湖区交通路（林荫东路—四海东路）。

第三节　信访工作

市人民代表大会常务委员会成立以来，信访工作不断加强，信访机构不断健全，信访工作人员不断充实，信访制度不断完善，信访工作愈加显示出其联系代表和选民的纽带作用及对“一府一委两院”工作的监督职能。

信访机构和信访制度　为了进一步做好信访工作，市人大常委会一贯重视信访机构建设。1985年4月，在市人大常委会办公室设立人联科，负责信访工作；1988年11月，撤销办公室人联科，改设调研、信访科；1991年，在市人大常委会办公室单独设立信访科，专门负责汇总整理群众来信来访案件，处理反映比较集中和阶段性突出问题；同时，在信访科配备专职信访人员司职信访处理和信访接待工作。

为了保障信访工作有章可循，2014年8月，市八届人大常委会第69次主任会议讨论通过《鹰潭市人大常委会机关信访工作若干规定》，健全完善了包括来信登记、来访接待、转办、催办、督办、归档等规章制度，进一步明确信访工作职责。

来信来访处理　市人大常委会十分重视来信来访处理工作，把信访处理工作列入市人大常委会机关重要议事日程。

一是坚持态度和蔼，服务周到。市人大要求信访工作人员理解体谅来访者的心情，言谈举止文明，热情礼貌接待，和谐微笑服务。

二是坚持党性原则，秉公办事。对合理要求或要求过高及超越法律允许范围的问题，耐心解释，讲清道理。

三是坚持“分级负责，归口办理”的原则。按“一府一委两院”及有关部门的工作职责，及时将来信来访问题转有关部门办理，并做好督促、催办，详细答复当事人。

四是坚持信访事项跟踪问效。市人大常委会办公室发函交办的信访事项，收函单位自收到之日起，3个月内必须向市人大常委会办公室信访科反馈办理结果，并同时将结果答复信访人；不能按规定期限反馈办理结果的，必须在规定的办理期限内书面报告进展情况并说明原因，办结后及时反馈；积极做好同信访部门、转办部门、司法部门的对接，主动把市人大信访工作纳入全市信访工作，加强联络沟通和办理反馈，提高信访工作的实效；对群众反映强烈、带有普遍性的问题，提交市人大常委会主任会议研究；重大信访案件经市人大常委会党组研究后，有计划有步骤地纳入人大常委会监督工作的重点。

五是坚持信访核查督查。市人大常委会办公室发函交办的信访事项，收函单位无正当理由，未按规定期限反馈办理结果或者进展情况的，市人大常委会办公室信访科坚持电话催办、发函催办、派人督办，并经办公室分管领导批准，请收函单位汇报进展情况；信访案件催办、督办等工作，采取听取调查、协商、协调等方式进行，视情况与市人大各专门委员会、市人大常委会工作委员会共同开展。

市人大信访工作按照“团结、创新、求实、高效”的工作要求，妥善协调各方面的关系，积极回应信访诉求。工作中不断加强社会主义民主和法治建设，积极开展普法宣传教育，人民群众的法律意识逐步强化，用法律武器维护自身合法权益的案例不断增加。2004年以来，市人大常委会受理群众来信来访3624件次。其中，市六届人大常委会受理1539件次；市七届人大常委会受理1595件次；市八届人大常委会受理246件次；市九届人大常委会受理207件次；2021年至2023年受理37件次。

第三章　市人大常委会内外交流

市人大常委会一贯重视与国内外城市之间的学习交流，坚持“走出去、请进来”，通过友好来往，沟通交流，增进与国内外人大、议会的相互了解，学习外地人大工作先进经验和做法，不断提高自身履职能力和工作水平。

第一节　内外交流

一、学习考察

2004年以来，市人大常委会每年以主任、副主任分别率队到全国其他省市，考察学习优化经济发展环境、农业农村、基层治理、生态环境保护、民生改善、外事侨务等方面的立法、监督工作经验，交流探讨代表建议办理、代表联络站建设、民生项目票决等代表工作做法，拓宽了视野，提升了能力，推进了工作。

同时，接待全国其他地区人大到鹰潭学习考察，通过相互交流，进一步宣传鹰潭，提升鹰潭对外形象，扩大鹰潭对外影响力。

二、对外友好交流

2004年以来，市人大常委会主任、副主任参团、组团出访多个国家的城市，进行经贸、文化、教育、旅游等领域的友好交流，了解其他国家地方议会工作，开展招商宣传推介，并建立多个友好城市关系，为鹰潭走向世界、扩大影响打下基础。

2004年10月25日，市人大常委会副主任邓绍聪随全国人大义务教育考察团到德国学习考察。

2007年7月18日，中国和加拿大双方财政转移支付座谈会在鹰潭举行，市人大财经委主任委员叶玉林主持会议并向加方介绍了鹰潭市情。市财政局、市审计局负责人员就鹰潭市财政转移支付情况作了介绍。

2009年6月24日至29日，市人大常委会副主任尹宁率团到西班牙塞维利亚市，参加第33届世界遗产大会。

2010年4月14日至21日，市人大常委会副主任彭中华率团考察日本名古屋市、东京市，就开展职业教育合作进行了交流。

2011年8月1日至10日，市人大常委会主任邵奇生率团对芬兰伊纳里市、匈牙利多瑙新城市、乌克兰伊久姆市进行了友好访问。与匈牙利多瑙新城市、乌克兰伊久姆市签署了建立友好城市关系的意向书。市人大常委会副主任管华鞍、秘书长敖高源陪同访问。

2012年8月1日至12日，市人大常委会主任杜德春随江西省人大访问团对巴西、阿根廷、智利进行访问和考察，会见当地华人华侨社团，开展友好交流。

2013年2月14日至26日，市人大常委会副主任杨晓群率团赴法国巴黎、德国慕尼黑、意大利罗马等地，考察社区矫正工作。

2015年2月27日至3月5日，市人大常委会副主任卢越明赴德国法兰克福、瑞士伯尔尼考察，就促进就业、社会保障、劳动者基本权益等方面进行了友好交流。

2016年5月12日至21日，市人大常委会主任杜德春率团赴俄罗斯、印度友好访问。考察了班加罗尔、孟买、莫斯科、圣彼得堡等城市，在经贸合作、医疗领域发展等方面进行了深入探讨。

2017年5月18日 俄罗斯科学院区域社会经济发展研究所副所长康斯坦丁·古林一行莅鹰学习考察并进行学术交流。市人大常委会副主任周永江等陪同考察。

2017年6月25日至7月4日，市人大常委会主任郭清率团赴俄罗斯、捷克、匈牙利三国，围绕“一带一路”旅游推介进行友好交流。考察了莫斯科、圣彼得堡、布拉格、梅尔尼克、布达佩斯、豪特万等城市，在加强经贸、文化、教育、旅游等领域合作进行了交流。

2018年10月31日至11月9日，市人大常委会副主任李力率团赴泰国、南非、埃及进行访问。重点参观了曼谷、芭提雅、约翰内斯堡、史蒂夫茨韦提等城市，就开展议会交流、产业推介、经贸洽谈等方面进行了深入探讨。

2019年7月22日至29日，市人大常委会副主任程芦山率团对美国旧金山、默塞德、利文斯顿、纽约和古巴哈瓦那进行了友好访问，就议会工作、立法监督等工作进行了深入交流，开展了产业项目推介。

2019年12月11日至20日，市人大常委会主任郭清率团赴泰国、马来西亚、印度尼西亚三国开展合作交流，重点访问了雅加达、文冬市、槟城、曼谷市、罗勇市，开展了特色产业、传统产业、旅游资源等方面的推介和洽谈。

第二节　承办会议

一、全国二十三城市（区）人大常委会联席会

1988年10月，全国二十三城市（区）人大常委会联席会制度建立，由三明市（福建）、大兴区（北京）、石家庄市（河北）、汕头市（广东）、西城区（北京）、荆州市（湖北）、信阳市（河南）、烟台市（山东）、威海市（山东）、晋城市（山西）、桂林市（广西）、株洲市（湖南）、莆田市（福建）、蚌埠市（安徽）、黄山市（安徽）、焦作市（河南）、漳州市（福建）、嘉兴市（浙江）、潮州市（广东）、遵义市（贵州）、鹰潭市（江西）、衢州市（浙江）、松江区（上海）人大常委会组成。会议每年轮流召开，围绕人大工作中一个主题进行交流研究探讨。

2012年6月7日至9日，全国二十三城市（区）人大常委会第二轮第二十次联席会议在江西省鹰潭市举行。三明市、北京市大兴区、石家庄市、汕头市、北京市西城区、荆州市、信阳市、威海市、烟台市、莆田市、晋城市、桂林市、株洲市、蚌埠市、黄山市、焦作市、漳州市、嘉兴市、遵义市、潮州市、衢州市、鹰潭市等22个市（区）人大常委会的领导和有关人员出席了会议。

会议由鹰潭市人大常委会主持。江西省人大常委会副主任胡振鹏出席会议并讲话，中共鹰潭市委书记陈兴超致欢迎词并介绍市情，鹰潭市人大常委会主任杜德春主持开幕式，鹰潭市人大常委会副主任杨晓群主持大会交流，鹰潭市委常委、常务副市长王家林，市政协副主席杨建保出席会议。鹰潭市人大各专门委员会、常委会各工作机构主要负责人，鹰潭市辖县（市、区）人大常委会负责人员列席了会议。

会议围绕“地方人大如何加强和改进人大监督工作，不断增强监督实效”进行交流和探讨。与会成员单位共提交研讨论文22篇，其中信阳市、烟台市、株洲市、漳州市、嘉兴市、鹰潭市等6个成员单位在会上作了交流发言，其他成员单位进行书面交流。会议商定，全国二十三城市（区）人大常委会第二轮第二十一次联席会议于2012年下半年在浙江省衢州市举行。

2004—2012年全国二十三城市（区）人大常委会联席会议一览表

表2

次数（次）	时间	地点	带队领导	议题
4	2004年5月18日至21日	汕头市	彭路祥	如何坚持立党为公、执政为民，进一步发挥人大的监督作用，促进“三个文明”建设

续表 2

次数（次）	时间	地点	带队领导	议题
5	2004 年 9 月 13 日至 15 日	西城区	邵奇生	行使人事任免权的实践与探索
6	2005 年 5 月 24 日至 26 日	荆州市	李萍文	新时期人大工作创新的实践与思考
7	2005 年 10 月 11 日至 13 日	信阳市	刘国林	坚持以人为本，全面落实科学发展观，在构建社会主义和谐社会中发挥地方人大常委会作用的实践和思考
8	2006 年 5 月 23 日至 25 日	山东省威海市	邓绍聪	贯彻落实中共中央 9 号文件精神，加强和改进代表工作、充分发挥代表作用的实践和思考
9	2006 年 10 月 10 日至 12 日	莆田市	罗喜仔	地方人大建设的实践和思考
10	2007 年 5 月 10 日至 12 日	烟台市	张鲁年	在构建和谐社会中发挥人大作用和贯彻实施《监督法》
11	2007 年 9 月 14 日至 16 日	烟台市	李萍文	加强预算监督，增强监督实效
12	2008 年 6 月 3 日至 5 日	桂林市	罗喜仔	继续解放思想、深化改革开放、推动科学发展和促进社会和谐
13	2008 年 10 月 12 日至 15 日	株洲市	彭中华	如何提高常委会会议质量
14	2009 年 5 月 14 日至 15 日	蚌埠市	请 假	做好代表工作、发挥代表作用
15	2009 年 10 月 20 日至 22 日	黄山市	张鲁年	认真做好人大财政预算审查监督
16	2010 年 5 月 19 日至 21 日	漳州市	卢越明	创新监督方式 增强监督实效
17	2010 年 11 月 9 日至 10 日	嘉兴市	管华鞍	新形势下如何更好地开展和完善选举工作和进一步发挥监督职能作用
18	2011 年 5 月 24 日至 26 日	潮州市	邵奇生	如何围绕发展大局，加强监督、促进和谐社会建设
19	2011 年 10 月 19 日至 20 日	遵义市	卢越明	加强人大常委会制度建设的实践与思考
20	2012 年 6 月 7 日至 9 日	鹰潭市		加强和改进人大监督工作，不断增强监督工作实效
21	2012 年 10 月 11 日至 13 日	衢州市	刘育虹	“致力于促进经济发展、民生改善，认真行使重大事项决定权”和“认真贯彻代表法，不断创新和完善代表工作机制，充分发挥代表作用”两个主题

二、闽浙赣皖毗邻九市人大工作联席会议

1991 年，闽浙赣皖毗邻九市人大工作联席会议制度建立，由四省相邻的上饶、抚州、金华、南平、黄山、景德镇、鹰潭、衢州、丽水市人大常委会组成。联席会议每年轮流召开，围绕人大工作中一个主题进行交流研究探讨。

2006 年 10 月 23 日至 25 日，闽浙赣皖四省九市人大工作联席会第十六次会议在江西省鹰潭市举行。上饶、抚州、丽 水、金华、黄山、南平、景德镇、衢州和鹰潭 9 个市人大常委会的领导和有关人员共 28 人出席会议。会议由鹰潭市人大常委会主持。鹰潭市人大常委会主任邵奇生致欢迎词；中共鹰潭市委常委、副市长吴晓军介绍鹰潭市情；会议紧紧围绕贯彻落实中发〔2005〕9 号文件精神、加强地方人大常委会制度建设这一主题进行交

流与深入研讨；会议商定，闽浙赣皖九市人大工作联席会从2007年起每年召开两次，上、下半年各一次。

2011年5月18日至20日，闽浙赣皖四省九市人大工作联席会第二十五次会议在江西省鹰潭市举行。金华、景德镇、衢州、黄山、南平、丽水、上饶、抚州、鹰潭等9个设区市人大常委会领导和有关人员出席了会议。鹰潭市人大常委会主任邵奇生主持会议；鹰潭市政协主席潘赞海出席会议；鹰潭市委常委、宣传部部长徐琳琳致欢迎词；会议围绕“地方人大如何坚持以人为本，促进民生改善”主题进行了交流和探讨；与会人员参观考察了贵溪冶炼厂、江西美的贵雅照明有限公司和龙虎山风景区。

闽浙赣皖四省九市人大工作联席会历次会议一览表

表3

轮次	次数（次）	时间	地点	带队领导	议题
第二轮	14	2004年11月2日至4日	南平市	郑良健	如何进一步发挥人大代表作用
	15	2005年9月19日至21日	丽水市	李忠仁	地方人大及其常委会如何行使重大事项决定权
	16	2006年10月23日至25日	鹰潭市		加强地方人大常委会制度建设的实践与思考
	17	2007年5月28日至30日	上饶市	李萍文	认真贯彻实施监督法，强化地方人大监督职能
	18	2007年11月8日至10日	抚州市	郑良健	坚持和依靠党的领导，切实做好地方人大工作
第三轮	19	2008年6月9日至11日	金华市	管华鞍	深化对财政预算的审查和执法情况的监督
	20	2008年10月17日至19日	景德镇市	罗喜仔	人大工作如何促进新农村建设
	21	2009年5月18日至20日	衢州市	张鲁年	纪念地方人大设立常委会30周年，进一步加强和改进人大工作
	22	2009年10月20日至22日	黄山市	刘育虹	认真做好新时期人大代表工作
	23	2010年4月14日至16日	南平市	尹　宁	贯彻实施《中华人民共和国各级人民代表大会常务委员会监督法》
	24	2010年10月21日至23日	丽水市	敖高源	发挥人大职能作用，推进生态文明建设
	25	2011年5月18日至20日	鹰潭市		地方人大如何坚持以人为本，促进民生改善
	26	2011年11月27日至28日	上饶市	江　鸿	贯彻修改后的《选举法》，做好换届选举工作
	27	2012年5月29日至30日	抚州市	徐晓年	创新人大工作方式方法，提高地方人大工作水平

三、全省人大工作座谈会

2004年3月25日至27日，全省人大财经工作座谈会在江西铜业公司召开，省人大常委会副主任蒋仲平出席会议并讲话。市领导黄建盛、胡宪出席会议。

2011年5月16日至18日，全省设区市人大常委会秘书长、办公厅（室）主任座谈会在鹰潭召开。会议围绕如何创新人大常委会办公厅（室）工作进行了交流。

2012 年 6 月 29 日至 30 日，全省人大选举任免联络工作座谈会在鹰潭召开。

2014 年 4 月 1 日至 2 日，全省人大教科文卫工作座谈会在鹰潭召开。会议围绕如何深化教科文卫事业改革、推进新时期教科文卫工作进一步繁荣发展进行探讨。省人大常委会副主任马志武出席会议。

2015 年 12 月 18 日，全省人大农业和农村工作座谈会在鹰潭召开。省人大常委会副主任冯桃莲出席会议并讲话。

2016 年 5 月 6 日至 7 日，全省人大外侨民宗台旅工作座谈会在鹰潭召开。

2019 年 1 月 21 日，省人大环境资源保护监督员培训工作座谈会在鹰潭召开。

2024 年 1 月 11 日至 12 日，全省推进人大代表联络站建设座谈会在鹰潭召开。会议围绕如何建好管好用好代表联络站、做实做细做深代表联络站工作进行交流发言，并实地调研乡镇代表联络站工作情况。

第四章　市人大常委会新闻宣传和理论研究

宣传工作是市人大常委会的一项重要工作内容。市人大常委会对宣传工作十分重视，运用多种形式积极开展人民代表大会制度的宣传；通过党报党刊，报道常委会工作动态，交流人大工作经验；鼓励和支持工作人员撰写人大工作的有关理论研讨文章；利用媒体，积极宣传常委会开展人大工作的成功做法；宣传立足本职岗位，充分发挥代表作用的优秀人大代表；宣传自觉接受人大监督、全心全意为人民服务的“一府一委两院”工作成效等。

第一节　新闻宣传

精心组织并协调市新闻单位做好人大会议、视察调研活动等工作的宣传报道。截至2024年1月，被《中国人大》、《江西日报》、《时代主人》、《人民代表报》、“江西人大”微信公众平台等省级以上新闻单位采用稿件100余篇。

2006—2023年省级以上报刊媒体刊登新闻宣传作品选录表

表4

刊载新闻媒体	新闻作品名称	作者
2006年11月27日《江西日报》	《社会和谐呼唤“我为人人”》	叶玉林
2007年《时代主人》第2期	《认真行使职权　依法开展监督——设区市人大常委会主任畅谈2007年人大监督工作》	邵奇生
2007年《时代主人》第10期	《鹰潭市：积极为企业发展创造良好环境》	叶玉林
2007年11月19日人民网—中国人大新闻—评论理论—人大时评	《把“支持”、“保障”化为人大履职动力》	叶玉林
2008年《时代主人》第2期	《人大工作必须坚持人民当家作主》	邵奇生
2008年《时代主人》第10期	《波澜壮阔的三十年》	严细火
2008年《时代主人》第12期	《为“民生”才有好名声》	严细火
2008年3月22日《人民代表报》	《“菜篮子”虽小却重》	叶玉林
2008年7月1日人民网—理论频道	《“削支”彰显患难与共的民族精神》	叶玉林
2008年8月4日人民网—理论频道	《法治保障是战胜灾害的坚强力量》	叶玉林

续表 4

刊载新闻媒体	新闻作品名称	作者
2008 年 10 月 20 日《江西日报》	《安全之责重如山》	叶玉林
2009 年 1 月 12 日中国人大网	《深入贯彻科学发展观　谋求人大新的作为》	叶玉林
2009 年《时代主人》第 2 期	《从“危机”中寻找“生机”——鹰潭市人大常委会组织人大代表视察大铜产业纪实》	叶玉林
2009 年《时代主人》第 3 期	《保障改善民生关键在于落实》	严细火
2009 年《时代主人》第 6 期	《坚持党的领导是人大工作的“法宝”》	邵奇生
2009 年《时代主人》第 10 期	《应对危机勇作为　依法履职促发展——鹰潭市人大常委会服务保障“三保一弘扬”工作纪实》	严细火
2010 年 1 月 14 日《人民代表报》	《找准审查监督全口径预决算的着力点》	叶玉林 熊国华
2010 年《时代主人》第 7 期	《洪灾无情　人间有爱——鹰潭市人大常委会全力以赴抗洪救灾纪实》	严细火
2010 年《时代主人》第 9 期	《童家镇里的新鲜事》	严细火
2011 年 3 月 14 日人民网－理论频道	《承担“首要任务”当尽首要之责》	叶玉林
2011 年 3 月 26 日《人民代表报》	《人大监督规划实施也要“成其终”》	叶玉林
2011 年 7 月 29 日《人民代表报》	《正确用权促崛起》	叶玉林
2014 年 8 月 25 日中国人大网	《给政府债务“亮剑”很有必要》	叶玉林
2015 年 1 月 3 日《人民代表报》	《以法治思维和方式推进新预算法的实施》	叶玉林
2017 年《时代主人》第 3 期	《传承创新　积极履职　扎实做好本届人大常委会开局之年工作》	郭　清
2017 年《时代主人》第五期	《推进人大工作创新发展的思考》	胡高堂
2017 年人民日报社《百姓中国周刊》	《鹰潭市人大讨论决定重大事项，为推进改革发展提供法治保障》	艾书广
2018 年 1 月 4 日《江西日报》	《鹰潭扎实推动规范性文件备案审查》	阮克芬
2019 年 1 月 2 日《江西日报》	《筑好“履职台”，架好“连心桥”》	艾书广 金武缨
2019 年 4 月 2 日江西人大新闻网	《架起通向人民群众的“连心桥”——鹰潭市人大代表联络工作站采访见闻》	艾书广
2019 年 5 月 14 日《人民代表报》	《适应新形势，推动预算审查监督迈上新台阶》	熊国华
2019 年 8 月 6 日江西人大新闻网	《鹰潭市人大常委会开展主题演讲比赛侧记》	艾书广
2019 年 8 月 5 日江西人大微信公众号	《牢记初心使命　做好人大工作》	艾书广
2019 年《时代主人》第 10 期	《传承创新，探索实践，推动人大工作不断迈出新步伐—鹰潭市人大设立常委会 39 周年综述》	艾书广
2020 年《时代主人》第 2 期	《在疫情防控中显担当展风采——鹰潭市各级人大代表投身疫情防控工作侧记》	艾书广
2020 年《时代主人》第 9 期	《发挥人大主导作用　提高地方立法质量》	胡高堂
2020 年《时代主人》第 10 期	《把握方向，找准定位，履职尽责，努力展现新时代地方人大工作新为》	艾书广
2020 年《时代主人》第 10 期	《人大代表关注民生热点，医院停车收费问题立说立改》	祝春明 周春玲

续表 4

刊载新闻媒体	新闻作品名称	作者
2021 年 5 月 6 日江西人大新闻网	《认真抓好代表建议办理工作　推动“我为群众办实事”落地见效》	倪龙飞
2021 年 6 月 11 日江西人大新闻网	《开展代表重点建议督办》	李立敏
2021 年 6 月 21 日江西人大新闻网	《以上率下学党史　履职作为办实事》	艾书广
2021 年 11 月 30 日江西人大新闻网	《强化法治保障　守护碧水清流》	何再胜
2021 年 12 月 20 日江西人大新闻网	《发挥人大主导作用　提高地方立法质量》	吴勤胜
2021 年《时代主人》第 2 期	《听民声　推动解决民声诉求》	金武缨 艾书广 张俊娟
2021 年《时代主人》第 2 期	《严格实施立法规划　推动立法工作稳步前行》	龚著宝 何再胜
2021 年《时代主人》第 5 期	《赓续红色血脉　坚持以学促行　——我省各地人大扎实开展党史学习教育》	倪龙飞
2021 年《时代主人》第 8 期	《学习党史悟思想　依法履职开新局》	艾书广
2022 年 1 月 6 日《人民代表报》	《坚持以人民为中心　加强“三个建设”》	艾书广
2022 年 5 月 16 日江西人大新闻网	《开展乡村振兴“一法一条例”执法检查　助推富裕江西建设》	杨　刚 黄光亚
2022 年 6 月 1 日江西人大新闻网	《充分发挥代表作用　彰显人大担当作为》	李　娜 杨　刚
2022 年 6 月 17 日江西人大新闻网	《鹰潭市人大：持续开展环保行活动　护好鹰潭人民群众的“水缸子”》	邹　云
2022 年 7 月 19 日《江西日报》	《鹰潭人大代表助力发展显担当》	李　娜
2022 年 8 月 26 日《江西日报》	《精准摸排、跟进督查，鹰潭各级人大代表当好营商环境“监督者”》	李志辉
2022 年 8 月 30 日江西人大新闻网	《精准摸排　跟进督查　代表当好营商环境“监督者”》	李志辉
2022 年 10 月 17 日江西人大微信公众号	《使命在肩　积极履职为民生》	金武缨
2022 年《时代主人》第 1 期	《做深做实备案审查工作，切实维护法制统一、保障人民合法权益——鹰潭市人大常委会高质量推进备案审查工作纪实》	阮克芬
2022 年《时代主人》第 2 期	《点睛之笔·鹰潭篇——地方人大亮点扫描〈解民忧，代表建议落实处〉》	陈　旭
2022 年《时代主人》第 6 期	《建立领导领衔督办机制　促进代表意见建议办理》	谭国平
2022 年《时代主人》第 7 期	《做好“四篇”文章　增强人大活力——鹰潭市推进全过程人民民主的探索与实践》	郭　清
2022 年《时代主人》第 9 期	《打好助力营商环境优化升级“组合拳”》	阮克芬
2022 年《时代主人》第 11 期	《建强人大代表联络站　推进全过程人民民主》	金武缨 李　娜 杨　刚

续表 4

刊载新闻媒体	新闻作品名称	作者
2022 年省立法理论研究会《立法视野》杂志第 2 期	《践行全过程人民民主　做好地方立法工作》	吴勤胜 何再胜
2023 年 2 月 2 日江西人大新闻网	《以法治护航一流营商环境建设》	吴　正
2023 年 7 月 8 日《人民代表报》	《审议出现场办公的“辣味”和“疗效”》	谭国平 吴　正
2023 年 7 月 21 日江西人大新闻网	《健全立法制度体系　提高地方立法质量》	吴勤胜 何再胜
2023 年 7 月 25 日江西人大新闻网	《促进立法与实施良性互动》	吴勤胜 何再胜
2023 年 8 月 21 日《人民代表报》	《守护好人民群众饮用水源安全——江西省鹰潭市人大调研花桥水库运行管理情况侧记》	万勇章 陈　旭
2023 年 9 月 12 日《人民代表报》	《规范海绵城市建设　改善城市人居环境》	何再胜
2023 年 9 月 14 日江西人大新闻网	《戴明良：鞠躬尽瘁献余生　甘当农民贴心人》	黄光亚 陈　旭
2023 年 9 月 22 日人民代表网	《“小切口”推动代表建议办理惠及“大民生”》	李立敏
2023 年 10 月 7 日《人民代表报》	《当好群众健康“守门人”　——记江西省鹰潭市人大代表姚军》	杨　刚
2023 年 10 月 20 日江西人大新闻网	《列问题清单　防范“屡审屡犯”》	阮克芬
2023 年 11 月 15 日《人民代表报》	《出台全省设区市首个“双碳”决定》	万勇章 陈　旭
2023 年 12 月 13 日《人民代表报》	《“一线”调研激活监督刚性》	阮克芬 陈　睿
2023 年《时代主人》第 2 期	《强化法治保障　守护碧水清流》	汤伟芳 何再胜
2023 年《时代主人》第 6 期	《在调查研究中践行全过程人民民主》	郭　清
2023 年《时代主人》第 11 期	《小小联系点　民主大气象》	李　华 汤　晶 何再胜

第二节　理论研究

人大理论研究是人大工作的重要组成部分。随着中国式现代化建设进程的不断加快，人大理论研究工作面临全新的使命和挑战。市人大常委会高度重视，与时俱进，开拓创新，积极推动新形势下地方人大理论研究工作。截至 2024 年 1 月，市人大报送的 12 篇理论研究课题荣获全省人大工作理论研究优秀等奖励。

2011—2023年市人大获全省人大理论研究成果一览表

表5

年份	课题名称	奖项	作者
2011	《发挥人大职能作用 全力促进社会管理》	全省人大工作理论研讨获奖论文优秀奖	严细火
2013	《关于加强代表建议督办工作的思考》	全省人大工作理论与实践研讨征文活动优秀奖	艾书广
2015	《试论加强人大国有资产监督职能的意义、现状及途径》	全省人大工作理论与实践研究课题二级课题	叶玉林
2017	《浅析设区的市在立法起步阶段应注意的几个问题》	全省人大工作理论与实践研究课题三级课题	吴勤胜 何再胜
2020	《发挥人大主导作用 提高地方立法质量》	省人大常委会办公厅、省人大工作理论研究会研究课题合格课题	吴勤胜 万勇章 邹　云
	《三件备案审查案例（编号138.139.140）》	入选2020年全国人大常委会法工委《规范性文件备案审查案例选编》	阮克芬
2021	《以习近平法治思想视角探析备案审查制度的发展》	全省人大工作理论与实践研究课题三级课题	龚著宝 明桂玲
	《党的十八大以来设区市人大财经监督工作改革情况探究》	全省人大工作理论与实践研究课题三级课题	徐　慧 熊国华 陈　旭
	《民生实事项目人大代表票决制研究》	全省人大工作理论与实践研究课题三级课题	谭国平
	《工农兵代表大会制度在贵溪的实践探索和经验启示》	全省中华苏维埃代表大会制度研究课题合格课题	艾书广
	《关于人大代表联络工作站建设的实践与思考》	全省人大工作理论与实践研究课题合格课题	李　娜 杨　刚
2023	《关于做好新时代地方人大调查研究工作的思考——以鹰潭市营商环境优化升级情况专题调研为例》	学习贯彻习近平新时代中国特色社会主义思想主题教育、大兴调查研究课题三级课题	阮克芬
	《贯彻全过程人民民主推动设区市立法工作高质量发展——以鹰潭市立法实践为例》	人大工作理论与实践研究课题三级课题	夏涌波 吴勤胜 何再胜 明桂玲

第十篇

市属各区（市）人民代表大会及其常务委员会

第一章　贵溪市人民代表大会及其常务委员会

第一节　贵溪市人民代表大会

一、贵溪市第三届人民代表大会

第一次会议　2003 年 1 月 8 日至 12 日在贵溪影剧院召开，应到代表 223 名，实到代表 203 名。会议听取和审议了贵溪市人民政府市长黄建平所作的市人民政府工作报告；贵溪市发展计划局局长周美龙所作的贵溪市 2002 年国民经济和社会发展计划执行情况与 2003 年国民经济和社会发展计划草案的报告；贵溪市财政局局长姚建中所作的贵溪市 2002 年市本级总预算执行情况和 2003 年市本级总预算草案的报告；贵溪市人大常委会副主任张满发所作的市人大常委会工作报告；贵溪市人民法院代院长王建东所作的市人民法院工作报告；贵溪市人民检察院检察长陈金茂所作的市人民检察院工作报告。会议分别通过了关于批准上述报告及计划和财政的决议。选举贵溪市三届人大常委会组成人员；选举市人民政府市长、副市长；选举贵溪市人民法院院长和贵溪市人民检察院检察长。大会收到代表建议和意见 57 件。

会议选举陈爱民为贵溪市第三届人民代表大会常务委员会主任；

会议选举蔡金炎、陈毛义、杨树太、于明、胡有财、任江南为副主任；

会议选举左光荣、杨新民、李微、李德秀、何建平、张子建、张社喜、张逸云、周雨亭、郑平、姜新文、桂炎龙、徐上游、章建涛为委员；

会议选举黄建平为贵溪市人民政府市长；

会议选举李忠仁、杨解生、乐文红、吴塘顺、揭晓泗为副市长；

会议选举王建东为贵溪市人民法院院长；

会议选举陈金茂为贵溪市人民检察院检察长。

第二次会议　2004 年 1 月 30 日至 2 月 2 日在贵溪电厂俱乐部召开，应到代表 220 名，实到代表 199 名。会议听取和审议了贵溪市人民政府市长黄建平所作的市人民政府工作报告；贵溪市发展计划局局长周美龙所作的贵溪市 2003 年国民经济和社会发展计划执行情况与 2004 年国民经济和社会发展计划草案的报告；贵溪市财政局局长姚建中所作的贵溪市 2003 年市本级总预算执行情况和 2004 年市本级总预算草案的报告；贵溪市人大常委会副主任蔡金炎所作的市人大常委会工作报告；贵溪市人民法院院长王建东所作的市人民法院工作报告；贵溪市人民检察院检察长陈金茂所作的市人民检察院工作报告。会议分别通过了关于批准上述报告及计划和财政的决议。选举贵溪市出席鹰潭市第六届人民代表大会代表。大会收到代表建议和意见 44 件。

第三次会议 2005 年 1 月 11 日至 14 日在贵溪电厂俱乐部召开，应到代表 222 名，实到代表 196 名。会议听取和审议了贵溪市人民政府市长黄建平所作的市人民政府工作报告；贵溪市发展计划局局长周美龙所作的贵溪市 2004 年国民经济和社会发展计划执行情况与 2005 年国民经济和社会发展计划草案的报告；贵溪市财政局局长姚建中所作的贵溪市 2004 年市本级总预算执行情况和 2005 年市本级总预算草案的报告；贵溪市人大常委会副主任蔡金炎所作的市人大常委会工作报告；贵溪市人民法院院长王建东所作的市人民法院工作报告；贵溪市人民检察院检察长陈金茂所作的市人民检察院工作报告。会议分别通过关于批准上述报告及计划和财政的决议。大会收到代表建议和意见 53 件。

第四次会议 2006 年 6 月 9 日至 13 日在贵溪电厂俱乐部召开，应到代表 218 名，实到代表 205 名。会议听取和审议了贵溪市人民政府市长黄建平所作的市人民政府工作报告；贵溪市国民经济和社会发展第十一个五年规划纲要；贵溪市发展和改革局局长裴克瑞所作的贵溪市 2005 年国民经济和社会发展计划执行情况与 2006 年国民经济和社会发展计划草案的报告；贵溪市财政局局长姚建中所作的贵溪市 2005 年市本级总预算执行情况和 2006 年市本级总预算草案的报告；贵溪市人大常委会副主任蔡金炎所作的市人大常委会工作报告；贵溪市人民法院院长王建东所作的市人民法院工作报告；贵溪市人民检察院检察长陈金茂所作的市人民检察院工作报告。会议分别通过关于批准上述报告及计划和财政的决议。大会收到代表建议和意见 62 件。

会议补选周美龙为贵溪市第三届人民代表大会常务委员会副主任；

会议补选楼丽娟、邵锋道、杨丽华为委员。

第五次会议 2006 年 11 月 21 日至 22 日在贵溪电厂俱乐部召开，应到代表 218 名，实到代表 197 名。本次会议补选贵溪市第三届人民代表大会常务委员会主任、副主任、市人民政府市长；选举出席鹰潭市第七届人民代表大会代表。

会议通过了接受陈爱民辞去贵溪市第三届人民代表大会常务委员会主任职务请求的决定；

会议补选黄建平为贵溪市第三届人民代表大会常务委员会主任；

会议选举李赛白为副主任；

会议补选艾农为贵溪市人民政府市长。

二、贵溪市第四届人民代表大会

第一次会议　2007 年 3 月 20 日至 23 日在贵溪电厂俱乐部召开，应到代表 218 名，实到代表 205 名。会议听取和审议了贵溪市人民政府市长艾农所作的市人民政府工作报告；贵溪市人大常委会副主任蔡金炎所作的市人大常委会工作报告；贵溪市人民法院院长王建东所作的市人民法院工作报告；贵溪市人民检察院代理检察长方成所作的市人民检察院工作报告。审议并审查、批准了贵溪市 2006 年国民经济和社会发展计划执行情况与 2007 年国民经济和社会发展计划草案的报告（书面）；审议并审查、批准了贵溪市 2006 年市本级总预算执行情况和 2007 年市本级总预算草案的报告（书面）。会议分别通过上述报告的决议。选举贵溪市四届人大常委会组成人员。选举贵溪市人民政府市长、副市长；选举贵溪市人民法院院长和贵溪市人民检察院检察长。大会收到代表建议和意见 74 件。

会议选举黄建平为贵溪市第四届人民代表大会常务委员会主任；

会议选举李赛白、陈毛义、于明、胡有财、周美龙、余红艳为副主任；

会议选举李长华、邵锋道、杨丽华、董丰华、黄敏浪、官正强、袁建国、彭德水、范玲、吉星、张社喜、张良冬、桂田水为委员；

会议选举艾农为贵溪市人民政府市长；

会议选举乐文红、揭晓泗、黄占共、张子建、黄如象、方洪海为副市长；

会议选举王建东为贵溪市人民法院院长；

会议选举方成为贵溪市人民检察院检察长。

第二次会议　2008 年 3 月 29 日至 4 月 1 日在贵溪电厂俱乐部召开，应到代表 218 名，实到代表 195 名。会议听取和审议了贵溪市人民政府市长艾农所作的市人民政府工作报告；贵溪市人大常委会主任黄建平所作的市人大常委会工作报告；贵溪市人民法院院长王建东所作的市人民法院工作报告；贵溪市人民检察院检察长方成所作的市人民检察院工作报告。审议并审查、批准了贵溪市 2007 年国民经济和社会发展计划执行情况与 2008 年国民经济和社会发展计划草案的报告（书面）；审议并审查、批准了贵溪市 2007 年市本级总预算执行情况和 2008 年市本级总预算草案的报告（书面）。会议分别通过了上述报告的决议。选举贵溪市第四届人民代表大会常务委员会委员。大会收到代表建议和意见 70 件。

会议选举李建平、姜晓虹（女）为贵溪市第四届人民代表大会常务委员会委员。

第三次会议　2008 年 9 月 27 日至 29 日在信江电影院召开，应到代表 218 名，实到代表 201 名。会议补选贵溪市人民政府市长。

会议补选杨解生为贵溪市人民政府市长。

第四次会议　2009 年 2 月 17 日至 20 日在贵溪电厂俱乐部召开，应到代表 217 名，实到代表 202 名。会议听取和审议了贵溪市人民政府市长杨解生所作的市人民政府工作报告；贵溪市人大常委会党组书记、副主任李赛白所作的市人大常委会工作报告；贵溪市人民法院院长王建东所作的市人民法院工作报告；贵溪市人民检察院检察长方成所作的市人民检察院工作报告。审议并审查、批准了贵溪市 2008 年国民经济和社会发展计划执行情况与 2009 年国民经济和社会发展计划草案的报告（书面）；审议并审查、批准了贵溪市 2008 年市本级总预算执行情况和 2009 年市本级总预算草案的报告（书面）。会议分别通过上述报告的决议。会议通过关于设立贵溪市第四届人民代表大会社会建设委员会的决定；选举贵溪市第四届人民代表大会常务委员会委员。大会收到代表建议和意见 44 件。

会议选举汪丽荣（女）、郑志成为贵溪市第四届人大常委会委员。

第五次会议 2010 年 1 月 21 日至 23 日在新贵溪宾馆召开，应到代表 215 名，实到代表 198 名。会议听取和审议了贵溪市人民政府市长杨解生所作的市人民政府工作报告；贵溪市人大常委会党组书记、副主任李赛白所作的市人大常委会工作报告；贵溪市人民法院院长王建东所作的市人民法院工作报告；贵溪市人民检察院检察长方成所作的市人民检察院工作报告。审议并审查、批准了贵溪市 2009 年国民经济和社会发展计划执行情况与 2010 年国民经济和社会发展计划草案的报告（书面）；审议并审查、批准了贵溪市 2009 年市本级总预算执行情况和 2010 年市本级总预算草案的报告（书面）。会议分别通过上述报告的决议。大会收到代表建议和意见 43 件。

第六次会议 2011 年 2 月 26 日至 28 日在骏安国际大酒店会议中心召开，应到代表 207 名，实到代表 186 名。会议听取和审议了贵溪市人民政府市长杨解生所作的市人民政府工作报告；贵溪市人大常委会代理主任李赛白所作的市人大常委会工作报告；贵溪市人民法院院长王建东所作的市人民法院工作报告；贵溪市人民检察院检察长方成所作的市人民检察院工作报告。审议并审查、批准了贵溪市国民经济和社会发展第十二个五年规划纲要；审查、批准了贵溪市 2010 年国民经济和社会发展计划执行情况与 2011 年国民经济和社会发展计划草案的报告（书面）；审议并审查、批准了贵溪市 2010 年市本级总预算执行情况和 2011 年市本级总预算草案的报告（书面）。会议分别通过上述报告的决议。大会收到建议和意见 41 件。

三、贵溪市第五届人民代表大会

第一次会议 2011 年 8 月 30 日至 9 月 1 日在骏安国际大酒店会议中心召开，应到代表 213 名，实到代表 203 名。会议听取和审议了贵溪市人民政府代理市长程芦山所作的市人民政府工作报告；贵溪市人大常委会副主任陈毛义所作的市人大常委会工作报告；贵溪市人民法院代理院长邹静所作的市人民法院工作报告；贵溪市人民检察院代理检察长杨高生所作的市人民检察院工作报告。会议分别通过了关于批准上述报告的决议；选举事项。大会收到代表建议和意见46件。

会议选举杨解生为贵溪市第五届人民代表大会常务委员会主任；

会议选举姚建中、黄贵龙、黄冬有、张任水、徐劼毅为副主任；

会议选举童国栋、杨丽华、郑志成、叶国琴、阮克芬、童衍福、汪丽荣、翁先新、万旭珍、吉星、杨荣明、邓文进、费享琴、张良冬、桂田水、彭文革、陈栋太为委员；

会议选举程芦山为贵溪市人民政府市长；

会议选举王富生、罗卫国、许军峰、余红艳、汪唤生、肖军为副市长；

会议选举邹静为贵溪市人民法院院长；

会议选举杨高生为贵溪市人民检察院检察长。

第二次会议　2012年2月9日至11日在骏安国际大酒店会议中心召开，应到代表213名，实到代表195名。会议听取和审议了贵溪市人民政府市长程芦山所作的市人民政府工作报告；贵溪市人大常委会副主任姚建中所作的市人大常委会工作报告；贵溪市人民法院院长邹静所作的市人民法院工作报告；贵溪市人民检察院检察长杨高生所作的市人民检察院工作报告。审议并审查、批准了贵溪市2011年国民经济和社会发展计划执行情况与2012年国民经济和社会发展计划草案的报告（书面）；审议并审查、批准了贵溪市2011年市本级总预算执行情况和2012年市本级总预算草案的报告（书面）。会议分别通过上述报告及的决议。大会收到代表建议和意见31件。

第三次会议　2013年1月16日至18日在骏安国际大酒店会议中心召开，应到代表220名，实到代表208名。会议听取和审议了贵溪市人民政府市长程芦山所作的市人民政府工作报告；贵溪市人大常委会副主任姚建中所作的市人大常委会工作报告；贵溪市人民法院院长邹静所作的市人民法院工作报告；贵溪市人民检察院检察长杨高生所作的市人民检察院工作报告。审议并审查、批准了贵溪市2012年国民经济和社会发展计划执行情况与2013年国民经济和社会发展计划草案的报告（书面）；审议并审查、批准了贵溪市2012年市本级总预算执行情况和2013年市本级总预算草案的报告（书面）。会议分别通过上述报告的决议；选举贵溪市第五届人民代表大会常务委员会委员。大会收到代表建议和意见65件。

会议选举王虎山、朱加太、江忠明、杨丽峰、何新法、胡大琦为贵溪市第五届人民代表大会常务委员会委员。

第四次会议　2014年1月9日至11日在骏安国际大酒店会议中心召开，应到代表210名，实到代表199名。会议听取和审议了贵溪市人民政府市长程芦山所作的市人民政府工作报告；贵溪市人大常委会副主任姚建中所作的市人大常委会工作报告；贵溪市人民法院院长邹静所作的市人民法院工作报告；贵溪市人民检察院检察长杨高生所作的市人民检察院工作报告。审议并审查、批准了贵溪市2013年国民经济和社会发展计划执行情况与2014年国民经济和社会发展计划草案的报告（书面）；审议并审查、批准了贵溪市2013年市本级总预算执行情况和2014年市本级总预算草案的报告（书面）。会议分别通过上述报告的决议。大会收到代表建议和意见122件。

第五次会议 2015年2月2日至5日在骏安国际大酒店会议中心召开，应到代表223名，实到代表206名。会议听取和审议了贵溪市人民政府代理市长梅峰所作的市人民政府工作报告；贵溪市人大常委会副主任姚建中所作的市人大常委会工作报告；贵溪市人民法院代理院长童力所作的市人民法院工作报告；贵溪市人民检察院检察长杨高生所作的市人民检察院工作报告。审议并审查、批准了贵溪市2014年国民经济和社会发展计划执行情况与2015年国民经济和社会发展计划草案的报告（书面）；审议并审查、批准了贵溪市2014年市本级总预算执行情况和2015年市本级总预算草案的报告（书面）。会议分别通过了上述报告的决议。补选贵溪市人民政府市长，选举贵溪市第五届人民代表大会常务委员会副主任，补选贵溪市人民法院院长，选举贵溪市第五届人民代表大会常务委员会委员。大会收到代表建议和意见67件。

会议选举阮克芬为贵溪市第五届人民代表大会常务委员会副主任；

会议选举王晓帅、汪建军、罗东香、钟定辉为委员；

会议补选梅峰为贵溪市人民政府市长；

会议补选童力为贵溪市人民法院院长。

第六次会议 2015年10月14日至15日在骏安国际大酒店会议中心召开，应到代表220名，实到代表199名。补选贵溪市第五届人民代表大会常务委员会主任。

会议补选张福庆为贵溪市第五届人民代表大会常务委员会主任。

第七次会议 2016年1月20日至21日在骏安国际大酒店会议中心召开，应到代表220名，实到代表197名。会议听取和审议了贵溪市人民政府市长梅峰所作的市人民政府工作报告；贵溪市人大常委会副主任黄冬有所作的市人大常委会工作报告；贵溪市人民法院院长童力所作的市人民法院工作报告；贵溪市人民检察院检察长杨高生所作的市人民检察院工作报告。审议并审查、批准了贵溪市国民经济和社会发展第十三个五年规划纲要；审议并审查、批准了贵溪市2015年国民经济和社会发展计划执行情况与2016年国民经济和社会发展计划草案的报告（书面）；审议并审查、批准了贵溪市2015年市本级总预算执行情况和2016年市本级总预算草案的报告（书面）；审查了贵溪市“多规合一”条例规划草案。会议分别通过了上述报告的决议。大会收到代表建议和意见39件。

四、贵溪市第六届人民代表大会

第一次会议　2016 年 10 月 23 日至 26 日在骏安国际大酒店会议中心召开，应到代表 222 名，实到代表 209 名。会议听取和审议了贵溪市人民政府代理市长周谷昌所作的市人民政府工作报告；贵溪市人大常委会副主任黄冬有所作的市人大常委会工作报告；贵溪市人民法院院长童力所作的市人民法院工作报告；贵溪市人民检察院检察长杨高生所作的市人民检察院工作报告。会议分别通过了上述报告的决议。会议通过关于设立贵溪市第六届人民代表大会财政经济委员会、法制委员会的决定；选举贵溪市第六届人民代表大会常务委员会主任、副主任、委员；选举贵溪市人民政府市长、副市长；选举贵溪市人民法院院长、贵溪市人民检察院检察长；选举贵溪市出席鹰潭市第九届人民代表大会代表；通过贵溪市第六届人民代表大会财政经济委员会主任委员、副主任委员、委员人选，以及法制委员会主任委员、副主任委员、委员人选。大会收到代表建议和意见 85 件。

会议选举祝晓勤为贵溪市第六届人大常委会主任；

会议选举汪唤生、李微、黄冬有、徐劼毅、吴黎平、徐金辉为副主任；

会议选举罗东航、童国栋、彭伟华、翁龙仁、叶国琴、江忠明、李水梅、郑桂梅、郑元样、朱志龙、吕剑林、王彬彬、宋丽荣、王艳红、马亮、乐志芸、姚志刚、吴世军、王晓帅、黄俊军、邓方朔、秦美静为委员；

会议选举周谷昌为贵溪市人民政府市长；

会议选举李荣德、唐金辉、詹东旺、寿莉蓉、汪建强、方东升为副市长；

会议选举童力为贵溪市人民法院院长；

会议选举杨高生为贵溪市人民检察院检察长。

第二次会议　2017 年 2 月 8 日至 9 日在骏安国际大酒店会议中心召开，应到代表 222 名，实到代表 203 名。会议听取和审议了贵溪市人民政府市长周谷昌所作的市人民政府工作报告；贵溪市人大常委会主任祝晓勤所作的市人大常委会工作报告；贵溪市人民法院院长童力所作的市人民法院工作报告；贵溪市人民检察院检察长杨高生所作的市人民检察院工作报告。审议并审查、批准了贵溪市 2016 年国民经济和社会发展计划执行情况与 2017 年国民经济和社会发展计划草案的报告（书面）；审议并审查、批准了贵溪市 2016 年市本级总预算执行情况和 2017 年市本级总预算草案的报告（书面）。会议分别通过了上述报告的决议。大会收到代表建议和意见 33 件。

第三次会议　2018 年 1 月 15 日至 18 日在骏安国际大酒店会议中心召开，应到代表 221 名，实到代表 201 名。会议听取和审议了贵溪市人民政府市长周谷昌所作的市人民政府工作报告；贵溪市人大常委会主任祝晓勤所作的市人大常委会工作报告；贵溪市人民法院院长童力所作的市人民法院工作报告；贵溪市人民检察院检察长杨高生所作的市人民检察院工作报告。审议并审查、批准了贵溪市 2017 年国民经济和社会发展计划执行情况与 2018 年国民经济和社会发展计划草案的报告（书面）；审议并审查、批准了贵溪市 2017 年市本级总预算执行情况和 2018 年市本级总预算草案的报告（书面）。会议分别通过了上述报告的决议。补选贵溪市第六届人民代表大会常务委员会副主任；选举贵溪市监察委员会主任。大会收到代表建议和意见 44 件。

会议补选徐样平为贵溪市第六届人民代表大会常务委员会副主任；

会议选举万荣辉为贵溪市监察委员会主任。

第四次会议 2019 年 1 月 21 日至 23 日在骏安国际大酒店会议中心召开，应到代表 216 名，实到代表 198 名。会议听取和审议了贵溪市人民政府市长周谷昌所作的市人民政府工作报告；贵溪市人大常委会主任祝晓勤所作的市人大常委会工作报告；贵溪市人民法院院长童力所作的市人民法院工作报告；贵溪市人民检察院检察长杨高生所作的市人民检察院工作报告。审议并审查、批准了贵溪市 2018 年国民经济和社会发展计划执行情况与 2019 年国民经济和社会发展计划草案的报告（书面）；审议并审查、批准了贵溪市 2018 年市本级总预算执行情况和 2019 年市本级总预算草案的报告（书面）。会议分别通过了上述报告的决议。通过了关于设立贵溪市第六届人民代表大会社会建设委员会的决定。大会收到建议和意见 60 件。

第五次会议 2020 年 5 月 15 日至 18 日在贵溪电厂俱乐部召开，应到代表 222 名，实到代表 197 名。会议听取和审议了贵溪市人民政府市长周谷昌所作的市人民政府工作报告；贵溪市人大常委会主任祝晓勤所作的市人大常委会工作报告；贵溪市人民法院院长童力所作的市人民法院工作报告；贵溪市人民检察院代理检察长张晓峰所作的市人民检察院工作报告。审议并审查、批准了贵溪市 2019 年国民经济和社会发展计划执行情况与 2020 年国民经济和社会发展计划草案的报告（书面）；审议并审查、批准了贵溪市 2019 年市本级总预算执行情况和 2020 年市本级总预算草案的报告（书面）。会议分别通过了上述报告的决议。补选贵溪市第六届人民代表大会常务委员会主任、副主任、委员；补选贵溪市监察委员会主任；补选贵溪市人民检察院检察长；通过贵溪市第六届人民代表大会社会建设委员会主任委员人选。大会收到代表建议和意见 46 件。

会议补选毛建华为贵溪市六届人民代表大会常务委员会主任；

会议补选李建平为副主任；

会议补选李新文、汪霞、张怡、桂千金、徐俊、龚莉娟（女）为委员；

会议补选侯剑锋为贵溪市监察委员会主任；

会议补选张晓峰为贵溪市人民检察院检察长。

第六次会议　2021年1月14日至17日在贵溪市第九中学七号楼二楼多功能演播厅召开，应到代表219名，实到代表203名。会议听取和审议了贵溪市人民政府市长周谷昌所作的市人民政府工作报告；贵溪市人大常委会副主任黄冬有所作的市人大常委会工作报告；贵溪市人民法院院长童力所作的市人民法院工作报告；贵溪市人民检察院检察长张晓峰所作的市人民检察院工作报告。审议并审查、批准了贵溪市国民经济和社会发展第十四个五年规划和二〇三五年远景目标纲要；审议并审查、批准了贵溪市2020年国民经济和社会发展计划执行情况与2021年国民经济和社会发展计划草案的报告（书面）；审议并审查、批准了贵溪市2020年市本级总预算执行情况和2021年市本级总预算草案的报告（书面）。会议分别通过了上述报告的决议。补选贵溪市第六届人民代表大会常务委员会副主任、委员。大会收到代表建议和意见57件。

会议选举吕剑林为贵溪市第六届人大常委会副主任；

会议补选夏庆喜为委员。

五、贵溪市第七届人民代表大会

第一次会议　2021年10月17日至19日在贵溪市第九中学七号楼二楼多功能演播厅召开，应到代表268名，实到代表251名。会议听取和审议了贵溪市人民政府代理市长潘磊所作的市人民政府工作报告；贵溪市人大常委会主任毛建华所作的市人大常委会工作报告；贵溪市人民法院院长童力所作的市人民法院工作报告；贵溪市人民检察院检察长张晓峰所作的市人民检察院工作报告。会议分别通过了关于上述报告的决议。会议选举贵溪市第七届人民代表大会常务委员会主任、副主任、委员；选举贵溪市人民政府市长、副市长；选举贵溪市人民法院院长、贵溪市人民检察院检察长；选举贵溪市出席鹰潭市第十届人民代表大会代表；通过贵溪市第七届人民代表大会财政经济委员会主任委员、副主任委员、委员人选，法制委员会主任委员、副主任委员、委员人选，以及社会建设委员会主任委员、副主任委员、委员人选。大会收到代表建议和意见96件。

会议选举毛建华为贵溪市七届人大常委会主任；

会议选举陈新祥、李溦、许由华、李建平、吕剑林、汪丽荣为副主任；

会议选举汪霞、翁奇志、叶国琴、江忠明、龚莉娟、杨海贵、夏庆喜、张学生、叶广保、桂千金、郭金水、李谷文、王彬彬、叶志萍、姚志刚、吴世军、黄俊军、王晓帅、宋丽荣、邓方朔、杨曼、杨先圣为委员；

会议选举潘磊为贵溪市人民政府市长；

会议选举黄建军、韩斌、梁锋、胡媛媛、张仔强、项亚波为副市长；

会议选举叶国琼为贵溪市监察委员会主任；

会议选举童力为贵溪市人民法院院长；

会议选举张晓峰为贵溪市人民检察院检察长。

第二次会议 2022 年 1 月 20 日至 21 日在贵溪市第九中学七号楼二楼多功能演播厅召开，应到代表 268 名，实到代表 249 名。会议听取和审议了贵溪市人民政府市长潘磊所作的市人民政府工作报告；贵溪市人大常委会主任毛建华所作的市人大常委会工作报告；贵溪市人民法院院长童力所作的市人民法院工作报告；贵溪市人民检察院检察长张晓峰所作的市人民检察院工作报告。审议并审查、批准了贵溪市 2021 年国民经济和社会发展计划执行情况与 2022 年国民经济和社会发展计划草案的报告（书面）；审议并审查、批准了贵溪市 2021 年市本级总预算执行情况和 2022 年市本级总预算草案的报告（书面）。会议分别通过了上述报告的决议。大会收到代表建议和意见 56 件。

第三次会议 2023 年 1 月 16 日至 17 日在贵溪市第九中学七号楼二楼多功能演播厅召开，应到代表 267 名，实到代表 247 名。会议听取和审议了贵溪市人民政府市长潘磊所作的市人民政府工作报告；贵溪市人大常委会主任毛建华所作的市人大常委会工作报告；贵溪市人民法院代理院长魏鹏所作的市人民法院工作报告；贵溪市人民检察院检察长张晓峰所作的市人民检察院工作报告。审议并审查、批准了贵溪市 2022 年国民经济和社会发展计划执行情况与 2023 年国民经济和社会发展计划草案的报告（书面）；审议并审查、批准了贵溪市 2022 年市本级总预算执行情况和 2023 年市本级总预算草案的报告（书面）。会议分别通过了上述报告的决议。补选贵溪市第七届人民代表大会主任、委员；补选市监察委员会主任、市人民法院院长。大会收到代表建议和意见 43 件。

会议补选王华光为贵溪市第七届人民代表大会常务委员会主任；

会议补选李霞、祝雄辉为委员；

会议补选刘鲧华为贵溪市监察委员会主任；

会议补选魏鹏为贵溪市人民法院院长。

第四次会议 2024 年 1 月 11 日至 13 日在贵溪市第九中学七号楼二楼多功能演播厅召开，应到代表 266 名，实到代表 252 名。会议听取和审议了贵溪市人民政府市长潘磊所作的市人民政府工作报告；贵溪市人大常委会主任王华光所作的市人大常委会工作报告；贵溪市人民法院院长魏鹏所作的市人民法院工作报告；贵溪市人民检察院检察长张晓峰所作的市人民检察院工作报告。审议并审查、批准了贵溪市 2023 年国民经济和社会发展计划执行情况与 2024 年国民经济和社会发展计划草案的报告（书面）；审议并审查、批准了贵溪市 2023 年市本级总预算执行情况和 2024 年市本级总预算草案的报告（书面）。会议分别通过了关于批准上述报告及计划和财政的决议。补选贵溪市第七届人民代表大会常务委员会委员。大会收到建议和意见78件。

第二节　贵溪市人民代表大会常务委员会

贵溪市三届人大常委会　共举行会议38次，听取和审议“一府两院”工作汇报108项，作出决议决定19项，任免国家机关工作人员145人次。

届内常委会听取和审议了国民经济计划执行，预算执行及调整，部门预算改革，产业结构调整、招商引资、社会治安、社区建设、春耕生产，森林防火，合作医疗，司法鉴定，工业发展、代表建议办理、食品卫生、“十一五”规划，公路建设，“四五”普法等情况汇报。

常委会组织视察、调查活动132次，并对《中华人民共和国未成年人保护法》等二十多部法律法规进行了执法检查。先后对2名副市长、15名政府工作部门负责人、4名法官、检察官进行了述职评议，同时组织46名常委会任命的国家机关工作人员进行书面述职评议。作出了《关于进一步加强法制宣传教育的决议》《关于市政府按期偿还城市基础设施项目贷款议案的决议》等。

2004年10月29日，贵溪市三届人大常委会第十四次会议，决定任命刘长金、郭建平为贵溪市人民政府副市长。

2005年3月30日，贵溪市三届人大常委会第十七次会议，接受任江南辞去贵溪市第三届人大常委会副主任职务，接受李忠仁辞去贵溪市人民政府副市长职务。

2005年10月28日，贵溪市三届人大常委会第二十二次会议，接受刘长金辞去贵溪市人民政府副市长职务。

2006年3月9日，贵溪市三届人大常委会第二十六次会议，免去钱锦荣的贵溪市人民检察院副检察长职务。

2006年6月16日，贵溪市三届人大常委会第二十八次会议，决定任命艾农为贵溪市人民政府副市长、代理市长，黄占共为副市长，接受黄建平辞去贵溪市人民政府市长职务，接受揭晓泗辞去贵溪市人民政府副市长职务。

2006年6月30日，贵溪市三届人大常委会第二十九次会议，决定任命王富生为贵溪市人民政府副市长。

2006年7月31日，贵溪市三届人大常委会第三十次会议，决定任命张子建、黄如象为贵溪市人民政府副市长。

2007年3月6日，贵溪市第三届人大常委会第三十七次会议，决定任命付小青、叶明和为贵溪市人民政府副市长。

贵溪市四届人大常委会 共举行会议33次，听取和审议“一府二院”工作汇报89项，作出决议决定31项，任免国家机关工作人员194人次。

届内常委会听取和审议春耕备耕、国民经济发展、财政预算执行与调整、代表建议办理、劳动就业、社会治安、宗教事务、合作医疗、移民搬迁、法院执行、反腐、村（居）委会换届、文化市场管理、刑事侦查、“五五”普法、“三院建设”、基层司法所建议、社会保险、法官检察官依法履职、社会保险、抚养费征收、污水管网建设等情况汇报。

常委会开展了对《中华人民共和国城乡规划法》等9部法律法规贯彻实施进行了检查；对铜拆解园及工业园区基础设施建设、贵溪大桥、高速公路挂线、柏里大道等进行了视察；对污水处理厂、国有资产投资、房地产市场建设、重点工程建设资金使用情况等开展了调研。

通过了《关于批准〈市人民政府提请审议贵溪工业园区农民建房项目建设有关事项的议案〉的决议》《关于批准〈市人民政府提请审议市人民医院新医院建议项目融资的议案〉的决议》等。

2007年9月28日，贵溪市四届人大常委会第三次会议，任命范敏为贵溪市人民法院副院长，任命江雄英为贵溪市人民检察院副检察长。

2007年12月11日，贵溪市四届人大常委会第四次会议决定任命柯嘉为贵溪市人民政府副市长；接受乐文红、黄占共辞去副市长职务的请求。

2008年6月18日，贵溪市四届人大常委会第八次会议，免去程志强的贵溪市人民检察院副检察长职务。

2008年8月22日，贵溪市四届人大常委会第十次会议，决定任命杨解生为贵溪市人民政府副市长、代理市长，吴泉水为副市长，接受艾农辞去贵溪市人民政府市长职务，接受柯嘉辞去副市长职务。

2008年11月7日，贵溪市四届人大常委会第十二次会议，决定任命王有金为贵溪市人民政府副市长。

2009年3月12日，贵溪市四届人大常委会第十五次会议，任命彭泽君、徐寿龙为贵溪市人民检察院副检察长。

2009年6月2日，贵溪市四届人大常委会第十七次会议，决定任命祝晓勤为贵溪市人民政府副市长，接受揭晓泗辞去副市长职务。

2009年7月28日，贵溪市四届人大常委会第十八次会议，决定任命许军峰、陈飞为贵溪市人民政府副市长。

2010年4月9日，贵溪市四届人大常委会第二十二次会议，决定任命王富生为贵溪市人民政府副市长；接受王有金、黄如象辞去副市长职务的请求。

2011年2月18日，贵溪市四届人大常委会第二十八次会议，接受张子建辞去贵溪市人民政府副市长职务。

2011年6月15日，贵溪市四届人大常委会第三十次会议，接受杨解生辞去贵溪市人民政府市长职务，决定任命程芦山为贵溪市人民政府副市长、代理市长。

2011年7月21日，贵溪市四届人大常委会第三十二次会议，接受方洪海辞去贵溪市人民政府副市长职务，任命杨高生为副检察长、代理检察长，接受方成辞去检察长职务。

贵溪市五届人大常委会　共举行会议43次，听取和审议“一府两院”工作汇报98项，作出决议决定36项，任免国家机关工作人员307人次。

届内常委会听取和审议财政预算的执行及调整、水利资金管理、失地农民社会保障、春耕备耕、城乡居民低保、国民经济发展、代表建议办理、创建全国优秀基层检察院、城建项目贷款资金、规划区内土地利用、社会管理创新、食品药品“赣鄱行”、社区矫正、学校网点规划、项目融资、社会事业投入、科技创新等情况汇报。

常委会开展了对《中华人民共和国城乡规划法》等6部法律法规执行情况进行执法检查，对农业技术推广网络工作等开展了17次视察；配合上级人大对《中华人民共和国大气污染防治法》等23部法律进行执法检查和立法调研；对167件规范性文件进行了备案审查，为提高代表履职水平，开展了“六个一”活动；作出了关于市人大常委会政法办公室、教育科学文化卫生办公室、财政经济办公室、选举任免联络办公室分别更名为内务司法工作委员会、教育科学文化卫生工作委员会、财政经济工作委员会、选举任免联络工作委员会的决定。

2011年10月29日，贵溪市五届人大常委会第一次会议，决定任命周光仁为贵溪市人民政府副市长。

2011年12月28日，贵溪市五届人大常委会第二次会议，接受许军峰辞去贵溪市人民政府副市长职务。

2012年2月6日，贵溪市五届人大常委会第三次会议，免去邓新科的贵溪市人民法院副院长职务。

2012年6月21日，贵溪市五届人大常委会第五次会议，决定任命苏建军为贵溪市人民政府副市长。

2012年9月19日，贵溪市五届人大常委会第七次会议：决定任命甘霖为贵溪市人民政府副市长，接受王富生辞去副市长职务。

2012年11月15日，贵溪市五届人大常委会第八次会议，任命刘文安为贵溪市人民检察院副检察长。

2013年6月20日，贵溪市五届人大常委会第十三次会议，免去徐文辉的贵溪市人民法院副院长职务。

2013 年 7 月 31 日，贵溪市五届人大常委会第十四次会议，决定任命江波为贵溪市人民政府副市长。

2013 年 9 月 27 日，贵溪市五届人大常委会第十五次会议，任命叶志伟为贵溪市人民法院副院长，任命李斌辉为贵溪市人民检察院副检察长，免去江雄英的贵溪市人民检察院副检察长职务。

2014 年 7 月 31 日，贵溪市人大常委会第二十一次会议，决定任命邵菁靓为贵溪市人民政府副市长。

2015 年 1 月 31 日，贵溪市五届人大常委会第二十七次会议，决定任命梅峰为贵溪市人民政府副市长、代理市长，任命童力为贵溪市人民法院副院长、代理院长，接受邹静辞去院长职务。

2015 年 5 月 22 日，贵溪市五届人大常委会第三十次会议，接受程芦山辞去贵溪市人民政府市长职务，免去皮永彬的贵溪市人民法院副院长职务。

2015 年 9 月 1 日，贵溪市五届人大常委会第三十三次会议，接受苏建军辞去贵溪市人民政府副市长职务。

2015 年 10 月 9 日，贵溪市五届人大常委会第三十四次会议，接受杨解生辞去贵溪市五届人大常委会主任职务。

2015 年 12 月 30 日，贵溪市五届人大常委会第三十六次会议，接受姚建中辞去贵溪市五届人大常委会副主任职务，免去姚建强、刘文安的贵溪市人民检察院副检察长。

2016 年 3 月 18 日，贵溪市五届人大常委会第三十九次会议，决定任命汪建强为贵溪市人民政府副市长。

2016 年 8 月 9 日，贵溪市五届人大常委会第四十一次会议，接受梅峰辞去贵溪市人民政府市长职务，决定任命周谷昌为贵溪市人民政府副市长、代理市长；接受余红艳辞去副市长。

2016 年 8 月 23 日，贵溪市五届人大常委会第四十二次会议，决定任命汪金船、木合塔尔·夏克尔为贵溪市人民政府副市长。

贵溪市六届人大常委会 共举行会议 36 次，听取审议“一府一委两院”工作汇报 56 项，开展政府工作满意度测评 3 次，开展专题问询 1 次，对 459 件规范性文件进行备案审查，作出决议决定 22 项，任免国家机关工作人员 327 人次。

届内常委会听取和审议国民经济发展、财政预算执行及调整、职业教育、扶贫资金使用、污水管网建设、农村产权“三权”分置，文化产业发展、代表建议办理、“十三五”规划中期评估、环境税开征、农村集体经济发展、法院立案工作、检察院立案工作、城市规划调整、土地利用规划修改、脱贫攻坚、国有资产管理、“七五”普法、医疗和社会保障，财税征收管理、食品药品安全监管、科技创新等情况汇报。

常委会对《禁毒法》等10部法律法规贯彻实施情况进行了执法检查。代表联络站运行以来，代表进站316次，接待选民7212人次，征求意见4131条，形成闭会建议580条，使用建议办理资金3643.58万元。作出了关于贵溪市人大常委会内务司法工作委员会更名为监察司法工作委员会的决定。

2016年12月23日，贵溪市人大常委会第一次会议，决定任命陶然为贵溪市人民政府副市长。

2017年5月25日，贵溪市六届人大常委会五次会议，接受汪唤生辞去贵溪市六届人大常委会副主任职务，决定任命寿莉蓉为贵溪市人民政府副市长。

2017年7月25日，贵溪市六届人大常委会第六次会议，免去叶志伟的贵溪市人民法院副院长职务，免去徐寿龙的贵溪市人民检察院副检察长职务。

2017年9月22日，贵溪市人大常委会第七次会议，决定任命熊明、朱龙杰为贵溪市人民政府副市长。

2018年1月28日，贵溪市六届人大常委会第十一次会议，任命李谷文、邱富宗为贵溪市监察委员会副主任。

2018年9月19日，贵溪市六届人大常委会第十五次会议，决定任命周志燕为贵溪市人民政府副市长，任命叶志伟为贵溪市人民法院副院长，免去范敏副院长职务。

2019年1月11日，贵溪市六届人大常委会第十七次会议作出了关于贵溪市人大常委会内务司法工作委员会更名为监察司法工作委员会的决定。

2019年3月27日，贵溪市六届人大常委会第十九次会议，免去邱富宗的贵溪市监察委员会副主任职务。

2019年5月22日，贵溪市六届人大常委会第二十次会议，决定任命黄建军为贵溪人民政府副市长，接受方东升辞去副市长职务。

2019年7月29日，贵溪市六届人大常委会第二十一次会议，决定任命刘志成为贵溪市人民政府副市长。

2019年12月30日，贵溪市六届人大常委会第二十四次会议，任命方卫国为贵溪市人民检察院副检察长，免去李斌辉副检察长职务。

2020年3月31日，贵溪市六届人大常委会第二十五次会议，接受徐样平辞去贵溪市六届人大常委会副主任职务，任命江虹为贵溪市监察委员会副主任。

2020年5月7日，贵溪市六届人大常委会第二十六次会议，任命侯剑锋为贵溪市监察委员会副主任、代理主任；接受万荣辉辞去监察委员会主任职务，任命张晓峰为贵溪市人民检察院副检察长、代理检察长，接受杨高生辞去检察长。

2020 年 9 月 29 日，贵溪市六届人大常委会第二十八次会议，决定任命乐雪飞、蔡贝尔为贵溪市人民政府副市长。

2020 年 11 月 27 日，贵溪市六届人大常委会第二十九次会议，免去彭泽君的贵溪市人民检察院副检察长职务。

2020 年 12 月 24 日，贵溪市六届人大常委会第三十次会议，接受徐劼毅、徐金辉辞去贵溪市六届人大常委会副主任。

2021 年 1 月 6 日，贵溪市六届人大常委会第三十一次会议，任命姜卫华为贵溪市人民检察院副检察长。

2021 年 5 月 31 日，贵溪市六届人大常委会第三十三次会议，任命龚乐梅为贵溪市人民检察院副检察长。

2021 年 8 月 6 日，贵溪市六届人大常委会第三十五次会议，接受周谷昌辞去贵溪市人民政府市长，决定任命潘磊为贵溪市人民政府副市长、代理市长。

2021 年 9 月 30 日，贵溪市六届人大常委会第三十六次会议，任命叶国琼、张先申为贵溪市监察委员会副主任，决定叶国琼代理主任，任命范超为贵溪市人民法院副院长。

贵溪市七届人大常委会 至 2004 年 1 月，举行会议 22 次，听取和审议“一府一委两院”工作报告 36 项，作出决议和决定 31 项，任免国家机关工作人员 210 人次。

届内听了和审议了国民经济计划执行、预算执行及调整、财税、国有资产管理、脱贫攻坚、医疗、教育、文化、养老、食品药品监管、生态环境、移民安置、“双减”、代表建议办理、国土空间规划、守住耕地红线公益诉讼、社会保障、政府债务管理、“八五”普法、民生项目等情况的汇报。

常委会开展对《中华人民共和国消防法》等法律法规执法检查；围绕就业、医疗、教育、养老、人口老龄化、移风易俗、妇女儿童权益保障、“双减”、生态环境质量状况等落实情况展开了调研，并对花桥水库移民安置发问和全市乡村旅游业发展情况进行了视察。

充分发挥代表作用，做到“民有所呼，我有所应”，强化星级代表联络站工作。七届一次会议以来，全市 1691 名五级代表进站，共接待选民 2454 人次，征求选民意见 1515 件，其中 370 件列入建议办理专项资金项目，使用办理资金 1997.33 万元。代表联络站工作的做法和经验得到了上级领导和部门的充分肯定，经验做法在《中国人大》刊发。

2021 年 12 月 30 日，贵溪市七届人大常委会第三次会议，决定任命陈思为贵溪市人民政府副市长。

2022 年 6 月 7 日，贵溪市七届人大常委会第六次会议，接受叶国琼辞去贵溪市监察委员会主任职务，任命刘鲧华为贵溪市监察委员会副主任、代理主任，免去乐良成的贵溪市人民法院副院长职务。

2022 年 10 月 27 日，贵溪市七届人大常委会第九次会议，免去龚乐梅的贵溪市人民检察院副检察长职务。

2022 年 12 月 29 日，贵溪市七届人大常委会第十次会议，决定任命李海东为贵溪市人民政府副市长，接受黄建军辞去副市长，任命魏鹏为贵溪市人民法院副院长、代理院长。

2023 年 1 月 13 日，贵溪市七届人大常委会第十一次会议，免去夏庆喜的贵溪市人民代表大会财政经济委员会副主任委员职务，任命邓迎红为贵溪市人民检察院副检察长。

2023 年 3 月 17 日，贵溪市七届人大常委会第十二次会议，接受李溦辞去贵溪市第七届人大常委会副主任职务，决定任命宋卓彦为贵溪市人民政府副市长，接受韩斌、梁峰辞去副市长职务。

2023 年 4 月 3 日，贵溪市七届人大常委会第十三次会议，决定任命张世洪、张秀娥为贵溪市人民政府副市长。

2023 年 9 月 19 日，贵溪市七届人大常委会第十八次会议，任命汪澜为贵溪市监察委员会副主任，免去江虹的监察委员会副主任职务。

2023 年 10 月 31 日，贵溪市七届人大常委会第十九次会议，决定任命李远强为贵溪市人民政府副市长，接受张秀娥辞去副市长职务。

2023 年 12 月 25 日，贵溪市七届人大常委会第二十一次会议，任命刘伟、汪洋为贵溪市监察委员会副主任，免去宋明俊、叶斌的监察委员会副主任职务。

贵溪市人民代表大会常务委员会组成人员名单

表 6

届次	组成人员	
第三届	主　任	陈爱民
	副主任	蔡金炎　陈毛义　杨树太　于明（女）　胡有财　任江南　周美龙（2006 年补选） 李赛白（2006 年补选）
	委　员	左光荣　杨新民　李　溦（女）　李德秀（女）　何建平　张子建　张社喜　张逸云（女）　周雨亭 郑　平　姜新文　桂炎龙　徐上游　章建涛（女）
第四届	主　任	黄建平
	副主任	李赛白　陈毛义　于明（女）　周美龙　余红艳（女）
	委　员	李长华　邵锋道　杨丽华（女）　董丰华　黄敏浪　官正强　袁建国　彭德水　范　玲（女） 吉　星　张社喜　张良冬　桂田水 其间，补选：李建平　姜晓红（女）　汪丽荣（女）　郑志成
第五届	主　任	杨解生　张福庆（2015 年补选）
	副主任	姚建中　黄冬有　张任水　徐劼毅　黄贵龙　阮克芬（女）（2015 年补选）

续表 6

届次		组成人员
第五届	委　员	童国栋　杨丽华（女）郑志成　叶国琴（女）阮克芬（女）童衍福　汪丽荣（女）翁先新　万旭珍（女）吉　星　杨荣明　邓文进（女）费享琴（女）张良冬　桂田水　彭文革　陈栋太 其间补选：王虎山　朱加太　江忠明　杨丽峰（女）何新法　胡大琦　王晓帅　汪建军　罗东香（女）钟定辉
第六届	主　任	祝晓勤　毛建华（2020 年补选）
	副主任	汪唤生　李　微（女）黄冬有　徐劼毅　吴黎平　徐金辉　徐样平（2018 年补选） 李建平（2020 年补选）吕剑林（2021 年补选）
	委　员	罗东航　童国栋　彭伟华　翁龙仁　叶国琴（女）江忠明　李水梅（女）郑桂梅（女）郑元样　朱志龙　吕剑林　王彬彬　宋丽荣（女）王艳红（女）马　亮　乐志芸（女）姚志刚　吴世军　王晓帅　黄俊军　邓方朔　秦美静（女） 其间，补选：李新文　汪　霞　张　怡（女）桂千金（女）徐　俊　龚莉娟（女）夏庆喜
第七届	主　任	毛建华　王华光（2023 年补选）
	副主任	陈新祥　李　微（女）许由华（女）李建平　吕剑林　汪丽荣（女）
	委　员	汪　霞　翁奇志　叶国琴（女）江忠明　龚莉娟（女）杨海贵　夏庆喜　张学生　叶广保　桂千金（女）郭金水　李谷文　王彬彬　叶志萍（女）姚志刚　吴世军　黄俊军　王晓帅　宋丽荣（女）邓方朔　杨　曼（女）杨先圣 其间，补选：李　霞（女）祝雄辉

贵溪市人大街道工委、乡镇人大主席团负责人名单

表 7

乡镇	主席 （联络员、主任）	任职时间	副主席	任职时间
雄石街道办事处	郑志武	2002.1—2006.5	—	—
	何根生	2006.6—2010.5	—	—
	董敏斌	2011.5—2012.6	—	—
	李水梅（女）	2012.11—2020.12	—	—
	桂千金（女）	2020.5—	—	—
花园街道办事处	曹良生	2002.1—2005.3	—	—
	徐根龙	2005.3—2010.5	—	—
	张天京	2011.5—2013.3	—	—
	黄　坚	2013.12—2015.5	—	—
	黄武坚	2015.5—2016.3	—	—
	郑桂梅（女）	2016.8—2018.5	—	—
	徐包先	2018.5—2020.3	—	—
	张　怡（女）	2020.3—2021.9	—	—
	李　霞（女）	2022.6—	—	—

续表 7

乡镇	主席（联络员、主任）	任职时间	副主席	任职时间
东门街道办事处	赖才根	2002.1—2006.5	—	—
	陈明珠（女）	2006.6—2010.5	—	—
	费享琴（女）	2011.5—2013.9	—	—
	郑元样	2016.8—2016.12	—	—
	郑元样	2016.12—2021.12	—	—
	祝雄辉	2021.12—	—	—
滨江镇	黄如象	2003—2006	徐根龙	2003—2008.7
	彭德水	2007—2011	刘忠仁	2016.8—2021.8
	杨荣明	2011.9—2013.5	邓　涛	2021.9—
	邓平标	2013.5—2016.8	—	—
	谢青峰	2016.9—2021.8	—	—
	郭金水	2021.9—2023.3	—	—
	郑先军	2023.4—	—	—
泗沥镇	龚剑勇	2001.10—2010.3	曹有根	2001—2005
	方东升	2010.3—2011.1	汪员发	2006.3—2007.3
	洪明友	2011.1—2013.1	方昊华（女）	2007.3—2011.7
	韦群娥（女）	2013.5—2016.6	叶红卫	2016.9—2020.9
	李兴无	2016.7—2020.3	裴晨辰（女）	2020.12—
	张学生	2020.7—2021.7	—	—
	苏成乐	2021.9—	—	—
河潭镇	裴克瑞	2003.4—2005.4	周奇见	2002.4—2007.4
	郑文强	2005.4—2008.4	张良凤	2007.4—2011.7
	黄小红（女）	2008.4—2010.4	琚金林	2016.9—2022.9
	叶　强	2010.4—2011.7	罗运来	2022.6—2023.9
	余日荣	2011.7—2016.9	—	—
	汪贵龙	2016.9—2021.9	—	—
	邵宏建	2021.9—2023.9	—	—
白田乡	郑文强	2003—2005.3	胡天林	2003—2004
	肖桂琴（女）	2005.3—2005.11	江国友	2005—2007
	刘长根	2006.3—2009	赵必堂	2008—2011.2
	张拱慧	2009—2011	葛美样	2016.7—2021.6
	许由华（女）	2011—2013.3	熊明早	2021.7—2022.12
	官玉堂	2013.4—2016.7	苏　婷（女）	2023.1—
	周先龙	2016.8—2020.3	—	—
	付锋标	2020.4—2022.3	—	—

续表 7

乡镇	主席（联络员、主任）	任职时间	副主席	任职时间
白田乡	琚雁飞	2022.4—	—	—
周坊镇	郑桂梅（女）	2011.3—2012.10	余江濒	2001.11—2007.3
	席文和	2012—2015.11	赵毕任	2016—2021
	汪小河	2016.9—	李卫平	2021.7—
	裴华根	2020.5—2021.7	—	—
	郑慧芬（女）	2021.7—	—	—
鸿塘镇	彭伟华	2002.1—2006	邵铁喜	2002.1—2003.12
	陈新祥	2006.5—2010.3	樊雄坤	2004.1—
	付新荣	2010.3—2011.1	乐荣华	2006—2007.1
	周启忠	2011.3—2013.3	汪芝瑛（女）	2007.2—2009.7
	罗先保	2013.5—2015.4	郑毅才	2009.8—2011.3
	周国辉	2016.7—2020.8	洪端林	2011.4—2016.6
	聂贵华	2020.8—2021.7	李红平	2020.10—
	汪建兵	2021.8—2023.6	—	—
	董先敏	2023.7—	—	—
志光镇	汪世太	2001—2004	汪国友	2005—2006
	徐冬胜	2008.1—2009.8	周建书	2006—2011
	徐省标	2009.8—2011	洪端林	2006 年上半年—2011 年上半年
	彭　斌	2011.7—2013.4	张驰远	2018.9—2020.12
	汪员发	2013.4—2016.7	江　屹	2020.12—2022.8
	彭贵华	2016.7—2017.12	吴俊骏	2022.8—
	陈志龙	2020.4—2021.7	—	—
	董先敏	2021.7—2023.7	—	—
	程金胜	2023.7—	—	—
流口镇	周荣辉	2001.3—2004.2	桂炎龙	2001.3—2006.4
	李志兵	2004.3—2006.4	樊小西	2006.5—2011.3
	许由华（女）	2006.5—2013.3	谢建明	2011.4—2013.6
	翁继敏	2013.7—2016.7	王良文	2016.9—2020.10
	周小平	2016.9—2020.4	刘仁枝	2020.12.20—2022.12
	刘志强	2020.5.9—2023.6	张良伟	2023.4.15—
	刘　斌	2023.7.30—	—	—
雷溪镇	姚武昌	2006—2011	樊雄坤	1999.7—2003.1
	张更明	2011—2013	谢剑军	2003.1—2006.6
	郑元样	2013—2016	汪国友	2007—2016.8
	胡小平	2016 年—	杨树宝	2016.9—2018

续表 7

乡镇	主席（联络员、主任）	任职时间	副主席	任职时间
雷溪镇	—	—	江雅芬（女）	2021.4.19—
罗河镇	方小林	2003—2006.6	汪金娥（女）	2006—2010
	吴黎平	2006.6—2010.12	郑子太	2011.3—2013
	周启忠	2010.12—2011.3	周志忠	2016.7—2021.7
	吴春高	2011.3—2016.6	邵多梅（女）	2021.7—2023.3
	朱志龙	2016.9—2021.7	徐　瑶	2023.3—
	叶智峰	2021.7—	—	—
彭湾乡	周　平	2007.3—2009.7	吴启明	2002.1—2005
	胡仕发	2009.7—2010.11	桂新亮	2007.3—2011.7
	徐钢金	2011.7—2013.6	黄继文	2011.7—2016.9
	周小平	2013.6—2020.5	蒋武生	2016.9—2021.9
	杨　健	2016.7—2019.7	张喜财	2021.9—
	郭金水	2020.5—2021.9	—	—
	翁继敏	2021.9—2023.2	—	—
	陈　霖	2023.2—	—	—
金屯镇	邓建华	2003.1—2006.6	伍兆辉	2003.1—2005
	刘志峰	2006.7—2007.6	孙　云	2016.7—2020.12
	李勇富	2007.7—2010.1	周保飞	2021.7—2022.12
	李木兰（女）	2010.2—2011.6	仲步南	2023.1—
	占阳钧	2011.7—2016.6	—	—
	吴疆涛	2016.7—2020.12	—	—
	桂新亮	2021.1—2022.4	—	—
	黄毅锋	2022.5—	—	—
塘湾镇	张银兴	2003.2—2006.6	杨才文	2003.2—2010.7
	熊华武	2006.7—2007.1	廖湘龙	2010.7—2011.5
	李荣德	2007.2—2010.11	邱哲文	2011.6—2014.12
	乐建红	2010.12—2011.3	张乃良	2016.12—2021.6
	邓文进	2011.6—2016.7	邓珮珮（女）	2021.7—2023.6
	舒　春（女）	2016.9—2018.6	徐　璇（女）	2023.7
	徐建永	2018.7—2019.11	—	—
	娄华昌	2019.12—2021.6	—	—
	杨树宝	2021.7—2022.11	—	—
	姜少龙	2022.12—	—	—
文坊镇	李志刚	2003—2005	黄伙根	2003—2005
	占国才	2005—2010	李华炜	2019.10—2023.7

续表 7

乡镇	主席（联络员、主任）	任职时间	副主席	任职时间
文坊镇	席文和	2010—2012	—	—
	郑桂梅（女）	2013.9—2016	—	—
	胡天林	2016—2019	—	—
	张永军	2019.12—2021.1	—	—
	裴新福	2021.7—2023.4	—	—
	徐　风	2023.4—	—	—
樟坪畲族乡	郑占煌	2001.11—2003.12	兰永清（畲族）	2003—2005
	雷纪文（畲族）	2004.1—2006.6	邵多梅	2020.10—2021.9
	杨海贵	2007.2—2009.4	兰　青（女，畲族）	2021.9—2023.8
	雷金奎（畲族）	2009.4—2016.9	兰　伙（畲族）	2023.8—
	彭新福	2016.9—2020.10	—	—
	谢　辉	2020.10—2023.2	—	—
	吴　剑	2023.2—	—	—
冷水镇	张任水	1999—2004	汪国友	2002.12—2003.12
	黄小红（女）	2005—2006	胡天林	2003.12—2006.3
	徐贵华	2006—2010.4	汪颖涛	2007.3—2010.6
	刘志峰	2011.7—2014.6	李荣光	2011.6—2021.6
	官正强	2014.6—2016	吴先志	2021.6—
	翁奇志	2016—2020.5	—	—
	程四发	2020.5—2023.7	—	—
	邓宝平	2023.7—	—	—
耳口乡	李新文	2002.11—2006.5	黄继文	2002.1—2003.12
	徐贵华	2006.5—2007.11	乐荣华	2003.12—2005
	方东升	2007.11—2010.3	赖学文	2006.5—2009.6
	邵铁喜	2010.3—2012.9	吴华锋	2010.5—2015.6
	刘贤宗	2012.9—2016.10	冷　慧（女）	2018.11—2020.8
	肖样茂	2016.10—2020.1	杨　熙（女）	2021.6—2023.3
	毛小锋	2020.1—2021.6	周军凯	2023.3—
	付　佳	2021.6—2023.5	—	—
天禄镇	李顺玲	2003—2009	官远中	2003—2006
	江焕青	2010—2012	王良文	2007—2010
	马大众	2013—2015	刘新华	2011—2013
	谢平功	2016—2017	曾秋琴（女）	2016—2019
	舒　波	2018—2019	祝　欢（女）	2021—
天禄镇	赖学文	2020.10—	—	—

续表 7

乡镇	主席（联络员、主任）	任职时间	副主席	任职时间
上清镇	彭新太	2002.1—2005.12	李　芳（女）	2002.2—2007.11
	杨金辉	2005.12—2008.2	余像球	2011.3—2015.5
	张明亮	2008.2—2011.3	黄兵荣	2016.9—2021.9
	冯发茂	2011.3—2013.12	曾宪龙	2021.9—2023.3
	赵俊波	2013.12—2016.5	—	—
	江毅宏	2016.5—2019.4	—	—
	肖　斌	2019.4—2020.10	—	—
	邓　斌	2020.10—2023.3	—	—
	刘　英（女）	2023.3—	—	—
龙虎山镇	李增兴	2001.1—2005.12	琚爱民	2002.3—2011.9
	倪爱华	2005.12—2007	刘　江	2011.9—2013.3
	冯发茂	2007.3—2011	汪　星	2014.7—2018.8
	毛国寿	2011.7—2013	汪甜甜（女）	2018.8—2020.9
	黄少华	2013.4—2016.9	王　姗（女）	2020.9—2021.9
	李卫生	2016.9—2021.9	彭睿鑫	2021.9—
	钱武龙	2021.9.30—2023.6	—	—
	余小玲（女）	2023.7.16—	—	—

第二章　余江县（区）人民代表大会及其常务委员会

第一节　余江县（区）人民代表大会

一、余江县第十三届人民代表大会会议

第一次会议　2003 年 1 月 9 日至 12 日在邓埠镇召开，应到代表 174 名，出席会议代表 170 名。会议听取和审议了余江县人民政府县长刘诚作的县人民政府工作报告；余江县人大常委会副主任潘邓生所作的县人大常委会工作报告，余江县人民法院院长姚耀庭所作的县人民法院工作报告；余江县人民检察院检察长胡刚所作的县人民检察院工作报告；余江县发展计划局局长李开祥所作的余江县 2002 年国民经济和社会发展计划执行情况与 2003 年国民经济和社会发展计划草案的报告；余江县财政局局长王碧龙所作的余江县 2002 年县本级总预算执行情况的报告和 2003 年县本级总预算草案。会议对各项报告作出相关决议；选举事项。大会收到代表建议和意见 20 件。

会议选举林军为余江县第十三届人大常委会主任；

会议选举潘邓生、熊新民、桂和平、张彩菊、黄春和为副主任；

会议选举刘更生、汤冬莲、杜文君、吴国华、林海明、祝巧玲、桂海友、徐月华、徐发红、舒育兴、童余德为委员；

会议选举刘诚为余江县人民政府县长；

会议选举周瑛、徐云、李中华、周少华、陈移发为余江县人民政府副县长。

会议选举姚耀庭为余江县人民法院院长；

会议选举胡刚为余江县人民检察院检察长。

第二次会议　2004 年 1 月 31 日至 2 月 2 日在邓埠镇召开，出席会议代表 171 名。会议听取和审议了余江县人民政府代县长周瑛所作的县人民政府工作报告；余江县人大常委会副主任潘邓生所作的县人大常委会工作报告；余江县人民法院院长姚耀庭所作的县人民法院工作报告；余江县人民检察院检察长胡刚所作的县人民检察院工作报告；余江县发展

计划局局长李开祥所作的余江县 2003 年国民经济和社会发展计划执行情况与 2004 年国民经济和社会发展计划草案的报告；余江县财政局局长王碧龙所作的余江县 2003 年县本级总预算执行情况的报告和 2004 年县本级总预算草案。会议对各项报告作出相关决议；选举事项。大会收到代表建议和意见 33 件。

会议补选张海兰、周义红为余江县十三届人大常务委员会委员；

会议补选周瑛为余江县人民政府县长；

会议选举余江县出席鹰潭市第六届人民代表大会代表 72 名。

第三次会议　2005 年 3 月 26 日至 29 日在邓埠镇召开，出席会议代表 157 名。会议听取和审议了余江县人民政府县长周瑛作的县人民政府工作报告；余江县人大常委会副主任潘邓生所作的县人大常委会工作报告；余江县人民法院院长姚耀庭所作的县人民法院工作报告；余江县人民检察院代检察长方成所作的县人民检察院工作报告。审议、审查和批准了余江县 2004 年国民经济和社会发展计划执行情况与 2005 年国民经济和社会发展计划草案的报告（书面），余江县 2004 年县本级总预算执行情况的报告和 2005 年县本级总预算草案。会议对各项报告作出相关决议（书面）；选举事项。大会收到代表建议和意见 50 件。

会议补选方成为余江县人民检察院检察长。

第四次会议　2006 年 3 月 2 日至 5 日在邓埠镇召开，出席会议代表 168 名。会议听取和审议了余江县人民政府县长周瑛作的县人民政府工作报告；余江县人大常委会副主任潘邓生所作的县人大常委会工作报告；余江县人民法院院长姚耀庭所作的县人民法院工作报告；余江县人民检察院检察长方成所作的县人民检察院工作报告。审查和批准了余江县国民经济和社会发展第十一个五年规划纲要。审议、审查和批准了余江县 2005 年国民经济和社会发展计划执行情况与 2006 年国民经济和社会发展计划草案的报告（书面）；余江县 2005 年县本级总预算执行情况的报告和 2006 年县本级总预算草案（书面）。会议对各项报告作出相关决议；选举事项。大会收到代表建议和意见 30 件。

会议补选徐卫国为余江县十三届人大常委会委员。

第五次会议　2006 年 11 月 20 日至 22 日在邓埠镇召开，出席会议代表 171 名。本次会议补选余江县十三届人大常委会主任、委员，补选余江县人民政府县长；选举出席鹰潭市第七届人民代表大会代表 69 名。

会议补选周瑛为余江县十三届人大常委会主任；

会议补选吴万才、钟孝平为余江县十三届人大常委会委员；

会议补选程芦山为余江县人民政府县长。

二、余江县第十四届人民代表大会会议

第一次会议 2007年3月21日至24日在邓埠镇召开，出席会议代表179名。会议听取和审议了余江县人民政府县长程芦山作的县人民政府工作报告；余江县人大常委会副主任潘邓生所作的县人大常委会工作报告；余江县人民法院代院长陈文所作的县人民法院工作报告；余江县人民检察院代检察长王湖所作的县人民检察院工作报告。审议、审查和批准了余江县2006年国民经济和社会发展计划执行情况与2007年国民经济和社会发展计划草案的报告（书面）；余江县2006年县本级总预算执行情况的报告和2007年县本级总预算草案（书面）。会议对各项报告作出相关决议；选举事项。大会收到代表建议和意见47件。

会议选举宋平先为余江县人大常委会主任；

会议选举熊新民、桂和平、张彩菊、孙林华、姜翠萍、张仁生为副主任；

会议选举刘更生、汤冬莲、杜文君、杨毅、杨泰久、吴国华、张海兰、钟孝平、段军开、祝巧玲、徐卫国、徐国荣、黄建明、梁子浩、蒋丰强、童余德为余江县人大常委会委员；

会议选举程芦山为余江县人民政府县长；

会议选举陈移发、金建华、吴泉水、祝乡发、桂丽萍、盛才明为副县长；

会议选举陈文为余江县人民法院院长；

会议选举王湖为余江县人民检察院检察长；

会议补选余江县出席鹰潭市第七届人民代表大会代表2名。

第二次会议 2008年2月23日至25日在邓埠镇召开，出席会议代表177名。会议听取和审议了余江县人民政府县长程芦山作的县人民政府工作报告；余江县人大常委会主任宋平先所作的县人大常委会工作报告；余江县人民法院院长陈文所作的县人民法院工作报告；余江县人民检察院王湖所作的县人民检察院工作报告。审议、审查和批准了余江县2007年国民经济和社会发展计划执行情况与2008年国民经济和社会发展计划草案的报告（书面）；余江县2007年县级总预算执行情况的报告和2008年县级总预算草案（书面）。会议对各项报告作出相关决议。大会收到代表建议和意见39件。

第三次会议 2009年3月17日至20日在邓埠镇召开，出席会议代表183名。会议听取和审议了余江县人民政府县长程芦山作的县人民政府工作报告；余江县人大常委会主任宋平先所作的县人大常委会工作报告；余江县人民法院院长陈文所作的县人民法院工作报告；余江县人民检察院检察长王湖所作的县人民检察院工作报告。审议、审查和批准了余江县2008年国民经济和社会发展计划执行情况与2009年国民经济和社会发展计划草案的报告（书面），余江县2008年县级总预算执行情况的报告和2009年县级总预算草案（书

面）。会议对各项报告作出相关决议；选举事项。大会收到代表建议和意见 30 件。

会议补选吴金川、彭满峰为余江县第十四届人大常委会委员。

第四次会议　2010 年 1 月 20 日至 23 日在邓埠镇召开，出席会议代表 181 名。会议听取和审议了余江县人民政府县长程芦山作的县人民政府工作报告；余江县人大常委会主任宋平先所作的县人大常委会工作报告；余江县人民法院院长陈文所作的县人民法院工作报告；余江县人民检察院检察长王湖所作的县人民检察院工作报告。审议、审查和批准了余江县 2009 年国民经济和社会发展计划执行情况与 2010 年国民经济和社会发展计划草案的报告（书面）；余江县 2009 年县级总预算执行情况和 2010 年县级总预算草案的报告（书面）。会议对以上报告作出相关决议；选举事项。大会收到代表建议和意见 20 件。

会议补选吴万才为余江县第十四届人大常委会委员。

第五次会议　2011 年 3 月 20 日至 22 日在邓埠镇召开，出席会议代表 177 名。会议听取和审议了余江县人民政府县长程芦山作的县人民政府工作报告；余江县人大常委会主任宋平先所作的县人大常委会工作报告；余江县人民法院院长陈文所作的县人民法院工作报告；余江县人民检察院检察长王湖所作的县人民检察院工作报告。审查和批准了余江县国民经济和社会发展第十二个五年规划纲要；审议、审查和批准了余江县 2010 年国民经济和社会发展计划执行情况与 2011 年国民经济和社会发展计划草案的报告（书面）；余江县 2010 年县级总预算执行情况和 2011 年县级总预算草案的报告（书面）。会议对各项报告作出相关决议；选举事项。大会收到代表建议和意见 31 件。

会议补选官义和为余江县第十四届人大常委会副主任。

三、余江县第十五届人民代表大会会议

第一次会议　2011 年 8 月 28 日至 30 日在邓埠镇召开，出席会议代表 180 名。会议听取和审议了余江县人民政府代县长孙鑫作的县人民政府工作报告；余江县人大常委会副主任桂和平所作的县人大常委会工作报告；余江县人民法院院长陈文所作的县人民法院工作报告；余江县人民检察院检察长王湖所作的县人民检察院工作报告。审议、审查和批准了余江县 2011 年上半年国民经济和社会发展计划执行情况的报告（书面）；余江县 2011 年上半年财政预算执行情况的报告（书面）。会议对各项报告作出相应的决议；选举事项。大会收到代表建议和意见 13 件。

会议选举杨小明为余江县第十五届人民代表大会常务委员会主任；

会议选举祝乡发、姜翠萍、张仁生、官义和、俞浩腾、杨敏慧为副主任；

会议选举万春慧、王盛、孙林华、杜文君、杨勇、杨先颂、吴金川、陈建东、欧阳昌

设、段军开、桂和平、彭保太、彭满峰、蒋丰强为余江县第十五届人大常委会委员；

会议选举孙鑫为余江县人民政府县长；

会议选举金建华、陈亮泉、吴晓娟、唐金辉、蔡立新、谢万进为副县长；

会议选举陈文为余江县人民法院院长；

会议选举王湖为余江县人民检察院检察长；

会议选举余江县出席鹰潭市第八届人民代表大会代表81名。

第二次会议 2012年1月10日至12日在邓埠镇召开，出席会议代表182名。会议听取和审议了余江县人民政府县长孙鑫作的县人民政府工作报告；余江县人大常委会主任杨小明所作的县人大常委会工作报告；余江县人民法院院长陈文所作的县人民法院工作报告；余江县人民检察院检察长王湖所作的县人民检察院工作报告。审议、审查和批准了余江县2011年国民经济和社会发展计划执行情况与2012年国民经济和社会发展计划草案的报告（书面）；余江县2011年县级总预算执行情况与2012年县级总预算草案的报告（书面）。会议对各项报告作出相应决议。选举事项。大会收到代表建议和意见10件。

会议补选于新华、张河明、熊爱玲为余江县第十五届人民代表大会常务委员会委员。

第三次会议 2012年11月22日至23日在邓埠镇召开，出席会议代表178名。

会议补选张子建为余江县人民政府县长。

第四次会议 2013年1月10日至12日在邓埠镇召开，出席会议代表179名。会议听取和审议了余江县人民政府县长张子建作的县人民政府工作报告；余江县人大常委会主任杨小明所作的县人大常委会工作报告；余江县人民法院院长陈文所作的县人民法院工作报告；余江县人民检察院检察长王湖所作的县人民检察院工作报告。审议、审查和批准了余江县2012年国民经济和社会发展计划执行情况与2013年国民经济和社会发展计划草案的报告（书面）；余江县2012年县级总预算执行情况与2013年县级总预算草案的报告（书面）。会议对各项报告作出了相应决议。大会收到代表建议和意见36件。

第五次会议 2014年1月10日至12日在邓埠镇召开，出席会议代表177名。会议听取和审议了余江县人民政府县长张子建作的县人民政府工作报告；余江县人大常委会主任杨小明所作的县人大常委会工作报告；余江县人民法院院长陈文所作的县人民法院工作报告；余江县人民检察院检察长王湖所作的县人民检察院工作报告。审议、审查和批准了余江县2013年国民经济和社会发展计划执行情况与2014年国民经济和社会发展计划草案的报告（书面）；余江县2013年县级总预算执行情况与2014年县级总预算草案的报告（书面）。会议对各项报告作出相应决议；选举事项。大会收到代表建议和意见28件。

会议补选简华锋为余江县第十五届人大常委会副主任。

第六次会议 2015年1月13日至15日在邓埠镇召开，出席会议代表173名。会议听取和审议了余江县人民政府代县长路文革作的县人民政府工作报告；余江县人大常委会主任杨小明所作的县人大常委会工作报告，余江县人民法院院长陈文所作的县人民法院工作报告，余江县人民检察院检察长王湖所作的县人民检察院工作报告。审议、审查和批准了余江县 2014 年国民经济和社会发展计划执行情况与 2015 年国民经济和社会发展计划草案的报告（书面）；余江县 2014 年县级总预算执行情况与 2015 年县级总预算草案的报告（书面）。会议对各项报告作出相应决议；选举事项。大会收到代表建议和意见 25 件。

会议补选孙文清为余江县第十五届人大常委会委员；

会议补选路文革为余江县人民政府县长。

第七次会议　2016 年 1 月 19 日至 21 日在邓埠镇召开，出席会议代表 166 名。会议听取和审议了余江县人民政府县长路文革作的县人民政府工作报告；余江县人大常委会主任杨小明所作的县人大常委会工作报告；余江县人民法院院长陈文所作的县人民法院工作报告，余江县人民检察院检察长王湖所作的县人民检察院工作报告。审议、审查和批准了余江县国民经济和社会发展第十三个五年规划纲要。审查和批准了余江县 2015 年国民经济和社会发展计划执行情况与 2016 年国民经济和社会发展计划草案的报告（书面）；余江县 2015 年县级总预算执行情况与 2016 年县级总预算草案的报告（书面）。会议对各项报告作出相应决议。大会收到代表建议和意见 34 件。

四、余江县第十六届人民代表大会会议

第一次会议　2016 年 10 月 24 日至 26 日在邓埠镇召开，出席会议代表 184 名。会议听取和审议了余江县人民政府代县长苏建军作的县人民政府工作报告；余江县人大常委会主任杨小明所作的县人大常委会工作报告；余江县人民法院代院长陈翠英所作的县人民法院工作报告；余江县人民检察院代检察长张晓峰所作的县人民检察院工作报告。会议审议通过了设立余江县人民代表大会法制委员会、财政经济委员会的决定。会议对各项报告作出相应决议；选举事项。大会收到代表建议和意见 46 件。

会议选举谭建新为余江县第十六届人大常委会主任；

会议选举祝乡发、万景文、廖琳、邓样高、潘磊、张海兰为副主任；

会议选举王春明、邓柏青、甘华祥、左冬水、乐东明、乐素桂、孙文清、李云、吴凤明、吴战海、张惠平、易卫国、罗宸清、桂林梅、柴晓明、徐娟英、彭保太、蒋丰强、舒育兴、潘天胜为余江县第十六届人大常委会委员；

会议表决通过余江县第十六届人民代表大会法制委员会、财政经济委员会组成人员的人选；

会议选举苏建军为余江县人民政府县长；

会议选举黄贵开、姜翠萍、蔡立新、简华锋、谢永敬、汪凯涛为余江县人民政府副县长；

会议选举陈翠英为县人民法院院长；

会议选举张晓峰为县人民检察院检察长；

会议选举余江县出席鹰潭市第九届人民代表大会代表83名。

第二次会议 2017年1月9日至11日在邓埠镇召开，出席会议代表185名。会议听取和审议了余江县人民政府县长苏建军作的县人民政府工作报告；余江县人大常委会主任谭建新所作的县人大常委会工作报告；余江县人民法院院长陈翠英所作的县人民法院工作报告；余江县人民检察院检察长张晓峰所作的县人民检察院工作报告。审议、审查和批准了余江县2016年国民经济和社会发展计划执行情况与2017年国民经济和社会发展计划草案的报告（书面）；余江县2016年县级总预算执行情况与2017年县级总预算草案的报告（书面）。会议对各项报告作出相应决议；选举事项。大会收到代表建议和意见21件。

会议补选周筱明、俞浩腾、彭满峰为余江县第十六届人大常委会委员。

第三次会议 2018年1月16日至18日在邓埠镇召开，出席会议代表183名。会议听取和审议了余江县人民政府县长苏建军作的县人民政府工作报告；余江县人大常委会主任谭建新所作的县人大常委会工作报告；余江县人民法院院长陈翠英所作的县人民法院工作报告；余江县人民检察院检察长张晓峰所作的县人民检察院工作报告。审议、审查和批准了余江县2017年国民经济和社会发展计划执行情况与2018年国民经济和社会发展计划草案的报告（书面）；余江县2017年县级总预算执行情况与2018年县级总预算草案的报告（书面）。会议对各项报告作出相应决议；选举事项。大会收到代表建议和意见41件。

会议补选于贵福为余江县第十六届人大常委会委员；

会议选举唐中为余江县监察委员会主任。

五、余江区第一届人民代表大会会议

2018年7月，根据《国务院关于同意江西省鹰潭市部分行政区划的批复》（国函〔2018〕23号），撤销余江县，设立鹰潭市余江区，余江区第一届人大常委会组成人员延续余江撤县设区前的县十六届人大常委会组成人员，人员未变。

第一次会议 2019年1月9日至11日在邓埠镇召开，出席会议代表179名。会议听取和审议了余江区人民政府区长苏建军作的区人民政府工作报告；余江区人大常委会主任谭建新所作的区人大常委会工作报告；余江区人民法院院长陈翠英所作的区人民法院工作报告；余江区人民检察院检察长张晓峰所作的区人民检察院工作报告。审议、审查和批准了余江区2018年国民经济和社会发展计划执行情况与2019年国民经济和社会发展计划草案的报告（书面）；余江区2018年区级总预算执行情况与2019年区级总预算草案的报告（书面）。会议对各项报告作出相应决议。会议审议通过了设立余江区人民代表大会社会建设委员会的决定。大会收到代表建议和意见41件。

第二次会议　2020年5月19日至21日在邓埠镇召开，出席会议代表182名。会议听取和审议了余江区人民政府代区长罗卫国作的区人民政府工作报告；余江区人大常委会副主任祝乡发所作的区人大常委会工作报告，余江区人民法院院长陈翠英所作的区人民法院工作报告，余江区人民检察院代检察长刘文安所作的区人民检察院工作报告。审议、审查和批准了余江区2019年国民经济和社会发展计划执行情况与2020年国民经济和社会发展计划草案的报告（书面）；余江区2019年区级总预算执行情况与2020年区级总预算草案的报告（书面）。会议对各项报告作出相应决议；选举事项。大会收到代表建议和意见37件。

会议表决通过余江区第一届人民代表大会社会建设委员会主任委员名单；

会议补选陈强为余江区第一届人大常委会主任；

会议补选陈亮泉为余江区第一届人大常委会副主任。

会议补选刘希阳、刘建忠、余新泽、周雪琴为余江区第一届人大常委会委员；

会议补选罗卫国为余江区人民政府区长；

会议补选刘勇建为余江区监察委员会主任；

会议补选刘文安为余江区人民检察院检察长。

第三次会议　2020年12月23日至25日在邓埠镇召开，出席会议代表181名。会议听取和审议了余江区人民政府区长罗卫国作的区人民政府工作报告；余江区人大常委会主任陈强所作的区人大常委会工作报告；余江区人民法院院长陈翠英所作的区人民法院工作报告；余江区人民检察院检察长刘文安所作的区人民检察院工作报告。审查和批准了余江区国民经济和社会发展第十四个五年规划和二〇三五年远景目标纲要。审议、审查和批准了余江区2020年国民经济和社会发展计划执行情况与2021年国民经济和社会发展计划草案的报告（书面）；余江区2020年区级总预算执行情况与2021年区级总预算草案的报告（书面）。会议对各项报告作出相应决议；选举事项。大会收到代表建议和意见49件。

会议表决通过鹰潭市余江区第一届人民代表大会社会建设委员会委员人选；

会议补选黄建明为余江区第一届人大常委会副主任；

会议补选邓样才、李军、张国军、易长青为区一届人大常委会委员。

六、余江区第二届人民代表大会会议

第一次会议 2021年10月16日至19日在邓埠镇街道召开，出席会议代表216名。本届人大代表216名，实到代表210名。会议听取和审议了余江区人民政府代区长方淼滨所作的区人民政府工作报告；余江区人大常委会主任陈强所作的区人大常委会工作报告；余江区人民法院代院长叶育林所作的区人民法院工作报告；余江区人民检察院代检察长梁波所作的区人民检察院工作报告。会议对各项报告作出相应决议；选举事项。大会收到代表建议和意见53件。

会议表决通过区第二届人民代表大会各专门委员会组成人员人选；

会议选举金建华为余江区第二届人大常委会主任；

会议选举陈亮泉、余首开、吴建生、邓银根、熊志江、万文俊为副主任；

会议选举王阿琴、王聪、邓样才、甘华祥、左智亮、左德中、乐素桂、刘卫平、刘建忠、阮雅玲、李军、吴凤明、余新泽、张国军、易长青、罗宸清、周雪琴、周锦华、郑天荣、胡细亮、桂林梅、彭保太为余江区第二届人大常委会委员；

会议选举方淼滨为余江区人民政府区长；

会议选举李海东、姜翠萍、谢永敬、张世洪、王建生、张勇为余江区人民政府副区长；

会议选举琚新发为余江区监察委员会主任；

会议选举叶育林为余江区人民法院院长；

会议选举梁波为余江区人民检察院检察长；

会议选举余江区出席鹰潭市第十届人民代表大会代表81名。

第二次会议 2022年3月9日至11日在邓埠街道召开，出席会议代表217名。会议听取和审议了余江区人民政府区长方淼滨作的区人民政府工作报告；余江区人大常委会主任金建华所作的区人大常委会工作报告；余江区人民法院院长叶育林所作的区人民法院工作报告；余江区人民检察院检察长梁波所作的区人民检察院工作报告。审议、审查和批准了余江区2021年国民经济和社会发展计划执行情况与2022年国民经济和社会发展计划草案的报告（书面）；余江区2021年区级总预算执行情况与2022年区级总预算草案的报告（书面）。会议对各项报告作出相应决议；选举事项。大会收到代表建议和意见43件。

会议表决通过区第二届人民代表大会各专门委员会主任委员人选；

会议选举刘慧娟为余江区第二届人大常委会委员。

第三次会议 2023年2月1日至3日在邓埠街道召开。出席会议代表213名。会议听取和审议了余江区人民政府区长方淼滨作的区人民政府工作报告；余江区人大常委会主任金建华所作的区人大常委会工作报告；余江区人民法院院长叶育林所作的区人民法院工作报告；余江区人民检察院检察长梁波所作的区人民检察院工作报告。审议了鹰潭市余江区人民政府关于鹰潭市余江区生态文明建设和生态环境状况报告（书面）。审议、审查和批准了余江区2022年国民经济和社会发展计划执行情况与2023年国民经济和社会发展计划草案的报告（书面）；余江区2022年县级总预算执行情况与2023年区级总预算草案的报告（书面）。会议对各项报告作出相应决议。大会收到代表建议和意见38件。

会议表决通过鹰潭市余江区第二届人民代表大会法制委员会主任委员名单。

第二节　余江县（区）人民代表大会常务委员会

1980年11月，根据五届全国人大二次会议审议并通过的《关于修订宪法若干规定的方案》和修改后的《中华人民共和国地方各级人民代表大会和地方各级人民政府组织法》规定，余江县人民代表大会开始设立常务委员会。1981年3月上旬，余江县人民代表大会常务委员会（简称县人大常委会或常委会）正式开始工作。2018年7月，随着余江撤县设区，县人大常委会改名为鹰潭市余江区人民代表大会常务委员会（简称区人大常委会或常委会）。

县十三届人大常委会　共举行会议32次，听取和审议“一府两院”工作报告、汇报50项，作出决议、决定27项，任免国家机关工作人员168人次。届内听取和审议国民经济、财政、城乡建设、司法、农业生产、社会保障、防汛、农村合作医疗、新农村建设等工作情况汇报。

为进一步推进《安全生产法》的贯彻执行，常委会提出进一步加大对《安全生产法》的宣传力度、进一步加大安全生产监管力度、进一步加大事故隐患排查及查处力度、进一步加大对安全隐患的整治力度等建议。通过了《关于同意余江县城城市总体规划的决议》《关于批准2004年县本级财政预算调整方案的决议》《关于批准我县2004年县本级财政决算的决议》《关于批准县人民政府按期偿还国家开发银行城市基础设施项目贷款的决议》《关于加强法制宣传教育的决议》《关于批准我县2005年县本级财政决算的决议》《关于批准县人民政府按期偿还中国银行股份有限公司余江支行余江一中建设项目贷款的决议》等。

县人大常委组织视察、调查活动80余次，并对《药品管理法》《城市房地产管理法》等多部法律法规进行了执法检查，先后对8名局长、2名检察官、2名庭长进行了述职评议。县人大常委会不断拓宽代表参政议政渠道，结合日常工作，先后邀请代表参加执法检查、会前调查、述职评议等活动60余人次，结合全县政务环境评议、“人民满意的政法单位、干警”考评等活动，组织代表参与测评70余人次。全县范围内组织开展各级人大代表“为农民增收做贡献”活动，全县共有800余名代表参加，占代表总数的91.24%，为农民办实事1789件次。

2003年3月25日，余江县第十三届人大常委会第一次会议，县人大常委会任命王金保为县人民政府副县长，任命彭福峰为县人民法院副院长，任命王水才为县人民检察院副检察长，免去王水才的县人民法院副院长、审判委员会委员职务，免去彭福峰的县人民检察院副检察长、检察委员会委员职务。

2003年4月30日，余江县第十三届人大常委会第二次会议县人大常委会任命程王建为县人民法院副院长，免去于冬根的县人民法院审判委员会委员、副院长职务。

2003年7月12日，余江县第十三届人大常委会第三次会议县人大常委会决定接受刘诚辞去县人民政府县长职务的请求，决定周瑛代理县人民政府县长职务。

2003年9月19日，余江县第十三届人大常委会第四次会议县人大常委会任命毛建和、陈朝忠为县人民政府副县长。

2003年11月17日，余江县第十三届人大常委会第五次会议县人大常委会任命万程、黄雪芹为县人民政府副县长。

2004年3月23日，余江县第十三届人大常委会第八次会议县人大常委会决定，接受周少华辞去县人民政府副县长职务的请求。

2004年5月19日，余江县第十三届人大常委会第九次会议县人大常委会任命王碧龙为县人民政府副县长。

2004年7月26日，余江县第十三届人大常委会第十次会议任命吴金贤为县人民检察院检察委员会委员、县人民检察院副检察长。

2005年3月10日，余江县第十三届人大常委会第十四次会议县人大常委会任命方成为县人民检察院副检察长，代理检察长职务。

2005年8月9日，余江县第十三届人大常委会第十七次会议县人大常委会任命徐永荣为县人民法院审判员、审判委员会委员、副院长，接受王金保辞去县人民政府副县长职务的请求。

2005年9月27日，余江县第十三届人大常委会第十八次会议县人大常委会任命吴立新为县人民政府副县长。

2006年1月23日，余江县第十三届人大常委会第二十一次会议县人大常委会接受陈朝忠辞去县人民政府副县长职务的请求。

2006年6月15日，余江县第十三届人大常委会第二十四次会议县人大常委会接受周瑛辞去县人民政府县长职务的请求，接受毛建和、李中华、陈移发辞去县人民政府副县长职务的请求，任命程芦山、杨小明为县人民政府副县长，决定程芦山代理县人民政府县长职务。

2006年7月5日，余江县第十三届人大常委会第二十五次会议县人大常委会任命吴泉水、金建华为县人民政府副县长。

2006年8月15日，余江县第十三届人大常委会第二十六次会议县人大常委会任命桂丽萍为县人民政府副县长。

2006年10月31日，余江县第十三届人大常委会第二十七次会议县人大常委会接受万程、黄雪琴辞去县人民政府副县长职务的请求，免去王水才的县人民检察院检察委员会委员、副检察长职务。

2007年3月13日，余江县第十三届人大常委会第三十二次会议县人大常委会接受杨小明、徐云、王碧龙辞去县人民政府副县长职务的请求，接受姚耀庭辞去县人民法院院长职务的请求，接受方成辞去县人民检察院检察长职务的请求，任命陈文为县人民法院副院长、审判委员会委员、代院长，任命王湖为县人民检察院副检察长、监察委员会委员、代检察长，任命段萌芳为县人民法院副院长。

县十四届人大常委会　共举行会议36次，听取和审议“一府两院”工作报告、汇报49项，任免国家机关工作人员173人次。届内听取和审议国民经济、财政、就业、水利、新农村建设、住房公积金、低保、环境保护、城市建设、交通、医疗卫生、农业产业化等工作情况汇报；常委会高度关注“三农”工作，认真贯彻党的十七届三中全会精神，着力推动中共中央《关于推进农村改革发展若干重大问题的决定》的落实；作出《关于将我县水利血防及其配套工程项目建设补贴资金纳入同期年度财政预算的决议》；提出要进一步加强对2大灌区及水库的管理、进一步加强余江县水利专业技术队伍建设、进一步规范使用防洪保安资金、进一步加强对万亩以下圩堤防洪情况的监督、检查和管理等建议；听取县政府关于龙岗新区发展意见的汇报，作出《关于将县城投公司归还农业发展银行（邓洪公路项目）贷款缺口资金纳入同期财政预算的决议》，为龙岗新区的建设提供了有力支撑。

县人大常委组织开展专题视察、专项调研（调查）、执法检查25项。先后对《中华人民共和国种子法》《江西省农作物种子条例》等多项法律法规贯彻执行情况进行检查。县人大常委会围绕县委重大工作部署和群众关心、关注的热点问题，积极组织代表开展视察、调研和检查活动，共组织80余名代表参加视察、执法检查和工作调研。

常委会围绕改革发展稳定大局、保增长促发展、保障和改善民生、“三农”、环境资源保护、推进依法治县等工作开展视察、检查和调研。先后就县污水处理厂、体育馆、磨仂洲开发、农村卫生清洁等10项重点工程进行视察，就县政府确定的民生实事中涉及教育、文化、卫生、民政、环保、优质高中建设、依法管理宗教事务等工作情况开展调研，就

《中华人民共和国城乡规划法》等法律法规的贯彻执行情况进行检查。

2008年9月18日，余江县第十四届人大常委会第十次会议，接受吴泉水辞去县人民政府副县长职务的请求，任命万挺春为县人民政府副县长。

2008年10月27日，余江县第十四届人大常委会第十一次会议，任命孙鑫为县人民政府副县长。

2009年6月5日，余江县第十四届人大常委会第十六次会议，接受孙鑫辞去县人民政府副县长职务的请求。

2009年7月29日，余江县第十四届人大常委会第十七次会议，任命李国庆为县人民政府副县长。

2009年9月15日，余江县第十四届人大常委会第十九次会议，接受桂丽萍、盛才明辞去县人民政府副县长职务的请求，任命邓员瑛、吴仁才为县人民政府副县长。

2010年7月6日，余江县第十四届人大常委会第二十六次会议，接受陈移发辞去县人民政府副县长职务的请求，任命闻有虎、孙友生为县人民政府副县长。

2010年12月22日，余江县第十四届人大常委会第二十九次会议，接受闻有虎辞去县人民政府副县长职务的请求。

2011年6月9日，余江县第十四届人大常委会第三十三次会议，接受程芦山辞去县人民政府县长职务的请求，任命孙鑫为县人民政府副县长、代理县长职务。

2011年6月30日，余江县第十四届人大常委会第三十四次会议，接受祝乡发、万挺春、吴仁才、邓员瑛、孙友生辞去县人民政府副县长职务的请求，任命陈亮泉、汪桂昌、吴晓娟、唐金辉为县人民政府副县长。

县十五届人大常委会　共举行会议38次，听取和审议“一府两院”工作报告、汇报102项，任免国家机关工作人员270人次。届内听取和审议财政、国民经济、社会治安管理、学前教育、民政、水利、扶贫、工程建设、交通、宗教、卫生治理、农村电网改造、住房建设、食品安全、普法宣传等工作情况汇报。

通过了《关于开展第七个五年法治宣传教育的决议》，有力推动了余江县法制教育工作的开展；为进一步做好余江县公安机关的社会管理创新工作，常委会提出要进一步加强社会管理创新的工作力度，要进一步加大社会管理创新工作的投入力度，要进一步加大公安队伍建设的力度，要进一步加大社会防控体系资源整合的力度等建议；针对城区饮用水安全存在较大污染隐患的问题，常委会提出要建立水源地保护机制，要加大投入、提高检测手段，要建立科学的应急预案等建议。

常委会共组织代表活动30余次，代表视察20余次，人大代表参与率90%以上。县人大常委会对县财政“三项服务”总结评议财政“三项服务”工作经验的基础上，组织40余名县人大代表对民政工作开展评议，进行满意度测评。常委会为促进大框架城市建设，改善人居环境，连续 5 年组织代表对城东新区建设、余江国际眼镜商贸城开发、循环经济产业园建设等 20 余个重点工程进行视察。

2011 年 10 月 14 日，余江县第十五届人大常委会第一次会议，任命贺秀涛为县人民政府副县长。

2012 年 4 月 26 日，余江县第十五届人大常委会第五次会议，接受谢万进辞去县人民政府副县长职务的请求，任命陈党红为县人民政府副县长，任命熊鹰为县人民法院副院长、审判委员会委员、审判员，任命陈福明为县人民法院副院长，任命程王建为县人民检察院副检察长，任命叶顺有为县人民检察院副检察长，免去彭福峰的县人民法院副院长职务，免去程王建的县人民法院副院长、审判委员会委员、审判员职务，免去段萌芳的县人民法院副院长、审判委员会委员职务，免去陈发明的县人民检察院副检察长职务，免去吴金贤的县人民检察院副检察长、检察委员会委员职务，免去熊鹰的县人民检察院副检察长、检察委员会委员职务。

2012 年 10 月 18 日，余江县第十五届人大常委会第七次会议，接受孙鑫辞去县人民政府县长、金建华辞去县人民政府副县长职务的请求，任命张子建、路文革为县人民政府副县长，并决定张子建代理县人民政府县长职务，任命李绪龙为县人民检察院副检察长。

2013 年 10 月 18 日，余江县第十五届人大常委会第十六次会议，任命肖文军为县人民政府副县长。

2013 年 12 月 13 日，余江县第十五届人大常委会第十七次会议，接受贺秀涛辞去余江县人民政府副县长职务的请求，免去汪德庆的县人民检察院副检察长职务。

2014 年 9 月 26 日，余江县第十五届人大常委会第二十二次会议，任命江新洪为县人民政府副县长。

2014 年 12 月 30 日，余江县第十五届人大常委会第二十四次会议，接受张子建辞去县人民政府县长职务的请求，决定路文革代理县人民政府县长职务。

2015 年 12 月 29 日，余江县第十五届人大常委会第三十一次会议，任命吴发财为县人民政府副县长，免去陈亮泉、肖文军的县人民政府副县长职务。

2016 年 1 月 8 日，余江县第十五届人大常委会第三十二次会议，任命吴荣高、李灿刚为县人民政府副县长。

2016 年 3 月 30 日，余江县第十五届人大常委会第三十三次会议，任命刘刚为县人民检察院副检察长、检察委员会委员，免去李绪龙的县人民检察院副检察长职务。

2016 年 8 月 16 日，余江县第十五届人大常委会第三十五次会议，接受路文革辞去县人民政府县长职务的请求，接受陈文辞去县人民法院院长职务的请求，接受王湖辞去县人民检察院检察长职务的请求，任命苏建军为县人民政府副县长，代理县长职务；任命陈翠英为县人民法院审判委员会委员、副院长，代理院长职务；任命张晓峰为县人民检察院检察委员会委员、副检察长，代理检察长职务。

县十六届人大常委会 共举行会议15次，听取和审议“一府两院”工作报告、汇报26项，任免国家机关工作人员65人次。届内听取和审议财政、医疗、棚户区改造、房管、国民经济、食品安全、义务教育等工作情况汇报。

常委会提出要进一步重视水利基础设施建设工作，要进一步重视水利工程后期管护工作，要进一步重视水利技术队伍建设工作等建议；作出《关于余江县撤县设区有关事项的决定》；针对物业管理体制、物业服务行为、物业费用征收、维修资金使用等方面存在的问题，提出要进一步加大宣传和业务培训力度，要进一步探索管理机制、创新管理模式，要进一步规范物业服务行为、规范物业管理收费、提升物业企业服务水平，要优化维修资金使用审批程序、健全审批机制等意见；针对余江县新农合存在的队伍建设有待完善，经费、编制投入不足，医疗机构服务水平不高，新农合基金安全存在隐患等问题，提出要不断改善经办机构工作条件、不断提高定点医疗机构技术和服务水平、不断强化监管力度等意见和建议。

常委会坚持从实际出发，紧紧围绕党委中心工作，聚焦经济运行、民生实事、公正司法等开展视察、调研和检查31项，聚焦重大项目建设、重点民生工程、法治余江建设等安排调研视察及执法检查21次。乡镇人大代表联络工作站建成后，共开展接待活动55次，受理各种问题、意见和建议166件，现场答复29件，转县级单位办理80件，办结42件。为加强对县人大常委会任命的国家机关工作人员履职情况的监督，进一步规范述职工作、提高监督实效，根据《中华人民共和国监督法》《余江县人民代表大会常务委员会人事任免办法》等有关法律及规定，县人大常委会制定出台《余江县人民代表大会常务委员会述职工作实施办法》。

2017年9月21日，余江县第十六届人大常委会第六次会议，县人大常委会任命熊国庆、蔡国华为县人民政府副县长。

2017年9月28日，余江县第十六届人大常委会第七次会议，任命熊保生为县人民政府副县长。

2018年6月29日，余江县第十六届人大常委会第十五次会议，任命赵昊为县人民政府副县长。

区一届人大常委会 共举行会议31次，听取和审议“一府两院”工作报告、汇报54项，任免国家机关工作人员171人次。届内听取和审议工程项目、国民经济、财政、科技创新、医疗、普法教育、扫黑除恶、双创、城市管理、环境保护等工作情况汇报。

在对财政预算绩效管理开展调查研究基础上，对政府重大投资项目、民生资金进行重点审查；为增强预算透明度，积极启动人大预算联网监督系统建设；作出《关于批准鹰潭市余江区人民政府关于提请审议〈余江县城市总体规划（2011—2030）局部调整方案〉的决议》；为增强预算透明度，积极启动人大预算联网监督系统建设；在审议计划、预（决）算相关报告时，强化了对政府全口径预决算的审查监督，重点关注计划、预算的执行情况，适时作出相关决议；为主动适应新形势下推进人大预决算审查监督的新要求，建立和完善预算审查监督制度，建成预算联网监督平台，推动预算审查迈入信息化新时代，为全区经济运行筑起安全“防火墙”。

常委会继续坚持围绕中心、服务大局安排视察、检查和调研，积极回应社会关切，切实做到民有所呼，我有所应，民有所盼，我有所为。届内，共组织视察、检查、调研25项。区人大常委会从群众最关心最现实的利益问题着手，广泛征求各界意见，确定将区民政局、区财政局、区住建局、区卫健委、区应急管理局等5部门纳入述职评议范围。对各述职部门分别成立1个评议工作组，着重调查了解5个部门执行法律法规、履行工作职责、落实人大决议、办理代表建议、服务基层群众等情况。全区各乡镇人大代表联络工作站开展接待活动103次，组织各级人大代表706人次进站接待选民1015人次，收集并梳理出有价值的意见建议474件，办理完毕391件。

2018年12月7日，余江区第一届人大常委会第三次会议，任命邹小云为区人民政府副区长。

2019年5月23日，余江区第一届人大常委会第八次会议，接受简华锋辞去区人民政府副区长职务的请求，任命潘磊为区人民政府副区长，免去程王建的区人民检察院副检察长职务，免去叶顺有的区人民检察院副检察长、检察委员会委员职务。

2019年6月20日，余江区第一届人大常委会第九次会议，接受蔡立新辞去区人民政府副区长职务的请求，任命毛伟卿为区人民政府副区长。

2019年10月23日，余江区第一届人大常委会第十一次会议，接受苏建军辞去区人民政府区长职务的请求。

2020年2月24日，余江区第一届人大常委会第十四次会议，接受邹小云辞去区人民政府副区长职务的请求。

2020年4月17日，余江区第一届人大常委会第十五次会议，接受黄贵开、赵昊辞去区人民政府副区长职务的请求，任命吴建华为区人民政府副区长。

2020年5月7日，余江区第一届人大常委会第十六次会议，接受张晓峰辞去区人民检察院检察长职务的请求，任命刘文安为区人民检察院副检察长、代理检察长职务。

2020年5月16日，余江区第一届人大常委会第十七次会议，任命罗卫国为区人民政府副区长、代理区长职务。

2020 年 11 月 6 日，余江区第一届人大常委会第二十次会议，任命毛红文、徐伏春为区人民检察院副检察长，免去陈福明的区人民法院副院长、审判委员会委员职务。

2021 年 2 月 5 日，余江区第一届人大常委会第二十三次会议，接受陈翠英辞去区人民法院院长职务的请求；任命叶育林为区人民法院副院长、审判委员会委员、审判员，代理院长职务；任命毛欣胜为区人民法院副院长，任命徐遇金为区人民法院副院长、审判委员会委员、审判员。

2021 年 8 月 13 日，余江区第一届人大常委会第二十七次会议，接受罗卫国辞去区人民政府区长职务的请求，接受潘磊辞去区人民政府副区长职务的请求；任命方淼滨为区人民政府副区长，代理区长职务。

2021 年 9 月 13 日，余江区第一届人大常委会第二十九次会议，接受刘文安辞去区人民检察院检察长职务的请求。

区二届人大常委会　截至 2023 年 9 月，共举行会议 17 次，听取和审议“一府一委两院”专项工作报告 31 项，任免国家机关工作人员 164 人次。届内听取和审议公益诉讼、优化营商环境、教育双减、人民法庭建设、居家养老等工作情况汇报；作出《关于开展第八个五年法治宣传教育的决议》《关于设立刘家站乡选举委员会的决定》；审查批准年度预算调整方案和决算。

常委会为助力余江经济高质量发展、推动民生实事见真效、树牢法治理念强根基，截至 2022 年底，共组织开展视察、检查、调研 16 项。

为推动被评部门进一步依法履行职责，提高工作效率，改进机关作风、提高服务水平，提升人民群众对相关工作的满意度，区人大常委会坚持客观公正、民主公开、实事求是、注重实效的原则，先后对区司法局局长、区财政局局长、区住建局局长、区应急管理局局长、区林业局局长、区市场监督管理局局长进行了述职测评。全区各乡镇人大代表联络工作站组织各级人大代表 475 人次进站接待选民 857 人次。经办理，共使用代表建议办理专项资金 500.8 万元，为群众解决“急难愁盼”问题 65 件。

2022 年 1 月 27 日，余江区第二届人大常委会第四次会议，免去熊鹰的区人民法院副院长职务。

2022 年 2 月 16 日，余江区第二届人大常委会第五次会议，任命吴全明为区人民法院副院长，免去徐遇金的区人民法院副院长职务。

2022 年 4 月 13 日，余江区第二届人大常委会第七次会议，任命刘刚为区人民政府副区长。

2022 年 9 月 29 日，余江区第二届人大常委会第十一次会议，免去程娅萍区监察委员会副主任职务。

2023年3月13日，余江区第二届人大常委会第十四次会议，接受李海东、张世洪辞去区人民政府副区长，任命吴建华、刘小华为区人民政府副区长。

2023年5月31日，余江区第二届人大常委会第十五次会议，接受张勇辞去区人民政府副区长。

2023年8月29日，余江区第二届人大常委会第十七次会议，任命吴学辉为区人民政府副区长，任命叶斌为区监察委员会副主任。

余江县（区）人民代表大会常务委员会组成人员名单

表8

届次	组成人员	
第十三届	主　任	林　军　周　瑛（2006年补选）
	副主任	潘邓生　熊新民　桂和平　张彩菊（女）　黄春和
	委　员	刘更生　汤冬莲（女）　杜文君　吴国华　林海明　祝巧玲（女）　桂海友　徐月华（女）　徐发红（女）　舒育兴　童余德 其间，补选：张海兰（女）　周义红（女）　徐卫国　吴万才　钟孝平
第十四届	主　任	宋平先
	副主任	熊新民　桂和平　张彩菊（女）　孙林华　姜翠萍（女）　张仁生　官义和（2011年补选）
	委　员	刘更生　汤冬莲（女）　杜文君　杨　毅　杨泰久　吴国华　张海兰（女）　钟孝平　段军开　祝巧玲（女）　徐卫国　徐国荣　黄建明　梁子浩　蒋丰强　童余德 其间，补选：吴金川　彭满峰　吴万才
第十五届	主　任	杨小明
	副主任	祝乡发　姜翠萍（女）　张仁生　官义和　俞浩腾　杨敏慧（女）　简华锋（2014年补选）
	委　员	万春慧（女）　王　盛　孙林华　杜文君　杨　勇　杨先颂　吴金川　陈建东　欧阳昌设　段军开　桂和平　彭保太　彭满峰　蒋丰强 其间，补选：于新华　张河明　熊爱玲（女）　孙文清
第十六届	主　任	谭建新
	副主任	祝乡发　万景文　廖　琳　邓祥高　潘　磊　张海兰（女）
	委　员	王春明　邓柏青　甘华祥　左冬水　乐东明　乐素桂（女）　孙文清　李　云（女）　吴凤明　吴战海　张惠平　易卫国　罗宸清　桂林梅（女）　柴晓明　徐娟英（女）　彭保太　蒋丰强　舒育兴　潘天胜 其间，补选：周筱明　俞浩腾　彭满峰　于贵福
区第一届	主　任	谭建新　陈　强（2020年补选）
	副主任	祝乡发　万景文　廖琳　邓祥高　潘磊　张海兰（女）　陈亮泉（2020年补选）　黄建明（2020年补选）

续表 8

届次		组成人员
区第一届	委　员	王春明　邓柏青　甘华祥　左冬水　乐素桂（女）　孙文清　李　云（女）　吴凤明　吴战海　张惠平　易卫国　罗宸清　桂林梅（女）　柴晓明　徐娟英（女）　彭保太　蒋丰强　舒育兴　潘天胜　周筱明　俞浩腾　彭满峰　于贵福 其间，补选：刘希阳　刘建忠　余新泽　周雪琴（女）　邓祥才　李　军　张国军　易长青
区第二届	主　任	金建华
	副主任	陈亮泉　余首开　吴建生　邓银根　熊志江　万文俊（女）
	委　员	王阿琴（女）　王　聪　邓祥才　甘华祥　左智亮　左德中　乐素桂（女）　刘卫平　刘建忠　阮雅玲（女）　李　军　吴凤明　余新泽　张国军　易长青　罗宸清　周雪琴（女）　周锦华　郑天荣　胡细亮　桂林梅（女）　彭保太 其间，补选：刘慧娟（女）

余江县（区）人大街道工委、乡镇人大主席团负责人名单

表 9

乡镇街道	主席（主任）	任职时间	副主席（副主任）	任职时间
邓埠街道工委（邓埠镇）	黄仁高（兼）	2003.3—2005.3	董国建	2004.4—2009.3
	张仁生（兼）	2005.3—2009.3	—	—
	陈先锋	2009.3—2010.5	陈水林	2010.5—2011.7
	兰叶华（畲族）	2011.7—2013.4	—	—
	雷高峰（畲族）	2013.4—2016.9	—	—
	胡细亮	2016.9—2023.5	胡娟娟（女）	2016.9—2020.7
	李　俊	2023.5—	孙文琪（女）	2020.7—
锦江镇	祝乡发（兼）	2002.1—2005.3	杨日华	2002.1—2010.6
	桂丽萍（女）（兼）	2005.3—2007.3	—	—
	易卫国（兼）	2007.3—2010.3	方　兰（女）	2010.6—2011.7
	吴早生	2011.7—2013.1	—	—
	童爱才	2013.2—2016.9	江海兰（女）	2017.4—2019.5
	桂胜林	2016.9—2018.5	—	—
	张振华	2018.10—2019.9	—	—
	汪海年	2020.11—2022.6	林小兵	2021.9—
	乐树良	2023.3—	—	—
中童镇	邓祥高	2002.12—2005.7	—	—
	王小元	2005.7—2007.3	童双有	2002.2—2009.4
	吴仁才（兼）	2007.3—2009.4	—	—
	童双有	2009.4—2011.7	—	—
	于发华	2011.7—2013.3	—	—
	彭赞军	2013.4—2015.6	—	—
	祝明龙	2015.6—2016.7	—	—

续表 9

乡镇街道	主席（主任）	任职时间	副主席（副主任）	任职时间
中童镇	周振华	2016.9—2018.7	熊拥生	2016.9—2019.11
	吴克来	2018.7—2019.11	—	—
	阮志刚	2019.1—2020.12	祝剑锋	2019.11—2020.12
	吴松发	2020.12—2023.5	程样发	2020.12—2023.1
	张鑫鑫	2023.5—	晏　皓	2023.1—
潢溪镇	王小元（兼）	2002.12—2004.12	朱长高	2002.2—2006.4
	盛才明（兼）	2005.2—2007.2	—	—
	陈亮泉（兼）	2007.3—2011.3	洪新斌	2007.3—2018.5
	黄剑标	2011.7—2013.1	—	—
	吴中华	2013.2—2016.9	—	—
	刘意兵	2016.9—2018.11	—	—
	潘　璇	2018.11—2021.9	陆君星	2018.5—2021.9
	王　聪	2021.9—	吴小文	2021.9—2023.5
画桥镇	杨敏慧（女）（兼）	2003.12—2007.3	徐风帮	2002.2—2007.3
	陈接照（兼）	2007.3—2011.7	桂林春	2007.3—2011.7
	桂炳开（兼）	2011.7—2015.4	陈建军	2011.7—2016.9
	桂林春	2015.4—2016.6	—	—
	冯东建	2016.9—2018.4	吴细章	2016.9—2021.9
	朱华敏	2018.10—	吕舞兰（女）	2021.9—2023.5
马茎镇	邹风标（兼）	2003.2—2005.3	欧阳长生	2002.2—2005.3
	欧阳长生	2005.3—2009.3	刘明路	2005.3—2006.4
	张相生	2009.3—2011.7	—	—
	黄华东	2011.7—2015.4	—	—
	吴　歆	2015.4—2016.9	—	—
	洪　伟	2016.9—2018.3	吴木红	2016.9—2020.12
	吴国仁	2018.3—2021.10	—	—
	鲁素平	2021.10—	吴润峰	2021.3—
春涛镇（春涛乡）	祝夏明（兼）	2003.3—2007.3	梅春风（女）	2002.2—2004.3
	吴光辉（兼）	2007.3—2009.3	宋国先	2004.3—2006.4
	童细样（兼）	2009.3—2011.7	赵伙仁	2006.4—2009.3
	汪华明	2011.7—2015.5	刘活龙	2010.5—2011.7
	段荣生	2015.5—2016.9	—	—
	于群林	2016.9—2018.5	—	—
	熊智龙	2018.5—2019.3	赵建华	2018.10—2019.5
	蔡金华	2019.3—2020.12	—	—
	孙　琰	2020.12—2023.4	高　宇	2020.12—2023.4
	李佳琪	2023.4—	吕舞兰	2023.4—

续表 9

乡镇街道	主席（主任）	任职时间	副主席（副主任）	任职时间
洪湖乡	黄春和（兼）	2002.1—2006.9	官政球	2002.1—2006.9
	吴华卫（兼）	2006.9—2009.4	杨林祥	2006.9—2011.7
	汪建东（兼）	2009.4—2011.7	—	—
	刘明路（兼）	2011.7—2013.3	毛怡华	2011.7—2016.9
	肖　遥（兼）	2013.3—2016.9	—	—
	易长青	2016.9—2018.4	毛怡华	2016.9—2020.11
	于群林	2018.4—2019.3	宋　晗（女）	2020.11—2021.9
	李享林	2019.3—2022.6	—	—
	桂河标	2022.6—	潘柳卉（女）	2021.9—
平定乡	陈立全（兼）	2002.1—2005.3	陈永明	2002.1—2003.10
	彭文荣（兼）	2005.3—2010.5	晏智勇	2003.10—2010.5
	简华锋（兼）	2010.5—2011.3	—	—
	涂少华	2011.3—2013.3	—	—
	胡武堂	2013.3—2016.9	—	—
	万红菊（女）	2016.9—2019.3	—	—
	周志坚	2019.3—2021.9	徐　剑	2018.10—2022.6
	吴智芝（女）	2021.9—	刘　畅	2022.6—
黄庄乡	桂丽萍（女）（兼）	2002.1—2005.2	黄映华	2002.1—2011.7
	易想春（兼）	2005.2—2007.3	—	—
	吴晓娟（女）（兼）	2007.3—2011.7	—	—
	黄映华	2011.7—2020.11	刘金华	2020.7—2021.9
	彭　澍	2020.11—	易炳久	2021.9—
杨溪乡	杨敏慧（女）	2002.12—2003.12	—	—
	彭文荣（兼）	2004.6—2005.3	杨林祥	2004.6—2006.3
	吴建生（兼）	2005.3—2007.3	吴志华	2006.11—2009.3
	甘菊泉（兼）	2007.3—2009.3	—	—
	吴超武	2009.3—2010.7	危有文	2009.3—2013.3
	段军良（兼）	2011.7—2013.3	—	—
	潘　磊（兼）	2013.3—2015.4	—	—
	舒宋兴	2015.4—2016.9	—	—
	吴小万	2016.9—2017.9	李秋春	2016.9—2018.5
	毛　伟	2017.9—2018.5	—	—
	汪　芸（女）	2018.5—2020.11	陈书华	2018.10—2019.6
	陈龙泉	2020.11—2023.7	杨　薇（女）	2020.11—
	杨　伟	2023.7—	—	—
刘家站乡	杨　湛	2023.9—	程博文	2022.6—2023.9

第三章　月湖区人民代表大会及其常务委员会

第一节　月湖区人民代表大会

一、月湖区第六届人民代表大会

第一次会议　2003 年 1 月 9 日至 11 日在月湖区召开，应到代表 149 人，出席会议代表 149 人。会议听取和审议了月湖区人民政府区长戴春英作的政府工作报告；月湖区人大常委会副主任黎素珍作的区人大常委会工作报告；月湖区人民法院院长姚江鹏作的区人民法院工作报告；月湖区人民检察院检察长施兆荣作的区人民检察院工作报告。审议、审查和批准了月湖区区发展计划局局长曾细山作的区 2002 年国民经济和社会发展计划执行情况与 2003 年计划（草案）的报告；月湖区区财政局局长李木娇作的区 2002 年财政预算执行情况与 2003 年区本级财政总预算（草案）的报告。会议对各项报告作出相关决议；选举事项。大会收到代表建议和意见 40 件。

会议选举艾森然为月湖区人大常委会主任；

会议选举张爱芬、张年荣、祝光进、李水根为副主任；

会议选举王平茂、刘国栋、刘香娥、杨长新、倪良显、徐建英、彭良安、储晓钟、童如珍为委员；

会议选举戴春英为月湖区人民政府区长；

会议选举孙钢、史可、吴蔚权、欧阳宝、徐可喜为副区长；

会议选举姚江鹏为月湖区人民法院院长；

会议选举施兆荣为月湖区人民检察院检察长。

第二次会议　2004 年 1 月 31 日至 2 月 2 日在月湖区召开，出席会议代表 145 人。会议听取和审议了月湖区人民政府区长戴春英作的政府工作报告；月湖区人大常委会主任艾森然作的区人大常委会工作报告；月湖区人民法院院长姚江鹏作的区人民法院工作报告；月湖区人民检察院检察长施兆荣作的区人民检察院工作报告。审议、审查和批准了月湖区发展计划局局长曾细山作的区 2003 年国民经济和社会发展计划执行情况与 2004 年计划（草案）的报告；月湖区财政局局长李木娇作的区 2003 年财政总预算执行情况与 2004 年区本级财政总预算（草案）的报告。会议对各项报告作出相关决议；选举事项。大会收到代表建议和意见 35 件。

会议选举出席鹰潭市人民代表大会代表 73 人。

第三次会议 2005 年 1 月 20 日至 21 日在月湖区召开，出席会议代表 149 人。会议听取和审议了月湖区人民政府区长戴春英作的政府工作报告；月湖区人大常委会主任艾森然作的区人大常委会工作报告；月湖区人民法院院长姚江鹏作的区人民法院工作报告；月湖区人民检察院检察长施兆荣作的区人民检察院工作报告。审议、审查和批准了月湖区 2004 年国民经济和社会发展计划执行情况与 2005 年计划（草案）的报告（书面）；月湖区 2004 年财政总预算执行情况与 2005 年区本级财政总预算（草案）的报告（书面）。会议对各项报告作出相关决议；选举事项。大会收到代表建议和意见 36 件。

会议补选李海华、欧阳榜太、周庆文为区人大常委会委员。

第四次会议 2006 年 6 月 18 日至 20 日在月湖区召开，出席会议的代表 148 人。会议听取和审议了月湖区人民政府代区长廖奇志作的政府工作报告；月湖区人大常委会主任艾森然作的区人大常委会工作报告；月湖区人民法院院长姚江鹏作的区人民法院工作报告；月湖区人民检察院检察长施兆荣作的区人民检察院工作报告。审议、审查和批准了月湖区 2005 年国民经济和社会发展计划执行情况与 2006 年计划（草案）的报告（书面）；月湖区 2005 年财政总预算执行情况与 2006 年区本级财政总预算（草案）的报告（书面）；审查和批准了月湖区国民经济和社会发展第十一个五年规划纲要。会议对各项报告作出相关决议。大会收到代表建议和意见 11 件。

第五次会议 2006 年 11 月 21 至 22 日在月湖区召开，出席会议代表 148 人。

会议选举出席鹰潭市第七届人民代表大会代表 72 人；

会议选举廖奇志为月湖区人民政府区长。

二、月湖区第七届人民代表大会

第一次会议 2007 年 3 月 23 日至 25 日在月湖区召开，应到代表 147 人，出席会议代表 127 人。会议听取和审议了月湖区人民政府区长廖奇志作的政府工作报告；月湖区人大常委会主任艾森然作的区人大常委会工作报告；月湖区人民法院院长邹静作的区人民法院工作报告；月湖区人民检察院检察长杨高生作的区人民检察院工作报告。审议、审查和批准了月湖区 2006 年国民经济和社会发展计划执行情况与 2007 年计划（草案）的报告（书面）；月湖区 2006 年区本级总预算执行情况与 2007 年区本级总预算（草案）的报告（书面）。会议对各项报告作出相关决议；选举事项。大会收到代表建议和意见 43 件。

会议选举卢力新为月湖区人大常委会主任；

会议选举贺潭质、祝光进、李水根、王国宁、余藕花为副主任；

会议选举王蕖、刘国栋、李海华、杨长新、宋富标、邵菁靓、周庆文、徐建英、储晓钟、童如珍为委员；

会议选举廖奇志为月湖区人民政府区长；

会议选举刘长金、吴强、刘育虹、费尚恒、张银兴、邓建华为副区长；

会议选举邹静为月湖区人民法院院长；

会议选举杨高生为月湖区人民检察院检察长。

第二次会议　2008 年 2 月 24 日至 25 日在月湖区召开，出席会议代表 150 人。会议听取和审议了月湖区人民政府区长廖奇志作的政府工作报告；月湖区人大常委会主任卢力新作的区人大常委会工作报告；月湖区人民法院院长邹静作的区人民法院工作报告；月湖区人民检察院检察长杨高生作的区人民检察院工作报告。审议、审查和批准了月湖区 2007 年国民经济和社会发展计划执行情况与 2008 年计划（草案）的报告（书面）；月湖区 2007 年区本级总预算执行情况与 2008 年区本级总预算（草案）的报告（书面）。会议对各项报告作出相关决议；选举事项。大会收到代表建议和意见 24 件。

会议补选张利虹为月湖区人大常委会委员。

第三次会议　2009 年 3 月 3 日至 4 日在月湖区召开，出席会议代表 149 人。会议听取和审议了月湖区人民政府区长廖奇志作的政府工作报告；月湖区人大常委会主任卢力新作的区人大常委会工作报告；月湖区人民法院院长邹静作的区人民法院工作报告；月湖区人民检察院检察长杨高生作的区人民检察院工作报告。审议、审查和批准了月湖区 2008 年国民经济和社会发展计划执行情况与 2009 年计划（草案）的报告（书面）；月湖区 2008 年区级总预算执行情况与 2009 年区级总预算（草案）的报告（书面）。会议对各项报告作出相关决议。大会收到代表建议和意见 30 件。

第四次会议　2010 年 2 月 3 日至 4 日在月湖区召开，出席会议代表 148 人。会议听取和审议了月湖区人民政府区长廖奇志作的政府工作报告；月湖区人大常委会主任卢力新作的区人大常委会工作报告；月湖区人民法院院长邹静作的区人民法院工作报告；月湖区人民检察院检察长杨高生作的区人民检察院工作报告。审议、审查和批准了 2009 年国民经济和社会发展计划执行情况与 2010 年计划（草案）的报告（书面）；月湖区 2009 年区级总预算执行情况与 2010 年区级总预算（草案）的报告（书面）。会议对各项报告作出相关决议；选举事项。大会收到代表建议和意见 17 件。

会议补选王河元、夏金初、张冏为月湖区人大常委会委员。

第五次会议　2010 年 5 月 18 日召开，出席会议代表 149 人。

会议补选乐文红为月湖区人民政府区长。

第六次会议 2011 年 3 月 1 日至 2 日在月湖区召开，出席会议代表 150 人。会议听取和审议了月湖区人民政府区长乐文红作的政府工作报告；月湖区人大常委会主任卢力新作的区人大常委会工作报告；月湖区人民法院院长邹静作的区人民法院工作报告；月湖区人民检察院检察长杨高生作的区人民检察院工作报告。审议、审查和批准了月湖区 2010 年国民经济和社会发展计划执行情况与 2011 年计划（草案）的报告（书面）；月湖区 2010 年区级总预算执行情况与 2011 年区级总预算（草案）的报告（书面）；审查和批准了区国民经济和社会发展第十二个五年规划纲要。会议对各项报告作出相关决议；选举事项。大会收到代表建议和意见 20 件。

会议补选熊敏为月湖区人大常委会副主任。

三、月湖区第八届人民代表大会

第一次会议 2011 年 8 月 29 日至 31 日在月湖区召开，应到代表 144 人，出席会议代表 144 人。会议听取和审议了月湖区人民政府代区长刘军生作的政府工作报告；月湖区人大常委会主任卢力新作的区人大常委会工作报告；月湖区人民法院副院长毛晓文作的区人民法院工作报告；月湖区人民检察院代检察长廖小平作的区人民检察院工作报告。审议、审查和批准了区 2011 年上半年国民经济和社会发展计划执行情况的报告（书面）；月湖区 2011 年上半年财政预算执行情况的报告（书面）。会议对各项报告作出相关决议；选举事项。大会收到代表建议和意见 18 件。

会议选举卢力新为月湖区人大常委会主任；

会议选举贺潭质、王国宁、余藕花、万挺春、熊敏为副主任；

会议选举朱建国、危建元、李晓明、李海华、杨长新、汪建华、宋富标、张冏、张利虹、陈志斌、周文梅、祝国义、徐建英为委员；

会议选举刘军生为月湖区人民政府区长；

会议选举吴强、刘长根、张银兴、周华爱、周峰、邵菁靓为副区长；

会议选举毛晓文为月湖区人民法院院长；

会议选举廖小平为月湖区人民检察院检察长；

会议选举产生月湖区出席市第九届人民代表大会代表 73 名。

第二次会议 2012 年 1 月 15 日至 16 日在月湖区召开，出席会议代表 144 人。会议听取和审议了月湖区人民政府区长刘军生作的政府工作报告；月湖区人大常委会主任卢力新作的区人大常委会工作报告；月湖区人民法院院长毛晓文作的区人民法院工作报告；月湖区人民检察院检察长廖小平作的区人民检察院工作报告。审议、审查和批准了月湖区2011年国民经济和社会发展计划执行情况与2012年计划（草案）的报告（书面）；月湖区2011年区级总预算执行情况与2012年区级总预算（草案）的报告（书面）。会议对各项报告作出相关决议。大会收到代表建议和意见4件。

第三次会议　2013年1月15日至16日在月湖区召开，出席会议代表144人。会议听取和审议了月湖区人民政府区长刘军生作的政府工作报告；月湖区人大常委会主任卢力新作的区人大常委会工作报告；月湖区人民法院院长毛晓文作的区人民法院工作报告；月湖区人民检察院检察长廖小平作的区人民检察院工作报告。审议、审查和批准了月湖区2012年国民经济和社会发展计划执行情况与2013年计划（草案）的报告（书面）；月湖区级总预算执行情况与2013年区级总预算（草案）的报告（书面）。会议对各项报告作出相关决议；选举事项。大会收到代表建议和意见9件。

会议选举章希原、马亮为月湖区人大常委会委员。

第四次会议　2014年2月18日至19日在月湖区召开，出席会议代表149人。会议听取和审议了月湖区人民政府区长刘军生作的政府工作报告；月湖区人大常委会主任卢力新作的区人大常委会工作报告；月湖区人民法院院长毛晓文作的区人民法院工作报告；月湖区人民检察院检察长廖小平作的区人民检察院工作报告。审议、审查和批准了月湖区2013年国民经济和社会发展计划执行情况与2014年计划（草案）的报告（书面）；月湖区2013年区级总预算执行情况与2014年区级总预算（草案）的报告（书面）。会议对各项报告作出相关决议；选举事项。大会收到代表建议和意见15件。

会议选举文永兵为鹰潭市第八届人大代表。

第五次会议　2015年2月3日至4日在月湖区召开，出席会议代表148人。会议听取和审议了月湖区人民政府区长刘军生作的政府工作报告；月湖区人大常委会主任卢力新作的区人大常委会工作报告；月湖区人民法院院长毛晓文作的区人民法院工作报告；月湖区人民检察院检察长廖小平作的区人民检察院工作报告。审议、审查和批准了月湖区2014年国民经济和社会发展计划执行情况与2015年计划（草案）的报告（书面），月湖区2014年区级总预算执行情况与2015年区级总预算（草案）的报告（书面）。会议对各项报告作出相关决议；选举事项。大会收到代表建议和意见18件。

会议选举陈嫣（女）为月湖区人大常委会副主任；

会议选举胡玄昌为月湖区人大常委会委员。

第六次会议　2016年1月19日至20日在月湖区召开，出席会议代表148人。会议听取和审议了月湖区人民政府区长刘军生作的政府工作报告；月湖区人大常委会主任卢力新作的区人大常委会工作报告；月湖区人民法院院长毛晓文作的区人民法院工作报告；月湖区人民检察院检察长廖小平作的区人民检察院工作报告。审议、审查和批准了月湖区 2015 年国民经济和社会发展计划执行情况与 2016 年计划（草案）的报告（书面）；月湖区 2015 年区级总预算执行情况与 2016 年区级总预算（草案）的报告（书面）；审查和批准了月湖区国民经济和社会发展第十三个五年规划纲要。会议对各项报告作出相关决议。大会收到代表建议和意见 9 件。

四、月湖区第九届人民代表大会

第一次会议 2016 年 10 月 25 日至 27 日在月湖区召开，应到代表 140 人，出席会议代表 140 人。会议听取和审议了月湖区人民政府代区长李志兵作的政府工作报告；月湖区人大常委会主任卢力新作的区人大常委会工作报告；月湖区人民法院院长毛晓文作的区人民法院工作报告；月湖区人民检察院检察长廖小平作的区人民检察院工作报告。审议、审查和批准了月湖区 2016 年上半年国民经济和社会发展计划执行情况的报告（书面）；月湖区 2016 年上半年预算执行情况的报告（书面）。会议对各项报告作出相关决议；选举事项。大会收到代表建议和意见 15 件。

会议选举朱淑英为月湖区人大常委会主任；

会议选举张银兴、熊敏、陈嫣、夏兵、王斌斌为副主任；

会议选举王云、王骏、王忠兴、田英达、刘凤龙、严带兵、苏琴、李华龙、李海华、汪建华、张冋、周文梅、郑能水、胡玄昌、祝国义、徐建英、黄宝凤、章希原、詹雄坚为委员；

会议选举李志兵为月湖区人民政府区长；

会议选举易园平、韩斌、胡梦莉、聂琦、江水平、黄海有为副区长；

会议选举毛晓文为月湖区人民法院院长；

会议选举廖小平为月湖区人民检察院检察长；

会议选举产生月湖区出席市第九届人民代表大会代表 74 名；

会议表决通过了月湖区九届人大法制委员会和财政经济委员会组成人员人选。

第二次会议 2017 年 2 月 20 日至 21 日在月湖区召开，出席会议代表 145 人。会议听取和审议了月湖区人民政府区长李志兵作的政府工作报告；月湖区人大常委会主任朱淑英作的区人大常委会工作报告；月湖区人民法院院长毛晓文作的区人民法院工作报告；月湖区人民检察院检察长廖小平作的区人民检察院工作报告。审议、审查和批准了月湖区 2016 年国民经济和社会发展计划执行情况与 2017 年计划草案的报告（书面）；月湖区 2016 年全区和区级预算执行情况与 2017 年预算草案的报告（书面）。会议对各项报告作出相关决议。大会收到代表建议和意见 12 件。

第三次会议　2018 年 1 月 18 日至 19 日在月湖区召开，出席会议代表 148 人。会议听取和审议了月湖区人民政府区长李志兵作的政府工作报告；月湖区人大常委会主任朱淑英作的区人大常委会工作报告；月湖区人民法院院长毛晓文作的区人民法院工作报告；月湖区人民检察院检察长廖小平作的区人民检察院工作报告。审议、审查和批准了月湖区 2017 年国民经济和社会发展计划执行情况与 2018 年计划草案的报告（书面）；月湖区 2017 年全区和区级预算执行情况与 2018 年预算草案的报告（书面）。会议对各项报告作出相关决议；选举事项。大会收到代表建议和意见 29 件。

会议选举王晓燕为月湖区监察委员会主任；

补选汪剑武、桂华良、曾庆忠、曾宪宝为月湖区人大常委会委员。

第四次会议　2019 年 1 月 10 日至 11 日在月湖区召开，出席会议代表 145 人。会议听取和审议了月湖区人民政府区长李志兵作的政府工作报告；月湖区人大常委会主任朱淑英作的区人大常委会工作报告；月湖区人民法院院长毛晓文作的区人民法院工作报告；月湖区人民检察院检察长廖小平作的区人民检察院工作报告。审议、审查和批准了月湖区 2018 年国民经济和社会发展计划执行情况与 2019 年计划草案的报告（书面）；月湖区 2018 年全区和区级预算执行情况与 2019 年预算草案的报告（书面）；通过了关于设立月湖区人民代表大会社会建设委员会的决定。会议对各项报告作出相关决议；选举事项。大会收到代表建议和意见 20 件。

会议选举祝春明、吴晨阳、骆桃云、徐进文为月湖区出席鹰潭市第九届人民代表大会代表；

会议选举刘显江为月湖区人大常委会委员。

第五次会议　2020 年 5 月 17 日至 18 日在月湖区召开，出席会议代表 141 人。会议听取和审议了月湖区人民政府区长李志兵作的政府工作报告；月湖区人大常委会主任朱淑英作的区人大常委会工作报告；月湖区人民法院院长毛晓文作的区人民法院工作报告；月湖区人民检察院检察长廖小平作的区人民检察院工作报告。审议、审查和批准了月湖区 2019 年国民经济和社会发展计划执行情况与 2020 年计划草案的报告（书面）；月湖区 2019 年全区和区级预算执行情况与 2020 年预算草案的报告（书面）。会议对各项报告作出相关决议；选举事项。大会收到代表建议和意见 25 件。

会议表决通过了月湖区人大社会建设委员会和财经委员会部分组成人员人选。

第六次会议　2021 年 2 月 3 日至 4 日在月湖区召开，出席会议代表 148 人。会议听取和审议了月湖区人民政府代区长方璐作的政府工作报告；月湖区人大常委会主任朱淑英作的区人大常委会工作报告；月湖区人民法院院长毛晓文作的区人民法院工作报告；月湖区人民检察院检察长廖小平作的区人民检察院工作报告。审议、审查和批准了月湖区 2020 年国民经济和社会发展计划执行情况与 2021 年计划草案的报告（书面）；月湖区生态文明建设和生态环境状况的报告（书面）；月湖区 2020 年全区和区级预算执行情况与 2021 年预算草案的报告（书面）；审查和批准了区国民经济和社会发展第十四个五年规划和二〇三五年远景目标纲要。会议对各项报告作出相关决议；选举事项。大会收到代表建议和意见 25 件。

会议选举方璐为月湖区人民政府区长；

会议补选李萍、吴鹏为月湖区人大常委会委员。

五、月湖区第十届人民代表大会

第一次会议 2021 年 10 月 16 日至 18 日在月湖区召开，应到代表 181 人，出席会议代表 181 人。会议听取和审议了月湖区人民政府区长方璐作的政府工作报告；月湖区人大常委会主任朱淑英作的区人大常委会工作报告；月湖区人民法院代院长刘赛连作的区人民法院工作报告；月湖区人民检察院代检察长王冠作的区人民检察院工作报告。会议对各项报告作出相关决议；选举事项。大会收到代表建议和意见 31 件。

会议选举朱淑英为月湖区人大常委会主任；

会议选举张银兴、董街胜、邓金木、王斌斌、彭宇国为副主任；

会议选举王志聪、毛志强、田英达、刘显江、刘智生、孙静、严带兵、李萍、吴香红、吴鹏、汪剑武、赵洁、胡水庆、胡玄昌、祝江波、姚艺、桂华良、夏军峰、曾宪宝为委员；

会议选举方璐为月湖区人民政府区长；

会议选举傅贤惠、吴爱胜、罗赟、张利虹、张秀娥、钱小飞为副区长；

会议选举张强为月湖区监察委员会主任；

会议选举刘赛连为月湖区人民法院院长；

会议选举王冠为月湖区人民检察院检察长；

会议选举月湖区出席鹰潭市第十届人民代表大会代表 75 名；

会议表决通过月湖区人大社会建设委员会、法制委员会、财政经济委员会组成人员人选。

第二次会议 2022 年 1 月 26 日至 27 日在月湖区召开，出席会议代表 185 人。会议听取和审议了月湖区人民政府区长方璐作的政府工作报告；月湖区人大常委会主任朱淑英作的区人大常委会工作报告；月湖人民区法院院长刘赛连作的区人民法院工作报告；月湖区人民检察院检察长王冠作的区人民检察院工作报告。审议、审查和批准了月湖区2021年国民经济和社会发展计划执行情况与2022年计划草案的报告（书面）；月湖区生态文明建设和生态环境状况的报告（书面）；月湖区2021年全区预算执行情况与2022年预算草案的报告（书面）。会议对各项报告作出相关决议；选举事项。大会收到代表建议和意见20件。

会议选举饶贵生、祝文平、桂捍东为月湖区人大常委会委员。

第三次会议　2023年2月1—2日在月湖区召开。出席会议代表182人。会议听取和审议了月湖区人民政府区长方璐作的政府工作报告；月湖区人大常委会主任朱淑英作的区人大常委会工作报告；月湖区人民法院院长刘赛连作的区人民法院工作报告；月湖区人民检察院检察长王冠作的区人民检察院工作报告。审议、审查和批准了月湖区2022年国民经济和社会发展计划执行情况与2023年计划草案的报告（书面）；月湖区生态文明建设和生态环境状况的报告（书面）；月湖区2022年全区预算执行情况与2023年预算草案的报告（书面）。会议对各项报告作出相关决议。大会收到代表建议和意见21件。

第四次会议　2024年1月11—13日在月湖区召开。出席会议代表172人。会议听取和审议了区长方璐作的政府工作报告；区人大常委会主任朱淑英作的区人大常委会工作报告；区法院代院长范超作的区人民法院工作报告；区检察院检察长王冠作的区人民检察院工作报告；区发改委主任郭慧芸作的区2023年国民经济和社会发展计划执行情况与2024年计划草案的报告（书面）、区生态文明建设和生态环境状况的报告（书面），区财政局局长廖巍作的2023年全区预算执行情况及2024年预算草案的报告（书面）。会议分别通过了关于批准上述报告及计划和预算的决议。会议审议通过《关于设立月湖区第十届人民代表大会监察和司法委员会及撤销月湖区人民代表大会常务委员会监察和司法工作委员会的决定》。票决确定了10项2024年区政府民生实事项目。会议收到建议、批评、意见30件。

会议补选吴琅、汪明箭、陈婵、黄再为区人大常委会委员；

会议补选范超为区人民法院院长；

会议表决通过胡水庆为区人大监察和司法委员会主任委员，周静为副主任委员，雷海燕、欧阳佳、彭福龙为委员。

第二节　月湖区人民代表大会常务委员会

区六届人大常委会　共举行会议30次，听取和审议“一府两院”工作报告（汇报）53项，作出决议决定42项，任免国家机关工作人员173人次。届内，听取和审议了月湖区人民政府关于部分法律贯彻实施情况和关于招商引资、重点工程建设、社区建设、新农村建设、“四五”普法等方面的专项工作报告，月湖区人民法院、月湖区人民检察院有关工作情况报告。

常委会开展了对《中华人民共和国药品管理法》《中华人民共和国动物防疫法》《中华人民共和国消防法》《中华人民共和国劳动法》《中华人民共和国档案法》等14部法律法规的执法检查，对农村税费改革、社区办公用房、“三农”工作等涉及改革发展问题的专题调查9项次。对月湖区计生局、区人事劳动和社会保障局、区水务局进行了工作评议，对11名国家机关工作人员进行了述职评议。制订和完善了《月湖区公民旁听区人大常委会会议的规定》《月湖区人大常委会人事任免办法》《常委会议事规则》《主任会议议事规则》《常委会组成人员守则》《月湖区街道人大工委工作职责》《关于代表工作考评办法》《月湖区人大常委会联系代表办法》《关于加强代表小组活动的意见》等制度。作出了《关于加强经济工作监督的决定》《关于加强区级预算审查监督的决定》《关于加强法制宣传教育的决议》等决议决定。

2003年11月30日，区六届人大常委会第五次会议接受倪良显、彭良安请求辞去区人大常委会委员职务。

2004年5月25日，月湖区六届人大常委会第十次会议决定任命吴强为月湖区人民政府副区长。

2004年9月29日，月湖区六届人大常委会第十二次会议接受张年荣请求辞去月湖区人大常委会副主任职务。

2005年1月13日，月湖区六届人大常委会第十六次会议接受刘香娥请求辞去月湖区人大常委会委员职务。

2005年9月29日，月湖区六届人大常委会第十八次会议决定任命刘长金为月湖区人民政府副区长，决定接受孙钢请求辞去月湖区人民政府副区长职务。

2006年4月6日，月湖区六届人大常委会第二十一次会议决定任命宋旭文为月湖区人民政府科技副区长。

2006年6月15日，区六届人大常委会第二十二次会议决定任命廖奇志为月湖区人民政府副区长、代区长，决定接受戴春英请求辞去月湖区人民政府区长职务。

2006年6月23日，月湖区六届人大常委会第二十三次会议决定任命刘育虹（女）、费尚恒为月湖区人民政府副区长，决定免去吴蔚权、欧阳宝、徐可喜月湖区人民政府副区长职务。

2006年7月7日，月湖区六届人大常委会第二十四次会议决定任命张银兴、邓建华为月湖区人民政府副区长。

2006年8月29日，月湖区六届人大常委会第二十五次会议接受施兆荣请求辞去月湖区人民检察院检察长、检察委员会委员职务。

2007 年 3 月 7 日，区六届人大常委会第二十九次会议任命邹静为月湖区人民法院审判委员会委员、副院长、代院长，接受姚江鹏请求辞去月湖区人民法院院长职务。任命杨高生为月湖区人民检察院检察委员会委员、副检察长、代检察长。

区七届人大常委会　共举行会议 33 次，听取和审议“一府两院”工作报告（汇报）38 项，作出决议决定 26 项，任免国家机关工作人员 201 人次。届内，听取和审议月湖区人民政府关于部分法律贯彻实施情况和关于城乡居民低保、劳动就业、社区卫生机构建设、安全生产、司法行政、文化和旅游、“五五”普法等方面的专项工作报告，对惠农政策和资金落实情况进行了专题调查；通过听取“两院”半年工作报告，督办涉法涉诉信访件，组织人大代表旁听法院公开审理案件，视察法庭建设工作，加强了对法检“两院”的监督。

常委会先后对《中华人民共和国防洪法》《中华人民共和国教师法》《中华人民共和国种子法》《中华人民共和国义务教育法》《中华人民共和国环境保护法》《中华人民共和国统计法》《江西省村镇建设规划管理条例》等法律法规的执行情况进行检查，配合省人大常委会对《江西省未成年人保护条例》《江西省人大代表选举实施细则》进行立法调研。对月湖区国税局、区国土分局进行了工作评议，制订《关于对“一府两院”工作人员依法履职情况进行监督的暂行办法》。督促办理了 22 件群众反映强烈的有关民生问题的代表建议。

2007 年 5 月 22 日，月湖区七届人大常委会第一次会议接受童如珍请求辞去月湖区人大常委会委员职务。

2008 年 1 月 18 日，月湖区七届人大常委会第五次会议决定任命郑晨迎为月湖区人民政府副区长。

2008 年 7 月 31 日，月湖区七届人大常委会第八次会议决定免去刘长金月湖区人民政府副区长职务。

2008 年 10 月 30 日，月湖区七届人大常委会第九次会议决定任命汪桂昌为月湖区人民政府副区长，决定免去刘育虹月湖区人民政府副区长职务。

2008 年 12 月 25 日，月湖区七届人大常委会第十一次会议接受祝光进请求辞去月湖区人大常委会副主任、王蕖请求辞去委员职务。

2009 年 2 月 20 日，月湖区七届人大常委会第十二次会议决定任命宋旭文为月湖区人民政府副区长。

2009 年 7 月 28 日，月湖区七届人大常委会第十四次会议决定任命黄中华为月湖区人民政府副区长，决定免去张银兴月湖区人民政府副区长职务。

2010 年 4 月 16 日，月湖区七届人大常委会第十九次会议决定任命乐文红为月湖区人民政府副区长、代区长，决定接受廖奇志请求辞去月湖区人民政府区长职务。

2010年8月12日，月湖区七届人大常委会第二十二次会议决定任命路文革为月湖区人民政府副区长。

2010年11月11日，月湖区七届人大常委会第二十三次会议决定免去黄中华月湖区人民政府副区长职务。

2011年6月17日，月湖区七届人大常委会第二十九次会议决定接受乐文红请求辞去月湖区人民政府区长职务。

2011年6月27日，月湖区七届人大常委会第三十次会议决定免去汪桂昌、路文革月湖区人民政府副区长职务。

2011年7月22日，月湖区七届人大常委会第三十二次会议任命廖小平为区人民检察院检察委员会委员、副检察长、代检察长，接受杨高生请求辞去区人民检察院检察长职务。

2011年8月24日，月湖区七届人大常委会第三十三次会议接受邹静请求辞去区人民法院院长职务。

区八届人大常委会 共举行会议36次，听取和审议“一府两院”工作报告（汇报）66项，作出决议决定29项，任免国家机关工作人员157人次。届内，听取和审议了月湖区人民政府关于部分法律贯彻实施情况和关于改革创新、人口与计划生育、中小学教师队伍建设、粮食加工销售、水利基本建设、特色农产品发展、“六五”普法、水库水质污染专项治理等方面的专项工作报告，听取了“两院”关于社会管理创新、行政审判、民事诉讼法律监督等专项工作汇报，作出《关于促进改革创新的决定》《关于进一步加强法制宣传教育的决议》等决议决定。

常委会先后开展了对《中华人民共和国社会保险法》《中华人民共和国殡葬工作条例》《中华人民共和国全民健身工作条例》《中华人民共和国残疾人保障法》《中华人民共和国水土保持法》等法律法规的执法检查。组织了60名人大代表，对政府工作部门在完成业务工作、办理代表建议、依法履职、为民办事四个方面的情况进行述职评议，并当场测评、公布结果，评议效果良好。

2012年8月31日，月湖区八届人大常委会第六次会议决定任命裴克瑞、余芳霖为月湖区人民政府副区长，决定接受吴强请求辞去月湖区人民政府副区长职务。

2013年12月18日，月湖区八届人大常委会第十五次会议决定接受周华爱请求辞去月湖区人民政府副区长职务，接受万挺春请求辞去月湖区人大常委会副主任职务。

2014年2月10日，月湖区八届人大常委会第十七次会议决定任命寿莉蓉为月湖区人民政府副区长。

2014年8月12日，月湖区八届人大常委会第二十次会议决定任命苏建军为月湖区人民政府副区长。

2015 年 9 月 29 日，月湖区八届人大常委会第三十次会议决定任命易园平为月湖区人民政府副区长，决定接受苏建军请求辞去区人民政府副区长职务。

2016 年 1 月 8 日，区八届人大常委会第三十二次会议决定任命罗金文为区人民政府副区长，决定接受裴克瑞请求辞去月湖区人民政府副区长职务。

2016 年 8 月 9 日，月湖区八届人大常委会第三十三次会议决定任命李志兵为月湖区人民政府副区长、代区长，决定接受刘军生请求辞去月湖区人民政府区长职务。

2011 年 7 月 22 日，区七届人大常委会第三十二次会议任命廖小平为区人民检察院检察委员会委员、副检察长、代检察长，接受杨高生请求辞去区人民检察院检察长职务。

2011 年 8 月 24 日，区七届人大常委会第三十三次会议接受邹静请求辞去区人民法院院长职务。

区九届人大常委会　共举行会议 36 次，听取和审议“一府两院”工作报告（汇报）120 项，作出决议决定 29 项，任免国家机关工作人员 265 人次。届内，听取和审议了月湖区人民政府关于部分法律贯彻实施情况和关于脱贫攻坚、生态环境保护、新冠疫情防控等重要民生问题的专项工作报告。

常委会先后对《中华人民共和国环境保护法》《中华人民共和国水土保持法》《中华人民共和国野生动物保护法》等法律和《全国人大常委会关于全面禁止非法野生动物交易、革除滥食野生动物陋习、切实保障人民群众生命安全的决定》的执行情况进行了检查，开展了公共卫生服务体系建设、医疗保障工作专项监督，围绕群众关心的教育、文化、医疗、养老等问题进行了视察调研。作出了《关于加强自身建设的决定》，制订完善《月湖区人大常委会人事任免办法》《常委会议事规则》《常委会组成人员守则》《月湖区人大常委会组成人员联系区人大代表办法》《月湖区人大代表联系选民制度》等规章制度。出台了人大代表联络工作站建设指导意见，全区建成人大代表联络工作站 9 个、工作室 36 个，实现乡镇街道全覆盖。

2016 年 12 月 7 日，月湖区九届人大常委会第一次会议决定任命秦峰为月湖区人民政府副区长。

2016 年 12 月 27 日，月湖区九届人大常委会第二次会议接受张冏、詹雄坚请求辞去月湖区人大常委会委员职务。

2017 年 12 月 15 日，月湖区九届人大常委会第七次会议接受李华龙请求辞去月湖区人大常委会委员职务。

2018 年 3 月 28 日，月湖区九届人大常委会第十次会议决定接受甄秦峰请求辞去月湖区人民政府副区长职务，接受王骏请求辞去月湖区人大常委会委员职务。

2019年1月4日，月湖区九届人大常委会第十五次会议决定任命杨建林为月湖区人民政府副区长。

2019年6月19日，月湖区九届人大常委会第十七次会议决定任命罗赟、刘辉斌为月湖区人民政府副区长，决定接受胡梦莉、黄海有请求辞去月湖区人民政府副区长职务。

2019年7月30日，月湖区九届人大常委会第十八次会议接受周文梅请求辞去月湖区人大常委会委员职务。

2019年10月31日，月湖区九届人大常委会第二十次会议决定任命周先才为月湖区人民政府副区长，决定接受聂琦请求辞去月湖区人民政府副区长职务。

2020年3月18日，月湖区九届人大常委会第二十二次会议决定任命徐伟波为月湖区人民政府副区长，决定接受易园平、江水平请求辞去月湖区人民政府副区长职务。

2020年6月16日，月湖区九届人大常委会第二十四次会议决定任命傅贤惠为月湖区人民政府副区长。

2020年12月22日，月湖区九届人大常委会第二十八次会议接受陈嫣请求辞去月湖区人大常委会副主任职务。

2021年1月12日，月湖区九届人大常委会第二十九次会议决定任命方璐为月湖区人民政府副区长、代区长，决定接受李志兵请求辞去月湖区人民政府区长职务。

2021年3月8日，月湖区九届人大常委会第三十一次会议决定接受杨建林请求辞去月湖区人民政府副区长职务，接受熊敏、夏兵请求辞去月湖区人大常委会副主任职务。

2021年9月8日区九届人大常委会第三十四次会议任命刘赛连为区人民法院副院长、代院长，接受毛晓文请求辞去区人民法院院长职务；任命王冠为区人民检察院检察员、检察委员会委员、副检察长、代检察长，接受廖小平请求辞去区人民检察院检察长职务。

区十届人大常委会 至2024年1月18日，共举行会议20次，听取和审议“一府两院”工作报告（汇报）55项，作出决议决定37项，任免国家机关工作人员139人次。届内，听取和审议了区政府关于部分法律贯彻实施情况和关于普法宣传教育、国有资产管理、整治群众反映强烈的问题、“十四五”规划纲要中期评估、义务教育均衡发展、退役军人保障工作、优势重点农业产业发展工作等方面的专项工作报告，区法院、区检察院有关工作情况报告。针对疫情防控、乡村振兴、民生品质提升、城中村改造等重大任务和重点工作，组织开展对《传染病防治法》《乡村振兴促进法》《江西省乡村振兴促进条例》《鹰潭市建设工地扬尘污染防治管理办法》等法律法规执法检查，对老旧小区和中心城区背街小巷改造、城乡供水一体化、社区居家养老等工作开展调研和视察。作出了《区人大常委会关于加强自身建设的决定》《关于开展第八个五年法治宣传教育的决议》等决议决定，审议通过了《月湖区民生实事项目人大代表票决制实施办法（试行）》。修订完善了《区人大常委会议事规则》等制度。

2022 年 3 月 31 日，区十届人大常委会第五次会议决定任命曹玉臣、王涵为区人民政府副区长，决定接受傅贤惠请求辞去区人民政府副区长职务。

2023 年 1 月 16 日，区十届人大常委会第十二次会议决定任命周建平为区人民政府副区长。

2023 年 3 月 28 日，区十届人大常委会第十三次会议决定任命官正强为区人民政府副区长，决定接受张秀娥请求辞去区人民政府副区长职务。

2023 年 12 月 14 日，区十届人大常委会第十九次会议任命范超为区人民法院审判员、审判委员会委员、副院长、代院长，接受刘赛连请求辞去区人民法院院长职务。

月湖区人民代表大会常务委员会组成人员名单

表 10

届次	组成人员	
第六届	主　任	艾森然
	副主任	张爱芬（女）　张年荣　祝光进　李水根
	委　员	王平茂　刘国栋　刘香娥（女）　杨长新　倪良显　徐建英（女）　彭良安　储晓钟（女） 童如珍 其间，补选：李海华　欧阳榜太　周庆文
第七届	主　任	卢力新
	副主任	贺潭质（女）　祝光进　李水根　王国宁　余藕花（女）　熊　敏（女）（2011 年补选）
	委　员	王　蕖（女）　刘国栋　李海华　杨长新　宋富标　邵菁靓　周庆文　徐建英（女） 储晓钟（女）　童如珍 其间，补选：张利虹　王河元　张　冏　夏金初
第八届	主　任	卢力新
	副主任	贺潭质（女）　王国宁　余藕花（女）　万挺春　熊　敏（女）　陈　嫣（女）（2015 年补选）
	委　员	朱建国　危建元　李晓明（女）　李海华　杨长新　汪建华　宋富标　张　冏　张利虹 陈志斌　周文梅（女）　祝国义　徐建英（女） 其间，补选：马　亮　章希原　胡玄昌
第九届	主　任	朱淑英（女）
	副主任	张银兴　熊　敏（女）　陈　嫣（女）　夏　兵　王斌斌
	委　员	王　云　王　骏　王忠兴　田英达　刘凤龙　严带兵（女）　苏　琴（女）　李华龙　李海华 汪建华　张　冏　周文梅（女）　郑能水　胡玄昌　祝国义　徐建英（女）　黄宝凤（女） 章希原　詹雄坚 其间，补选：汪剑武　桂华良　曾庆忠　曾宪宝　刘显江　李　萍（女）　吴　鹏

续表 10

届次	组成人员	
第十届	主　任	朱淑英（女）
	副主任	张银兴　董衔胜　邓金木　王斌斌　彭宇国
	委　员	王志聪（女）　毛志强　田英达　刘显江　刘智生　孙　静（女）　严带兵（女） 李　萍（女）　吴香红（女）　吴　鹏　汪剑武　赵　洁（女）　胡水庆　胡玄昌　祝江波 姚　艺（女）　桂华良　夏军峰　曾宪宝 其间，补选：饶贵生　祝文平　桂悍东　吴　琅（女）　汪明箭　陈　婵（女）　黄　再

月湖区人大街道工委、乡镇人大主席团负责人名单

表 11

乡镇街道	主席	任职时间	副主席
夏埠乡	严细火	2002.1—2002.11	祝国义 2002.1—2006.11
	邹雪生	2002.11—2006.4	
	王雨生	2006.4—2008.7	余　军 2006.11—2009.9
	敖　捷	2008.7—2009.2	彭仕安 2009.9—2009.11
	彭仕安	2009.11—2011.4	娄加龙 2009.9—2011.4
	彭贵德	2011.4—2016.9	
	徐先茂	2016.9—2019.4	徐斌文 2016.9—2020.8
	胡许堂	2019.4—2021.9	
	徐建福	2021.9—2022.7	舒志琴（女）2021.9—2022.7
童家镇	曾思义	2002.1—2003.2	徐坤太 2002.1—2005.7
	费尚恒	2003.5—2004.8	吴　鹏 2006.11—2007.4
	吴震亮	2004.8—2005.8	
	宋富标	2005.8—2006.4	
	吴震亮	2006.4—2007.4	
	许国强	2007.4—2008.7	孔建军 2007.4—2009.9
	彭茂林	2008.7—2016.9	
	詹雄坚 曾庆忠	2016.9—2017.7 2017.7—2021.9	蒋明和 2016.9—2021.9
	毛志强	2021.9—	胡徐一星（女）2021.9—2023.6 彭爱聪 2023.6—
江边街道办事处	陈晓琴（女）	2002.12—2007.5	
	王文辉	2007.10—2008.7	
	万伏庆	2008.7—2010.7	
	王　云	2010.7—2021.11	
	田英达	2021.11—	

续表 11

乡镇街道	主席	任职时间	副主席
东湖街道办事处	万伏庆	2002.12—2005.9	
	李华龙	2005.9—	
	曾宪宝	2017.12—	
交通街道办事处	孙桂芝（女）	2002.12—2005.9	
	田英达	2006.8—2021.11	
	饶贵生	2021.11—	
四青街道办事处	彭才元	2003.11—2005.9	
	万伏庆	2005.9—2008.7	
	王文辉	2008.7—2012.8	
	刘维优	2012.8—2013.7	
	徐拥军	2013.7—2015.7	
	桂华良	2017.8—2023.3	
	汪明箭	2023.3—	
	郑于兴	2002.12—2013.7	
梅园街道办事处	王忠兴	2013.7—2019.1	
	蒋明和	2019.6—2021.11	
	桂捍东	2021.11—	
白露街道办事处	张　勇	2005.9—2006.11	
	余来忠	2007.10—2008.10	
	刘逢春	2010.4—2013.11	
	周庆文	2013.11—2022.12	
	王国强	2022.12—	
江北街道办事处	吴少波	2019.6—2020.8	
	胡书华	2020.8—2023.3	
夏埠街道办事处	徐建福	2023.3—	
龙岗街道办事处	祝振华	2017.10—2019.6	

2004

第十一篇

人　物

2024

鹰潭市历届人大常委会主任、副主任、秘书长，依法行政、履职尽责，不断开创鹰潭人大工作新局面，大力推动鹰潭民主法治建设进程。

本篇收录的人物，主要介绍2004年以来的鹰潭市人大常委会领导和鹰潭市出席全国人民代表大会代表的主要简历、工作经历。

第一章　鹰潭市人大常委会领导简介

第一节　市人大常委会主任

邵奇生

邵奇生　1950 年 1 月生，江西乐平人，1976 年 7 月参加工作，1976 年 3 月加入中国共产党，大学本科学历。1976 年 7 月，江西大学汉语言文学专业毕业，历任上饶地委组织部干部科科长、副部长，萍乡市委常委、组织部部长，新余市委副书记，鹰潭市委副书记。2004 年 2 月至 2011 年 9 月，任市第六届、七届人大常委会主任、党组书记。

市第五届、六届、七届、八届人大代表，省第十届、十一届人大代表。

杜德春

杜德春　1958 年 1 月生，浙江东阳人，1974 年 9 月参加工作，1985 年 6 月加入中国共产党，大学本科学历。1983 年 7 月，江西大学中文系汉语言文学专业毕业，历任江西省委宣传部副主任科员，贵溪县委宣传部副部长，鹰潭市委办公室秘书科副科长、科长，办公室副主任、主任，市委副秘书长、秘书长，市委常委、宣传部部长，市委副书记、市委政法委书记、市综治委主任。2011 年 9 月至 2016 年 11 月，任市第八届人大常委会主任、党组书记。

市第五届、六届、七届、八届、九届人大代表，省第十一届、十二届人大代表。

郭　清

郭　清　1964 年 7 月生，江西崇义人，1985 年 7 月参加工作，1985 年 7 月加入中国共产党，在职研究生学历。1985 年 7 月，赣南师范学院体育专业毕业，历任江西省公安厅政治部警体科副科长、科长、人事处秘书科科长，江西省委组织部干部综合处主任科员、副处长、信息管理中心（党员电化教育中心）主任、办公室主任，鹰潭市委常委、组织部部长。2016 年 11 月至今，任市第九届、十届人大常委会主任、党组书记。

市第八届、九届、十届人大代表，省第十二届、十三届、十四届人大代表。

第二节　市人大常委会副主任

彭路祥

彭路祥　1947 年 11 月生，江西贵溪人，1966 年 8 月参加工作，1967 年 8 月加入中国共产党，大专学历。1969 年 7 月，空军第十二飞行学院歼击机飞行专业毕业，历任航空兵第三十三师飞行员，航空兵第三十三师独立大队副中队长、副大队长、大队长、副师长、参谋长，鹰潭市供销社党组书记、主任，市中级人民法院党组书记、院长。2003 年 11 月，任市人大常委会助理巡视员。2004 年 1 月至 2006 年 12 月，任市第六届人大常委会副主任、党组副书记，2006 年 12 月至 2008 年 5 月，任市人大常委会副巡视员。

市第四届、五届、六届、七届人大代表。

李萍文

李萍文　女，1946 年 3 月生，江西南昌人，1968 年 12 月参加工作。大学本科学历，工程师，民盟成员。1968 年 12 月，江西工学院化工专业毕业，历任乐平县环保局副局长，乐平县人大常委会副主任兼环境监测站站长，乐平县（市）政府副县（市）长，景德镇市技术监督局局长，景德镇市政府副市长，鹰潭市政府副市长，2004 年 2 月至 2009 年 2 月，任市第六届、七届人大常委会副主任。2023 年 6 月因病逝世。

市第五届、六届、七届人大代表，省第九届政协委员。

郑良健

郑良健　1949 年 3 月生，山东淄博人，1968 年 9 月参加工作，1973 年 11 月加入中国共产党，大专学历。1984 年 7 月，江西行政管理学院经济管理专业毕业，历任鹰潭镇童家公社委员会委员、副书记，余江县委副书记、县长，广昌县委书记，政协抚州地区工委副主任。2001 年 1 月至 2009 年 2 月，任市第五届、六届、七届人大常委会副主任、党组成员。

市第三届、五届、六届、七届人大代表，省第七届人大代表。

刘国林

刘国林　1947 年 11 月生，福建仙游人，1968 年 3 月参加工作，1968 年 12 月加入中国共产党，大专学历。1975 年 7 月，福州军政干校毕业，历任抚州军分区司令部参谋、军务科副科长，东乡县人武部副部长，临川县人武部部长，鹰潭市交通局副局长、局长、党委书记。1999 年 1 月至 2006 年 12 月，任市第五届、六届人大常委会副主任、党组成员，2006 年 12 月至 2008 年 5 月，任市人大常委会副巡视员。

市第五届、六届、七届人大代表。

邓绍聪

邓绍聪　1948年6月生，江西南城人，1967年9月参加工作，1983年12月加入中国共产党，大专学历，工程师、高级政工师。历任贵溪县粮油加工厂厂长，鹰潭市面粉厂副厂长、厂长，市粮油公司副经理，贵溪县（市）委副书记、县（市）长。2001年1月至2006年12月，任鹰潭市第五届、六届人大常委会副主任、党组成员，2006年12月至2009年1月，任市人大常委会副巡视员。

市第四届、五届、六届、七届人大代表，省第九届人大代表。

罗喜仔

罗喜仔　1949年5月生，江西丰城人，1968年2月参加工作，1969年6月加入中国共产党，大学本科学历。1977年3月，重庆大学电机系电机与电器专业毕业，历任余江县水电公司经理，鹰潭市劳动人事局科干科科长、副局长，市机构编制委员会副主任，市司法局副局长，市科委副主任、主任，市科技局局长。2004年2月至2009年2月，任市第六届、七届人大常委会副主任、党组成员。

市第六届、七届人大代表。

张鲁年

张鲁年　1953年5月生，山东文登人，1971年3月参加工作，1980年1月加入中国共产党，大学本科学历，在职研究生。1976年10月武汉华中工学院机械制造一系光学仪器专业毕业，历任鹰潭水泵厂技术科副科长、副厂长、党委书记，贵溪县委常委、副县长、副书记，鹰潭市检察院副检察长（正县级），市委政法委副书记（正县级），月湖区委书记、区人大常委会主任，市政府党组成员、市长助理、副市长。2006年12月至2011年8月，任市第七届人大常委会副主任、党组副书记，2011年8月至2013年9月，任市人大常委会副巡视员。

市第三届、五届、六届、七届、八届人大代表，省第十一届人大代表。

管华鞍

管华鞍　1953年7月生，河南濮阳人，1971年12月参加工作，1979年8月加入中国共产党，在职研究生学历。历任鹰潭市委办公室总务科科长、办公室副主任，市财政局党组成员、副局长，市物价局党组书记、局长，市委办公室主任，市委秘书长，市政协党组成员、副主席、市总工会主席。2006年12月，任市第七届人大常委会副主任、党组成员，

2011 年 8 月至 2013 年 12 月，任市人大常委会副巡视员。

市第七届、八届人大代表，省第十届政协委员。

彭中华

彭中华 1950 年 12 月生，江西贵溪人，1965 年 2 月参加工作，1970 年 1 月加入中国共产党，在职大学本科学历。历任解放军福州军区独立电子干扰营技术室主任、副营长，鹰潭军分区参谋，解放军福州军区军事法院干事，贵溪县人武部部长，贵溪县政府副县长、县（市）委常委、常务副县（市）长、副书记兼常务副县（市）长，余江县委副书记、县长，县委书记、县人大常委会主任、县人武部党委第一书记，鹰潭市政府党组成员、市长助理、助理巡视员。2006 年 12 月至 2011 年 9 月，任市第七届人大常委会副主任、党组成员。

市第三届、四届、五届、六届、七届、八届人大代表，省第九届人大代表。

尹　宁

尹　宁 1954 年 12 月生，河北隆化人，1970 年 12 月参加工作，1975 年 6 月加入中国共产党，在职研究生学历。历任抚州市供电局团委副书记、书记，市科委副主任，市体委党组书记、主任，市城乡建设环境保护局党委书记、局长，市建设局党委书记、局长，市环保局党组书记、局长，市公路管理局党委副书记、书记、局长，市交通局党委书记、局长。2009 年 2 月至 2015 年 1 月，任市第七、八届届人大常委会副主任、党组成员。

市第七届、八届人大代表。

卢越明

卢越明 1957 年 11 月生，浙江淳安人，1974 年 8 月参加工作，1984 年 6 月加入中国共产党，在职研究生学历。1979 年 12 月江西师范学院物理专业毕业，历任鹰潭市委办调研科副科长，贵溪县委办副主任兼机要科代科长、高公乡党委书记、县委办主任、雄石镇党委书记，鹰潭市乡镇企业管理局副局长，市风景旅游区管理局党委副书记、副局长、调研员、局长，市审计局党组书记、局长，市政府秘书长。2009 年 2 月至 2016 年 11 月，任市第七届、八届人大常委会副主任、党组成员，2013 年 5 月至 2018 年 6 月，兼任市总工会党组书记、主席。

市第三届、五届、七届、八届、九届人大代表，省第十一届政协委员。

刘育虹

刘育虹　女，1964年7月生，江西萍乡人，1981年9月参加工作，在职大学本科学历，无党派人士。1981年7月江西省商业学校物价专业毕业，历任鹰潭市物价局农副产品成本调查队副队长、工业品价格科科长、工农产品科科长、价格科科长，市监察局副局长、调研员，月湖区副区长（正县级），鹰潭市国资委主任。2009年2月至2021年10月，任市第七届、八届、九届人大常委会副主任，2021年10月至今，任市人大常委会副厅级干部。

市七届、八届、九届、十届人大代表，省第十届、十一届、十二届、十三届人大代表。

杨晓群

杨晓群　1956年9月生，江西进贤人，1974年10月参加工作，1984年1月加入中国共产党，在职大学本科学历。1985年7月上饶师专中文专业毕业，历任市委政策研究室经济社会发展科副科长、科长、副主任，市政府办公室主任，市政府副秘书长、秘书长、副市长。2011年9月至2016年11月，任市第八届人大常委会副主任、党组副书记。2021年12月，因病逝世。

市第六届、七届、八届、九届人大代表。

徐晓年

徐晓年　1957年1月生，江西鹰潭人，1974年11月参加工作，1985年5月加入中国共产党，在职大学本科学历。1987年7月，江西行政管理干部学院公共行政专业毕业，历任鹰潭市纪委副科级纪检员、主任科员、宣教室副主任、市纪委常委、办公室主任，市委副秘书长、政研室主任，市广电局党组书记、局长，市工商联党组书记，市经济贸易委员会党委书记、主任，龙岗新区党工委书记、主任，市政府秘书长。2011年9月至2016年11月，任市第八届、九届人大常委会副主任、党组成员。

市第五届、八届、九届人大代表。

应　祥

应　祥　1958年9月生，浙江永康人，1975年9月参加工作，1977年12月加入中国共产党，在职大学本科学历。历任解放军炮兵第3师政治部组织科正连职干事、副营职干事、17团1营副政治教导员，第3旅政治部组织科副营职干事、教导队副政治教导员、教导营政治教导员、司令部管理科政治协理员。1991年3月起，历任鹰潭市委组织部调研科干部、组织员办副科级组织员、调研科副科长、秘书科科长、市委组织员办主任（副县级），市委党校常务副校长，市委组织部副部长、常务副部长。2011年9月至2015年7月，任市第八届人大常委会副主任、党组成员。

市第八届、九届人大代表。

吴炳生

吴炳生 1958年4月生，江西余江人，1979年1月参加工作，1983年1月加入中国共产党，在职大学本科学历。1979年1月上饶师范学校体育专业毕业，历任余江县团委副书记、县五四三办公室副主任、坞桥乡党委副书记、县团委书记、县二轻局局长、党委书记、二轻工业总公司总经理，余江县委常委、宣传部部长、常务副县长、县委副书记、县委政法委书记，鹰潭市司法局党组书记、局长，市建设局党委书记、局长，市政府副秘书长、市政府城市建设委员会办公室主任，市政府党组成员、秘书长、办公室党组书记。2016年1月至2016年11月，任市第八届人大常委会副主任、党组成员，2016年11月至2018年8月，任市人大常委会副厅级干部。

市第五届、八届、九届人大代表。

程芦山

程芦山 1961年2月生，江西鄱阳人，1978年12月参加工作，1981年12月加入中国共产党，在职大学本科学历。历任月湖区夏埠乡党委副书记、乡长，白露乡党委书记、乡长，月湖区政府副区长、区委常委、区纪委书记、区委副书记，市工业园区管委会副主任，市经贸国有资产运营公司副总经理，市工业园区党委书记，余江县委副书记、县政府县长，贵溪市委副书记、市政府市长。2015年1月至2016年11月，任市第八届人大常委会副主任、党组成员，2016年11月至2020年5月，任市第九届人大常委会副主任、党组副书记。

市第四届、六届、七届、八届、九届人大代表，省第十一届、十二届人大代表。

李　力

李　力 1962年11月生，江西景德镇人，1979年1月参加工作，1982年6月加入中国共产党，在职博士研究生。1982年7月上饶师范专科学校英语专业毕业，历任共青团鹰潭市委组织部长、办公室主任、副书记，市土地管理局副局长、局长，党组书记，余江县委副书记、县长，市交通局党委书记、局长，市政府副秘书长（正县级），市审计局党组书记、局长，市财政局党组副书记、局长，市政府副市长，2016年11月至

2020 年 5 月任市第九届人大常委会副主任、党组成员。2020 年 1 月至 2023 年 2 月，任市人大常委会一级巡视员。

市第五届、八届、九届、十届人大代表。

周永江

周永江　1963 年 3 月生，江西广丰人，1984 年 8 月参加工作，1989 年 1 月加入中国共产党，在职大学本科学历。1984 年 7 月上饶师范专科学校数学专业毕业，历任市劳动局监察室副主任、主任，市劳动和社会保障局办公室主任、党组成员、市就业局局长，市政府副秘书长、市政府驻北京办事处主任，市环境保护局党组副书记、书记、局长，市政府外事侨务办公室党组书记、主任，市民政局党组书记、局长。2016 年 11 月至 2020 年 5 月任市第九届人大常委会副主任、党组成员，2020 年 5 月至 2021 年 10 月，任市九届人大常委会副主任、党组副书记。2022 年 7 月至 2023 年 5 月，任市人大常委会一级巡视员。

市九届、十届人大代表。

杨　森

杨　森　1962 年 1 月生，内蒙古赤峰人，1981 年 7 月参加工作，1986 年 3 月加入中国共产党，在职大学本科学历。历任鹰潭市物资局机关党支部书记、财务处副处长、市外商投资公司经理，市物资总公司一部经理，市物资总公司人事科科长兼综合管理科科长，市纪委办公室副主任、办公室主任、常委，市纪委副书记、市监察局局长。2016 年 11 月至 2021 年 10 月，任市第九届人大常委会副主任、党组成员。2021 年 8 月至 2022 年 5 月，任市人大常委会一级巡视员。

市第九届、十届人大代表。

胡高堂

胡高堂　1963 年 10 月生，江西余江人，1983 年 8 月参加工作，1992 年 11 月加入中国共产党，在职研究生学历。1983 年 7 月江西省万年师范普师专业毕业，历任余江县政府办公室副科级秘书、副主任，余江县政府党组成员、办公室主任，鹰潭市委办公室副主任，副秘书长、主任，市委秘书长兼办公室主任。2016 年 11 月至 2021 年 10 月任，市第九届人大常委会副主任、党组成员，2018 年 6 月至 2023 年 12 月，兼任市总工会主席、党组书记。2023 年 6 月至今，任市人大常委会一级巡视员。

市第九届、十届人大代表，中国工会十七大代表。

黄　忠　1968年7月生，江西鹰潭人，1990年8月参加工作，1995年4月加入中国共产党，在职研究生学历。1990年7月江西大学历史专业毕业，历任月湖区委办公室副主任，鹰潭市委办公室主任科员、会议科科长、秘书科科长，市广播电视局党组成员、电台台长，市委副秘书长，市统计局党组副书记、党组书记、局长，市发改委党组书记、主任，市能源局局长，市区域战略实施办公室主任，市委秘书长。2020年5月至2021年10月，任市第九届人大常委会副主任、党组成员，2021年9月至今，任市委常委、宣传部部长。

黄　忠

市八届、九届、十届人大代表。

吴建辉　1968年2月生，江西贵溪人，1987年8月参加工作，1987年6月加入中国共产党，在职研究生学历。1987年7月上饶师范专科学校政教专业毕业，历任市龙虎山景区管委会办公室副主任、主任，龙虎山景区上清镇党委书记、人大主席，龙虎山景区党委宣传部部长、党委委员、管委会副主任，市规划局党组副书记、局长，市政府副秘书长，市政府办公室党组副书记、主任，应急管理办公室（应急联动中心）主任，市审计局党组书记、局长，市财政局党组书记、局长。2021年4月，任市第九届人大常委会副主任、党组成员，2021年10月至今，任市第十届人大常委会副主任、党组副书记。

吴建辉

市第五届、九届、十届人大代表。

夏涌波　1966年12月生，江西贵溪人，1989年8月参加工作，1991年6月加入中国共产党，大学本科学历。1989年7月江西大学法律系法律学专业毕业，历任市人大常委会办公室秘书科副科长、科长，机关党组成员、副秘书长，市人大内务司法委员会主任委员，市司法局党组书记、局长，市食品药品监督管理局党组书记、局长，市市场监督管理局（市食品药品监督管理局）党委副书记、党委书记、局长，市食品安全委员会办公室主任，市市场和质量监督管理局党委书记、局长，市市场监督管理局党委书记、局长。2021年10月至今任市第十届人大常委会副主任、党组成员。

夏涌波

市第七届、十届人大代表。

雷纪文　畲族，1967年8月生，江西贵溪人，1988年8月参加工作，1990年1月加入中国共产党，在职大学本科学历。1988年7月鹰潭师范学校普师专业毕业，历任贵溪县樟坪民族中学教师，樟坪畲族乡副乡长、党委副书记、乡长、党委书记、人大主席，贵溪市委常委、宣传部部长、统战部部长，鹰潭市民族宗教事务局党组副书记、局长，龙虎山风景名胜区党委副书记、管委会主任、党委书记，江西龙虎山旅游文化发展集团公司党委副书记、总经理、党委书记、董事长。2021 年 10 月至今，任市第十届人大常委会副主任、党组成员。

雷纪文

市第四届、五届、六届、七届、九届、十届人大代表，省第九届、十届、十一届人大代表，全国党的十六大代表、全国第九届人大代表。

程美华　女，1967 年 3 月生，江西贵溪人，1986 年 8 月参加工作，1997 年 1 月加入中国共产党，在职大学本科学历。1986 年 7 月鹰潭师范学校普师专业毕业，历任龙虎山景区上清镇副镇长，龙虎山景区管委会办公室副主任、主任，龙虎山景区党委办公室主任兼旅游集团公司副总经理，鹰潭市委、市政府接待处副处长，龙虎山风景名胜区党委副书记，市科协党组书记、副主席、主席，市旅游发展委员会党组书记、主任，市文化广电新闻出版旅游局党组书记、局长。2021 年 10 月至今，任市第十届人大常委会副主任、党组成员。

程美华

市第十届人大代表。

徐双文　1967 年 8 月生，江西鄱阳人，1989 年 7 月参加工作，大学本科学历，民革党员。1989 年 7 月江西师范大学教育系学校教育专业毕业，历任贵溪市招商局副局长、文学艺术界联合会主席，贵溪市政府市长助理、副市长，鹰潭市环保局副局长、市广电局副局长、市文广新局副局长，市文联主席、民革鹰潭市委会主委。2021 年 10 月至今，任市第十届人大常委会副主任，2023 年 1 月至今，任省第十四届人大常委会委员。

徐双文

市第六届、十届人大代表，省第十四届人大代表。

李美珍　女，1969 年 1 月生，江西抚州人，1988 年 12 月参加工作，1997 年 7 月加入中国共产党，在职大学本科学历。历任鹰潭市纪委副科级纪检员、纪检监察二室副主任、主任，市纪委常委、执法监察室主任，余江县委常委、纪委书记，市纪委副书记、监察局局长、市监察委员会副主任。2021 年 10 月至今，任市第十届人大常委会副主任、党组成员。

李美珍

市第十届人大代表。

第三节　市人大常委会巡视员、副巡视员

王先发

王先发　1946年8月生，江西鹰潭人，1970年8月参加工作，1978年11月加入中国共产党，在职研究生学历。1970年7月中国农业大学农业电气化专业毕业，历任江西省军区“五七”农场副班长，余江县农机厂助理工程师、厂长，鹰潭市委常委、月湖区委书记，月湖区人大常委会主任，市政协副主席、市委统战部部长。2001年1月，任第五届市人大常委会副主任、党组成员，2002年1月至2004年2月，任第六届市人大常委会副主任、党组副书记，2004年1月任市人大常委会巡视员。

市第五届、六届人大代表，省第十届人大代表。

林升泰

林升泰　1944年7月生，福建福州人，1961年8月参加工作，1966年2月加入中国共产党，中专学历。历任福州军区守备七师营长、团参谋长，江西省军区独立师任团参谋长、副团长，鹰潭市人武部部长、月湖区人武部部长，鹰潭军分区参谋长，市物价局局长，1992年10月任鹰潭市人民检察院代理检察长，1993年10月，任鹰潭市人民检察院检察长，2002年6月至2005年1月，任市人大常委会副巡视员。

市第三届、四届、六届人大代表。

第四节　市人大常委会秘书长

周荣俊

周荣俊　1954年12月生，江西安福人，1969年12月参加工作，1979年3月加入中国共产党，在职大学本科学历。1975年12月上饶师范毕业，历任余江县马荃公社党委副书记，鹰潭市农工部调研科长、农委开发科科长，市农业局副局长、市政府副秘书长，市人大农环资委主任委员，2003年1月至2004年4月任市人大常委会秘书长、党组成员。

市第五届、六届人大代表。

李忠仁

李忠仁　1957年8月生，江西永新人，1974年9月参加工作，在职研究生学历。历任鹰潭市委组织部秘书科副科长、科长、组织员办主任，市计委副主任，贵溪市委副书记、常务副市长（正县级），2005年3月至2008年11月，任鹰潭市第六届、第七届人大常委会秘书长、党组成

员。2023年1月因病去世。

市第六届、七届人大代表。

敖高源

敖高源　1962年8月生，江西樟树人，1978年8月参加工作，1982年10月加入中国共产党，在职大学本科学历。历任塘湾镇党委委员、副镇长、组织委员、党委副书记、纪委书记，流口镇党委副书记、镇长、人大主席，贵溪市人大常委会副主任，鹰潭市农业局党组成员、党组书记、副局长，市科技局局长、党组书记，市防震减灾局局长、一级调研员、二级巡视员。2008年9月至2011年9月，任市第七届人大常委会秘书长、党组成员。

市第七届人大代表。

江　鸿

江　鸿　1968年5月生，江西贵溪人，1987年7月参加工作，1990年12月加入中国共产党，在职研究生学历。1987年7月鹰潭师范学校普师专业毕业，历任鹰潭市委宣传部副科级宣传员、秘书科科长、新闻出版科科长、副部长，市委政法委副书记，市委维稳办主任，市退役军人事务局党组书记、局长。2011年11月至2019年1月，任市第八届、九届人大常委会秘书长、党组成员，现任市退役军人事务局二级调研员。

市第八届、九届人大代表。

魏建君

魏建君　1979年1月生，江西贵溪人，1998年8月参加工作，2004年7月加入中国共产党，在职大学本科学历。1998年7月江西广播电视学校发送专业毕业，历任鹰潭市委组织部党员电化教育科副科级组织员、正科级组织员、机关党支部专职副书记、党员电化教育科科长、办公室主任、部务委员，市人大常委会办公室主任，市人力资源和社会保障局党组书记、局长。2019年1月至2021年10月，任市第九届人大常委会秘书长、党组成员。2023年10月，任鹰潭市审计局党组书记、局长。

市第九届人大代表。

邵菁靓

邵菁靓　1975年11月生，江西鹰潭人，1993年8月参加工作，1998年3月加入中国共产党，在职研究生学历。1993年7月鹰潭师范普师专业毕业，历任月湖区委组织部组织员办主任、正科级组织员，月湖区委组织部副部长，交通街道党工委副书记、办事处主任，月湖区政府副区长，贵溪市委常委、副市长（挂职），月湖区委常委、政法委书记，信江新区党工委副书记，2021 年 10 月至 2024 年 1 月，任鹰潭市第十届人大常委会秘书长、党组成员。2024 年 1 月至今，任鹰潭市司法局党组书记、局长。

市第十届人大代表。

赵勇凯

赵勇凯 1973 年 1 月生，河北邯郸人，1995 年 7 月参加工作，1999 年 6 月加入中国共产党，大学本科学历。1995 年 7 月江西医学院儿科系儿科医学专业毕业，历任解放军第一八四医院主治医师，鹰潭市委组织部干部教育科副科级组织员、干部综合科副科级组织员、正科级组织员、干部二科科长、办公室主任，贵溪市委常委、组织部部长，贵溪市委副书记，鹰潭市司法局党组书记、局长。2024 年 1 月至今，任鹰潭市第十届人大常委会秘书长、党组成员。

市第九届、十届人大代表。

第二章　鹰潭市出席全国人民代表大会部分代表简介

董伱生

董伱生　1962年2月生，江西宜丰人，1984年7月参加工作，1984年2月加入中国共产党，在职研究生学历。1984年7月江西财经学院财务会计专业毕业，历任宜丰县同安乡副乡长，共青团宜丰县委副书记、书记，共青团宜春地委副书记，高安县（市）政府副县（市）长，高安市委副书记、市政府市长、市委书记，宜春地委委员，宜春市委常委、政法委书记，鹰潭市委副书记、政法委书记，市委副书记、副市长、市长。2023年1月，任河北省人大常委会党组书记、常务副主任。

2008年1月、2023年1月分别当选为第十一届、十四届全国人大代表。

张金涛

张金涛　1964年9月生，江西贵溪人，1985年4月参加工作，在职大学本科学历，无党派人士。历任龙虎山天师府、上清天师府主持、中国道教协会常务理事，贵溪县上清镇镇长助理，龙虎山天师府管委会办公室主任、管委会副主任、主任，龙虎山道教协会会长，江西省道教协会会长，月湖区政协副主席，龙虎山风景名胜区管委会副主任，市人大常委会外事华侨民族宗教工作委员会主任。2011年9月至今，任市政协副主席。

2003年1月、2008年1月、2013年1月、2018年1月，分别当选为第十、十一、十二、十三届全国人大代表，2023年1月当选为第十四届全国政协委员。

桂千金

桂千金　女，1987年10月生，江西鹰潭人，2010年7月参加工作，2010年1月加入中国共产党，大学本科学历。2010年7月南昌大学人文学院戏剧影视文学专业毕业，历任贵溪市樟坪畲族乡党委委员、组宣员、人武部部长，文坊镇党委副书记，塘湾镇党委副书记，雄石街道人大工委主任。2022年6月至今，任贵溪市雄石街道人大工委主任、一级主任科员。

2013年1月，当选为第十二届全国人大代表。

于秀明

于秀明 1964年10月生，江西鄱阳人，1983年8月参加工作，1986年4月加入中国共产党，在职研究生学历。1983年7月波阳师范学校普师专业毕业，历任波阳县委办公室秘书组长（副科级），上饶地委办公室副科级秘书、调研科科长、副主任，上饶地委副秘书长、地委政研室主任，玉山县委副书记、县长，德兴市委副书记、市长，横峰县委书记，玉山县委书记，景德镇市政府副市长、高新区党工委书记，景德镇市委常委、副市长，抚州市委常委、副市长、副书记，鹰潭市委副书记、市政府党组书记、市长。现任江西省政协党组成员、副主席。

2018年1月，当选为第十三届全国人大代表。

雷燕琴

雷燕琴 女，畲族，1979年10月生，江西贵溪人，2000年10月参加工作，2006年9月加入中国共产党，在职大学本科学历。1999年7月赣州林业学校经济林专业毕业，历任贵溪市樟坪畲族乡乡长助理，彭湾乡副乡长、党委委员、组宣员，樟坪畲族乡党委副书记、乡长、党委书记。2021年9月至今，任贵溪市樟坪畲族乡党委书记、一级主任科员。

2018年1月、2023年1月，分别当选为第十三、十四届全国人大代表。

张子建

张子建 1973年10月生，江西贵溪人，1994年8月参加工作，1994年6月加入中国共产党，在职研究生学历。1994年7月上饶师范专科学校化学专业毕业，历任贵溪县志光镇党委副书记，共青团贵溪市委书记，雷溪乡党委书记、人大主席，贵溪市政府副市长，鹰潭市政府副秘书长，余江县委副书记、县长、县委书记，鹰潭市政府党组成员、副市长，市委常委、副市长，市委副书记。2021年4月至今，任市委副书记、市长。

2023年1月当选为第十四届全国人大代表。

何雄斌

何雄斌 1972年9月生，江西贵溪人，1989年11月参加工作，2003年12月加入中国共产党，大专学历。历任海利贵溪化工农药有限公司动力车间副主任、主任、第一党支部书记。2022年5月至今，任海利贵溪新材料科技有限公司第一党支部书记、动力车间主任。

2023年1月，当选为第十四届全国人大代表。

附　　录

市人大常委会工作报告

鹰潭市第六届人民代表大会常务委员会工作报告

——2006年12月6日在鹰潭市第七届人大一次会议上

市人大常委会主任　邵奇生

各位代表：

现在，我受鹰潭市第六届人民代表大会常务委员会的委托，向大会报告本届常委会两年多来的主要工作，请予审议。

两年多来的工作回顾

2004年2月换届以来，市人大常委会在中共鹰潭市委的领导下，坚持以邓小平理论和“三个代表”重要思想为指导，按照科学发展观的要求，深入贯彻党的十六大和十六届三中、四中、五中、六中全会精神，坚持党的领导、人民当家作主和依法治国的有机统一，紧紧围绕全市改革发展稳定大局，认真履行宪法和法律赋予的职责，各项工作取得了新的进展，为推进社会主义民主法治建设和依法治市进程，保障和促进我市经济社会协调发展，作出了积极的贡献。

一、围绕中心，服务大局，认真依法履行监督职责

按照依法监督、讲求实效的原则，常委会围绕党的中心任务和全市工作大局，切实履行监督职能，有效地支持和促进了“一府两院”依法行政、公正司法。

围绕法律法规的实施，开展执法检查。两年多来，常委会组织了对环境保护法、价格法、义务教育法等法律法规的实施情况进行执法检查。结合执法检查，分别对市环保局、市发改委（物价局）、市教育局的工作进行了评议，推动了法律法规的实施。专门委员会、工作委员会对消防法、国家安全法、政府采购法、文物保护法、档案法、水污染防治法、公民出入境管理法等法律法规在我市的实施情况进行了检查，针对发现的问题向法律实施

主管部门提出了整改意见。同时积极配合上级人大开展工会法、预防未成年人犯罪法、归侨侨眷权益保护法、宗教事务条例、民办教育促进法、统计法、体育法、防震减灾法等法律法规的执法检查和地方组织法、选举法修正案、监督法（草案）、物权法、江西省人大常委会关于讨论决定重大事项的规定等立法调研工作。两年多来，常委会共开展执法检查23次。

听取和审议市政府及其工作部门工作报告。常委会坚持每年听取和审议计划、预算上半年执行情况的报告和财政收支情况的审计报告。围绕本市经济社会发展和人民群众关心的问题，听取并审议了农业和农村工作、食品放心工程、“四五”普法、土地收益等方面的36项报告，针对性地提出了改进工作的意见和建议，及时督促整改落实。有关专门委员会定期听取市法、检“两院”半年工作情况汇报。

开展述职评议。两年多来，常委会对市政府9个工作部门主要负责人、市中级人民法院2名法官、市人民检察院2名检察官进行了述职评议。被评议人员针对评议中提出的问题和意见认真整改。

开展环保信江行活动。两年多来，先后开展了“保护水资源、防治水污染、维护水生态”“促进森林资源保护、饮用水资源保护和林业生态保护”“保护水土资源，防治水土流失”等主题活动，支持和督促市政府相关部门积极采取措施，确保饮用水安全，保护森林资源，不断改善生态环境。

二、坚持党的领导，充分反映民意，认真做好决定重大事项和人事任免工作

常委会围绕市委的重大决策和工作部署，适时作出决议决定。坚持每年听取和审议全市及市本级上年度财政决算报告，结合市本级预算执行和财政收支审计报告，作出批准市本级财政决算的决议。为确保财政收支平衡和预算支出的需要，常委会审议批准了市政府提请的关于2004年、2005年、2006年市本级财政预算调整方案（草案）的议案。对市政府提请的鹰潭市国家科技进步示范市建设与发展规划的议案和按期偿还国家开发银行城市基础设施项目贷款的议案，常委会依照法定程序认真审议，及时作出了关于批准两个议案的决议，并加强了对决议贯彻落实情况的监督检查。为推动依法治市进程，作出了关于进一步加强法制宣传教育的决议。两年多来，常委会共作出决议、决定22项。

坚持党管干部和依法任免相统一的原则，严格依法行使任免权。坚持对拟提请任命对象进行任前法律知识考试，任前与常委会组成人员见面，表决通过后当场颁发任命书，并作表态发言。两年多来，常委会依法任免国家机关工作人员101人次，接受9人辞职，决定市政府代理市长、市中级人民法院代理院长、市人民检察院代理检察长各1人，从组织

上保证了国家机关工作的正常运转。

三、立足服务，拓宽渠道，扎实做好代表工作，充分发挥代表作用

为代表履行职责提供服务。常委会先后举办了四期代表培训班，组织了部分市人大代表和县（市、区）人大负责人员赴外地考察学习人大代表工作。按照就近和方便活动的原则，对人大代表进行编组活动，并及时制发了代表证、视察证，为代表订阅了《中国人大》《时代主人》《人大代表学习文件选编》等学习资料。坚持邀请代表列席常委会会议和参加常委会组织的有关重要活动259人次。

加强代表建议的督办工作。在市六届人大历次会议上，代表共提出建议、批评和意见102件。每次大会之后，常委会及时转交市政府办理，全部建议现已答复代表。对市五届人大一次会议期间代表提出的关于兴建市人民医院综合大楼的议案，本届常委会继续加大督办力度，组织人大代表专题视察，两次听取了市人民政府关于议案办理情况的报告，有力地推动了议案办理工作的开展，大楼正在兴建之中。

组织代表视察。常委会坚持每年组织省、市人大代表进行集中视察，深入了解我市计划、财政预算的执行、环境保护、城市建设、农村医疗网点建设、工业园区建设等方面的情况；围绕群众关心的热点难点问题，组织市人大代表就我市农民增收、新农村建设、蔬菜基地建设、垃圾填埋场建设、少数民族经济社会发展情况和我市安全生产等方面的工作开展了专题视察。以县（市、区）为单位组织市人大代表进行异地交叉视察。此外，还配合省人大组织省人大代表开展集中视察、专题调研活动。

认真做好人民群众的来信来访工作。两年多来，共接待群众来访1032人次，受理来信507件。对来信来访，严格按照规定及时转交有关部门办理，并跟踪督办，有效维护了公民的合法权益和社会稳定。

四、不断加强自身建设，努力提高人大工作水平

加强学习，推进思想和业务建设。常委会及机关始终把学习教育作为加强自身建设的首要工作来抓，认真开展了保持共产党员先进性教育活动；坚持理论学习制度和法制讲座制度，重点学习了党的十六届四中、五中、六中全会精神，《江泽民文选》，中央、省、市委有关人大工作的文件精神和中央领导一系列重要讲话精神，先后举行了“提高履职能力”“构建和谐机关”“学习贯彻党章”和“树立社会主义荣辱观”等专题学习、研讨会，通过学习，增强了政治意识、大局意识和责任意识。以新颁法律为契机，结合有关执法检

查和审议议题，常委会先后举办了10次法制讲座；同时，还举办了财政预算和社会主义新农村建设专题知识讲座。

注重制度建设。重新制定了《鹰潭市人大常委会组成人员守则》，修改和完善了《鹰潭市人大常委会人事任免办法》《鹰潭市人大常委会关于对提请任命的国家机关工作人员进行法律知识考试的决定》和《鹰潭市公民旁听市人大常委会会议的规定》。完善了常委会会议、主任会议会务工作规程等制度。

注重调查研究，加强作风建设。常委会把调查研究作为改进工作作风，提高审议质量的重要措施。两年多来，常委会先后就进一步做强做大我市旅游业、优化我市经济发展环境、争创全国优秀旅游城市、加强和改进人大工作以及常委会会议议题，开展调研，广泛听取意见，形成调研报告，供审议决策参考。

重视人大宣传工作。完成了《鹰潭市人民代表大会志》编纂出版工作，建成了鹰潭人大信息网并投入运行。召开了纪念全国人民代表大会成立50周年纪念座谈会，借助新闻媒体对我市人大建设和人大工作取得的成就进行了广泛宣传。

重视对外联系和交流。通过召开座谈会、组织调研等形式，密切与县（市、区）人大的联系，加强对基层人大工作的指导。每年派员参加全国性的设区市人大常委会联席会议，成功举办了四省九市人大工作联席会议。组织人员外出学习考察，同时还接待了人大同人401批4711人次来鹰考察，其中省部级以上191人；做好了全国人大代表和全国民族区域自治法培训班来鹰考察接待工作。通过互相往来，增进了了解，借鉴了经验，拓展了工作思路。

常委会及机关还根据市委安排，积极参与、认真做好全市性的中心工作。

各位代表，回顾两年多的任期，常委会依法履行职责，各方面的工作都有新的进展。这些成绩的取得，是市委加强对人大工作领导的结果，是市六届人大常委会组成人员、全体代表和机关工作人员共同努力的结果，是市人民政府、市中级人民法院、市人民检察院、县（市、区）人大常委会、驻鹰部队和社会各界有力支持配合的结果。在此，我谨代表市六届人大常委会表示衷心的感谢！

在肯定成绩的同时，我们也清醒地看到，对照宪法和法律赋予的职责，对照党和人民的要求，常委会的工作还存在薄弱环节和不足之处。主要是：监督工作的力度需要进一步加大，监督的方式需要进一步改进和完善，监督的效果需要进一步增强；代表工作和机关建设还需进一步加强，等等。这些问题，值得下一届人大常委会引以重视，加以解决。

两年多来的工作体会

各位代表，市六届人大常委会已在特殊的任期胜利完成了自己的历史使命。两年多来的工作实践使我们深切地体会到，要做好人大工作，发挥人大作用，必须切实把握好以下几个方面。

1. 必须坚持党的领导，保证人大工作正确的政治方向。坚持和依靠党的领导是人大工作必须遵循的根本政治原则，也是做好新时期人大工作、推进人民代表大会制度建设的前提和根本保证。常委会坚持党的领导、人民当家作主和依法治国有机统一，在履行职责的过程中，坚持重要工作和重大事项及时向市委请示报告，注意准确把握市委的主张和决策意图，认真贯彻落实到人大各项工作中去，把市委的重大决策通过法定程序转变为人大的决议、决定，为市委决策的贯彻实施提供有力的保障和支持。市委对人大工作既重视又关心，定期不定期听取人大工作汇报，支持人大常委会依法履行职权。2004 年 8 月，市委召开了全市人大工作会议，下发了《关于进一步加强人大工作的若干意见》；今年年初又转发了《市人大常委会党组关于进一步加强市人大代表工作和市人大常委会制度建设的意见》，极大地推动了全市人大工作的开展。

2. 必须坚持人民当家作主，实现和维护人民群众的根本利益。人民当家作主是社会主义民主政治的本质要求。人民代表大会制度是实行人民民主、保证人民当家作主的重要途径和最高实现形式。人大代表是人民代表大会的主体，是国家权力机关组成人员。人大代表对国家机关各方面工作提出建议、批评和意见，是法律赋予、人民委托行使当家作主权利的一种重要表现形式。两年多来，常委会自觉置于人民监督之下，倾听人民的呼声，反映人民的意愿，尊重人民的选择，维护人民的利益。把充分发挥人大代表作用作为常委会全部工作的重心，积极为代表依法履职创造条件，对代表提出的议案重点督办，建议、批评、意见逐个交办，较好地体现了人大是人民当家作主的权力机关、工作机关和代表机关。

3. 必须坚持依法治国，充分发扬民主，严格依法办事。依法治国是党领导人民治理国家的基本方略。落实依法治国的基本方略，最重要的就是坚持和完善人民代表大会制度，在宪法和法律的规定范围开展活动。两年多来，常委会严格按照法定职责和程序行使职权，把依法办事、集体领导、集体用权、集体决定问题贯穿于人大的各项工作之中。每项审议、表决，既充分发扬民主，又严格按照法定程序进行，在民主的基础上集中正确的意见，最后集体作出决定。

4. 必须坚持支持与监督的有机统一，处理好人大与“一府两院”的关系。宪法、法律规定，“一府两院”由人大产生，对人大负责，受人大监督。人大与“一府两院”分工不同、职责不同，但目标、任务是完全一致的。两年多来，常委会坚持从大局出发，坚持在监督中体现支持，在支持中实施监督。无论是开展执法检查、视察，还是工作评议，都把工作的着眼点放在提出有价值、好操作、易于采纳的建议、意见上来，从而使监督的过程成为促进执法、改进工作、形成合力的过程。

各位代表，市七届人大常委会即将依法选举产生。市七届人大常委会任期的五年，是我市全面实施“十一五”规划的重要五年，也是我们把握机遇，迎接挑战，加速推进鹰潭崛起的五年。刚刚闭幕的中共鹰潭市第六次代表大会为我市未来五年的发展作出了全面部署，我们的前景更加美好，肩负的使命更加崇高，面临的任务更加艰巨。我们相信，市七届人大常委会在中共鹰潭市委的领导下，紧密团结在以胡锦涛同志为总书记的党中央周围，高举邓小平理论和“三个代表”重要思想伟大旗帜，全面落实科学发展观，认真履行宪法和法律赋予的职责，充分发挥全体人大代表的作用，开拓进取，扎实工作，就一定能够为建设和谐新鹰潭、在新的起点上实现富民强市的新跨越，作出新的更大的贡献！

鹰潭市第七届人民代表大会常务委员会工作报告

——2011 年 9 月 25 日在鹰潭市第八届人大一次会议上

市人大常委会主任　邵奇生

各位代表：

现在，我受鹰潭市第七届人民代表大会常务委员会的委托，向大会报告本届常委会的主要工作，请予审议。

五年来的工作回顾

市七届人大常委会任期的五年，是我市经济社会发展取得重大成就的五年，也是民主法治建设取得明显进步的五年。置身于经济社会发展的新时期，亲历改革发展的新变化，常委会组成人员倍加珍惜人民的期望和重托，坚持以邓小平理论和"三个代表"重要思想为指导，深入贯彻落实科学发展观，按照市委提出的"以发展凝聚人心、以改革拓展空间、以正风气形成合力、以加强组织建设强化保障"的总体要求，认真履行宪法和法律赋予的职责，较好地完成了各项任务。五年来，共召开常委会会议 48 次，对 18 部法律法规实施情况开展执法检查，听取和审议市"一府两院"专项工作报告 103 项，作出决议决定 29 项，为推动我市民主法治建设，促进经济社会又好又快发展，作出了积极贡献。

一、坚持发展强市，全面融入，全员参与，全力推进"四大一新"建设，创造了人大履职服务大局的鹰潭特色

实施"大铜业、大物流、大旅游、大框架城市和新农村建设""四大一新"发展战略，实现富民强市，是百万鹰潭人民的根本利益所在，也是人大义不容辞的职责。五年来，常委会注重把整体工作放在全市发展大局来谋划，来推进，年度工作按照"市委有部署，人大有行动"的理念来安排，紧贴全市工作重点，选好人大工作的结合点，找准具体工作的着力点，全面融入，积极推进。有关"四大一新"的内容，列入常委会会议议题 28 项，听取和审议专项工作报告 12 项，组织代表开展视察 26 次，有力促进了"四大一新"发展战略的深入实施，取得令人满意的成效。

主动策应铜产业发展。铜产业是鹰潭最具特色的支柱产业。2007 年，市委、市政府提出打造"世界铜都"这一战略构想，常委会迅速将铜产业发展问题列入议题，组织代表对铜产业发展情况进行了专题视察，提出了针对性的意见建议。2009 年，我市铜产业受到国际金融危机的严重冲击，常委会认真贯彻落实市委关于"保增长、扩内需、调结构、促发

展”的决策部署，结合科技进步法执法检查，组织代表对铜产业技术创新情况进行了专题视察调查，提出了转方式、调结构、增加科技投入、提高自主创新能力，促进科技成果转化为现实生产力等意见建议。市政府对此高度重视，制定了扶持铜企业应对困境、渡过难关的六项政策措施。为进一步推动铜产业回升向好，促进经济平稳较快发展，常委会还通过听取专项工作报告，督促与企业生存发展息息相关的市工商局、国税局、地税局、质监局、人民银行等5个部门围绕“保增长，促发展”开展工作，帮助企业尤其是铜企业克服时艰，谋求发展。

全力支持大物流发展。发展现代物流，推动商贸快速发展，是深入实施“四大一新”发展战略的应有之义。常委会在调研的基础上，听取和审议了市政府关于大物流发展情况的专项工作报告，并组织代表视察物流项目建设，有力地促进了现代物流基础设施平台建设、物流信息平台建设和物流产业发展环境的优化，促使物流产业成为我市新的经济增长点。

积极跟进大旅游发展。我市旅游资源丰富，发展前景可观。常委会结合我市旅游发展实际，连续3年安排议题，有重点地加强对旅游业发展情况的监督。2008年，听取和审议了市政府关于大旅游发展情况的专项工作报告；2009年，就龙虎山景区重点工程建设情况进行视察调研；2010年，听取了市政府关于旅游企业发展情况的报告，督促政府及相关部门挖掘文化内涵、拓展旅游市场，为推动我市旅游大发展、龙虎山成功申遗提供了有力支持。

努力促进大框架城市建设。建设大框架城市，是改善人居环境，促进经济发展的必然要求。常委会积极配合“项目建设年”“项目推进年”活动的开展，精心选题，依法履职，适时审查批准了《鹰潭市城市总体规划（修编）》，连续5年组织代表先后对主城区重点建设、龙岗新区开发、信江新区建设等30多个重点工程建设进行了专题视察，听取了市政府关于城市重点工程建设、信江新区建设等情况的报告，并提出相关建议。市政府认真落实常委会提出的审议意见，不断加快拉大城市框架建设的进度，完善城市设施，提升城市品位，优化发展环境。

大力推进新农村建设。解决好农业、农村、农民问题，事关全面建设小康社会大局，是常委会高度重视并督促落实的重大问题。五年来，常委会听取和审议了农业产业化发展、耕地保护责任制落实、农村广播电视村村通、水利建设资金管理使用情况等专项工作报告，先后6次组织代表对新农村建设、农业产业化龙头企业发展、农村卫生清洁工程、少数民族新农村建设和移民搬迁工作进行专题视察，分别提出建议意见。经各地、各部门共同努力，农村基础设施和农民生活条件不断改善，社会主义新农村建设正在扎实向前推进。

适时督促计划和预算实施。常委会把监督国民经济和社会发展计划以及财政预算执行情况摆到重要议程，通过实地调查、座谈和听取审议工作报告，全面了解情况，客观分析形势，先后围绕转变经济发展方式、优化经济结构、提高经济运行质量和效益、培植新的经济增长点、实行阳光支出、强化专项资金管理使用等，提出了切实可行的建议，促进了年度计划和预算的圆满完成，为“四大一新”发展战略的实施提供了资金保障。在审查和批准每年决算的同时，对市级预算执行和其他财政收支审计情况进行了监督检查，维护了财经纪律。开展了对“十一五”规划实施情况中期评估监督工作，审查批准了“十一五”规划部分指标调整方案，并对“十二五”规划纲要的编制提出意见和建议。围绕铜精深加工、旅游、物流等重点招商产业和重点招商企业及进出口贸易，听取了市政府关于开放型经济工作情况的报告，促进了外资、外贸、外经工作的发展。

尽力参与重大项目建设。参与中心工作和重大项目建设，推进“四大一新”发展战略的深入实施，是市委赋予人大常委会的一项光荣使命。市七届人大常委会任期的五年，是市历届人大常委会承担中心工作最多、任务最为繁重的五年。根据市委的统一安排，常委会领导牵头或协助做好第四届海峡两岸道教文化论坛、联建共创、园区招工、城区绿化、信江新区建设、数字鹰潭建设、龙虎山申遗、沿江小区前期拆迁等重点工作，牵头负责胜利西路延伸工程、环城东路改造一期工程、320 国道改造等重大项目建设，深入一线，加强调度，通过多方共同努力，较好地完成了各项任务。挂点督导乡镇的七项重点工作顺利推进，经济社会协调发展。帮助挂点联系的 7 家企业协调解决生产经营中的实际问题，企业经济效益明显提高。挂扶的 35 个新农村建设示范点全面达标。农村卫生清洁工程向纵深推进，自然村和集镇垃圾处理的经验得到全面推广。人大常委会机关招商引资（楼宇经济）工作，连年超额完成目标任务，被评为全市开放型经济先进单位。牵头组织 34 个单位开展片区联建共创工作，被评为全市联建共创工作先进单位。选派人员参与龙岗新区建设、鹰西棚户区房屋拆迁、信江新区房屋拆迁等工作，受到了干部群众的好评，有力推动了重大项目建设和重点工作的落实。

这里还值得一提的是，面对 2008 年突如其来的低温雨雪冰冻灾害，常委会迅速反应，积极应对，将抗灾救灾恢复重建工作列入常委会工作重点，及时组织代表对全市农林业遭受冰冻灾害情况进行专题视察，提出建议，支持灾后恢复生产。2010 年 6 月，我市遭受千年未遇特大洪涝灾害，常委会领导深入各自联系的乡镇指导抗洪抢险，慰问灾区群众，并受市委派遣率员深入耳口、上清等重灾乡镇开展生产自救、灾后创建等工作。常委会及时调整工作计划，组织代表对全市村镇洪灾后卫生防疫工作情况进行专题视察，专题听取了市政府关于灾后创建工作情况的报告，推动了灾后创建工作的开展。

二、坚持依法治市，监督于法周严，在监督中体现支持，在支持中实施监督，形成了人大履职促进“一府两院”工作的监督特点

依法治市是推进依法治国方略在地方实施的具体体现。五年来，常委会按照监督法的规定，坚持在监督中体现支持，在支持中实施监督，采取多种形式，不断加强和改进监督工作，支持和促进“一府两院”依法行政、公正司法。

围绕法律实施情况开展监督检查。根据我市经济社会发展的实际情况，每年都有计划、有重点地对我市法律法规实施中的突出问题和社会关注的热点问题开展执法检查，先后组织开展了城乡规划法、工会法等18部法律法规实施情况的检查，针对发现的问题向法律实施主管部门提出了整改意见，推动了法律法规更好地贯彻实施。此外，配合全国人大常委会开展了社会救助法立法调研以及节约能源、保护环境和城市基础设施运行情况等6次专题调研；配合省人大常委会开展了食品安全法等26部法律法规的执法检查、江西省厂务公开条例等19部法规草案的立法调研和鄱阳湖生态经济区建设等40余次专题调研。

围绕民主法治建设开展监督。加强民主法治建设，是构建和谐社会的重要前提和保障，是创新社会管理的重要途径和形式。常委会审议批准了市人民政府《关于开展“法治鹰潭”建设工作的议案》。听取和审议了市人民政府关于全市“五五”普法规划实施情况和“六五”普法工作安排情况的报告，并先后两次就加强法制宣传教育作出决议，进一步推动了全市依法治理工作的深入开展。听取和审议了市人民政府关于我市基层民主政权建设、宗教工作情况的报告，推进了基层社会管理，维护了基层社会稳定，促进了宗教工作在构建和谐社会方面作用的发挥。

围绕司法工作开展监督。突出严格执法、公正司法这个主题，把带有普遍性倾向性的问题作为监督重点，切实推进司法机关公正执法。坚持每年听取市法、检“两院”上半年工作情况报告，听取和审议了市中级人民法院关于民事审判工作、市人民检察院关于诉讼监督工作情况的报告，“两院”积极采取有效措施，对检查和审议中提出的问题认真进行整改，取得了明显成效。听取了市法院、市检察院、市公安局、市司法局为经济发展优化环境、为社会稳定提供保障情况的报告。组织代表对市区节日治安工作、社会治安视频监控“天网”工程建设情况进行了专题视察调研，为促进社会和谐稳定起到了积极作用。

依法做好人事任免工作。事业发展，关键在人。常委会坚持党管干部和依法任免相统一，认真行使人事任免权。坚持实行任前法律知识考试、任职表态和颁发任命书等制度，切实增强被任命人员的法律意识和公仆意识。加强任后监督，要求被任命的政府部门负责人向常委会提交年度工作情况报告，充分了解掌握其履行工作职责、完成工作任务、兑现任前承诺等情况。五年来，依法任免国家机关工作人员214人次，为我市经济社会发展提

供了人才支撑。

三、坚持和谐稳市，真情关注民生，热心改善民生，给力惠及民生，彰显了人大履职忠实为民的内在特质

以人为本、民生为重，是坚持科学发展、促进社会和谐的根本要求，也是人大工作的出发点和落脚点。五年来，常委会坚持人民利益高于一切，全力推动以改善民生为重点的社会建设，确保人民群众共享改革发展成果，使人大工作更加体现民意，更加贴近民生。

促进教育文化体育事业发展。教育是民生之基。常委会组织开展了教师法执法检查，提出了建立教师定期轮岗制度以及优秀教师共享制、促进学校师资均衡、让优质教育惠及每一个学生等意见。对代表提出的“进一步完善校长负责制，促进农村中小学教育发展”和“加强中小学生安全教育”两项建议，常委会逐项督办，问题得到有效解决。文化是民生之魂。常委会听取和审议了市政府关于加快文化产业发展工作情况的专项报告，提出了进一步加大文化的挖掘、整理、培育工作，科学制定文化产业发展的长远规划，进一步加大投入，完善公共文化服务体系，进一步强化项目带动，加快文化产业园区和基地建设等建议，推进了文化产业的发展。体育是民生之需。常委会围绕体育场馆建设、服务保障以及城市管理等情况，先后两次听取和审议市政府关于筹备省运会的工作报告，4 次组织代表进行专题视察，指出问题，提出建议，为省运会的成功举办提供了有力支持。

心系饮食药品安全。民以食为天，食以安为先。饮用水和食品药品安全广为社会关注。以开展水污染防治法执法检查为重点，每年组织开展“环保信江行”活动，先后对代表提出的关于建立市区居民饮用水安全保障应急预案、在重点污染企业和饮用水水源地建立在线监测系统等建议进行重点督办。通过连续跟踪监督，促使市政府建立了市区居民饮用水安全保障应急预案，城区上游的五家重点企业均已安装在线监测设备，确保了饮用水安全。以农产品消费安全为主题，每年组织开展“农产品质量安全行”活动，取得较好效果。听取了市政府关于“菜篮子”工程建设情况的报告，连续 4 年跟踪督办“关于加快蔬菜基地建设的建议”，较好地减轻了夏埠蔬菜基地用途改变带来的影响，扩大了无公害蔬菜生产规模。组织开展了“食品药品安全赣鄱行”——“关注健康餐桌”活动，听取和审议了市政府关于全市公共卫生监督执法和餐饮具消毒监督管理情况的报告，提出了相关建议，促进了消费安全。听取了市政府关于农村药品“两网”建设情况的报告，促进相关部门采取有效措施，使广大农民用上放心、价廉的药品。

关注城乡困难群众基本生活。社会保障是民生之福。常委会听取和审议了市政府关于城乡居民最低生活保障、社会养老保险工作情况和住房公积金、房屋维修基金管理使用情

况的专项工作报告，组织代表就农村敬老院建设和管理、城乡低收入家庭保障性住房建设情况开展专题视察，支持和督促政府及有关部门认真落实措施，努力解决群众老有所养、住有所居的困难和问题。就业是民生之本。围绕就业促进法实施情况开展了执法检查，重点对返乡农民工就业创业情况开展专题调研，建议政府进一步加大再就业资金保障力度、做好就业培训工作，拓宽返乡农民工就业渠道，促使农民工基本生活得到保障。物价问题涉及民生、关系全局、影响稳定。常委会听取和审议了市政府关于维护物价稳定工作情况的报告，就进一步落实差别价格政策、加大价格监督检查力度、发挥好价格调节基金作用、增加困难群众补贴等方面提出了意见，对维护物价稳定起到积极作用。四川汶川地震、青海玉树地震及我市洪涝灾害发生后，常委会机关心系灾区，先后筹资捐款 34 万余元，为灾区献上一份关爱。

推动生态环境持续改善。为从源头上保护鄱阳湖一湖清水，促进生态宜居鹰潭建设，常委会听取和审议了市政府关于城镇污水处理设施和管网建设及运行情况的报告，提出了结合旧城改造、道路建设，加大污水管网改造和建设力度等建议。去年 11 月，市政府成立了加快推进排水管网建设工作领导小组，把排水管网建设摆上重要议事日程，目前市、县两级污水处理厂以及相应的配套管网均已建成。听取和审议了市政府关于农村医疗垃圾无害化处理情况的报告，提出了建设性的意见，市政府及相关部门高度重视，积极整改。先后组织代表对水土保持法贯彻执行、泸溪河水资源保护、造林绿化“一大四小”工程、农村垃圾处理、节能减排、生猪养殖污染治理等 6 个方面的情况进行专题视察调研，促进了生态环境保护和改善。

认真做好群众来信来访工作。常委会把信访工作看成倾听民声、化解民忧、促进和谐的重要途径。五年来，共受理群众来信 506 件，接待来访 1089 人次，及时协调督促有关部门妥善处理，推动了一批信访问题的解决。

四、坚持主体管市，创优条件，搞好服务，保障代表执行职务、参加行使国家权力，展示了人大履职维护人民当家作主的本质特征

人大代表是人民代表大会的主体。按照代表法的要求，切实加强和改进代表工作，让代表在参与管理地方国家事务中充分发挥作用。

服务代表依法履职。在市人大会议期间，审议会议的各项报告、议案，是人大代表代表人民管理地方国家事务、监督本级国家机关工作的一项重要职权。每年人大会议召开之前，常委会通过不同形式组织代表进行集中视察或交叉视察，了解我市国民经济和社会发展的情况，为代表审议大会各项报告、提出议案、建议、批评和意见创造条件、做好准

备。组织开展专题视察是代表参与管理地方国家事务的有效途径。五年来，常委会组织代表围绕鄱阳湖生态经济区建设、人口与计划生育工作、民生档案、市区网吧管理、“数字审计”等工作开展专题视察和调研 66 次。为拓宽代表知情知政渠道，更好地参与管理，常委会有针对性地邀请代表列席常委会会议、参加常委会组织的活动 830 余人次，走访代表 400 多人次，还组织代表旁听法院庭审、参加有关听证会等活动，使人大代表的知情权、参与权、表达权、监督权得到拓展。

加大建议督办力度。代表提出议案、建议、批评和意见是受人民委托，行使当家作主权利的一种重要表现形式。在市七届人大历次会议上，代表围绕我市经济社会发展大局，共提出建议 240 件，截至今年 8 月，已全部按期办结，并书面答复代表。本届常委会注重代表建议办理的实效，探索方式方法的创新，采取常委会领导带队督办、组织人大代表重点督办、协调委员会对口督办，营造了督办氛围，加大了督办力度，代表建议办结率和满意率逐年提高，这一做法得到了省人大常委会的充分肯定。关于在重点污染企业和饮用水水源地建立在线监测系统、城际公交一体化以及维修和硬化岱宝山公路、国道 206 线黄庄至画桥段、大桥至界上段公路等一大批建议，通过各方面共同努力，得到较好的落实。

依法做好换届选举工作。今年市、县、乡三级人大换届选举，是选举法修改后的第一次换届选举。常委会按照市委的统一部署，坚持党的领导，充分发扬民主，严格依法办事，指导县、乡两级顺利完成了人大换届选举工作。为了使更多的基层代表参与地方国家事务管理，常委会按照选举法的规定，注重代表的先进性、广泛性和代表性，指导选举单位认真选好市八届人大代表。由于各方努力，代表结构进一步优化，实现了上级要求的“两升一降”，即基层代表和妇女代表的比例上升，党政干部担任人大代表的比例下降。新的一届人大代表的产生更加突显了人民当家作主的地位。

五、坚持聚力兴市，与时俱进，不断追求新的作为与奉献，树立了人大履职团结奋进的良好形象

振兴鹰潭，繁荣城乡，是全市人民的共同愿望，也是改革发展的必然追求。五年来，常委会以此为奋斗目标，不断提高履职能力，务求有所作为。

加强思想政治建设，增强履职动力。常委会“一班人”年龄相对偏大，精力相对有限。五年来，常委会坚持中国特色社会主义理论体系，深入开展学习实践科学发展观活动，推进理论武装，强化思想建设，着力创建学习型班子和学习型机关，使人人头脑清醒、政治坚定、行动坚决、尽力作为。深入开展创先争优、创业服务年和发展提升年等活动，激发常委会“一班人”内在潜力，为鹰潭事业的发展发出光和热。通过五年的实践检

验和换届的考验，常委会“一班人”不论是本职工作，还是所承担的中心工作，始终保持了思想不乱、工作不断、劲头不减，五年一以贯之，干到换届、交好答卷。

优化内部结构，激发履职活力。在市委关心重视下，本届人大解决了个别机构设置与形势任务不相适应、工作委员会人力不足与工作任务不相匹配的问题，撤销了农业与环境资源保护委员会，设立了城乡建设环境资源保护工作委员会和农业与农村工作委员会，使人大内设机构更加适应“三农”工作、城市化建设和环境资源保护工作的需要。按照7～9名委员的规模，为常委会外侨民宗工委、城建环资工委、农工委配备了兼职委员，彻底改变了过去工作委员会开展工作有心无力、有事无人的状况，强化了工作委员会的职能作用。

推进民主法治建设，增强履职合力。民主是集思广益、凝聚智慧和力量的重要保证。常委会始终坚持集体行使职权、集体决定问题，常委会“一班人”不分职务高低，人心凝聚，一人一票决定重大事项，较好地坚持和体现了民主集中制原则。调查研究是成事之基，决策之要。每次常委会履职，坚持调研在先，依法审议，民主决策，使作出的决议决定科学合理。坚持法律知识学习，每次执法检查之前，专题学习相关法律法规，五年来，先后举行19次法律讲座，使每项工作有法必依，无话争议，有序开展不走弯路，不分散精力。

完善规章制度，提升履职保障力。按照《监督法》的有关规定，坚持规范性、实效性和实践性相统一的原则，结合我市人大工作实际，对有关工作制度进行了重新修订和完善。五年来，修订完善了常委会议事规则、制定了听取审议“一府两院”专项工作报告和执法检查具体操作规程等16项工作制度，使常委会各项工作更加规范有序、保障有力。对机关内部13项工作制度和管理制度也进行了创建完善，机关办文、办会、办事有章可循、高效运转。

加大对外交往，扩大鹰潭影响力。五年来，被各级各类媒体刊播的人大宣传信息达700余篇，扩大了我市人大工作的知名度。每年派员参加全国二十三个城市（区）人大联席会、四省九市人大联席会、全省人大系统各种会议，先后两次承办了四省九市人大联席会和全省设区市人大常委会秘书长、办公厅（室）主任座谈会，交流了工作，推介了鹰潭；首次组团出访芬兰、匈牙利、乌克兰三国，与地方议会、政府举行友好会谈，交流了有关情况，交换了有关意见，形成了共识，加深了了解，增进了友谊，并与匈牙利多瑙新城市、乌克兰伊久姆市签署了建立友好城市的意向书；同时，接待全国和兄弟省、市人大同人来鹰潭考察1208批10260人次，较好地宣传了鹰潭，赢得了赞誉，提升了鹰潭对外形象，扩大了鹰潭对外影响力。

各位代表，回顾过去的五年，我们充满着自豪感、成就感。这种自豪、这些成就，是来自历届人大常委会打下的良好基础；来自市委的正确领导；来自全体市人大代表、常委会组成人员以及机关工作人员的辛勤工作；来自市人民政府、市中级人民法院、市人民检察院及有关方面的密切配合和广大人民群众的大力支持。在此，我谨代表市七届人大常委会，对所有关心和支持人大工作的同志和各界人士，表示衷心的感谢！

在总结常委会工作成绩的同时，我们也清醒地认识到，五年的工作与宪法和法律的要求，与各位代表和人民群众的期望相比，还存在一定的差距和不足，主要是有些监督工作实效还不够明显、行使决定权有时还不够严格、代表建议办理质量还不够高等等。

五年来的实践体会

回顾总结过去的五年，我们体会深刻，感悟很多。聚焦到一点，就是人大有位要有为，有为才有威。人大的地位法律确定，但有位不一定就有为，人大的作为全取决于有效的努力；人大的权力，人民赋予，但有权不一定就有威，人大的威信，全凭作为来支撑。五年的实践昭示，人大要有为，前提是依法履职，核心是党的领导，关键是服务发展，根本是履职为民。

人大要有为，前提是依法履职。宪法与法律明确规定了地方人大常委会的职权范围和履职程序，甚至对某些具体工作细节都规定得一清二楚。作为没有立法权的地方人大，只能有法必依、执法必严，既不可变通，更不可标新立异另搞一套，否则是乱作为，其实也难作为。在实际工作中，只能是严格依法履职，到位不缺位，在位不越位，正位不错位。五年来，常委会立足法的本质，依法不违法，执法求作为，对“一府两院”依法实施监督，坚持监督不干预内部事务，支持不把持具体工作，帮忙不代行法定职权，补台从不人为折腾。“一府两院”视人大监督为开展工作的有力促进，主动配合，派员参与，听取意见，接受监督。良好的互动，使人大监督“一府两院”的过程成为统一思想、形成共识的过程，成为相互理解、相互支持的过程，成为聚心合力、共促发展的过程。

人大要有为，核心是党的领导。党的领导是做好人大工作的根本保证，没有共产党就没有人民代表大会制度，人大工作也就无从谈起。人大工作是党和国家工作的重要组成部分，只有坚持党的领导，把人大工作放在党和国家工作全局中来谋划、来推进，才能取得实效。五年来，市委对人大工作给予定向、把关、支持、排忧，先后召开会议，下发文件，听取汇报，适时指导，并针对具体问题采取专题民主生活会的形式予以统一思想，形成共识，增强合力，谋求作为。常委会主动接受市委的领导、自觉服从市委的领导、积极维护市委的领导，始终坚持把党的领导贯穿于依法履职的全过程，落实到人大工作的各个方面。通过五年的努力，人大工作做到了“两确保”，即确保了党委的主张经过法定程序成为地方国家意志和人民群众的自觉行动，确保了党组织推荐的人选经过法定程序成为地方国家机关领导人员；实现了“三有利”，即有利于加强和改善党的领导，有利于巩固党的执政地位，有利于保证党领导人民有效治理国家。

人大要有为，关键是服务发展。发展是执政兴国的第一要务。服务发展是人大工作的永恒主题，也是人大职责所在，只有服务科学发展人大才有作为。五年来，常委会坚持“一切为了发展、一切支持发展、一切促进发展、一切维护发展”的理念，始终围绕发展这个第一要务开展人大工作，切实做到为了鹰潭的发展，人大没有障碍。只要符合科学发展，对“一府两院”提请的议案，特事特办，急事先办，不拖延，不误时，有时增列议题，增开会议，适时作出决议决定。为了鹰潭的发展，人大没有杂音。常委会无论是在会内会外，或是对外交往中，始终把握服务发展的主题、促进和谐的旋律，按照先干不争论、先试不议论、实践作结论的要求来把握，鼓励实干，允许探索，以改革发展的成果评判“一府两院”的工作，凭实践的结果依法发出人大的声音。为了鹰潭的发展，人大没有闲人。常委会机关从领导到一般干部，虽不处于改革发展的最前沿，但人人不当改革的旁观者，不当发展的局外人，各个“一岗双责”、两副重担，既干好本职工作，又参与中心工作，只要是有利于鹰潭发展、有利于全市人民的事，机关上下一个目标一条心，一个方向一股劲，团结奋斗，共谋作为。

人大要有为，根本是履职为民。人大及其常委会由人民选举产生，代表人民行使职权。人大履职不为民，不仅是失职，而且失去其存在的意义。五年来，常委会始终坚持人民利益至上，把群众的呼声作为谋划工作的第一信息，把群众关心的热点作为人大工作的重点，列入议题，开展监督，有关涉及广大人民群众切身利益的事，紧抓不放，反复督查，跟踪问效，直到问题解决为止。坚持依法监督“一府两院”，支持和促进“一府两院”执法为公、司法为民，确保人民赋予的权力真正用来实现好发展好维护好人民群众的利益。坚持畅通民意渠道，通过调研视察、走访代表、信访接待等多种途径，广泛听取人民群众的意见和建议，使所作出的决定决议充分体现党的主张和人民意志的高度统一。

各位代表：本届人大常委会任期已满，新的一届人大常委会即将产生。阅尽人间更替事，总是后人超前人。我们坚信，新一届人大常委会在中共鹰潭市委的领导下，在全市各方面的支持下，一定能肩负起人民的重托，圆满完成新的历史使命，不断开创我市人大工作的新局面，为把鹰潭打造成富裕、秀美、宜居、和谐的鄱阳湖生态经济区璀璨明珠作出新的更大贡献！

鹰潭市第八届人民代表大会常务委员会工作报告

——2016年11月1日在鹰潭市九届人大一次会议上

市人大常委会主任　杜德春

各位代表：

我受市八届人大常委会委托，向大会报告工作，请予审议。

市八届人大常委会依法选举产生以来，在市委坚强领导下，高举中国特色社会主义伟大旗帜，坚持以邓小平理论、“三个代表”重要思想、科学发展观为指导，认真贯彻党的十八大、十八届三中、四中、五中全会精神和习近平总书记系列重要讲话精神，牢固树立创新、协调、绿色、开放、共享的发展理念，坚持党的领导、人民当家作主、依法治国有机统一，紧紧围绕全市改革发展稳定大局，认真履行宪法和法律赋予的职责，圆满完成各项工作任务，为推进经济社会发展和民主法治建设，发挥了地方国家权力机关的积极作用。

一、围绕中心服务大局，依法履行工作职责

自觉遵循市委决策部署，立足人大工作定位和特点，紧紧围绕我市全面建成小康社会、全面深化改革、全面推进法治鹰潭建设目标与任务，统筹谋划和运作依法决定重大事项、推动法律法规实施、加强和改进依法监督、启动地方立法等各方面工作，紧贴大局履职尽责。

按照贯彻党的主张、体现人民意志的要求，依法行使重大事项决定权。积极策应市委全面深化改革决策部署，在全省率先作出《关于促进改革创新的决定》，就督促“一府两院”大力推进改革创新、动员全市人民支持和参与改革创新作出明确规定，对调动和保护改革创新积极性、营造改革创新法治环境、依法保障改革创新工作产生积极效应。为促进法治鹰潭建设，及时就深入开展全民普法工作专门作出决议，动员和引导全市公民自觉遵法学法守法用法，推动领导干部运用法治思维和法治方式想问题、作决策、办事情。认真贯彻中央积极财政政策，适时审查批准市级财政预算年度调整方案并作出相应决定，按照法定要求及时形成批准市级财政年度决算的决议，依法保障公共财政资金切实向社会发展和民生领域倾斜。五年来，本着科学决策、民主决策、依法决策原则，就我市经济建设、政治建设、文化建设、社会建设、生态文明建设中具有全局性、根本性、长远性的重大事项以及与人民群众切身利益相关、社会普遍关注的事项，适时依法作出的决议、决定共36

项。这些决议决定，贯彻了党的主张，反映了全市人民意愿，体现了坚持党的领导、人民当家作主和依法治国有机统一的要求。

围绕助推经济社会发展，切实加强落实重大发展举措的工作监督。主动适应经济发展新常态，坚持以五大发展理念为引领，围绕推动稳增长、促改革、调结构、惠民生、防风险政策措施的落实，紧贴市委部署的“8+1”重点工作，持续加大监督工作力度。为助推经济社会发展，围绕促进“1+6”产业发展以及打造沿320国道产业集聚升级带、发展战略性新兴产业、促进科技创新、做旺旅游景区、加强“三农”工作、推进城乡一体化、构建农业示范园区、建设秀美鹰潭等重大发展举措的落实，组织开展分专题执法检查、视察调研、工作评议等系列监督活动共138次，审议专项报告共86项，有效促进了谋发展、求发展工作举措的落实。密切关注固定资产投资对经济增长和社会发展的拉动情况，着力助推重大项目建设，每年组织开展专项视察调研，实地监督、评议项目推进情况，支持政府巩固拓展重大项目建设成果，督促政府加强固定资产投资并优化投资结构、强化投资管理，注重不断增添建设富裕秀美宜居和谐鹰潭的后劲。加强优化发展环境的工作监督，连续三年专门组织这方面的执法检查、视察调研，听民声、纳民意，形成系列监督意见，并持续跟踪问效。五年来在依法监督工作方面的持续发力，为促进我市经济发展转型升级提供了法治保障。

跟踪加强经济运行情况和财政预算执行情况监督，依法保障经济持续健康发展。围绕确保实现国民经济和社会发展第十二个五年规划目标任务和实施第十三个五年规划的良好开局，坚持以督促落实市人民代表大会每年对政府工作报告、计划报告、预算报告的决议为主线，就政府部署的年度发展目标任务及其发展计划执行情况，从目标任务逐项分解到具体组织落实，一环紧扣一环地跟踪监督。严格按照法定要求听取和审议计划、预算执行情况报告，组织代表实地视察调研，有针对性提出促进计划和预算执行的意见建议。强化经济社会发展重大决策落实、重大建设项目实施、重大资金安排使用、国有资产管理经营等重大事项的监督，依法保障经济持续健康发展。认真贯彻执行《预算法》，依法推动建立和完善由一般公共预算、政府性基金预算、国有资本经营预算、社会保险基金预算组成的全口径预算体系，并严格按照这一体系实施预算审查监督，促进我市预算改革取得突破性进展。有计划地对部门预算和决算进行重点审查，强化预算审查刚性。加强政府性融资资金管理使用情况的监督，督促采取有效措施防范债务风险。注重民生保障资金、教育经费、环保排污费等专项资金管理使用情况的监督，督促提高专项资金使用效应。督促并支持审计部门加强预算执行以及财政投资项目的审计监督，跟踪监督审计查出问题的整改。

紧贴市委全面深化改革部署，强化落实改革举措的工作监督。为促进发展转型升级，通过专项审议、视察调研等方式，督促落实推进供给侧结构性改革举措。跟进市政府推动行政审批制度、商事制度、投融资体制、国有资产经营管理体制、医疗卫生体制以及财税、教育、农村土地等方面的改革步骤，督促加大落实改革措施力度。

扎实推进地方立法工作，着力构建人大主导地方立法的体制机制。围绕落实设区的市制定地方性法规任务，在市委领导下，将根据授权制定地方性法规这件大事，作为全面深化改革和全面推进法治鹰潭建设的重要任务来推动。目前，已对我市在城乡建设与管理、环境保护、历史文化保护等方面制定的规范性文件作了认真梳理；对拟制定的地方性法规项目作了认真论证；已设立立法工作专门机构，并建立地方立法智力支持人才库。《鹰潭市地方立法条例（草案）》，在认真起草、广泛征求意见基础上，市八届人大常委会进行了第一次审议。经过扎实有序地推进各项筹备工作，我市由党委领导、人大主导、政府协同、各方配合、公众参与的“五位一体”立法工作格局已初步形成。

坚持党管干部原则与人大依法任免干部有机统一，依法行使人事任免权。完善任前法律知识考试、任职资格审查、拟任人选任前表态发言等制度，规范选举任免程序，任免过程公开透明，五年来共依法任免国家机关工作人员 272 人次。认真贯彻实施宪法宣誓制度，增强被任命国家机关工作人员的宪法意识。

与时俱进，以改革精神推动人大工作创新发展。按照市委全面深化改革部署，结合落实民主法治建设改革任务，坚持以创新发展人大工作来增强履职的实效。一是依托代表，依靠人民，坚持问需于民、问计于民，有效扩大人民群众对人大工作参与度。二是注重抓住事关经济社会发展全局的突出问题展开监督系列行动，致力于增强监督实效，以此推动由面上工作一般性监督向突出重点工作深入监督转变。三是贯彻全面依法治国基本方略，围绕促进民生改善和创新社会治理拓展监督工作领域，不断延伸人大工作触角。四是综合运用法定监督方式提升工作质量，采取评议、专题询问、特定问题调查等监督方式回应社会关切，强化监督发现问题、解决问题的作用。五是打好“组合拳”，连续五年组织开展“环保信江行”“食品药品安全行”“农产品质量安全行”“秀美鹰潭行”等专题监督行动，与政府一道以久久为功的韧劲推动为民务实举措的落实。

二、坚持聚焦民生，积极回应人民群众期盼关切

牢固树立以民为本意识，坚持把民意取向作为人大工作最大价值所在，把回应人民群众期盼关切作为人大工作出发点和落脚点，着力谋民生之利、解民生之忧，努力维护好、实现好、发展好最广大人民群众根本利益。

加强法律监督，依法保障广大人民群众合法权益。为确保宪法和法律法规得到有效实施，确保“一府两院”行政权、审判权、检察权得到正确行使，确保公民、法人和其他组

织合法权益得到尊重和维护，五年来共对37部法律法规实施情况开展执法检查，并定期听取和审议市“一府两院”依法行政、公正司法情况报告。切实改进执法检查方式方法，注重以问题为导向，注重实地检查与采纳群众建议相结合，注重常委会审议意见和代表视察调研建议的督促落实，有效促进了法律法规在我市贯彻实施，对促进依法行政、公正司法、维护群众合法权益起到积极作用。健全规范性文件备案审查机制和程序，强化备案审查能力建设，及时就市“一府两院”和县（市、区）人大常委会报送的158件规范性文件进行备案审查，有效维护了法制统一和人民群众合法权益。

贴近百姓期盼，助推民生持续改善。为促进改革发展成果更多惠及人民群众，始终将依法监督保障和改善民生摆在突出位置，列入每年监督工作计划，作为经常性依法监督事项贯穿于本届常委会任职始终。五年围绕促进就业、教育公平、医疗保障、食品药品安全、保障性住房建设等事关民生的工作落实，先后组织开展93次专项依法监督活动，对促进政府增进民生福祉起到有效助推作用。为督促落实每年《政府工作报告》关于保障和改善民生的工作部署，采取常委会统筹协调、人大各专门委员会和常委会各工作委员会“对号入座”、组织代表广泛参与的方式，对各项民生实事分类检查、定时督查、持续跟踪、助推落实。关注特殊群体权益保护，听取和审议扶贫开发情况报告，督促扶贫攻坚政策措施贯彻落实；就未成年人权益保护、福利彩票和体育彩票用于残疾人事业的资金比例保障、落实失地农民养老保险、完善司法救助机制等，依法督促落实到位。

抓住社会热点问题，积极回应人民群众关切。一是坚持不懈地督促落实净空、净水、净土行动各项措施。积极策应生态文明先行示范区建设，督促贯彻实施环境保护法律法规；始终扭住饮用水水源地保护、生态湿地保护、水库水质污染治理、企业排污监管、机动车尾气排放整治、农村村落环境治理等问题，着力于依法促进生态保护突出问题的解决。对老大难问题，坚持抓反复、反复抓，并先后就城市建筑施工垃圾污染治理、境内信江水资源保护等问题，组织人大代表在深入调研的基础上进行专题询问。二是对食品药品安全的监督常抓不懈。专项审议政府关于“菜篮子”工程建设情况，开展每年一个主题的监督活动，组织代表明察暗访，依法促进政府职能部门严格依法行政、严厉查处违法行为，切实保障人民群众食品安全和用药安全。三是依法推动稳定物价政策措施的落实。会同政府职能部门加强物价监督检查，督促政府发挥好价格调节基金作用，加大政策宣传和监管工作力度。四是依法促进和谐平安鹰潭建设。按照全面推进法治鹰潭建设的责任分工，认真履职尽责，并致力于推动依法保障公民合法权益的工作落实。围绕助推加强和创新社会管理，分别就城乡社区治安治理、社区矫正、禁毒工作、宗教事务及活动场所管理、殡葬改革与管理等社会管理工作情况开展专项监督，并组织代表视察调研治安防控体系和执法规范化建设以及公安机关“天网”工程建设与运行情况，监督职能部门将保障人民群众安居乐业的工作做细做实。

督促推进公正司法和司法公开，切实维护社会公平正义。坚持以维护社会公平正义为己任，不断加大对市中级人民法院、市人民检察院工作监督，督促“两院”坚持人民利益至上，忠实履行宪法法律赋予的职责，以法治为引领，严格司法程序，正确处理打击犯罪与保障人权、实体公正与程序公正、严格执法与文明执法的关系，实现维护人民权益与维护社会秩序相统一。围绕督促提高司法公信力，定期听取和审议“两院”工作报告，专题审议15个专项工作情况报告，并组织代表视察调研“两院”司法改革、基层建设和队伍建设情况，依法监督审判权、检察权的运行和司法活动的公开透明度，促进公正司法和司法公开。督促并支持“两院”完善确保依法独立公正行使审判权和检察权的制度，依法监督落实办案质量终身负责制和错案责任倒查问责制。加强对法院审判、执行工作和检察院法律监督工作的监督，努力让人民群众在每一个司法案件中感受到公平正义。重视群众诉求，认真做好人大信访工作，探索推动涉法涉诉信访纳入法治化轨道的方式方法，注重引导当事人“弃访转法”，并督促司法机关依法办案。

三、创新服务保障机制，充分发挥人大代表主体作用

人大工作的动力源于人民群众，基础在于人大代表。常委会注重创新工作方式，强化服务保障，使人大代表主体作用得到充分发挥。

始终尊重代表主体地位。敬重敬畏人大代表，密切与人大代表的联系，健全市人大常委会组成人员联系代表和代表联系群众的“双联系”制度。坚持走访代表，虚心听取并积极采纳代表意见建议，及时协调解决代表履职碰到的实际问题，使人大工作在接地气、纳民意、聚民智方面得到加强和改进。认真搭建代表联系群众新平台，组织开展创建“人大代表之家”和人大代表联系村（社区）试点工作，积极探索人大代表密切联系群众的有效途径和方式。

着力提高代表履职水平。为切实帮助代表提升履职能力，加大代表培训工作力度，先后在深圳、北戴河、厦门等地举办5期培训班，培训代表510余人次。坚持重大事项征求代表意见制度，及时向代表通报重要工作情况，采取多种形式为代表提供学习资料，为服务代表履职拓宽知情知政渠道。鼓励并有组织引导代表结合自身专业特长和岗位工作实际，认真听取并反映人民期盼、社会关切的问题，使代表履职更好地体现合力推动人大工作广纳民意、善聚民智。

认真督办代表议案建议。本届市人大，由代表提出的“建立信江水质在线监测站”“建立健全我市农产品质量安全监管服务体系”“建立信江新区污水处理厂”3件议案，均得到

较好落实，信江水质在线监测站、市农产品质量安全检验检测中心如期建成并正常运转，信江新区污水处理厂正在建设中。为提高代表意见建议办理质量，建立“常委会监督通报，选任联协调抓总，各专工委对口督办”工作机制。注重把督促办理代表建议同加强依法监督、推动改进工作结合起来，并组织代表视察检查，有效调动代表履职积极性。本届共收到代表建议364件，所提问题得到解决和正在解决的320件，占总数的87.9%。

精心组织闭会期间代表活动。坚持邀请代表列席人大常委会会议，致力于扩大代表对人大各专门委员会和常委会各工作委员会监督活动的参与，共邀请190余人次代表列席常委会会议，组织820余人次代表参加执法检查、视察调研、专题询问和专项工作评议，既有效扩大了代表对人大各项活动的参与，又有利于常委会工作民意基础的拓展。组织代表开展“双岗创优”活动，激发代表在推进“四个鹰潭”建设中建新功，在联系和服务群众中作奉献，在坚定走中国特色社会主义政治发展道路中作表率。健全代表小组活动机制，有计划组织基层代表以县（市、区）为单位开展跨区域视察调研。市八届人大代表以饱满热情认真履职，为促进我市经济发展、社会进步和推动法治鹰潭建设作出了积极贡献。

依法做好人大代表换届选举工作。人大代表选举是全市民主政治建设的一件大事。按照市委统一部署，及时提出做好人大换届选举工作的意见，作出市九届人大代表名额分配决定，并监督指导县、乡两级人大代表依法选举工作。各县（市、区）认真贯彻中央、省委精神和市委部署，坚持党的领导、充分发扬民主、严格依法办事，圆满完成了人大代表换届选举工作任务。

四、切实加强自身建设，着力提升履职水平

市八届人大开局之年，常委会就作出加强自身建设的决定，五年来一以贯之，并适应新形势新任务要求，全面加强自身建设。

始终坚持思想政治建设放在首位。深入学习中国特色社会主义理论体系，认真学习贯彻党的十八大、十八届三中、四中、五中、六中全会和习近平总书记系列重要讲话精神，不断增强政治意识、大局意识、核心意识、看齐意识，自觉在思想上政治上行动上与党中央保持高度一致。主动遵循党中央“四个全面”战略布局，始终坚持党的领导、人民当家作主、依法治国有机统一，坚定不移地走中国特色社会主义政治发展道路，牢牢把握地方人大工作的政治方向。认真按照党中央对推进中国特色社会主义事业作出的“五位一体”总体布局，紧紧围绕贯彻党的主张、落实市委部署，切实担当起人大及其常委会的职责与任务，以富有成效的工作坚持好、完善好、发展好人民代表大会制度。

不懈地加强作风建设。认真组织开展党的群众路线教育实践活动、“三严三实”专题教

育、“两学一做”学习教育，联系实际查找思想作风建设存在的问题，制定并落实整改措施。围绕坚定理想信念、强化宗旨意识、坚持为民务实清廉和狠抓工作落实，制定和实施加强作风建设相关规定，以改进作风实际行动践行忠诚为民。坚持深入基层、接触实际，开展调查研究，倾听民声、反映民意、集中民智，努力使人大工作充分反映人民群众的愿望和要求。严格执行中央八项规定和省委、市委若干规定，持之以恒反对“四风”，促进作风转变，并自觉接受人民群众监督。

注重加强制度建设。健全常委会议事规则和主任会议议事规则，认真贯彻执行民主集中制，坚持集体行使职权、集体决定问题，以组织原则保障人大工作依法有序开展。为切实规范依法监督行为，增强监督工作针对性和实效性，制定《关于健全监督工作规程的实施办法》，对提升依法监督工作水平产生积极作用。结合加强思想作风建设系列教育，建立健全一系列工作制度，构建起用制度管权管人管事工作机制，使人大工作在规范运行、加强协调、优化服务等方面见到实效。

不断加强人大常委会机关及其干部队伍建设。重视加强人大干部思想政治建设和作风建设，组织开展经常性的理论学习、系列教育，引导人大干部与党和人民同心同德，恪尽职守服务人民。认真落实党风廉政建设主体责任，重视建设健康向上的机关文化，努力营造齐心协力干好工作的氛围，人大常委会机关始终保持良好政治生态，人大干部始终保持良好精神状态。在市委、市政府高度重视下，市人大及其常委会工作机构和人员编制得以增加，全面履行职责的功能切实增强，各项工作规范有序运转得到有力保障。市人大各专门委员会和常委会各工作委员会各司其职且密切配合，对支持常委会履职尽责发挥了重要作用。

回顾过去的五年，市人大常委会依法履行职责，各项工作取得新的进展。这是市委坚强领导的结果，是全体市人大代表、常委会组成人员、各专工委组成人员以及市人大机关全体工作人员共同努力的结果，是市政府、市中级人民法院、市人民检察院和县（市、区）人大协同配合的结果，是全市人民鼎力支持的结果。在此，我代表市八届人大常委会表示衷心的感谢！

我们清醒地认识到，面临新形势新任务新要求，同市委的要求和人民的期待相比，常委会的工作还存在差距和不足。主要是：立法能力建设亟待切实加强；监督工作的方式和手段有待进一步丰富；人大代表密切联系群众的渠道需进一步畅通；自身建设需要进一步加强和改进。要高度重视这些问题，并在今后工作中改进和完善。

各位代表：

市八届人大常委会已完成历史使命，市九届人大常委会将依法选举产生。党中央关于统筹推进“五位一体”总体布局、协调推进“四个全面”战略布局的重大决策和习近平总书记系列重要讲话，为坚持和完善人民代表大会制度、做好新形势下人大工作、进一步发展社会主义民主政治指明了方向。市第八次党代会对建设鹰潭美好明天作出全面部署，并描绘了未来五年的发展蓝图。深入贯彻党中央大政方针，全面落实市党代会确立的发展目标任务，不断开创我市人大工作新局面，结合市八届人大常委会履职体会，建议今后工作中更加注重把握好以下几个方面。

——坚持党的领导、人民当家作主、依法治国有机统一，充分发挥人民代表大会制度特点和优势，坚定走中国特色社会主义政治发展道路，自觉把党的领导贯穿于人大依法履职全过程，确保人大工作始终坚持正确政治方向。

——坚持人民主体地位，站在人民立场，从人民利益出发，以人民满意为标准，忠实反映人民意愿，密切联系人民群众，始终把人民根本利益和共同意志作为人大一切工作出发点和归宿，多谋民生之利，努力促进广大人民群众共建共享发展成果。

——坚持围绕中心、服务大局，按照市委坚持发展新理念、推进鹰潭新跨越要求，紧贴全面建成小康社会、全面深化改革、全面推进法治鹰潭建设目标任务谋划和推动人大工作，更好发挥人大在深入推进富裕秀美宜居和谐鹰潭建设中的积极作用。

——坚持以法作则、依法办事、依法监督，秉承在监督中支持、在支持中监督的理念，支持“一府两院”充分履行职能，促进依法行政、公正司法。

——坚持与时俱进、创新发展，深入贯彻市委《关于与时俱进创新发展人大工作的实施意见》，结合新形势新任务新要求，进一步加强人大立法、监督、决定、任免和代表等各项工作，以改革创新精神推动人大工作与时俱进，不断丰富人民代表大会制度在我市实践的时代特征和地方特色。

各位代表，新的蓝图已经展开，新的征程已经起步。我们坚信，在市委坚强领导下，市九届人大及其常委会一定能够谱写我市社会主义民主法治建设的新篇章。让我们更加紧密地团结在以习近平同志为总书记的党中央周围，以昂扬精神状态、饱满工作热情、务实工作作风，认真履行宪法和法律赋予的职责，为同步全面建成小康社会而努力奋斗！

鹰潭市第九届人民代表大会常务委员会工作报告

——2021年10月29日在鹰潭市十届人大一次会议上

市人大常委会主任　郭　清

各位代表：

我受市九届人大常委会的委托，向大会报告工作，请予审议。

市九届人大一次会议以来，市人大常委会在市委坚强领导下，坚持以习近平新时代中国特色社会主义思想为指导，深入贯彻党的十九大和十九届二中、三中、四中、五中全会精神，坚持党的领导、人民当家作主、依法治国有机统一，立足新发展阶段、贯彻新发展理念、融入新发展格局，围绕全市发展大局认真履行法定职责，彰显新时代地方人大工作新作为。

五年来，共召开市人民代表大会会议9次，召开市人大常委会会议50次，审议通过地方性法规9部，作出决议决定23项，听取审议“一府两院”专项工作报告121个，开展执法检查18次，审查规范性文件434件，任免国家机关工作人员212人次，为推动我市经济社会高质量发展作出了积极贡献。

一、始终坚持党的全面领导，牢牢把握新时代人大工作正确政治方向

人大常委会旗帜鲜明讲政治，自觉把坚持党的领导贯穿于依法履职全过程和各方面，不断增强“四个意识”、坚定“四个自信”、做到“两个维护”，确保人大工作正确政治方向。

持之以恒强化理论武装。把学习贯彻习近平新时代中国特色社会主义思想、习近平法治思想和习近平总书记关于坚持和完善人民代表大会制度的重要思想作为重大政治任务，落实党组中心组学习、常委会专题学习等制度，开展不同层次专题学习160余次。扎实开展“不忘初心、牢记使命”主题教育和党史学习教育，大力弘扬伟大建党精神，人大代表、人大干部对党忠诚、为民尽责的思想更加坚定，在践行新发展理念和坚持改革创新中推动人大各项工作顺利开展。

严格落实党的全面领导。市委对人大工作高度重视，每年听取人大常委会工作汇报，围绕改进人大工作、加强地方立法工作、推进县乡人大建设等专门召开会议，作出具体部署，提出明确要求。常委会坚决把坚持党对人大工作的领导作为最高原则，严守政治纪律和政治规矩，不断提高政治判断力、政治领悟力、政治执行力。严格执行重大问题、重大

事项向市委请示报告制度，确保了人大各项工作始终坚持党的领导、体现党的领导、实现党的领导。

坚决贯彻市委决策部署。坚持把人大工作放在全市发展大局中谋划和推进，努力使党的主张通过法定程序成为国家意志，使党组织推荐的人选通过法定程序成为地方国家政权机关的领导人员。聚焦产业转型升级、优化营商环境、生态环境治理、脱贫攻坚等重点任务，深入开展专题调研，积极推进地方立法，切实加强依法监督，推动市委重大决策部署贯彻落实。积极参与疫情防控、精准扶贫、秀美乡村建设、文明城市创建等中心工作。

二、始终坚持立法引领、良法善治，推进市域治理体系和治理能力现代化

认真贯彻习近平法治思想，坚持科学立法、民主立法、依法立法，立法工作在全省有作为、有地位，实现了“开局好、基础实、步子稳、有创新、具特色、成效显”的目标，有力促进了市域治理体系和治理能力现代化。

立法机制日趋完善。在市委领导下，充分发挥人大主导作用和政府基础性作用，扩大社会各界广泛参与，积极构建大立法格局。制定立法重大事项向市委请示报告制度，落细落实市委决策部署。建立立法项目管理机制、工作协调机制、法规草案预审机制，制定地方立法条例和15项立法工作制度，法规立项、起草、论证、审议等各环节工作严格规范。作出关于加强我市地方性法规实施工作的决定，建成了覆盖立法全过程、各方面较为完善的立法制度体系。坚持开门立法、民主立法，聘任29名立法专家，建立12个基层立法联系点，与南昌大学法学院协作组建鹰潭市立法研究基地，拓宽社会各界有序参与立法渠道，使立法工作更好察民情、聚民智、惠民生。

实体立法顺利推进。五年来，共制定8部具有鲜明地方特色的实体法规，为全市改革发展提供了有力法治保障。策应“智铜道合、强富美优”新鹰潭建设，制定鹰潭市智慧城市促进条例，助力我市转型高质量发展；聚焦生态文明建设，制定信江饮用水水源保护条例、建设工地扬尘污染防治管理办法、烟花爆竹销售燃放管理条例，为守护蓝天碧水增添法规支撑；策应“中华道都”建设，制定大上清宫遗址保护管理规定，着力夯实历史文化遗产保护法治基础；围绕全市重点工作，制定文明行为促进条例、文明旅游促进条例、户外广告设置管理条例，推动法治与德治相结合，促进精神文明建设和全国文明城市创建法治化。

备案审查全域推进。建立常委会会议听取年度备案审查工作报告制度，实现政府、法院、检察院和区（市）人大常委会备案审查全覆盖，并根据上位法的颁布与修订，及时对规范性文件进行清理。2017年以来，共审查规范性文件434件，对65件文件提出审查意见，

做到有件必备、有备必审、有错必纠。我市规范性文件备案审查工作走在全省乃至全国前列，在全国人大地方立法培训工作会议上作经验介绍，3个纠错案例入选全国人大《规范性文件备案审查案例选编》。

三、始终坚持正确监督、有效监督，依法推动全市经济社会高质量跨越式发展

坚持围绕中心、服务大局、贴近民生，切实做好法律监督和工作监督，促进“一府一委两院”依法行政、依法监察、公正司法，推动法律法规有效实施，助推经济社会高质量发展和民生改善。

助推经济高质量发展。围绕五年规划和年度计划执行，在强化年度国民经济和社会发展计划审查监督的基础上，组织开展了“十三五”规划实施情况中期评估、“十四五”规划编制情况的监督；关注产业发展，先后听取和审议移动物联网产业、旅游产业、电子商务和台资企业、优化营商环境、科技创新等专项报告。围绕实施创新驱动发展战略，就医药卫生体制改革、农村土地制度改革三项试点工作和供销合作社综合改革开展专题调研，为相关领域改革把脉问诊。围绕实施乡村振兴战略，听取审议农业品牌创建、新型农业经营主体建设、农村人居环境整治等情况报告7项，开展涉农法律法规执法检查5次，组织“乡村振兴·人大代表在行动”活动，推动“三农”工作提质增效。围绕夺取疫情防控和经济社会发展双胜利，对就业促进法、野生动物保护法、全国人大常委会有关决定实施情况开展执法检查，听取市政府疫情防控工作报告，对企业疫情防控和复工复产情况开展专题调研，助力做好“六稳”工作，落实“六保”任务，推动实现经济社会平稳运行和快速恢复。

助推预算决算和国有资产管理。听取审议市级决算、预算执行情况报告，审查批准市级决算和市级预算调整方案。建立预算审查前听取人大代表和社会各界意见建议机制，设立预算联网监督平台，实现对预算决算的全口径审查、对预算执行的全过程在线监督。完善审计查出问题整改情况报告制度和整改机制，听取了23个部门（单位）的审计整改情况报告，并对整改情况开展满意度测评。建立国有资产管理监督制度，从2018年开始，连续四年分别对市本级企业国有资产、行政事业性国有资产、国有自然资源资产、金融企业国有资产等管理情况报告进行审议，依法、全面、有效履行国有资产监督职责，为加强国有资产管理和治理体系建设奠定坚实基础。

助推打好“三大攻坚战”。始终把脱贫攻坚作为重大政治任务来推动落实，聚焦“两不愁三保障”脱贫目标，听取审议政府脱贫攻坚进展情况报告，持续开展“脱贫攻坚·人大代表在行动”活动，组织市人大代表视察扶贫项目和贫困村帮扶等情况，推动精准扶

贫、精准脱贫。策应长江经济带“共抓大保护”攻坚行动，先后听取审议生态检察、土壤治理、农业面源污染防治等专项报告，对水污染防治法等环保法律法规实施情况开展检查，围绕雨污管网改造、污水处理厂建设、花桥水利枢纽工程建设等开展专题视察，以城乡饮用水安全为主题，连续五年开展“环保信江行”专题活动，督促打好蓝天、碧水、净土保卫战。坚持底线思维，增强风险防控意识，围绕打好防范化解重大金融风险攻坚战，将地方政府债务限额纳入常委会审查和批准范围，开展政府债务等情况专题调研，支持和督促有关方面积极防范金融风险。

助推民生福祉改善。倾力守护群众舌尖上的安全，对农产品质量安全、食品“三小”管理、食品安全工作开展视察，推动建立食品质量安全溯源机制。全力保障人民生命安全和身体健康，听取交通安全、医疗卫生体制改革、全民健身情况报告，督促提升突发公共事件应对能力。聚力助推教育高质量发展，开展义务教育法、教师法执法检查，听取高中阶段情况报告，推动各级政府着力解决学校布局、经费保障、教师配备等方面的问题。对市区停车难行车难问题，连年推动、持续发力、一盯到底，回应社会关切。本届以来，常委会紧扣教育、住房、医疗、保险、养老、消费者权益保障等群众关心的问题，组织开展视察调研 62 次，督促政府及有关部门促进民生改善，努力提升人民群众的获得感幸福感安全感。

助推市域治理法治化。发挥法律“巡视利剑”作用，先后对道路交通安全法、义务教育法等 18 部法律法规的实施情况进行检查；对“七五”普法情况开展视察；及时跟进信江饮用水水源保护条例、户外广告设置管理条例两部地方性法规实施情况的监督，促进了法律法规的贯彻实施，为改进地方立法工作提供了科学依据。强化司法监督，组织开展了对民事审判、刑事审判、刑事诉讼监督、全市检察公益诉讼、生态检察、扫黑除恶专项斗争、司法体制改革、服务保障营商环境等工作的专项监督，促进办案政治效果、法律效果、社会效果有机统一。常委会还就绿色殡葬改革、宗教活动场所管理、村（社区）“两委”换届等工作开展专题视察，推动依法治理工作有序开展。

四、始终坚持科学决策、依法决定，确保党的主张得到贯彻落实

常委会依法行使重大事项决定权和人事任免权，确保党的主张通过法定程序成为国家意志，党组织推荐的人选通过法定程序成为地方国家政权机关领导人员。

讨论决定重大事项。常委会把依法讨论决定重大事项作为贯彻中央及省委、市委决策部署、保障人民当家作主的重要体现。聚焦事关改革发展稳定的重点难点问题，依法作出决议决定 23 项，其中，推进法院基本解决执行难、批准城乡总体规划、批准余江撤县设

区政权机构更名等专项决议决定 7 项，实现决定权由批准预算调整等常规性内容，向发挥立法补充、推动工作、促进发展的专门性决定转变，有力推进全市改革发展和市域治理。

依法做好任免工作。组织召开代表大会会议 9 次，圆满完成各项选举任务。坚持党管干部与人大依法任免有机统一，规范任免程序，完善人事任免办法和表决方式，实行任前宪法知识考试和任后宪法宣誓制度。五年来，共任免国家机关工作人员 212 名，组织宪法宣誓 26 批 198 人次。强化任后监督，听取审议市政府 32 个工作部门主要负责人的履职报告，并进行满意度测评，促进政府部门更好地为民施政、依法行政。

扎实做好换届选举工作。常委会坚决贯彻换届选举有关部署要求，准确把握相关法律精神，深入调研督导，依法加强法律指导和业务培训，与相关部门共同把好代表人选入口关、换届选举纪律关、代表资格审查关，确保换届选举工作依法有序平稳推进。全市共选举产生新一届市、县、乡三级人大代表 2972 名，代表结构进一步优化、整体素质普遍提高，为我市加强基层政权建设、保障人民当家作主提供了组织保障。

五、始终坚持服务代表、依靠代表，充分发挥代表在改革发展稳定中的积极作用

始终把加强代表工作放在重要位置，尊重代表主体地位，支持代表依法行使职权，不断创新和完善代表工作机制，提高为代表履职服务水平，切实发挥代表参与管理国家事务的重要作用。

加强代表建议督办。把督办代表建议作为保障人民民主权利的重要抓手，坚持集中交办、压实责任，重点建议由主任会议成员领衔督办，常委会定期听取办理情况报告，将建议办理纳入绩效考核，确保件件有着落、落实有结果。本届以来，代表共提出建议 373 件，均全部办理完毕，加强停车场建设、加快老旧小区改造等一批群众反映强烈的问题得到有效解决，代表的“好声音”真正转化为促发展、惠民生的实际成果。

创新代表履职平台。按照省人大常委会统一部署，高标准建设代表联络工作站 44 个，实现了乡镇街道全覆盖，五级人大代表定期进站接待群众，为密切与人民群众的联系建立新机制、开启新通道。开展星级代表联络工作站创建活动，进一步完善代表联络站运行机制，以点带面促进全市联络站建设管理水平整体提升。创造性设立代表建议办理资金，五年来全市 6100 余次人大代表进站接待群众 13000 余人次，推动解决群众生产生活中的急事、难事、小事 9600 余件，我市的经验做法在全国人大常委会《联络动态》上刊登宣传。

强化代表服务保障。健全常委会组成人员联系代表、代表联系人民群众制度，畅通社情民意反映和表达渠道。重视代表政治意识、法治意识和履职能力提升，坚持综合培训和专题培训相结合，五年来共培训代表 257 人次。组织代表参与管理地方国家事务，安排人

大代表列席常委会会议 162 人次，邀请代表参加立法调研、执法检查、专题视察等各类履职活动 860 余人次。广大代表不辱使命、履职尽责，在我市脱贫攻坚、疫情防控、民主法治建设等改革发展稳定中贡献了智慧和力量，用实际行动诠释了代表担当。

六、始终坚持党建引领、守正创新，不断夯实做好新时代人大工作的基础

常委会适应新时代人大工作新要求，持之以恒强能力、建制度、转作风，营造风清气正、干事创业的良好氛围，推进人大工作与时俱进、创新发展。

政治建设深入推进。认真学习习近平新时代中国特色社会主义思想，开设“人大讲堂”，坚持以党的创新理论武装头脑、指导实践、推动工作。贯彻落实党内政治生活制度，推动政治生活制度建起来、严起来。健全完善并坚持常委会党组理论中心组学习制度、集体研究“三重一大”事项制度。严格执行常委会议事规则、组成人员守则，坚持民主集中制原则，充分发扬民主、严格依法办事，有效提升了常委会审议质量。

党风廉政建设从严从实。认真贯彻新时代党的建设总要求，切实履行全面从严治党主体责任，始终把纪律和规矩挺在前面，认真贯彻新形势下党内政治生活的若干准则和党内监督条例，落实中央八项规定精神，支持纪检工作组发挥执纪监督问责作用。精简会议，规范外出公务活动和公务接待。主任会议成员带头深入基层、深入群众，开展专题调研活动。以钉钉子精神抓好省委巡视反馈问题的整改，驰而不息纠治“四风”、整治“怕慢假庸散”，市人大常委会及机关作风持续改进。

履职能力建设常抓不懈。常委会把履职能力建设作为重要课题常抓不懈，深化政治理论学习，举办法制讲座学习宪法、地方组织法、民法典等法律法规，不断提高常委会组成人员和机关干部的政治思想素质和业务能力。完善立法、监督、代表等工作制度 47 项，促进常委会决策民主、科学、透明。适应新时代人大工作需要，设立人大监察和司法委员会、社会建设委员会。

基层基础建设扎实推进。认真贯彻落实中央、省委关于加强县乡人大工作和建设的部署要求，各级人大机构和编制普遍得到加强，履职条件得到改善，全市人大工作呈现蓬勃生机。密切与县乡人大的联系，本届以来，坚持围绕人大工作重点问题召开全市人大常委会主任座谈会，上下联动、一体推进的良好氛围不断浓厚。指导推动乡镇全面落实“每年召开两次代表大会会议”，乡镇人大工作呈现新气象新面貌。

各位代表，在历届人大打下的坚实基础上，市九届人大常委会传承接力，探索创新，工作取得一定成效。届内，中央政治局委员、全国人大常委会副委员长王晨，副秘书长信春鹰、韩晓武等领导来鹰潭视察，对我市人大工作给予充分肯定。市人大常委会在省委人

大工作会议等全省重要会议上典型发言 20 余次，《中国人大》、《人民代表报》、江西人大新闻网等媒体专题报道我市人大履职经验 80 余次。

过去五年，市委切实加强对人大工作的领导，坚持定期听取常委会党组工作汇报，适时研究解决人大工作中的困难和问题，专门召开市委人大工作会议，制定出台关于加强新时代地方人大工作的实施意见。市委的坚强领导，保证了人大工作的正确方向。

过去五年，市“一府一委两院”牢固树立人大意识，主动接受人大工作监督和法律监督，认真执行人大决议决定，认真办理人大审议意见和代表建议，在各项工作中充分尊重群众意愿，切实维护群众利益。政府、监察委员会、法检“两院”的密切配合，保证了人大工作依法顺利开展。

过去五年，市九届人大代表牢记使命、依法履职，在代表群众、引领群众、服务群众中，自觉发挥桥梁纽带、模范带头作用。代表的主动作为，保证了人大工作凝心聚力。

各位代表，过去五年常委会每一点成绩的取得，是习近平新时代中国特色社会主义思想指引的结果，是市委高度重视、正确领导的结果，是全体代表、常委会组成人员和人大机关干部辛勤付出、砥砺奋进的结果，是“一府一委两院”和全市各级人大密切配合、共同努力的结果，也是全市人民和社会各界充分信任、大力支持的结果。在此，我谨代表市九届人大常委会，表示衷心的感谢并致以崇高的敬意！

在总结成绩的同时，我们也清醒地认识到人大工作仍有不足和差距，主要是：立法工作的精细化程度还需进一步提高；监督议题需要进一步精准；代表履职服务保障工作需要进一步改进；机关规范化、制度化、信息化建设需要进一步加强，等等，这些都需要在今后的工作中持续改进。

各位代表，市九届人大常委会已完成历史使命，市十届人大常委会将依法选举产生。习近平总书记在中央人大工作会议上，从完善和发展中国特色社会主义制度、推进国家治理体系和治理能力现代化的战略高度，明确提出新时代加强和改进人大工作的指导思想、重大原则和主要工作，为坚持和完善人民代表大会制度、加强和改进新时代人大工作指明了前进方向，提供了根本遵循。市第九次党代会描绘了鹰潭未来五年的发展蓝图，也对人大工作提出了新的更高要求。深入贯彻党中央决策部署，全面落实市党代会确立的发展目标任务，不断开创我市人大工作新局面，结合市九届人大常委会履职体会，建议今后工作中把握好以下几个方面：

——必须始终坚持以习近平新时代中国特色社会主义思想为指导。自觉用习近平新时代中国特色社会主义思想统领人大工作，把学习贯彻习近平总书记关于坚持和完善人民代表大会制度的重要思想作为基本功和必修课，在学懂弄通做实上下功夫，在真学真信真用上见成效，确保人大工作在科学理论指引下笃定前行。

——必须始终坚持党的全面领导。立足人大是党领导下的重要政治机关这一定位，坚决维护习近平同志党中央的核心、全党的核心地位，坚决维护党中央权威和集中统一领导，始终把党的领导贯穿于人大工作各方面和全过程，确保人大工作全面贯彻党的路线方针政策和市委部署要求。

——必须始终坚持围绕中心服务大局。紧紧围绕市委中心工作，找准依法履职的着力点，始终在全市大局中谋划和推进人大工作，推动市委重大决策部署落地见效，确保地方国家权力机关的职能作用有效发挥。

——必须始终坚持以人民为中心。尊重人民主体地位，坚持全过程人民民主，切实保证人民通过人民代表大会行使国家权力，聚焦群众关切，保障人民权益，增进民生福祉，始终把维护最广大人民根本利益作为人大工作的出发点和落脚点。

——必须始终坚持严格依法履职。严格依照宪法和法律规定行使立法、监督、讨论决定重大事项、人事任免等职权，始终按照全面依法治国的要求开展工作，确保人大工作紧扣坚持和完善中国特色社会主义制度、推进国家治理体系和治理能力现代化。

——必须始终坚持探索创新发展。把坚定制度自信和不断改革创新统一起来，面对新时代新要求，坚持新发展理念，总结履职实践，勇于探索创新，创造性地做好立法、监督、代表等工作，确保人大工作的生机与活力。

各位代表，奋进新征程，建设新鹰潭，让我们紧密团结在以习近平同志为核心的党中央周围，在中共鹰潭市委坚强领导下，全面贯彻中央人大工作会议精神，坚持和完善人民代表大会制度，不断发展全过程人民民主，践行初心、担当使命，履职尽责、开拓进取，为加快建设“智铜道合、强富美优”新鹰潭，谱写全面建设社会主义现代化国家鹰潭篇章、描绘新时代鹰潭改革发展新画卷作出新的更大贡献！

鹰潭市人民代表大会常务委员会工作报告

——2024年1月17日在鹰潭市十届人大四次会议上

市人大常委会主任　郭　清

各位代表：

受市人大常委会委托，我向大会报告工作，请予审议。

2023年的主要工作

2023年，在市委坚强领导下，市人大常委会坚持以习近平新时代中国特色社会主义思想为指导，认真学习贯彻党的二十大精神和习近平总书记考察江西重要讲话精神，深入开展学习贯彻习近平新时代中国特色社会主义思想主题教育，坚持党的领导、人民当家作主和依法治国有机统一，积极践行全过程人民民主，紧紧围绕全市发展大局依法履职尽责，为推进中国式现代化鹰潭建设作出应有贡献。

一、坚持思想引领、提升站位，在坚定党的全面领导中把牢人大工作方向

常委会恪守党的全面领导这一最高政治原则，坚定拥护“两个确立”、坚决做到“两个维护”，确保党委决策部署在人大工作中全面贯彻落实。

认真学习贯彻习近平总书记考察江西重要讲话精神。把学习贯彻习近平总书记考察江西重要讲话精神作为首要政治任务，与学习贯彻党的十八大以来总书记对江西工作的一系列重要指示精神、贯彻党的二十大精神相结合，通过集中学习、辅导讲座、专题研讨以及班子成员宣传宣讲等方式，推动学习贯彻走深走实。聚焦“走在前、勇争先、善作为”的目标要求，对标对表谋划人大工作思路举措，把学习成效转化为履职尽责的强大动力，转化为推动人大工作高质量发展的生动实践。

深入开展学习贯彻习近平新时代中国特色社会主义思想主题教育。按照市委统一部署，牢牢把握“学思想、强党性、重实践、建新功”总要求，坚持以学铸魂、以学增智、以学正风、以学促干，统筹安排、精心组织，先后开展6次集体学习、5次专题研讨，围绕全过程人民民主实践、代表联络站建设等7个课题开展调研并推动成果转化，聚焦服务高质量发展履行人大职责，推进31个问题检视整改，全市各级人大代表、人大常委会机关党员干部拥护“两个确立”、做到“两个维护”的思想行动自觉更加坚定，干事创业的精气神进一步提升。

坚持党对人大工作的全面领导。常委会坚持把党的领导贯穿人大工作各方面、全过程，坚决贯彻市委决策部署，审查通过《鹰潭市国土空间总体规划（2021—2035年）》，率先在全省作出《支持和保障碳达峰碳中和工作促进鹰潭绿色转型发展的决定》，把党的主张通过法定程序成为全市人民的共同意志。严格落实请示报告制度，及时主动向市委汇报工作、报告重大事项。坚持党管干部原则，任免地方国家机关工作人员57人次。

二、坚持立行并举、保障善治，在推动法治鹰潭建设中担当人大责任

常委会深入贯彻习近平法治思想，立良法保善治，推动宪法和法律法规有效实施，在法治轨道上推进市域社会治理现代化。

扎实开展重点领域立法。顺应群众对高品质城市生活的期待，创制性制定《鹰潭市海绵城市规划建设管理条例》，为海绵城市示范市建设提供法治保障。精心打磨全省设区的市首部规范营商环境的地方性法规——《鹰潭市优化营商环境若干规定》，把“放管服”改革要求上升为法规制度，以法治力量助鹰潭市营商环境优化升级。完成《鹰潭市爱国卫生工作条例（草案）》二审工作。在三部法规审议过程中，组织召开座谈会26场，征集意见建议630余条，有力提升立法质量。

着力推动法规实施。开展《社区矫正法》执法检查，推动矫正机制建立健全、责任单位履职尽责，贯彻宽严相济刑事政策、最大限度地预防和减少犯罪。检查《江西省宗教事务条例》实施情况，督促政府及有关部门落实法律责任和治理措施，更好发挥宗教在促进全市经济社会发展中的作用。协助省人大常委会开展《安全生产法》执法检查，推动完善安全生产治理体系、筑牢安全生产法治屏障。

注重优化法治环境。组织开展“12·4”宪法宣传日系列活动，落实宪法宣誓制度，营造尊法学法守法用法氛围。召开《鹰潭市优化营商环境若干规定》新闻发布会，推进立法与普法相结合。对报备的81件规范性文件从严审查；在全市开展规范性文件清理工作，确认现行有效的规范性文件868件，并在全省行政规范性文件清理工作推进会上作经验介绍。监督法院家事审判工作，推动办案政治效果、法律效果和社会效果有机统一，让人民群众感受到司法为民的“温度”。

三、坚持突出重点、强化监督，在服务全市发展大局中展现人大作为

常委会立足发展所需、人民所盼，不断完善监督方式，打好监督“组合拳”，推动解决制约经济社会发展的突出矛盾和问题。

护航经济高质量发展。密切关注宏观经济运行，听取审议计划执行、“十四五”规划纲要中期评估报告，助力经济发展稳中向好。聚焦“一号改革工程”，连续两年对营商环境优化升级开展监督，支持政府持续擦亮“鹰办尽办”营商品牌。审议科技创新工作报告，专题视察调研国家级铜基新材料先进制造业集群建设情况，推动科技创新引领现代化产业体系建设。专题视察我市推进国家城乡融合发展试验区建设情况，促进城乡一体化发展。开展乡村振兴赣鄱行活动，促进农业优势重点产业发展，为乡村全面振兴打好坚实基础。

护守百姓“钱袋子”。审议预算执行、决算和审计工作报告，审查批准地方政府债务限额及预算调整方案，支持和促进重点领域财政支出保障。加强对审计查出问题整改工作监督并开展满意度测评，建立清单式跟踪督办机制，推动审计从严从实做好“后半篇文章”，督促111个问题整改销号。首次审议政府债务管理情况报告，助力防范化解债务风险。审议国有资产管理综合报告和行政事业性国有资产管理专项报告，督促守好“人民家产”。

护佑群众美好生活。着眼提升城市功能品质，针对群众反映强烈的物业管理问题，组织开展物业社区行活动，促进物业管理服务提质增效。围绕改善患者就医体验开展专题视察，不断优化医疗服务。审议乡村公共文化服务保障情况报告，推动落实文化惠民工程，进一步丰富人民群众精神文化生活。关注特殊群体，就退役军人保障工作和残疾人保障工作开展视察调研，补齐民生保障短板，持续增进民生福祉。首次对政府工作报告承诺的40件民生实事进行督办，促进实事办好。

护卫绿水青山。以“大力推进鄱阳湖流域总磷污染治理”为主题，持续开展环保信江行活动，监督推进水污染防治工作。对农村饮水提升改造工程实施情况开展专项监督，督促完成118个入河排污口水质监测；专题调研花桥水库运行管理和水质保护情况，第一时间跟踪督办五湖水库水体污染整治工作，确保一湖清水惠及广大百姓。以“守住耕地红线”为主题，推进公益诉讼江西行活动，强化耕地保护、保障粮食安全。

四、坚持优化服务、畅通渠道，在践行全过程人民民主中彰显人大特色

常委会充分发挥代表主体作用，支持和保障代表履职行权，不断丰富全过程人民民主的基层实践。

代表履职渠道不断拓宽。完善并落实“三联系”工作制度，进一步密切常委会组成人员与代表、代表与人民群众的联系。举办人大代表履职培训班，提升代表履职能力。切实发挥代表作用，邀请人大代表参加立法调研、执法检查、专题视察等活动470余人次。指导各代表小组开展活动，推动闭会期间人大代表履职活动规范化常态化，为全市经济社会发展积极建言献策。

代表工作平台提档升级。坚持把基层单元建设作为人大打造全过程人民民主实践的高地，迭代升级代表联络站，全市新增6个省级人大代表联络示范站。各区（市）人大结合

本地实际，因地制宜建设了一批各具特色的人大代表联络站，全市首个驻外（义乌）代表联络站揭牌运行。全年组织各级代表进站接待选民群众近5000人次，推动解决群众生产生活密切相关的急难愁盼问题1300余件。

代表建议办理质量持续提升。完善代表建议重点督办和跟踪督办制度，确定9件重点建议由主任会议成员牵头督办。探索以“项目化”推进、“清单式”管理、“销号式”验收等手段推动重点代表建议办理。代表提出的41件建议均在法定期限内办理完毕，代表所提问题解决率为83.4%，真正做到民有所呼、我有所应。

一年来，常委会坚持以政治建设为统领，牢牢把握“四个机关”定位要求，纵深推进全面从严治党，压紧压实主体责任，机关政治生态更加风清气正。修改常委会议事规则、主任会议议事规则，议事决策机制更加健全。启动《鹰潭市人民代表大会志（2004—2024）》编纂工作，全面客观反映过去20年人大工作实践。加强领导班子和干部队伍建设，反对形式主义、官僚主义，改进文风会风、落实“四下基层”工作要求、厉行勤俭节约，始终保持同人民群众的血肉联系。

各位代表！过去一年，常委会各项工作取得的成绩，根本在于习近平新时代中国特色社会主义思想的科学指引，得益于市委坚强有力的领导，来自全体代表依法履职、勤勉工作，归功于“一府一委两院”和各级人大积极配合、通力协作，以及各民主党派、各人民团体和社会各界的热情参与、大力支持。在此，我谨代表市人大常委会表示衷心的感谢！

同时，我们也清醒地认识到，常委会工作还存在短板和不足，主要表现在：在“小切口”“小快灵”精准立法上还需再下功夫；以人大监督助推发展、改进工作、解决问题的效果还需加强；在发挥代表作用上还需拓展提升。对这些问题，我们将在今后工作中认真改进。

2024年的工作安排

2024年，常委会工作的总体要求是：以习近平新时代中国特色社会主义思想为指导，深入贯彻党的二十大精神和习近平总书记考察江西重要讲话精神，聚焦“走在前、勇争先、善作为”的目标要求，按照省委十五届五次全会和市委九届六次全会部署安排，坚持党的领导、人民当家作主、依法治国有机统一，认真履行法定职责，充分发挥代表作用，为推动全市经济社会高质量发展贡献人大力量。

——以更高站位坚持党的领导，确保人大工作正确政治方向。毫不动摇坚持党的全面领导这一最高政治原则，坚持以习近平新时代中国特色社会主义思想为统领，坚定拥护“两个确立”、坚决做到“两个维护”。持续深入贯彻落实习近平总书记考察江西重要讲话精神，紧紧围绕党中央重大决策部署和省委、市委要求认真谋划推进人大各项工作，以人大新作为推动习近平总书记擘画的美好蓝图变为现实。

——以更实举措推进地方立法，筑牢高质量发展的法治保障。协助市委召开全市立法工作会议，完善立法工作机制，提升立法质量。坚持立法决策与改革决策相衔接、立法质量与立法效率相统一，加强重点领域、新兴领域立法，发挥立法的引领保障作用。做好《鹰潭市爱国卫生工作条例》《鹰潭市耕地土壤污染防治条例》的制定工作，开展农村村民理事会管理、雕刻文化保护等立法调研。审议市“一府一委两院”规范性文件备案审查报告，维护法治统一。

——以更大力度增强监督实效，推动国家机关依法行使职权。围绕全市改革发展稳定大局，聚焦打造全国铜基新材料先进制造业集群、建设全国城乡融合发展样板区，对经济运行、民生改善、生态保护、社会治理等工作开展监督，持续开展环保信江行、公益诉讼行、乡村振兴赣鄱行等专项监督活动，加强审议意见的跟踪问效，推动党委重大决策部署贯彻落实。听取市政府工作部门主要负责人履职情况报告并进行满意度测评，推动国家公职人员勤勉尽职、依法用权、为民服务。

——以更优服务保障代表履职，支持保证人民当家作主。密切常委会与人大代表、人大代表与人民群众的联系，进一步规范完善代表联络站运行管理，加强代表议案建议办理工作，丰富闭会期间代表履职活动，充分发挥人大代表主体作用。立足法定职能扩大人民有序政治参与，畅通民情民意表达渠道，健全吸纳民意、汇集民智的工作机制，不断丰富全过程人民民主的鹰潭实践。

——以更高标准加强自身建设，不断提升人大工作效能。坚决扛起全面从严治党主体责任，巩固拓展主题教育成果，严格落实中央八项规定精神，营造更加风清气正的政治生态。围绕人大制度建立70周年开展系列纪念活动，讲好鹰潭人大故事。加强“数字人大”建设，为新时代人大工作赋能增效。加强人大干部队伍建设，提升综合素质和履职能力。密切与区（市）人大联系，鼓励和支持基层创新实践，提升全市人大工作整体水平。

各位代表！使命重在担当，实干成就未来。让我们以习近平新时代中国特色社会主义思想为指引，在中共鹰潭市委正确领导下，解放思想、开拓进取，依法履职、担当作为，为奋力谱写中国式现代化鹰潭篇章作出新的更大贡献！

文件决定

中共鹰潭市委关于加强新时代地方人大工作的实施意见

鹰发〔2020〕6号

2020年5月18日

为深入学习贯彻习近平新时代中国特色社会主义思想和党的十九大、十九届二中、三中、四中全会精神，认真落实全省人大工作会议要求和省委《关于加强新时代地方人大工作的意见》精神，进一步加强和改进党对人大工作的领导，更好发挥全市各级人大及其常委会职能作用，现就加强新时代全市地方人大工作提出如下实施意见。

1. 坚定人大工作正确政治方向。党的领导是人民代表大会制度的本质要求和最大优势，是做好人大工作的根本保证，必须坚定不移坚持党对人大工作的全面领导，切实贯彻党的基本理论、基本路线、基本方略。全市各级人大要深入学习贯彻习近平总书记关于坚持和完善人民代表大会制度的重要思想以及对地方人大及其常委会工作的重要指示精神，全面贯彻落实党中央、省委对新时代地方人大工作的部署要求，切实增强“四个意识”、坚定“四个自信”、做到“两个维护”，坚持党的领导、人民当家作主、依法治国有机统一，围绕全市发展大局履行宪法法律赋予的职责，充分发挥人民代表大会制度在坚持和完善中国特色社会主义制度、推进治理体系和治理能力现代化中的根本政治制度作用。

2. 健全党委领导人大工作制度。各级党委要把人大工作纳入总体工作布局，坚持每届任期内至少召开1次人大工作会议，每年听取人大常委会党组的工作汇报，及时研究解决人大工作和建设中的重大问题。人大常委会主任或主持日常工作的副主任列席本级党委常委会会议，应有人大常委会党组成员进入同级党的委员会。除有明确规定的范围外，党委召开全局性会议、开展重大活动，党委组织部门组织民主推荐、民主测评，应安排同级人大专门委员会和常委会工作机构主要负责人参加。人大常委会开展专项工作评议及满意度测评的意见和结果，应作为干部选拔任用的重要参考。

3. 发挥人大常委会党组作用。各级党委要善于通过人大常委会党组实现对人大工作的领导，及时通报重大事项和重要人事安排。换届时拟继续提名的人大代表人选，应听取人大常委会党组的意见。人大常委会党组要坚决落实党委的重要决策和工作部署，五年立法规划、年度立法计划和监督计划等重大事项、重要问题及时向同级党委请示报告。认真履行全面从严治党主体责任，大力支持纪委监委派驻纪检监察组的工作；把不忘初心、牢记使命作为人大及其常委会加强党的建设永恒课题和党员、干部的终身课题，建立长效机制。

4. 加强人民代表大会制度和宪法法律的学习宣传。各级党委要把习近平总书记关于坚持和完善人民代表大会制度的重要思想、宪法法律列入党委（党组）理论学习中心组学习内容，纳入党校（行政学院）干部教育培训的必修课程。党委宣传部门和新闻舆论单位要把人大宣传工作纳入年度计划，积极发挥新兴媒体作用，突出宣传宪法法律、人民代表大会制度、人大工作和人大代表履职活动，让国家根本政治制度深入人心。加强对人民代表大会制度理论和人大工作实践创新研究，推动人大理论研究走深走实。

5. 支持人大加强地方立法。完善党委领导、人大主导、政府依托、各方参与的立法工作格局。市委每届任期内至少召开 1 次立法工作会议，总结部署全市立法工作；及时研究批准立法规划计划，研究决定地方立法中的重大事项，协调解决重大立法争议。市人大及其常委会要充分发挥立法主导作用，科学编制立法规划计划，围绕城乡建设和管理、环境保护和历史文化保护等重点领域，深入推进科学立法、民主立法、依法立法。完善公众有序参与机制，推进“开门立法”，在立法选项、起草、审议等环节开展立法民主协商，提高法规草案征求意见的覆盖面，广泛凝聚立法共识。进一步强化规范性文件备案审查，加大合法性审查力度，全域一体推进备案审查制度和能力建设，维护国家法制统一。市政府要完善立法体制机制，按时按质完成法规案起草任务；各级政府要根据法规授权和实施需要及时出台配套的相关规定，切实抓好鹰潭市地方法规实施工作。

6. 支持人大加强依法监督。各级党委要重视发挥人大监督作用，及时研究解决监督工作中遇到的重大问题。人大及其常委会要围绕党委决策部署，聚焦影响法律法规实施、制约经济社会发展、损害群众利益的突出问题，实行正确监督有效监督。“一府一委两院”要自觉接受人大及其常委会的监督，认真研究办理人大及其常委会提出的审议意见和建议、及时报告落实情况，按要求派负责人列席人大及其常委会会议。政府垂直管理部门、派出机构依法接受所在地人大及其常委会的监督。

持续加强对政府全口径预算决算的审查监督，人大常委会对审计查出问题整改落实情况进行督办并开展满意度测评。加强人大国有资产监督职能，政府要做好国有资产清产核资工作，每年向同级人大常委会报告国有资产管理情况。加强对乡村振兴战略实施情况的监督，加强生态文明建设监督，政府每年向同级人大或其常委会报告生态文明建设和生态环境状况情况。依据监察法的规定，人大常委会听取审议同级监委的专项工作报告。加强对司法活动的监督，依法监督落实办案质量终身责任制和错案责任倒查问责制，推动公正司法。

7. 支持人大依法讨论决定重大事项。建立党委、人大、政府讨论决定重大事项联席会议制度，沟通协调讨论决定重大事项议题。对属于人大职权范围内的重大事项，有关方面应当依法及时提出，通过人大依法作出决议决定。有关部门要认真落实人大决议决定，主动报告实施情况。人大及其常委会要依法行使重大事项决定权，并加强对决议决定落实情况的监督。

8. 支持人大依法行使选举任免权。各级党委要坚持党管干部和人大依法任免有机统一，凡应由人大及其常委会选举任命的干部人选，提名人应按相关法律规定向本级人大或者常委会介绍情况、听取意见。健全人大及其常委会对拟提请任命人员任前审查机制，拟任人员须符合法定任职条件。提请人大常委会会议审议的重要任免事项，提名人应到会作任免事项说明，拟任人员应到会作任前表态发言。人大及其常委会选举或者任命的国家工作人员，必须进行宪法知识任前考试，正式就职时公开向宪法宣誓。支持人大常委会加强对任命干部的履职监督，建立健全政府工作部门主要负责人向人大常委会报告履职情况、接受测评机制。

9. 不断优化人大代表结构。各级党委要加强对人大代表选举工作的领导，严肃查处违反选举法律法规、破坏选举工作的违法违纪行为，把好代表的政治关、廉洁关、素质关、结构关。换届时连任代表提名人选应占代表总数的三分之一。各级人大常委会要健全人大代表培训机制，统筹开展初任培训、履职培训、专题培训，届内对本级人大代表至少培训1次。健全代表届中调整和退出机制，对因工作变动不宜继续担任代表职务、因身体等原因不能履职、连续两次未经批准缺席人民代表大会会议的，经人大常委会主任会议研究并报同级党委同意，劝其辞去人大代表职务。

10. 密切同代表和人民群众的联系。完善人大常委会主任会议成员联系常委会委员、常委会委员联系代表、代表联系群众“三联系”制度，畅通社情民意反映渠道。开展星级人大代表联络工作站创建工作，完善代表联络工作站（室）功能，工作经费列入县级财政预算。代表中的各级党政领导干部应带头进联络工作站开展活动，各级人大代表每年至少进站接待群众1次，听取并反映群众意见，督促解决基层实际困难和问题。

11. 保障代表依法履职。健全代表参与人大立法、监督、调研、视察等制度，拓宽代表履职途径。坚持人大代表列席人大常委会会议制度，完善人大代表对口参与相关专工委活动机制，确保本级基层人大代表每届至少列席1次人大常委会会议、参加1次人大常委会履职活动。政府研究出台重大工程项目或涉及民生的重大举措，政府预算编制时和预算审查前，要主动听取代表意见建议。完善人大代表履职监督机制，健全代表述职制度，直接选举的代表任期内至少向原选区选民报告履职情况 1 次。

12. 提高人大代表议案建议办理质量。各级人大常委会要健全常委会领导领衔、各专工委和常委会工作机构具体负责的重点建议督办机制；强化代表建议办理工作跟踪督查，每年安排听取有关承办单位办理情况工作报告。各承办单位要落实代表建议办理工作领导责任制，优化代表建议、批评和意见办理答复流程，扎实推进代表建议办理，不断提高问题解决率和代表满意度。增强办理工作透明度，探索在媒体公开部分建议办理情况，接受代表和群众监督。

13. 加强人大常委会组织建设。进一步优化人大常委会、专门委员会组成人员知识、年龄和专业结构，人大常委会组成人员一般应有三分之一可以在换届时连任，常委会专职委员应占一定比例，县级人大常委会专职组成人员比例提高到 60% 以上；各专门委员会可以配备 1 名熟悉人大工作的同级副职专职委员。市、区（市）人大常委会主任、副主任不占人大常委会机关编制。转到人大工作的专职委员，其行政、工资关系留在原单位，生活福利待遇仍由原单位继续负责。完善人大常委会议事规则，建立组成人员出席会议情况通报制度，人大常委会组成人员一年内未经批准缺席常委会会议 2 次以上的，经人大常委会主任会议研究并报同级党委同意，劝其辞去常委会组成人员职务。

14. 重视人大常委会机关建设。加强人大干部队伍建设，进一步畅通人大干部的“进出口”，注重年轻干部配备，新进市、区（市）人大常委会机关工作人员原则上应具备本科学历。有计划地安排人大干部同党政、监察、司法部门干部之间的交流。充实专门委员会和工作机构的工作力量，配备必需的专业人才。加强立法工作队伍建设，市人大常委会法制委员会配备 9 ~ 11 名组成人员，常委会法制工作委员会配备不少于 6 名工作人员。加强人大机关信息化建设，推进人大会议系统、电子表决系统、代表履职信息系统、规范性文件备案审查信息平台建设。建设省市县标准统一、数据共享的预算联网监督系统平台。

15. 夯实乡镇人大基础。各级党委特别是县乡党委要高度重视乡镇人大工作，保障乡镇人大依法行使职权，落实乡镇人大一年召开两次代表大会会议要求，依法科学确定议题，提高会议质量。乡镇人大设专职主席和 1 名专职副主席，明确 1 名专职工作人员；在街道设立人大工作委员会，作为县级人大常委会工作机构，设专职主任和 1 名专职工作人员，也可以增设 1 名专职副主任。乡镇人大主席、街道人大工委主任列席乡镇（街道）党（工）委会议，主要时间和精力应放在人大工作上。乡镇（街道）人大的会议、代表、选举等工作经费，列入同级财政预算。

鹰潭市人大常委会关于加强自身建设的决定

（2021 年 12 月 29 日鹰潭市十届人大常委会第二次会议通过）

为适应新时代对地方人大工作的新任务新要求，新一届人大常委会要按照习近平总书记提出的“四个机关”的定位和要求，全面加强自身建设，提升依法履职能力，充分发挥地方国家权力机关的职能作用，认真履行宪法法律赋予的职责，推动全市人大工作高质量发展，为建设“智铜道合、强富美优”新鹰潭的精彩华章贡献人大智慧和力量。现就加强市人大常委会自身建设作出如下决定。

一、坚持党的全面领导，保持正确政治方向

1. 坚决做到“两个维护”。旗帜鲜明讲政治，牢记人大常委会机关首先是政治机关的属性定位，坚决捍卫“两个确立”，坚持把做到“两个维护”作为人大工作最高政治要求、作为对党忠诚的最好诠释，认真谋划推进人大工作，始终胸怀“两个大局”，牢记“国之大者”，增强“四个意识”、坚定“四个自信”、做到“两个维护”，自觉在思想上政治上行动上始终同以习近平同志为核心的党中央保持高度一致，做维护党中央权威和集中统一领导的表率，确保人大工作正确政治方向。

2. 坚持党对人大工作全面领导。坚持把党的领导贯穿于人大工作各方面全过程，自觉对标对表党中央重大决策部署和省委、市委工作要求，发挥人民代表大会制度的功效，使党的主张通过法定程序成为国家意志，保证党的路线方针政策和决策部署在人大工作中全面贯彻和有效执行。坚持向市委请示报告制度，定期向市委报告人大工作，及时向市委请示报告重要会议、立法、监督、重大事项决定和人事任免等工作，自觉维护市委总揽全局的领导地位，充分发挥市人大常委会党组把方向、管大局、保落实的重要作用，确保人大工作始终在党的领导下进行。

二、坚持理论武装，提升依法履职能力

3. 强化政治理论学习。坚持以习近平新时代中国特色社会主义思想为指导，深入学习贯彻习近平法治思想和习近平总书记关于坚持和完善人民代表大会制度的重要思想，全面贯彻落实中央人大工作会议精神，在学懂弄通做实上下功夫，以理论清醒保证政治坚定，以思想自觉引领行动自觉，切实提高用党的创新理论武装头脑、指导实践、推动工作的能

力和水平。

4. 强化业务知识学习。认真学习宪法、法律法规和人民代表大会制度理论，熟练掌握人大工作规则和程序，准确把握地方人大工作的规律和特点，系统学习履职所必需的政治、经济、科技、文化和社会等方面知识，为依法履职打牢思想和理论基础。

5. 健全完善学习制度。完善党组理论学习中心组学习、常委会专题学习等制度，健全常委会组成人员、人大代表和机关干部培训学习长效机制，用好“学习强国”、江西干部网络学院等学习平台，充分运用集体学习、研讨交流、专家辅导、专题培训等形式，不断提升法律素养和政策水平，提高履职能力。

6. 坚持理论联系实际。大力弘扬理论联系实际的学风，坚持学以致用、学用相长，紧密结合全市改革发展稳定实际和人大重点工作，深入开展调查研究，在真学真信真用上见成效，努力把学习成果转化为人大工作实效，更好地推动我市人大工作高质量发展。

三、坚持围绕中心，充分发挥职能作用

7. 紧贴中心谋划工作。坚持把人大工作放在全市发展大局中谋划和推进，紧扣“五位一体”总体布局和“四个全面”战略布局，紧紧围绕党中央重大决策部署和省委、市委的工作安排，充分发挥人大职能作用，认真履行人大各项职责，努力使党的主张通过法定程序成为国家意志。

8. 扎实提高立法质量。认真贯彻习近平法治思想，充分发挥人大及其常委会在立法工作中的主导作用，坚持科学立法、民主立法、依法立法，深入推进高质量立法，发挥立法的引领和推动作用，以良法促进发展、保障善治，助推市域治理体系和治理能力现代化。

9. 持续改进监督工作。用好宪法赋予人大的监督权，实行正确监督、有效监督、依法监督，坚持围绕中心、服务大局、突出重点，聚焦中央、省委和市委重大决策部署，聚焦人民群众所思所盼所愿，统筹运用法定监督方式，推动解决制约经济社会发展的突出矛盾和问题，确保行政权、监察权、审判权、检察权依法正确行使，确保人民赋予的权力始终用来为人民谋幸福。

10. 科学决定重大事项。健全人大讨论决定重大事项机制，围绕全市经济社会发展中具有全局性、根本性、长远性的重大事项，依法作出决议、决定，推动市委重大决策部署贯彻实施，提高讨论决定重大事项的科学化民主化法治化水平。

11. 依法做好任免工作。坚持党管干部原则与依法行使人事任免权相统一，规范和完善人事任免程序，使党组织推荐的人选通过法定程序成为地方国家政权机关的领导人员，确保市委的人事安排意图顺利实现。

四、坚持民主集中制，提升议事决策水平

12. 依法集体行使职权。严格按民主集中制的组织原则行使各项法定职权，充分发扬民主，集中正确意见，集体决定问题，健全完善人大常委会、主任会议议事规则，提高议事决策的民主性和科学性，确保制定的法律法规和作出的决议决定体现人民意志、凝聚最大共识。

13. 加强与“一府一委两院”的沟通衔接。正确处理与“一府一委两院”监督与支持的关系，秉承在监督中支持、在支持中监督的理念，支持和促进“一府一委两院”依法行政、依法监察、公正司法，共同推进全市经济社会健康发展。

14. 强化人大工作联系。加强与省人大的联系，积极争取指导和支持；加强各专工委的组织协调，集聚工作力量，共同推进人大工作；加强对区（市）人大的联系和指导，统筹推动全市人大工作深入开展；加强与外地人大的联系，学习借鉴好经验好做法。

15. 带头执行决定决议。常委会组成人员要自觉维护、模范遵守、带头执行人大及其常委会作出的决定决议，把集体行使职权与个人负责有机统一起来，积极主动地围绕常委会工作计划和工作部署履行职责，互相学习，互相支持，形成民主团结、共谋大事的工作合力，促进和保证人大及其常委会决定决议的贯彻落实。

五、坚持全过程人民民主，密切与人大代表和人民群众的联系

16. 始终坚持人民立场。牢固树立以人民为中心的发展思想，坚持国家一切权力属于人民，不断发展和完善全过程人民民主，坚持全心全意为人民服务的根本宗旨，始终做到民有所呼、我有所应，保证人大各项工作充分反映和体现人民意志和利益，把人民当家作主具体地、现实地体现到人民对美好生活向往的工作上来。

17. 充分发挥代表作用。坚持和完善常委会主任会议成员联系常委会委员、常委会组成人员联系代表、代表联系人民群众制度，完善人大代表联络工作站运行机制，充分尊重和发挥代表主体地位，支持和保障人大代表依法履职，拓展代表参与人大常委会工作的广度和深度，丰富代表联系群众的内容和形式，忠实代表人民利益和意志，展现新时代人大代表的风采。

18. 密切联系人民群众。坚持和完善人大的民主民意表达平台和机制，最大限度吸纳民意、汇聚民智。把全过程人民民主贯穿于人大工作各环节各方面，审议制定地方性法规、审查批准计划预算、讨论决定重大事项，要通过调研、座谈、论证、听证、协商等方式，广泛征求和充分吸取各方面意见。加强和改进人大信访工作，依法维护人民权益、增进人

民福祉，保证人民当家做主。

六、坚持正风肃纪，树立人大良好形象

19. 全面落实主体责任。坚持把纪律和规矩挺在前面，严守党的政治纪律和政治规矩，坚决贯彻全面从严治党政治责任，全面落实意识形态工作责任制，深入贯彻落实中央和省、市委关于加强党风廉政建设的决策部署和各项规定，认真执行中央八项规定及其实施细则精神，始终保持为民务实清廉的政治本色。

20. 加强思想道德修养。树牢正确的世界观、人生观、价值观，带头践行社会主义核心价值观，自觉遵守社会公德、职业道德、家庭美德，培养健康向上的生活情趣，筑牢拒腐防变的思想道德防线。

21. 自觉接受人民监督。牢固树立国家权力机关对人民负责、受人民监督的意识，始终按照法定权限和法定程序履行职责。强化对人民负责、受人民监督的意识，按照法定权限和法定程序行使权力、履行职责，坚持公正用权、依法用权、为民用权、廉洁用权，管好配偶、子女及身边工作人员，以实际行动树立人大及其常委会良好形象。

22. 打造过硬干部队伍。全面加强人大干部队伍思想淬炼、政治历练、实践锻炼、专业训练，不断提高政治判断力、政治领悟力、政治执行力，努力把市人大常委会建设成为自觉坚持中国共产党领导的政治机关、保证人民当家作主的国家权力机关、全面担负宪法法律赋予的各项职责的工作机关、始终同人民群众保持密切联系的代表机关。优化市人大常委会、专门委员会组成人员结构，强化市人大常委会办事机构和工作机构建设，打造政治坚定、服务人民、尊崇法治、发扬民主、勤勉尽责的人大干部队伍。

鹰潭市人大常委会关于深入学习贯彻党的二十大精神强化“四个机关”建设的实施意见

鹰常党字〔2023〕4号

2023年3月29日

为深入学习贯彻党的二十大精神，在全面建设社会主义现代化国家、全面推进中华民族伟大复兴的新征程上，不断坚持好完善好人民代表大会制度，加强和改进新时代地方人大工作，按照习近平总书记在中央人大工作会议上对各级人大及其常委会提出的“成为自觉坚持中国共产党领导的政治机关、保证人民当家作主的国家权力机关、全面担负宪法法律赋予的各项职责的工作机关、始终同人民群众保持密切联系的代表机关”重要要求，为奋力谱写现代化鹰潭建设新篇章贡献人大力量，结合我市实际提出如下实施意见。

一、坚持党的领导，打造绝对忠诚的“政治机关”

1. 坚决做到“两个维护”。牢牢把握人大工作的正确政治方向，把坚持党的领导这一最高政治原则贯穿人大工作各方面全过程，深刻领悟“两个确立”的决定性意义，进一步增强“四个意识”、坚定“四个自信”、做到“两个维护”，确保党的理论、路线、方针政策和决策部署在人大工作中得到全面贯彻和有效执行。认真贯彻执行请示报告制度，坚持经常性向市委常委会汇报市人大常委会党组工作，确保人大工作始终在党的领导下展开。人大机关的各级党组织，人大代表、常委会组成人员、专门委员会组成人员、人大机关干部要坚定政治立场，严守政治纪律和政治规矩，做维护党中央权威和集中统一领导的表率。

2. 深入贯彻党委决策部署。围绕党中央重大决策及省委、市委部署要求，紧扣推进治理体系和治理能力现代化的现实需要，把人大工作放到全市中心任务中去思考、谋划和推进，做到全局工作重心在哪里，人大工作就跟进到哪里，人大职能作用就发挥到哪里。坚持党的领导、人民当家作主、依法治国有机统一，善于使党的主张通过法定程序成为国家意志，善于使党组织推荐的人选通过法定程序成为国家政权机关的领导人员，更好把人民代表大会制度优势转化为治理效能。

3. 加强人大党的建设。认真履行全面从严治党主体责任，坚持党建工作与人大立法、监督等各项工作同谋划、同部署、同推进。注重发挥常委会党组把方向、管大局、保落实的领导作用，认真研究人大工作中的重要事项，确保依法履行好人大的法定职责。加强对常委会机关党组的领导，深入推进人大机关党的建设各项工作。支持纪委派驻纪检组履行监督职责。夯实机关党建基础，坚持把“三会一课”、主题党日、谈心谈话融入到政治历练中，经常开展批评和自我批评，在组织生活中提高政治能力。

二、坚定制度自信，打造人民民主的“权力机关”

4. 扩大人民有序政治参与。完善人大的民主民意表达平台和载体建设，健全吸纳民意、汇集民智的工作机制，不断扩大人民有序政治参与。开展人大立法、监督、重大事项决定工作中，积极听取人大代表和社会各界意见建议。深入推进基层立法联系点、代表联络工作站、立法和预算审查监督咨询专家库和数字人大建设，完善线上线下人民群众意见反馈采纳机制。广泛邀请人大代表、专家学者、基层群众参与人大立法、视察调研、执法检查等活动，坚持邀请人大代表列席常委会会议。

5. 保障人民依法民主选举。做好市、县、乡三级人大代表换届选举工作，把好代表“入口关”，在选区划分、选民登记、提名推荐、介绍候选人、组织投票等各环节，广泛动员人民群众参加，加强选举全过程监督，保证人民依法行使选举权利，民主选举产生人大代表和地方国家政权机关领导人员，选举结果体现最广大人民意愿。

6. 维护人民群众合法权益。聚焦就业、教育、养老、医疗卫生、收入分配、社会保障等人民群众的重大关切，深入基层，深入实际，广泛听取意见，全面掌握情况，抓住主要矛盾，查清问题症结，提出切实可行的建议，推出务实管用的举措，推动解决群众关心的热点难点问题，不断增强人民群众的获得感、幸福感、安全感。

三、敢于善于斗争，打造担当有为的“工作机关”

7. 高质量开展人大立法。坚持党对立法工作的领导，着力推进党委领导、人大主导、政府依托、各方参与的工作格局，每届至少召开一次全市立法工作会议。科学编制立法规划计划，加快构建与现代化鹰潭建设相适应的地方性法规制度体系。坚持“小切口”“小快灵”，增强法规的可操作性，努力提高法规质量。努力探索区域协同立法、流域立法、共同立法。进一步做好备案审查工作，强化备案审查信息平台使用，保证宪法法律全面贯彻实施，维护国家法制统一。

8. 实行正确有效依法监督。立足全市经济社会发展大局，围绕党中央重大决策及省委、市委部署要求，围绕人民群众对美好生活的向往，精选监督议题，提升监督实效。实现对“一府一委两院”监督全覆盖，健全人大常委会听取审议专项工作报告制度，改进执法检查、专题询问、满意度测评等方式，探索运用质询、特定问题调查等监督方式，加大监督力度。做实监督“后半篇”文章，强化对审议意见落实情况的监督，持续开展审计查出问题整改及满意度测评工作，畅通人大监督工作“最后一千米”。

9. 依法行使好决定和任免权。以全局视野正确行使人大重大事项决定权，及时把党的主张转化为全市人民的共同意志和自觉行动，加强对决议决定落实情况的监督。坚持党管干部与依法任免相统一，进一步规范和完善人事任免程序，确保党委人事安排意图顺利实现。认真落实任前宪法知识考试制度、任前表态发言、宪法宣誓制度，增强被任命人员对宪法的敬畏感和履职积极性。加强对市人大常委会决定和任命人员履职情况的监督，持续开展履职测评工作。

四、密切联系群众，打造亲民为民的“代表机关”

10. 密切同人大代表和人民群众的联系。落实好“三联系”制度，扩大代表对全市重点工作的知情参与。深化星级代表联络工作站建设，扎实推进省级示范站创建工作。常态化开展代表进站接待选民活动，市级领导带头以普通代表身份进站接待选民，不断加强代表与群众联系，督促落实和规范使用代表建议办理专项资金，为群众解决急难愁盼事。建立、推广信息化手段的意见反映和处理反馈机制，扩大选民问题反映渠道。

11. 强化人大代表履职服务保障和管理监督。有计划地组织新一届人大代表履职能力培训工作。深入开展聚焦“六个江西”建设，争当“四个表率”主题活动，有计划地组织各级代表针对社会普遍热点、难点问题，规范开展本级行政区域和跨原选举单位的调研视察工作。继续落实好直选代表届内向原选区选民述职全覆盖。以提升和保障代表履职水平为原则，在法律框架内，进一步完善代表履职评价体系和激励机制，探索性建立代表退出和增补机制。

12. 推进人大代表议案建议办理工作。综合运用数字人大、代表微信群等方式，加强与代表沟通，积极为代表提出高质量建议提供服务保障。坚持重点建议常委会领导督办机制，示范引领，带动提升代表建议办理质量。按照市直机关综合考核要求，继续将代表建议办理情况纳入“重视支持人大工作情况”指标体系，细化和规范代表建议办理标准的同时传导工作压力，明确要求承办单位将代表建议及办理情况向社会公开。

五、强化自身建设，夯实“四个机关”建设基础

13. 加强思想政治建设。准确把握人大机关首先是政治机关的本质属性，把政治建设作

为根本性建设，统领人大常委会及机关各方面建设，不断提高政治判断力、政治领悟力、政治执行力。把加强政治理论学习作为第一要务，坚持党组会“第一议题”制度，坚持以习近平新时代中国特色社会主义思想武装头脑，把学习宣传贯彻党的二十大精神作为当前和今后一个时期的首要政治任务。做到学思践悟、知行合一，加强人大理论研究和宣传工作，切实把理论学习成果转化为新时代人大创新发展的工作举措和实际成效。

14. 加强履职能力建设。坚持常委会党组集体学习制度，完善和丰富常委会专题讲座，针对性地开展理论学习、业务培训等活动，优化常委会组成人员和人大机关干部的知识结构。重视加强制度建设，严格执行制度规定，提高人大常委会履职和机关运转的制度化规范化水平。狠抓工作队伍建设，优化人大常委会、专门委员会组成人员和机关工作人员结构，努力打造一支政治坚定、服务人民、尊崇法治、发扬民主、勤勉尽责的人大工作队伍。健全人大履职专家顾问制度，充分发挥专家和智库的专业支撑作用。

15. 加强纪律作风建设。坚持全面从严治党永远在路上，牢记“三个务必”，大力弘扬伟大建党精神。始终把纪律挺在前面，严格执行中央八项规定及其实施细则精神，推动党风廉政建设工作落到实处。坚决反对形式主义和官僚主义，大兴调查研究之风，坚持深入基层、深入群众、深入实际；改进会风文风，切实精简会议活动和文件简报。对照市县综合考核要求，组织实施重点工作，加强对区（市）人大工作指导联系，推进全市人大工作高质量发展。

鹰潭市人民代表大会常务委员会
关于支持和保障碳达峰碳中和工作促进鹰潭绿色转型发展的决定

（2023年10月30日鹰潭市十届人大常委会第十七次会议通过）

为贯彻落实以习近平同志为核心的党中央关于2030年前实现碳达峰、2060年前实现碳中和的重大战略决策，认真践行习近平生态文明思想，深入贯彻习近平总书记考察江西重要讲话精神，坚定不移走生态优先、绿色发展之路，奋力打造国家生态文明建设高地，围绕“走在前、勇争先、善作为”目标要求，以更高标准打造美丽中国“江西样板”鹰潭名片，根据有关法律、法规，作出如下决定。

一、准确把握碳达峰、碳中和工作基本要求

以习近平新时代中国特色社会主义思想为指导，深入贯彻党的二十大精神，认真践行习近平生态文明思想，坚决贯彻党对碳达峰、碳中和工作的集中统一领导，认真落实党中央、国务院决策部署和省委、省政府工作要求以及省人大常委会决定，积极稳妥推进碳达峰碳中和，促进经济社会发展全面绿色转型。

实现碳达峰、碳中和，应当坚持实事求是、尊重规律、先立后破、统筹有序、分类施策，保障经济社会平稳健康运行，确保安全降碳。坚持节约集约、双轮驱动，实行政府和市场两手发力，推动产业结构、能源结构、交通运输结构调整和节能、减污、降碳协同增效，加快形成绿色低碳产业结构、生产方式、生活方式、空间格局，力争每年取得若干重要的阶段性成效，确保如期实现碳达峰、碳中和目标，为现代化鹰潭建设做出更大贡献。

二、切实强化政府碳达峰、碳中和工作职能

进一步健全全市碳达峰、碳中和工作组织领导和协调机制，统筹做好碳达峰、碳中和工作。

市人民政府应当组织开展碳达峰、碳中和先行示范，支持有条件的地区、重点行业和企业率先实现碳达峰。

市、区（市）人民政府应当将碳达峰、碳中和纳入经济社会发展和生态文明建设整体布局，全面融入经济社会发展中长期规划、国土空间规划、专项规划和区域规划，加强各类规划间衔接协调，加快形成绿色低碳生产生活方式，推进经济社会绿色低碳转型发展，

确保碳达峰、碳中和目标实现。每年向同级人民代表大会或者人民代表大会常务委员会报告碳达峰、碳中和等工作情况，依法接受监督。

市、区（市）人民政府各有关部门应当加强协调配合，形成工作合力。发展改革部门要加强统筹，组织落实碳达峰实施方案，加快推进碳达峰试点示范建设，定期调度碳达峰、碳中和目标任务进展情况，加强跟踪评估、督促检查和协调解决重大问题。发展改革、能源、工业和信息化、林业、交通运输、住房和城乡建设、自然资源、农粮等行业主管部门负责本行业领域的碳达峰、碳中和工作。生态环境、科技、财政、金融、统计、商务、国有资产管理、市场监督管理等部门按照职责分工做好碳达峰、碳中和实施工作。

有关部门应当畅通信息公开渠道，建立健全碳排放信息披露制度。完善公众监督和举报反馈机制，实施违法行为举报奖励，鼓励公众依法参与监督。

三、全面落实碳达峰、碳中和主要任务和重大举措

加快构建绿色低碳产业发展体系。制定能源、工业、交通运输、城乡建设、农业等重点行业和领域碳达峰实施方案，明确碳达峰时间节点、目标任务和方法措施。加快工业绿色低碳转型，开展碳达峰试点城市、园区建设，加大工业节能技改力度，推进工业领域低碳工艺革新，培育壮大低碳、零碳、负碳产业，建设绿色制造体系，打造国家级铜基新材料先进制造业集群。加强高耗能高排放项目管控，坚决遏制高耗能高排放项目盲目发展。

加快构建清洁低碳、安全高效的能源体系。加强能源消费强度和总量控制，完善能耗“双控”制度，并逐步转向碳排放“双控”，统筹项目用能和碳排放情况综合评价，严格责任落实和评价考核。推动化石能源清洁高效利用，加快煤炭减量步伐，严格控制非电煤炭消费增长，合理控制石油消费，有序引导天然气消费，推动工业余热回收利用。大力发展非化石能源，因地制宜推进风能、水能、太阳能、生物质能等可再生能源开发利用。加强华能鹰潭核电项目厂址保护，根据国家政策适时启动项目前期工作。积极谋划区外清洁电力，构建新能源占比逐渐提高的新型电力系统。深化能源体制改革，落实国家电网体制改革和国家煤炭、油气等市场化改革，积极融入国家统一能源市场。

加快构建绿色低碳交通运输体系。优化交通运输结构，推进绿色公路、绿色港口、生态航运发展。加快建设现代集疏运体系，做大做强多式联运，优化铁路运输组织方式，提升港口码头专业化、现代化程度，提高铁路、水路承运比重。加快陆港型国家物流枢纽建设，打造智能绿色物流，推进物流业绿色低碳发展。加快冷链物流基地建设，优化城乡高效配送网络，推进商贸物流升级。加快淘汰高耗能高排放老旧车船，提高新能源汽车和清洁能源车船销售比例，实现新能源公交车全覆盖，新能源出租车、网约车基本覆盖，公

共机关、物流配送、邮政快递等领域新能源交通装备占比大幅提升。积极引导绿色低碳出行，加快充电、换电、公共交通基础设施和城市绿色慢行系统建设。

加快构建绿色低碳城乡建筑体系。推动城乡建设和管理低碳转型，推进城乡绿色规划、绿色建设、绿色运行管理，开展生态园林城市（镇）、“无废城市”、低碳城市建设。大力推进绿色建筑发展，实施工程建设全过程绿色建造，全面推广使用绿色低碳建筑材料，推动建筑垃圾循环化利用。加快发展超低能耗、近零能耗、低碳建筑，加强星级绿色建筑标识管理。加快优化建筑用能结构，推进可再生能源在建筑领域中的规模化应用，推动建筑用能电气化和低碳化，开展建筑屋顶光伏利用行动，逐步普及建筑采暖、生活热水、炊事等用能领域电气设备。

加快构建绿色低碳科技创新体系。实施碳达峰、碳中和科技重点研发计划，加快能源系统深度脱碳、高效光伏组件、生物质利用、零碳工业流程再造、高效安全储能、固碳增汇等应用技术研发，推动低碳零碳负碳技术取得突破。加强与国内高校、科研院所合作，实施一批科技创新联合攻关项目，努力打造一批节能降碳和能源技术产品研发技术创新中心、工程研究中心、重大科技创新平台和新型研发机构。培养和引进一批碳达峰、碳中和专业技术人才和管理人才，建立健全碳达峰、碳中和智库体系。引导技术创新主体构建绿色低碳专业孵化器，支持科研院所和企业开展技术攻关。

加快构建生态系统固碳增汇体系。巩固生态系统碳汇能力，严守生态保护红线、严控生态空间占用，严控新增建设用地规模，盘活城乡存量建设用地。提升生态系统碳汇水平，扎实推进长江经济带“共抓大保护”攻坚行动和信江流域生态环境专项整治行动，深入推进“绿色矿山”建设，开展山水林田湖草沙一体化保护与修复。实施森林质量精准提升工程，依托国有林场打造森林碳汇发展片区，提升森林碳汇总量。实施耕地质量提升行动，稳定农业种植面积，增加农田碳汇。推进市场化机制建设，积极落实排污权、用能权、碳排放权等交易机制，推进生态产品价值实现。

四、加快构建激励扶持政策体系

加快构建与碳达峰碳中和相适应的财政、价格和投融资等经济政策体系。完善支持社会资本参与政策，激发市场主体绿色低碳投资活力。统筹财政专项资金支持碳达峰、碳中和重大行动、重大示范和重大工程。全面落实节能环保、资源综合利用、合同能源管理等方面税收优惠政策。贯彻落实价格支持碳达峰、碳中和政策措施。鼓励金融机构创新碳金融产品，推动设立碳中和基金，加大信贷对绿色低碳领域支持力度，鼓励金融机构开发排污权、碳排放权、用能权抵押贷款产品。拓宽绿色低碳企业直接融资渠道，鼓励发行绿色债券，支持符合条件的绿色企业上市融资。全面清理现行地方政策文件与碳达峰碳中和不相适应内容，加强政策措施的有效衔接。

五、大力加强统计、监测、监管和考核评价

健全能耗统计监测和计量体系，开展能源生产和消费、碳排放情况统计跟踪监测与核算分析，加强二氧化碳等温室气体排放统计核算能力建设，强化预研预判预警，提升信息化实测水平。将碳达峰、碳中和目标任务落实情况纳入市委巡察、市委和市政府督查内容，将碳达峰、碳中和相关指标纳入年度综合考核内容，增加考核权重。强化考核结果应用，对工作突出的地区、单位和个人，市、区（市）人民政府应当按规定予以表彰和奖励。对未完成目标任务的地区和单位，依法依规实行通报批评和约谈问责。

六、广泛深入开展碳达峰、碳中和宣传教育

将绿色低碳发展纳入国民教育、职业教育、干部教育培训重要内容。组织开展领导干部碳达峰、碳中和能力建设专题培训。开展节能宣传周、低碳日等活动，强化绿色生活方式宣传引导，深入推进节约型机关、绿色家庭、绿色社区、绿色出行、绿色商场、绿色建筑等绿色生活行动。加强居民采购绿色产品引导，倡导绿色消费理念，开展绿色产品消费教育宣传活动。充分发挥各类媒体和社团组织作用，加强政策解读和宣传引导，加大法治宣传力度，为碳达峰、碳中和工作营造良好环境。

七、积极动员全社会力量参与碳达峰、碳中和

国家机关、社会团体、企事业单位和其他社会组织应当严格遵守节能环保法律法规，加强节能、减污、降碳管理，杜绝能源和资源浪费，防止、减少环境污染和生态破坏。

国有企业应当发挥引领作用，带头压减淘汰落后产能，推广低碳零碳负碳技术，加大绿色低碳投资，开展节能技术应用研究，带动节能技术创新与成果转化。

碳排放重点企业应当强化节能降耗和碳排放管理，实施节能低碳技术改造，降低单位产值、单位产品能耗和碳排放，定期向政府主管部门报告温室气体排放情况，对报告的真实性、完整性和准确性负责。

鼓励高等院校和科研院所建设碳达峰、碳中和科技创新、人才培养体系，加快科技成果转化应用。

全社会要增强节约意识、生态环保意识、节能降碳意识，树立绿色消费理念，践行简约适度、绿色低碳的生活方式，积极参与碳普惠活动，自觉抵制餐饮浪费，落实生活垃圾源头减量和分类投放，选择公共交通、非机动车、步行等绿色低碳出行方式，履行节约资源和保护环境的法定义务。

各级领导干部和国家公职人员要发挥带头作用，并广泛动员人民群众积极参与碳达峰、碳中和工作。

八、依法加强人大有关立法和监督工作

市人民代表大会常务委员会应当根据相关法律、法规，适时制定碳达峰、碳中和地方性法规，及时修改与碳达峰、碳中和要求不一致的地方性法规，保障碳达峰、碳中和目标任务实现。

市、区（市）人民代表大会常务委员会应当通过听取和审议专项工作报告、检查法律法规实施情况、开展询问、质询等监督方式，依法加强对碳达峰、碳中和工作的监督，并对本决定贯彻实施的情况适时开展检查。

九、对违反碳达峰、碳中和有关规定的行为，依据相关法律法规进行处理

十、本决定自公布之日起施行

工作制度

鹰潭市人民代表大会议事规则

（2023 年 1 月 7 日鹰潭市十届人大三次会议通过，2023 年 3 月 31 日江西省十四届人大常委会第一次会议批准）

第一章　总则

第一条　为了保障市人民代表大会依法有序行使职权，提高议事质量和效率，根据《中华人民共和国宪法》《中华人民共和国地方各级人民代表大会和地方各级人民政府组织法》《中华人民共和国全国人民代表大会和地方各级人民代表大会选举法》《中华人民共和国全国人民代表大会和地方各级人民代表大会代表法》等法律法规规定，结合本市实际，制定本规则。

第二条　市人民代表大会坚持以马克思列宁主义、毛泽东思想、邓小平理论、“三个代表”重要思想、科学发展观、习近平新时代中国特色社会主义思想为指导，坚持党的领导、人民当家作主、依法治国有机统一，坚持和发展全过程人民民主，实行民主集中制原则，集体行使宪法和法律赋予的职权。

第二章　会议的举行

第三条　市人民代表大会会议每年至少举行一次，一般于第一季度举行。会议召开的日期由市人民代表大会常务委员会决定并予以公布。

遇有特殊情况，市人民代表大会常务委员会可以决定适当提前或者推迟召开会议；提前或者推迟召开会议的日期未能在当次会议上决定的，常务委员会可以另行决定或者授权主任会议决定，并予以公布。

市人民代表大会常务委员会认为必要，或者经过五分之一以上的市人民代表大会代表提议，可以临时召集市人民代表大会会议。

第四条 市人民代表大会会议由市人民代表大会常务委员会召集。每届市人民代表大会第一次会议，在本届市人民代表大会代表选举完成后的两个月内，由上届市人民代表大会常务委员会召集。

第五条 市人民代表大会会议有三分之二以上的代表出席，始得举行。

第六条 市人民代表大会常务委员会在市人民代表大会会议举行前，进行下列准备工作：

（一）提出会议议程草案；

（二）提出主席团和秘书长名单草案；

（三）决定列席会议人员名单；

（四）会议的其他准备事项。

第七条 市人民代表大会常务委员会在市人民代表大会会议举行的一个月前，应当将开会日期和建议会议讨论的主要事项通知代表，并将准备提请会议审议的法规草案发给代表。

市人民代表大会常务委员会在市人民代表大会会议举行前，可以组织代表进行视察、研读讨论有关法规草案，征求代表的意见，并通报会议拟讨论的主要事项的有关情况。

临时召集的市人民代表大会会议不适用前两款规定。

第八条 市人民代表大会预备会议举行前，代表按照选举单位组成代表团，由各代表团的召集人召集代表团第一次全体会议，推选代表团团长、副团长。团长召集并主持代表团全体会议，副团长协助团长工作。

代表团可以分设若干代表小组，代表小组会议推选小组召集人。小组召集人召集并主持代表小组会议。

第九条 市人民代表大会会议举行前，召开预备会议，选举主席团和秘书长，通过会议议程和关于会议其他准备事项的决定。预备会议选举主席团和秘书长、通过有关事项的决定，由全体代表的过半数通过。

预备会议由市人民代表大会常务委员会主持。每届市人民代表大会第一次会议的预备会议，由上届市人民代表大会常务委员会主持。

预备会议举行前，各代表团审议市人民代表大会常务委员会提出的主席团和秘书长名单草案、会议议程草案以及关于会议的其他准备事项，提出意见。

市人民代表大会常务委员会主任会议根据各代表团提出的意见，可以对主席团和秘书长名单草案、会议议程草案以及关于会议的其他准备事项提出调整意见，提请预备会议审议。

第十条　主席团成员在代表中产生。

除每届市人民代表大会第一次会议和临时召集的市人民代表大会会议外，市人民政府组成人员，市监察委员会、市中级人民法院和市人民检察院的负责人一般不担任主席团成员职务。

第十一条　主席团履行下列职责：

（一）主持市人民代表大会会议；

（二）向会议提出议案和决议、决定草案；

（三）组织审议列入会议议程的议案和报告；

（四）听取和审议关于议案和报告审议、审查情况的报告，决定是否将议案和决议、决定草案提请会议表决；

（五）依法提出市人民代表大会常务委员会组成人员，市人民政府市长、副市长，市监察委员会主任，市中级人民法院院长，市人民检察院检察长，专门委员会组成人员的人选；

（六）主持会议选举和表决，提出选举和通过人选办法草案；

（七）组织宪法宣誓仪式；

（八）决定议案、罢免案、质询案的审议程序和处理意见；

（九）发布公告；

（十）其他应当由主席团处理的事项。

主席团会议应当有三分之二以上的主席团成员出席才能举行。主席团的决定，由主席团全体成员的过半数通过。

第十二条　主席团第一次会议由市人民代表大会常务委员会主任召集并主持，主任可以委托大会秘书长主持；会议推选主席团常务主席后，由主席团常务主席主持。

主席团第一次会议推选主席团常务主席若干人，推选主席团成员若干人分别担任每次大会全体会议的执行主席，并决定下列事项：

（一）副秘书长的人选；

（二）会议日程；

（三）会议期间代表提出议案的截止时间；

（四）其他需要由主席团第一次会议决定的事项。

第十三条　主席团常务主席履行下列职责：

（一）召集并主持主席团会议；

（二）对主席团职权范围内的事项向主席团提出建议；

（三）根据会议进展情况，对会议日程安排作出调整；

（四）必要时，召开代表团团长会议，就议案和有关报告的重大问题听取代表团的审议意见，进行讨论，并将讨论的情况和意见建议向主席团报告；就重大的专门性问题，召集代表团推选的代表进行讨论，并将讨论的情况和意见建议向主席团报告；

（五）根据需要向主席团提出建议，召开全体会议就议案和有关报告进行大会发言；

（六）根据主席团的授权，处理主席团职责范围内的其他事项。

主席团会议讨论重大的专门性问题时，主席团常务主席可以召集有关机关负责人参加会议，汇报情况，回答问题。

第十四条 代表团审议议案和有关报告，由代表团全体会议、代表小组会议审议。

第十五条 市人民代表大会会议设立秘书处。秘书处由秘书长和副秘书长若干人组成。

秘书处在秘书长领导下，办理主席团交付的事项和处理会议日常事务工作。副秘书长协助秘书长工作。

秘书处设立有关工作机构，负责大会的有关具体工作。

第十六条 代表应当按时出席市人民代表大会会议。因病或者其他特殊原因不能出席的，会前应当向市人民代表大会常务委员会书面请假，会议期间应当报代表团并由代表团向秘书处书面请假。未经批准两次不出席市人民代表大会会议的，其代表资格终止。代表出席会议的情况应向大会全体会议通报。

代表应当勤勉尽责，认真审议各项议案和报告，参加选举和表决，严格遵守会议纪律。

第十七条 不是市人民代表大会代表的市人民政府组成人员、市监察委员会主任、市中级人民法院院长、市人民检察院检察长，市人民代表大会常务委员会副秘书长和办事机构、工作机构负责人，列席市人民代表大会会议；本市选出的省人民代表大会代表，可以列席市人民代表大会会议；本市有关机关、团体的负责人，其他需要列席的人员，经市人民代表大会常务委员会决定，可以列席市人民代表大会会议。

列席人员应当按时参加会议，因病或者其他特殊原因不能列席的，按有关规定办理请假手续。

列席人员可以在会议上发言。

第十八条 市人民代表大会会议公开举行。

市人民代表大会会议议程、日程和会议情况予以公开。

市人民代表大会在必要的时候，可以举行秘密会议。举行秘密会议，经主席团征求各代表团的意见后，由有各代表团团长参加的主席团会议决定。

第十九条　市人民代表大会会议可以根据情况举行新闻发布会、记者会。

市人民代表大会会议可以根据需要设发言人，代表团可以根据需要设发言人。

秘书处可以组织代表和有关部门、单位负责人接受新闻媒体采访。代表团可以组织本代表团代表接受新闻媒体采访。

大会全体会议可以通过广播、电视、网络等媒体进行公开报道。

第二十条　市人民代表大会举行会议，应当合理安排会期和会议日程，提高议事质量和效率。

各代表团应当按照会议日程进行审议。

第二十一条　市人民代表大会会议可以运用现代信息技术，推进会议文件资料电子化，采用网络视频等方式为代表履职提供便利和服务。

第三章　议案的提出和审议

第二十二条　市人民代表大会举行会议的时候，主席团、常务委员会、各专门委员会、市人民政府，可以向市人民代表大会提出属于市人民代表大会职权范围内的议案，由主席团决定提交市人民代表大会会议审议，或者并交有关的专门委员会审议、提出报告，再由主席团审议决定提交大会表决。

代表十人以上联名，可以向市人民代表大会提出属于市人民代表大会职权范围内的议案，由主席团决定是否列入会议议程，或者先交有关的专门委员会审议，提出是否列入会议议程的意见，再由主席团决定是否列入会议议程。专门委员会审议的时候，可以邀请提案人列席会议、发表意见。

代表联名提出的议案，可以在市人民代表大会会议举行前提出。

第二十三条　议案应当一事一案，书面提出。代表联名提出的，应当署名，第一署名人为领衔提案人。

议案应当写明需要审议的问题、理由和解决方案。

第二十四条　列入市人民代表大会会议议程的议案，提案人和有关专门委员会、常务委员会有关工作机构应当提供有关资料。

第二十五条　列入市人民代表大会会议议程的议案，提案人应当向会议提出关于议案的说明。议案由各代表团进行审议，主席团可以并交有关的专门委员会进行审议、提出报告，由主席团审议决定提请大会全体会议表决。

第二十六条　列入市人民代表大会会议议程的议案，在审议中有重大问题需要进一步研究的，由主席团提出，经大会全体会议决定，可以授权市人民代表大会常务委员会审议决定，并报市人民代表大会下次会议备案或者提请市人民代表大会下次会议审议。

第二十七条 列入市人民代表大会会议议程的议案，在交付大会表决前，提案人要求撤回的，经主席团同意，对该议案的审议即行终止。

第二十八条 代表联名提出的议案，经主席团决定不列入本次会议议程的，交市人民代表大会常务委员会在市人民代表大会闭会后审议。

交市人民代表大会常务委员会审议的议案，由主任会议交有关的专门委员会或者常务委员会工作机构审议、研究，向常务委员会提出审议结果或者处理意见的报告，经常务委员会审议通过后，印发市人民代表大会下次会议。

第二十九条 列入会议议程的法规案，审议和表决按照《鹰潭市立法条例》的规定进行。

第三十条 市人民代表大会代表向市人民代表大会提出的对各方面工作的建议、批评和意见，由市人民代表大会常务委员会代表工作机构交由有关机关、组织研究办理。承办单位应当认真研究办理代表建议、批评和意见，并自交办之日起三个月内书面答复代表。涉及面广、处理难度大的建议、批评和意见，经交办的市人民代表大会常务委员会代表工作机构同意，可延长至六个月内书面答复代表。代表对答复不满意的，可以提出意见，由市人民代表大会常务委员会代表工作机构交由有关机关、组织或者其上级机关、组织再作研究处理，并在一个月内再次答复。

代表的建议、批评和意见的办理情况以适当形式向社会公开。

第四章 审议工作报告、审查计划和预算

第三十一条 市人民代表大会每年举行会议时，市人民代表大会常务委员会、市人民政府、市中级人民法院、市人民检察院向会议提出的工作报告，经各代表团审议后，会议可以作出相应的决议。

第三十二条 主席团根据代表团对工作报告的审议情况提出相应决议草案，交由代表团审议。决议草案经代表团审议后，由主席团决定提交大会全体会议表决。

第三十三条 市人民代表大会会议举行的三十日前，市人民政府发展改革、财政主管部门应当就上一年度全市国民经济和社会发展计划执行情况的主要内容与本年度全市国民经济和社会发展计划草案的初步方案，上一年度市级总预算执行情况的主要内容与本年度市级总预算草案的初步方案，向市人民代表大会财政经济委员会和有关的专门委员会汇报，同时应当提供计划和预算编制的主要依据和有关材料，由市人民代表大会财政经济委员会进行初步审查。市人民代表大会财政经济委员会进行初步审查时，应当邀请市人民代

表大会有关专门委员会组成人员、代表和有关专家学者参加。

市人民政府发展改革、财政主管部门应当就市人民代表大会财政经济委员会所提出的意见进行研究，并就采纳情况作出说明。

第三十四条　市人民代表大会每年举行会议的时候，市人民政府应当向会议提出关于上一年度全市国民经济和社会发展计划执行情况与本年度全市国民经济和社会发展计划草案的报告、全市国民经济和社会发展计划草案，关于上一年度市级总预算执行情况与本年度市级总预算草案的报告、市级总预算草案，由代表团进行审查，并由市人民代表大会财政经济委员会和有关的专门委员会审查。

市人民代表大会财政经济委员会根据代表团和有关的专门委员会的审查意见，对前款规定的事项进行审查，向主席团提出审查结果报告，主席团审议通过后，印发会议，并将关于上一年度全市国民经济和社会发展计划执行情况与本年度全市国民经济和社会发展计划的决议草案、关于上一年度预算执行情况和本年度预算的决议草案提请大会全体会议表决。

第三十五条　国民经济和社会发展计划、市级预算经市人民代表大会批准后，在执行过程中需要作部分调整的，市人民政府应当将调整方案提请市人民代表大会常务委员会审查和批准。

第三十六条　全市国民经济和社会发展五年规划纲要和中长期规划纲要的审查、批准和调整，参照本章有关规定执行。

第三十七条　审查监督政府债务，监督市人民政府对国有资产的管理，按照有关规定执行。

第五章　选举、罢免和辞职

第三十八条　市人民代表大会会议选举市人民代表大会常务委员会组成人员，市人民政府市长、副市长，市监察委员会主任，市中级人民法院院长，市人民检察院检察长和本市出席省人民代表大会代表；通过市人民代表大会各专门委员会主任委员、副主任委员和委员的人选。

第三十九条　市人民代表大会常务委员会组成人员，市人民政府市长、副市长，市监察委员会主任，市中级人民法院院长，市人民检察院检察长的人选，由主席团提名或者市人民代表大会代表二十人以上书面联合提名。其中，市人民代表大会常务委员会组成人员的人选，应当从市人民代表大会代表中提名。

主席团提名的候选人人数，每一代表与其他代表联合提名的候选人人数，均不得超过应选名额。

省人民代表大会代表的候选人，可以由各政党、各人民团体联合或者单独推荐，也可以由市人民代表大会代表十人以上书面联名推荐。代表候选人不限于市人民代表大会代表。

各政党、各人民团体联合或者单独推荐的代表候选人的人数，每一代表参加联名推荐的代表候选人的人数，均不得超过应选代表的名额。

市人民代表大会专门委员会的主任委员、副主任委员和委员的人选，由主席团在市人民代表大会代表中提名，市人民代表大会通过。

第四十条 候选人的提名人或者推荐人应当向市人民代表大会会议介绍候选人的基本情况，并对代表提出的问题作必要的说明。

主席团应当将候选人的基本情况印发全体代表。

第四十一条 市人民代表大会会议选举、补选市人民代表大会常务委员会组成人员，市人民政府市长、副市长，市监察委员会主任，市中级人民法院院长，市人民检察院检察长，通过市人民代表大会专门委员会组成人员人选，以及接受上述所列人员辞职，依照《中华人民共和国地方各级人民代表大会和地方各级人民政府组织法》以及大会选举和通过人选办法的规定进行。

市人民代表大会会议选举、补选本市出席省人民代表大会代表，以及接受其辞职，依照《中华人民共和国全国人民代表大会和地方各级人民代表大会选举法》以及大会选举和通过人选办法的规定进行。

选举和通过人选办法草案由主席团提出，经各代表团审议后，由主席团决定提请大会全体会议表决通过。

第四十二条 市人民代表大会换届选举本级国家机关领导人员、选举本市出席省人民代表大会代表时，提名、酝酿候选人的时间不得少于两天。

第四十三条 市人民代表大会会议选举，采用无记名投票方式。获得赞成票数超过全体代表半数的，始得当选。选举结果由主席团依法确定是否有效，并向大会宣布。候选人的得票数，应当向代表公布。

市人民代表大会会议选举时，应当设有秘密写票处。

第四十四条 市人民代表大会选举和通过的地方国家机关组成人员，在依照法定程序产生后，公开进行宪法宣誓。

第四十五条 市人民代表大会会议期间，主席团、市人民代表大会常务委员会或者十分之一以上代表联名，可以提出对市人民代表大会常务委员会组成人员、市人民政府组成人员、市监察委员会主任、市中级人民法院院长、市人民检察院检察长的罢免案；主席团或者十分之一以上代表联名，可以提出对市人民代表大会选出的省人民代表大会代表的罢免案。

罢免案应当写明罢免理由，并提供有关材料。

罢免案由主席团交各代表团审议后，提请大会全体会议表决；或者由主席团提议，经大会全体会议决定，组织调查委员会进行调查，由市人民代表大会下次会议根据调查委员会的报告审议决定。

罢免案提交大会全体会议表决前，被提出罢免的人员有权在主席团会议或者大会全体会议上提出申辩意见，或者书面提出申辩意见。在主席团会议上提出的申辩意见或者书面提出的申辩意见，由主席团印发会议。

罢免本市选出的省人民代表大会代表的决议，须报送省人民代表大会常务委员会备案、公告。

第四十六条　市人民代表大会常务委员会组成人员、专门委员会组成人员的市人民代表大会代表职务被原选举单位罢免的，其市人民代表大会常务委员会组成人员、专门委员会组成人员的职务相应撤销，由主席团或者市人民代表大会常务委员会予以公告。

第四十七条　市人民代表大会常务委员会组成人员、专门委员会组成人员，辞去市人民代表大会代表职务的请求被接受的，其市人民代表大会常务委员会组成人员、专门委员会组成人员的职务相应终止，由市人民代表大会常务委员会予以公告。

第四十八条　市人民代表大会选出的市人民检察院检察长，接受市人民检察院检察长辞职，或者罢免市人民检察院检察长职务，均须报经省人民检察院检察长提请省人民代表大会常务委员会批准。

第六章　询问和质询

第四十九条　各代表团审议议案和有关报告时，有关部门应当派负责人员到会，听取意见，回答询问。

代表提出询问的内容，应当与会议审议的议案或者报告有关。

各代表团审议政府工作报告，审查关于上一年度全市国民经济和社会发展计划执行情况与本年度全市国民经济和社会发展计划草案的报告、全市国民经济和社会发展计划草案，审查关于上一年度市级总预算执行情况与本年度市级总预算草案的报告、市级预算草案，审查政府债务、国有资产管理情况，审议市中级人民法院工作报告、市人民检察院工作报告、市生态文明建设工作报告时，市人民政府及其各部门负责人，市中级人民法院、市人民检察院负责人或者其委派的人员应当分别参加会议，听取意见，回答询问。

主席团和专门委员会对议案和有关报告进行审议时，市人民政府或者有关机关负责人应当到会听取意见，回答询问，并可以对有关议案或者报告作补充说明。

对代表在审议议案和有关报告时提出的意见，有关机关应当认真研究，充分吸收采纳，并及时予以回复；意见未采纳的，应当向代表作出说明。

第五十条 市人民代表大会会议期间，代表十人以上联名，可以书面提出对市人民政府及其各工作部门、市监察委员会、市中级人民法院、市人民检察院的质询案。

质询案应当写明质询对象、质询的问题和内容。

第五十一条 质询案按照主席团的决定由受质询机关的负责人在主席团会议、大会全体会议或者有关的专门委员会会议上口头答复，或者由受质询机关书面答复。在主席团会议或者专门委员会会议上答复的，提质询案的代表有权列席会议，发表意见。

提出质询案的代表半数以上对答复质询不满意的，可以提出要求，经主席团决定，由受质询机关再作答复。

在专门委员会会议上答复的，有关的专门委员会应当将答复质询案的情况向主席团报告。

主席团认为必要的时候，可以将答复质询案的情况报告印发会议。

质询案以书面答复的，应当由受质询机关的负责人签署，并由主席团决定印发会议，或者印发提质询案的代表。

第五十二条 质询案在主席团作出处理决定前，提案人可以要求撤回。

第七章 特定问题调查

第五十三条 市人民代表大会认为必要的时候，可以组织关于特定问题的调查委员会。

第五十四条 市人民代表大会会议期间，主席团或者十分之一以上代表书面联名，可以向市人民代表大会提议组织关于特定问题的调查委员会，由主席团提请全体会议决定。

调查委员会由主任委员、副主任委员和委员组成，由主席团在代表中提名，提请全体会议通过。调查委员会可以聘请专家参加调查工作。

第五十五条 调查委员会进行调查的时候，有关的国家机关、社会团体、企业事业组织和公民都有义务如实向其提供必要的材料。

提供材料的公民要求调查委员会对材料来源保密的，调查委员会应当予以保密。

调查委员会在调查过程中，可以不公布调查的情况和材料。

第五十六条 调查委员会应当向市人民代表大会提出调查报告。市人民代表大会根据调查委员会的报告，可以作出相应的决议。

市人民代表大会可以授权市人民代表大会常务委员会在市人民代表大会闭会期间，听取调查委员会的调查报告，并可以作出相应的决议，报市人民代表大会下次会议备案。

第八章　发言、表决和公布

第五十七条　代表依法享有发言权和表决权。

代表在市人民代表大会各种会议上的发言和表决，不受法律追究。

第五十八条　代表在市人民代表大会各种会议上的发言，应当围绕会议确定的议题进行。

第五十九条　代表要求在大会全体会议上发言的，应当在会前向秘书处报名，由大会执行主席安排发言顺序；临时要求发言的，经大会执行主席许可，始得发言。代表在大会全体会议上发言的，每人可以发言两次，第一次不超过十分钟，第二次不超过五分钟。

主席团成员和代表团团长或者代表团推选的代表在主席团每次会议上发言的，每人可以就同一议题发言两次，第一次不超过十五分钟，第二次不超过十分钟。

经会议主持人许可，发言时间可以适当延长。

第六十条　大会全体会议表决议案、决议、决定、办法，由全体代表的过半数通过。表决结果应当当场宣布。

会议表决时，代表可以表示赞成，可以表示反对，也可以表示弃权。

第六十一条　大会全体会议表决议案、决议、决定、办法，采用无记名按表决器方式或举手方式。

预备会议、主席团会议表决的方式，适用前款规定。

第六十二条　市人民代表大会选举产生的市人民代表大会常务委员会组成人员，市人民政府市长、副市长，市监察委员会主任，市中级人民法院院长，市人民检察院检察长，以市人民代表大会公告予以公布。

市人民代表大会通过的法规，报经省人民代表大会常务委员会批准后，以市人民代表大会常务委员会公告予以公布。

市人民代表大会通过的专门委员会组成人员名单，接受国家机关组成人员辞职的决定，罢免国家机关组成人员的决定，由市人民代表大会予以公布。

市人民代表大会通过的决议、决定，由市人民代表大会予以公布。

市人民代表大会通过的决议、决定，发布的公告，公布后的法规等，应当及时在《鹰潭日报》和鹰潭人大信息网等媒体上刊登。

第九章　附 则

第六十三条　本规则自公布之日起施行。

鹰潭市人民代表大会常务委员会议事规则

（2017年8月29日鹰潭市九届人大常委会第九次会议通过，2023年8月31日鹰潭市十届人大常委会第十六次会议第一次修正）

第一章　总则

第一条　为了健全和完善市人民代表大会常务委员会（以下简称常务委员会）的议事程序，保障和规范其行使职权，根据《中华人民共和国宪法》《中华人民共和国地方各级人民代表大会和地方各级人民政府组织法》等有关法律、法规的规定，制定本规则。

第二条　常务委员会坚持中国共产党的领导，依照法定职权和法定程序举行会议、开展工作。

第三条　常务委员会坚持以人民为中心，坚持和发展全过程人民民主，始终同人民保持密切联系，倾听人民的意见和建议，体现人民意志，保障人民权益。

第四条　常务委员会审议议案、决定事项，实行民主集中制的原则，充分发扬民主，集体行使职权。

第五条　常务委员会举行会议，应当合理安排会期、议程和日程，提高议事质量和效率。

第二章　会议的召开

第六条　常务委员会会议一般每两个月举行一次。特殊情况，可以临时召集会议。

常务委员会会议必须有常务委员会全体组成人员的过半数出席，始得举行。

常务委员会会议由常务委员会主任召集并主持。主任可以委托副主任主持会议。

遇有特殊情况，经常务委员会主任会议（以下简称主任会议）决定，常务委员会组成人员可以通过网络视频方式出席会议。

第七条　常务委员会会议日期由主任会议决定。

常务委员会会议议程和日程由主任会议提请常务委员会全体会议决定。

常务委员会会议期间，如需要临时调整会议议程或者日程，由主任会议提请常务委员会全体会议决定。

第八条　常务委员会在举行会议的七日前，召开主任会议研究确定常务委员会会议日期，拟定会议议程草案和日程草案，并对提请常务委员会会议审议的议案、报告等进行讨论。

常务委员会办事机构应当及时将开会日期、建议会议审议的主要事项，通知常务委员会组成人员和列席会议的人员，并将会议有关材料发送常务委员会组成人员。

临时召集的会议，可以临时通知。

第九条　常务委员会会议举行前，常务委员会组成人员和列席会议的人员，应当围绕会议议题，进行调查研究，做好审议准备。

市人民代表大会（以下简称人大）专门委员会、常务委员会办事机构和工作机构应当围绕会议议题，在会前组织开展视察、调研，并形成视察、调研报告。

第十条　常务委员会举行会议时，下列人员列席会议：

（一）市人民政府、市监察委员会、市中级人民法院、市人民检察院的负责人；

（二）不是常务委员会组成人员的常务委员会副秘书长，市人大专门委员会的主任委员、副主任委员，常务委员会办事机构和工作机构的主任、副主任；

（三）市人民政府有关部门的主要负责人；

（四）区（市）人大常务委员会主任或者一位副主任；

（五）受邀请的市人大代表和在我市的全国人大代表、省人大代表；

（六）主任会议认为需要列席会议的其他人员。

第十一条　根据主任会议决定，常务委员会会议可以设置公民旁听席。公民旁听会议按照《鹰潭市公民旁听市人大常委会会议的规定》办理。

第十二条　常务委员会举行会议时，召开全体会议、分组会议，根据需要可以召开联组会议。

分组会议设第一召集人、第二召集人各一人，第一召集人由常务委员会副主任轮流担任，第二召集人由常务委员会委员轮流担任，并经主任会议确定。第二召集人负责召集分组会议并向主任会议和全体会议汇报本组审议情况。分组名单由常务委员会办事机构拟订，报秘书长审定，并定期调整。

分组会议审议过程中有重大意见分歧或者其他重要情况的，第二召集人应当及时向常务委员会主任报告。

联组会议由常务委员会主任或者主任委托的副主任主持。

第十三条　常务委员会组成人员应当勤勉尽责，认真审议各项议案和报告，严格遵守会议纪律。

常务委员会组成人员不得无故缺席会议，因病或者其他特殊原因不能出席会议的，应当在会议召开前履行书面请假手续，常务委员会副主任、秘书长向常务委员会主任请假，常务委员会委员向常务委员会主任委托的副主任请假；会议期间，不能出席全体会议、分组会议的，应当分别向会议主持人、分组会议召集人请假。

列席会议的市监察委员会主任、市中级人民法院院长、市人民检察院检察长和市人民政府有关部门的主要负责人因病或者其他特殊情况不能列席会议的，经常务委员会主任或者主任委托的副主任同意，可以委托其他负责人列席。列席会议的其他人员因病或者其他特殊情况不能列席会议的，应当向常务委员会秘书长请假。

第十四条　常务委员会会议运用现代信息技术，推进会议文件资料电子化，采用网络视频等方式为常务委员会组成人员和列席会议的人员履职提供便利和服务。

第十五条　常务委员会举行会议时，常务委员会办公室应当通知新闻单位进行宣传报道；经主任会议决定，可以召开新闻发布会。

第三章　议案的提出和审议

第十六条　主任会议可以向常务委员会提出属于常务委员会职权范围内的议案，由常务委员会会议审议。

市人民政府、市人大专门委员会可以向常务委员会提出属于常务委员会职权范围内的议案，由主任会议决定提请常务委员会会议审议，也可以先交有关专门委员会审议或者常务委员会工作机构初审，提出报告，再决定提请常务委员会会议审议。

常务委员会组成人员五人以上联名，可以向常务委员会提出属于常务委员会职权范围内的议案，由主任会议决定是否提请常务委员会会议审议，也可以先交有关专门委员会审议或者常务委员会工作机构初审，提出报告，再决定是否提请常务委员会会议审议。不提请常务委员会会议审议的，应当向提案人说明。

第十七条　市人民代表大会会议主席团交付常务委员会审议的议案，由有关专门委员会审议或者常务委员会工作机构初审，提出报告，再由主任会议提请常务委员会会议审议。

第十八条　主任会议根据工作需要，可以委托常务委员会办事机构和工作机构拟订有关议案草案，并向常务委员会会议作说明。

第十九条　对提请常务委员会会议审议的议案，提议案的机关或者提案人应当在会议召开十日前提供议案文本和说明等相关的资料，法律、法规另有规定的从其规定。

第二十条　列入常务委员会会议议程的议案，由提议案的机关的负责人到会作说明。主任会议提出的议案，由主任会议成员或者主任会议委托的其他人员到会作说明。市人民政府提出的议案，由其负责人或者委托其有关部门的主要负责人到会作说明。

常务委员会组成人员联名提出的议案，由提出议案的领衔人作说明，也可以作书面说明。

第二十一条 常务委员会全体会议听取关于议案的说明、审查报告及其他有关情况的报告后，召开分组会议或者联组会议对议案进行审议。

第二十二条 经主任会议同意，提议案的机关的负责人或者提案人可以在常务委员会全体会议、分组会议或者联组会议上对议案作补充说明。

第二十三条 地方性法规议案的提出和审议，按照《鹰潭市立法条例》的规定执行。

人事任免议案的提出和审议，按照《鹰潭市人民代表大会常务委员会人事任免办法》的规定执行。

第二十四条 提请批准国民经济和社会发展规划纲要、计划、预算的调整方案和决算的议案，交财政经济委员会审查，由财政经济委员会向常务委员会会议提出审查结果的报告。

国民经济和社会发展规划纲要、计划、预算的调整方案和决算草案应当在常务委员会举行全体会议审查的三十日前，交财政经济委员会进行初步审查。

第二十五条 列入常务委员会会议议程的议案，在交付表决前，提议案的机关或者提案人要求撤回的，经主任会议同意，对该议案的审议即行终止。

第二十六条 列入常务委员会会议议程的议案，在审议中如有重大问题需要进一步研究的，经主任会议决定，可以暂不付表决，交有关部门进一步调查研究、提出意见，再由主任会议决定是否提请下一次或者以后的常务委员会会议审议。

第二十七条 常务委员会认为必要时，可以组织关于特定问题的调查委员会，并根据调查委员会的报告，作出相应的决议、决定。

第四章 听取和审议报告

第二十八条 常务委员会根据年度工作计划和需要听取市人民政府、市监察委员会、市中级人民法院、市人民检察院的专项工作报告。常务委员会召开全体会议，定期听取下列报告：

（一）市人民政府关于国民经济和社会发展计划、预算执行情况的报告，关于国民经济和社会发展五年规划纲要实施情况的中期评估报告；

（二）市人民政府关于决算的报告、审计工作的报告、审计查出问题整改情况的报告；

（三）市人民政府关于年度环境状况和环境保护目标完成情况的报告；

（四）市人民政府关于国有资产管理情况的报告；

（五）市人民政府关于政府债务工作有关情况的报告；

（六）市人民政府、常务委员会选举任免联络工作委员会关于市人民代表大会会议代表建议、批评和意见办理情况的报告；

（七）常务委员会执法检查组提出的执法检查报告；

（八）专门委员会关于市人民代表大会会议主席团交付审议的代表提出的议案审议结果的报告；

（九）常务委员会法制工作委员会关于备案审查工作情况的报告；

（十）其他报告。

第二十九条 市人民政府、市监察委员会、市中级人民法院、市人民检察院向常务委员会报告工作时，应当由市长、主任、院长、检察长或者副市长、副主任、副院长、副检察长到会报告。

市人民政府委托其有关部门向常务委员会报告工作，应当由该部门主要负责人到会报告。

常务委员会执法检查组向常务委员会作执法检查报告，由执法检查组组长作报告。遇有特殊情况，可以委托副组长作报告。

有关专门委员会、常务委员会办事机构和工作机构向常务委员会作报告，由其主要负责人作报告。遇有特殊情况，可以委托其他负责人作报告。

第三十条 常务委员会全体会议听取工作报告后，召开分组会议或者联组会议进行审议。

主任会议可以决定将报告交有关的专门委员会审议，提出意见。

第三十一条 常务委员会组成人员审议报告时提出的意见，由有关专门委员会或者常务委员会工作机构在闭会后七日内整理并形成常务委员会审议意见，经签发后由常务委员会办事机构交有关机关限期研究处理。

承办机关应当在收到专项工作报告、国民经济和社会发展计划执行情况报告、预算执行情况报告等报告的审议意见后两个月内，向常务委员会书面报告研究处理情况。因特殊情况无法在规定时间内报告的，经主任会议同意，至迟应当在四个月内提出对审议意见研究处理情况的书面报告。

承办机关应当在收到执法检查报告的审议意见后四个月内，向常务委员会书面报告研究处理情况。

第三十二条 常务委员会审议报告后，可以就报告作出决议或者决定。有关机关应当将贯彻执行情况在规定的期限内报告常务委员会。

第五章　询问和质询

第三十三条　常务委员会审议议案或者报告时，常务委员会组成人员可以向市人民政府及其部门、市监察委员会、市中级人民法院、市人民检察院提出询问，被询问的相关单位负责人应当到会，听取意见，回答询问。

第三十四条　常务委员会围绕关系改革发展稳定大局和人民切身利益、社会普遍关注的重大问题，可以结合审议的议题对市人民政府、市监察委员会、市中级人民法院、市人民检察院的工作开展专题询问。专题询问由常务委员会主任或由主任委托的副主任主持。

专题询问的议题由主任会议确定。专门委员会、常务委员会办事机构和工作机构可以向主任会议提出专题询问的议题建议。

第三十五条　专题询问一般在常务委员会联组会议上进行。根据专题询问所涉及的工作，市人民政府、市监察委员会、市中级人民法院、市人民检察院负责人应当到会，听取意见，回答询问；市人民政府可以委托有关部门主要负责人到会，听取意见，回答询问。

第三十六条　有关专门委员会或者常务委员会工作机构，应当将专题询问中的意见进行汇总、整理，并纳入常务委员会审议意见。

第三十七条　质询案的提出和答复，按照《中华人民共和国各级人民代表大会常务委员会监督法》等有关法律、法规的规定执行。

第六章　发言和表决

第三十八条　常务委员会组成人员和列席会议的人员应当紧扣审议议题进行发言，突出重点、言简意赅。

在常务委员会会议上的发言，由会议工作人员记录，经发言人核对签字后，编印会议简报和存档。会议简报可以为纸质版，也可以为电子版。

第三十九条　常务委员会组成人员在常务委员会会议上的发言和表决、列席会议的人大代表的发言，不受法律追究。

第四十条　交付表决的议案，有修正案的，先表决修正案。

第四十一条　除地方性法规议案外，议案如需在文字上作个别修改的，可以将该议案交付表决，文字的修改部分，授权主任会议审定。

第四十二条　表决议案由常务委员会全体组成人员的过半数通过。表决结果由会议主持人当场宣布。

出席会议的常务委员会组成人员应当参加表决。表决时，可以表示赞成，可以表示反对，也可以表示弃权。

第四十三条　常务委员会表决关于代理市人民政府市长、代理市监察委员会主任、代理市中级人民法院院长、代理市人民检察院检察长的决定，应当逐人表决。

常务委员会表决下列任免案、撤职案，应当逐人表决：

（一）市人民政府副市长、秘书长、局长、主任；

（二）常务委员会副秘书长；

（三）专门委员会副主任委员、委员；

（四）常务委员会办公室和工作委员会主任、副主任。

（五）市监察委员会副主任、委员；

（六）市中级人民法院副院长；

（七）市人民检察院副检察长，区（市）人民检察院检察长。

除前款所列任免案、撤职案外，其他任免案、撤职案可以合并表决。常务委员会组成人员对合并表决的任免案、撤职案中的个别人员提出异议的，经主任会议决定，实行逐人表决。

第四十四条　常务委员会会议表决议案，采用无记名按表决器方式。常务委员会组成人员应当按表决器。如表决器系统在使用中发生故障，采用举手方式或者其他方式。

常务委员会组成人员通过网络视频方式出席会议的，采用举手方式或者其他方式表决。

第七章　附 则

第四十五条　宪法宣誓仪式按照《鹰潭市实施宪法宣誓制度办法》的规定执行。

第四十六条　报经省人民代表大会常务委员会批准的地方性法规，常务委员会会议通过的决议、决定，应当及时在《鹰潭日报》和鹰潭人大信息网等媒体上公布。

常务委员会会议通过的规范性文件按规定报省人民代表大会常务委员会备案，分别通知市人民政府、市监察委员会、市中级人民法院、市人民检察院组织实施。

第四十七条　常务委员会通过的人事任免事项，关于市人大代表选举、补选、辞职、罢免等事项，以常务委员会会议通过之日为准，由常务委员会以公告或者其他方式在《鹰潭日报》和鹰潭人大信息网等媒体上公布，并以正式文件通知提请机关。

常务委员会通过的关于接受辞职请求的决定，应当依法报市人民代表大会会议备案。其中关于接受市人民检察院检察长辞职请求的决定，应当依法履行报批程序。

常务委员会补选省人大代表的结果，应当依法报省人民代表大会常务委员会代表资格审查委员会。

常务委员会接受省人大代表辞去代表职务请求和罢免省人大代表的决议，应当依法报送省人民代表大会常务委员会备案。

第四十八条 本规则自公布之日起施行。

鹰潭市人民代表大会常务委员会主任会议议事规则

（1993年11月10日鹰潭市四届人大常委会第4次主任会议通过，2001年2月24日鹰潭市五届人大常委会第32次主任会议第一次修正，2007年1月4日鹰潭市七届人大常委会第2次主任会议第二次修正，2008年9月8日鹰潭市七届人大常委会第49次主任会议第三次修正，2014年7月28日鹰潭市八届人大常委会第66次主任会议第四次修正，2023年8月25日鹰潭市十届人大常委会第28次主任会议第五次修正）

第一条　为了保证鹰潭市人民代表大会常务委员会主任会议（以下简称主任会议）依法履行职责，使议事制度化、规范化、程序化，根据《中华人民共和国地方各级人民代表大会和地方各级人民政府组织法》《中华人民共和国各级人民代表大会常务委员会监督法》《鹰潭市人民代表大会常务委员会议事规则》等法律、法规的有关规定，结合市人民代表大会常务委员会（以下简称常务委员会）的工作实践，制定本规则。

第二条　主任会议一般每月举行一次，必要时可以临时召集。

主任会议有主任会议全体组成人员过半数出席，始得举行。

第三条　主任会议由常务委员会主任、副主任、秘书长组成。根据工作需要，常务委员会副秘书长、市人民代表大会（以下简称人大）专门委员会和常务委员会办公室、工作委员会主要负责人或者其他有关人员列席会议。

第四条　主任会议由常务委员会主任召集并主持。常务委员会主任可以委托一位副主任召集并主持主任会议。

第五条　主任会议讨论决定问题，实行民主集中制，严格依法办事。主任会议的决定，必须经主任会议全体组成人员过半数同意通过。主任会议表决议案，采用举手表决方式，也可以采用其他方式。

第六条　主任会议处理常务委员会的下列重要日常工作：

（一）决定常务委员会会议举行的日期；拟订常务委员会会议议程草案和日程草案，提请常务委员会会议通过；决定常务委员会会议列席会议的人员；必要时提出调整会议议程的建议。

（二）提出常务委员会向市人民代表大会作的工作报告草案和举行市人民代表大会有关准备事项，决定提请常务委员会会议审议。

（三）通过常务委员会年度工作计划等。

（四）研究市人民代表大会代表视察工作，并组织实施。

（五）听取市人大专门委员会提出的关于代表议案的审议结果报告，决定提请常务委员会会议审议。

（六）对市人民政府、市人大专门委员会向常务委员会提出的属于常务委员会职权范围内的议案，决定提请常务委员会会议审议，也可以先交有关的专门委员会审议或者常务委员会工作委员会初审，提出报告，再决定提请常务委员会会议审议。

（七）对常务委员会组成人员 5 人以上联名提出的属于常务委员会职权范围内的议案，决定是否提请常务委员会会议审议，也可以先交有关的专门委员会审议或者常务委员会工作委员会初审，提出报告，再决定是否提请常务委员会会议审议。

（八）研究地方性法规草案和决定草案、决议草案，决定提请常务委员会会议审议。

（九）决定是否将议案和决定草案、决议草案提请常务委员会全体会议表决，对暂不交付表决的，提出下一步处理意见。

（十）对常务委员会组成人员 5 人以上书面联名提出的对市人民政府及其工作部门、市监察委员会、市中级人民法院、市人民检察院的质询案，决定交由受质询机关在常务委员会会议上或者有关的专门委员会会议上口头答复，或者由受质询机关书面答复；对答复不满意的，决定由受质询机关再作答复。

（十一）对属于常务委员会职权范围内的事项，需要作出决议、决定，但有关重大事实不清的，提议组织关于特定问题的调查委员会，提请常务委员会会议审议；对五分之一以上常务委员会组成人员书面联名，向常务委员会提议组织关于特定问题的调查委员会，决定提请常务委员会会议审议，也可以先交有关的专门委员会审议或者常务委员会工作委员会初审，提出报告，再决定提请常务委员会会议审议。

（十二）讨论应由常务委员会任免的人选，决定提请常务委员会会议审议。

（十三）讨论向常务委员会提出的撤职案，决定提请常务委员会会议审议；对市人民政府、市监察委员会、市中级人民法院和市人民检察院向常务委员会提出的撤职案，决定提请常务委员会会议审议；对五分之一以上常务委员会组成人员书面联名，向常务委员会提出的撤职案，决定是否提请常务委员会会议审议；或者提议常务委员会全体会议决定组织调查委员会，由以后的常务委员会会议根据调查委员会的报告审议决定。

（十四）听取关于规范性文件的审查意见，决定是否提请常务委员会会议审议。

（十五）听取市人民政府及其工作部门、市监察委员会、市中级人民法院、市人民检察院的专项工作报告，提出处理意见。

（十六）讨论市人民检察院检察长提出的重大事项，决定提请常务委员会会议审议。

（十七）讨论人民群众对市人民政府、市监察委员会、市中级人民法院、市人民检察院和国家工作人员的重要申诉和意见，提出处理意见，必要时提请常务委员会会议审议。

（十八）讨论省人大常务委员会交办的有关事项和区（市）人大常务委员会向市人大常务委员会提出的需要答复的重要事项，提出处理意见。

（十九）指导和协调市人大专门委员会、常务委员会办公室和工作委员会的工作，听取各委、办提出的视察、检查、调研等报告，提出处理意见。

（二十）处理常务委员会授权的事项和法律、法规规定的其他重要日常工作。

第七条　主任会议的议题，由秘书长征求市人大专门委员会、常务委员会办公室和工作委员会的意见后提出，常务委员会主任或者受其委托的副主任确定。在主任会议举行的两日前，常务委员会办公室应将会议议题、开会日期和地点通知主任会议组成人员和有关人员，必要时应将会议材料同时送达主任会议组成人员。拟提请主任会议讨论研究的会议材料，有关的市人大专门委员会、常务委员会工作委员会及其他有关单位应在会议举行的三日前送达常务委员会办公室。临时召集的主任会议，不适用第二款、第三款规定。

第八条　主任会议通过的文件和决定的事项需要行文时，由常务委员会办公室或者有关的委员会拟稿，秘书长或者受其委托的副秘书长审核，常务委员会主任或者受其委托的副主任签发。常务委员会办公室负责主任会议的记录，并根据工作需要，编印会议纪要，由秘书长或者受其委托的副秘书长签发。

各有关部门对主任会议通过的文件和决定的事项，应认真办理，并及时向主任会议报告办理结果。秘书长负责协调和督促。

第九条　主任会议讨论的重要问题和决定的事项，经主任会议同意，可以公开发布。

第十条　本规则自通过之日起施行。

鹰潭市人民代表大会常务委员会规范性文件备案审查工作规定

（2017 年 3 月 7 日鹰潭市第九届人民代表大会常务委员会第九次主任会议通过
2021 年 12 月 28 日鹰潭市第十届人民代表大会常务委员会第二次主任会议修正）

第一条 为了规范市人民代表大会常务委员会规范性文件备案审查工作，根据《江西省各级人民代表大会常务委员会规范性文件备案审查条例》的有关规定，结合本市实际，制定本规定。

第二条 市人民代表大会常务委员会对规范性文件的备案审查工作，适用本规定。

第三条 本规定所称规范性文件，是指本行政区域内涉及公民、法人和其他组织权利、义务，具有普遍约束力并可以反复适用的文件。

下列规范性文件，应当报送市人民代表大会常务委员会备案：

（一）市人民政府制定的规章；

（二）市人民政府制定、发布以及授权其办公室发布的决定、命令、规定、细则、办法、意见等规范性文件；

（三）市监察委员会制定或者由其会同有关国家机关制定的指导、规范监察工作的规定、细则、办法、意见等规范性文件；

（四）市中级人民法院、市人民检察院制定或者由其会同有关国家机关制定的指导、规范审判、检察工作的规定、细则、办法、意见、指引等规范性文件；

（五）县（市、区）人民代表大会及其常务委员会作出的决议、决定；

（六）本市地方性法规授权制定的配套性规定以及实施中具体应用问题的解释；

（七）其他应当报送备案的规范性文件。

第四条 对规范性文件进行审查研究，发现规范性文件存在与党中央的重大决策部署不相符或者与国家的重大改革方向不一致问题的，应当提出意见。

第五条 对规范性文件进行审查研究，发现规范性文件违背法律法规规定，有下列情形之一的，应当提出意见：

（一）违反立法法规定，对只能制定法律、法规的事项作出规定；

（二）超越法定权限，违法设定公民、法人和其他组织的权利与义务，或者违法设定国家机关的权力与责任；

（三）违法设定行政许可、行政处罚、行政强制，或者对法律设定的行政许可、行政处罚、行政强制违法作出调整和改变；

（四）与法律、法规规定明显不一致，或者与法律、法规的立法目的、原则明显相违背，旨在抵消、改变或者规避法律、法规的规定；

（五）同上级或者本级人民代表大会及其常务委员会的决议、决定相抵触；（六）违反授权决定，超出授权范围；

（七）违背法定程序；

（八）其他违背法律法规规定的情形。

第六条 对规范性文件进行审查研究，发现规范性文件存在明显不适当问题，有下列情形之一的，应当提出意见：

（一）明显违背社会主义核心价值观和公序良俗；（二）对公民、法人或者其他组织的权利和义务的规定明显不合理，或者为实现立法目的所规定的手段与立法目的明显不匹配；（三）因现实情况发生重大变化而不宜继续施行；（四）其他明显不适当的情形。

第七条 市人民代表大会常务委员会备案审查工作委员会（以下简称备案审查工作委员会）履行下列职责：

（一）拟定规范性文件备案审查工作制度；

（二）负责相关单位报送至市人民代表大会常务委员会备案的规范性文件的接受、登记、分送、审查、归档等工作；

（三）负责机关、团体、企业事业组织和公民依法提出的审查要求、审查建议的接受、登记、分送、审查、归档等工作；

（四）承担市人民代表大会及其常务委员会作出的决议、决定向省人民代表大会常务委员会的报备工作；

（五）承担规范性文件备案审查联系、协调、指导工作；

（六）常务委员会主任会议交办的规范性文件备案审查的其他工作。

市人民代表大会各专门委员会、常务委员会各工作机构（以下简称相关专工委）按照职责分工，在各自职责范围内承担相关规范性文件的审查工作。

市人民代表大会常务委员会办公室负责将市人民代表大会及其常务委员会作出的决议、决定及相关材料转交至备案审查工作委员会。

第八条 市人民政府、市监察委员会、市中级人民法院、市人民检察院以及各区（市）人民代表大会常务委员会（以下简称制定机关）应当自规范性文件公布或者印发之日起三十日内将规范性文件报送备案审查工作委员会备案。

报送规范性文件备案，应当一并提交符合统一格式标准和要求的纸质文件和电子文件。纸质文件和电子文件应当包括备案报告、正式文本以及说明等文件。说明应当包括制定、修改、废止的必要性和依据、规范的主要内容。纸质文件应当按照一式五份报送。电子文件应当通过省人民代表大会常务委员会规范性文件备案审查信息平台报送。

制定机关应当于每年一月底前将其上一年度制定、修改、废止的规范性文件目录和对外公布的文件目录报送备案审查工作委员会备查，于每年七月底前将其上半年制定、修改、废止的规范性文件目录和对外公布的文件目录报送备案审查工作委员会备查。

制定机关应当确定具体工作机构和专门人员，负责规范性文件的报送备案工作。

第九条 备案审查工作委员会收到报送备案的规范性文件后，应当及时接收并进行审核。对属于备案范围并符合报备要求的规范性文件，应当予以备案登记。对不符合报备要求的，应当及时通知制定机关的报备工作机构补正。

备案审查工作委员会应自登记之日起七日内按照职责分工将报送备案的规范性文件分送相关专工委。相关专工委和备案审查工作委员会对报送备案的规范性文件依职权主动进行审查，并建立规范性文件备案审查工作责任制，依法履行备案审查工作职责。

备案审查工作委员会应当建立备案规范性文件登记薄，定期在鹰潭市人大网站、微信公众号上公布备案规范性文件目录。

第十条 市、区（市）人民政府、监察委员会、人民法院、人民检察院以及区（市）人民代表大会常务委员会认为本规定第三条所列的规范性文件，存在本规定第四条、第五条、第六条所列情形之一的，可以向市人民代表大会常务委员会书面提出审查要求。

前款规定以外的其他机关、团体、企业事业组织和公民认为本规定第三条所列的规范性文件，存在本规定第四条、第五条、第六条所列情形之一的，可以向市人民代表大会常务委员会书面提出审查建议。

审查要求、审查建议应当写明要求或者建议审查的规范性文件名称、审查的事项和理由。

第十一条 备案审查工作委员会收到机关、团体、企业事业组织和公民依法提出的审查要求、审查建议后，应当及时登记。

第十二条 对登记的审查要求，备案审查工作委员会应当及时审查，并自登记之日起七日内按照职责分工分送相关专工委审查。

对受理的审查建议，备案审查工作委员会应当自登记之日起十五日内研究是否需要审查。需要审查的，及时分送相关专工委；不需要审查的，应当及时告知审查建议人，并书面说明理由。

审查要求、审查建议不属于市人民代表大会常务委员会备案审查范围的，备案审查工作委员会应当自登记之日起七日内告知审查要求人、审查建议人。

第十三条 相关专工委收到分送审查的规范性文件以及审查要求、审查建议后，应当在六十日内对规范性文件是否存在本规定第四条、第五条、第六条所列情形之一进行审查，提出意见。

备案审查工作委员会应当同步开展审查，并在六十日内提出意见。

第十四条　相关专工委、备案审查工作委员会对规范性文件进行审查时，可以要求制定机关的报备工作机构及其他有关部门补充书面材料或者到会说明情况，也可以通过召开座谈会、论证会、听证会或者书面征求意见等方式，听取人大代表、专家学者和有关机关、团体、组织、公民的意见。

论证、听证时间，不计入本规定第十三条规定的审查时限。

第十五条　经相关专工委、备案审查工作委员会审查，未发现规范性文件存在本规定第四条、第五条、第六条所列情形之一的，由备案审查工作委员会立卷存档备查。

第十六条　经审查，相关专工委、备案审查工作委员会认为规范性文件存在本规定第四条、第五条、第六条所列情形之一，需要予以纠正的，在提出书面审查意见前，可以与制定机关沟通，要求制定机关及时修改或者废止。经沟通，制定机关同意对规范性文件予以修改或者废止，并书面提出明确处理计划和时限的，可以不再向其提出书面审查意见，审查中止。

经沟通没有结果的，由备案审查工作委员会汇总相关专工委意见，形成审查意见，报经常务委员会主任会议研究决定后，交制定机关办理。

相关专工委、备案审查工作委员会审查发现规范性文件存在本规定第四条、第五条、第六条所列情形之一且重大疑难、复杂的，可以共同审查，书面提出审查意见，报常务委员会主任会议研究决定后，由备案审查工作委员会交制定机关办理。

第十七条　制定机关应当在收到书面审查意见之日起六十日内研究提出处理意见，并由其报备工作机构向备案审查工作委员会书面反馈。

制定机关按照审查意见修改、废止规范性文件的，应当在反馈后六十日内自行修改、废止，并按照本规定第八条将规范性文件修改、废止情况重新报送市人民代表大会常务委员会备案。制定机关不予修改、废止的，应当书面说明理由。

制定机关逾期未书面反馈的，备案审查工作委员会应当发函督促或者约谈制定机关有关负责人，要求制定机关限期报送处理意见。

第十八条　备案审查工作委员会收到制定机关处理意见后，应当在五日内分送相关专工委。

相关专工委、备案审查工作委员会对制定机关的反馈意见应当进行研究，认为制定机关不予修改、废止的意见不当的，应当向常务委员会主任会议提出撤销的议案、建议，由常务委员会主任会议决定是否提请市人民代表大会常务委员会会议审议。经常务委员会审议认为应当予以撤销的，应当作出撤销的决定，并向社会公布。

第十九条　审查工作结束后，备案审查工作委员会应当在七日内将审查情况向提出审查要求、审查建议的机关、团体、企业事业单位组织、公民书面反馈，并可以向社会公开。

第二十条 备案审查工作委员会可以通过检查制定机关发文登记簿、调阅有关规范性文件等方式，对制定机关规范性文件的制定和备案情况进行监督检查，督促制定机关的报备工作机构及时报送规范性文件备案。

制定机关未按照本规定要求，迟报、漏报、瞒报应当报送备案的规范性文件，或者报送的文件材料不符合要求的，备案审查工作委员会应当通知其限期报送或者补充报送；逾期仍不报送的，备案审查工作委员会应当提出处理意见，经常务委员会主任会议决定，责成制定机关作出说明并限期改正、对相关责任人员给予批评教育；拒不报送应当备案的规范性文件的，备案审查工作委员会应当提出处理意见，经常务委员会主任会议决定，责令制定机关限期改正并作出书面检查，同时建议制定机关或者有权机关按照管理权限对相关责任人员依法给予处分。

第二十一条 对市人民代表大会及其常务委员会作出的决议、决定，市人民代表大会常务委员会办公室应当自公布或者印发之日起七日内将决议、决定的正式文本、电子文本以及相关材料转交至备案审查工作委员会，由备案审查工作委员会在文件公布或印发之日起三十日内按照要求报送省人民代表大会常务委员会备案。

第二十二条 备案审查工作委员会应当在每年第一季度向市人民代表大会常务委员会专项报告上一年度规范性文件备案审查工作情况，由常务委员会会议审议。

备案审查工作情况报告根据常务委员会组成人员的审议意见修改后，向社会公布。

第二十三条 本规定自 2017 年 4 月 1 日起施行。

鹰潭市人民代表大会常务委员会人事任免办法

（1999年9月28日鹰潭市五届人大常委会第四次会议通过，2004年3月26日鹰潭市六届人大常委会第一次会议第一次修正，2009年12月16日鹰潭市七届人大常委会第三十次会议第二次修正，2023年10月30日鹰潭市十届人大常委会第十七次会议第三次修正）

第一章　总则

第一条　为了规范鹰潭市人民代表大会常务委员会（以下简称市人大常委会）的人事任免工作，根据《中华人民共和国宪法》《中华人民共和国地方各级人民代表大会和地方各级人民政府组织法》《中华人民共和国各级人民代表大会常务委员会监督法》《中华人民共和国监察法》《中华人民共和国法院组织法》《中华人民共和国检察院组织法》等有关法律规定，结合本市实际，制定本办法。

第二条　市人大常委会对权限范围内的国家机关工作人员的任免事项，适用本办法。

第三条　市人大常委会的人事任免工作，坚持中国共产党的领导，坚持充分发扬民主，坚持严格依法办事。

第四条　市人大常委会选举任免工作机构负责有关人事任免事项的具体工作。

第二章　任免范围

第五条　市人大常委会主任因健康情况不能工作或者缺位的时候，根据市人大常委会主任会议（以下简称主任会议）建议，由常委会在副主任中推选一人代理主任的职务，直到主任恢复健康或者人民代表大会选出新的主任为止。

市人大常委会副秘书长、办公室和工作委员会主任、副主任，由主任会议提名，常委会任免。

在市人民代表大会闭会期间，常委会可以任免市人民代表大会专门委员会（以下简称专门委员会）的个别副主任委员和部分委员，由主任会议提名，常委会会议通过。

市人大常委会代表资格审查委员会主任委员、副主任委员、委员的人选，由主任会议在常委会组成人员中提名，常委会任免。

特定问题调查委员会主任委员、副主任委员和委员的人选，由主任会议在常委会组成人员和市人大代表中提名，常委会会议通过。

在市人民代表大会闭会期间，市人大常委会组成人员、专门委员会组成人员提出辞职的，由常委会决定是否接受辞职。常委会决定接受辞职后，报市人民代表大会备案。

第六条 在市人民代表大会闭会期间，市人民政府市长因故不能担任职务的时候，根据主任会议的提名，由市人大常委会从市人民政府副市长中决定代理市长的人选。

在市人民代表大会闭会期间，根据市长提名，市人大常委会决定副市长的个别任免。

市人民政府的秘书长、局长、主任，由市长提请市人大常委会决定任免，并由市人民政府报省人民政府备案。

在市人民代表大会闭会期间，市人民政府市长、副市长提出辞职的，由市人大常委会决定是否接受辞职。常委会决定接受辞职后，报市人民代表大会备案。

第七条 在市人民代表大会闭会期间，市监察委员会主任因故不能担任职务的时候，根据主任会议的提名，由市人大常委会从市监察委员会副主任中决定代理主任的人选。

市监察委员会副主任、委员，由市监察委员会主任提请市人大常委会任免。

在市人民代表大会闭会期间，市监察委员会主任提出辞职的，由市人大常委会决定是否接受辞职。常委会决定接受辞职后，报市人民代表大会备案。

第八条 在市人民代表大会闭会期间，市中级人民法院院长因故不能担任职务的时候，根据主任会议提名，由市人大常委会从市中级人民法院副院长中决定代理院长的人选。

市中级人民法院副院长、庭长、副庭长、审判委员会委员、审判员，由市中级人民法院院长提请市人大常委会任免。

在市人民代表大会闭会期间，市中级人民法院院长提出辞职的，由市人大常委会决定是否接受辞职。常委会决定接受辞职后，报市人民代表大会备案。

在市人民代表大会闭会期间，如果市人大常委会认为市中级人民法院院长需要撤换的，应当报请省人大常委会批准。

在区（市）人民代表大会闭会期间，如果区（市）人大常委会认为本级人民法院院长需要撤换的，应当报请市人大常委会批准。

第九条 在市人民代表大会闭会期间，市人民检察院检察长因故不能担任职务的时候，根据主任会议的提名，由市人大常委会从市人民检察院副检察长中决定代理检察长的人选，并由市人大常委会和市人民检察院分别报省人大常委会和省人民检察院备案。

市人民检察院副检察长、检察委员会委员、检察员，由市人民检察院检察长提请市人大常委会任免。

区（市）人民检察院检察长由本级人民代表大会选举和罢免后，须报经市人民检察院检察长提请市人大常委会批准。

在市人民代表大会闭会期间，市人民检察院检察长提出辞职的，由市人大常委会决定是否接受辞职。常委会决定接受辞职后，报市人民代表大会备案，并由市人民检察院报经省人民检察院检察长提请省人大常委会批准。

第十条　在市人民代表大会闭会期间，市人大常委会可以决定撤销市人民政府个别副市长的职务；可以决定撤销由它任命的市人民政府秘书长、局长、主任和市监察委员会副主任、委员，市中级人民法院副院长、庭长、副庭长、审判委员会委员、审判员，市人民检察院副检察长、检察委员会委员、检察员的职务。

第十一条　市人民政府、市监察委员会、市中级人民法院、市人民检察院，可以向市人大常委会提出对本办法第十条所列国家机关工作人员的撤职案。

主任会议可以向市人大常委会提出对本办法第十条所列国家机关工作人员的撤职案。

市人大常委会五分之一以上的组成人员书面联名，可以向常委会提出对本办法第十条所列国家机关工作人员的撤职案，由主任会议决定是否提请常委会会议审议；或者由主任会议提议，经全体会议决定，组织关于特定问题的调查委员会，由以后的常委会会议根据调查委员会的报告审议决定。

撤职案应当写明撤职的对象和理由，并提供有关的材料。

第十二条　调查委员会可以聘请有关专家参加调查工作。与调查的问题有利害关系的常委会组成人员和其他人员不得参加调查委员会。

第十三条　新的一届市人民政府领导人员依法选举产生后，市长应当在两个月内提请市人大常委会决定任命市人民政府秘书长、局长、主任。未重新任命的，其原任职务自行终止。

新的一届市人大常委会代表资格审查委员会组成人员，应当在换届后及时任命，上一届职务自行终止。

市人大常委会副秘书长、办公室和工作委员会主任、副主任，市监察委员会副主任、委员，市中级人民法院副院长、庭长、副庭长、审判委员会委员、审判员，市人民检察院副检察长、检察委员会委员、检察员，换届时，留任的无需重新任命，新调入或离职的应当依法进行任免。

第十四条　市人大常委会任命的国家机关工作人员，其任职机构名称未变更，但职能已调整的或者不再属于政府工作部门的，不需重新任免；新设立、更名或者撤销的，应当提请市人大常委会任免。

由市人大常委会任命的国家机关工作人员退休、辞职、调离本行政区域、依法予以辞退的，应当及时提请市人大常委会免职。在任期内死亡的，其职务自行终止，不再办理免职手续，但应当由原提请机关报市人大常委会备案。

第三章　任免程序

第十五条　向市人大常委会提请任免国家机关工作人员，提请机关一般应当在市人大常委会举行会议的十日前，向市人大常委会报送提请任免的议案以及相关材料。因特殊情况不能按期送达的，应当向主任会议说明。

第十六条　市人大常委会选举任免工作机构负责对提请机关送达的人事任免材料进行初审。被提请任免人员的情况不清或者报送的材料不符合要求的，由提请机关负责补充或者完善有关材料。审查结果向主任会议报告。

人事任免议案应当印发市人大常委会组成人员。

市人大常委会依照《鹰潭市人大常委会关于对市人大及其常委会选举和任命人员进行宪法知识任前考试的意见》的规定，组织提请任命人员进行宪法和法律知识任前考试。

第十七条　市人大常委会会议审议人事任免案时，提请人或提请人委托的副职应当到会介绍被提请任免人员的具体情况以及提请任免的理由，听取常委会组成人员的意见，回答询问。

市人大常委会会议审议人事任命案时，被提请任命的人员一般应当到会与常委会组成人员见面，并根据主任会议安排作拟任职发言。

市人大常委会会议审议人事任免案时，如多数组成人员对人选有异议，该人选可以暂缓表决。

列入市人大常委会会议议程的人事任免案，在提交会议表决前，提请机关要求撤回的，应当提交书面报告并说明理由，经主任会议同意并向常委会报告，对该任免案的审议即行终止。

第十八条　人事任免事项一般应当逐人表决，根据情况也可以合并表决。表决可以采用无记名按表决器或者无记名投票方式，也可以采用其他方式表决，以市人大常委会全体组成人员的过半数通过，表决结果由会议主持人当场宣布。

市人大常委会组成人员在表决时，可以表示赞成，可以表示反对，也可以表示弃权，但不得另提他人。

提请市人大常委会任命的国家机关工作人员未获通过的，提请机关可在另一次市人大常委会会议上再次提请任命同一职务。如果该人选两次未获通过的，在本届市人大常委会任期内，不得再提请任命同一职务。

第十九条　市人大常委会任命和决定任命的国家机关工作人员，由市人大常委会颁发任命书，任命书由市人大常委会主任签署。任命书可以在常委会会议上颁发，也可以委托提请机关转发。

第二十条　市人大常委会任命的国家机关工作人员，依照《鹰潭市实施宪法宣誓制度办法》的规定进行宪法宣誓。

第二十一条　对市人大常委会任命的国家机关工作人员予以撤职、开除的，应当先由市人大常委会依法免职或者撤职；对市人大常委会任命的国家机关工作人员予以警告、记过、记大过、降级的，应当报市人大常委会备案。

第四章　公布与监督

第二十二条　市人大常委会任免的国家机关工作人员，由常委会行文通知有关机关，并向社会公布。

任职、离职的时间，以市人大常委会会议通过的时间为准。须报省人大常委会批准任免的，以省人大常委会批准时间为准。在常委会通过任命之前，不得行使所报请批准任命职务的职权。

第二十三条　市人大常委会组成人员和专门委员会组成人员的市人大代表资格被原选举单位罢免的，其常委会和专门委员会组成人员的职务相应撤销，由市人大常委会予以公告；辞去代表职务被接受、迁出或者调离本市、丧失行为能力的，市人大代表资格终止，其常委会和专门委员会组成人员的职务相应终止，由市人大常委会予以公告。

第二十四条　经市人大常委会任命的国家机关工作人员，应当接受市人大常委会的监督，依法履行法定职责。

市人大常委会应当加强对其任命的国家机关工作人员的监督，安排听取履职情况报告，并对其进行满意度测评。

第五章　附则

第二十五条　法律、法规对人大常委会人事任免事项另有规定的，从其规定。

第二十六条　本办法自公布之日起施行。

鹰潭市实施宪法宣誓制度办法

（2019 年 12 月 27 日鹰潭市九届人大常委会第三十三次会议通过）

第一条 为彰显宪法权威，激励和教育国家工作人员忠于宪法、遵守宪法、维护宪法，加强宪法实施，根据《全国人民代表大会常务委员会关于实行宪法宣誓制度的决定》和《江西省实施宪法宣誓制度办法》，结合我市实际，制定本办法。

第二条 本市各级人民代表大会选举或者表决通过，市、区（市）人民代表大会常务委员会（以下简称人大常委会）任命或者决定任命的国家工作人员，以及本市各级人民政府、监察委员会、人民法院、人民检察院任命的国家工作人员，在就职时应当公开进行宪法宣誓。

第三条 宣誓誓词如下：

我宣誓：忠于中华人民共和国宪法，维护宪法权威，履行法定职责，忠于祖国、忠于人民，恪尽职守、廉洁奉公，接受人民监督，为建设富强民主文明和谐美丽的社会主义现代化强国努力奋斗！

第四条 市、区（市）人民代表大会选举的本级人大常委会主任、副主任、秘书长、委员，市长、副市长，区（市）长、副区（市）长，监察委员会主任，人民法院院长，以及通过的人民代表大会专门委员会主任委员、副主任委员、委员，在依照法定程序产生后，进行宪法宣誓。宣誓仪式由本级人民代表大会会议主席团组织。

乡（镇）人民代表大会选举的乡（镇）人民代表大会主席、副主席，乡长、副乡长，镇长、副镇长，以及通过的人民代表大会代表资格审查委员会主任委员、副主任委员、委员，在依照法定程序产生后，进行宪法宣誓。宣誓仪式由乡（镇）人民代表大会会议主席团组织。

第五条 市、区（市）人民代表大会选举的本级人民检察院检察长，在依照法定程序提请上一级人大常委会批准任命后，进行宪法宣誓。宣誓仪式由本级人大常委会主任会议组织。

第六条 在市、区（市）人民代表大会闭会期间，本级人大常委会任命或者决定任命的个别副市长、副区（市）长，人民代表大会专门委员会个别副主任委员、委员，在依照法定程序产生后，进行宪法宣誓。宣誓仪式由本级人大常委会主任会议组织。

第七条 市人大常委会任命或者决定任命的市人大常委会副秘书长、市人民政府秘书长，市、区（市）人大常委会任命或者决定任命的本级人大常委会办公室和工作委员会主任、副主任，本级人民政府局长、主任，以及通过的人大常委会代表资格审查委员会主任委员、副主任委员、委员，在依照法定程序产生后，进行宪法宣誓。宣誓仪式由本级人大常委会主任会议组织。

第八条 市、区（市）人大常委会任命的本级监察委员会副主任、委员，人民法院副院长、审判委员会委员、庭长、副庭长、审判员，人民检察院副检察长、检察委员会委员、检察员，在依照法定程序产生后，进行宪法宣誓。宣誓仪式由提请任命的监察委员会、人民法院、人民检察院分别组织。

第九条 本市各级人民政府、监察委员会、人民法院、人民检察院任命的国家工作人员，在就职时进行宪法宣誓。宣誓仪式由任命机关组织。

第十条 宪法宣誓应当在国家工作人员依照法定程序产生后及时进行。

第十一条 宣誓仪式根据情况，可以采取单独宣誓或者集体宣誓的形式。单独宣誓时，宣誓人应当左手抚按《中华人民共和国宪法》，右手举拳，诵读誓词。誓词诵读完毕，宣誓人报出自己的姓名。集体宣誓时，由一人领誓，领誓人左手抚按《中华人民共和国宪法》，右手举拳，领诵誓词；其他宣誓人在领誓人身后整齐站立，右手举拳，左手自然下垂，跟诵誓词。誓词诵读完毕，领誓人和其他宣誓人同时各自报出自己的姓名。

宣誓场所应当庄重、严肃，悬挂中华人民共和国国旗或者国徽。宣誓仪式应当奏唱中华人民共和国国歌。

宣誓人应当着装整洁、得体，配发制式服装的应当着制式服装。在场人员应当肃立，举止庄重。

第十二条 负责组织宣誓仪式的机关，可以根据本办法并结合实际情况，对宣誓的具体事项作出规定。

第十三条 本办法自 2020 年 1 月 1 日起施行。

鹰潭市人大常委会关于进一步加强新时代人大代表联络工作站建设的指导意见

（2022年10月26日鹰潭市十届人大常委会第13次主任会议通过）

为全面贯彻党的二十大精神，深入贯彻落实中央人大工作会议精神，更好发挥人大制度优势，发展全过程人民民主，推动闭会期间人大代表活动制度化、规范化、常态化，结合近年来星级人大代表联络工作站建设的实践和经验，现就深入推进新时代人大代表联络工作站（以下简称“代表联络站”）建设提出如下意见。

一、进一步加强新时代代表联络站建设的总体要求

1. 指导思想。以习近平新时代中国特色社会主义思想为指导，认真学习贯彻党的二十大精神，全面贯彻落实习近平法治思想、习近平总书记关于坚持和完善人民代表大会制度的重要思想，深入贯彻落实中央人大工作会议精神，坚定不移走中国特色社会主义政治发展道路，坚持党的领导、人民当家作主和依法治国有机统一，坚持人民主体地位，充分体现人民意志、保障人民权益、激发人民创造活力，在市委的坚强领导下，锚定“作示范、勇争先”目标要求，在守正创新中加强和改进新时代地方人大工作，为助推全面建设“六个江西”鹰潭篇章，加快鹰潭高质量跨越式发展彰显人大担当、发挥人大作用、贡献人大力量。

2. 目标任务。本届内，形成以乡镇（街道）代表联络站为主，村（居）代表联络室为辅，网上代表联络站为重要补充的代表联系人民群众的网格化、数字化、全覆盖阵地体系，推动联络站向定位更准确、机制更健全、活动更经常、保障更规范、效果更明显的“升级版”跃进，努力将代表联络站打造成为发展全过程人民民主的实践站，建设成为民主协商的重要平台、民主决策的重要支撑、民主管理的重要渠道、民主监督的重要力量。

二、进一步规范新时代代表联络站的功能定位

3. 宣传党的理论和路线方针政策的重要窗口。要通过代表积极宣传党的理论和党的路线方针政策，协助宪法和法律法规的实施，落实人大及其常委会的决议决定，探索性组织相关职能部门进站向人民群众解释政策法规、通报重要工作、回应社会关切，推动中央以及各级党委的重大决策部署、政策落到实处。

4. 服务人民群众的重要桥梁。要发挥好代表联系群众的桥梁纽带作用，广泛听取群众意见建议，准确反映群众愿望要求，真正为群众办实事、解难事、做好事，努力做到民有所呼、我有所应。直接选举的县乡人大代表每年进站活动不少于 2 次，间接选举的市级以上人大代表每年进站活动不少于 1 次。

5. 收集社情民意的重要渠道。要紧紧围绕党委中心工作和人大重点工作，以及人民群众普遍现实关切，组织代表开展视察调研、接待选民群众等活动，收集社情民意，认真分析研判，提出有价值的意见建议，为党委科学决策、人大有效行权、政府依法行政提供民意支撑和保障。

6. 推进基层治理的重要阵地。要充分发挥人大代表来自人民扎根人民的优势，积极探索“党建＋代表联络站”的基层治理模式，引导人大代表发挥职能作用，助力社会风险防范，社会矛盾化解，做好解疑释惑、疏通情绪、化解矛盾等工作，不断提升基层社会治理水平。

7. 开展学习交流的重要园地。要多形式组织人大代表开展党的二十大精神、人民代表大会制度理论、中央人大工作会议精神的专题学习，通过读原著、学原文、悟原理，不断提高代表的政治责任感和使命感；加强代表之间的交流互动，激发代表的履职动力，提升代表的履职能力，推动代表充分履职行权、更好发挥在建设“六个江西”鹰潭篇章中的积极作用。

8. 推进全过程人民民主的重要平台。同步加强线上线下代表联络站建设，使其成为实践、宣传、展示全过程人民民主的鲜活载体。探索以数字化改革推动人大核心业务下沉到代表联络站，实现社情民意的“全天候”收集和“全流程”处理，让代表联络站成为保障人民当家做主和将人大制度优势转化为治理效能，扎实推进全过程人民民主的重要平台。

三、进一步完善新时代代表联络站的运行机制

9. 规范工作制度。健全完善并严格执行代表联络站的学习交流、联系群众、意见处理、履职登记、调研视察、代表述职等制度，规范建议办理专项资金使用流程，并积极发挥好带动牵引作用。根据实际情况及时更新工作计划、活动安排、代表信息等内容，确保联络站规范运行、发挥作用。可探索建立代表议事、重要民情报告制度，推进代表联络站功能向重点聚焦、向深处拓展。

10. 精选活动主题。紧扣中心大局，聚焦重点难点，合理制定年度活动计划，探索开展主题接待活动。推进“联络站＋代表小组”模式，鼓励以代表小组为基本单位，围绕党委政府中心工作，结合“聚焦‘六个江西’建设，争当‘四个表率’主题活动”要求，选

准选精每次活动主题，坚持问题导向，高质量开展各项活动，不断提高活动的针对性和实效性。

11. 强化活动组织。根据活动主题，组织驻站代表多层级联动参与活动；拓宽监督渠道，打好事先视察调研、事中进站接待、事后跟踪监督等系列组合拳。探索推广相关职能部门组成的义务咨询员共同参与接待，切实提高活动组织化水平和实际效果。条件成熟的地方，可聘请熟悉经济法律等事务的专业人员，为代表联系接待群众提供有针对性的服务。

12. 规范建议处理。代表联络站要明确工作责任，完善工作流程，认真处理群众意见建议，及时反馈办理结果。建立健全群众意见建议分级分类处理机制，形成收集汇总、登记受理、分类交办、跟踪督办、答复反馈的工作闭环，让基层群众切实感受到“心事有人听、难事有人管、事事有回音”。

13. 打造特色品牌。各代表联络站要在完成“规定动作”的基础上，结合本地实际，努力在代表联络站建设、运行、管理等方面打造特色精品，实现差异化发展，品牌化运行，呈现“一站一特色”。要结合代表特长、行业特色、地域特点等探索创建专业代表联络站，在选民集中地可探索创建异地代表联络站，实现联系选民“一个都不能少”。

四、进一步强化新时代代表联络站的日常管理

14. 加强履职管理。规范代表“一人一档（履职档案）”，完善“一表（履职活动登记表）一报告（述职报告）”等履职资料，作为代表连任推荐的重要参考。探索建立代表履职年度积分通报等制度，促进代表常态化履职。

15. 强化台账管理。建立代表学习培训、参加活动、接待选民、述职评议等履职台账以及选民群众意见建议提出至处理反馈各流程台账，全面反映联络站日常运行情况。落实专人负责，动态更新，同步完善纸质和电子化档案台账；同时依托江西数字人大平台，有序上传联络站开展的各项活动情况。

五、进一步夯实新时代代表联络站的组织保障

16. 加强组织领导。全市各级人大要充分认识加强新时代代表联络站建设的重要意义，积极主动争取党委的重视支持，将代表工作纳入党委全局工作统一安排部署，代表联络站工作和建设列入乡镇、街道年度考核的重要内容。市县乡三级人大要建立上下联动机制，合力推进代表联络站规范化建设，在星级代表联络站创新实践的基础上，打造新时代代表

联络站“升级版”。

17. 加强工作保障。市人大常委会要加强对全市代表联络站工作和建设的指导，推进联络站规范化建设、实效化运行。区（市）人大常委会要切实担负起具体指导代表联络站建设的重要责任，健全常委会领导分片联系代表联络站制度，及时协调解决代表联络站规范化建设及常态化运行中遇到的困难和问题。乡镇、街道人大要充分发挥主体作用，认真做好活动的组织、协调和服务等工作，做实做活代表联系群众工作。要把代表联络站建设和开展活动所需经费列入县乡财政预算，确保联络站各项活动正常开展。全市各级国家机关、组织要采取切实举措，认真研究、办理和落实代表提出的意见建议，提升代表联系群众的工作成效。

18. 加强宣传推广。要把握正确的舆论导向，充分利用传统媒体和新兴媒体，用生动鲜活、喜闻乐见的方式，大力宣传代表联络站建设的目的意义、职能定位、有效机制等，对建设规范、活动经常、成效明显的联络站要进行深度报道，

讲好人大代表和代表联络站故事，不断提高联络站的知晓率和群众参与度、认同感，推动全过程人民民主在鹰潭大地落地生根、开花结果。

鹰潭市人大常委会关于加强自身建设的决定

（2021年12月30日市十届人大常委会第二次会议通过）

为适应新时代对地方人大工作的新任务新要求，新一届人大常委会要按照习近平总书记提出的“四个机关”的定位和要求，全面加强自身建设，提升依法履职能力，充分发挥地方国家权力机关的职能作用，认真履行宪法法律赋予的职责，推动全市人大工作高质量发展，为建设“智铜道合、强富美优”新鹰潭的精彩华章贡献人大智慧和力量。现就加强市人大常委会自身建设作出如下决定。

一、坚持党的全面领导，保持正确政治方向

1. 坚决做到“两个维护”。旗帜鲜明讲政治，牢记人大机关首先是政治机关的属性定位，坚决捍卫“两个确立”，坚持把做到“两个维护”作为人大工作最高政治要求、作为对党忠诚的最好诠释，认真谋划推进人大工作，始终胸怀“两个大局”，牢记“国之大者”，增强“四个意识”、坚定“四个自信”、做到“两个维护”，自觉在思想上政治上行动上始终同以习近平同志为核心的党中央保持高度一致，做维护党中央权威和集中统一领导的表率，确保人大工作正确政治方向。

2. 坚持党对人大工作全面领导。坚持把党的领导贯穿于人大工作各方面全过程，自觉对标对表党中央重大决策部署和省委、市委工作要求，发挥人民代表大会制度的功效，使党的主张通过法定程序成为国家意志，保证党的路线方针政策和决策部署在人大工作中全面贯彻和有效执行。坚持向市委请示报告制度，定期向市委报告人大工作，及时向市委请示报告重要会议、立法、监督、重大事项决定和人事任免等工作，自觉维护市委总揽全局的领导地位，充分发挥市人大常委会党组把方向、管大局、保落实的重要作用，确保人大工作始终在党的领导下进行。

二、坚持理论武装，提升依法履职能力

3. 强化政治理论学习。坚持以习近平新时代中国特色社会主义思想为指导，深入学习贯彻习近平法治思想和习近平总书记关于坚持和完善人民代表大会制度的重要思想，全面贯彻落实中央人大工作会议精神，在学懂弄通做实上下功夫，以理论清醒保证政治坚定，以思想自觉引领行动自觉，切实提高用党的创新理论武装头脑、指导实践、推动工作的能

力和水平。

4. 强化业务知识学习。认真学习宪法、法律法规和人民代表大会制度理论，熟练掌握人大工作规则和程序，准确把握地方人大工作的规律和特点，系统学习履职所必需的政治、经济、科技、文化和社会等方面知识，为依法履职打牢思想和理论基础。

5. 健全完善学习制度。完善党组理论学习中心组学习、常委会专题学习等制度，健全常委会组成人员、人大代表和机关干部培训学习长效机制，用好“学习强国”、江西干部网络学院等学习平台，充分运用集体学习、研讨交流、专家辅导、专题培训等形式，不断提升法律素养和政策水平，提高履职能力。

6. 坚持理论联系实际。大力弘扬理论联系实际的学风，坚持学以致用、学用相长，紧密结合全市改革发展稳定实际和人大重点工作，深入开展调查研究，在真学真信真用上见成效，努力把学习成果转化为人大工作实效，更好地推动我市人大工作高质量发展。

三、坚持围绕中心，充分发挥职能作用

7. 紧贴中心谋划工作。坚持把人大工作放在全市发展大局中谋划和推进，紧扣“五位一体”总体布局和“四个全面”战略布局，紧紧围绕党中央重大决策部署和省委、市委的工作安排，充分发挥人大职能作用，认真履行人大各项职责，努力使党的主张通过法定程序成为国家意志。

8. 扎实提高立法质量。认真贯彻习近平法治思想，充分发挥人大及其常委会在立法工作中的主导作用，坚持科学立法、民主立法、依法立法，深入推进高质量立法，发挥立法的引领和推动作用，以良法促进发展、保障善治，助推市域治理体系和治理能力现代化。

9. 持续改进监督工作。用好宪法赋予人大的监督权，实行正确监督、有效监督、依法监督，坚持围绕中心、服务大局、突出重点，聚焦中央、省委和市委重大决策部署，聚焦人民群众所思所盼所愿，统筹运用法定监督方式，推动解决制约经济社会发展的突出矛盾和问题，确保行政权、监察权、审判权、检察权依法正确行使，确保人民赋予的权力始终用来为人民谋幸福。

10. 科学决定重大事项。健全人大讨论决定重大事项机制，围绕全市经济社会发展中具有全局性、根本性、长远性的重大事项，依法作出决议、决定，推动市委重大决策部署贯彻实施，提高讨论决定重大事项的科学化民主化法治化水平。

11. 依法做好任免工作。坚持党管干部原则与依法行使人事任免权相统一，规范和完善人事任免程序，使党组织推荐的人选通过法定程序成为地方国家政权机关的领导人员，确保市委的人事安排意图顺利实现。

四、坚持民主集中制，提升议事决策水平

12. 依法集体行使职权。严格按民主集中制的组织原则行使各项法定职权，充分发扬民主，集中正确意见，集体决定问题，健全完善人大常委会、主任会议议事规则，提高议事决策的民主性和科学性，确保制定的法律法规和作出的决议决定体现人民意志、凝聚最大共识。

13. 加强与“一府一委两院”的沟通衔接。正确处理与“一府一委两院”监督与支持的关系，秉承在监督中支持、在支持中监督的理念，支持和促进“一府一委两院”依法行政、依法监察、公正司法，共同推进全市经济社会健康发展。

14. 强化人大工作联系。加强与省人大的联系，积极争取指导和支持；加强各专工委的组织协调，集聚工作力量，共同推进人大工作；加强对区（市）人大的联系和指导，统筹推动全市人大工作深入开展；加强与外地人大的联系，学习借鉴好经验好做法。

15. 带头执行决定决议。常委会组成人员要自觉维护、模范遵守、带头执行人大及其常委会作出的决定决议，把集体行使职权与个人负责有机统一起来，积极主动地围绕常委会工作计划和工作部署履行职责，互相学习，互相支持，形成民主团结、共谋大事的工作合力，促进和保证人大及其常委会决定决议的贯彻落实。

五、坚持全过程人民民主，密切与人大代表和人民群众的联系

16. 始终坚持人民立场。牢固树立以人民为中心的发展思想，坚持国家一切权力属于人民，不断发展和完善全过程人民民主，坚持全心全意为人民服务的根本宗旨，始终做到民有所呼、我有所应，保证人大各项工作充分反映和体现人民意志和利益，把人民当家作主具体地、现实地体现到人民对美好生活向往的工作上来。

17. 充分发挥代表作用。坚持和完善常委会主任会议成员联系常委会委员、常委会组成人员联系代表、代表联系人民群众制度，完善人大代表联络工作站运行机制，充分尊重和发挥代表主体地位，支持和保障人大代表依法履职，拓展代表参与人大常委会工作的广度和深度，丰富代表联系群众的内容和形式，忠实代表人民利益和意志，展现新时代人大代表的风采。

18. 密切联系人民群众。坚持和完善人大的民主民意表达平台和机制，最大限度吸纳民意、汇聚民智。把全过程人民民主贯穿于人大工作各环节各方面，审议制定地方性法规、审查批准计划预算、讨论决定重大事项，要通过调研、座谈、论证、听证、协商等方式，广泛征求和充分吸取各方面意见。加强和改进人大信访工作，依法维护人民权益、增进人

民福祉，保证人民当家做主。

六、坚持正风肃纪，树立人大良好形象

19. 全面落实主体责任。坚持把纪律和规矩挺在前面，严守党的政治纪律和政治规矩，坚决贯彻全面从严治党政治责任，全面落实意识形态工作责任制，深入贯彻落实中央和省、市委关于加强党风廉政建设的决策部署和各项规定，认真执行中央八项规定及其实施细则精神，始终保持为民务实清廉的政治本色。

20. 加强思想道德修养。树牢正确的世界观、人生观、价值观，带头践行社会主义核心价值观，自觉遵守社会公德、职业道德、家庭美德，培养健康向上的生活情趣，筑牢拒腐防变的思想道德防线。

21. 自觉接受人民监督。牢固树立国家权力机关对人民负责、受人民监督的意识，始终按照法定权限和法定程序履行职责。强化对人民负责、受人民监督的意识，按照法定权限和法定程序行使权力、履行职责，坚持公正用权、依法用权、为民用权、廉洁用权，管好配偶、子女及身边工作人员，以实际行动树立人大及其常委会良好形象。

22. 打造过硬干部队伍。全面加强人大干部队伍思想淬炼、政治历练、实践锻炼、专业训练，不断提高政治判断力、政治领悟力、政治执行力，努力把市人大常委会建设成为自觉坚持中国共产党领导的政治机关、保证人民当家作主的国家权力机关、全面担负宪法法律赋予的各项职责的工作机关、始终同人民群众保持密切联系的代表机关。优化市人大常委会、专门委员会组成人员结构，强化市人大常委会办事机构和工作机构建设，打造政治坚定、服务人民、尊崇法治、发扬民主、勤勉尽责的人大干部队伍。

编后记

2024年5月,《鹰潭市人民代表大会志（2004—2024)》编纂工作完成。这部献礼全国人民代表大会成立七十周年和鹰潭建市四十周年、鹰潭市人民代表大会及其常委会成立四十周年的鸿篇，承载着全市各级人大机关干部的心血和情感，凝聚着编纂工作人员的辛劳和汗水，实令所有参与编纂工作的人员欣慰。

全志按时间和届次顺序，由图片、目录、序、凡例、概述、大事记、正文、文存、后记组成，为第一部《鹰潭市人民代表大会志（1980.8—2004.1)》的承接和延续，全面展示2004年1月以来鹰潭市人大及其常委会的创新发展和历史成就，续写了全体人大工作者的依法履职和担当作为，发挥了志书“资治、教化、存史”的作用。志书的出版发行，为鹰潭宣传人民代表大会制度，总结人大工作经验，促进人大工作发展，提供了一部重要文献。

该志编纂工作始于2023年5月，市人大常委会党组召开专题会议，决定编纂鹰潭市人民代表大会志，研究通过《〈鹰潭市人民代表大会志〉编纂工作实施方案》，成立编纂工作委员会。编委会由市人大常委会现任和历任有关主任和副主任、秘书长，以及市人大各专工委主要负责同志组成。6月1日，编纂委员会召开第一次会议，对编志工作进行动员部署，确保编纂成名志佳作。

编纂工作总体安排为三个阶段：一是资料搜集阶段；二是初稿编写阶段；三是统稿统编阶段。历经反复修改、数易其稿，于2024年3月形成征求意见稿。在报送市地方志研究室专家初审的同时，呈送市人大常委会领导，专（工）委负责人，原市人大常委会主任、副主任，市直有关单位、区（市）人大常委会等部门负责人征求意见。领导与专家认为，志稿观点正确，体例完备，资料翔实，布局得当，语言朴实，是一部质量上乘的志书。同时也提出一些宝贵的意见和建议。编撰人员根据征求的意见再次字斟句酌地修改和润色，于2024年5月全书定稿，交付印刷出版。

市人大常委会机关干部承担了主要篇章的资料查找和编辑工作。编辑工作共分为三个组。谭国平任第一编辑组组长，万勇章、楼瑾任副组长，组员有李立敏、倪龙飞、陈旭、陈睿，主要负责市人大常委会机关建设、监督工作、编后记等篇章内容的编辑；汪翠微任第二编辑组组长，吴勤胜任副组长，组员有何再胜、黄振华，主要负责地方立法、大事记、市属各区（市）人民代表大会及其常务委员会、图片、附录等篇章内容的编辑；艾书广任第三编辑组组长，金武缨、熊国华、胡伟任副组长，组员有黄光亚、李娜、明桂玲，主要负责人民代表大会、常务委员会、主任会议、决定、代表、选举与任免、人物等篇章内容的编辑。

《鹰潭市人民代表大会志（2004—2024）》的出版，是集体智慧的结晶，是团结协作、相互支持的结果。编纂工作自始至终得到市人大常委会的高度重视，市人大常委会主任郭清为志书作序，市人大常委会副主任吴建辉全面统筹志书编辑工作，市人大常委会一级巡视员胡高堂担任执行主编，市人大常委会原主任邵奇生、杜德春等领导，对志书的编纂提出了重要而具体的意见。区（市）人大常委会积极配合，负责了部分章节编写。编纂工作还得到了市地方志研究室、市委机要保密局、市档案馆等有关部门的大力支持。在《鹰潭市人民代表大会志（2004—2024）》出版发行之际，谨向所有关心和支持编纂工作的单位和个人表示诚挚的谢意！

编志工作艰巨繁重，历史资料浩如烟海。虽然编纂人员不遗余力，力求完美，但是初涉编志，加之时间紧促，难免有疏忽遗漏之处，敬请广大读者不吝指教。

《鹰潭市人民代表大会志》编纂委员会

2024年5月